Bankbetriebslehre

Von

Dr. Erich Priewasser

o. Professor für Bankbetriebslehre

4., durchgesehene Auflage

R. Oldenbourg Verlag München Wien

Die Deutsche Bibliothek – CIP-Einheitsaufnahme

Priewasser, Erich:
Bankbetriebslehre / von Erich Priewasser. – 4., durchges. Aufl.
– München ; Wien : Oldenbourg, 1994
ISBN 3-486-22954-0

Druck: Grafik + Druck, München
Bindung: R. Oldenbourg Graphische Betriebe GmbH, München

ISBN 3-486-22954-0

Vorwort zur vierten Auflage

Durch den raschen Absatz der Vorauflage konnte ich mich auf eine kritische Durchsicht des Textes für die vierte Auflage beschränken.

Vorwort zur dritten Auflage

Die seit der Veröffentlichung der letzten Auflage eingetretenen Veränderungen bei den Umweltbedingungen, in der Unternehmensführung sowie in der Betriebs- und Marktpolitik der Banken erforderten eine grundlegende Überarbeitung. Die dritte Auflage dieser Bankbetriebslehre stellt eine weitgehende Neufassung dar. Die wesentlichsten Erweiterungen beziehen sich auf die Rechtsangleichung durch die Europäischen Gemeinschaften, die strategische Bankplanung, Corporate Finance, die Mitarbeiterführung, kartengesteuerte Zahlungsverkehrssysteme sowie auf eine ausführliche Darlegung des Geld- und Kapitalmarktes. Gleichzeitig wurde eine Vielzahl von kleineren Ergänzungen und Aktualisierungen vorgenommen. Die Graphiken wurden computerunterstützt erstellt.

Auch die aus der Bankpraxis entnommenen Fallbeispiele erfuhren eine Aktualisierung. Der Verfasser ist der Deutschen Bank, der Dresdner Bank, der Commerzbank, dem Bayerischen Sparkassen- und Giroverband, der Sparkasse Marburg-Biedenkopf sowie der Fiducia Informationszentrale Karlsruhe zu aufrichtigem Dank verpflichtet.

Mit besonderem Engagement hat diese Neuauflage Herr Dipl.-Kfm. Joachim Storck mitgetragen. Für seine vielfältigen Anregungen und Diskussionsbeiträge danke ich ihm an dieser Stelle verbindlichst. Herr Dipl.-Kfm. Walter hat sich um die Aktualisierung der quantitativen Modelle und Herr Dipl.-Kfm. Wüst um den Ausbau des Kapitels Electronic cash verdient gemacht. Frau Christine Stremme trug in bewährter Art wieder zur technischen Produktion dieser Neuauflage bei.

Inhaltsverzeichnis

Verzeichnis der Diagramme

Verzeichnis der Tabellen

0. Grundlegung

0.1 Entwicklung des Bankwesens

Während primitive Kulturen durch sich selbst versorgende Hauswirtschaften gekennzeichnet sind, setzt eine arbeitsteilige Volkswirtschaft, wie wir sie in den Industrieländern bereits seit Jahrhunderten kennen, das Vorhandensein eines Tauschmittels voraus. In den ersten Anfängen der Tauschwirtschaft herrschte noch der reale Austausch von Gütern, der **Naturaltausch**, vor. Mit der zunehmenden Verfeinerung der Arbeitsteilung war der Übergang zur **Geldwirtschaft** unabdingbar. In ihrer ursprünglichsten Ausprägungsform übernahmen Grundstoffe (Salz, Getreide, Elfenbein, Bernstein, Korn, Wolle, Sesam, Ziegel) Geldfunktionen; wir sprechen in diesem Zusammenhang vom **Warengeld**. Bereits im alten Ägypten taucht Metallgeld in Form von Metallringen, gefertigt aus Gold, Silber, Elektron (Mischung aus Gold und Silber) und Kupfer, auf. In diese Epoche der Entstehung des **Wägegeldes**, die zeitlich im dritten Jahrtausend v. Chr. anzusetzten ist, fallen die ersten Ansätze des Bankgeschäftes. Sie trugen Verwahrungs- und Geldleihcharakter. Die Ausübung von Bankgeschäften ist weiters aus Babylonien und Assyrien, insbesondere durch das Gesetzbuch Hammurabis (um 1.700 v. Chr.) überliefert.

Die Erfindung der Münze geht auf Lydien zurück und ist zeitlich in das 7. Jahrhundert v. Chr. einzuordnen. Damit war das **Zählgeld** geboren. Die Münzprüfung und der Geldwechsel wurde von den **Trapeziten** (Trapeza = Tisch, auf dem die Münzprüfung und der Geldwechsel erfolgte) übernommen, die schließlich auch Depositen- und Kreditfunktionen ausübten.

Im Mittelalter gewinnt bereits der Fernhandel erheblich an Gewicht. Dieser bediente sich - aus Sicherheitsgründen - zusehends der unbaren Zahlung per Wechsel. Die Entgegennahme der Wechselsumme sowie die Auszahlung des Gegenwertes wurde von **Geldwechslern (= Bancherii)** organisiert. In einer späteren, schon vergleichsweise weit entwickelten Ausbaustufe entstand eine Art "Korrespondenzbankennetz", das die führenden Messe- und Handelsplätze einschloß und dessen vordringlichste Aufgabe der Austausch von Wechselbriefen war. Daneben nahmen die Geldwechsler auch Einlagen entgegen. Sie stellten darüber Depositenscheine aus, die als Vorläufer der Banknote moderner Prägung gelten.

Aus diesen Geldwechselgeschäften entstanden zum Ausklang des Mittelalters und mit der beginnden Neuzeit die Privatbankiers. In Italien sind vor allem die **Bardi, Peruzzi** und **Medici** bekannt geworden, während nördlich der Alpen die in Augsburg seßhaften **Fugger** eine dominierende Rolle einnahmen. Neben ihrer Funktion im Zahlungsverkehr und im Depositengeschäft traten die privaten Bankhäuser als Finanziers von Kaisern und Königen sowie der Kirche hervor.

Die **Entwicklung der Notenbanken** geht auf die im Jahre 1694 errichtete Bank of England zurück, der neben den üblichen Bankgeschäften (= "banking department") bereits das ausschließliche Recht der Banknotenemission (= "issue department") zugestanden wurde. Das deutsche Gegenstück bildet die 1765 von Friedrich dem Großen gegründete Königliche Giro- und Lehnbank in Berlin. Aus diesem Institut ging 1846 die Preußische Bank, die als Notenbank des preußischen Staates fungierte, hervor. 1875 entstand daraus die Deutsche Reichsbank.

Nach dem Zweiten Weltkrieg übernahmen in einer Übergangsphase auf föderalistischer Basis zunächst die Bank deutscher Länder bzw. die Landeszentralbanken Notenbankfuntionen, bis schließlich 1957 die **Deutsche Bundesbank** errichtet wurde.

Die Geburtsstunde des **Internationalen Währungsfonds** sowie der **Weltbankgruppe** schlug 1944. In diesem Jahr einigten sich die 45 Teilnehmerländer der Währungs- und Finanzkonferenz der Vereinten Nationen in Bretton Woods auf eine Charta zur internationalen Währungsordnung. Gleichzeitig wurde die Gründung der Weltbank beschlossen. An IWF und Weltbank sind derzeit 148 Länder beteiligt. Insbesondere hinsichtlich sich ausweitender Zahlungsbilanzungleichgewichte und nachhaltiger Entwicklungsprobleme kommt den beiden Organisationen eine wichtige Rolle zu. Die **Bank für Internationalen Zahlungsausgleich** nahm ihre Tätigkeit am 12. Mai 1930 auf. Ihr Zweck besteht darin, die Zusammenarbeit der Zentralbanken ihrer Vertragsstaaten zu fördern - 1974 wurde ein Ausschuß für Bankenbestimmungen und -überwachung ("Cooke-Committee", heute "Muller-Committee") gegründet - und neue Möglichkeiten für internationale Finanzgeschäfte zu schaffen. Ferner kann sie ihre Mitgliedstaaten im Rahmen internationaler Zahlungsgeschäfte als Treuhänder vertreten. Zum Zwecke der europäischen Integration wurde am 18. April 1951 mit dem "Pariser Vertrag" der Grundstein für die **Europäischen Gemeinschaften** gelegt. Innerhalb der Ländergemeinschaft werden die nationalen Bankensysteme so weit harmonisiert, daß in letzter Konsequenz der Typ der Eurobank entsteht.

Den entscheidenden Anstoß zur **Entstehung des Kommerzbankwesens**, dessen primäre Zielsetzung die Finanzierung der damals im Aufbau befindlichen Industrie war, lieferte die Gründung der **Société Génerale du Crédit Mobilier** durch die Brüder **Isaac und Emilie Péreire** in Paris im Jahre 1852. Der zunehmende Kapitalbedarf der rasch wachsenden Industrie verlangte nach größeren Betriebseinheiten im Bankwesen. Diese wurden mit der Errichtung von Bank-Aktiengesellschaften, die schon weitgehend Universalbankcharakter aufwiesen, geschaffen.

In der Folge entstanden in Deutschland die ersten Aktienbanken; vor allem fällt in die zweite Hälfte des 19. Jahrhunderts die Errichtung der heutigen drei Großbanken (1870: Deutsche Bank und Commerzbank; 1872: Dresdner Bank).

Die **Ursprünge der Sparkassenidee**, aus Frankreich und England kommend, weisen ins 17. Jahrhundert zurück. Noch heute bestehen Meinungsverschiedenheiten, ob die 1749 in Salem errichtete Waisenkasse, die 1765 in Braunschweig eröffnete Leihkasse oder die 1778 im Rahmen der Hamburger Allgemeinen Versorgungsanstalt gegründete Ersparungskasse als erste Sparkasse Deutschlands anzusehen ist.

Der **Genossenschaftsgedanke** entwickelte sich zu Beginn des 19. Jahrhunderts, im besonderen in England, in Frankreich und in der Schweiz. Die ersten Kreditgenossenschaften in der BRD wurden um die Mitte des 19. Jahrhunderts gegründet.

Über die Initiative **Raiffeisens** entstand, nachdem die ersten Vorläufer der landwirtschaftlichen Kreditgenossenschaften bis auf das Jahr 1846 zurückreichen, als Selbsthilfeeinrichtung der ländlichen Bevölkerung 1864 in Heddesdorf der erste Darlehenskassenverein. Zur Unterstützung des mittelständischen Handwerks wurden von **Schulze-Delitzsch** die gewerblichen Kreditgenossenchaften ins Leben gerufen (1850: Delitzscher Verein).

Nach diesen ersten Bankgründungen verzeichnete das Kreditgewerbe ein enormes Wachstum. Dieses erklärt sich aus dem wirtschaftlichen Aufschwung, der sich seither vollzogen hat. Während zunächst nur wenige Unternehmen und Private den Spar- und Investitionsprozeß einer Volkswirtschaft unter sich ausmachten, ist heute einer breiten Schicht der Bevölkerung die Bildung von Geldvermögen möglich.

Im Sektor der Unternehmen ist die Veranlagung in Sachvermögen vorrangig, so daß lediglich Liquiditätsreserven dem Kreditgewerbe anvertraut werden. Bei den privaten Haushalten dagegen spielt sich der Sparprozeß in Form der Geldvermögensbildung ab. Die längerfristigen Anlagecharakter repräsentierenden Einlagen der Banken stammen daher heute im wesentlichen aus der **Geldvermögensbildung der privaten Haushalte**. Aufgrund des ständig steigenden Realeinkommens im Lauf der vergangenen Jahrzehnte vermochten die privaten Haushalte einen immer größeren Beitrag zur volkswirtschaftlichen Kapitalbildung zu leisten. Dieses Geldkapital, das sich bei den einzelnen Banken niederschlägt, wird im Wege der Transformation des Kreditgewerbes an die Kreditnehmer weitergeleitet. Neben der Selbstfinanzierung und der Direktfinanzierung auf dem Kapitalmarkt bildet der Bankkredit heute die wichtigste Kapitalquelle für die unternehmerische Investition.

Das nach dem Zweiten Weltkrieg stark gestiegene Einlagenvolumen der privaten Haushalte fand seinen sichtbaren Niederschlag in der zunehmenden Bedeutung des Kreditwesens im Finanzierungssystem einer Volkswirtschaft. Die Entwicklung des Kreditgewerbes ist dergestalt ein beredter Ausdruck des sozialen Wandels, der in den vergangenen Jahrzehnten zu verzeichnen war.

Neben dem Aktiv- und dem Passivgeschäft gewann gleichzeitig das Indifferenzgeschäft zunehmend an Bedeutung, vor allem der bargeldlose Zahlungsverkehr. Mit der raschen **Verbreitung des bargeldlosen Zahlungsverkehrs** erfuhr das Buch- oder Giralgeld eine Aufwertung. Heute ist das Volumen des Giralgeldes wesentlich höher anzusetzten als der Bargeldumlauf. Im Rahmen der Zahlungsströme einer Volkswirtschaft werden nur noch Zahlungen von den privaten Haushalten an die Unternehmen sowie der Zahlungsverkehr zwischen den privaten Haushalten überwiegend mit Bargeld ausgeführt. Der stück- und volumenmäßig weitaus überwiegende Teil des Zahlungsverkehrs ist damit auf das Kreditgewerbe verlagert.

Im Zuge der verstärkten Marktorientierung der Banken wurden in den letzten Jahrzehnten zusehends **Produktinnovationen**, insbesondere auch bei den Indifferenzgeschäften, forciert. Dabei konnten allerdings, ähnlich wie beim bargeldlosen Zahlungsverkehr, kaum nennenswerte Umstrukturierungen in den Deckungsbeiträgen der einzelnen Leistungsprogramme erzielt werden. Die Produktinnovationspolitik der Banken ist vielmehr unter marktstrategischen und akquisitorischen Gesichtspunkten, d.h. im Hinblick auf ihre Zubringerfunktion für andere Leistungsangebote, zu sehen. Ferner bieten sie die Möglichkeit, einem mittlerweile zumindest regional bestehenden Verdrängungswettbewerb mit einer Nischenpolitik zu begegnen.

Durch die Intensivierung der internationalen Arbeitsteilung und der Außenhandelsbeziehungen erhielt der vom Kreditgewerbe im Auftrage von Exporteuren und Importeuren abzuwickelnde **Zahlungsverkehr mit dem Ausland** einen neuen Stellenwert. Die zunehmende Liberalisierung der nationalen Kreditmärkte nach dem Zweiten Weltkrieg führt schließlich zu einer erheblichen Ausweitung der internationalen Kapitalströme.

Wir wollen abschließend in Diagramm 1 zur Veranschaulichung des **Wachstums des Kreditwesens** die Entwicklung des Verhältnisses Bilanzvolumen des Bankensektors zu Bruttosozialprodukt in der BR Deutschland darlegen:

Diagramm 1: Verhältnis "Geschäftsvolumen des Bankensektors zu Bruttosozialprodukt" 1960 - 1990 in %

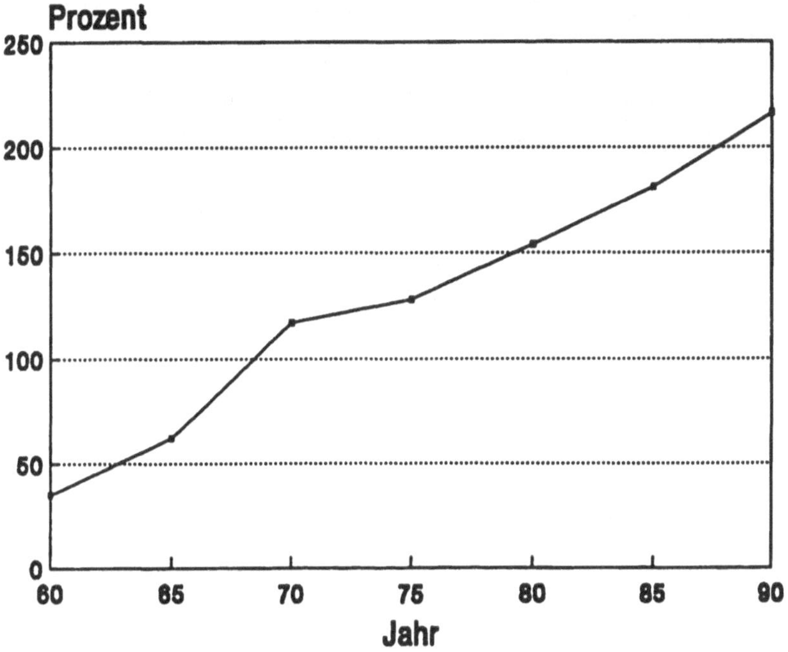

Quelle: Monatsberichte der Deutschen Bundesbank; Statistische Jahrbücher des Statistischen Bundesamtes.

0.2 Umweltbedingungen und Elemente der Bankpolitik

Wir orientieren uns beim weiteren Aufbau des Buches zunächst an der Frage, welchen äußeren Einflußfaktoren die Bankpolitik unterliegt. Vorab sind damit die Umweltbedingungen zu analysieren, denen auf einzelwirtschaftlicher Ebene Rechnung zu tragen ist. Anschließend gehen wir im Sinne einer einzelwirtschaftlich orientierten Bankpolitik auf die Unternehmensziele, die Unternehmensführung sowie die Betriebs- und Marktpolitik ein (Diagramm 2).

Diagramm 2: Umweltbedingungen und Elemente der Bankpolitik

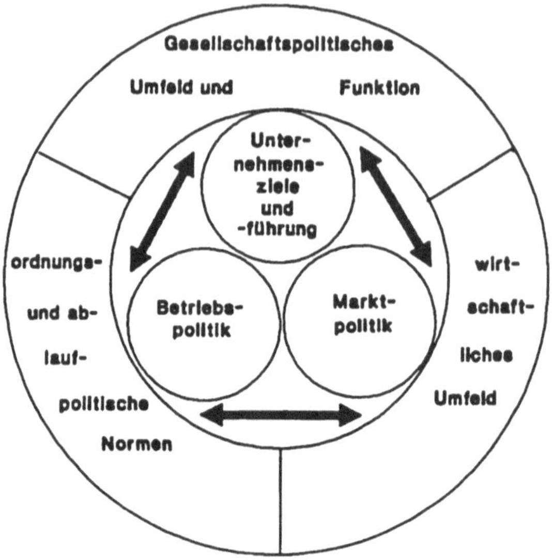

Abschnitt A:

Umweltbedingungen

1. Gesellschaftspolitisches Umfeld und Funktion

1.1 Gesellschaftspolitisches Umfeld

Wir wollen den Bankbetrieb[1] nicht isoliert als für sich allein bestehende Institution sehen, sondern als Subsystem, das Beziehungen zur Umwelt unterhält. Diese umfeldorientierte Betrachtungsweise erfordert zunächst eine Einbeziehung der grundlegenden gesellschaftspolitischen Entwicklungslinien in das unternehmenspolitische Kalkül. Zielsetzungen, Strategien und Restriktionen der Unternehmenspolitik werden entscheidend von den als allgemein gültig erachteten und akzeptierten gesellschaftspolitischen Leitlinien und Wertorientierungen, von der gesellschaftlichen Struktur einer Volkswirtschaft, bestimmt. Andererseits bestehen auch Rückwirkungen der Unternehmenspolitik, insbesondere soweit diese auf einer breiteren Basis von Verbänden oder von einzelnen Wirtschaftszweigen getragen wird, auf die Gesellschaft.

Wenn wir nunmehr konkret werden, ist als nachhaltigste Entscheidung für den Aufbau des Kreditwesens eines Landes die Frage der **Anteilseignerschaft** der Banken zu sehen. In der konsequentesten Formulierung stehen sich die Alternativen eines ausschließlich auf privater Basis organisierten und eines verstaatlichten Bankwesens gegenüber. Der Anteilseignerschaft kommt in diesem Falle der Charakter eines systemdifferenten Tatbestandes, d.h. eines von der Gesellschaftsstruktur bestimmten Ordnungsfaktors, zu.

In abgeschwächter Form geht es darum, ob nach den Kriterien Effizienz und Wettbewerbsintensität des Bankensystems ein ausreichender Ausgleich zwischen privaten, öffentlich-rechtlichen und genossenschaftlichen Banken gegeben ist.

Unter diesem Gesichtspunkt hat sich die im Auftrag des Bundesministeriums der Finanzen tätig gewordene Studienkommission "Grundsatzfragen der Kreditwirtschaft" (Bundesministerium der Finanzen, 1979, S. 246 ff) mit der Frage einer möglichen Erweiterung des Staatseinflusses im deutschen Kreditgewerbe befaßt. Sie kam mit u.E. sehr stichhaltigen und triftigen Begründungen (Beeinträchtigung des Wettbewerbs; Einschränkung des grenzüberschreitenden Kapitalverkehrs; Beeinträchtigung der Beziehungen zu anderen Staaten, falls ausländische Banken von der Verstaatlichung betroffen wären; verfassungsrechtliche Problematik) zum Ergebnis, daß die Voraussetzungen einer Vergesellschaftung des auf privater Basis organisierten Kreditwesens in keiner Weise gegeben sind.

Die Funktion des Kreditwesens in einer Gesellschaftsordnung hängt zudem in entscheidendem Maße davon ab, nach welchen Kriterien die für den Nicht-

---

1 Die Begriffe Bank und Kreditinstitut bzw. Bankwesen (Kreditwirtschaft, Kreditgewerbe) werden durchgehend synonym gebraucht.

bankensektor gewichtigste Allokationsentscheidung, die **Kreditvergabe**, vorgenommen wird. Eine an betriebswirtschaftlichen Maximen ausgerichtete Handlungsweise hat sich ausschließlich an den Kriterien der Kreditwürdigkeit und der Kreditfähigkeit zu orientieren. Staatliche Investitionskontroll- und Lenkungsmechanismen dagegen würden gleichzeitig oder u.U. sogar vorrangig die Berücksichtigung gesellschaftspolitischer Zielsetzung erfordern. Die denkmöglichen Ansatzpunkte einer solchen Politik sind außerordentlich vielfältig und reichen von einer entsprechend gehandhabten Mindestreservepolitik und einer stärkeren Repräsentanz einzelner Interessengruppen in Entscheidungsgremien der Banken bis zur qualitativen Kreditkontrolle und zu steuerpolitischen Instrumenten. Derartige Maßnahmen standen in der Vergangenheit wiederholt zur Diskussion; aus wohlerwogenen Gründen wurde aber auf staatliche Eingriffe in die Kreditvergabepolitik der Banken verzichtet.

Unabhängig von gesetzlichen oder gesetzesähnlichen Normen ist ein hoher Grad an gesellschaftspolitischer Verantwortung eine selbstverständliche Maxime der Anlagepolitik der Banken. Den treffendsten Beweis dafür lieferte stellvertretend für die gesamte deutsche Kreditwirtschaft die Deutsche Bank, als sie im Jahre 1975 ein von der Friedrich Flick KG angebotenes Aktienpaket der Daimler Benz AG, das 29 % des Aktienkapitals repräsentierte, zwischenzeitlich übernahm und damit den Verkauf an ausländische Interessengruppen verhinderte.

Von den dominierenden gesellschaftspolitischen Strömungen werden auch die dem Thema "**Bankenmacht**" zugeordneten Aktivitäten und finanziellen sowie personellen Verflechtungen geprägt. Darunter fallen vor allem der Anteilsbesitz der Banken bei Nichtbankunternehmen, das Vollmachtstimmrecht, die Repräsentanz von Bankvertretern in Aufsichtsräten sowie das sich im Universalbankensystem aus dem Zusammenwirken von Kreditgewährung, Emissionsgeschäft, Anteilsbesitz, Vollmachtstimmrecht und Aufsichtsratsmandaten ggf. kumulierende Einflußpotenitial. Zyklisch wird dieses Reizthema in die öffentliche Diskussion gebracht. Bereits die schon genannte, von der SPD/FDP-Regierung im Jahre 1974 eingesetzte Studienkommission befaßte sich mit der Frage nach der Stichhaltigkeit der Kumulationsthese. Sie verabschiedete in ihrem Schlußbericht im Jahre 1979 folgende Vorschläge:

- Begrenzung des Anteilsbesitzes an Nichtbankunternehmen im Verhältnis zum Kapital des Beteiligungsunternehmens (Mehrheitsmeinung: 25 %; Minderheitsmeinung: 10 %);
- Zulassung der Dauervollmacht mit Ausnahmen (Ausnahmen sieht die Kommission für solche Beschlüsse vor, welche nach dem Aktiengesetz qualifizierte Mehrheiten erfordern oder bei der Wahl von Bankvertretern in den Aufsichtsrat);
- Zusatzangaben im Geschäftsbericht bei der Entsendung von Bankenvertretern in Aufsichtsräte (berufliche Betätigung der Aufsichtsratsmitglieder, zahlenmäßige Veröffentlichung der von Unternehmensvertretern ausgeübten Aufsichtsratsmandate);

- die oben dargelegten Beschränkungen des Anteilsbesitzes sowie des Vollmachtstimmrechts mildern ein sich aus der Kombination von Kreditgeschäft, Ermissionsgeschäft, Anteilsbesitz, Volllmachtstimmrecht und Aufsichtsratsmandaten angehäuftes Machtpotenital ab.

Die Kommissionsvorschäge dienten als Anregung für die Kreditwesengesetz (KWG)-Novelle 1984. Dabei zeigten die beiden, von unterschiedlichen Regierungsmehrheiten erarbeiteten Referentenentwürfe deutlich das Spektrum der gegensätzlichen wirtschaftspolitischen Positionen auf. Die sozial-liberale Koalition tendierte deutlich zu einer Begrenzung des Anteilsbesitzes an Nichtbankunternehmen, zu Einschränkungen beim Vollmachtstimmrecht und bei der Zahl der in einer Hand verbrieften Aufsichtsratsmandate sowie zu einer erhöhten Transparenz über die Betätigung von Bankenvertretern in Aufsichtsräten. Die später unter der christlich-liberalen Regierung verabschiedete Novelle verzichtete dagegen auf diese Beschränkungen.

Neuerlich wurde die Diskussion um die Bankenmacht anläßlich der Übernahme des Luft- und Raumfahrtkonzerns MBB durch die Daimler Benz AG wiederbelebt. Zunächst bemängelte die Monopolkommission eine sich verstärkende Machtkonzentration bei den Banken. Die Bonner SPD-Fraktion brachte einen Antrag "Gegen wachsende Bankenmacht und für mehr Wettbewerb im Kreditgewerbe" ein. Schließlich sprach sich auch die FDP-Führung für eine Begrenzung des Anteilsbesitzes aus. Daraufhin wurde durch die Koalitionsfraktionen eine Arbeitsgruppe "Bankenmacht" eingesetzt. Als ein erstes Ergebnis werden die gesetzlichen Publizitäts- und Offenlegungspflichten (§§ 285, Nr. 10 HGB und 25a KWG) erweitert. Damit soll zunächst die Transparenz persönlicher Verflechtungen zwischen Banken und Nichtbanken erhöht werden. Ferner zeichnen sich Vorschläge zur Untersagung von Aufsichtsratsmandaten in konkurrierenden Unternehmen, ein Verbot von Stimmrechtsbeschränkungen sowie die Einführung von Stimmrechtsbeiräten bei Kapitalanlagegesellschaften ab.

Im Rahmen des EG-Richtlinienrechts ist zu erwarten, daß zusätzlich zu nationalen Bestrebungen die bestehenden bankaufsichtsrechtlichen Restriktionen für bankfremden Anteilsbesitz (§§ 12, 13 und 19 KWG) weiter verschärft werden (vgl. Kap. 2.1.2). Unabhängig von legislativen Überlegungen und Entwicklungen führen die Banken seit Jahren ihren Anteilsbesitz an Nichtbanken zurück.

Tabelle 1: Anteilsbesitz der privaten Banken von über 25% bei den Top 500 deutschen Unternehmen im Nichtbank-Bereich

Bank	Ende 1979	Mitte 1989
Deutsche Bank	6	3
Dresdner Bank	7	3
Commerzbank	3	1
Bayerische Vereinsbank	2	0
Bayerische Hypotheken- und Wechselbank	2	2
BHF-Bank	1	1
Insgesamt	**21**	**10**

Quelle: o.V., Banken bauen Anteilsbesitz ab, 1989, S. 522.

Auf der anderen Seite bleiben die Banken weiterhin ein eminent wichtiger Faktor bei der Bereitstellung von Risikokapital. Es sei in diesem Zusammenhang etwa auf die Rettung der rund 80.000 Arbeitsplätze bei der AEG hingewiesen. Die Banken sind seinerzeit bei der Übernahme des Konzerns nicht nur ein bedrohliches Risiko eingegangen, sondern haben das Unternehmen mit enormem Sachverstand saniert. Im Anschluß daran haben sie sich von ihrem Anteilsbesitz getrennt.

Mit der Zunahme sog. Allfinanzstrategien erhält die "Bankenmacht"-Diskussion bereits neuen Sprengstoff.

In Zusammenhang mit dem Einfluß gesellschaftlicher Entwicklungen auf die Bankpolitik verdient weiters die Bewegung des **Konsumerismus** Erwähnung. Die Zielsetzung des Konsumerismus besteht darin, mit Unterstützung der öffentlichen Meinung ethisch nicht vertretbare Verhaltensweisen von Marktanbietern zu verhindern.

Nicht völlig ohne Bedeutung ist auch für den Bankbetrieb die von der **Ergonomie** (= Lehre von der menschengerechten Gestaltung der Arbeit) erhobene Forderung nach befriedigenden, humanen Arbeitsplätzen, auch wenn mit der zunehmenden Verlagerung von Routinearbeiten und Routinegeschäften auf Automaten dieses Ziel stark an Gewicht verliert. Wir wissen, daß ein hoher Grad an Arbeitsteilung auch bei Büroarbeiten zu steigender Unzufriedenheit führt. Repetitive, routinisierte Tätigkeitsprofile üben einen demotivierenden Einfluß auf den jeweiligen Stelleninhaber aus. Mit der Zusammenlegung aufgesplitterter Arbeitsabläufe kann einerseits den Ansprüchen der Ergonomie Rechnung getragen werden, während andererseits im Zuge einer verstärkten Identifikation mit der Arbeitsaufgabe auch eine Effizienzsteigerung erreichbar ist.

Die umfassende Darlegung der Gesamtheit der Beziehungen der Unternehmung zur Gesellschaft ist in Form einer gesellschaftsbezogenen Rechnungslegung, der sog. **Sozialbilanz**, möglich. Im Idealfall einer gesellschaftsbezogenen Berichterstattung werden soziale Kosten und Nutzen gegenübergestellt. Die wesentlichen Beziehungsfelder einer Sozialbilanz sind die Mitarbeiter, die Bankkunden, die Anteilseigner sowie die soziale Umwelt. Versuche in dieser Richtung sind in jüngerer Vergangenheit, z.T. US-amerikanischen Beispielen folgend, auch im deutschsprachigen Raum unternommen worden. Damit kann in einer umfassenden Form der Vorstellung nach einer breiten Information der Öffentlichkeit über die Funktion von Banken im Rahmen der bestehenden Gesellschaftsordnung entsprochen werden.

1.2 Volkswirtschaftliche Funktion

In Unternehmen, privaten und öffentlichen Haushalten gleichen sich die periodenbezogenen Einnahmen und Ausgaben nur im Ausnahmefall aus. Über- und Unterdeckungen schlagen sich in Form von Angebot und Nachfrage nach Geldkapital nieder. Unter der Voraussetzung des vollkommenen Marktmodelles würde sich der Ausgleich im direkten Kontakt zwischen Anbietern und Nachfragern einstellen.

Da wesentliche Elemente des vollkommenen Marktmodelles fehlen - insbesondere die vollkommene Markttransparenz sowie die unendliche Anpassungsgeschwindigkeit - bedarf es einer Vermittlerrolle. Das Vorhandensein eines unvollkommenen Marktes hat gleichzeitig zur unabdingbaren Konsequenz, daß diese Transformationsfunktion nur unter Inkaufnahme von Transaktionskosten bewältigt werden kann.

Das Optimalitätsprinzip in bezug auf Funktionserfüllung und Transaktionskosten erfordert die Ausstattung einer Volkswirtschaft mit einem institutionalisierten, professionell organisierten, dem Wettbewerbsprinzip unterliegenden Bankwesen.

Die Vermittlung zwischen Angebot und Nachfrage nach Geldkapital setzt eine Transformation in mehrfacher Hinsicht voraus. Zunächst gilt es, Differenzen in der Fristigkeit auszugleichen, wir sprechen in diesem Zusammenhang von **Fristentransformation**. Aufgabe der Kreditinstitute ist es gleichzeitig, die Sicherheit der Einlagen zu gewährleisten, während andererseits mit der Kreditgewährung die Inkaufnahme von Ausfallrisiken unvermeidbar ist. Will man dieses Kreditrisiko nicht auf Dritte verlagern, womit eine Bank ihrer ureigensten unternehmerischen Risikofunktion entkleidet wäre, kann die **Risikotransformation** nicht grundsätzlich ausgeschaltet werden. Neben diesen beiden qualitativen Transformationsfunktionen hat das Kreditgewerbe schließlich noch die quantitative Transformation im Hinblick auf die unterschiedliche Stückelung von Angebot und Nachfrage nach Geldkapital zu erfüllen, die als **Losgrößentransformation** bezeichnet werden kann.

Fristentransformation bedeutet, daß formell und materiell kurzfristige Einlagen in langfristige Kredite transformiert werden. Sichteinlagen dienen grundsätzlich Zahlungszwecken und stehen schon aufgrund dieser Zielsetzung nur kurzfristig zur Verfügung der Bank. Aber auch bei den Spareinlagen mit gesetzlicher Kündigungsfrist behält sich der Einleger formell die kurzfristige Disposition vor, selbst wenn die effektive Verweildauer im Durchschnitt bei einigen Jahren liegt. Die empirisch vielfach nachgewiesene hohe Liquiditätspräferenz der privaten Haushalte bedingt trotz erheblicher zinspolitischer Anreize zugunsten gebundener Sparformen nach wie vor einen vergleichsweise hohen Anteil der formell kurzfristig abrufbaren Einlagen. Für längere Fristen fest liegen Termineinlagen, gebundene Spareinlagen sowie vor allem die aus Wertpapieremissionen zufließenden Mittel.

Der Bedarf an langfristigem Geldkapital von seiten der Kreditwerber übersteigt in aller Regel sowohl im Volumen als auch hinsichtlich der Fristigkeit das Angebot erheblich. Jede Bank, welche dieser Nachfrage nach längerfristigen Krediten, wie sie insbesondere zur Finanzierung industrieller Investitionen sowie des Wohnungsbaues auftritt, Rechnung trägt, ist damit gezwungen, das Prinzip der Fristenkongruenz von Angebot und Nachfrage nach Geldkapital zu verlassen.

Unter dem Vorzeichen einer wachsenden Wirtschaft mit nominell und real zunehmenden Einlagenbeständen ist die Fristentransformation keineswegs existenzgefährend für ein Kreditinstitut. Problematisch wird die Aufgabe fristenkongruenter Finanzierungsregeln erst mit sinkenden Einlagen. Von einer solchen Entwicklung können sowohl einzelne Institute als auch das Bankwesen einer gesamten Volkswirtschaft betroffen sein. Um einen angemessenen Interessensausgleich im Spannungsfeld zwischen Fristentransformation und fristenkongruenter Finanzierung herzustellen, unterliegt das Bankwesen liquiditätspolitischen Normen. Wir werden auf diese an anderer Stelle näher eingehen.

Jede Kreditgewährung einer Bank ist untrennbar mit der **Inkaufnahme eines Ausfallrisikos** verbunden. Zwar sind die Ausfallwahrscheinlichkeiten der einzelnen Veranlagungsarten außerordentlich unterschiedlich - angefangen von der Veranlagung in Schatzanweisungen, bei denen allenfalls ein theoretisches Restrisiko in Ansatz gebracht werden könnte bis zur Kreditgewährung an ausländische Kreditnehmer mit hohem Länder- und Tranferrisiko - doch selbst eine auf Risikominimierung abzielende Geschäftspolitik wird das Dubiosenrisiko nicht völlig ausschalten können.

Eine vordringliche Aufgabe der Banken ist es zudem, die Kreditvergabepolitik nicht ausschließlich an materiellen Sicherstellungen auszurichten, sondern vor allem auch die Finanzierung wachstums- und innovationsträchtiger Investitionsprojekte, wie sie für den Schumpeterschen Unternehmertyp charakteristisch sind, zu ermöglichen. Diese Kreditvergabepolitik, die auf der dynamischen Kreditfähigkeit aufbaut, sieht die Deckung in der zukünftigen Ertragskraft des kreditwerbendem Unternehmens bzw. der zu finanzierenden Investition. Übertragen wir dieses Auswahlkriterium auf den privaten Haushalt, treten an die Stelle der zukünftigen Ertragskraft des Unternehmens die Einkommenserwartungen des privaten Kreditwerbers. Bei der Kreditgewährung an öffentliche Haushalte kommt diesem Gesichtspunkt dagegen aufgrund der de jure- oder de facto- Staatsgarantie kaum Bedeutung zu.

In Zusammenhang mit der Risikotransformation erwähnenswert ist schließlich die direkte Beteiligung von Banken an Nichtbankunternehmen durch den Erwerb von Anteilsbesitz. Wie immer man diese Frage aus gesellschaftspolitischer Sicht einschätzen mag bleibt die Tatsache bestehen, daß die Risikoneigung der privaten Haushalte als vergleichsweise gering einzuschätzen ist. Bei weiter ansteigendem Bedarf an Risikokapital von seiten der Nichtbankunternehmen läßt sich für die Zukunft eine unübersehbare Lücke im Angebot an Beteiligungskapital prognostizieren. Um diese zu schließen, aber auch aus Gründen der Streuung der mit der Anteilseignerschaft verbundenen Risiken, halten wir den Anteilsbesitz der Banken nicht nur für wünschenswert, sondern im Sinne einer optimalen volkswirtschaftlichen Kapitalallokation für unabdingbar. Als beispielgebend in dieser Richtung können die französischen "Banques d'affaires" (= Beteiligungsbanken) gelten, die eigens zu dem Zweck der Haltung von Beteiligungen im Nichtbankenbereich eingerichtet wurden.

Bei aller Betonung der Risikotransformationsfunktion kann es anderseits nicht Aufgabe des Kreditwesens sein, originäre Unternehmens- oder Einzelrisiken zu übernehmen. Der Risikohorizont liegt dort, wo die Solvenz der Bank in Gefahr gerät.

Die Intensität des Ausfallrisikos hängt entscheidend von der Erwartungsstruktur der zu kreditierenden Unternehmung (bzw. der Einkommenserwartung des privaten Kreditwerbers) sowie von der Eigenkapitalausstattung (bzw. der Nettovermögenssubstanz) ab. Die Fähigkeit, schlagend werdende Ausfallrisiken zu tragen, ist sodann eine Funktion der Eigenkapitalausstattung der Bank.

Wenn wir die Eigenkapitalquoten von Banken und Nichtbanken über die vergangenen Jahrzehnte untersuchen, erkennen wir eindeutig sinkende Trends. Für die Risikotransformation der Banken hat diese Entwicklung die unabänderliche Konsequenz tendenziell zunehmender Risikoscheu in ihrer Veranlagungspolitik. Daraus erklären sich einerseits die noch immer vorhandene Bedeutung statischer Kriterien der Kreditvergabe (Kreditsicherheiten), anderseits die erheblichen Marktchancen für Substituionsinstrumente der konventionellen Kreditfinanzierung (Leasing, Factoring, Forfaitierung, Kapitalbeteiligungsgesellschaften, Bürgschafts- und Garantieeinrichtungen).

Die **Losgrößentransformation** ist darauf zurückzuführen, daß die durchschnittliche Einlagenhöhe weit unter dem Durchschnittsbetrag im Veranlagungsgeschäft der Banken liegt. Eine große Anzahl von Einlagen, die im wesentlichen dem Sektor der privaten Haushalte entstammen, steht einer vergleichsweise geringen, vor allem Unternehmen und öffentlichen Haushalten zufließenden Anzahl an Krediten gegenüber. Zwar nimmt im langfristigen Trend die Kreditnachfrage der privaten Haushalte zu. An den wesentlich höheren Durchschnittsbeträgen im Kreditgeschäft hat sich allerdings bislang noch nichts geändert.

Transformationsfunktionen übernimmt das Bankwesen nicht nur im Rahmen einer nationalen Volkswirtschaft, sondern auch **auf internationaler Ebene**. Als prägnantes Beispiel dafür ist die Schweiz zu nennen, die in hohem Umfange ausländisches Geldkapital anzieht. Die jahrzehntelange politische und wirtschaftliche Stabilität des Landes, die harte Währung sowie die sorgsame Wahrung des Bankgeheimnisses gelten als die entscheidenen Elemente dieser Position.

Die Fristen-, Risiko- und Losgrößentransformationen vollziehen sich hier allerdings in modifizierten Formen. Vorab zieht der Zustrom ausländischen Geldkapitals einen verflüssigenden Effekt für das Bankwesen nach sich. Sollen Ungleichsgewichtslagen im Inland verhindert werden, bedarf es besonderer Steuerungs- und Lenkungsmechanismen von seiten der Zentralnotenbank. In letzter Konsequenz bedeutet dies, daß zumindest erhebliche Teile des ausländischen Geldkapitals wieder an ausländische Kreditnehmer zurückfließen.

Die Bindungsdauer der Auslandseinlagen ist in der Regel kurzfristiger Natur. Angesichts der absoluten Höhe der einzelnen Einlagen kann der für die durchschnittliche Einlage privater inländischer Haushalte gültige Substitutionsprozeß keinesfalls unterstellt werden. Folglich muß ein Prozeß der Fristentransformation weitgehend unterbleiben. Es kommt lediglich zur kurzfristigen Wiederveranlagung ggf. unter Vereinbarung von Prolongationsmöglichkeiten.

Eine Verstärkung erfährt dagegen im Falle einer Wiederveranlagung im Ausland die Risikotransformationsfunktion. Zum (tendenziell erhöhten) Ausfallrisiko treten Abwertungs-, Transfer- und politische Risiken hinzu.

Bei der Losgrößentransformation kommt es häufig zu einer Umkehrung jener Konstellation, wie sie üblicherweise im Rahmen der Transformation auf nationaler Ebene gegeben ist. Betragsmäßig hohe Einzeleinlagen erfordern ggf. bei ihrer Wiederveranlagung eine Stückelung auf mehrere Kreditnehmer.

Angesichts der generell veränderten Voraussetzungen, unter denen der Transformationsprozeß ausländischen Geldkapitals vor sich geht, hält sich das Interesse der Banken an Auslandseinlagen in Grenzen. Es wird vor allem von den bestehenden, im zeitlichen Ablauf schwankenden Wiederveranlagungsmöglichkeiten diktiert. Mit der Negativverzinsung, die sich als eine Art Depotgebühr versteht, steht ein marktwirtschaftliches Instrument zur Abwehr ausländischer Einleger zur Verfügung.

Wir würden der Komplexität der Bankfunktionen nicht gerecht werden, wenn wir uns ausschließlich auf das Differenzgeschäft, d.h. auf die Transformation von Einlagen in Kredite beschränken. **Banken fungieren als Service-Unternehmen der finanziellen Sphäre** i.w.S. des Wortes (Weiss, U., 1966). Neben dem Aktiv- und Passivgeschäft werden heute in erheblichem Umfang auch Indifferenzgeschäfte oder Dienstleistungen i.e.S. angeboten. Das Indifferenzgeschäft schließt die Abwicklung von finanziellen Transaktionen sowie Informations- und Beratungsleistungen ein.

Kreditinstituten fällt damit im Rahmen einer Volkswirtschaft die Aufgabe zu, aktive und passive Geld- und Kreditleihgeschäfte, die Abwicklung von finanziellen Transaktionen sowie Informations- und Beratungsleistungen im Bereich der finanziellen Sphäre i.w.S. des Wortes anzubieten.

1.3 Funktionsteilung im Rahmen des Kreditwesens

Die Frage nach der Funktion der einzelnen Bank im Rahmen des Kreditwesens mündet unabdingbar in die Kontroverse Universalbank kontra Spezialbank. Im deutschsprachigen Raum nimmt der **Universalbank;typ** seit Jahrzehnten die dominierende Rolle ein, ganz im Gegensatz zum englischen, französischen oder US-amerikanischen Bankwesen. Zwar existieren in der BR Deutschland auch Spezialbanken, auf die an anderer Stelle noch näher einzugehen sein wird, doch die das Kreditwesen primär prägenden Institutsgruppen haben Universalbankcharakter.

Wie der einleitende historische Überblick erkennen läßt, bestand zunächst in den Anfängen des Bankwesens eine weitgehende funktionelle Differenzierung zwischen den einzelnen Institutsgruppen. Erst allmählich kam es aus Gründen der Institutssicherung und aus Wettbewerbsgründen zu einer Erweiterung der Leistungsprogramme und damit zu einer Annäherung in den Typen. Charakteristisch für diese Entwicklung war in der BR Deutschland die Verleihung der passiven Scheckfähigkeit an die Sparkassen durch das Scheckgesetz vom Jahre 1908. Damit wurde der Grundstein für das Girogeschäft der Sparkassen gelegt.

Nach dem Zweiten Weltkrieg wurde mit der Steigerung der Realeinkom men breiter Bevölkerungsschichten die Geldkapitalbildung der privaten Haushalte zum entscheidenen Wachstumsfaktor. Keine Bankengruppe konnte an dieser Tatsache vorbeigehen, so daß dieser Markt heute von Kommerzbanken, Sparkassen und Kreditgenossenschaften stark umworben wird.

Das Universalbankensystem findet seinen sichtbaren Ausdruck darin, daß die einzelnen Institutsgruppen bzw. deren Mitgliedsinstitute alle wesentlichen Dienstleistungen im Aktiv-, Passiv- und Indifferenzgeschäft anbieten. Vor allem wird auf eine Trennung zwischen aktivem und passivem Geldleihgeschäft und Wertpapiergeschäft verzichtet.

Prüft man den mancherorts erhobenen Vorwurf, das Universalbankensystem würde Konflikte zwischen den eigenen Interessen, den Interessen der kommerziellen Kunden sowie den Interessen der privaten Kunden heraufbeschwören, kommt man zu dem Ergebnis, daß sowohl aus volkswirtschaftlicher Warte als auch aus Banken- und Kundensicht das Universalbankensystem gegenüber dem Spezialbankensystem vorzuziehen ist. Die bereits zitierte Studienkommission (Bundesministerium der Finanzen, 1979, S. 46 ff) befaßt sich in ihrem Abschlußbericht mit diesem Problem sehr eingehend. Die Kommission vermochte zwar einzelne Konfliktfälle nicht völlig auszuschließen, hält jedoch deutlich am Vorzug des Universalbanktyps fest.

Aus volkswirtschaftlicher Sicht stützt vor allem der wettbewerbspolitische Aspekt das Universalbankensystem. Betriebswirtschaftliche Motive lieferten letztlich den entscheidenden Anstoß zur Entstehung von Kreditinstituten mit universellem Leistungsangebot. Wie immer man ein Spezialbankensystem verstanden wissen will (eine Spezialisierung ist grundsätzlich nach dem Leistungsprogramm, nach dem geographischen Wirkungsbereich oder nach dem Kundenkreis möglich), es engt die Möglichkeiten der Risikominimierung durch Diversifikationsstrategien ein. Für die Zielgruppe der kommerziellen Kunden reduziert sich im Falle einer Einschränkung des Leistungsangebotes der Bank die Verhandlungsmacht. Bei den privaten Haushalten läßt sich eine eindeutige Präferenz für jene Banken feststellen, bei denen die Gesamtheit der abzuwickelnden Dienstleistungen ("unter einem Dach") getätigt werden kann. In diese Richtung stößt der in letzter Zeit vermehrt aufkommende "Allfinanz"-Gedanke. Insbesondere bei den Filialgroßbanken, innerhalb des Sparkassenverbandes sowie bei der genossenschaftlichen Institutsgruppe bestehen Bestrebungen, ein möglichst umfassendes Angebot unter Einschluß von Leistungen aus dem paramonetären Bereich zu präsentieren.

Unabhängig vom stark angeglichenen Dienstleistungsangebot sind Schwerpunktbildungen, bewußte **Funktionsspezialisierungen** unter den drei großen Bankengruppen doch deutlich erkennbar. Die Kommerzbanken gelten als Marktführer bei der Industriefinanzierung sowie bei der Abwicklung des ausländischen Zahlungsverkehrs. Die Sparkassen nehmen eine dominierende Rolle im Privatgirogeschäft sowie im Wohnungsbaukredit und in der Kommunalfinanzierung ein. Bei der Gruppe der Kreditgenossenschaften schließlich steht die bankmäßige Betreuung gewerblicher und landwirtschaftlicher Mittelbetriebe im Vordergrund. Gruppenübergreifend steht auf einzelwirtschaftlicher Ebene durchaus zur Diskussion, Schwerpunkte bei ausgewählten Zielgruppen zu setzen. So gesehen ist in Einzelfällen ein Trend zur Respezialisierung durchaus erkennbar. Vor allem mittlere und kleinere Banken versuchen, Marktnischen ausfindig zu machen und in diesen ein spezialisiertes, individuelles Leistungsangebot zu präsentieren. Charakteristisch für diese Entwicklung ist beispielsweise die Noris Verbraucherbank in Nürnberg und Hamburg, die sich vor allem des Mediums Bildschirmtext im Rahmen ihrer Vertriebspolitik bedient. Obwohl Bildschirmtext sich erst in der Anfangsphase befindet, konnte die Noris Verbraucherbank schon heute ihre Position zur weltweit führenden Tele-Bank ausbauen. Eine ganz andere Strategie verfolgt die Berliner

Handels- und Frankfurter Bank, die bewußt den Akzent im Individualgeschäft setzte und auf das Mengengeschäft verzichtet. Sie hat im Zuge dieser geschäftspolitischen Neuorientierung sogar einige Niederlassungen an die Kokurrenz abgegeben. In Zukunft wird es nicht mehr so sehr darum gehen, alle Zielgruppen in gleicher Intensität anzusprechen, sondern eine ausgewählte Zielgruppe bevorzugt zu betreuen und ihr ein individuell zugeschnittenes Leistungsangebot erhöhter Qualität zu unterbreiten.

Empfohlene ergänzende Literatur

Zur Funktion des Kreditwesens in der Gesellschaft:

- Bundesministerium der Finanzen (Hrsg.): Bericht der Studienkommission "Grundsatzfragen der Kreditwirtschaft", Schriftenreihe des Bundesministeriums der Finanzen, Heft 28, Bonn 1979, S. 246 - 256.
- Herrhausen, A.: Großbanken und Ordnungspolitik, Die Bank 3/88, S. 120-128.
- o.V.: Zur Diskussion um die "Macht der Banken", Die Bank 10/89, S. 556 ff.
- Manski, E. E.: Umweltschutz schafft neue Bankprodukte, Die Bank 12/90, S. 679-683.

Zur Diskussion Universalbank kontra Spezialbank:

- Mülhaupt, L.: Einführung in die Betriebswirtschaftslehre der Banken, 3. Aufl., Wiesbaden 1978, S. 277 - 292.
- Bundesministerium der Finanzen (Hrsg.): Bericht der Studienkommission,...a.a.0., S. 46 - 73 und S. 222 - 245.
- Bühler, W.: Kreditbankprinzip kontra Investmentbanking?, Die Bank 3/88, S. 129-132.
- Reimpell, P.: Strategien deutscher Banken im Investmentbanking, Die Bank 9/90, S. 488 ff.
- Remsperger, H. und U. Angenendt: Strukturwandel im deutschen Universalbankensystem, Die Bank 10/90, S. 540 ff.

Kontroll- und Verständnisfragen

(1) Beschreiben Sie die internationalen Organisationen und Abkommen im Bereich von Währung und Geldwirtschaft.

(2) Geben Sie einen kurzen Überblick über die deutsche Bankengeschichte.

(3) Schildern Sie kurz den Hintergrund und aktuellen Stand der Diskussion um die Bankenmacht.

(4) Welche volkswirtschaftlichen Funktionen vereinigt die Kreditwirtschaft?

(5) Stellen Sie eine Großbank, eine Sparkasse und ein Realkreditinstitut vergleichend gegenüber. Wie schätzen Sie die Erfüllung der Fristen-, Risiko- und Losgrößentransformation dieser drei Kreditinstitute ein?

(6) Gibt es in der deutschen Kreditwirtschaft Ansätze einer Spezialisierung auf bestimmte Funktionen?

2. Ordnungs- und ablaufpolitische Normen

2.1 Ordnungspolitik

Unter Ordnungspolitik verstehen wir alle "rechtlich-organisatorischen Normen, die langfristige Rahmenbedingungen für den Wirtschaftsprozeß schaffen und damit die strukturellen Relationen der Volkswirtschaft" bestimmen (Tuchtfeldt, E., 1967, S. 264). Diesem normenbildenden Rahmen, der Langfristcharakter hat, ist aus betriebswirtschaftlicher Sicht der Stellenwert von Restriktionen zuzuschreiben, die den Entscheidungsspielraum des Bankmanagements abstecken. Zu unterscheiden ist zwischen allgemeingültigen Normen des Rechts, denen Kreditinstitute wie alle anderen Teilnehmer am Wirtschaftsprozeß einer Volkswirtschaft unterliegen, und spezifisch auf das Bankwesen zugeschnittenen Normen.

2.1.1 Allgemeine Rechtsordnung

Die für den Bankbetrieb relevanten Normen der allgemeinen Rechtsordnung sind vielschichtig und können hier nur in ihrer Spannweite angedeutet werden. Sie reichen vom bürgerlichen Recht und vom Handelsrecht sowie den Sondergesetzen über die Rechtsformen der Unternehmung bis zum Wertpapierrecht, dem **Wettbewerbs-** und **Kartellrecht** sowie zum Arbeits- und Sozialrecht.

Eine Ausnahmeregelung von großer Tragweite für das Kreditwesen sieht das deutsche Kartellrecht in § 102 GWB (Gesetz gegen Wettbewerbsbeschränkungen) vor. Zwar gilt auch hier - wie für die wesentlichen Teile der übrigen Wirtschaft - grundsätzlich das Verbotsprinzip, doch sind für das Kreditwesen bestimmte, abstrakt umschriebene Kooperationsbereiche mit Ausnahmeregelungen versehen. So sind etwa "Dauerkooperationen" - z.B. bei Allgemeinen Geschäftsbedingungen oder im Zahlungsverkehr - legalisierungsfähig, sofern sie die entsprechenden Freistellungsvoraussetzungen erfüllen. Das Bundeskartellamt behält sich jeweils einen dreimonatigen Prüfungszeitraum vor, in dem den von der Wettbewerbsbeschränkung betroffenen Wirtschaftskreisen Gelegenheit zur Stellungnahme gegeben wird. In dieser Zeit hat die Kartellbehörde die Möglichkeit, Widerspruch einzulegen. "Ad-hoc Kooperationen" (z.B. Emissionskonsortien) bleiben wie schon vor der fünften Kartellrechtsnovelle ohne vorherige Prüfung wirksam. Auch hier ist eine Untersagung möglich. Dabei werden dieselben Kriterien zugrunde gelegt wie bei Dauerkooperationen. Alle Maßnahmen des Kartellamtes sind im "Benehmen" mit der zuständigen Aufsichtsbehörde zu treffen.

2.1.2 Bankrecht

2.1.2.1 Generelle Regelungen

2.1.2.1.1 Zielsetzungen

Wenn wir von generellen Regelungen ausgehen, haben wir zu fragen, welcher Grundverfassung das Kreditwesen einer Volkswirtschaft unterliegt. Diese Verfassung ist in den jeweiligen Gesetzen zur Regelung des Kreditwesens niedergelegt. Ihr Inhalt leitet sich von nachfolgenden Zielsetzungen ab:

- Gläubigerschutz;
- Funktionsgarantie;
- Vertauensgewähr;
- Gewerberegelung.

Unter **Gläubigerschutz** wollen wir die Gewährleistung der individuellen wirtschaftlichen Interessen hinsichtlich der Sicherheit und Einbringlichkeit von Forderungen gegen Kreditunternehmungen verstehen.

Der **Gläubigerschutz;gedanke** erklärt sich zunächst aus der Tatsache, daß Kreditinstitute zum weitaus überwiegenden Teil Fremdkapital verwalten. Das als Risikopolster fungierende Eigenkapital weist im Vergleich zu Unternehmen anderer Wirtschaftstzweige, bezogen auf das Geschäftsvolumen, außerordentlich niedrige Quoten auf. Der Insolvenzfall trifft notwendigerweise einen wesentlich größeren Gläubigerkreis als ein Bankrott in einer anderen Branche. Auch sind nach der "Ölflecktheorie" die Auswirkungen einer Bankinsolvenz auf das Geldverhalten ungleich weitreichender. Aus diesen Gründen hat ein funktionsfähiges Bankwesen einen hohen Grad an Sicherheit des den einzelnen Instituten anvertrauten Geldkapitals zur Voraussetzung.

Die **Funktionsgarantie** findet in der Gewährleistung der quantitativen und qualitativen Transformation ihren sichtbaren Ausdruck. Zielkonflikte mit dem Postulat des Gläubigerschutzes können nicht grundsätzlich ausgeschlossen werden. Während, um einen Beispielfall zu zitieren, der Gläubigerschutz auf eine Minimierung der Risiken drängt, schließt die Funktion der Risikotransformation die Übernahme bestimmter Ausfallrisiken im Veranlagungsgeschäft notwendigerweise ein. Der Grundverfassung des Kreditwesens obliegt es, zwischen den Zielsetzungen Gläubigerschutz und Funktionsgarantie einen Interessenausgleich herbeizuführen.

Die **Vertrauensgewähr** bezieht sich sowohl auf das generelle Vertrauen in das Geldsystem einer Volkswirtschaft als auch auf das spezielle Vertrauensverhältnis zwischen Banken und Nichtbanken.

Die Funktion des Geldes als Tauschmittel, Zahlungsmittel, Wertmaßstab und Wertaufbewahrungsmittel beruht, da es in den heutigen Erscheinungsformen einen Eigenwert wie die Goldmünze nur noch in Ausnahmefällen repräsentiert, auf Konvention. Dieses System kann nur aufrechterhalten werden, wenn das Geld in diesen Funktionen allgemeine Anerkennung und Akzeptanz findet. Wie die Erfahrung lehrt, reagieren die Teilnehmer am Wirtschaftsprozeß in dieser Hinsicht außerordentlich sensibel.

Den Banken als gewerbsmäßigen Händlern mit Geld kommt in bezug auf das generelle Vertrauen in das Geldsystem einer Volkswirtschaft die Aufgabe zu, als Element der Stabilität zu wirken. Instabilitäten im Bankensystem einer Volkswirtschaft (z.B. ein Run auf Einlagen) ziehen nachhaltige Rückwirkungen auf die Funktionsfähigkeit eines Geldsystems nach sich.

Das spezielle Vertrauensverhältnis zwischen Banken und Nichtbanken schließt einen schrankenlosen Wettbewerb mit dem für die Marktwirtschaft natürlichen Ausleseprozeß durch die Eliminierung "kranker" Unternehmen aus, wie er für andere Wirtschaftszweige charakteristisch ist. Der eingeschränkte Wettberwerb liegt aber keineswegs in einer bewußten Sonderstellung oder Privilegierung der Banken begründet, sondern ist auf die hohen sozialen Kosten zurückzuführen, welche die Insolvenz einer Bank verursacht. Das Insolvenzrisiko soll zwar nicht grundsätzlich ausgeschaltet, aber doch verringert werden.

Unter **Gewerberegelung** verstehen wir alle Bestimmungen, die sich auf die

- Abgrenzung der Bankgeschäfte;
- die Genhemigungs-, Anzeige- und Meldepflicht;
- den Firmenschutz und
- die Bankenaufsicht

beziehen.

Grundsätzlich handelt es sich beim Betrieb eines Kreditinstitutes um die Ausübung eines Gewerbes. Die erforderlichen gewerberechtlichen Normen befinden sich aber nicht in der allgemeinen Gewerbeordnung, sondern sind gleichfalls Gegenstand der Grundverfassung des Kreditwesens.

Mit den Postulaten Gläubigerschutz, Funktionsgarantie, Vertrauensgewähr und Gewerberegelung wurden die generell bejahten Zielsetzungen ordnungspolitischer Normen für das Kreditwesen dargestellt.

Nicht in den Aufgabenbereich einer Grundverfassung des Kreditwesens fallen hingegen folgende Zielsetzungen:

- quantitative und qualitative Kreditkontrolle sowie
- wettbewerbspolitische Steuerung.

Der Ansatzpunkt der **quantitativen Kreditkontrolle** ist ablaufpolitischer Natur. Diese Orientierung widerspricht entschieden der Funktion einer Grundverfassung des Kreditwesens, die Langfristigkeitscharakter trägt. Die kurz- und mittelfristige monetäre Steuerung, die der Zentralnotenbank obliegt, ist bei einer Regelung der langfristigen Rahmenbedingungen des Kreditwesens daher auszuklammern.

Die **qualitative .i.Kreditkontrolle** bezweckt eine Differenzierung der Kreditvergabepolitik nach dem Verwendungszweck, nach Wirtschaftszweigen oder nach Wirtschaftsregionen. Wenn wir die unvermeidbar auftretenden Abgrenzungsprobleme, die erforderlichen Verwendungskontrollen sowie die vielfältigen Umgehungs- und Substitutionsmöglichkeiten in Betracht ziehen bleibt vorab festzuhalten, daß diese Form der Kreditselektion die Effizienz eines Bankensystems erheblich herabsetzt. Unabhängig von diesen prinzipiellen Einwänden gegen das Instrument der qualitativen Kreditkontrolle fällt sie - ebenso wie die quantitative Kreditkontrolle - nicht in den Zielrahmen langfristig gültiger Normen.

Die Grundverfassung des Kreditwesens hat Wettbewerbsneutralität anzustreben. Deshalb verbietet sich jede Form einer **wettbewerbspolitischen Steuerung**, die zu einer Verzerrung der Angebots-Nachfrage-Konstellation führen müßte.

2.1.2.1.2 Die Grundverfassung des Kreditwesens in der BR Deutschland (Kreditwesengesetz 1961)

Die Grundverfassung des Kreditwesens der BR Deutschland basiert auf dem Gesetz über das Kreditwesen vom 10. Juli 1961 und den inzwischen erfolgten einschlägigen Gesetzesnovellen, insbesondere den Änderungsgesetzen vom 23. Dezember 1971, vom 24. März 1976 und vom 20 Dezember 1984.

Das Gesetzeswerk ist in sechs Abschnitte aufgeteilt:

- Allgemeine Vorschriften (§§ 1-9)
- Vorschriften für die Kreditinstitute (§§ 10-31)
- Vorschriften über die Beaufsichtigung der Kreditinstitute (§§ 32-51)
- Sondervorschriften (§§ 52-53)
- Strafvorschriften, Bußgeldvorschriften (§§ 54-60)
- Übergangs- und Schlußvorschriften (§§ 61-64).

Im ersten Teil der **Allgemeinen Vorschriften** ist zunächst die Definition von Kreditinstituten (§ 1) vorangestellt. Demgemäß sind Kreditinstitute **"Unternehmen, die .i.Bankgeschäfte; betreiben, wenn der Umfang dieser Geschäfte einen in kaufmännischer Weise eingerichteten Geschäftsbetrieb erfordert. .i.Bankgeschäfte; sind**

(1) die Annahme fremder Gelder als Einlagen ohne Rücksicht darauf, ob Zinsen vergütet werden (Einlagengeschäft),
(2) die Gewährung von Gelddarlehen und Akzeptkrediten (Kreditgeschäft),
(3) der Ankauf von Wechseln und Schecks (Diskontgeschäft),
(4) die Anschaffung und die Veräußerung von Wertpapieren für andere (Wertpapiergeschäft),
(5) die Verwahrung und die Verwaltung von Wertpapieren für andere (Effektengeschäft),
(6) die in § 1 des Gesetzes über Kapitalanlagegesellschaften[1] bezeichneten Geschäfte (Investmentgeschäft),
(7) die Eingehung der Verpflichtung, Darlehensforderungen vor Fälligkeit zu erwerben,
(8) die Übernahme von Bürgschaften, Garantien und sonstigen Gewährleistungen für andere (Garantiegeschäft),
(9) die Durchführung des bargeldlosen Zahlungsverkehrs und des Abrechnungsverkehrs (Girogeschäft).

Weiters werden Institute benannt, die nicht den Vorschriften des KWG unterliegen (§ 2). Über Zweifelsfälle entscheidet das Bundesaufsichtsamt für das Kreditwesen (BAK). Es folgen der Ausschluß der Rechtsform des Einzelkaufmanns (§ 2a) sowie einiger verbotener Geschäfte (§ 3).

Der zweite Teil der Allgemeinen Vorschriften befaßt sich mit dem BAK (§§ 5-9), auf dessen Funktion im Rahmen der Bankenaufsicht noch näher einzugehen sein wird.

Den vom Umfang her größten Teil der Allgemeinen Vorschriften des KWG nehmen die **Vorschriften für Kreditinstitute** ein. Von größter Bedeutung für den regulären Betrieb eines Kreditinstitutes sind zunächst die im ersten Teil zusammengefaßten Vorschriften über das Eigenkapital und die Liquidität (§§ 10-12). Demgemäß sind die Grundlagen einer soliden Geschäftsführung einer Bank oder Bankengruppe ein "angemessenes" haftendes Eigenkapital und eine "ausreichende" Liquidität. Der Gesetzgeber hat damit bewußt auf eine (gesetzliche) Verankerung fester Relationen verzichtet. Diese werden nach Anhörung der Spitzenverbände durch das Bundesaufsichtsamt für das Kreditwesen (BAK) im Einvernehmen mit der Deutschen Bundesbank in der Form von Grundsätzen festgelegt.

---

[1] Nach dem KAGG (§1) sind Kapitalanlagegesellschaften "Unternehmen, deren Geschäftsbereich darauf grichtet ist, bei ihnen angelegtes Geld im eigenen Namen für gemeinschaftliche Rechnung der Einleger (Anteilinhaber) nach dem Grundsatz der Risikomischung in dem nach diesem Gesetz zugelassenen Vermögensgegenständen gesondert von eigenen Vermögen in Form von Wertpapier-, Beteiligungs- oder Grundstücks-Sondervermögen anzulegen und über die hieraus sich ergebenden Rechte der Anteilinhaber Urkunden (Anteilscheine) auszustellen."

Im **Grundsatz I**[2] werden neben den bisher schon als Risikoaktiva eingestuften und erfaßten Buchkrediten und Beteiligungen auch die Adressenrisiken (Eindeckungsrisiken) aus Finanz-Swaps, Termingeschäften und Optionsrechten auf insgesamt das 18-fache des haftenden Eigenkapitals beschränkt. Im Gegensatz zu Buchkrediten und Beteiligungen bezieht sich das Adressausfallrisiko aus den nicht bilanzwirksamen Geschäften auf einen potentiellen Eindekkungsverlust. Ein solcher entsteht, wenn ein Geschäftspartner ausfällt und sich die Konditionen zur Schließung der nun wieder offenen Marktposition mittlerweile verschlechtert haben (Opportunitätskosten). Das hier bezeichnete Risiko bemißt sich daher nicht nur nach der Bonität des Geschäftspartners, sondern auch nach der Schwankungsbreite (Volatilität) der in Frage kommenden Zinsen, Wechselkurse, Aktienkurse u.ä. und nach der Kontraktlaufzeit. Daher sind die Nominalbeträge nach Maßgabe der risikobeeinflussenden Faktoren zur besseren Vergleichbarkeit in sog. **Kreditäquivalenzbeträge** (Basisanrechnungs-betrag) umzurechnen. Zu deren Ermittlung stehen den Kreditinstituten wahlweise die Laufzeitmethode oder die Marktbewertungsmethode zur Verfügung[3]. Ein Methodenwechsel darf nur von der Laufzeit- zur Marktbewertungsmethode vorgenommen werden. Methodenunabhängig wird zunächst bezüglich der Bemessungsgrundlage zwischen Zinskontrakten, Währungskontrakten und Kontrakten mit sonstigem Preisrisiko unterschieden. Letztere werden den Währungskontrakten zugeordnet[4]. Kontrakte mit zwei Preiselementen werden unter der höheren Risikokategorie erfaßt.

Bei der **Laufzeitmethode** errechnet sich der Kreditäquivalenzbetrag als Produkt der laufzeitabhängigen Gewichte mit dem Nominalbetrag der zugrunde liegenden Geschäfte.

Tabelle 2: Gewichtungssätze der Laufzeitmethode

Laufzeit	**Zinskontrakte (Restlaufzeit)**	**Währungskontrakte, Kontrakte mit sonstigem Preisrisiko (Ursprungslaufzeit)**
bis 1 Jahr über 1 Jahr	0,5% 1,0%*)	2,0% 3,0%*)
*) ...für jedes volle und jedes angebrochene Jahr, abzüglich 1%.		

Bei der **Marktbewertungsmethode** ist ebenfalls zunächst ein Umrechnungs-

2 Die neugefassten Grundsätze des Bundesaufsichtsamtes für das Kreditwesen sind seit dem 01. Oktober 1990 in Kraft.

3 Die Laufzeitmethode ist zunächst einfacher zu handhaben, entwickelt allerdings eine stärkere Begrenzungswirkung. Die Marktbewertungsmethode entspricht eher der laufenden Marktbewertung, wie sie international gebräuchlich ist, wird sich insofern langfristig durchsetzen.

4 Auch Aktien- und Indexkontrakte sowie Warentermingeschäfte werden einbezogen.

faktor anzuwenden. Daneben sind ständig die aktuellen Wiederbeschaffungskosten zu ermitteln[5]. Der Basisanrechnungsbetrag ergibt sich hier als Summe aus den Wiederbeschaffungskosten plus dem Produkt aus dem Nominalbetrag der Geschäfte und einem restlaufzeitabhängigen Gewicht.

Tabelle 3: Gewichtungssätze der Marktbewertungsmethode

Restlaufzeit	**Zinskontrakte**	**Währungskontrakte, Kontrakte mit sonstigem Preisrisiko**
bis 1 Jahr	0,0%	1,0%
über 1 Jahr (ingesamt)	0,5%	5,0%

Durch den Zuschlagsfaktor auf die aktuellen Wiederbeschaffungskosten berücksichtigt die Marktbewertungsmethode das potentielle Risiko, das im Falle einer für die Bank günstigen Marktentwicklung nicht ersichtlich würde, da dann kein aktueller Eindeckungsverlust besteht.

Generell von einer Anrechnung befreit sind

- Finanzinnovative Geschäfte mit einer Ursprungslaufzeit von bis zu 14 Kalendertagen,
- Termingeschäfte und Optionsrechte, bei denen die Erfüllung von einer Börseneinrichtung (Clearing House) geschuldet oder gewährleistet wird sowie
- Einschüsse an Börseneinrichtungen im Rahmen von Termin- und Optionsgeschäften.

Zur endgültigen Berechnung des anrechnungspflichtigen Betrages ist auf die Kreditäquivalenzbeträge eine Adressengewichtung vorzunehmen. Hierbei werden, je nachdem gegen wen sich der Erfüllungsanspruch richtet, drei Anrechnungssätze unterschieden.

5 Es sind diejenigen Kosten (höhere Aufwendungen oder geringere Erträge) anzusetzen, die bei der Beschaffung von äquivalenten Mitteln entstehen würden.

Tabelle 4: Bonitätsgewichtungsfaktoren im Grundsatz I

Anrechnung	Kontraktpartner
50%	▪ Kreditinstitute und Zweigstellen von Kreditinstituten mit Sitz außerhalb des Geltungsbereiches des KWG, deren Zulassung nicht in einem Land der Präferenzzone*) erteilt wurde (Ausnahme: Zweigstellen gem. § 53 KWG mit 20%) ▪ Regionale und kommunale Gebietskörperschaften in Ländern der Präferenzzone, aber außerhalb des Geltungsbereiches des KWG ▪ Nichtbanken
20%	▪ Kreditinstitute aus einem Land der Präferenzzone, darunter auch solche mit Sitz im Geltungsbereich des KWG und die Europäische Investitionsbank ▪ Zweigstellen von Kreditinstituten mit Sitz außerhalb des Geltungsbereiches des KWG, deren Zulassung in einem Land der Präferenzzone erteilt wurde ▪ Multinationale Entwicklungsbanken
0%	▪ Inländische Personen des öffentlichen Rechts im Geltungsbereich des KWG (keine Banken) und Sondervermögen des Bundes ▪ Länder der Präferenzzone, darunter auch die Länder der Europäischen Gemeinschaften ▪ Zentralbanken der Präferenzzone
*) Die Präferenzzone umfasst alle OECD-Vollmitglieder.	

Das nachfolgende Fallbeispiel verdeutlicht die Wirkungsweise der unterschiedlichen Berechnungsverfahren (Tabelle 5). Es werden die **Anrechnungsbeträge** zweier Finanzswaps ermittelt. Der Zinsswapz (Interest Rate Swap) ist über einen Kapitalbetrag i.H.v. 5 Mio. in "DM fix gegen DM floating" mit einer Bank in Liechtenstein abgeschlossen. Er weist eine Ursprungslaufzeit von 5 Jahren und eine Restlaufzeit von 3 Jahren und 6 Tagen auf. Seine aktuellen Wiederbeschaffungskosten betragen 100.000 DM. Der Währungsswap (Currency Swap) mit einer US Bank lautet über 1 Mio. "DM gegen US-Dollar", verfügt über eine Ursprungslaufzeit von 2 Jahren und eine Restlaufzeit von 1 Jahr und 14 Tagen. Es würden keine Wiederbeschaffungskosten anfallen.

Tabelle 5: Vergleich der Berechnungen nach der Laufzeit- und der Marktbewertungsmethode

	Erläuterungen	**Laufzeitmethode**	**Marktbewertungsmethode**
Zinsswap	Wiederbeschaffungskosten +(Betrag*Umrechnungsfaktor) =Kapitaläquivalent *Adressengewichtung =Anrechnungsbetrag Grunds. I	 5 Mio.*[(4*1%)-1%] = 150.000 0,50 = 75.000	100.000 5 Mio.*0,5% 125.000 0,50 = 62.500
Währungsswap	Wiederbeschaffungskosten +(Betrag*Umrechnungsfaktor) =Kapitaläquivalent *Adressengewichtung =Anrechnungsbetrag Grunds. I	 1 Mio.*[(2*3%)-1%] = 50.000 0,20 = 10.000	0 1 Mio.*5% 50.000 0,20 = 10.000

Bemessungsgrundlage für Beteiligungen und Kredite ist der jeweilige Buchwert. Er wird bei den Beteiligungen zu 100% angerechnet, bei den Krediten werden die entsprechenden Adressengewichtungen vorgenommen (Tabelle 4). Alle Risikoaktiva zusammen (Summe der anrechnungsplichtigen Beträge) müssen dann mit 5,56% haftendem Eigenkapital unterlegt werden.

Im **Grundsatz Ia** werden neben Geschäften in fremder Währung und Edelmetallen alle Preisrisiken aus nicht bilanzwirksamen Geschäften begrenzt. Dabei gilt insgesamt eine maximale Auslastung des haftenden Eigenkapitals von 60%. Für die einzelnen Risikobereiche werden innerhalb des Gesamtrahmens als Belastungsgrenzen gestaffelte Vomhundertsätze des Eigenkapitals festgelegt:

- Fremdwährungs und Edelmetallpreis-Risiken 30%;
- Zins(änderungs-)risiken 20%;
- Sonstige Preisrisiken 10%.

Fremdwährungs- und Edelmetallpreis-Risiken können aus Bilanzpositionen, Termingeschäften, Finanzswaps und Optionen zugrunde liegen. Bei den Finanzswaps sind lediglich die getauschten Kapitalbeträge einzubeziehen. Hinsichtlich der Optionen sind vor allem Stillhalterpositionen zu berücksichtigen. Inhaber-Positionen sind nur für den Fall betroffen, falls sie eine bestehende offene Position schließen. Die Berechnungen sollten mit einem computergestützten Optionspreismodell vorgenommen werden.

Zinsänderungsrisiken umfassen Risikopositionen aus Zinstermingeschäften und Zinsoptionen. Für ihre Erfassung wurde ein Risikoerfassungssystem in Form einer Zinsbindungsbilanz entwickelt. Hierbei werden für die vier zeitlichen Anwendungsbereiche

- kurzfristiger Bereich (bis 2. Kalenderjahr),
- mittelfristiger Bereich (3. bis 7. Kalenderjahr),
- längerfristiger Bereich (8. bis 12. Kalenderjahr) und
- langfristiger Bereich (13. bis 15. Kalenderjahr)

sogenannte Risikomeßzahlen ermittelt. Die Ermittlung ist stufenweise vorzunehmen.

1. Aktivische und passivische Festzinspositionen sind entsprechend ihrer Fälligkeit in die Zinsbindungsbilanz einzustellen. Hieraus werden die offenen Festzinspositionen abgeleitet.
2. Aktivische und passivische Zinsgeschäftspositionen (aus Zinstermingeschäften und Zinsoptionen) sind wie 1. zu berücksichtigen, wobei die Zeitpunkte der vertragsmäßigen Erfüllung des Geschäfts sowie der Endfälligkeit des Geschäftsgegenstandes maßgebend sind. Für die Ermittlung der endgültigen Zinsgeschäftsposition werden den Zinstermingeschäften und den Stillhalterpositionen aus Zinsoptionen (vorläufige Zinsgeschäftsposition) die Zinsoptionsrechte gegenübergestellt.
3. Offene Festzinspositionen (1.) und Zinsgeschäftspositionen (2.) sind periodenweise zu Gesamtzinspositionen zusammenzufassen. Täglich ist die Risikoerhöhung durch Gegenüberstellung der Gesamtzinspositionen und der Festzinspositionen (back-hedging) zu ermitteln.
4. Es erfolgt eine Umrechnung der risikoerhöhenden Positionen in Risikowerte mit einem einheitlichen Satz von 2% p.a.. Das Gesamtergebnis der saldierten Risikowerte darf 20% des haftenden Eigenkapitals nicht überschreiten.

Sonstige Preisrisiken resultieren aus nicht bilanzwirksamen offenen Positionen, die nicht einem Sicherungszweck dienen. Es sind hierbei nur risikoerhöhende Termingeschäfte und Stillhalterpositionen zu berücksichtigen.

Unterhalb einer Bagatellgrenze in Höhe von einer, vier bzw. einer halben Million DM oder einer gesamten Grundsatz Ia-Kennziffer von unter 10% (Monats-Ultimo-Positionen) ist ein Kreditinstitut von den Meldungen befreit. Die Berechnung der Bagatellgrenze bezieht sich auf alle drei Risikokategorien. Diese Befreiung dürfte auf eine große Zahl kleinerer Institute Anwendung finden.

Im **Grundsatz II** wird die "Goldene Bankregel" postuliert, nach der langfristiges Geschäft auch langfristig finanziert werden soll. Er ist somit kein Risikogrundsatz sondern ein Finanzierungsgrundsatz. Demgemäß dürfen die langfristigen Anlagen die langfristigen Finanzierungsmittel nicht übersteigen. Als langfristige Anlagen werden

- "Forderungen an Kreditinstitute und Kunden mit vereinbarter Laufzeit oder Kündigungsfrist von vier Jahren oder länger,
- nicht börsengängige Wertpapiere,
- Beteiligungen,

- Anteile an einer herrschenden oder mit Mehrheit beteiligten Gesellschaft,
- Grundstücke und Gebäude sowie
- die Betriebs- und Geschäftsausstattung"

angesehen. Zu den langfristigen Finanzierungsmitteln werden

- "das Eigenkapital,
- die Verbindlichkeiten (ohne Spareinlagen) gegenüber Kreditinstituten oder aus dem Bankgeschäft gegenüber anderen Gläubigern mit vereinbarter Laufzeit oder Kündigungsfrist von vier Jahren oder länger,
- 10% der Verbindlichkeiten (ohne Spareinlagen) aus dem Bankgeschäft gegenüber anderen Gläubigern mit täglicher Fälligkeit sowie vereinbarter Laufzeit oder Kündigungsfrist von weniger als vier Jahren,
- 60% der Spareinlagen,
- die umlaufenden und vorverkauften Schuldverschreibungen mit einer Laufzeit von mehr als vier Jahren,
- 60% der umlaufenden und vorverkauften Schuldverschreibungen mit einer Laufzeit von bis zu vier Jahren,
- 60% der Pensionsrückstellungen sowie
- 20% der Verbindlichkeiten gegenüber angeschlossenen Kreditinstituten mit vereinbarter Laufzeit oder Kündigungsfrist von mindestens sechs Monaten, aber weniger als vier Jahren (nur bei Girozentralen und Zentralkassen)"

gezählt.

Im **Grundsatz III** werden bestimmte fremde Gelder den relativ geldfernen (nicht jederzeit liquidierbaren) kurz- und mittelfristigen Aktiven abzüglich den Wertberichtigungen gegenübergestellt. Der Grundsatz III ist an den Grundsatz II dergestalt angehängt, daß ein Finanzierungsüberschuß oder ein entsprechender -fehlbetrag im Grundsatz II auf den Grundsatz III übertragen wird. Beide Grundsätze zusammen sollen eine ausreichende Zahlungsbereitschaft der Kreditinstitute nach § 11 gewährleisten. Die Art der Einhaltung der Grundsätze erlaubt eine grobe Beaufsichtigung des Liquiditätsstatus der Kreditinstitute. Als Aktivkomponenten nennt der Grundsatz

- "20% der Forderungen an Kreditinstitute mit vereinbarter Laufzeit oder Kündigungsfrist von mindestens drei Monaten, aber weniger als vier Jahren,
- die Forderungen an Kunden mit vereinbarter Laufzeit oder Kündigungsfrist von weniger als vier Jahren (einschließlich der Warenforderungen von Kreditinstituten mit Warengeschäft),
- die den Kreditnehmern abgerechneten eigenen Ziehungen und von diesen ausgestellten und ihnen abgerechneten Solawechsel im Bestand (ausgenommen Solawechsel der Bank für Internationalen Zahlungsausgleich und der Einfuhr- und Vorratsstellen und Solawechsel, die zur Inanspruchnahme von Krediten der Ausfuhrkredit-Gesellschaft mbH und der Gesellschaft zur Finanzierung von Indu-

strieanlagen mbH begeben werden) sowie die Eventualforderungen aus solchen Wechseln im Umlauf,

- die börsengängigen Anteile und Investmentanteile,
- die "sonstigen Aktiva" (einschließlich des Warenbestandes von Kreditinstituten mit Warengeschäft)".

Unter den gegenzurechnenden fremden Geldern werden

- 10% der Verbindlichkeiten gegenüber Kreditinstituten mit täglicher Fälligkeit sowie vereinbarter Laufzeit oder Kündigungsfrist von weniger als drei Monaten ohne die von der Kundschaft bei Dritten benutzten Kredite,
- 50% der Verbindlichkeiten gegenüber Kreditinstituten mit vereinbarter Laufzeit oder Kündigungsfrist von mindestens drei Monaten, aber weniger als vier Jahren ohne die von der Kundschaft bei Dritten benutzten Kredite,
- 80% der Verbindlichkeiten gegenüber Kreditinstituten aus der von Kundschaft bei Dritten benutzten Krediten,
- 20% der Spareinlagen,
- 60% der sonstigen Verbindlichkeiten aus dem Bankgeschäft gegenüber anderen Gläubigern mit täglicher Fälligkeit sowie vereinbarter Laufzeit oder Kündigungsfrist von weniger als vier Jahren,
- 80% der Verpflichtungen aus Warengeschäften und aufgenommenen Warenkrediten (ohne die in Nummer 8 enthaltenen Verpflichtungen von Kreditinstituten mit Warengeschäft),
- 20% der umlaufenden und vorverkauften Schuldverschreibungen mit einer Laufzeit von bis zu vier Jahren,
- 80% der eigenen Akzepte und Solawechsel im Umlauf und der den Kreditnehmern abgerechneten eigenen Ziehungen und von diesen ausgestellten und ihnen abgerechneten Solawechsel im Umlauf (ausgenommen Solawechsel der Bank für Internationalen Zahlungsausgleich und der Einfuhr- und Vorratsstellen und Solawechsel, die zur Inanspruchnahme von Krediten der Ausfuhrkredit-Gesellschaft mbH und der Gesellschaft zur Finanzierung von Industrieanlagen mbH begeben werden)

subsumiert.

Ein zweiter Teil der Vorschriften für Kreditinstitute befaßt sich mit dem **Kreditgeschäft** (§§ 13-20). Hierbei sind grundsätzliche Bedingungen für das Wohlverhalten bei der Kreditgewährung festgelegt. Gleichzeitig wird die zeitnahe Beobachtung des Kreditgeschäfts durch die Organe der Bankenaufsicht ermöglicht.[6] Vor dem Hintergrund, daß eine Bank so gut ist, wie ihre Kredite sind, kommen folgenden Gesichtpunkten eine besondere Bedeutung zu:

- eine bankgeschäftlich richtige Streuung des Kreditengagements,

---

6 Vor diesem Hintergrund sei erwähnt, daß mit der vierten KWG-Novelle die Meldungsgrenze von Millionenkrediten nach § 13 von einer auf drei Millionen DM angehoben werden.

- die Verhinderung persönlicher Motive bei der Kreditvergabe und
- die Offenlegung der Gesamtverschuldung bedeutender Kreditnehmer.

Aufgrund der eminent wichtigen volkswirtschaftlichen Bedeutung des Sparerschutzes widmet sich ein dritter Teil dem **Sparverkehr** (§§ 21 und 22). Nach dem Willen des Gesetzgebers sollen Spareinlagen rechtlich gegenüber anderen Einlagenarten differenziert werden. Spareinlagen werden trotz ihrer formellen Kurzfristigkeit regelmäßig lange gehalten und sind daher zur Darstellung langfristiger Ausleihungen geeignet. Ferner dienen sie dem einzelnen Sparer als Risikorücklage für Krankheit, Alter etc. und werden öffentlich gefördert. Derzeit haben in diesem Bereich das **5. Gesetz zur Förderung der Vermögensbildung der Arbeitnehmer**, das **Wohnungsbau-Prämiengesetz** sowie das **Gesetz zur Förderung der Rückkehrbereitschaft von Ausländern** Gültigkeit. Hier zeigt sich eine weitere Besonderheit des Sparverkehrs. Er soll nach Möglichkeit **natürlichen Personen** vorbehalten bleiben. Die Einzelheiten der vertraglichen Beziehungen zwischen den Kunden und den Kreditinstituten werden durch die **Allgemeinen Geschäftsbedingungen** bzw. speziellen **Sparbedingungen** geregelt. Mit der **vierten KWG-Novelle**, die seit 1991/92 den parlamentarischen Prozeß durchläuft, sollen die §§ 21 und 22a entfallen. Zur Begründung dieser Änderung wird angegeben, daß die durch einen gesetzlichen Eingriff in die Vertragsfreiheit geschaffene Spareinlage zur Förderung des Sparwillens nicht benötigt werde.

Im vierten Teil widmet sich das KWG der **Werbung der Kreditinstitute** (§ 23). Hiernach kann das BAK nach Anhörung der Spitzenverbände sowie der Deutschen Bundespost bestimmte Arten der Werbung untersagen. Hierunter fallen insbesondere die Werbung mit Leistungs- und Unternehmensvergleichen, die Superlativ-, die Sicherheits- sowie die Ausschließlichkeitswerbung.

Die **besonderen Pflichten der Kreditinstitute und der Geschäftsleiter** sowie die **besonderen Vorschriften über die Rechnungslegung** sind in einem fünften Teil (§§ 24-26) zusammengefaßt. Demgemäß besteht ein Katalog von Informationspflichten gegenüber dem BAK und regelmäßig monatlich fällige Berichtspflichten gegenüber der Deutschen Bundesbank. Ferner sind die Aufstellung, Veröffentlichung und Vorlage der Instrumente der dokumentären Rechnungslegung geregelt. Eine Besonderheit des deutschen Kreditgewerbes stellt die Ausnahmevorschrift des § 26a KWG dar. Kreditinstituten in der Rechtsform der Kapitalgesellschaft "dürfen Forderungen und Wertpapiere des Umlaufvermögens mit einem niedrigeren als dem nach §§ 253 Abs. 1, 3 und 279 Abs. 1 Satz 1 des Handelsgesetzbuchs vorgeschriebenen oder zugelassenen Wert ansetzen, soweit dies nach vernünftiger kaufmännischer Beurteilung zur Sicherung gegen die besonderen Risiken des Geschäftszweigs der Kreditinstitute notwendig ist". Mit die Übernahme der aktienrechtlichen Bewertungsvorschriften in das Handelsgesetz (§§ 252 ff.) hat sich die Möglichkeit zur Legung stiller Reserven auch auf die Kreditinstitute anderer Rechtsformen ausgeweitet. In § 253 Abs. 4 wird die Höhe der Abschreibungen an die "vernünftige kaufmännische Beurteilung" geknüpft.

Die **Prüfung des Jahresabschlusses und Depotprüfung** (§§ 27-30) ist sodann durch den sechsten Teil geordnet. Damit sind Kreditinstitute unabhängig von ihrer Rechtsform und Größe prüfungspflichtig. Der bestellte Prüfer ist dem BAK zu melden, das seinerseits über Möglichkeiten zur Beeinflussung der Prüferwahl verfügt. Ausnahmen hiervon bilden die Kreditgenossenschaften und die Sparkassen, die über einen eigenen Prüfungsverband bzw. -stelle verfügen. Zu den besonderen Verpflichtungen des Prüfers zählt u.a. die Überwachung der Einhaltung von aus dem KWG erwachsenden Anzeigepflichten. Für Kreditinstitute, die das Effekten- oder das Depotgeschäft betreiben, hat der Gesetzgeber eine besondere Prüfung (§ 30) vorgesehen. Wird keines der beiden Geschäfte betrieben, ist gegenüber dem BAK am 1. April eines jeden Jahres eine Negativerklärung abzugeben.

Um dem ständigen Wandlungsprozeß bankwirtschaftlicher Zusammenhänge sowie der Komplexität und Vielschichtigkeit des KWG Rechnung zu tragen, enthält der siebte Teil mit der Möglichkeit verschiedener **Befreiungen** (§ 31) ein flexibles Instrument. Damit kann auf die Regelung sämtlicher Sonderfälle verzichtet werden. Es ist hierbei zu unterscheiden zwischen der Befreiung durch Rechtsverordnung des Bundesministers für Finanzen (BMFI) nach Anhörung der Bundesbank und die Einzelbefreiung durch Verwaltungsakt des BAK.

In einem eigenen Abschnitt sind die **Vorschriften über die Beaufsichtigung der Kreditinstitute** zusammengefaßt. Sie werden eröffnet von den **Bestimmungen über die Zulassung zum Geschäftsbetrieb** (§§ 32-38). Demgemäß ist zunächst grundsätzlich für die Betreibung von Bankgeschäften eine Erlaubnis des BAK einzuholen. Die entsprechende Erlaubnis ist zu versagen, wenn das haftende Eigenkapital oder die Zuverlässigkeit und fachliche Eignung der Geschäftsleiter als unzureichend anzusehen sind. Die Erlaubnis ist in jedem Fall mit den Personen der Geschäftsleiter eng verbunden. So ist sowohl deren Vertretung als auch deren Abberufung (§§ 34, 36) geregelt. Ferner werden Gründe für das Erlöschen oder die Aufhebung der Erlaubnis sowie deren Folgen (§§ 35, 38) bestimmt.

Ein weiterer Teil der Beaufsichtigungsvorschriften befasst sich mit dem **Schutz der Bezeichnung "Bank" und "Sparkasse"** (§§ 39-43). Wie auch in den Spezialvorschriften für (andere) Institutionen aus dem paramonetären Bereich besteht hierin eine über das Firmen- und Wettbewerbsrecht hinausgehende Besonderheit des Kreditgewerbes. Der Bezeichnungsschutz ist in der besonderen Vertrauensempfindlichkeit der Bank-Kunde-Beziehung sowie deren Beaufsichtigung zu sehen.

Als Grundlage für die Beaufsichtigung gelten **Auskünfte und Prüfungen** (§§ 44, 44a), die im dritten Teil der Beaufsichtigungsvorschriften näher bestimmt sind. Auf die damit geschaffene Grundlage für die Erfüllung der Aufgaben der Bankenaufsicht (§ 6) wird noch näher einzugehen sein.

Bei einer Gefahr für den Betrieb eines Kreditinstitutes sind **Maßnahmen in besonderen Fällen** (§§ 45-48) vorgesehen. Diese beziehen sich insbesondere auf eine unzureichende Ausstattung mit Eigenkapital und Liquidität (§ 45), auf die Gefahr für die Erfüllung der Verpflichtungen gegenüber den Gläubigern (§ 46) und auf die Konkursgefahr (§ 46a). Die Palette der Maßnahmen reicht von einstweiligen Verhaltensregeln über Moratorien bis hin zur Schließung des Kreditinstitutes für den Kundenverkehr.

Im letzten Teil der Beaufsichtigungsvorschriften werden schließlich die **Vollziehbarkeit, Zwangsmittel, Kosten und Gebühren** (§§ 49-51) geregelt. Damit wird dem BAK eine besondere Stellung zugewiesen. Gegen seine Verwaltungsakte haben der Widerspruch und die Anfechtungsklage keine aufschiebende Wirkung. Für die Vollstreckung kann es ein Zwangsmittel bis zu 50.000 DM anwenden. Die Kosten des BAK sind bis zu 90% von den beaufsichtigten Kreditinstituten zu tragen. Das BAK kann seinerseits für Entscheidungen, die mit der Erlaubniserteilung im Zusammenhang stehen, Gebühren i.H.v. 10.000 DM festsetzen.

In einem vierten Abschnitt sind alle **Sondervorschriften** (§§ 52-53a) aufgenommen. Demgemäß bleiben andere Formen der staatlichen Aufsicht (Anstaltsaufsicht) von der Aufsicht durch das BAK unberührt (§ 52). Der Bundesjustizminister im Einvernehmen mit dem Bundesfinanzminister werden ermächtigt, zur Angleichung der Jahresabschluß-Gliederung öffentlich-rechtlicher Kreditinstitute an diejenige anderer Kreditinstitute entsprechende Vorschriften zu erlassen (§52a). Weiters wird bestimmt, daß die Niederlassungen und Repräsentanzen von Unternehmen mit Sitz in einem anderen Staat in bezug auf die Bankenaufsicht und währungspolitischen Maßnahmen der Bundesbank gleichgestellt werden (§§ 53,53a).

Der sich anschließende fünfte Abschnitt beinhaltet **Strafvorschriften und Bußgeldvorschriften** (§§ 54-60). Hier wird auf die Konsequenzen der Betreibung verbotener Geschäfte, des Verschweigens von Zahlungsunfähigkeit sowie eines Kataloges von als Ordnungswidrigkeit qualifizierten Verstößen hingewiesen. Die Geldbuße kann auch gegen das Kreditinstitut verhängt werden, obwohl es sich hierbei um eine juristische Person handelt. Die für Ordnungswidrigkeiten und somit für die Bemessung der Geldbuße zuständige Verwaltungsbehörde ist das BAK.

Mit dem Abschnitt über **Übergangs- und Schlußvorschriften** (§§ 61-64) schließt das KWG. Sie dienen der Rechtsklarheit der durch die Einführung des KWG entstandenen neuen Rechtslage. Sie beinhalten ferner eine bis dato noch notwendige Berlin-Klausel, deren Fortbestand durch die Wiedervereinigung zweifelhaft ist.

2.1.2.1.3 Die deutsche Bankenaufsicht (Ziele, Inhalt und Träger)

Die Bankenaufsicht zielt prinzipiell nicht auf die Überwachung einzelner Geschäfte ab, sondern hat die Einhaltung der gesetzlichen und gesetzähnlichen Normen zum Gegenstand, an welche die Führung des Bankbetriebes gebunden ist. Institutionelles Kernstück der Bankenaufsicht ist das **BAK**, das als selbständige Bundesoberbehörde mit Sitz in Berlin fungiert. Sie untersteht der Dienstaufsicht des Bundesministers der Finanzen. Aufgabe des Bundesaufsichtsamtes ist es nach dem Wortlaut des Gesetzes, "Mißständen im Kreditwesen entgegenzuwirken, die die Sicherheit der den Kreditinstituten anvertrauten Vermögenswerte gefährden, die ordnungsmäßige Durchführung der Bankgeschäfte beeinträchtigen oder erhebliche Nachteile für die Gesamtwirtschaft herbeiführen können" (§ 6 Abs. 2 KWG). Damit sind vorrangig die Postulate "Gläubigerschutz" und "Sicherung der Funktionsfähigkeit des Kreditwesens" angesprochen.

So fällt es in die Kompetenz des Bundesaufsichtsamtes, über die Zulassung zum Geschäftsbetrieb zu entscheiden (§ 32), die Abberufung von Geschäftsleitern zu verlangen (§ 36), gegen ungesetzliche Geschäfte einzuschreiten (§ 37), Auskünfte über alle Geschäftsangelegenheiten sowie die Vorlegung der Bücher zu verlangen (§ 44) und bei unzureichendem Eigenkapital oder unzureichender Liquidität, bei Gefahr für die Erfüllung der Verpflichtungen gegenüber Gläubigern bzw. bei Konkursgefahr geeignete Gegenmaßnahmen zu treffen (§ 45).

Nach Maßgabe des Gesetzes arbeiten das Bundesaufsichtsamt und die **Deutsche Bundesbank** zusammen. "Die Deutsche Bundesbank und das Bundesaufsichtsamt haben einander Beobachtungen und Feststellungen mitzuteilen, die für die Erfüllung der beiderseitigen Aufgaben von Bedeutung sein können" (§ 7 Abs. 1, Satz 2).

Aufsichtsfunktionen hat schließlich auch die **Bundesregierung** zu erfüllen, die jeweils nach Anhörung der Deutschen Bundesbank tätig wird. "Sind wirtschaftliche Schwierigkeiten bei Kreditinstituten zu befürchten, die schwerwiegende Gefahren für die Gesamtwirtschaft, insbesondere den geordneten Ablauf des allgemeinen Zahlungsverkehrs, erwarten lassen, so kann die Bundesregierung durch Rechtsverordnung:

1. einem Kreditinstitut einen Aufschub für die Erfüllung seiner Verbindlichkeiten gewähren oder anordnen, daß während der Dauer des Aufschubs Zwangsvollstreckungen, Arreste und einstweilige Verfügungen gegen das Kreditinstitut sowie das Vergleichsverfahren oder der Konkurs über das Vermögen des Kreditinstituts nicht zulässig sind;
2. anordnen, daß die Kreditinstitute für den Verkehr mit ihrer Kundschaft vorübergehend geschlossen bleiben und im Kundenverkehr Zahlungen und Überweisungen weder leisten noch entgegennehmen dürfen; sie kann

diese Anordnung auf Arten oder Gruppen von Kreditinstituten sowie auf bestimmte Bankgeschäfte beschränken;
3. anordnen, daß die Wertpapierbörsen vorübergehend geschlossen bleiben.

Die Bundesregierung entscheidet weiters über die Wiederaufnahme des Bank- und Börsenverkehrs sowie über die zeitweilige Beschränkung bei der Auszahlung von Guthaben (§ 48). Eine besondere Funktion im Rahmen der Beaufsichtigung durch die Bundesregierung haben die Bundesminister der Finanzen (BMFI) und der Justiz (BMJ). Rechtsverordnungen mit allgemeinem Ordnungscharakter fallen in den Zuständigkeitsbereich des **Bundesfinanzministers**. So kann dieser "...nähere Bestimmungen über die Art, Umfang und Zeitpunkt der Depotprüfung erlassen..."(§ 30 Abs. 2, Satz 1) sowie "Das Nähere über die Erhebung der Umlage und über die Betreibung..." der Kosten des BAK bestimmen (§ 51 Abs. 1, Satz 3). Er kann ferner nach Anhörung der Deutschen Bundesbank den Katalog der Bankgeschäfte ausdehnen (§ 1 Abs. 1, Satz 3), den Haftsummenzuschlag der Genossenschaftsbanken festlegen (§ 10 Abs. 2, Satz 1, Nr. 3), nähere Bestimmungen über die Bildung von Sammelwertberichtigungen (§ 26 Abs. 5) und den Inhalt der Prüfungsberichte (§ 29 Abs. 3) erlassen sowie Kreditinstitute von bestimmten Vorschriften des KWG freistellen (§ 31 Abs. 1). Im Benehmen mit der Deutschen Bundesbank kann er ergänzende Vorschriften zur Quotenkonsolidierung (§ 10a Abs. 3) und über Art, Umfang und Zeitpunkt der Anzeigen und Vorlagen von Unterlagen (§ 24 Abs. 4) sowie über Art und Umfang der Monatsausweise und weiterer Angaben (§ 25 Abs. 4) erlassen.

Schließlich kann der **Bundesjustizminister** "...im Einvernehmen mit dem BMWI und im Benehmen mit der Deutschen Bundesbank durch Rechtsverordnung nähere Bestimmungen über die Aufstellung des Jahresabschlusses..." von Kreditinstituten erlassen (§ 26 Abs. 4).

Soweit Kreditinstitute einer Sonderaufsicht unterliegen, bleibt diese neben der Aufsicht des Bundesaufsichtssamtes bestehen (§ 52). Dieses betrifft insbesondere öffentlich-rechtliche Banken, die der Anstalts- oder Körperschaftsaufsicht unterliegen.

2.1.2.2 Spezielle Regelungen

Neben der generell verbindlichen Grundverfassung für das Kreditwesen bestehen in der BR Deutschland spezielle Regelungen für einzelne Bankengruppen oder auch Einzelinstitute sowie spezielle Bankgeschäfte.

Eine spezielle Regelung besteht zunächst für die Deutsche Bundesbank, die dem KWG lt. § 2 nicht unterworfen ist. Die Sparkassen und Girozentralen unterliegen neben dem KWG eigenen Landesgesetzen, die vor allem die Verwaltung und Aufsicht zusätzlich regeln, sowie den von den Ländern erlassenen Verordnungen über die Mustersatzung. Eine zusätzliche gesetzliche Norm besteht mit dem Genossenschaftsgesetz auch für die Kreditgenossenschaften. Das Hypothekenbankgesetz, das Pfandbriefgesetz und das Schiffsbankgesetz sehen spezielle Regelungen für Realkreditinstitute vor. Selbst für einzelne Kreditinstitute wie die Postbank (Postsparkassen- und Postscheckverordnung, Poststrukturgesetz, Postverfassungsgesetz) oder die Kreditanstalt für Wiederaufbau (Gesetz über die Kreditanstalt für Wiederaufbau) - beide Institute sind dem KWG nur zum Teil unterworfen - wurden gesonderte Regelungen getroffen. Schließlich bestehen Sonderrechte auch für Institutionen des paramonetären Sektors, namentlich für Bausparkassen, Investmentgesellschaften und Versicherungen.

Zur Regelung eines speziellen Geschäftsfeldes der Banken, dem Verbraucherkredit, wurde das sog. **Verbraucherkreditgesetz** (VerbrKrG) erlassen. Es trat zum 1.1.1991 in Kraft. Mit ihm wurde die EG-Verbraucherkreditrichtlinie aus dem Jahre 1986 in nationales Recht transformiert. Damit wurde gleichzeitig das bisherige Abzahlungsgesetz eingearbeitet und aufgehoben. Das Gesetz enthält weitgehende Verbraucherschutzvorschriften. Als wesentliche Teilbereiche und Neuerungen des Gesetzes sind

- die Einbeziehung von Existenzgründungsdarlehen,
- die eingeschränkte Anwendbarkeit auf Realkredite und Finanzierungsleasingverträge,
- die Einführung der gesetzlichen Schriftform mit Mindestangaben (Pflichtangaben) für den Kreditvertrag,
- die abgestuften Sanktionsvorschriften bei Formverstößen,
- ein allgemeines Widerrufsrecht,
- die Einschränkung des Kündigungsrechts des Kreditgebers,
- die Begrenzung des Verzugsschadens,
- die Änderung der Verrechnungsreihenfolge bei Teilleistungen des Kreditnehmers,
- eine Ausweitung des Einwendungsdurchgriffs bei verbundenen Geschäften und
- Regelungen über die Kreditvermittlung und das Mahnverfahren

anzusehen.

2.1.3 Rechtsangleichung durch die Europäischen Gemeinschaften

Die Zukunft der Ordnungspolitik im Bereich des Kreditwesens wird maßgeblich von den Harmonisierungsbestrebungen in Folge der Errichtung eines integrierten europäischen Finanzraumes geprägt. Die in den Römischen Verträgen vom 25. März 1957 geschaffene Grundlage wurde hinsichtlich der Grundfreiheiten für finanzielle Dienstleistungen mittlerweile präzisiert. Demzufolge sollen im Resultat eines vollendeten Binnenmarktes alle Finanzinstitutionen:

- nach Wunsch überall in der Gemeinschaft ihren Hauptsitz und Zweigniederlassungen errichten (Niederlassungsfreiheit) und

- unabhängig von ihrem Sitz alle Dienstleistungen und Produkte ungehindert anbieten können (Dienstleistungsfreiheit).

Den Hintergrund für dieses Konzept bietet die Liberalisierung des Kapitalverkehrs, deren fernes Ziel eine Weiterentwicklung des Europäischen Währungssystems (EWS) zur Währungsunion darstellt. Nach Ansicht der EG-Kommission muß die Liberalisierung in zwei Phasen erfolgen (Art. 67 EWG-Vertrag). Die erste Phase ist zur Stunde bereits durchlaufen. Hierbei wurden Mitgliedsländern gewährte Ausnahmeregelungen schrittweise aufgehoben. Ferner wurde im Jahre 1986 mit einer Gemeinschaftsrichtlinie die durch den Art. 69 EWG-Vertrag begründete und durch die erste (Mai 1960) und zweite (Dezember 1962) präzisierte "Nomenklatur" die Liste aller in Betracht kommender Kapitalbewegungen verändert. Die Anzahl der Einzellisten wurde von vier auf drei gesenkt. Seither besteht Deckungsgleichheit mit den Liberalisierungskategorien:

- unbedingt liberalisierungspflichtige,
- bedingt liberalisierungspflichtige und
- nicht liberalisierungspflichtige Kapitalbewegungen.

Mit einer weiteren Richtlinie aus dem Jahre 1988 wurde erneut die erste Kategorie zuungunsten der anderen Kategorien vergrößert.

In einer zweiten Phase soll eine vollständige Liberalisierung herbeigeführt werden. Nach den Kommissionsvorschlägen dürfen danach dem Kapitalverkehr nur noch dann Grenzen gesetzt werden, wenn

- Melde- und Aufsichtsgründe,
- währungspolitische Gründe oder
- Gründe im Zusammenhang mit Übergangsregelungen

vorliegen. Beeinträchtigungen durch sonstige diskriminierende Maßnahmen werden ausgeschlossen.

Ferner soll auch der Kapitalverkehr mit Drittländern sukzessive einen ebenso hohen Liberalisierungsgrad erreichen wie der innergemeinschaftliche Kapitalverkehr.

Die angestrebte Niederlassungsfreiheit setzt allerdings weitere, institutsspezifische Harmonisierungsschritte voraus.

2.1.3.1 Bank- und Bankaufsichtsrecht

Im Bereich des Bankenrechts trat der Harmonisierungsbedarf mit dem Bekenntnis zur Niederlassungsfreiheit offen zutage. Da Finanzinstitutionen regelmäßig von nationalen Aufsichtsbehörden überwacht werden, ergab sich grundsätzlich die Frage nach der dann gültigen Aufsichtsform. Aus Wettbewerbsgründen und um der Tendenz zu einer am Aufsichtsgefälle orientierten Standortentscheidung der Finanzdienstleister entgegenzuwirken, soll eine europaweite **Mindestharmonisierung** angestrebt werden. Diese basiert auf

- der Koordination der wesentlichen Zulassungs- und Aufsichtsnormen,
- dem Prinzip der gegenseitigen Anerkennung sowie
- der Herkunfts- oder Sitzlandkontrolle.

Diagramm 3: Rechtsangleichung im europäischen Binnenmarkt - Bankenrecht

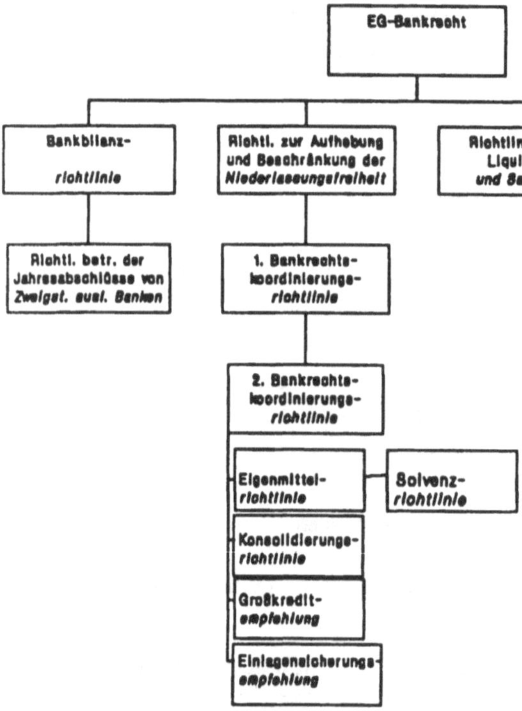

Quelle: Gaddum, J. W., 1988, S. 115.

Einen ersten Schritt zur Harmonisierung bildet die 1977 verabschiedete "**Erste Bankrechtskoordinierungsrichtlinie**". Sie setzte die Bedürfnisprüfung für die Errichtung von Kreditinstituten außer Kraft, führte die erste gesamteuropäische Begriffsdefinition für "Kreditinstitute" ein und nannte bestimmte Mindestzulassungsvoraussetzungen.

Zur Gewährleistung der Herkunftslandkontrolle wurde 1983 die "**Richtlinie des Rates über die Beaufsichtigung der Kreditinstitute auf konsolidierter Basis**" erlassen, in deren Transformation die Quotenkonsolidierung und erweiterte Voraussetzungen für die internationale Zusammenarbeit der Bankenaufsicht in das KWG aufgenommen wurden. Für die Neufassung der Richtlinie wurde im Jahre 1990 ein **Richtlinienvorschlag** ausgearbeitet. Danach sollen auch über eine Finanzholding gesteuerte Konzerne konsolidiert werden, die Vollkonsolidierung eingeführt und die Konsolidierungsschwelle auf 20% abgesenkt werden.

Mit Detailfragen setzen sich zwei Empfehlungen des Rates von 1986 auseinander. Die Umsetzung der **Großkredit-Empfehlung** hätte für das KWG eine Senkung der Obergrenze für den einzelnen Großkredit (§ 13 KWG) und die Aufhebung der Begünstigung für Realkredite zur Folge. Hierfür liegen mittlerweile erste Entwürfe für einen Richtlinienvorschlag vor, die für den einzelnen Großkredit eine Grenze von 25% des haftenden Eigenkapitals vorsehen. Der **Empfehlung über die Einführung von Einlagensicherungssystemen** in der Gemeinschaft werden die deutschen Sicherungseinrichtungen bereits gerecht. Hinsichtlich der Vereinheitlichung der externen Rechnungslegung wurde 1986 eine **EG-Bankbilanzrichtlinie** verabschiedet (vgl. Kap. 4). Die Richtlinie war gem. Art. 47 bis zum 31.12.1990 in nationales Recht zu transformieren. Erstmalige Anwendung auf die Rechnungslegung ist auf das in 1993 beginnende Geschäftsjahr terminiert.

Die gegenwärtige Stoßrichtung bei der Erarbeitung von Richtlinien ist durch die Festlegung von Mindeststandards gekennzeichnet. In diesem Bereich existieren derzeit vier Richtlinienvorschläge.

Der Vorschlag einer Richtlinie über die **Sanierung und Liquidation** der Kreditinstitute soll die europaweite Zusammenarbeit im Fall von Gefahrensituationen verbessern. Der Vorschlag einer **Eigenkapital-Richtlinie** hat eine einheitliche Definition des Eigenkapitalbegriffes zum Ziel. In Anlehnung an die Empfehlung des Cooke-Ausschusses wird hierbei in Kern- und Ergänzungskapital unterschieden. Zum Kernkapital zählen Grundkapital und offene Rücklagen, als Ergänzungskapital werden u.a. stille Reserven (§ 26a KWG), Neubewertungsrücklagen und sog. hybride Instrumente wie Genußscheine und nachrangige Verbindlichkeiten angesehen. Die Besonderheit der Richtlinie ist, daß sie gleichzeitig die Marktrisiken von Wertpapierfirmen mit in den von ihr gesteckten Rahmen einbezieht. Mit der **vierten KWG-Novelle** soll u.a. die Eigenmittelrichtlinie in nationales Recht transformiert werden. Der entsprechende Diskussionsentwurf sieht eine Neufassung des Eigenkapitalbegriffes nach § 10 KWG vor. Danach wird Genußrechtskapital zukünftig in Höhe von 100% des Kernkapitals anerkannt (derzeit 25%) und eine Unterlegung der risikobehafteten Geschäfte mit nachrangigen Verbindlichkeiten bis zu 50% des Kernkapitals ermöglicht. Die Anerkennung von stillen Neubewertungsreserven (= Marktwert - Buchwert) in Grundstücken, Gebäuden, Wertpapieren und sonstigen Finanzanlagen erfolgt nach dem neuesten Vorschlag des Finanzministeriums ebenfalls, allerdings mit einem Abschlag von 55%. Voraussetzungen der Anrechnung sind, daß die Risikoaktiva dann zu 5% (statt 4%) mit Kernkapital unterlegt sind und von den verbleibenden 3% (statt 4%) nicht mehr als ein Drittel Neubewertungsrücklagen sind.

In unmittelbarem Zusammenhang zu der Definition der Eigenmittel steht der ebenfalls 1989 verabschiedete Vorschlag einer **Solvabilitäts-Richtlinie**, dessen Ziel die Entwicklung eines gemeinsamen Standards für die Risikogewichtung der Eigenkapitalausstattung von Kreditinstituten ist. Dabei ist eine 8%-Norm für das Verhältnis der risikobehafteten Geschäfte zum Gesamtkapital vorgesehen. In der Terminologie des Grundsatzes I bedeutet dies eine Begrenzung von Adressausfallrisiken auf das 12,5-fache der Eigenmittel. Der zugrundeliegende Eigenkapitalbegriff ist jedoch weiter gefaßt als nach § 10 KWG. Neben der 8%-Begrenzung soll eine 4%-Norm bezogen auf das Kernkapital eingeführt werden. Dieses bedeutet, daß das Ergänzungskapital nur bis zur Höhe des Kernkapitals anerkennungsfähig sein soll. In Antizipation einer Richtlinie sind die Bestimmungen der Grundsätze I und Ia neuerlich verschärft worden.

Auf der Basis der dargestellten Standards soll der Vorschlag einer **"Zweiten Bankrechtskoordinierungsrichtlinie"** den Weg für eine erweiterte gegenseitige Anerkennung der Aufsicht über Kreditinstitute durch die einzelnen Mitgliedstaaten bereiten. Hiermit soll das Prinzip der Heimatlandkontrolle festgeschrieben werden. Der Vorschlag enthält auch eine Liste der Banktätigkeiten. Weiters ist vorgesehen, für Beteiligungen von Banken an Nichtbanken Beteiligungsgrenzen festzuschreiben. So sollen jede mittelbare und unmittelbare Beteiligung von 10% und mehr des Kapitals einer Nichtbank nicht mehr als 10% des Eigenkapitals der Bank und alle diese Beteiligungen zusammen nicht mehr als 50% der Eigenmittel der Bank betragen. Die Umsetzung der Richtlinie ist mittlerweile in einem Diskussionsentwurf zur vierten KWG-Novelle präzisiert. Danach wird die Sitzlandkontrolle eingeführt. Weiters wird die Prüfungsbefugnis des BAK auf die Zuverlässigkeit von Anteilseignern eines Kreditinstitutes ausgedehnt, die mittelbar oder unmittelbar 10% und mehr der Anteile halten. Nach einer weiteren Bestimmung sollen Beteiligungen von 10% und mehr des Kapitals einer Nichtbank 15% des Bankeigenkapitals nicht übersteigen und alle derartigen Beteiligungen zusammen nicht mehr als 60% betragen.

Verschiedene Vorstöße, Realkreditinstitute in den Harmonisierungsprozeß zu integrieren, sind ebenfalls unternommen worden. Zu der Ableitung einer Richtlinie ist es bislang - trotz wiederholter Versuche - nicht gekommen. Mit Zustimmung der nationalen Verbände wird nunmehr in einer Testphase die Verträglichkeit der national relativ unterschiedlichen Systeme erprobt. Die Erarbeitung einer gemeinsamen Richtlinie ist damit auf unbestimmte Zeit verschoben.

2.1.3.2 Börsen- und Investmentrecht

Wegen der in manchen europäischen Ländern herrschenden Trennbankensysteme, bei denen Wertpapiergeschäfte nicht unter den Tätigkeitsmerkmalen von Kreditinstituten subsumiert werden, entstand ein gesonderter Harmonisierungsbedarf. In beiden Bankrechtskoordinierungsrichtlinien sind Wertpapiergeschäfte unberücksichtigt geblieben. Gleichwohl hat die Europäische Gemeinschaft recht frühzeitig begonnen, ein europäisches Börsen- und Investmentrecht zu fassen.

Diagramm 4: Rechtsangleichung im europäischen Binnenmarkt - Börsen- und Investmentrecht

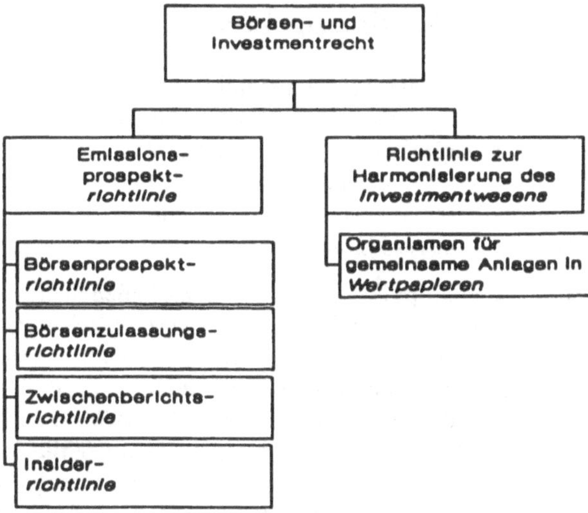

Quelle: Gaddum, J. W., 1988, S. 115.

Ausgangspunkt war die 1977 ausgesprochene Empfehlung über "**Wohlverhaltensregeln für Wertpapiertransaktionen**". Hierbei wurden allgemeine und ergänzende Grundsätze aufgestellt, die zum Funktionieren der Wertpapiermärkte beitragen sollten. In Ergänzung wurden zunächst in einer Richtlinie die Mindestanforderungen für einen Prospekt, der im Falle eines öffentlichen Angebotes an das Publikum zu veröffentlichen ist, festgelegt. Ein

Richtlinienvorschlag von 1989 sieht vor, eine gegenseitige Anerkennung der Börsenprospekte zu verankern.

Eine weitere Richtlinie regelt die Mitteilungs- und Veröffentlichungspflichten für bestimmte Fälle der Veränderung einer Beteiligung an einer Kapitalgesellschaft, deren Aktien zur amtlichen Notierung an einer beliebigen Börse innerhalb der Gemeinschaft zugelassen sind.

Mit dem drohenden Mißbrauch von **Insider-Informationen** befaßt sich ebenfalls eine EG-Richtlinie. Sie gibt neben einer Definition des Insiderbegriffs auch Hinweise zur Überwachung durch Aufsichtsbehörden.

Zur letztlichen Verwirklichung des gemeinsamen Binnenmarktes für Wertpapierdienstleistungen auf der Grundlage der gegenseitigen Anerkennung der Aufsicht über Wertpapierfirmen durch die Mitgliedstaaten soll eine Richtlinie über Wertpapierdienstleistungen beitragen. Hierfür liegt bereits ein Vorschlag zur Beschlußfassung vor.

2.2 Ablaufpolitik

Die Ablaufpolitik umfaßt "alle wirtschaftspolitischen Instrumente, die sich bei gegebener Ordnung auf den Wirtschaftsprozeß selbst richten und damit die quantitativen Relationen verändern" (Tuchtfeldt, E., 1967, S. 264). Ganz im Gegensatz zur Ordnungspolitik orientiert sich Ablaufpolitik an kurz- und mittelfristigen, prozeßpolitischen Zielen; ihr Akzent ist nicht strukturell-qualitativer, sondern quantitativer Natur.

Den Ansatzpunkt für ablaufpolitische Maßnahmen bilden Wechselfälle der wirtschaftlichen Entwicklung. Innerhalb des ordnungspolitisch vorgegebenen Rahmens ist eine flexible Inhaltspolitik erforderlich. Als Instrumente der Ablaufpolitik gelten generell die Geldpolitik, die Fiskalpolitik, die Preispolitik sowie die Lohn- und Einkommenspolitik (Dürr, E., 1975, S. 95 ff). In Zusammenhang mit den Umweltbedingungen der Bankpolitik interessiert unmittelbar die Geldpolitik, wenngleich auch Abhängigkeitsverhältnisse mit den anderen Instrumenten keineswegs auszuschalten sind. Fiskalpolitik, Preispolitik sowie die Lohn- und Einkommenspolitik wirken vor allem über die Nachfrage nach Bankdienstleistungen auf die Bankpolitik ein.

2.2.1 Aufgaben, Organisation und Geldpolitik der Deutschen Bundesbank

2.2.1.1 Aufgaben

Die Steuerung der Geldversorgung einer Volkswirtschaft obliegt der Zentralnotenbank. Laut § 3 des Gesetzes über die Deutsche Bundesbank vom 26. Juli 1957 (BbankG) regelt die Deutsche Bundesbank "mit Hilfe der währungspolitischen Befugnisse, die ihr nach diesem Gesetz zustehen, den Geldumlauf und die Kreditversorgung der Wirtschaft mit dem Ziel, die Währung zu sichern, und sorgt für die bankmäßige Abwicklung des Zahlungsverkehrs im Inland und mit dem Ausland". Damit wird zumindest in einer mittelbaren Form das "magische Dreieck" Geldwertstabilität, Vollbeschäftigung und Zahlungsbilanzausgleich angesprochen.

Obwohl als bundesunmittelbare juristische Person des öffentlichen Rechts eingerichtet - das Grundkapital befindet sich im Besitz des Bundes -, ist die Deutsche Bundesbank von Weisungen der Bundesregierung unabhängig. Sie hat allerdings "unter Wahrung ihrer Aufgabe die allgemeine Wirtschaftspolitik der Bundesregierung zu unterstützen" (§ 12 BbankG). In der Tat weist in der BR Deutschland die Zentralnotenbank - auch im Vergleich zu anderen Ländern - einen hohen Grad an Unabhängigkeit gegenüber der Regierung auf.

2.2.1.2 Organisation

Der organisatorische Aufbau der Deutschen Bundesbank läßt sich aus Diagramm 5 ersehen.

Als oberstes Organ der Deutschen Bundesbank fungiert der Zentralbankrat. Er trifft die grundsätzlichen Entscheidungen über den Einsatz der notenbankpolitischen Instrumente und stellt allgemeine Richtlinien für die Geschäftsführung und Verwaltung auf (§ 6 BbankG). Das Direktorium dagegen ist für die Durchführung der Beschlüsse des Zentralbankrates verantwortlich. Die Vorstände der Landeszentralbanken schließlich führen die in den jeweiligen regionalen Bereich fallenden Geschäfte und Verwaltungsangelegenheiten durch, soweit sie nicht dem Direktorium vorbehalten sind.

Im Gefolge der deutschen Wiedervereinigung hat der Bundestag einen Regierungsentwurf zur Straffung der Organisation der Bundesbank in der Fläche verabschiedet. Dieser sieht eine Reduzierung der Zahl der Landeszentralbanken von derzeit elf auf neun[7] vor. Damit wird das Prinzip, eine Landeszentralbank für jedes Bundesland, aufgehoben. Das Bundesbankdirektorium wird von jetzt möglichen zehn Mitgliedern auf acht verkleinert, so daß der Zentralbankrat künftig höchstens 17 Mitglieder haben wird. Neben dieser regionalen, wird im Zuge der geldpolitischen Integration Europas mit einer funktionalen Reform der Zentralbank zu rechnen sein.

---

7 Die länderweise Zusammenfassung betrifft Berlin und Brandenburg, Bremen, Niedersachsen und Sachsen-Anhalt, Hamburg, Schleswig-Holstein und Mecklenburg-Vorpommern, Hessen und Thüringen sowie Rheinland-Pfalz und das Saarland.

Diagramm 5: Organe der Deutschen Bundesbank

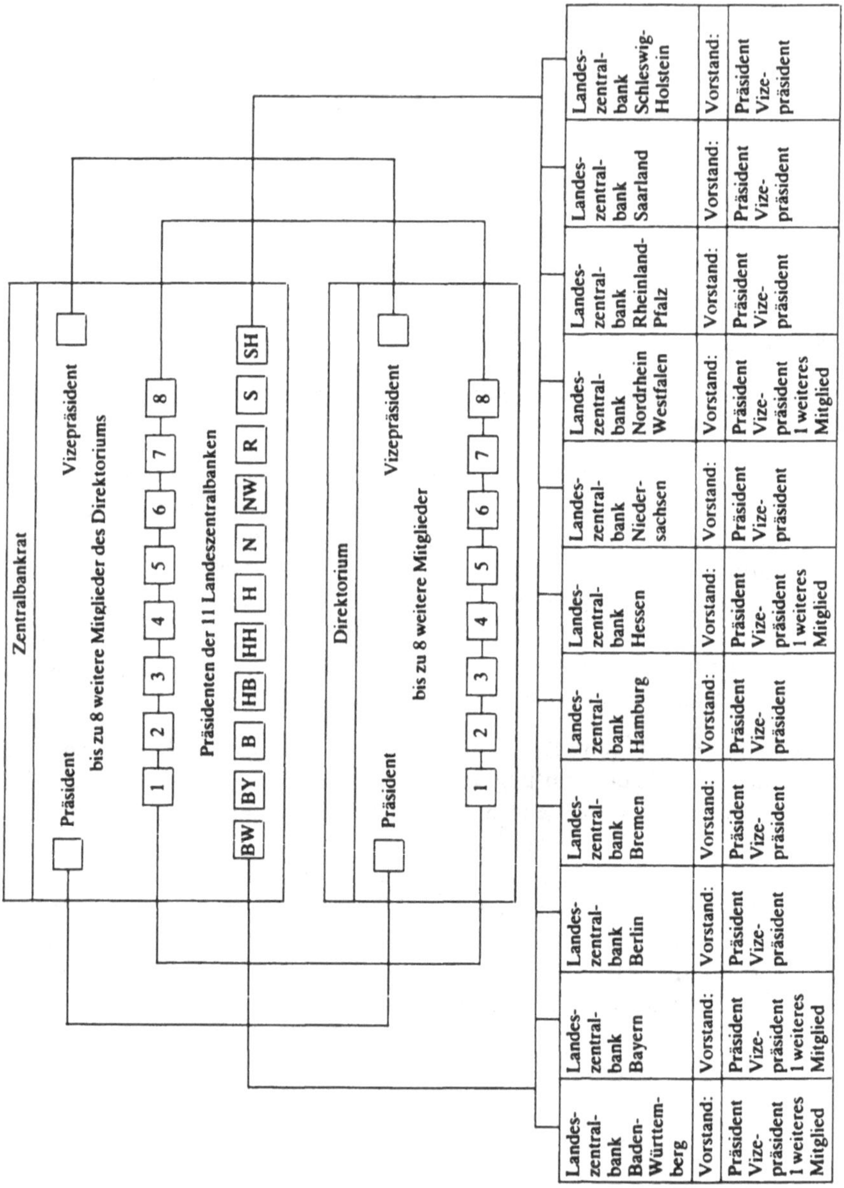

2.2.1.3 Geldpolitik

2.2.1.3.1 Ziele

Alle Wirtschaftseinheiten einer Volkswirtschaft bewirken monetäre und kreditäre Vorgänge. Durch die Art ihres zufälligen Zusammentreffens entstehen fortgesetzt kurzfristige Ungleichgewichte. Als einziger Institution obliegt es per Gesetz der Zentralnotenbank, im Bedarfsfall durch eine expansiv oder kontraktiv orientierte Geldpolitik Stabilität herzustellen. Aus diesem Blickwinkel wird gleichzeitig deutlich, warum im Rahmen der Zentralnotenbankpolitik im Grenzfall der Stabilität der Währung Priorität einzuräumen ist.

Die Bundesbank kann ihrer gesetzlich definierten Aufgabe nur mit Hilfe eines vielschichtigen Instrumentariums nachkommen. Ihre Maßnahmen richten sich, da sich ihre sonstigen Geschäftsbeziehungen in engen Grenzen halten, an die Kreditinstitute, von denen die (expansiven oder kontraktiven) Wirkungen an Nichtbanken übertragen werden. Mit dem Einsatz ihres geldpolitischen Instrumentariums löst die Zentralnotenbank Mengeneffekte, Preiseffekte und Signaleffekte aus.

2.2.1.3.1.1 Mengeneffekte

Im Vordergrund der Politik der Bundesbank steht heute zusehends die Geldmengensteuerung. Eine Verflüssigung oder Verknappung der Geldmenge hat dabei naturgemäß auch Preiseffekte zur Folge. Vom theoretischen Konzept her hat man sich in der BR Deutschland zu Beginn der 70er Jahre zunächst an der sog. potentialorientierten Kreditpolitik ausgerichtet. Diese erfordert eine Harmonisierung des Geld- und Kreditangebotes mit dem Wachstum des Produktionspotentials. Die Steuerung der monetären Nachfrage vollzieht sich über die Versorgung mit Kredit, d.h. über das Kreditvolumen sind die Voraussetzungen eines gleichgewichtigen Wachstums zu schaffen.

Demgegenüber zielt das einige Jahre später aufgegriffene **Geldbasiskonzept**[8] auf eine direkte Kontrolle der Zentralbankgeldmenge ab. Es fußt auf den Thesen, daß einerseits die monetäre Expansion über das Angebot an Zentralbankgeld gelenkt werden kann und anderseits eine kausale Verknüpfung zwischen monetärem und wirtschaftlichem Wachstum vorliegt (Schneider, D., 1978). Unmittelbarer Ansatzpunkt für die Politik der Zentralnotenbank bilden die freien Liquiditätsreserven der Banken (= Überschußguthaben + inländische Geldmarktpapiere, deren Ankauf die Bundesbank zugesagt hat + unausgenutzte Rediskontkontingente).

---

8 Erste Ansätze des Geldbasiskonzeptes finden sich im Jahresgutachten des "Sachverständigenrates zur Begutachtung der gesamtwirtschaftlichen Entwicklung", Bonn 1972.

Während zunächst Verlaufsziele über das geplante Wachstum der Zentralbankgeldmenge (diese setzt sich aus dem Bargeldumlauf bei Nichtbanken und dem Mindestreserve-Soll (mit konstanten Reservesätzen berechnet) für die Inlandsverbindlichkeiten der Banken (ohne mindestreservepflichtige Bankschuldverschreibungen) zusammen) formuliert wurden, hat man erstmals bei der Projektion für das Jahr 1979 Ober- und Untergrenzen in Form eines monetären Zielkorridors fixiert. Mehrere Möglichkeiten bestehen bei der Abgrenzung der Geldmenge. In der weitesten Abgrenzung (= M3) werden unter diesem Begriff Bargeld, Sichteinlagen inländischer Nichtbanken bei inländischen Kreditinstituten, Termingelder inländischer Nichtbanken unter 4 Jahren und Spareinlagen inländischer Nichtbanken mit gesetzlicher Kündigungsfrist verstanden. Die Geldmenge M2 schließt nur Bargeld, Sichteinlagen inländischer Nichtbanken bei inländischen Kreditinstituten und Termingelder inländischer Nichtbanken unter 4 Jahren ein, während in der engsten Definition der Geldmenge (= M1) lediglich Bargeld und Sichteinlagenbestände inländischer Nichtbanken bei inländischen Kreditinstituten zugerechnet werden.

Die Deutsche Bundesbank beurteilt die monetäre Expansion heute vor allem an Hand der Entwicklung der Geldmenge M3.

2.2.1.3.1.2 Preiseffekte

Neben den Mengeneffekten erwachsen aus dem Einsatz der notenbankpolitischen Instrumente Preis- oder Zinseffekte. Die Frage nach ihrer Wirkung auf die gesamtwirtschaftliche Aktivität mündet unmittelbar in die Problematik der **Zinselastizität** der Kreditnachfrage ein. Für die BR Deutschland liegen mehrere fundierte empirische Untersuchungen über die Bestimmungsgründe der Kreditnachfrage vor (Woll, A., 1969; Läufer, K., Lucius, W. D., Richter, P., 1973). In ihrer Grundaussage kamen diese ökonometrischen Tests zum Ergebnis, daß die Kreditnachfrage relativ unempfindlich auf Zinssatzänderungen reagiert. Diese Inelastizität erklärt sich bei der Nachfrage von seiten der Nichtbankunternehmen mit dem vergleichsweise geringen Gewicht des Kostenfaktors "Zins" bei der industriellen Investition. Auch läßt die Unsicherheit über die zukünftige Entwicklung der Absatzpreise und -mengen eine positive Investitionsentscheidung von vornherein nur dann zu, wenn die kalkulierte Gewinnspanne Zinssatzänderungen innerhalb der denkbaren Bandbreiten verkraften kann. Wesentlich gewichtiger als die Zinsentwicklung sind die Ertragserwartungen der Unternehmen. Gleichfalls nur eine relativ geringe Zinsempfindlichkeit ist in bezug auf die Lagerhaltung festzustellen, auch wenn in der klassischen Formulierung der Zinstheorie eine Erhöhung des Zinsfußniveaus zu einem zunehmenden Lagerabbau, eine Senkung hingegen zu einer Ausweitung der Lagerhaltung führen soll.

Ebensowenig lassen sich bei der Kreditnachfrage der öffentlichen und privaten Haushalte (ausgenommen die Wohnungsbaufinanzierung der privaten

Haushalte, die sehr zinsempfindlich ist) hohe Zinsreagibilitäten nachweisen. Wesentlich reagibler verhalten sich dagegen internationale Geldströme. Hier können im Rahmen der internationalen Zinsfußarbitrage schon geringe Variationen des Zinsfußniveaus einen Zufluß oder Abfluß von Geldern in beträchtlicher Höhe auslösen. In jüngerer Vergangenheit hat diese Tatsache entscheidend zur Beibehaltung der Hochzinspolitik der Deutschen Bundesbank beigetragen, während bei ausschließlich binnenwirtschaftlicher Betrachtung eine Senkung der Leitzinsen gerechtfertigt gewesen wäre.

Schließlich bewirkt eine Erhöhung des Zinsfußniveaus eine Verteuerung der Hausse-Spekulation und führt tendenziell zu Verkäufen sowie zu Kurssenkungen. Umgekehrt begünstigt eine Zinssenkung die Spekulation à la Hausse und stützt damit die Kurse.

2.2.1.3.1.3 Signaleffekte

Jeder geldpolitischen Maßnahme der Notenbank kommt gleichzeitig Signaleffekt zu. Gewichtig ist dieser Signaleffekt vor allem dann, wenn die Variierung des Einsatzes einzelner notenbankpolitischer Instrumente eine Tendenzwende in der geldpolitischen Grundausrichtung erkennen läßt.

Eine "Politik der kleinen Schritte" mag dazu dienen, eine Strategie der "Moral Suasion" zu stützen und das Kreditwesen zu Wohlverhalten aufzufordern. Sie liefert ggf. Hinweise dafür, daß mit einem (noch) massiveren Einsatz des notenbankpolitischen Instrumentariums gerechnet werden muß, wenn bestimmte monetäre Zielprojektionen nicht erreicht werden.

2.2.1.3.2 Instrumente

Die Effizienz des notenbankpolitischen Instrumentariums im Hinblick auf die Erreichung monetärer Zielprojektionen hängt von zahlreichen endogenen und exogenen Einflußfaktoren ab. Der Datenkranz dieser zum Teil gegenläufig wirkenden Faktoren ist so umfassend, daß traditionelle Prognosemethoden wie die Beobachtung ausgewählter wirtschaftlicher Indikatoren ("leading indicators") immer unzureichender werden.

Die Feinabstimmung der Notenbankpolitik erfordert daher einen zunehmenden Rückgriff auf hochentwickelte Prognoseverfahren und -modelle. Schon seit Jahren werden in den USA ausgefeilte ökonometrische Modelle zur kurzfristigen Prognose monetärer und realwirtschaftlicher Größen entwickelt. Die bekanntesten Ansätze sind das FRB-Mit-Penn-Modell, das St. Louis-Modell und das Wharton-Modell. Aber auch zahlreiche europäische Zentralnotenbanken haben vergleichbare ökonometrische Ansätze bereits konzipiert.

Die Deutsche Bundesbank hat ein **ökonometrisches Modell** entwickelt, das aus 245 endogenen und 84 exogenen Variablen besteht. Die Modellkonzeption baut auf 87 Definitions- und 157 Verhaltensgleichungen auf, die den einzelnen Teilsystemen zugeordnet sind. Unterschieden wird zwischen einem Nachfrageblock (Verwendung des Sozialprodukts), einem Verteilungsblock (Verteilung des Sozialprodukts), einem Arbeitsmarktblock, einem Kosten- und Preisblock, einem Außenwirtschaftsblock und einem monetären Block (finanzielle Transaktionen). Der monetäre Block umfaßt die finanziellen Transaktionen der privaten Haushalte, der Unternehmen, der öffentlichen Haushalte, der Kreditinstitute und des Auslands sowie die Zinsentwicklung. Das notenbankpolitische Instrumentarium geht in das Modell vor allem über den Lombardsatz, die durchschnittlichen Mindestreservesätze und Inlands- und Auslandsverbindlichkeiten, über die Auslandsposition der Bundesbank und über sonstige Faktoren der Zentralbankgeldversorgung ein (Modellversion 30/03/1988).

Der Stellenwert dieser Prognosemodelle bei der Entscheidungsfindung, der in den einzelnen Ländern sehr unterschiedlich zu werten ist, sollte im Augenblick keineswegs überschätzt werden. Die Ansätze dienen allenfalls dazu, bevorstehende Entscheidungen auf eine breitere Informationsbasis zu stellen und ggf. die Auswirkungen alternativer Maßnahmen im Rahmen von Simulationen zu testen. Fraglos aber werden diese Modelle in Zukunft als Instrument der Entscheidungsfindung bzw. bei der Suche nach Alternativen an Gewicht gewinnen.

Folgendes **Instrumentarium** steht **der Deutschen Bundesbank** zur Durchsetzung ihrer monetären Ziele zur Verfügung:

- Refinanzierungspolitik,
- Mindestreservepolitik,
- Offenmarktpolitik,
- Einlagenpolitik,
- Devisenkurspolitik,
- Moral Suasion.

Häufig setzt die Bundesbank mehrere Instrumente zu gleicher Zeit und mit gleicher Zielrichtung ein. Man spricht in diesem Zusammenhang von einem gebündelten Einsatz der notenbankpolitischen Instrumente ("package deal").

2.2.1.3.2.1 Refinanzierungspolitik

Die Refinanzierungspolitik bestimmt den Zins und grenzt das Volumen ab, bis zu dem Kreditinstitute auf die Liquiditätshilfe der Notenbank Rückgriff nehmen können. Refinanzierungspolitik betreibt die Bundesbank über den Diskont- und den Lombardkredit.

Der **Diskontkredit** gewährt Refinanzierung durch die Rediskontierung von Wechseln. Angekauft werden von der Deutschen Bundesbank grundsätzlich nur Wechsel, für die drei als zahlungsfähig bekannte Verpflichtete haften (auf die dritte Unterschrift kann verzichtet werden, wenn die Sicherheit des Wechsels in anderer Weise gewährleistet ist), die innerhalb von drei Monaten nach dem Tag des Ankaufs fällig sind und die auf Warenlieferungen oder Dienstleistungen zwischen Unternehmen und/oder wirtschaftlich Selbständigen zurückgehen.

Bei der **Lombardierung** dagegen handelt es sich um die Gewährung verzinslicher Darlehen gegen Pfänder an Kreditinstitute. Lombardiert werden können:

- rediskontfähige Wechsel[9] (90% ihres Nennbetrages),
- Schatzwechsel (90% ihres Nennbetrages),
- unverzinsliche Schatzanweisungen, die innerhalb eines Jahres fällig sind (75% ihres Nennbetrages),
- festverzinsliche Schuldverschreibungen und Schuldbuchforderungen, deren Aussteller oder Schuldner der Bund, ein Sondervermögen des Bundes oder ein Land ist (75% ihres Kurswertes),
- andere von der Bank bestimmte festverzinsliche Schuldverschreibungen und Schuldbuchforderungen (75 % ihres Kurswertes) und
- Ausgleichsforderungen (75% ihres Nennbetrages).

Der **Lombardsatz** liegt in aller Regel über dem Diskontsatz und ist - um ein Ausweichen auf den Lombard zu verhindern - mit diesem gekoppelt. Eine Veränderung des **Diskontsatzes** zieht somit zumeist eine Variation des Lombardsatzes nach sich. Die Lombardierung bietet gegenüber dem Diskont den Vorzug, nicht an die Restlaufzeiten der im Portefeuille befindlichen Wechsel gebunden zu sein. Der Lombardkredit kann auch ggf. für geringere Summen als den Nennbeträgen der zur Refinanzierung verwendeten Wertpapiere in Anspruch genommen werden. Aus diesen Gründen kann in Einzelfällen die Lombardierung trotz des höheren Zinssatzes günstiger sein als der Diskont.

Zur Steuerung der Geldnachfrage von seiten der Kreditinstitute kann die Bundesbank zunächst den Diskontsatz (=Bankrate) oder den Lombardsatz variieren. Zwar besteht keine feste Verknüpfung des Diskontsatzes mit den Soll- und Habenzinsen der Kreditinstitute, wenn man von einzelnen vertraglichen Regelungen absieht. Die sich verändernden Refinanzierungsbedingungen bei der Notenbank führen in Verbindung mit ihren Auswirkungen auf die Kosten der Kapitalbeschaffung aber doch mittelbar zu einer Beeinflussung des Zinsfußniveaus.

Neben der Variierung der Refinanzierungskosten hat es die Bundesbank in der Hand, durch die Veränderung der **Rediskont- und Lombard.i.kontingent;e** das Volumen der maximal eingeräumten Liquiditätshilfe zu erhöhen oder zu senken. Grundlage der Berechnung der Rediskontkontingente der einzelnen Kreditinstitute sind die haftenden Mittel. Darüber hinaus finden die Bankbe-

---

9 Nicht rediskont-, aber lombardfähig sind Solawechsel der AKA Ausfuhrkredit-Gesellschaft mbH (Plafond A) sowie der Gesellschaft zur Finanzierung von Industrieanlagen mbH (Plafond I).

teiligungen (ab 25%), die Geschäftsstruktur (Verhältnis der kurz- und mittelfristigen Kredite an Nichtbanken zum Geschäftsvolumen) sowie die Beachtung der Grundsätze über das Eigenkapital und die Liquidität Berücksichtigung.

In den Rahmen der Rediskontkontingente fallen auch Privatdiskonten. Darunter sind DM-Akzepte der am Privatdiskontmarkt zugelassenen Akzeptbanken zu verstehen, die der Finanzierung von Einfuhr-, Ausfuhr- und Transithandelsgeschäften oder von grenzüberschreitenden Lohnveredelungsgeschäften dienen.

Ende 1990 beliefen sich die Rediskont-Kontingente auf insgesamt 84,563 Mrd. DM (Deutsche Bundesbank, Monatsberichte). In den Kontingenten sind ab Juli 1990 auch die für Kreditinstitute in den neuen Bundesländern festgesetzten Refinanzierungslinien enthalten.

Eine Sonder-Rediskontlinie besteht zugunsten der AKA Ausfuhrkredit-Gesellschaft mbH für Solawechsel deutscher Exporteure, die zur Finanzierung mittel- und langfristiger Liefer- und Leistungsgeschäfte vornehmlich in Entwicklungsländer ausgestellt werden. Diese Rediskontlinie (Plafond B der AKA Ausfuhrkredit-Gesellschaft mbH) beträgt 3,25 Mrd. DM (Ende 1990). Die der Gesellschaft zur Finanzierung von Industrieanlagen mbH eingeräumte Rediskontlinie (Plafond II) über 250 Mio. DM wurde nach der Einführung der Währungs-, Wirtschafts- und Sozialunion mit Wirkung ab 1. August 1990 aufgehoben (Deutsche Bundesbank, Geschäftsbericht 1990).

Auch beim Lombardkredit kann die Bundesbank Kontingente festsetzen. Die Bundesbank behält sich zudem vor, zu Zeiten besonderer Liquiditätsanspannung den sog. Sonderlombardkredit (zu einem Sonderlombardsatz) einzurichten.

2.2.1.3.2.2 Mindestreservepolitik

Die Mindestreserve stammt aus den USA. Ihr ursprünglicher Zweck war die Haltung einer Liquiditätsreserve. Erst mit der Variierung der Reservesätze nach geldpolitischen Kriterien wurde die Mindestreserve zu einem der gewichtigsten notenbankpolitischen Instrumente. Gleichzeitig wurde die Mindestreserve aber auch zu den illiquidesten Anlagen eines Kreditinstitutes.

Mit Hilfe der Mindestreservepolitik sollen vordringlich die freien Liquiditätsreserven der Kreditinstitute beeinflußt und damit das Kreditvolumen gesteuert werden. Neben den Liquiditätseffekten ergeben sich auch gewollte Zinswirkungen für den Fall von Reservesatzänderungen. Daraus resultierende Rentabilitätssenkungen bei den Kreditinstituten werden von diesen - da eine Rückwälzung auf die reservepflichtigen Einlagen im Sinne von Habenzinssenkungen faktisch unmöglich ist - vornehmlich an die Kreditnehmer weitergegeben.

Die Höhe der Reservesätze wird von der Bundesbank festgelegt, bei der die Mindestreserve zu unterhalten ist (§ 16 BBankG). Sie darf den Prozentsatz innerhalb bestimmter Grenzen differenzieren. Sie erläßt Regelungen in Form der **Anweisungen über Mindestreserven (AMR)** in denen sie nähere Einzelheiten zur Reservepflicht und Reservehaltung festlegt.

Zur Unterhaltung von Mindestreserven sind grundsätzlich alle Kreditinstitute (einschl. Bausparkassen) verpflichtet. Reservepflichtig sind

- Buchverbindlichkeiten (einschl. Verbindlichkeiten aus Namennsschuldverschreibungen und Orderschuldverschreibungen, die nicht Teile einer Gesamtemission darstellen) mit einer Befristung von weniger als vier Jahren,
- Verbindlichkeiten aus Inhaberschuldverschreibungen (und Orderschuldverschreibungen, die Teile einer Gesamtemission darstellen) mit einer Befristung von weniger als zwei Jahren

soweit die Verbindlichkeiten nicht gegenüber selbst reservepflichtigen Kreditinstituten bestehen.
Innerhalb der genannten "reservepflichtigen" Verbindlichkeiten wird in

- Sichtverbindlichkeiten (Verbindlichkeiten mit einer Laufzeit oder Kündigungsfrist von weniger als einem Monat),
- befristeten Verbindlichkeiten (Verbindlichkeiten mit einer Laufzeit oder Kündigungsfrist von mindestens einem Monat, z.B. Verbindlichkeiten aus Schuldverschreibungen) und
- Spareinlagen

unterschieden.

Die Bundesbank differenziert die Mindestreservesätze nach der **Art** der reservepflichtigen Verbindlichkeiten. Sie darf den Prozentsatz für Sichtverbindlichkeiten nicht über dreißig, für befristete Verbindlichkeiten nicht über zwanzig und für Spareinlagen nicht über zehn festsetzen. Eine Staffelung nach der **Höhe** betrifft nur die Sichtverbindlichkeiten. Der Satz für die höchste Stufe findet für Auslandsverbindlichkeiten Anwendung.

Monatlich errechnen die Kreditinstitute unter Anwendung der von der Bundesbank angeordneten Reservesätze ihr **Mindestreserve-Soll** auf den Durchschnitt der reservepflichtigen Verbindlichkeiten. Sie können ihre jeweiligen Bestände an inländischen gesetzlichen Zahlungmitteln auf die Mindestreserve anrechnen. In der Praxis wird ein monatlicher Durchschnittsbestand vom errechneten Reserve-Soll abgesetzt. Der absetzungsfähige Betrag ist dabei auf 50% des Reserve-Soll begrenzt.

Dem Mindestreserve-Soll wird die **Ist-Reserve** gegenübergestellt. Nach dem Wortlaut des Bundesbankgesetzes ist die Mindestreserve zinslos zu unterhalten. Es wird in diesem Zusammenhang von einem **Arbeitsguthaben** ("Working Balances") gesprochen, da die Banken ihre Zentralbankguthaben kurzfristig abdisponieren können. Sie sind lediglich angehalten, ihr Reserve-Soll im Monatsdurchschnitt zu erfüllen. Gelingt ihnen eine solche Erfüllung nicht, wird ein **Sonderzins** in Höhe von drei Prozentpunkten über dem jeweiligen Lombardsatz für 30 Tage fällig. Er wird auf den Differenzbetrag, um den das Reserve-Soll die Ist-Reserve übersteigt, berechnet.

2.2.1.3.2.3 Offenmarktpolitik

Unter Offenmarktpolitik verstehen wir den An- und Verkauf von Wertpapieren des Geld- und Kapitalmarktes zu Marktsätzen durch die Notenbank. Über eine Veränderung der freien Liquiditätsreserven erfolgt damit eine Erhöhung oder Verringerung des Kreditpotentials der Banken. Im Gegensatz zur Mindestreservepolitik kann die Bundesbank bei Offenmarktoperationen keinen unmittelbaren Zwang ausüben. Ihr Ansatzpunkt ist vielmehr eine Variierung der Verzinsung bzw. die Kursgestaltung der angebotenen bzw. nachgefragten Wertpapiere. Damit erzielt die Bundesbank nicht nur Mengen- sondern auch (marginale) Preiseffekte.

Tritt sie im Zuge einer kontraktiven Geldpolitik als Verkäufer am Markt auf und bietet einen Bestand an festverzinslichen Wertpapieren unter dem Marktkurs an, bewirkt dies gleichzeitig eine Erhöhung der Effektivverzinsung. Diese Beeinflussung der Rendite bezieht sich unmittelbar nur auf das angebotene Portefeuille, im Wege der Wertpapier-Arbitrage aber tendenziell auch auf die übrigen Titel. Umgekehrt wird expansive Geldpolitik über ein erhöhtes Kursangebot betrieben, woraus tendenziell eine Zinssenkung resultiert.

Nach § 21 BBankG sind Gegenstand der Offenmarktgeschäfte:

- bundesbankfähige Wechsel,
- Schatzwechsel und Schatzanweisungen des Bundes, der Sondervermögen (Bundesbahn, Bundespost, Ausgleichsfonds und ERP-Sondervermögen) und der Länder,
- Schuldverschreibungen und Schuldbuchforderungen der vorstehend genannten öffentlichen Stellen sowie
- andere zum amtlichen Börsenhandel zugelassene Schuldverschreibungen.

Durch die Vorschrift, nur "am offenen Markt" zu kaufen und zu verkaufen ist ein Verbot der Direktübernahme von Schuldtiteln aus der Hand der Emittenten abzuleiten.

Im Rahmen ihrer Geschäfte am offenen Markt nimmt die Deutsche Bundesbank auch außerhalb der Rediskont- und Lombardkontingente bundesbankfähige Inlandswechsel, lombardfähige festverzinsliche Wertpapiere sowie im geregelten Freiverkehr notierte Kassenobligationen öffentlicher Haushalte in Pension (**Pensionsgeschäfte**). Bereits beim Ankauf durch die Notenbank (zum Marktsatz) wird eine feste Rückkaufsvereinbarung zu einem bestimmten Termin getroffen. Mitte der achtziger Jahre setzte die Deutsche Bundesbank verstärkt Wertpapierpensionsgeschäfte zur Beseitigung der Inanspruchnahme von Lombardlinien durch die Kreditinstitute ein.

2.2.1.3.2.4 Einlagenpolitik

Der Bund, die Sondervermögen Ausgleichsfonds und ERP-Fonds sowie die Länder haben ihre flüssigen Mittel grundsätzlich auf Girokonten der Deutschen Bundesbank anzulegen. Eine anderweitige Veranlagung bedarf der Zustimmung der Bundesbank.

Wird mit diesem Instrument eine kontraktive Politik betrieben, erzwingt die Bundesbank eine Veranlagung dieser Mittel auf ihren eigenen Konten. Damit können diese Einlagen nicht die freien Liquiditätsreserven der Banken erhöhen und zur Basis zusätzlicher Krediteinräumungen werden. Bei einer expansiven Orientierung der Geldpolitik dagegen wird die Möglichkeit einer anderweitigen Veranlagung gewährt.

2.2.1.3.2.5 Devisenkurspolitik

Seit dem Übergang zu **flexiblen Wechselkursen** im Jahre 1973 vollzieht sich die Interventionspolitik der Deutschen Bundesbank unter grundsätzlich geänderten Vorzeichen. Während im System fixer Wechselkurse die Festlegung der Währungsparitäten der Bundesregierung oblag und die Bundesbank den Wechselkurs durch Devisenan- und Devisenverkäufe nur innerhalb der festgesetzten Bandbreiten zu halten hatte, kann im System des Floating der DM-Kurs frei schwanken. Die Bundesbank ist damit in ihrer Wechselkurspolitik nicht mehr an bestimmte Interventionspunkte gebunden.

Die Interventionspflicht besteht nur noch gegenüber den Mitgliedsländern des am 13. März 1979 ins Leben gerufenen **Europäischen Währungssystems** (EWS). Dem EWS gehören alle EG-Länder an. Eine Interventionspflicht der Bundesbank ist dann gegeben, wenn der Kurs um 2,25% vom Leitkurs abweicht. Es zeigt sich allerdings, daß die Interventionspolitik der EG-Notenbanken nicht erst bei Erreichung dieser Interventionspunkte, sondern innerhalb der Schwankungsbreite einsetzt.

Neben der direkten Kursbeeinflussung durch Devisenmarktoperationen auf eigene Rechnung hat die Bundesbank die Möglichkeit, auf die Wechselkursentwicklung im Rahmen der **Swapsatzpolitik** einzuwirken. Von einem Swapgeschäft spricht man in diesem Zusammenhang bei einer Kombination von Devisenkassa- und Devisentermingeschäft. Unter dem Swapsatz verstehen wir die Differenz zwischen dem Devisentermin- und dem Devisenkassakurs, bezogen auf den Kassakurs. Dieser Swapsatz kann positiv (Terminkurs > Kassakurs: Report) oder negativ (Terminkurs < Kassakurs: Deport) sein.

Die wirtschaftliche Entwicklung in der BR Deutschland war jahrzehntelang durch einen Nettozustrom an Auslandskapital charakterisiert. Unter diesen

Vorzeichen verfolgte die Bundesbank zur Aufrechterhaltung des monetären Gleichgewichtes im Inland das Ziel, den Kapitalexport zu forcieren. Da die DM aber als harte, aufwertungsträchtige Währung galt, war mit dem Kapitalexport das Risiko sinkender Wechselkurse der zu erwerbenden ausländischen Währung verbunden. Es lag zumeist ein negativer Swapsatz vor, d.h. der Terminkurs der ausländischen Währung lag unter dem Kassakurs. Auch wenn das Zinsfußniveau auf ausländischen Kreditmärkten höher war als in der BR Deutschland, wurde diese Differenz mit den Kurssicherungskosten, die aus dem Abschluß eines Gegengeschäftes entstanden, wieder weitgehend kompensiert oder überkompensiert.

Unter diesen Voraussetzungen hatte sich die Bundesbank entschlossen, den Kapitalexport durch die Einräumung günstiger Rücknahmekurse - im Vergleich zu den auf dem freien Markt zustandekommenden Kursen - zu fördern. Damit konnten die Kosten der Kurssicherung verringert werden und die Veranlagung von Kapital im Ausland wurde attraktiver.

Es zeigte sich allerdings bald, daß durch den Abschluß von Karussellgeschäften (z.B. Dollaraufnahme in den USA per Termin - Dollarverkauf per Kassa im Inland - Dollarankauf per Termin im Inland - Dollarankauf per Kassa im Inland - Kurssicherung im Inland zu begünstigtem Kurs per Termin - Dollarveranlagung in den USA per Termin - Abwicklung der Gegengeschäfte per Termin) völlig legal die Absicht der Bundesbank konterkariert werden konnte. Die Bundesbank stellte deshalb die Swapsatzpolitik von 1969 - 1979 vorübergehend ein.

Die Bundesbank hat sich allerdings damit keineswegs vollständig vom Devisenmarkt zurückgezogen, sie ist vielmehr zu einer fallweisen, international koordinierten Interventionspolitik übergegangen. Neben der genannten Interventionspflicht gegenüber anderen EWS-Währungen hat sie in Abhängigkeit der wechselnden Strömungen vom Dollar in die DM et vice versa zahlreiche Dollar-Interventionen durchgeführt. So gab sie etwa Anfang der achtziger Jahre im Zuge des hohen Leistungsbilanzdefizits erhebliche Devisenbestände an den Markt ab, während sie sich im Rahmen der Dollarstabilisierung durch die wesentlichen Industrieländer ("sog. Louvre-Akkord") im Februar 1987 an massiven Dollaraufkäufen beteiligte. Auch an den täglichen Glättung der erratischen Schwankungen des Dollar beteiligt sich die Bundesbank. Seit 1979 nahm die Bundesbank auch sog. **Devisenpensionsgeschäfte** auf.

Als weitere Maßnahme im Rahmen der Liquiditätspolitik über den Devisenmarkt besteht für die Bundesbank die Möglichkeit von **Outright-Terminoperationen.** Diese wurden von der Bundesbank in US-Dollar erstmals 1968 mit dem Ziel vorgenommen, einer drohenden Aufwertungsspekulation entgegenzuwirken. Die Termingeschäfte wirken mittelbar auf den Kassamarkt, da die Geschäftsbanken ihren eingegangenen Termingeschäften zur Vermeidung offener Devisenpositionen Kassageschäfte entgegensetzen. Damit wird die Bankenliquidität mit zeitlicher Verzögerung genauso beeinflußt wie durch den

Abschluß eines entsprechenden Kassageschäftes am Devisenmarkt. Seit der Freigabe der Wechselkurse im Frühjahr 1973 wurden gelegentlich solche "geräuschlosen" Kursglättungsoperationen gegenüber dem Dollar durchgeführt.

2.2.1.3.2.6 Moral Suasion

Moral Suasion, in der Übersetzung die "Politik des gütlichen Zuredens" oder "Seelenmassage" genannt, zielt auf Wohlverhalten der Kreditinstitute, ggf. aber auch anderer Wirtschaftssektoren gegenüber den monetären Zielen der Notenbank ab. Dieses zuerst in England angewandte Mittel der Notenbankpolitik spielt in Deutschland bislang eine eher geringe Rolle.

2.2.2 Der Wochenausweis der Bundesbank als Informationsquelle

Wir wollen abschließend eine Interpretationshilfe für die Wochenausweise der Deutschen Bundesbank geben.

Der geschulte Leser entnimmt dem Wochenausweis (vgl. Tab. 6) folgende wesentlichen Informationen:

- Höhe des Banknotenumlaufs,
- Höhe der Währungsreserven,
- Geschäftsverkehr Notenbank - öffentliche Haushalte,
- Geschäftsverkehr Notenbank - Kreditinstitute.

Den **Banknotenumlauf** (= 169,6 Mrd. DM) ersehen wir aus der Passivposition eins. Nicht enthalten sind darin die Scheidemünzen. Da die Münzhoheit beim Staat liegt, werden die Scheidemünzen von diesem begeben. Der gesamte, aus Banknoten und Scheidemünzen bestehende Bargeldumlauf kann nur der Fußnote bzw. den Erläuterungen zum Zwischenausweis entnommen werden. Er betrug zum Stichtag 182,7 Mrd. DM. Die Veränderungen des Bargeldumlaufs spiegeln vor allem den steigenden Bargeldbedarf zu den Ultimo- und Medioterminen (Auszahlung von Löhnen, Gehältern und Pensionen) wider. Mit zunehmender Verbreiterung des bargeldlosen Zahlungsverkehrs, wird der jährliche Zuwachs dieser Position tendenziell abnehmen. In den neuen Bundesländern ist von einem erheblichen Potential an Bargeldverzicht auszugehen.

Tabelle 6: Wochenausweis der Deutschen Bundesbank zum 23.Oktober 1991

Aktivpositionen	Mrd. DM	%	Passivpositionen	Mrd. DM	%
1. Währungsreserven (darunter Gold)	97,1 (13,7)	28,7 (4,1)	1. Banknotenumlauf	169,6	50,5
2. Kredite und sonstige Forderungen an das Ausland	2,4	0,7	2. Einlagen von Kreditinstituten	73,0	21,6
3. Kredite an inländische Kreditinstitute	214,5	63,5	3. Einlagen von öffentlichen Haushalten	11,7	3,6
4. Kredite und Forderungen an öffentliche Haushalte	8,9	2,7	4. Einlagen von anderen inländischen Einlegern	4,2	1,2
5. Kredite an Bundesbahn und Bundespost	0	0	5. Verbindlichkeiten gegenüber Kreditinstituten	0	0
6. Wertpapiere	4,7	1,4	6. Verbindlichkeiten aus abgegebenen Mobilisierungs- und Liquiditätspapieren	4,3	1,3
7. Deutsche Scheidemünzen	1,5	0,4	7. Verbindlichkeiten aus dem Auslandsgeschäft	42,4	12,5
8. Postgiroguthaben	0,1	0	8. Verbindlichkeiten gegenüber dem EFWZ im Rahmen des EWS	0	0
9. Sonstige Aktiva	8,7	2,6	9. Ausgleichsposten für zugeteilte SZR	2,6	0,8
			10. Rückstellungen	5,5	1,6
			11. Sonstige Passiva	15,7	4,6
			12. Grundkapital	0,3	0
			13. Rücklagen	8,6	2,6
Summe	**337,9**	**100**	**Summe**	**377,9**	**100**

nachrichtlich: Bargeldumlauf (Banknoten **und** Scheidemünzen) = 182,7 Mrd. DM;
EFWZ = Europäischer Fond für währungspolitische Zusammenarbeit;
EWS = Europäisches Währungssystem; SZR = Sonderziehungsrechte

Quelle: Deutsche Bundesbank (Hrsg.), Auszüge aus Presseartikeln.

Auch die **Netto-Währungsreserven** sind in ihrer exakten Höhe nur den Erläuterungen zu entnehmen. Sie setzen sich aus den Währungsreserven (Aktiva

1.), verringert um die Auslandsverbindlichkeiten der Bundesbank (Passivpositionen 7 und 8 sowie die in Position 6 enthaltenen Auslandsverbindlichkeiten) zusammen. Sie beliefen sich im Berichtszeitraum auf 51,7 Mrd. DM. An dieser Stelle ist allerdings die niedrige Bewertung sowohl der Gold- als auch der sonstigen Währungsreserven in Rechnung zu stellen.

Die gesamten Währungsreserven decken damit, ohne an dieser Stelle in die Diskussion über die Aussagekraft dieser Kennziffer eintreten zu können, den Banknotenumlauf zu 57,25%. In Beziehung zu den Ende 1990 bestehenden kurzfristigen Verbindlichkeiten inländischer Kreditinstitute, Unternehmen und Privatpersonen gegenüber dem Ausland gesetzt, beliefen sich die gesamten Währungsreserven auf 40,5%. Diese Währungsreserven würden ausreichen, um 17,6% der Importe des Jahres 1990 bzw. gut zwei Monate zu finanzieren.

Zum Geschäftsverkehr der Bundesbank mit den **öffentlichen Haushalten** sind zunächst die in § 20 BBankG verankerten Kreditplafonds für die einzelnen Haushalte festzuhalten. Folgende Höchstgrenzen für Kassenkredite (einschließlich Schatzwechsel) wurden per Gesetz festgelegt:

- Bund : 6 Mrd. DM
- Bundesbahn : 600 Mio. DM
- Bundespost : 400 Mio. DM
- Ausgleichsfonds[10] : 200 Mio. DM
- ERP-Sondervermögen[11] : 50 Mio. DM
- Länder : 40 DM je Einwohner (Berlin, Bremen und Hamburg: 80 DM)

Die Einlagen der öffentlichen Haushalte sind aus der Passivposition 3 zu ersehen, während die Kredite aus den Aktivpositionen 4 und 5 hervorgehen. Die Netto-Position der zentralen öffentlichen Haushalte errechnet sich unter Saldierung dieser beiden Positionen (die Passivposition 3. ist um 0,6 Mrd. DM zu verringern, da in diesem Umfang noch Guthaben anderer Einleger enthalten sind) auf ein Guthaben i.H.v. 2,72 Mrd. DM.

Die Verbindlichkeiten aus abgegebenen **Mobilisierungspapieren** gehen in ihrem Ursprung auf die Währungsumstellung 1948 zurück. Damals entstanden zugunsten der Bank deutscher Länder Ausgleichsforderungen, die auf den Rechtsnachfolger Deutsche Bundesbank übergingen. Diese Ausgleichsforderungen belaufen sich auf 8,1 Mrd. DM. Auf Verlangen der Bundesbank hat der Bund sog. Mobilisierungspapiere[12] (Schatzwechsel und unverzinsliche Schatzanweisungen) zur Verfügung zu stellen. Mit der Titrierung dieser Ausgleichs-

10 Der Ausgleichsfonds wurde im Zuge der Nachkriegsfolgen für Vertriebene und Geschädigte des Zweiten Weltkrieges geschaffen (Lastenausgleichsgesetz 1952).

11 Es handelt sich hier um einen aus dem Marshallplan entstandenen Wiederaufbau-Fonds (ERP = European Recovery Programm; Gesetz über die Verwaltung des ERP-Sondervermögens 1953).

forderungen wurde die Basis für die Operationen der Deutschen Bundesbank am offenen Markt geschaffen. Sollte dieses Portefeuille nicht ausreichen, hat der Bund der Bundesbank bis zum Höchstbetrag von 8 Mrd. DM weitere Schatzwechsel und unverzinsliche Schatzanweisungen (**Liquiditätspapiere**) auszuhändigen.

Die Funktionserfüllung der Bundesbank als **"Bank der Banken"** ist vor allem aus der Passivposition 2. und der Aktivposition 3. abzulesen. Die Passivposition 2. weist im wesentlichen die von den Kreditinstituten gehaltenen Mindestreserven aus. Die Aktivposition 3. zeigt die bei der Bundesbank in Anspruch genommene Refinanzierungshilfe auf.

Die Beziehungen der Deutschen Bundesbank zu internationalen Währungsbehörden kommen in der verkürzten Darstellung nicht zum Ausdruck. Bei der Aktivposition 2. werden die Forderungen gegenüber dem Ausland in (a) Kredite im Rahmen des mittelfristigen EG-Zahlungsbilanzbeistands, (b) sonstige Kredite an ausländische Währungsbehörden und (c) Kredite an die Weltbank unterschieden. Saldieren wir die Forderungen und Verbindlichkeiten der Bundesbank gegenüber dem Ausland, so verbleibt ein Überschuß an Einlagen ausländischer Einleger i.H.v. 40,0 Mrd.DM.

2.2.3 Europäisches Zentralbankensystem (EZBS)

Im Rahmen der europäischen Integration stellt sich die Schaffung einer Europäischen Zentralbank (EZB) als notwendige Konsequenz dar. In der Weiterentwicklung der im sog. Delors-Bericht enthaltenen Vorstellungen liegt mittlerweile der Entwurf der Notenbankpräsidenten für das Statut einer EG-Zentralbank vor. Er umfaßt insgesamt 40 Artikel. Die darin verankerten Prinzipien sehen am Ende einer stufenweisen Hinführung zur Wirtschafts- und Währungsunion (WWU) ein an dem **primären Ziel der Preisstabilität** (Art. 2) orientiertes Zentralinstitut. Dieses soll zwar die allgemeine Wirtschaftspolitik der Gemeinschaft unterstützen, gleichzeitig aber von Weisungen der Gemeinschaftsinstitutionen, Regierungen der Mitgliedsstaaten oder sonstiger Stellen unabhängig sein (Art. 7). Die Liquiditätsversorgung der gesamten Gemeinschaft sowie die Fixierung der Leitzinsen (Art. 12) sollen auf die europäische Bank der Banken übertragen werden. Damit wird die Rolle der nationalen Notenbanken (Art. 14) erheblich geschmälert. Die jeweiligen nationalen Zentralbankstatute sind so zu verändern, daß sie mit dem EG-Statut vereinbar sind. Ferner soll die Bestellung nationaler Zentralbankpräsidenten in Übereinstimmung mit dem Gemeinschaftsinstitut geschehen.

Mit der vollständigen Umsetzung einer Wirtschafts- und Währungsunion (WWU) geht dann auch das ausschließliche Recht zur Banknotenausgabe (Art. 16) auf das Zentralinstitut über, das dann auch über die geldpolitischen

---

[12] Nach § 42 BBankG sind Mobilisierungs- und Liquiditätspapiere nicht auf den in § 20 BBankG festgelegten Kreditplafond anzurechnen.

Instrumente der Offenmarkt- und Kreditoperationen (Art. 18) sowie der Mindestreserve (Art. 19) verfügt. Hinsichtlich der Beziehungen zur öffentlichen Hand sollen sämtlichen öffentlichen Stellen keine Kreditfazilitäten oder Überziehungen eingeräumt werden (Art. 21).

Die Führungsspitze der EZB soll aus einem 18-köpfigen Rat bestehen, dem die Notenbankpräsidenten der zwölf Mitgliedstaaten und ein sechsköpfiges Direktorium, bestehend aus anerkannten Persönlichkeiten mit einschlägiger Reputation, angehören. Entscheidungen sollen - von einigen wenigen Ausnahmen abgesehen - mit einfacher Mehrheit bei Gleichgewicht der Stimmen getroffen werden. In Pattsituationen entscheidet die Stimme des Präsidenten. Seine Bestellung und die seines Stellvertreters soll durch den Europäischen Rat der Regierungschefs nach der Anhörung von Ministerrat und Europaparlament erfolgen. Die Amtszeit aller Ratsmitglieder soll auf acht Jahre fixiert werden.

Die ordnungsgemäße Aufgabenerfüllung der EZB soll durch eine umfangreiche Berichtspflicht gegenüber den europäischen Behörden sichergestellt werden.

Politischer Klärungsbedarf verbleibt nach dem Statutenentwurf noch in den Fragen der äußeren Wechselkurspolitik, hinsichtlich der Übertragung der Währungsreserven, der Stellung des Dotationskapitals und der Standortwahl sowie bei der Aufgabenverteilung zwischen Rat und Direktorium.

Empfohlene ergänzende Literatur

Zur Ordnungspolitik:

- Gesetz über das Kreditwesen vom 10. Juli 1961 in der geltenden Fassung.
- Martens, J.: Anwendungsbereich des Verbraucherkreditgesetzes, Die Bank 5/91, S. 278-283.
- Deutsche Bundesbank (Hrsg.): Die neuen Grundsätze I und Ia über das Eigenkapital der Kreditinstitute, Sonderdruck 2a, Frankfurt 1990.
- Deutscher Bundestag (Hrsg.), Beschlußempfehlung des Finanzausschusses über den von der Bundesregierung eingebrachten Entwurf eines Dritten Gesetzes zur Änderung des KWG, Bundestagsdrucksache 10/1441.
- Gaddum, J. W.: Harmonisierung der Bankenaufsicht in der EG, in: Duwendag, D. (Hrsg.), Europa-Banking, Baden-Baden 1988, S. 111 ff.

Zur Geldpolitik:

- Deutsche Bundesbank (Hrsg.), Geschäftsberichte, Allgemeiner Teil.
- Deutsche Bundesbank (Hrsg.), Monatsberichte, insb. Statistischer Teil.
- Mader, R.: Die Mindestreservepolitik im internationalen Vergleich, Die Bank 3/89, S. 128 ff.

- Deutsche Bundesbank (Hrsg.), Die Deutsche Bundesbank - Geldpolitische Aufgaben und Instrumente, Sonderdruck Nr. 7, 5. Aufl., Frankfurt 1989.

Kontroll und Verständnisfragen

(1) Welche Zielsetzungen verfolgt die Grundverfassung des Kreditwesens?

(2) Erläutern Sie die Funktionsweise des Grundsatzes I des BAK anhand eines selbstgewählten Beispiels.

(3) Welche Risikogewichtung wird im Grundsatz Ia vorgenommen und welche Risiken werden unterschieden?

(4) Welche Institutionen nehmen in der Bundesrepublik die Bankenaufsicht wahr? Welches sind ihre Aufsichtsfunktionen?

(5) Nehmen Sie zu den einzelnen Harmonisierungsvorhaben der Europäischen Gemeinschaften im Bankenbereich Stellung.

(6) Grenzen Sie die einzelnen Geldmengenbegriffe gegeneinander ab.

(7) Welche gegenläufigen ("kontradiktorischen") Wirkungen kann eine Variation des Einsatzes der notenbankpolitischen Instrumente hinsichtlich des magischen Dreiecks Geldwertstabilität, Vollbeschäftigung und Zahlungsbilanzausgleich auslösen?

(8) Welche Informationen können dem Wochenausweis der Deutschen Bundesbank entnommen werden?

(9) Schildern Sie den aktuellen Entwicklungsstand des Europäischen Zentralbankensystems.

3. Wirtschaftliche Umwelt

3.1 Struktur und Funktion der Finanzmärkte

3.1.1 Aufbau der Finanzmärkte

Das Geschäftsfeld der Banken sind die nationalen und internationalen Finanzmärkte. Im Zuge eines sich beschleunigenden weltweiten Integrationsprozesses verwischen die Grenzen zwischen den regionalen Teilmärkten zusehends. Dies bedingt zugleich die Notwendigkeit, die Finanzmärkte nach alternativen Kriterien zu strukturieren und davon ausgehend weitere Fragestellungen und Besonderheiten aufzudecken. Die häufigste Differenzierung erfolgt nach dem Kriterium der Laufzeit. Demgemäß werden die Segmente Geld- und Kapitalmarkt unterschieden. So erfüllen die Banken beispielsweise ihre Funktion der Fristentransformation, indem sie unter anderem einen Ausgleich zwischen den Marktsegmenten hinsichtlich unterschiedlicher Bindungsfristen vornehmen.

Während der Geldmarkt keiner weiteren Unterscheidung mehr bedarf, empfielt es sich, den Kapitalmarkt näher zu beleuchten. Die wohl einfachste Strukturierung ist eine Unterscheidung nach dem Verwendungszweck oder der Passivierung der über den Markt mobilisierten Kapitalien in Eigen- und Fremdkapital-(Kredit-)markt. Bei dieser Unterscheidung wird die unterschiedliche Rolle der Banken in den Marktsegmenten besonders deutlich. Wie schon bei der Fristen- oder Laufzeitstrukturierung treten aber auch bei dieser Trennung - bedingt durch Mischformen - Unschärfen auf. Für unsere weiteren Betrachtungen soll der Kapitalmarkt nach seiner Gestaltungsfreiheit in ambulant und stationär (= räumliche Abwicklung) bzw. institutionalisiert unterschieden werden.

3.1.2 Funktionsweise der Marktsegmente

3.1.2.1 Geldmarkt

Der Geldmarkt bezeichnet Transaktionen mit einer Fristigkeit bzw. Laufzeit von bis zu 12 Monaten. Er dient den Kreditinstituten im wesentlichen zum Ausgleich kurzfristiger Liquiditätsüberschüsse bzw. -unterdeckungen. Damit ist zugleich die wichtigste Funktion des Geldmarktes angesprochen. Neben den Banken treten neuerdings verstärkt große Industrie-, Handels- und Versicherungsunternehmen auf dem Geldmarkt auf. Als Handelsobjekt dient Zentralbankgeld, womit eine starke Gestaltungsmöglichkeit der Zentralnotenbank offensichtlich wird. Es wird unterschieden in Geldmarktkredite und Geldmarktpapiere. Hinsichtlich der Geldmarktkredite sind insbesondere drei Umsatzformen von Bedeutung: das Tages-, das terminierte Tages- und das Termingeld. Ihre Fristengestaltung ist standardisiert.

Diagramm 6: Segmente des Geldmarktes

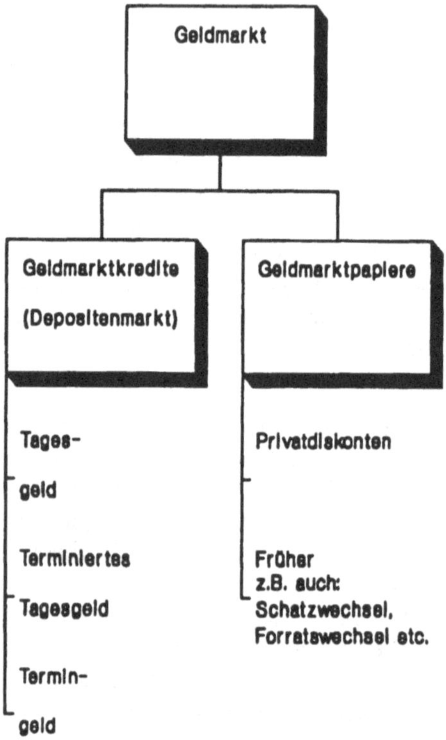

Daneben existieren Geldmarktpapiere, die durch Diskontierung bei der Deutschen Bundesbank ohne Anrechnung auf die Refinanzierungskontingente in Zentralbankgeld umgewandelt werden können. Durch die Strategie der Deutschen Bundesbank, Papiere nur noch in Ausnahmefällen als geldmarktfähig zu qualifizieren, sind diese nahezu vollständig vom deutschen Geldmarkt verschwunden.

3.1.2.2 Kapitalmarkt

Der Kapitalmarkt umfaßt Finanzmittel mittel- und langfristiger Natur. Ihm werden alle Kredit- und Beteiligungstransaktionen zugerechnet. Während grundsätzliche Freiheit des Marktzutrittes und der Ausgestaltung der Kapitalmarkttransaktionen besteht, existiert in der **Börse** eine Art **institutionalisierter Kapitalmarkt**. Hier hat sich ein sehr hoher Organisationsgrad entwickelt. Aus der Sicht der Kreditinstitute besteht somit die Notwendigkeit zur Einordnung in die bestehende Struktur.

3.1.2.2.1 Organisation des deutschen Kapitalmarktes

Allen acht deutschen Einzelbörsen dient das Börsengesetz von 1896 als Rechtsgrundlage. Als Aufsichtsbehörde fungiert ein von der jeweiligen Landesregierung bestellter Staatskommissar, der in der Hauptsache eng mit dem Träger der Börse - Börsenverein oder Industrie- und Handelskammer (IHK) - zusammenarbeitet.[1]

Mit allgemeinen Fragen des Börsenwesens sowie überregionalen Fragen des Börsenhandels befassen sich die zum BMFI gehörende **Börsensachverständigenkommission** und die von den deutschen Börsen ins Leben gerufene **Arbeitsgemeinschaft der Deutschen Wertpapierbörsen**. Insgesamt sind die Börsen unabhängig und werden in Selbstverwaltung durch ihre Organe geführt.

3.1.2.2.1.1 Organe

Ausgehend von den durch das Börsengesetz vorgegebenen rechtlichen Rahmenbedingungen gestaltet der **Börsenvorstand** mittels Börsenordnung die Organisation und den Geschäftsablauf der Börse. Ferner erteilt er Unternehmen und Personen die Zulassung zum Börsenbesuch, überwacht die Einhaltung der Gesetze und Verordnungen, setzt die Geschäftsbedingungen fest und ernennt Mitglieder anderer Organe. Er wählt aus seiner Mitte einen Vorsitzenden und dessen Stellvertreter. Er selbst wird von den zum Handel zugelassenen **Börsenbesuchern** auf drei Jahre gewählt.

[1] Eine Ausnahme stellt die Frankfurter Wertpapierbörse, die in der Rechtsform der Aktiengesellschaft geführt wird.

Tabelle 7: Kreditinstitute und Börsenbesucher nach Börsenplätzen 1990

	F	D	M	HH	S	B	H	HB
Zahl der zugelassenen Kreditinstitute	132	107	48	79	39	35	27	28
Zahl der Börsenbesucher	3169	1105	557	902	284	309	188	217
Selbständige:								
▪Bankenvertreter	363	149	77	141	68	51	66	52
▪Kursmakler	38	20	13	17	5	8	4	4
▪Freie Makler	64	32	16	13	7	14	-	-
Sonstige Besucher:								
▪Angestellte mit...	1143	509	256	418	148	155	91	122
▪ohne Handelsbefugnis	1493	333	170	279	27	47	21	14
▪Besucher	68	62	25	34	29	34	6	25

Quelle: Arbeitsgemeinschaft der deutschen Wertpapierbörsen (Hrsg.), Jahresbericht 1990.

Die **Zulassungsstelle** qualifiziert Wertpapiere für die amtliche Notierung. Sie muß aus mindestens zwanzig Mitgliedern bestehen, wovon die Hälfte nicht beruflich am Börsenhandel beteiligt sein darf. Diese werden von der IHK, die andere Hälfte vom Börsenvorstand für drei Jahre ernannt. Auch dieses Gremium wählt aus seinen Reihen einen Vorsitzenden und Stellvertreter.

Als drittes Organ entscheidet der **Zulassungsausschuß** über die Zulassung von Effekten zum Geregelten Markt. In personeller Hinsicht besteht Identität zwischen den beiden Zulassungsgremien. Für ihre Tätigkeit erheben die beiden Organe nach dem Emissionsbetrag und der Wertpapiergattung gestaffelte Gebühren. Für den Fall des Auftretens von Streitigkeiten aus zwischen Börsenbesuchern abgeschlossenen Geschäften verfügt jede Börse über ein **Schiedsgericht.**

Der **Ehrenausschuß** ahndet börsliche Vorgänge, die mit der Ehre oder dem Anspruch auf kaufmännisches Vertrauen nicht vereinbar sind. Als Vertretung der amtlichen Kursmakler fungiert schließlich die **Maklerkammer.** Sie führt gleichzeitig die Aufsicht über die Kursmakler und deren Kursfestellung, verteilt die Geschäfte unter den Maklern und sorgt für die Herausgabe des Amtlichen Kursblattes.

3.1.2.2.1.2 Handelsobjekte

Hinsichtlich der an den Börsen gehandelten Wertpapiere werden schuldrechtliche und beteiligungsrechtliche Papiere unterschieden. Eine solche Einteilung führt zu der Differenzierung in einen **Renten-** und einen **Aktienmarkt.**

Tabelle 8: Anzahl der an deutschen Börsen gehandelten Wertpapiere 1990

	F	D	M	HH	S	B	H	HB
Aktien:								
▪ inländische	484	315	309	294	189	330	156	116
▪ ausländische	390	163	218	171	63	63	11	9
Festverz. Wertpapiere:								
▪ inländische	5728	3304	3709	2930	1840	1733	1183	841
▪ internationale	1008	367	166	223	47	103	56	38
Optionsscheine:								
▪ inländische	429	198	120	178	59	65	33	20
▪ ausländische	101	18	8	13	5	8	4	4

Quelle: Arbeitsgemeinschaft der deutschen Wertpapierbörsen (Hrsg.), Jahresbericht 1990.

Tabelle 9: Wertpapier-Umsätze an deutschen Börsen 1987 - 1990

	Aktien und Renten (Mrd. DM)	Aktien insgesamt	Aktien deutsche	Aktien ausländische	in- und ausländische Optionsscheine
1987	2034,5	848,8	671,2	57,8	119,9
1988	2557,2	716,4	615,2	38,8	62,4
1989	3292,7	1376,6	1181,8	60,2	134,5
1990	3624,3	1819,6	1621,2	35,0	163,4

	Renten insgesamt	Bund, Bahn und Post	Sonstige öffentliche Anleihen	Bankschuldverschreibungen	DM-Auslandsanleihen	Sonstige
1987	1185,8	1057,6	17,9	16,4	72,8	21,5
1988	1840,9	1628,7	19,1	26,7	121,4	44,9
1989	1916,2	1728,7	8,5	16,0	101,9	61,0
1990	1804,7	1607,0	8,5	20,7	92,7	75,9

Quelle: Arbeitsgemeinschaft der deutschen Wertpapierbörsen (Hrsg.), Jahresbericht 1990.

Als Rentenwerte oder festverzinsliche Wertpapiere gelten Schuldverschreibungen, die zur Rückzahlung eines bestimmten Geldbetrages sowie zur Zahlung fest terminierter Nominalzinsen verpflichten. Nach dem Kriterium der Übertragbarkeit an Dritte werden Inhaber-, Namens- und Orderschuldverschreibungen unterschieden.

Werden die Rechte des Gläubigers in ein Schuldbuch eingetragen, sprechen wir von Schuldbuchforderungen.

Weiters kann der Rentenmarkt nach der sektoralen Herkunft der emittierten Papiere differenziert werden. Die von Kreditinstituten begebenen Bankschuldverschreibungen stellen den weitaus größten Teil der umlaufenden Rentenwerte. Hier werden je nach Verwendung der mobilisierten Mittel Pfandbriefe, Kommunalobligationen, Schuldverschreibungen von Spezialkreditinstituten und sonstige Bankschuldverschreibungen unterschieden.

Diagramm 7: Umlauf von Rentenwerten nach Emittentengruppen 1990

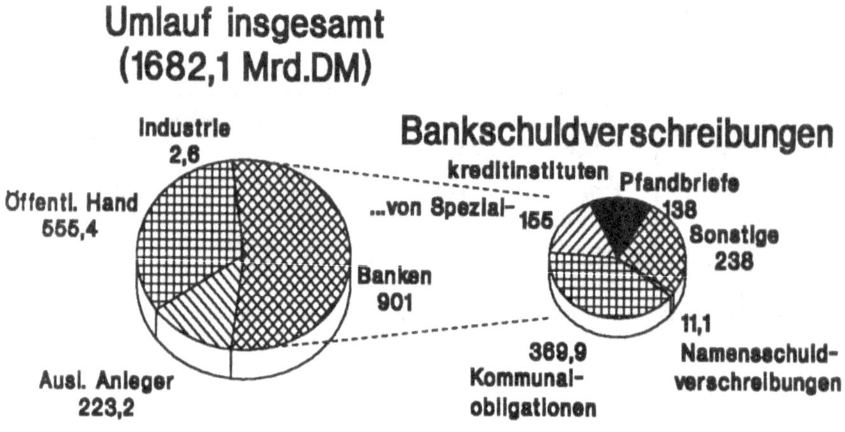

Quelle: Deutsche Bundesbank (Hrsg.), Statistische Beihefte zu Monatsberichten, Reihe 2.

Neben den Banken tritt die öffentliche Hand als Emittent von Anleihen am Rentenmarkt auf. Sie begibt Bundesobligationen und Bundesschatzbriefe. Ausländische Schuldner können sich durch die Begebung von Auslandsanleihen - diese können auf DM oder eine Fremdwährung lauten - refinanzieren.

Einen eher bescheidenen Anteil am deutschen Rentenmarkt halten schließlich die von großen Industrie- und Handelsunternehmen emittierten Industrieobligationen. Ihre Begebung bedarf der staatlichen Genehmigung. Zudem sind sie in aller Regel durch Grundpfandrechte gesichert. Sie existieren auch in der Sonderform als Wandelschuldverschreibungen und Optionsanleihen.

Neben den tradierten Rentenwerten mit festem Zinssatz, festem Rückzahlungskurs und fixiertem Rückzahlungstermin sind in jüngster Zeit mit den Doppelwährungsanleihen, Nullkupon-Anleihen ("Zerobonds") und Floating Rate Notes - um nur die wichtigsten zu nennen - einige Neuheiten auf dem deutschen Rentenmarkt erschienen. Ihr Vorteil ist jeweils an eine bestimmte Entwicklung der individuellen Steuerbelastung bzw. an Zins- und Wechselkursbewegungen gebunden.

Auf der Anlegerseite rangieren die Kreditinstitute vor den privaten Haushalten und den Versicherungen an erster Stelle. Bei den Versicherungen ist die gesetzlich vorgeschriebene Höhe des Deckungsstocks von Bedeutung, in dessen Umfang sie verpflichtet sind bestimmte Rentenwerte zu halten. Auch ausländische Anleger haben spätestens seit der Aufhebung der zur Abwehr unerwünschter Kapitalimporte errichteten Kuponsteuer im Jahre 1984 eine erhebliche Bedeutung am deutschen Rentenmarkt erlangt.

Neben Rentenwerten werden am deutschen Kapitalmarkt Aktien gehandelt. Diese verbriefen bestimmte standardisierte Anteile am Grundkapital einer Aktiengesellschaft. Wie auch bei Renten werden Inhaber- und Namenspapiere unterschieden. Vinkulierte Namensaktien bedürfen für den Fall ihrer Weitergabe der Zustimmung eines unternehmensintern festgelegten Organs.

Weiters wird zwischen Stamm- und Vorzugsaktien differenziert. Letztere weisen kein Stimmrecht auf, verfügen allerdings über eine auf den Kapitalbetrag bezogen i.d.R. zwei Prozentpunkte höhere Dividende. Ihr Anteil am Grundkapital ist auf maximal 50 Prozent limitiert.

Tabelle 10: Kapitalisierung der Börse

Stand am Jahres-ende	Zahl der Aktien-gesell-schaften, börsennot.	Grundkapital (Mio. DM) insges.	darunter Nominal-wert	börsennotiert Kurswert	nachricht-lich: Zahl aller Aktien-gesellsch.
1986	467	58233	50758	480179	2190
1987	574	65704	58419	345470	2262
1988	609	67177	59316	446619	2373
1989	628	71987	63847	619995	2492
1990	649	76352	67237	561203	2651

Quelle: Arbeitsgemeinschaft der deutschen Wertpapierbörsen (Hrsg.), Jahresbericht 1990.

Nur knapp 25% der dt. Aktiengesellschaften sind an der Börse notiert, diese vereinigen allerdings rund die Hälfte des Grundkapitals aller Unternehmen ihrer Rechtsform auf sich. Die Finanzierung über Aktien weist eine hohe Branchenstreuung auf.

Auf der Anlegerseite treten Unternehmen mit rund einem Drittel als stärkste Gruppe auf. Sowohl Banken als auch Versicherungen halten im Jahresdurchschnitt nur ca. 10% des nominalen Aktienumlaufs. Bei beiden Gruppen ist die Tendenz seit einiger Zeit rückläufig. Mit gut einem Viertel ist der Anteil ausländischer Anleger am Aktienmarkt mehr als doppelt so hoch wie am Rentenmarkt. Daß die Aktie sich im Publikum noch nicht hat durchsetzen können, zeigt sich in dem vergleichsweise geringen Anteil der privaten Haushalte. Schließlich treten öffentliche Haushalte als Anleger am Aktienmarkt auf.

Diagramm 8: Anlegerstruktur am Renten- und Aktienmarkt (1986)

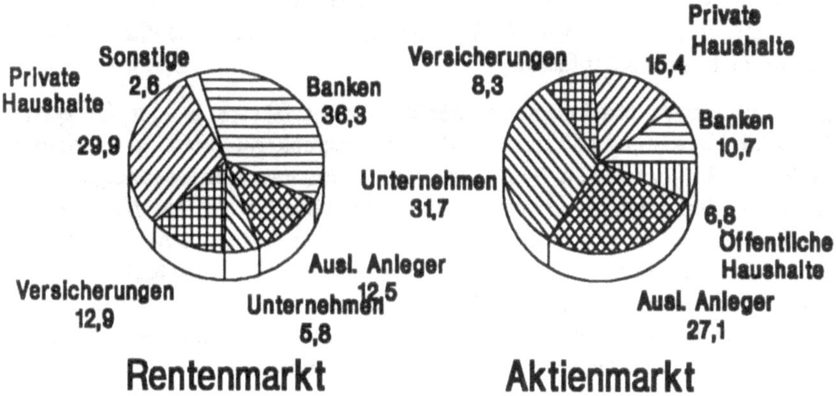

Quelle: Deutsche Bundesbank (Hrsg.), Monatsbericht Mai 1987, S. 55.

3.1.2.2.1.3 Segmente

Hinsichtlich der Handels- und Zulassungsusancen sowie der Kursermittlung kann der börsliche Effektenhandel in der BR Deutschland segmentiert werden.

Der **Amtliche Handel** unterliegt einer strengen rechtlichen Handhabe. Der Antrag zur Zulassung durch die Zulassungsstelle kann nur unter Mitwirkung eines an der Börse akkreditierten Kreditinstituts gestellt werden. Er muß sich auf alle Aktien derselben Gattung beziehen. Mindestens 25% vom Gesamtnominalbetrag müssen vom Publikum erworben werden. Zu jeder Emission ist ein Prospekt vorzulegen und in einem Börsenpflichtblatt abzudrucken. Mit der

Umsetzung der EG-Prospektrichtlinie sind der Gegenstand des Unternehmens und die Höhe des Grundkapitals zu veröffentlichen. Ferner muß die Geschäftsentwicklung der letzten vergangenen - das Unternehmen muß mindestens drei Jahre bestehen - und nächsten zukünftigen Jahre beschrieben bzw. prognostiziert werden. Der Emittent muß auch einen Zwischenbericht erstellen. Durch die Zulassungsstelle erfolgt eine formelle Prüfung auf Vollständigkeit sowie offensichtliche Fehler. Sowohl der Emittent als auch das flankierende Kreditinstitut übernehmen eine Prospekthaftung. Das Gesamtvolumen der zuzulassenden Wertpapiere muß bei Aktien mindestens 2,5 Mio. DM (voraussichtlicher Kurswert) betragen. Für andere Wertpapiere beziffert sich der Mindestbetrag auf 0,5 Mio. DM. Wertpapieremissionen staatlicher Emittenten sind nicht prospektpflichtig.

Ein recht junges Marktsegment der deutschen Börsen ist der **Geregelte Markt**. Seine Errichtung soll insbesondere zur Eigenkapitalversorgung kleiner und mittlerer Unternehmen beitragen. Die Zulassungsvoraussetzungen sind entsprechend einfacher zu erfüllen. Als Mindestkapital gilt ein Nennbetrag i.H.v. 0,5 Mio. DM. Es ist ein weniger umfangreicher Unternehmensbericht zu erstellen. Ein Zwischenbericht ist nicht vorgeschrieben. Es besteht die Wahl zwischen Schalter- und Zeitungspublizität. Der Mitantragsteller muß nicht unbedingt ein Kreditinstitut sein, hat allerdings bzgl. Mittelausstattung und fachlicher Eignung vor dem Zulassungsausschuß zu überzeugen. Die Zulassungsgebühren betragen die Hälfte des Amtlichen Handels.

Der geregelte Markt dient als Ersatz für den geregelten Freiverkehr. Geregelter und ungeregelter Freiverkehr werden zum **Freiverkehr** zusammengefaßt. Neben den üblichen Gesetzen gelten hier nur börseninterne Regelungen. Der Börsenvorstand verfügt lediglich über eine Mißbrauchsaufsicht, um sicherzustellen, daß ein durch Unregelmäßigkeiten entstehender Vertrauensverlust gegenüber der Börse unterbleibt. Formale Zulassungsvoraussetzungen bestehen nicht. Allerdings ist durch eine Bank bei der Vereinigung der Effektenhändler (Freiverkehrsausschüsse) ein Antrag auf "Einbeziehung" in den Freiverkehr zu stellen. Der Emittent kann dieser Einbeziehung auch widersprechen.

Jüngstes Marktsegment der deutschen Börsen ist der seit 1990 durch die Deutsche Termin Börse (DTB) institutionalisierte **Terminmarkt**. Zwar sind in der BR Deutschland börsenmäßige Optionsgeschäfte auf Aktien bereits seit 1970 und auf festverzinsliche Wertpapiere seit 1986 zulässig, doch haben sie nie nennenswerte Bedeutung erlangt. Mit der Einführung der DTB wurden die notwendigen rechtlichen Voraussetzungen für einen leistungsfähigen Terminhandel geschaffen. Das Handelssystem der DTB - es besteht nur aus der überregionalen Zusammenfassung von Aufträgen auf elektronischem Wege - fällt seither auch unter das Börsengesetz. Damit unterliegt sie auch der Staatsaufsicht. Trägerin der DTB ist eine Handelsgesellschaft (GmbH) mit bis dato 17 Gesellschaftern. Sie verfügt über eigene Organe. Hinsichtlich der Teilnahme am Börsenterminhandel ist zwischen **Handelsteilnehmern und Börsenteilnehmern mit Clearing-Lizenz** zu differenzieren. Unter den Börsenteilnehmern gibt es sogenannte **Market-Maker**. Sie sind verpflichtet, für bestimmte Standardwerte Angebots- und Nachfragepreise ("Quotes") zu stellen. Market-Maker verdienen an der Differenz zwischen diesen Geld- und Briefkursen. Über die Zulassung zum Market-Maker entscheidet der Börsenvorstand.

Diagramm 9: DTB-Teilnehmerstruktur

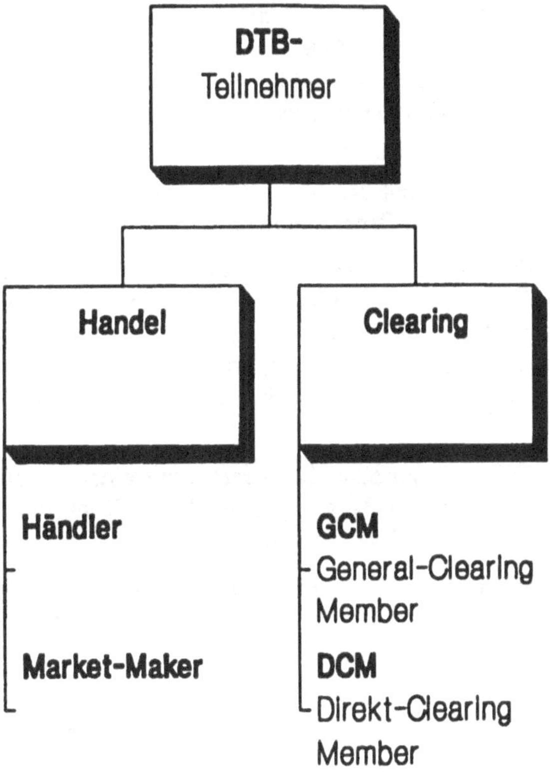

Die Gruppe der Clearing-Mitglieder ist ebenfalls zweigeteilt. Es wird hier abgestuft zwischen General-Clearing-Mitgliedern (GCM), die auch für die Geschäfte und Sicherheitsleistungen anderer Börsenteilnehmer einstehen, und Direct-Clearing-Mitgliedern (DCM), die lediglich Geschäfte für Kunden und für eigene Rechnung abwickeln dürfen. Börsenteilnehmer ohne Clearing-Lizenz werden als Nicht-Clearing-Mitglieder (NCM) bezeichnet. Sie müssen ihre Geschäfte über ein GCM abwickeln. Börsenteilnehmer können unterschiedliche der genannten Funktionen auf sich vereinigen. Allerdings wird die Vergabe der Market-Maker-Zulassung und der Clearing-Lizenz an strenge persönliche und finanzielle Voraussetzungen geknüpft.

Die Zulassung zum Börsenterminhandel entspricht im wesentlichen derjenigen der Präsenzbörse.

Die DTB ist eine reine Computerbörse, d.h. der Handel ist vollständig automatisiert und dadurch rund um die Uhr möglich. Die Börsenzeiten untergliedern sich damit in

- die vorbörsliche Phase (Pre-Trading-Period),
- die Eröffnungsphase (Opening-Period),
- die Handelsphase (Trading-Period) und
- die nachbörsliche Phase (Post-Trading-Period).

Die Pre-Trading-Period dient der Abfrage von Daten durch die Börsenteilnehmer sowie der Eingabe von Orders und Quotes.

In der Opening-Period werden in zwei Phasen Eröffnungspreise ermittelt. Während des Pre-Opening wird laufend ein Eröffnungspreis angezeigt, der sich durch Eingabe weiterer Orders und Quotes verändert. Im anschließenden Netting wird nach dem Meistausführungsprinzip der entgültige Eröffnungspreis angenähert. Eingaben in das Handelssystem sind zu dieser Zeit ausgesetzt.

Nachdem alle Optionsserien eines Basiswertes mit einem Eröffnungspreis bewertet wurden, beginnt der fortlaufende Handel aller Kontrakte in den entsprechenden Optionsserien, die Trading-Period.

Eine Dateneingabe ist auch noch während der Post-Trading-Period möglich. Die Zusammenführung von Orders und Quotes (**Matching**) erfolgt allerdings nicht mehr.

3.1.2.2.2 Arbeitsweise und technische Systeme des deutschen Kapitalmarktes

Wertpapierbesitzer und -interessenten benötigen zur Weiterleitung ihrer Aufträge eine an der Börse vertretene Bank. Auch Kurs- und Freie Makler sind nicht berechtigt, direkt für private Kunden tätig zu werden. Das KWG definiert den Handel mit Wertpapieren als "Bankgeschäft" (§ 1 KWG). Hier zeigt sich die Bedeutung der Kreditwirtschaft als Transmissionsriemen im Börsenhandel.

3.1.2.2.2.1 Auftragsarten

Der Wertpapierkunde erteilt der Bank seinen Auftrag "unlimitiert" oder "limitiert". Bei unlimitierter Auftragserteilung unterwirft sich der Kunde dem aktuellen Kurs. Er zeichnet seinen Verkaufsauftrag mit "bestens" bzw. seinen Kaufauftrag mit "billigst". Es ist aber auch möglich, ein Limit zu setzen, d.h. einen bestimmten Kurs vorzugeben. Für beide Auftragsarten kann eine Gültigkeitsdauer festgelegt werden.

Im Rahmen einer sogenannten **Stopp-buy Order** wird vom Kunden ein Stopkurs fixiert, dessen Überschreitung eine Auftragsausführung als Billigst-Kauforder zur Folge hat. Entgegengesetzt wird bei einer **Stopp-loss Order** jenseits einer Untergrenze der Auftrag als Bestens-Verkaufsorder ausgeführt.

3.1.2.2.2.2 Kursfeststellung

Sämtliche Kauf- und Verkaufsaufträge werden in den sogenannten **Skontrobüchern** der einzelnen Kursmakler festgehalten. Für die **amtlich** notierten Wertpapiere werden börsentäglich (zu einem bestimmten, vom Börsenvorstand festgelegten Zeitpunkt) einmal **Einheitskurse** festgestellt. Der Einheitskurs ergibt sich aus der Gegenüberstellung der dem Kursmakler vorliegenden Kauf- und Verkaufsaufträge. Sein Wert liegt an der Stelle, wo die meisten Aufträge ausgeführt werden können, d.h. wo sich Angebot und Nachfrage ausgleichen (**Meistausführungsprinzip**).

Für bestimmte Wertpapiere mit hohen Umsätzen kann der Börsenvorstand eine **variable Notierung** anordnen. Diese Papiere können dann während der gesamten Börsenzeit gehandelt werden. Hierbei sind Mindestbeträge erforderlich. Einmal börsentäglich wird dann der eigentliche Einheitskurs festgestellt, indem zu den Großaufträgen alle Kleinaufträge hinzugenommen werden.

In den anderen Marktsegmenten, dem Geregelten Markt und dem Freiverkehr, werden durch die Freien Makler unter im wesentlichen gleichen Bedingungen die Preise der Handelsobjekte festgestellt. Im Börsenjargon ist außerhalb des amtlichen Handels der Terminus "Kurse" unüblich.

3.1.2.2.2.3 Erfüllung der Geschäfte

Die Erfüllung, d.h. die Lieferung der Wertpapiere gegen Zahlung des Kaufpreises, basiert auf der sog. Girosammelverwahrung. Die gehandelten Wertpapiere liegen in den Sammeldepots der **Kassenvereine**. Im jeweiligen Gegenwert unterhalten die Banken Wertpapierkonten. Am zweiten Börsentag nach Geschäftsabschluß werden die Lieferungen von Wertpapieren durch einfache Umbuchungen dargestellt. Gleichzeitig erfolgt eine Glattstellung auf bei den Landeszentralbanken unterhaltenen Girokonten im Lastschriftverfahren.

Bereits seit 1970 wird das Erfüllungssystem vollständig per Computer abgewickelt. Hierfür existieren zwei Abrechnungskreise, in Frankfurt und Düsseldorf, die mit unterschiedlichen Rechnersystemen ausgestattet sind. Die unterschiedlichen Trägergesellschaften firmieren heute als **Deutsche-Wertpapier-Datenzentrale GmbH** (DWZ), die auf die technische Zusammenführung der separat arbeitenden Systeme hinarbeitet. Die Dateneingabe erfolgt bei maklervermittelten Geschäften durch den Makler, ansonsten durch den Verkäufer der Papiere. Neben der zielgerichteten Aufbereitung und Weiterverarbeitung der Daten erstellen, die Datenzentralen auch die gesetzlich vorgeschriebenen Buchungsunterlagen und Belege.

3.1.2.2.2.4 Kurs-Informations-Systeme

Informationen stehen wie in kaum einem anderen wirtschaftlichen Zusammenhang im Mittelpunkt des Börsengeschehens.

Die Börsen fungieren hier gleichzeitig als Ort der Informationsentstehung und als Dienstleistungsunternehmen bei der Informationsverbreitung. Sie beliefern auch viele Großabnehmer, wie Nachrichtenagenturen (z.B. Reuters, Telekurs) und Banken, die ihrerseits die Informationen in aufbereiteter Form weitervertreiben. Mit der Modernisierung der Frankfurter Wertpapier Börse wurde die technische Voraussetzung für das Kurs-Informations-Service-System "KISS" geschaffen. Es erfaßt und übermittelt in Echtzeit (Real-Time) alle im Parkett entstandenen und eingegebenen Kurse. Dabei werden die Daten einer Vielzahl von Abruf- und Verwendungsmöglichkeiten zugeführt:

- KISS-Bildschirme,
- Kursanzeigetafel,
- laufende minütliche Berechnung des Deutschen Aktienindex (**DAX**),
- Datenströme zu anderen Börsenplätzen,
- Fotosatz zum Druck des Kursblattes und
- Datenbanken von Nachrichtenargenturen und Kreditinstituten.

KISS steht auch über Btx dem Publikum zur Verfügung. Neben dt. Werten können ausgewählte Kurse aus dem CAC-System der Pariser Börse abgerufen werden. Durch die Zusammenfassung der EDV-Aufgaben in der DWZ und den Ausbau der europäischen Zusammenarbeit bestehen nationale und internationale Integrationstendenzen. So wurde im September 1989 unter dem Namen Price-Information-Projekt Europe (**PIPE**) das EG-weite Projekt eines Börsen-Informations-Systems gestartet, das sich heute unter dem Namen **Euroquote** eher in Richtung auf ein kombiniertes Informations- und Handelssystem bewegt. Zentrales Informationsziel ist ein gemeinsamer europäischer Aktienindex (**EURAX**).

3.1.2.2.2.5 Rechnergestützte Order-Systeme

Im börslichen Handel wird der überwiegende Teil der Aufträge noch per Fernschreiber und Telefon an die Börse übermittelt. Das dort entstehende Auftragsformular wird dann an den entsprechenden Kursmakler weitergeleitet. Der so beschriebene Ordertransport ist allerdings auch auf rein technischem Wege möglich.

Mit dem Börsen-Order-Service-System (BOSS) können die Banken direkt ihre Order in das elektronische Skontro des Maklers einspielen, wo diese dann mit den Aufträgen aus dem Parkett verbunden werden. Die Kursfindung sowie die Aktivierung des Abwicklungssystems geschehen dann automatisch.

Für den außerbörslichen Handel existieren ebenfalls elektronische Handelssysteme. Das Inter-Banken-Informations-System (IBIS) wird von namhaften Kreditinstituten betrieben. Es stellt in gewisser Weise ein eigenes Marktsegment dar, in dem Banken und Makler als Eigenhändler agieren. Der Geschäftsabschluß findet außerhalb des Systems durch telephonische Bestätigung zwischen den Kontrahenten statt, die Geschäftsabwicklung erfolgt vollautomatisch. IBIS wird ganztägig betrieben und dient gleichzeitig als Grundlage für den Handel mit Options und Futures an der DTB.

Von den Kursmaklern wurde ein eigenes Produkt, das Makler-Tele-Informations-System (MATIS) entwickelt. Es ist auf die speziellen Belange der Kursmakler zugeschnitten, wobei allerdings Clearing und Settlement nicht automatisch mit abgewickelt werden.

Für die dritte Gruppe der Marktteilnehmer, die Freien Makler, wurde ebenfalls ein Handelssystem entwickelt. Die Zulassung von MIDAS erfolgte 1991. Es ermöglicht den elektronischen Handel in insgesamt 600 dt. Aktien, Renten und Optionen.

Die DWZ ist versucht, der Zersplitterung des Marktes durch die drei konkurrierenden Handelssysteme und der dadurch verringerten Markttransparenz entgegenzuwirken. Hierbei wäre ein System vorstellbar, welches den Anforderungen der Banken einerseits und den möglicherweise zu Wertpapierhäusern zusammengefaßten Maklern andererseits gerecht wird.

3.1.2.2.2.6 Kombinierte Systeme und internationale Zusammenarbeit

Neben der sektoralen Integration besteht bei der DWZ die Tendenz zur regionalen (nationalen) Integration. Hiervon betroffen ist zunächst das an der Börse zu Düsseldorf konzipierte, kombinierte Börsen-Informations- und Order-Systems (BIFOS).

Das Gesamtsystem beinhaltet fünf Subsysteme. Darunter sind neben zwei Informationssystemen (INFO, KIS), einem Leitsystem (LEISY) und einem System zur Orderüberwachung (ORDER) auch ein Teilsystem, das die elektronische Übermittlung der Order von Kreditinstituten ermöglicht (BANK). Das BIFOS wird derzeit von der DWZ weiterentwickelt und soll zusammen mit BOSS zu einem einheitlichen Produkt vereinigt werden.

Ein weiteres Instrument, welches verschiedene Handels- und Informationssysteme integriert, ist das an der Frankfurter Wertpapierbörse entwickelte pc-KISS. Nach den Ausbaustufen bietet das System bundesweit die Möglichkeit, auf einem PC die aktuellen und historischen Kurse von KISS zu empfangen und dieses gleichzeitig als BOSS-, DTB- und IBIS-Handelsterminal sowie als BOSS-Maklerterminal einzusetzen. Daneben werden die Anwender in die Lage versetzt, an dem PC bestimmte Arten graphischer und analytischer Datenaufbereitungen durchzuführen. Das System trägt bei hohem Anwendungskomfort zur Lösung der Raumprobleme der Teilnehmer der organisierten Kapitalmärkte bei.

Das Ziel, ein integriertes Handels- und Informationssystem auf gesamteuropäischer Ebene zu installieren, wird durch das Projekt **EUROQUOTE** verfolgt. In den ersten beiden Stufen soll zunächst ein leistungsstarkes Informationsnetz erreicht werden, das dann in einer zweiten Stufe zu einem europaweiten Handelssystem weiterentwickelt werden soll.

3.2 Angebot an Produktivkräften (Ressourcen)

3.2.1 Personal

Kreditinstitute sind personalintensive Unternehmen. Das Humanvermögen ist ein primärer Faktor der Leistungserstellung und Leistungsverwertung. Im Universalbankensystem bestehen zwischen den einzelnen Instituten kaum noch Unterschiede im Umfang des Leistungsangebotes. Die Kundenpräferenzen und das Instituts-Image werden damit in hohen Graden von der Qualität des Personals geprägt.

Nach den Anforderungs- und Tätigkeitsprofilen ist zwischen Führungskräften, Fachkräften und Hilfskräften zu unterscheiden. Auf allen drei hierarchischen Ebenen kommt grundsätzlich sowohl die externe als auch die interne Personalbeschaffung in Betracht.

Die Besetzung von Führungspositionen aus dem eigenen Haus erfordert einen gezielten Aufbau und ein berufsbegleitendes Ausbildungsprogramm für den Führungsnachwuchs. Immerhin aber gilt nach den herrschenden Motivationstheorien die Chance, im eigenen Unternehmen in das Management aufsteigen zu können, als eine der gewichtigsten Motivationsfaktoren. Eine Unternehmensführung, die freiwerdende Führungspositionen überwiegend oder gar ausschließlich extern besetzt bzw. besetzen muß, vernachlässigt nicht nur die leistungsstimulierende und effizienzsteigernde Wirkung der Karriere-Chance, sondern läßt gleichzeitig Mängel in ihrer langfristigen Personal- und Ausbildungsplanung erkennen. Das mit der Investition in das Humanvermögen untrennbar verbundene Risiko des Abwerbens von Nachwuchskräften muß unter Abwägung von Nutzen- und Kostenfaktoren in Kauf genommen werden.

Mit der externen Beschaffung wird das Wissens- und Ideenpotential einer Unternehmung ausgeweitet. So verfügen z.B. im Finanz-Management oder im Controlling tätige Führungskräfte aus anderen Wirtschaftszweigen über umfassende Erfahrungen in der finanziellen Führung der Zielgruppe Unternehmen. Die Personalbeschaffung vollzieht sich in diesem Falle am Arbeitsmarkt. In aller Regel wird die erfolgreiche Anwerbung an das Zugeständnis einer überdurchschnittlichen Dotierung gebunden sein.

Außerordentlich vielschichtig ist das Tätigkeitsprofil bei den auf exekutiver Ebene tätigen qualifizierten Mitarbeitern. Es reicht von Produktspezialisten (Kreditgeschäft, Anlageberatung, in- und ausländischer Zahlungsverkehr etc.) über Methodenspezialisten (Marketing, Planung, Organisation, EDV etc.) bis zu den in der Psychologie der Verhandlungsführung und der Verkaufstechnik geschulten Bankkaufleuten. Völlig unterschiedliche Eigenschaften wie Kontaktfähigkeit, verkäuferische Qualitäten, Kreativität, Planungsvermögen oder Spezialkenntnisse auf bestimmten Wissensgebieten stehen hier im Vordergrund. Die zunehmende Verlagerung von Routinegeschäften auf Automaten läßt eine Ausweitung der Beratungskapazitäten erwarten. Im Zuge dieser Entwicklung sollte der Anteil der Bankkaufleute, bei denen Kontaktfähigkeit und verkäuferische Qualitäten vorrangig sind, zunehmen.

Auch bei den Fachkräften besteht wieder die Alternative der internen oder externen Beschaffung. Die interne Personalbeschaffung - ggf. in Form von innerbetrieblichen Stellenausschreibungen institutionalisiert - hat ein in hohem Maße spezialisiertes betriebliches oder überbetriebliches Ausbildungsprogramm zur Voraussetzung. In einer langfristig angelegten Planung erfolgt die Personalbeschaffung durch die Aufnahme von Universitäts- oder Fachhochschulabsolventen bzw. von Auszubildenden (Lehrlingen). Ein nach dem Baukastenprinzip konstruiertes Ausbildungsprogramm vermittelt sodann berufsbegleitend die entsprechenden Fähigkeiten. Die Erfahrung zeigt, daß selbst in Zeiten konjunktureller Abflachung das Arbeitskräfteangebot an Fachkräften knapp ist. Der Ersatz systematischer Ausbildungsprogramme durch Abwerbungen von Konkurrenzinstituten wird daher relativ teuer erkauft werden müssen.

Vergleichweise leicht zu lösen wird dagegen unter der wirtschaftlichen Umweltbedingung anhaltender Arbeitslosigkeit die Beschaffung von Hilfskräften sein.

3.2.2 Kapital

Wenn wir in Zusammenhang mit dem Angebot an Ressourcen von Kapital sprechen, verstehen wir darunter ausschließlich Eigenkapital.

Die Führung eines Unternehmens setzt die Verfügungsmacht über Eigenkapital voraus. Im Bankbetrieb fallen dem Eigenkapital Haftungs- und Garantiefunktionen, Brems- oder Begrenzungsfunktionen, Finanzierungsfunktionen, Gewinnverteilungsfunktionen, Verlustausgleichsfunktionen und Imagefunktionen zu. Da Banken Risikotransformationsfunktionen erfüllen, steht die Haftungs- oder Garantiefunktion im Vordergrund. Der Gesetzgeber hat sich daher bei der Bemessung des Eigenkapitals an dessen Dauerhaftigkeit und vollen Verlustteilnahme zu orientieren.

Diagramm 10: Eigenkapitalquote der deutschen Banken 1960 - 1990 (in % des Geschäftsvolumens)

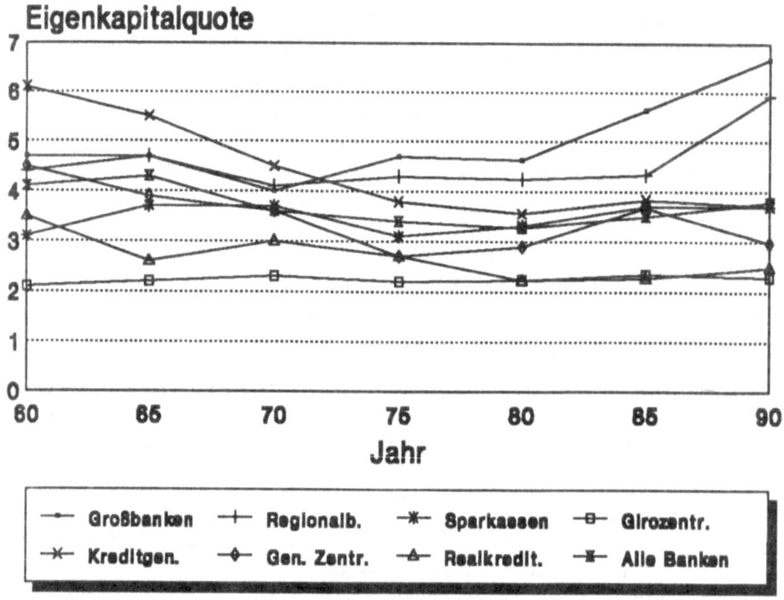

Anm.: Für das Jahr 1960 sind keine Zahlen der Großbanken verfügbar; wir haben deshalb ersatzweise den Wert für 1965 angenommen.

Quelle: Deutsche Bundesbank (Hrsg.), Monatsberichte.

Die Erhöhung des Eigenkapitals bestehender Kreditinstitute kann durch Innen- oder Außenfinanzierung vorgenommen werden. Bei der Eigenkapitalaufstockung aus zurückbehaltenen Gewinnen bestehen zwischen den einzelnen Bankengruppen keine grundsätzlichen Unterschiede. Die Selbstfinanzierung setzt Gewinnerzielung voraus. Durch die Scherenwirkung nominell hoher Wachstumsraten des Geschäftsvolumens und sinkender Gewinnspannen des Kreditgewerbes ist allerdings nur in Ausnahmefällen eine dem Bilanzwachstum adäquate Eigenkapitalaufstockung aus Gewinnthesaurierungen möglich. Dabei ist in Rechnung zu stellen, daß zumindest im privaten Bankgewerbe und bei den Kreditgenossenschaften ein wirtschaftlicher Ausschüttungszwang besteht, will man die Möglichkeiten der Außenfinanzierung nicht stark beschneiden.

Die Zuführung zusätzlichen Eigenkapitals im Wege der Außenfinanzierung ist damit längerfristig unverzichtbar. Sie vollzieht sich - mit zwei Ausnahmen -, je nach der Rechtsform eines Kreditinstitutes, in unterschiedlichen Formen.

Rechtsformunabhängig besteht zunächst die Möglichkeit der Entgegennahme von Vermögenseinlagen stiller Gesellschafter. Hieran sind besondere Bedingungen geknüpft. Zum einen muß die Einlage in voller Höhe am Verlust teilnehmen, sie muß der Bank mindestens für die Dauer von fünf Jahren zur Verfügung stehen und der Rückzahlungsanspruch darf nicht in weniger als zwei Jahren fällig werden. Desweiteren kann sie erst nach Befriedigung der Gläubiger zurückgefordert werden, wobei eine ausdrückliche Nachrangabrede besteht.

Die zweite rechtsformübergreifende Möglichkeit der Eigenkapitalbeschaffung besteht in Form von Genußrechten. Diese können derzeit bis zu einer Höhe von 25% des übrigen haftenden Eigenkapitals berücksichtigt werden (vgl. Kap. 2.1.3.1). Die Anrechnungsbedingungen entsprechen denen der Einlagen stiller Gesellschafter.

Das Instrument der Eigenkapitalaufstockung der **Aktienbanken** ist die Ausgabe junger Aktien. Die Eigenfinanzierung der Aktienbanken unterliegt damit den üblichen, für emissionsfähige Unternehmen aller Wirtschaftszweige generell zutreffenden Bedingungen des Kapitalmarktes. Sie hat eine sorgfältige Kurspflege in Verbindung mit einem entsprechenden Kapitaldienst (angemessene, relativ konstant gehaltene Dividenden) zur Voraussetzung.

Nicht emissionsfähigen Kreditinstituten (Ges. mbH, Personengesellschaften) verbleibt die Kapitalzuführung von seiten der bestehenden Gesellschafter oder die Neuaufnahme von Gesellschaftern. Eine Besonderheit hierbei ist, daß - in Kollision mit dem Grundsatz, nur voll eingezahlte Kapitalbeträge als haftendes Eigenkapital anzuerkennen - das freie Vermögen des Privatbankiers in gewissem Umfang auf Antrag vom BAK als Haftkapital anerkannt werden kann.[2]

---

2 Die Mitteilung des BAK Nr. 1/1963 legt fest, welche freien Vermögenswerte als haftendes Eigenkapital anerkannt werden und welche Wertansätze dabei höchstens Anwendung finden.

Auf einer völlig anderen Basis steht die Eigenkapitalausstattung der **Sparkassen**. Als haftendes Eigenkapital fungiert die Sicherheitsrücklage. Die Kapitalzuführung von außen kann sich grundsätzlich in folgenden Formen vollziehen:

- Aufstockung durch den Gewährträger,
- Bildung von Genußrechtskapital,
- Errichtung bürgerschaftlicher Trägervereine, die den Sparkassen haftendes Eigenkapital zuführen und
- Entgegennahme stiller Gesellschaftereinlagen.

Während die Aufstockung durch den Gewährträger auf Finanzierungsgrenzen stößt, werden im Falle der Zurverfügungstellung von Risikokapital von privaten Kapitalgebern vielfach, so z.B. auch von der Bankenstrukturkommission (Bundesministerium der Finanzen, 1979, S. 379), Bedenken hinsichtlich der Aufrechterhaltung der bestehenden Rechtskonstruktion laut. Diese Skepsis besteht nicht gegenüber dem Genußrechtskapital, da dieses typischerweise nur schuldrechtliche Ansprüche, nicht aber Mitwirkungsrechte begründet und damit die öffentlich-rechtliche Struktur der Sparkassen unangetastet läßt (Finanzausschuß, 1984, S. 11).

Im Prinzip durchaus den Aktienbanken vergleichbar geht die Eigenkapitalaufnahme bei den **Kreditgenossenschaften** vor sich. Die Außenfinanzierung erfolgt durch die Ausgabe von Geschäftsanteilen. Nach der Zuschlagsverordnung 1963 wird zudem die Haftsummenverpflichtung der Genossen anerkannt, obwohl sie nicht eingezahlt ist. Dieser Haftsummenzuschlag beträgt ab 1995 ein Viertel des tatsächlich eingezahlten Eigenkapitals.

3.2.3 Technologie

Die Sachmittelausstattung einer Bank setzt sich aus Grundstücken und Gebäuden, der Betriebs- und Geschäftsausstattung sowie aus Werkstoffen zusammen. Von den Umweltbedingungen her gesehen wird die Sachmittelausstattung in entscheidendem Ausmaß vom technologischen Standard geprägt.

Die Entwicklung der Technologie gilt seit Jahrzehnten aus einzel- und volkswirtschaftlicher Sicht als entscheidender Wachstumsfaktor. Dabei kommt den Verbesserungsinnovationen, die auf eine Weiterentwicklung bereits bekannter Technologien abzielen, nur zweitrangige Bedeutung zu. Verantwortlich für die Wachstumsschübe sind die Basisinnovationen, die neue Formen der Bedürfnisbefriedigung wecken, neue Produkt oder Dienstleistungen entstehen lassen und neue Märkte schaffen. Als Basisinnovationen oder Schlüsseltechnologien gelten die Dampfmaschine (Ende 18. Jahrhundert), die Eisenbahn (Mitte 19. Jahrhundert), die elektrische Energie (Ende 19. Jahrhundert) und die Entwicklung der Luft- und Raumfahrt (Mitte 20. Jahrhundert) sowie die Gentechnologie (Ende 20. Jahrhundert). Als Basisinnovation des letzten

Drittels des 20. Jahrhunderts ist nach dem heutigen Wissensstand die Mikroelektronik einzuschätzen.

3.2.3.1 Technologie- und Produktivitätsentwicklung

Wie schon die Darlegung der Schlüsseltechnologien erkennen läßt, konnte aus diesen Innovationen vorwiegend der industrielle Fertigungsprozeß Nutzen ziehen. Im tertiären Sektor waren vergleichsweise geringe Zuwächse festzustellen. Zum Vergleich konnte der Fertigungsbereich in 80 Jahren seine Produktivität um 1000% steigern, während die Büroarbeit im selben Zeitraum nur um 50% zulegen konnte (Schwetz, R., 1990, S. 25). Der Produktivitätsfortschritt in der Fertigung konnte u.a. durch die differenzierte Betrachtung und Wertung einzelner Tätigkeiten vorangetrieben werden. Diese Schritte sind Voraussetzung für die systematische Beseitigung von Fehlerquellen und die Automation von Prozessen. Eine solche Möglichkeit besteht insbesondere für qualifizierte Bürotätigkeiten nur sehr unvollkommen und existiert nach wie vor nur sehr vereinzelt. Bedenken wir, daß mittlerweile über 50% der Arbeitnehmer im Bürobereich tätig sind, wird auch deutlich, welchen Einfluß die Effizienz in diesem Bereich auf die Entwicklung von Preisen für Produkte und Leistungen haben muß.

Seit Beginn der achtziger Jahre wurde daher verstärkt versucht, Verwaltungstätigkeiten zu automatisieren. Erst mit dem Einsatz der EDV schlug sich auch im Bürobetrieb der wissenschaftliche Erkenntnisfortschritt in einer nennenswerten Effizienzsteigerung nieder. In den vergangenen Jahrzehnten hat die Büromaschinenindustrie v.a. Hilfsmittel für den Assistenzkraftbereich geschaffen und verbessert. Der überwiegende Teil der Bürokosten wird jedoch von anderen Mitarbeitergruppen verursacht (Diagramm 11).

Diagramm 11: Anzahl der Mitarbeiter und Personalkosten im Büro

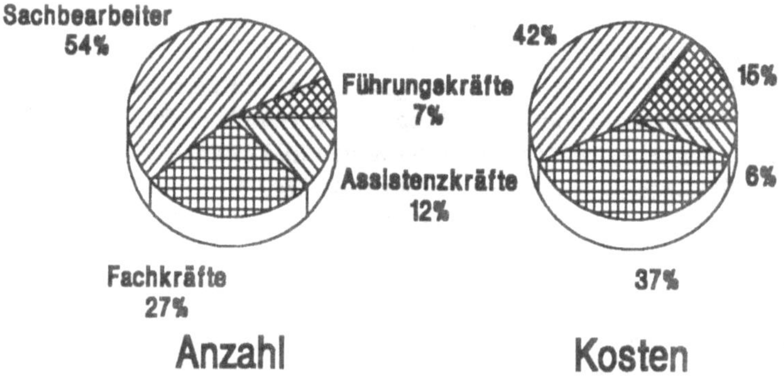

Quelle: Schwetz, R., 1990, S. 6.

Hier zeigt sich das Potential für zukünftige Produktivitätssteigerungen. Es wird insbesondere ausgelöst durch Verbesserungen für die Anwender in den Bereichen Führungskräfte und Sachbearbeiter bzw. Fachkräfte. Trotz der seit längerem verbreiteten Großdatenverarbeitung widmen die genannten Mitarbeitergruppen 60% bis 75% ihrer Arbeitszeit der Analyse, Neuordnung und Erzeugung von Papierunterlagen. Rund 30% der Arbeitszeit dienen dem Abschreiben schon vorhandener Informationen (Schwetz, R., 1990, S. 10). Damit wird deutlich, daß sich Produktivitätssteigerungen besonders auf den Bereich der Bürokommunikation im weitesten Sinne beziehen werden. Nach einer für das deutsche Bankgewerbe durchgeführten Studie widmet sich je nach Hirarchiestufe zwei Drittel bis drei Viertel der Tätigkeit der Banker verschiedenen Kommunikationsprozessen (Filzek, I., 1987, S. 53). Damit wird auch für das Kreditgewerbe mit dem größten Rationalisierungspotential im Bereich der Kommunikationstechniken zu rechnen sein.

Nach einer Studie der Unternehmensberatungsgesellschaft Booz, Allen & Hamilton ergibt sich durch den Einsatz von Bürokommunikationssystemen im Bereich Führungskräfte und qualifizierte Sachbearbeiter (Ergebnisse realisierter Lösungen) ein Nutzen von 15,04% (Vossbein, R., 1990, S. 124). Der Nutzen bemißt sich hierbei als Produkt aus der Produktivitätssteigerung der einzelnen Tätigkeiten und den für diese aufgewendeten Zeitanteilen (Tabelle 11).

Tabelle 11: Nutzen von Bürokommunikationssystemen insgesamt für Führungskräfte und qualifizierte Sachbearbeiter (in %)

Tätigkeitsgruppe	Zeitanteil	Produktivitäts-steigerung	Nutzen
1. Dokument-Erstellung	23,97	5,03	4,76
2. Dokum.-Verwaltung	16,56	11,11	1,49
3. Informationssuche	16,85	4,76	3,65
4. Kommunikation	29,96	10,86	2,76
5. Individ. Tätigkeiten	15,48	8,95	1,73
6. Verwaltung	6,57	9,95	0,65
Summe	99,94		15,04

Quelle: Vossbein, R., 1990, S. 124.

Interessant erscheint auch die Aufschlüsselung der Tätigkeitsgruppen in einzelne Tätigkeiten und in die Gruppen Führungskräfte und Sachbearbeiter. Hierbei ergibt sich für die Führungskräfte (FK) eine Produktivitätsverbesserung von 15% und die Sachbearbeiter (SB) von 17,41% (Tabelle 12). Diese Zahlen ergäben bei durchschnittlichen Jahresgehältern von 120.000,- DM und 60.000,- DM jährliche Einsparungen von 18.000,- bzw. 10.440,- DM. Der kumulierte Nutzen übersteigt schon sehr bald die kumulierten Kosten erheblich.

Tabelle 12: Nutzen durch Technikanwendungen bei Büroarbeiten von Führungskräften und qualifizierten Sachbearbeitern (in %, nur Tätigkeiten mit Produktivitätssteigerungen über 1%)

Tätigkeiten	Zeitanteil	Produktivitäts-steigerung	Nutzen
Führungskräfte:			
Konzept schreiben	14,94	16,67	2,49
Korrekturlesen	3,20	31,22	1,00
Informationssuche	16,85	21,66	3,56
Kommunikation	29,96	9,21	2,76
Rechnen	6,47	23,96	1,54
alles andere (22 Tätigkeiten)	28,58	12,46	3,56
Summe Führungskräfte	100,00		15,00
Sachbearbeiter:			
Dokument-Erstellung	45,33	29,05	13,17
Dokum.-Verwaltung	15,30	10,40	1,59
Informationssuche	7,40	17,30	1,28
alles andere (16 Tätigkeiten)	31,97	4,28	1,37
Summe Sachbearbeiter	100,00		17,41

Quelle: Vossbein, R., 1990, S. 104.

Zu einem sehr ähnlichen Ergebnis für leitende Angestellte gelangt auch Chorafas (1987, S. 79), der die mögliche Zeitersparnis durch Büroautomatisierung auf 1,34 Stunden pro Tag und damit auf 327,5 Stunden pro Jahr oder 8,2 Wochen veranschlagt.

Verfolgen wir die Entwicklung der EDV in ihrer quantitativen Dimension, stellen wir enorme Fortschritte fest.

Die Anzahl der Transistoren, die auf einem Siliziumplättchen (= Chip) integriert werden können, hat sich in jeweils kurzen Abständen verdoppelt (ohne Autor, Thema Elektronik, S. 8). Gleichzeitig erfuhren die Zugriffsgeschwindigkeiten und die Rechenzeiten eine ständige Steigerung. Diese Entwicklung wird nach allen verfügbaren Prognosen, wie auch veranschaulicht, weiter anhalten. Das Preis-Leistungsverhältnis in der EDV wird sich weiter stark verbessern. Die Scherenwirkung sinkender Sach- und steigender Personalkosten läßt somit für die Zukunft einen noch weiter forcierten Einsatz der Elektronik im Bankbetrieb erwarten.

3.2.3.2 Applikationsformen der Schlüsseltechnologie EDV

Der Einsatz der EDV bietet sich im Bankbetrieb grundsätzlich in folgenden Applikationsformen an:

- Buchungssystem,
- Informationssystem und
- Planungs- und Entscheidungssystem.

Wir können heute im Bankwesen von einem Standard ausgehen, der sich durch die Realisierung von Teilsystemen anschaulich charakterisieren läßt. Während in der Einführungsphase der EDV die Investitionen in die Hardware und in den siebziger Jahren die Entwicklung der Software im Vordergrund standen, rückt zusehends der Aufbau eines umfassenden Datenverbundes in den Mittelpunkt des Interesses. Es stellt sich das Problem der integrativen Verknüpfung der vorhandenen Systemelemente zu einem Gesamtsystem. Dabei handelt es sich weniger um die Entwicklung neuer Technologien, sondern um die Projektierung von umfassenden Grundkonzeptionen, nach denen isoliert nebeneinander stehende Einzelsysteme ("Insel-Lösung") zu verbinden sind.

Sollen bestehende Teilsysteme auf Institutsebene zu einem Gesamtsystem vereinigt werden, sprechen wir von horizontaler Integration. Diese zielt auf die Nutzung der im dokumentären Rechnungswesen erfaßten Daten zur Entscheidungshilfe ab. Das bedeutet, daß die zunächst nach Geschäftssparten, also "produktionsorientiert" erfaßten Daten nach entscheidungsorientierten Kriterien umzusortieren sind. Konzeptionen zur horizontalen Integration von Teilsystemen wurden in Zusammenhang mit der Projektierung von Management-Informationssystemen bereits entwickelt (siehe Kap. 4.2.2.4).

Die vertikale Integration dagegen hat den Datentransfer über Leitungen vom Auftraggeber bis zum Empfänger zum Ziel. Sie setzt voraus, Systemkompatibilität zwischen den einzelnen Banken bzw. Bankengruppen soweit herzustellen, daß ein netzüberschreitendes Verbundsystem geschaffen werden kann. Auch hier fehlt es kaum mehr an Technologien, allenfalls bestehen Engpässe oder Unzulänglichkeiten im Leitungsnetz. Eine Ausweitung der Leitungskapazitäten ist in mehrfachen Formen möglich, angefangen von der Installierung von Breitbandübertragungswegen bis zur Anmietung von Satellitenkanälen und dem zu erwartenden Einsatz der optischen Datenübertragung mit Hilfe eines modulierten Licht- oder Laserstrahles über Glasfaserkabel.

Selbst bei Inkompatiblität der Endgeräte ist der Datentransfer über paketvermittelte Datennetze möglich.

3.2.3.3 Innovationen in der Abwicklung von Bankgeschäften und im Arbeitsablauf

An vorderster Stelle Erwähnung verdienen jene technologischen Entwicklungen, welche die (teilweise) Verlagerung der Bank-Kunden-Beziehung auf Automaten ermöglichen. Zu dem heute verfügbaren Spektrum an kundenbedienten Datenstationen zählen automatische Bankschalter (Automated Teller Machines: ATM), Geldausgabeautomaten, Point-of-Sale Terminals und das Bildschirmtextsystem.

Kundenbediente Datenstationen gliedern das normierte Mengengeschäft von den konventionell bedienten Schaltern aus und übertragen die Abwicklung dieser Geschäftsvorfälle auf Automaten. Von der Technologie her wäre die vollautomatisierte Bank heute problemlos realisierbar.

Automatische Bankschalter können die Funktionen Geldausgabe, Geldeinzahlung, Geldwechseln, Kontoauszugsdruck, Kontoumbuchungen und standardisierte Beratungsleistungen ohne Mitarbeiterunterstützung abwickeln. Selbst die Identifizierung von Safeinhabern wäre auf akustischem Wege in der direkten Kommunikation Bankkunde - Bankautomat bereits möglich. Die mit Abstand höchste Kundenfrequenz weist in aller Regel die Auszahlungsfunktion auf.

Geldausgabeautomaten beschränken sich im wesentlichen auf die Bargeldauszahlung.

Bei den Synonymen Electronic Cash, POS (Point-of-Sale), Banking-POS, EZV/POS (Elektronischer Zahlungsverkehr am Point-of-Sale), EFTPOS (Electronic Funds Transfer at the Point-of-Sale) und POS-Banking[3] handelt es sich um einen Teilbereich der Automatisierung des Zahlungsverkehrs (EFTS - Electronic Funds Transfer Systems), dem sogenannten elektronischen Zahlen an der Ladenkasse. Point-of-Sale Terminals (=POS-Terminals) können auch gleichzeitig die optische Artikelerfassung mit einschließen und werten damit die Einzelhandelskasse zum zentralen Datenerfassungsplatz auf (= warenwirtschaftliche Funktion).

Im Rahmen der Produktinnovationen der Kreditwirtschaft (= finanzwirtschaftliche Funktion) ist das Electronic Cash System unter die vielfältigen Entwicklungen des Electronic Banking zu subsumieren. Electronic Cash steht für die Bestrebung, den bargeld- und/oder beleggebundenen Zahlungsverkehr zwischen Konsumenten und Handels- beziehungsweise Dienstleistungsunternehmen zu elektronisieren und somit auf einen bargeld- und beleglosen Modus umzustellen. Diese Umstellung erscheint mehr als angebracht, wenn man bedenkt, daß der bargeldgebundene Kleinzahlungsverkehr der privaten Haushalte stückmäßig ein Vielfaches der unbaren Zahlungsver-

---

3 Eine ausführliche Darlegung der Vorzüge und Nachteile von POS-Terminals aus der Sicht der Banken, des Einzelhandels und der Konsumenten gibt der Verfasser in seiner Publikation "Kartengesteuerte Zahlungsverkehrssysteme", Stuttgart 1981.

kehrstransaktionen mit größeren Beträgen ausmacht (für 1987 wurden etwa 40 Mrd. Barzahlungen im Wert von etwa 1.000 Mrd. DM geschätzt, denen rd. 6,3 Mrd. unbare Zahlungen im Wert von rd. 17.848 Mrd. DM gegenüberstehen). Der sich durch diese Umstellung vollziehende Wechsel vom Papiergeld zur elektronischen Abwicklung kann mit dem Umbruch verglichen werden, der vor Jahrtausenden mit dem Übergang vom Tauschhandel zum Geld stattgefunden hat (OECD 1989).

Die ersten praktischen Anwendungen in der Bundesrepublik Deutschland fanden bereits zu Beginn der 80er Jahre statt. Feldversuche in München, Berlin und Regensburg sowie die begleitende intensive Diskussion innerhalb und zwischen den beteiligten Gruppen führten zu einer anwendungsreifen Systemkonzeption, welche seit Mitte 1990 als allgemein akzeptiert gilt und seitdem stark wachsende Einsatz- und somit Verbreitungsgrade aufweisen kann. Den Durchbruch erzielte das System durch den Einstieg der Mineralölkonzerne. Der Einsatz der Electronic-Cash Terminals in den Tankstellen führte zu einer sprunghaften Erhöhung der eingesetzten Terminals und zu einer sprunghaften Akzeptanzerhöhung auf Seiten der Konsumenten.

Die Systemkonzeption des Electronic Cash beruht auf wenigen, eindeutigen Regeln. Aus Wettbewerbsgründen können die ungerelten Freiräume von den Beteiligten frei gestaltet werden.

Zur Durchführung der Electronic Cash Transaktion wird an der Kasse des Händlers ein Zahlungsverkehrsmodul benötigt. Ähnlich dem Ablauf am Geldausgabeautomaten gibt der Kunde seine Legitimationskarte (bspw. Euroscheckkarte) in ein Datenerfassungsgerät ein und legitimiert sich durch Eingabe der persönlichen Identifikationsnummer (PIN; Personal Identification Number). Zum Zweck der Legitimierung werden die Daten an die zuständige Autorisierungszentrale weitergeleitet. Diese Zentrale überprüft die Richtigkeit der PIN, prüft Kartensperrlisten sowie die Bonität und gibt die Zahlung frei. Die Freigabe erfolgt, indem von der Zentrale eine Autorisierungsnummer übermittelt wird, welche im Händlerterminal gespeichert und auf dem Kundenbeleg ausgegeben wird. Die Verrechnung der Zahlungen erfolgt unabhängig vom System auf dem Weg der bestehenden, einheitlichen Verfahren des elektronischen Zahlungsverkehrs der Banken (z.B. Magnetband-Clearing). Dies bedeutet, daß die Daten der erfolgten Transaktionen beispielsweise täglich an die vom Händler zu bestimmende Bank übertragen werden, welche im Rahmen des Lastschriftverfahrens die Beträge einzieht. Das Electronic Cash System kann somit als reines Autorisierungssystem bezeichnet werden.

Die notwendigen Voraussetzungen auf der Händlerseite bestehen aus dem Vertragsabschluß über die Teilnahme am Electronic Cash System der Kreditwirtschaft, aus der Bereitstellung der Kommunikationsmöglichkeit (z.B. Telefonnetz) und aus der Anschaffung des Terminals. Grundsätzlich stehen für den Händler drei Typen von Terminals zur Auswahl. Eine Variante besteht aus einer Stand-alone Anwendung, d.h. einem Terminal, welches neben der Electronic Cash Funktion geringfügige Warenwirtschaftsfunktionen ausführen kann (Kosten 1990: 5.000 - 8.000 DM). Der zweite Typ ist als Ergänzung zu bestehenden elektronischen Kassensystemen gedacht (Kosten 1990: 2.000 - 4.000 DM). Die dritte Variante umfaßt diejenigen Kassensysteme, bei denen neben umfangreichen warenwirtschaftlichen Funktionen die finanzwirtschaftliche Funktion integriert ist.

Die Voraussetzungen auf Kundenseite bestehen aus einem geeigneten Kartenmedium (Euroscheck-Karte, Kreditkarten und Kundenkarten) und der Kenntnis der PIN. Bei den derzeit noch nicht mit einer PIN gesicherten Karten ist mittelfristig von einer Ausrüstung mit dieser Sicherheitsmaßnahme auszugehen. Die weiteren Beteiligten am Electronic Cash sind - neben dem Händler und den Händlerkunden - die Kreditinstitute, die Netzbetreiber und die Autorisierungszentralen. Bundesweit existieren vier Autorisierungszentralen der Banken (Sparkassen, Genossenschaftsbanken, Private Banken und Postbank) sowie weitere Zentralen der jeweiligen Kartenorganisationen. Die Anzahl der Autorisierungszentralen ist offen. Theoretisch könnte ein Warenhauskonzern für die von ihm emittierten Kundenkarten ebenso eine Autorisierungszentrale einrichten. Die Zentralen haben die Aufgaben, die persönliche Identifikationsnummer und eine eventuelle Kartensperre zu überprüfen. Zudem erfolgt dort die Bonitätsprüfung. Diese Prüfung wird gruppenintern geregelt und entweder über vorgegebene Limits oder durch direkte Kontoautorisierung durchgeführt.

Die Netzbetreiber sind für die Datenerfassung und -übermittlung vom Händlerterminal zu den Autorisierungszentralen zuständig. Sie erhalten ihre Zulassung zum System vom Zentralen Kreditausschuß (ZKA). Von Seiten des Kreditgewerbes wird den Netzbetreibern die Einhaltung einer definierten, einheitlichen Datenschnittstelle zu den Autorisierungssystemen, ein Sicherheitsgutachten sowie eine einheitliche Bedieneroberfläche der Terminals (Anzeigen und Druckerausgaben) vorgegeben. Alle weiteren Regelungen bleiben den Netzbetreibern überlassen. Der Händler oder Dienstleister schließt den Vertrag entweder mit dem Netzbetreiber oder - falls der Betreiber dieses Recht weitergegeben hat - mit einem der Kartenemittenten. Beispielsweise arbeitet die Sparkassenorganisation mit der Firma Telecash, einer Gemeinschaftsgründung von IBM und der DBP Telecom, zusammen. Aufgrund eines Rahmenvertrages zwischen der Sparkassenorganisation und Telecash bieten die Sparkassen Electronic Cash unter eigenem Namen an und treten als Vertragspartner für den Handel beziehungsweise Dienstleister auf.

Neue Möglichkeiten des Dialoges zwischen Banken und Bankkunden eröffnen sich mit dem Bildschirmtext-System (Homebanking). Mit Hilfe der Kombination Fernsehgerät-Fernsprechanschluß, eines Bildschirmtext-Decoders, eines Modems sowie einer (alpha-) numerischen Tastatur zur Dateneingabe sind über eine Wählleitung die Hausbank, ggf. aber auch andere Banken, anwählbar. Es können Bankpreise oder Bankkonditionen abgerufen, Zahlungsaufträge erteilt, der Kontostand abgefragt oder standardisierte Beratungsleistungen in Anspruch genommen werden. Umgekehrt werden Banken in die Lage versetzt, an einzelne Kunden oder ausgewählte Zielgruppen über das Medium Bildschirmtext aktiv mit einem spezifischen Produktangebot heranzutreten. Nach wie vor bleibt die Zahl der Btx-Benutzer in der Bundesrepublik deutlich hinter der Penetration vergleichbarer Systeme in anderen Ländern und den Erwartungen der Initiatoren deutlich zurück.

Tabelle 13: Bildschirmtext-Systeme im internationalen Vergleich (Ende 1989)

Land	Anzahl Anschlüsse pro 1000 Einwohner	Anzahl Anbieter absolut (Dienste)	Nutzung (in Prozent) Gewerblich	Nutzung (in Prozent) Privat
Belgien	0,61	120 (148)	90	10
Deutschland[1)]	2,67	3300 (7000)	75	54
Dänemark	0,43	80 (164)	90	10
Frankreich	82,69	7000 (11500)	50	50
Irland	0,49	9 (10)	100	0
Italien	0,70	350 (1000)	97,5	2,5
Großbritannien	2,72	1000 2600	60	40
Luxemburg	0,81	k.A. (41)	75	25
Niederlande	1,72	210 (860)	75	75
Portugal	0,06	100 (100)	90	10
Spanien	0,39	30 (90)	80	20

1) Doppelzälungen durch gemischte Nutzung bei 29%.

Quelle: Commission des Communautés Européennes (Hrsg.), o.J., S. 7ff.

Unabdingbare Voraussetzung des Einsatzes von automatischen Bankschaltern, Geldausgabeautomaten und von POS-Terminals ist die Verfügbarkeit über ein geeignetes Kartenmedium, das die Kommunikation zwischen Kunden und Automaten ermöglicht.

Die derzeit geläufigste Kartenart ist die Kunststoffkarte mit einer Magnetpiste, die sog. Magnetstreifenkarte. Mittelfristig ist von der Nutzung der Hybridkarte (Kombination von Magnetstreifen und Mikrochip) auszugehen. Diese Kartenart wurde bereits im Rahmen eines Pilotversuches in Regensburg getestet. Der Einsatz von Chips mit eigenen Speicher- und Logikfunktionen erhöht die Systemsicherheit und ermöglicht zudem den Übergang von der permanenten online-Autorisierung zur teilweisen offline-Autorisierung. Die reine Chipkarte soll langfristig die Hybridkarte ablösen.

Die Funktionsfähigkeit kundenbedienter Datenstationen wird nur dann gewährleistet sein, wenn ein ausreichender Schutz vor Total- oder Teilfälschungen und vor einem mißbräuchlichen Einsatz von Karten gewährleistet ist. Der heutige Standard in der Kartentechnolgie stellt eine hohe Barriere vor Imitationen und Mißbrauch dar. Dies trifft bereits für die Magnetstreifenkarte zu, vor allem dann, wenn sie neben der PIN (= Persönliche Identifikationsnummer) mit dem sogenannten modularen Merkmal (= MM-Schlüssel) abgesichert ist. Es handelt sich dabei um eine in die Karte integrierte, außerhalb des Magnetstreifens befindliche individuelle Eigenschaft, die visuell nicht erkennbar ist. Zur Identifizierung des MM-Schlüssels muß die jeweilige Eingabeeinheit mit einem Sensor ausgerüstet sein.

Einen im Vergleich zur Magnetstreifenkarte noch wesentlich höheren Grad an Sicherheit bietet die Chip-Karte. Es handelt sich dabei um eine mit einem Chip ausgestattete Plastikkarte. Das technologische Problem bestand weniger in der Integrierung des Chips, sondern in der Erhaltung der Funktionsfähigkeit der Karte bei Wechselbiegungen.

Von der Kartentechnologie her sind damit alle Voraussetzungen erfüllt, um eine in hohem Maße absicherbare Multifunktionskarte begeben zu können.

Die Bandbreite an technologischen Innovationen, deren Einsatz die Produktivität des Bankbetriebes weiter erhöht, ist damit noch keineswegs erschöpft. Denken wir in diesem Zusammenhang nur an Entwicklungen wie die Tele-Kopie, die Bildschirmkonferenzen und an die Textverarbeitung. Vor allem der Verbund Datenverarbeitung - Textverarbeitung eröffnet neue, bahnbrechende Wege der Kundenkommunikation. Wir wollen dies an einem Beispielfall verdeutlichen.

Eine kundenorientierte Sortierung der Daten ermöglicht, ggf. im direkten Zugriff am Bildschirm-Terminal, eine Abfrage der Gesamtleistungsabnahme der einzelnen Kunden. Die Textverarbeitung ist anderseits in der Lage, standardisierte Werbebriefe für Direktwerbeaktionen (Direct Mail) zu schreiben. Gelingt eine Verknüpfung von Datenverarbeitung und Textverarbeitung besteht die Chance, durch den Abruf der entsprechenden Textbausteine auf das jeweilige Nutzungsverhalten der Kunden individuell zugeschnittene Werbebriefe automatisiert herzustellen. Der entscheidende Fortschritt dieser Vorgehensweise beruht weniger im beschleunigten Schreibvorgang, sondern in der Rationalisierung der Informationsgewinnung und -verarbeitung.

Nach den heute absehbaren Entwicklungslinien wird der Bürobetrieb der Zukunft durch einen Technologieverbund von (externen und internen) Kommunikationsdiensten, Speicherdiensten und Verarbeitungsdiensten geprägt sein. Dieser Technologieverbund sollte die Wirtschaftlichkeit des Bankbetriebes weiter nachhaltig erhöhen. Erst nach Abschluß dieses Integrationsprozesses ist mit dem Erreichen einer Sättigungsgrenze zu rechnen, welche die Produktivitätskurve abflachen läßt.

3.2.4 Information

Kreditinstitute sind als Bürobetriebe den klassischen Informationsbearbeitern zuzurechnen. Der Stellenwert, der im Rahmen der Unternehmensführung Informationen heute zukommt, läßt die Information gleichrangig neben die klassischen Produktionsfaktoren Arbeit, Kapital sowie Grund und Boden treten.

Mit Wittmann (1959, S. 17) verstehen wir unter Information "zweckorientiertes Wissen". Nach dieser Begriffsfassung liefern Informationen die Entscheidungsgrundlage für alle hierarchischen Ebenen der Unternehmung. Informationen für Entscheidungen im Rahmen der Ziel- und Maßnahmenplanung sind ebenso eingeschlossen wie zweckorientiertes Wissen über Einzelentscheidungen auf unterster Ebene. Da sich Entscheidungen auf zukünftige Aktivitäten beziehen, sind sie unter der Bedingung objektiven Informationsmangels zu fällen. Informationen über die Zukunft sind nur unter Ungewißheit verfügbar. Im Wege der Informationsbeschaffung soll die Entscheidungsbasis verbreitert und damit der Grad der Ungewißheit über die zukünftige Entwicklung verringert werden.

Jede Entscheidung bedeutet letztlich die Festlegung auf eine unter mehreren Alternativen. Die verbreiterte Informationsbasis zielt einerseits auf eine Ausweitung der Anzahl der Alternativen, anderseits auf eine Erhöhung der Effizienz von Entscheidungen ab.

Jedes Unternehmen wird heute von einer Unzahl von Daten überschwemmt. Angefangen von professionellen Informationsanbietern wie Forschungsinstituten, statistischen Ämtern und Verbänden über sonstige wissenschaftliche und praxisorientierte Druckmedien bis zur individuellen-mündlichen, fernmündlichen oder brieflichen Information im direkten Kontakt mit Kunden oder Nichtkunden fallen entscheidungsrelevante Daten an. Mit der Marktforschung ist ein weiteres Instrument zur gezielten Informationsbeschaffung verfügbar. Schon heute absehbar ist der Dialog Bank - Bankkunde/Nichtkunde über das Medium Bildschirmtext.

Unter diesen Voraussetzungen wird die vordinglichste Aufgabe der Informationspolitik einer Bank in einer entscheidungsadäquaten Filterung, Sortierung und Speicherung der Daten und der Schafffung einer bedarfsgerechten Zugriffsmöglichkeit für die Organisationsmitglieder bestehen. Denken wir in diesem Zusammenhang an die aus der Sicht der Bank gewichtigste Einzelentscheidung, die Kreditentscheidung. So sind beispielsweise bei kommerziellen Kreditkunden Vergleiche mit Branchendurchschnittsbilanzen und Branchenprognosen ebenso gewichtig wie individuelle Informationen über die Leistungsinanspruchnahme, den Deckungsbeitrag, die Verhandlungsmacht und über betriebliche Kennziffern. Diese branchenbezogenen Informationen können aus externen und internen Quellen erhoben werden, womit die Kreditentscheidung heute auf einer vergleichsweise breiten Informationsbasis vor sich gehen kann. Im Konsumentenkreditgeschäft schließlich muß die Kreditentscheidung häufig noch während des Kundengespräches getroffen werden. Unter dieser Voraussetzung empfiehlt sich der on-line Zugriff des Kreditsachbearbeiters auf die Kundendaten.

3.3 Nachfrage nach Bankdienstleistungen

3.3.1 Nachfrage nach Geldvermögen

Als Nachfrager nach Geldvermögen treten im Sinne unserer Betrachtung Nichtbankunternehmen sowie öffentliche und private Haushalte auf. Die Nachfrage umfaßt folgende Vermögenstitel:

- Bargeld,
- Sichteinlagen,
- Termineinlagen,
- Spareinlagen,
- Wertpapiere:
  a. Gläubigerpapiere,
  b. Anteilspapiere,
  c. Mischformen sowie
- Sonstige unverbriefte Forderungen.

Finanzielle Vermögenstitel können bei Kreditinstituten und bei Institutionen des paramonetären Bereiches, aber auch gegenüber Unternehmen anderer Wirtschaftssektoren oder Nichtunternehmen erworben werden.

Hinsichtlich der Nachfragestruktur wird nach dem heutigen Erkenntnisstand die volkswirtschaftliche Variante der **Portfoliotheorie** nach Markowitz (Markowitz, H. M., 1959) zugrundegelegt. Nach dieser Portfoliotheorie wird eine Vermögensstruktur angestrebt, die den Nettowert des Vermögens maximiert. Während nach der klassischen Keynes'schen Theorie das Realeinkommen und die Zinshöhe die entscheidenden Faktoren darstellten, leitet sich bei der Portfoliotheorie die Nachfrage vom vorhandenen Vermögensbestand sowie vom Nutzen alternativer Anlageformen, also der Axiomatik der Erwartungsnutzentheorie nach Neumann und Morgenstern (1947) ab. Hiervon abweichendes Verhalten wird als "Anomalie" bezeichnet, mit dessen Bestand und Wirkung auf das Anlegerverhalten sich Kritiker der klassischen Portfoliotheorie auseinandersetzen[4].

Der Gesamtnutzen eines einzelnen Vermögenstitels bestimmt sich nach Faktoren wie Ertrag, Anlagerisiko, Informations- und Transaktionskosten,

---

4 Ein ausführlicher Überblick über mögliche Irrationalitäten der Erwartungsnutzentheorie und ihre Relevanz in Finanz- und Kapitalmärkten findet sich bei Oehler, A., "Anomalien" im Anlegerverhalten, Die Bank 11/91, S. 600-607.

Geldanschlußfähigkeit und Bequemlichkeit. Aus diesen Faktoren, insbesondere den Nutzenelementen Ertrag und Risiko, wird deutlich, daß die optimale Vermögensstruktur eine Mischung der einzelnen Vermögenstitel erfordert. Bei der Betrachtung des Risikos ist insbesondere dem Anlagehorizont erhöhte Aufmerksamkeit zu schenken. Die Kurseinbrüche der Jahre 1987 und 1989 spätestens verdeutlichen die enorme Volatilität bei Aktieninvestments. Mit steigendem Anlagezeitraum tritt aber gerade der Performance-Unterschied zwischen Aktien und festverzinslichen Wertpapieren deutlich zutage. So betrug in der Bundesrepublik die durchschnittliche Aktienperformance von 1955 bis 1988 nominal 13,0% (real 9,8%), während mit Anleihen real nur 4,1% und mit dreimonatigen Festgeldern nur 2,6% p.a. zu erzielen waren (Keppler, M., 1990, S. 610).

Offensichtlich wird gleichzeitig, daß relative Verschiebungen in den Erträgen oder in den Anlagerisiken, die den reaktionsfreien Bereich der Anleger überschreiten, Änderungen in der Zusammensetzung der Vermögensposition auslösen. Erwartet man z.B. eine Erhöhung des Marktzinses für festverzinsliche Wertpapiere, werden tendenziell Vermögensumschichtungen zugunsten dieses Vermögenstitels erfolgen.

Auch ein auf internationaler Ebene bestehender Risiko-/Ertrags-Zusammenhang unterschiedlicher nationaler Märkte kann konstatiert werden. Hier ist etwa der deutsche Rentenmarkt sehr eng mit dem niederländischen Anleihenmarkt korreliert, während zum britischen Bondmarkt nur eine relativ lokkere Beziehung besteht (Kollar, A., 1991, S. B2).

Gehen wir nun etwas näher auf die Nachfrage der einzelnen Wirtschaftssektoren ein. Für Nichtbankunternehmen stellen sich die Anlagealternativen Geldvermögen, Sachvermögen und Humanvermögen. Die Anlage in Geldvermögen steht somit in Konkurrenz zu den anderen beiden Bestandspositionen. Dabei ist in Rechnung zu stellen, daß die primäre Aufgabe von Nichtbankunternehmen keineswegs in der Geldvermögensbildung begründet sein kann, sondern vielmehr in der Erfüllung von Produktions-, Handels- oder Dienstleistungsfunktionen. Zwar stehen der Nutzen des Geldvermögens, des Sachvermögens und des Humanvermögens in Konkurrenz zueinander, doch im Indifferenzfall kommt der Nachfrage nach Geldvermögen lediglich der Charakter einer Restgröße zu.

Der Nutzen der Veranlagung in Sach- und Humanvermögen ist vor allem an die zukünftigen Gewinnerwartungen gebunden, die den Rang einer strategischen Variablen in der unternehmerischen Investitionsentscheidung einnehmen. Daraus wird bereits die konjunkturelle Komponente, die mit der Geldvermögensbildung verbunden ist, erkennbar.

So gesehen fungiert das Geldvermögen der Nichtbankunternehmen als Liquidiätsreserve oder zur Überbrückung der zeitlichen Diskrepanz zwischen dem Rückfluß der investierten Mittel und ihrer Reinvestition in das Sach- oder Humanvermögen.

Empirische Anlysen zeigen auf, daß sich die Nachfrage der **Nichtbankunternehmen** in weitaus größerem Umfang als jene der privaten Haushalte auf die kürzerfristigen Vermögenstitel Bargeld, Sicht- und Termineinlagen konzentriert. Diese Nachfrage nach kurzfristigem Vermögen liegt in Perioden der Hochkonjunktur wesentlich niedriger als in Rezessionsjahren. In besonderem Maße läßt sich dies am Beispiel der Nachfrage nach Termineinlagen zeigen, die einen ausgeprägten antizyklischen Trend aufweist. Bei den längerfristigen Vermögenstiteln überwiegt die Nachfrage nach Aktien. Beteiligungsmotive stehen hier offenbar im Vordergrund.

Dierolf (1990, S. 18 ff) konstatiert eine größenabhängige Nachfragestruktur und Bankloyalität.

Bei Gegenüberstellung der Nachfragestruktur unterschiedlicher Betriebsgrößenklassen wird deutlich, daß in kleineren Unternehmen innerhalb einer Umsatzgrößenklasse bis zu 100 Mio. DM die Nachfrage unterproportional zum Umsatz steigt, während in den Größenklassen 100-500 Mio. DM bzw. über 500 Mio. DM Jahresumsatz sich die häufiger vermutete Tendenz einer Größendegression der Nachfrage nach Geldvermögen nicht feststellen läßt. Eine mögliche Erklärung liegt in einer zunehmenden Ineffizienz der finanziellen Führung bei steigender Betriebsgröße. Die Unternehmen reagieren darauf neuerlich durch die Errichtung von eigenen Finanzinstitutionen, sog. Corporate Banks (Kap. 3.6.2.9) und der Einrichtung eines funktionsfähigen Cash-Management.

Die **öffentlichen Haushalte** treten in der Regel als Netto-Kreditnehmer auf. Die Unterdeckung der laufenden Ausgaben durch die laufenden Einnahmen führt zu Budgetdefiziten, die am Inlandsmarkt und auf ausländischen Kreditmärkten abzudecken sind. Flüssige Mittel von Bund, Ländern sowie der Sondervermögen Ausgleichsfonds und ERP-Fonds können sich nur insoweit bei Kreditinstituten niederschlagen, als die Bundesbank im Rahmen ihrer Einlagenpolitik zu dieser Veranlagung ihre Zustimmung erteilt. Von ihrem Volumen her fällt die Nachfrage öffentlicher Haushalte nach Sicht- und Termineinlagen vor allem im Sparkassensektor, bei den öffentlich-rechtlichen Grundkreditanstalten sowie bei einzelnen Sonderkreditinstituten ins Gewicht.

Bei den **privaten Haushalten** stellt sich vorab die grundsätzliche Wahlentscheidung zwischen Sparen und Konsumieren. Definiert man Sparen mit Konsumverzicht oder Konsumaufschub, werden in der Einschätzung der privaten Haushalte negative Einstellungen hervorgerufen, während der Konsum ganz im Gegensatz dazu positive Assoziationen ("Genuß") erweckt. Obwohl eine unmittelbare Konkurrenzlage zwischen Sparen und Konsumieren vorliegt, stellt deshalb die Sparwerbung der Kreditinstiute nicht den Konsumverzicht oder den Konsumaufschub, sondern die Erhöhung des Konsums in den Vordergrund. Statt des kurzfristigen Konsums soll die Geldvermögensbildung den Übergang zu höherwertigen längerfristigen Gütern der Bedürfnisskala ermöglichen.

Hinsichtlich der Entwicklung der Sparquote der privaten Haushalte konnte die Keynes'sche Theorie einer mit zunehmendem Einkommen überproportional steigenden Quote nicht betätigt werden. Fundierte, lange Zeitreihen umfassende Untersuchungen haben vielmehr sowohl für die BR Deutschland als auch für andere vergleichbare Industrieländer eine weitgehend konstant bleibende Sparquote bei nominell und real steigendem Einkommen nachgewiesen.

Die Nachfrage der privaten Haushalte nach Bargeld und Sichteinlagen trägt zyklischen Charakter, bei generell fallender Tendenz. Von der Struktur der Nachfrage dominieren eindeutig die längerfristigen Vermögenstitel, vor allem die Spareinlagen. Diese entwickelten sich im Zuge der steigenden Realeinkommen der privaten Haushalte zu einem der entscheidensten Faktoren des Bankenwachstums. In Zeiten inverser Zinsverhältnisse - wie seit Mitte der 80-er Jahre zu beobachten - findet eine Subtitution der längerfristigen Einlagen durch kurzfristige statt.

Bemerkenswert ist in diesem Zusammenhang der ausgeprägte antizyklische Verlauf der Nachfrage nach Spareinlagen, wie er für die BR Deutschland typisch ist. Diese Entwicklung erkärt sich aus dem zugrundeliegenden Vorsorgemotiv. Die Höhe der Nachfrage hängt vor allem von den zukünftigen Einkommenserwartungen ab. Damit ist gleichzeitig erwiesen, daß der Geldvermögensbildung der privaten Haushalte eine starke Eigendynamik zukommt und die Sparquote keineswegs als Restgröße bei der Alternativentscheidung zwischen Sparen und Konsumieren interpretiert werden kann.

Kaum eine nennenswerte Rolle spielt die konjunkturelle Komponente dagegen bei den kontraktgebundenen Einlagen wie beim Bausparen oder beim Versicherungsparen. Steuerliche Begünstigungen, das nach einem vorgegebenen Plan angestrebte Sparziel, aber auch die mit der Erteilung von Spardaueraufträgen instituionalisierte Vorabdotierung aus dem laufenden Einkommen machen die Nachfrage weitgehend unabhängig von zukünftigen Einkommenserwartungen.

In den 50-er und 60-er Jahren wurde eine Hierarchie in der Geldvermögensbildung der privaten Haushalte unterstellt. Demgemäß sollte sich die Nachfrage nach Erreichung eines auf Konten veranlagten Sockels auf Gläubiger- und Anteilspapiere verlagern. Diese "höherwertigen" Sparformen stellen die Direkttransformation zwischen Sparer und Investor sicher. Zeitweise gab es nach dem Zweiten Weltkrieg in der Tat Phasen, die eine Verlagerung zum Wertpapiersparen erkennen ließen. Harte Rückschläge traten allerdings ein, als der Risikocharakter dieser Vermögenstitel in Form von z.T. erheblichen Kurseinbrüchen erkennbar wurde. Auch festverzinsliche Wertpapiere waren davon betroffen, da nach stärkeren Erhöhungen des Kapitalmarktzinses auch diese Titel nennenswerte Kurseinbußen erleiden mußten. In den letzten Jahren hat das Wertpapiersparen (vgl. Kapitel 3.6.2.2) trotz der bestehenden Risiken wieder deutlich an Boden gewonnen. Evident ist eine immerhin breitere Risikostreuung als bei Investitionen in einen oder wenige Werte. Ein weiterer wichtiger Vorteil dieser Geldanlage liegt in der hohen Bequemlichkeit.

Wir sind bislang von einem isolierten Inlandsmarkt ausgegangen und haben die Auslandsnachfrage nach Geldvermögen vernachlässigt. Differenzen im Zinsfußniveau zwischen in- und ausländischen Kreditmärkten sowie erwartete Wechselkursveränderungen gelten als die entscheidenden Bestimmungsgründe der Auslandsnachfrage.

3.3.2 Nachfrage nach Kredit

Wir wollen die Bestimmungsgründe der Kreditnachfrage wieder getrennt nach Wirtschaftssektoren untersuchen.

Die Eigenkapitalrentabilität von **Nichtbankunternehmen** nimmt zu, solange eine positive Differenz zwischen der internen Verzinsung (Rendite) einer Investition und dem Kreditzins besteht. Nach dem Kriterium der Gewinnmaximierung wäre somit das optimale Kreditvolumen dann erreicht, wenn der marginale Kreditzins der marginalen internen Verzinsung einer Investition entspricht. Der Begriff "Investition" ist dabei umfassend zu verstehen und schließt jede Geldausgabe ein.

Die geforderte positive Differenz zwischen der internen Verzinsung einer Investition und dem Kreditzins unterstreicht die Konjunkturabhängigkeit der Kreditnachfrage. Im langfristigen Trend enorm erhöht hat sich der Kapitalbedarf der Nichtbankunternehmen durch den anhaltenden Substitutionsprozeß von Arbeit durch Kapital. Gleichzeitig hat sich der Anteil der Fremdfinanzierung aufgrund der vergleichsweise hohen Kosten des Eigenkapitals, die ursächlich auf die Nichtabzugsfähigkeit der Eigenkapitalkosten vom steuerlichen Gewinn zurückgeführt werden müssen, ständig ausgeweitet. Wenn trotzdem das nach isolierten Wirtschaftlichkeitskriterien optimale Fremdfinanzierungsvolumen nicht angestrebt wird, liegen die Gründe dafür in der selbst gesetzten oder von Kreditgebern auferlegten Verschuldungsgrenze. Unübersebhar ist allerdings, daß sich sowohl bei den kreditwerbenden Unternehmen als auch bei den Banken die Vorstellungen über die noch vertretbare Verschuldungsgrenze in den vergangenen Jahrzehnten immer stärker zugunsten eines höheren Fremdkapitalanteils verschoben haben.

Die Kreditnachfrage der **öffentlichen Haushalte** ist unmittelbarer Ausfluß der Haushaltsdefizite. Im Sinne einer antizyklischen Budgetpolitik werden Haushaltsdefizite vor allem in Depressionszeiten zur Belebung der wirtschaftlichen Aktivität in Kauf genommen. Daraus muß zwangsläufig in Zeiten der konjunkturellen Abflachung eine steigende Kreditnachfrage der öffentlichen Haushalte resultieren. In der Tat läßt sich in der zweiten Hälfte der 70-er

Jahre eine überdruchschnittlich steigende Kreditnachfrage der öffentlichen Hand feststellen. Diesem Verlauf der Kreditnachfrage kommt damit aus der Sicht der kreditgewährenden Banken Substitutionscharakter zur zyklisch geprägten Nachfrage der Unternehmen zu.

Einen generellen Trend nach oben weist die Kreditnachfrage bzw. die Bereitschaft zur Fremdfinanzierung der **privaten Haushalte** auf. Während die Nachfrage nach Wohnbaukrediten vor allem durch das Zinsfußniveau bestimmt wird, sind beim (kurz- und mittelfristigen) Konsumkredit Einflußfaktoren wie die Schwellenangst oder grundsätzliche Einstellungen zur Vorfinanzierung wesentlich gewichtiger. In vergleichsweise hohem Grade ist die Nachfrage nach Konsumkrediten durch werbliche Aktivitäten steuerbar. Im Sinne des Wohlverhaltens gegenüber der Zentralnotenbank wird die Konsumkreditwerbung vorzüglich zu Zeiten der wirtschaftlichen Abschwächung forciert.

Die ausländische Kreditnachfrage orientiert sich an der erwarteten Entwicklung der Wechselkurse und am Zinsfußgefälle.

Der Kreditnachfrage der Nichtbanken steht nunmehr das **Geldangebot der Banken** gegenüber. Die aus der Marktformenlehre bekannten Angebots-Nachfrage-Mechanismen sind hier voll anwendbar. Der Markt für Bankdienstleistungen repräsentiert ein typisches Angebots-Oligopol.

Aus mikroökonomischer Sicht bestimmt sich die Geldangebotsfunktion einer Bank durch das maximale Veranlagungspotential, den konkurrierenden Zinserträgen und den Ausfallrisiken der einzelnen Anlagepositionen sowie den Geldbeschaffungskosten. Bemerkenswert ist dabei, daß das maximale Veranlagungspotential eines Kreditinstitutes das Volumen der originären Einlagen übersteigen kann. Verantwortlich dafür ist der Prozeß der **Kreditschöpfung**. Orientieren sich Kreditinstitute in ihrem Geldangebot an den Überschußreserven und werden die eingeräumten Kredite nur zum Teil in bar abgezogen, so bedeutet dies, daß sich in Anspruch genommene Kredite bei anderen Banken wieder als (derivative) Einlagen niederschlagen. Diese derivativen Einlagen bilden ihrerseits wieder die Basis von Krediteinräumungen. Bei einer annähernd gleichschrittigen Vorgehensweise der Banken, wie sie realistischerweise zu unterstellen ist, erhöht sich damit sukzessive das Kreditangebot. Von einem bestimmten Einlagenbestand ausgehend ist nach dem Beispiel der geometrischen Reihe eine Vielzahl von (sukzessiv aufeinanderfolgenden) Kreditgewährungen möglich, bis das maximale Veranlagungspotential erreicht wird. Diese Obergrenze läßt sich mit Hilfe sog. Kreditschöpfungsmultiplikatoren berechnen (Dzerovicz, P., 1964).

Das Volumen des Kreditschöpfungsprozesses bestimmt sich nach der Höhe der Bargeldabzugsquote, des Mindestreservesatzes und der von der Bank unterhaltenen Liquiditätsreserve. Je niedriger die Barquote, der Mindestreservesatz und die Liquiditätsreserve, umso höher ist das Kreditschöpfungspotential der Bank.

3.3.3 Nachfrage nach Dienstleistungen im engeren Sinn (Indifferenzgeschäft)

Dem Indifferenzgeschäft ist eine Vielzahl von sehr heterogenen Dienstleistungen zuzuordnen. Demgemäß sind auch die Bestimmungsgründe der Nachfrage außerordentlich unterschiedlich und vielschichtig. In der einschlägigen bankbetrieblichen Literatur hat man sich bislang noch kaum eingehender mit diesem Thema auseinandergesetzt.

Im **inländischen Zahlungsverkehr** sind die Zahlungsgewohnheiten der Nichtbanken der entscheidende Faktor für den Umfang der Leistungsinanspruchnahme. Im Kreditwesen schlagen sich vor allem bargeldsparende und bargeldlose Zahlungsverkehrstransaktionen leistungswirksam nieder. In hohem Grade werden Zahlungen innerhalb oder zwischen den Wirtschaftssektoren Unternehmen und öffentliche Haushalte per Scheck, Überweisung oder Lastschrift ausgeführt. Auch der Zahlungsstrom von Unternehmen und öffentlichen Haushalten an private Haushalte bzw. Zahlungen von privaten Haushalten an öffentliche Haushalte werden im wesentlichen bargeldlos abgewickelt.

Einzig bei Zahlungen zwischen privaten Haushalten bzw. von privaten Haushalten an Unternehmen dominiert noch die Barzahlung. Die zukünftige Nachfrage nach Zahlungsverkehrsleistungen wird vor allem davon abhängen, in welchem Umfang diese Zahlungsströme zur bargeldlosen Abwicklung hingeführt werden. Mit der zunehmenden Verbreitung von Zahlungsverkehrs- und Kreditkartensystemen (eurocheque-Karte, Eurocard, Diners Club, American Express, Visa, Kundenkreditkarten), vor allem aber auch mit dem möglichen Einsatz der eurocheque-Karte (ohne Scheck) als Bedienungsmedium für Point-of-Sale Terminals im Einzelhandel sind die erforderlichen technischen Voraussetzungen auf Kundenseite geschaffen. Die damit ermöglichte intensivere Nutzung kartengesteuerter Zahlungsverkehrssysteme und der bevorstehende Einsatz des Bildschirmtextsystemes lassen eine weitere sprunghafte Zunahme des bargeldlosen Zahlungsverkehrs erwarten.

Von der Akquisitionspolitik der Bank hängt die Inanspruchnahme von **Produktinnovation;en** und von **Beratungsleistungen** ab. Gewichtige Gründe sprechen dafür, daß sich die Nachfrage nach Beratungsleistungen in der Zukunft stark ausweitet. Einerseits ist die Anzahl der erklärungsbedürftigen Dienstleistungen im Ansteigen begriffen, anderseits nehmen immer breitere Kundenschichten beratungsintensive Dienstleistungen in Anspruch. Auf seiten der Firmenkunden ist ebenfalls ein erhöhter Beratungsbedarf festzustellen. Insbesondere der zunehmende Trend großer Industrieunternehmen, die Mobilisierung von Fremdkapital außerhalb des Bankensektors mindestens teilweise in Eigenregie zu übernehmen, bewirkt eine verstärkte Nachfrage nach der Überlassung des notwendigen banktechnischen Know-how.

Die Nachfrage nach Dienstleistungen im **Wertpapiergeschäft** (Emissionsgeschäft, Effektenhandel, Verwahrung und Verwaltung von Wertpapieren) bestimmt sich nach den bereits bei der Nachfrage nach Geldvermögen bzw. nach Krediten dargelegten Faktoren. Mit der insgesamt - auch im internationalen Vergleich - niedrigen Eigenkapitalausstattung der deutschen Unternehmen wird im Hinblick auf den Europäischen Binnenmarkt mit einer erhöhten Nachfrage nach Eigenkapital zu rechnen sein. Die von Banken im Zusammenhang mit der Eigenkapitalbeschaffung zu erbringenden Leistungen (Venture Capital, Going Public) werden einen entsprechend hohen Zuwachs erfahren. Vom Grad der Auslandsverflechtung schließlich wird die Nachfrage nach **ausländischen Zahlungsverkehrsleistungen** geprägt.

3.4 Sektorbezogene Kooperationspolitik (Verbandspolitik)

Das Kreditwesen in der BR Deutschland wird von Verbänden mitgetragen und mitgeprägt. Durch diese Form der sektorbezogenen Kooperationspolitik werden Teilaufgaben auf die jeweilige Verbandsorganisation übertragen bzw. in Koordination mit den Mitgliedsinstituten von dieser wahrgenommen. Der Grad der Kooperation und die Akzente in den Aktivitäten sind dabei von Verband zu Verband durchaus unterschiedlich.

In der BR Deutschland bestehen die nachfolgend angeführten Kreditinstitutsverbände mit bundesweitem Tätigkeitsfeld[5]:

- Bundesverband deutscher Banken (BdB),
- Deutscher Sparkassen- und Giroverband (DSGV),
- Verband der Deutschen Freien Öffentlichen Sparkassen,
- Bundesverband der Deutschen Volksbanken und Raiffeisenkassen (BVR),
- Verband deutscher Hypothekenbanken,
- Verband öffentlicher Banken,
- Bankenfachverband,
- Verband der Auslandsbanken in Deutschland.

In den nachfolgend angeführten Verbänden sind die paramonetären Institutionen organisiert:

- Gesamtverband der Deutschen Versicherungswirtschaft,
- Verband der Privaten Bausparkassen,
- Bundesverband Deutscher Investmentgesellschaften,
- Bundesverband Deutscher Leasing-Gesellschaften,
- Deutscher Factoring-Verband,
- Bundesverband Deutscher Kapitalbeteiligungsgesellschaften.

---

5 Einzelne Bankengruppen verfügen zudem über ausgebaute Regionalverbände.

3.4.1 Interessenvertretung (Lobby-Funktion)

In der Demokratie fallen wirtschaftspolitische Entscheidungen im Widerstreit unterschiedlicher Interessenlagen. Der Anspruch auf Mitwirkung bei der politischen Willensbildung wird umso nachhaltiger verfolgt werden können, je größer die hinter einer Interessenvertretung stehende Gruppe bzw. in der letzten Konsequenz das zuzurechnende Potential an Wählerstimmen ist. Die Vertretung nach außen durch einen Verband fußt auf der Bündelung von Interessen. Dabei sind Zielkonflikte unter den Mitgliedsinstituten nicht von vornherein auszuschalten. Die Tatsache aber, daß die Vertretung von Sonderinteressen einzelner Verbandsmitglieder wenig Erfolg verspricht, erzwingt eine einheitliche Willensbildung.

In der anglo-amerikanischen Literatur, z.T. auch in deutschsprachigen Veröffentlichungen, wird die Einflußnahme auf den politischen Entscheidungsprozeß als Lobbyismus oder als Lobby-Funktion bezeichnet. Lobbyisten (Lobby = Vorhalle) sind Vertreter bestimmter Gruppeninteressen, die weder der legislativen noch der exekutiven Gewalt angehören und einzelne Parlaments- oder Regierungsmitglieder in ihrem Sinne zu beeinflussen versuchen. Neben der direkten Kontaktaufnahme mit Repräsentanten des parlamentarischen Raumes besteht die Möglichkeit, über Kommunikationsmedien Einfluß auf die öffentliche Meinung und auf Meinungsbilder zu nehmen.

Die wirkungsvolle Vertretung der grundlegenden Interessen der Mitglieder in der Öffentlichkeit bzw. gegenüber Repräsentanten der legislativen und exekutiven Staatsgewalt stellt die primäre Funktion einer Verbandsorganisation dar. Die Effektivität eines Verbandes, insbesondere der Verbandsgeschäftsführung, wird in erster Linie an diesem Kriterium zu messen sein. Dies deshalb, weil es hier in aller Regel um Grundsatzentscheidungen mit Langfristcharakter geht, welche die zukünftige Struktur des Kreditwesens und die wettbewerbspolitische Ausgangsposition der einzelnen Bankengruppen entscheidend bestimmen. Als markante Beispiele für derartig weitreichende Entscheidungen wollen wir an dieser Stelle nur beispielhaft Beschlüsse über die Grundverfassung des Kreditwesens, über Sondergesetze einzelner Bankengruppen, über den Handlungsspielraum beim Einsatz einzelner marktpolitischer Instrumente (reglementierte oder liberalisierte Zins- und Zweigstellenpolitik), über die Besteuerung einzelner Bankengruppen, aber auch über wirtschaftspolitische Grundsatzentscheidungen genereller Art nennen. Die Möglichkeiten einer graduellen Messung der Einflußintensitäten sind allerdings außerordentlich beschränkt. Dies vor allem aufgrund der unvollkommenen Informationen über den Lobbyismus der verschiedensten Interessengruppen, über den Handlungsspielraum der Entscheidungsträger und über die Zielvorstellungen der Verbände.

3.4.2 Unternehmensziele

Der Einfluß der Verbände auf die Unternehmensziele der Mitgliedsbanken ist in der Regel beschränkt. Diese Tatsache erklärt sich bereits aus der Problematik einheitlich formulierter Unternehmensziele für Banken verschiedenster Größenklassen und unterschiedlichster wirtschaftlicher Umfelder. So bewegen sich die Größenrelationen der Mitgliedsinstitute einzelner Verbände nicht selten in einer Dimension von 1:1000. Auch die Einzugsbereiche sind z.T. völlig andersartig strukturiert (z.B.: Gegensatz Industriezentrum - ländlicher Raum). Schließlich verfügt eine Verbandsorganisation, deren primäre Aufgabe die Vertretung der Interessen ihrer Mitglieder ist und die von diesen im Wege der Beitragszahlungen finanziell alimentiert wird, auch kaum über geeignete Instrumente zur Durchsetzung generell gültiger Unternehmensziele.

Anders verhält sich die Situation allerdings bei Legaldefinitionen im (seltenen) Falle von neu zu formulierenden einschlägigen Gesetzen. Hier vertritt der jeweilige Verband die Bankengruppe und wird Einfluß auf die Formulierung des "Zielparagraphen" nehmen.

3.4.3 Kooperation in der Betriebspolitik

3.4.3.1 Zahlungsverkehr und Liquiditätsausgleich

Der Zahlungsverkehr und der Liquiditätsausgleich werden über die Gironetze abgewickelt. Sektorbezogene Kooperationspolitik liegt bei den Gironetzen des Sparkassen- und Genossenschaftssektors vor.

Die automatisierte Abwicklung des Zahlungsverkehrs, die aus Wirtschaftlichkeitserwägungen heute unverzichtbar ist, hat EDV-technische Kompatibilität zwischen den Zahlungsverkehrsteilnehmern zur unabdingbaren Voraussetzung. Sowohl innerhalb eines Sektors als auch netzüberschreitend muß dieser Forderung entsprochen werden. Ein erster Schritt in diese Richtung wurde mit der Entwicklung einer einheitlichen Bankleitzahl als Sortierindikator getan. Bei den beleggebundenen Abwicklungsformen, wie sie für den Individualzahlungsverkehr typisch sind, bietet sich der Einsatz der optischen Beleglesung an. Diese Form der Belegverarbeitung wurde mit der Schaffung einer Codierzeile auf den Zahlungsverkehrsmedien Überweisung, Scheck und Lastschrift sowie der Einigung über einheitliche Codier-Richtlinien möglich. Massenzahlungen wie Lohn-, Gehalts- und Pensionszahlungen sowie Einzugsaufträge werden vor allem im beleglosen Datenträgeraustauschverfahren (Magnetband, Magnetplatte, Diskette) ausgeführt. Diese Abwicklungsform erfordert einheitliche Normen des Satz- und Dateiaufbaues.

Der Liquiditätsausgleich innerhalb einer Bankengruppe vollzieht sich über die jeweiligen Clearing-Zentren, d.h. die Girozentralen bei den Sparkassen und die DG Bank bzw. die noch bestehenden genossenschaftlichen Zentralbanken bei den Kreditgenossenschaften. Damit kann innerhalb der Gruppe ein Ausgleichsmechanismus zwischen lokal oder regional auftretenden Überhängen im Geldangebot bzw. bei der Kreditnachfrage geschaffen werden. Solche Überhänge sind auf unterschiedliche wirtschaftliche Umweltbedingungen der (lokalen oder regionalen) Einzugsbereiche zurückzuführen. Da kein rechtlicher, allenfalls ein moralischer Zwang zur Veranlagung oder zum Ausgleich solcher Überhänge innerhalb der Mitgliedsinstitute eines Bankenverbundes besteht, liegt ein unmittelbares Konkurrenzverhältnis mit allen anderen Marktteilnehmern am nationalen oder ggf. auch auf internationalen Geldmärkten vor. Das bedeutet zwangsläufig, daß sich der Liquiditätsausgleich innerhalb der Verbundsysteme zu marktnahen oder marktmäßigen Konditionen vollziehen muß.

3.4.3.2 Datenverarbeitung

Der wirtschaftliche Einsatz von Großrechnern setzt eine minimale Betriebsgröße voraus. Um auch kleineren Banken den Rationalisierungseffekt der Automation zu eröffnen, entstanden Ende der 50-er und Anfang der 60-er Jahre die ersten Buchungsgemeinschaften. Bei voller Wahrung der rechtlichen Selbständigkeit der beteiligten Banken wurde die Datenverarbeitungsfunktion ausgegliedert und an ein gemeinsam betriebenes Rechenzentrum (RZ) übertragen. Mit dem Absinken der Mindestgröße für den Einsatz der EDV wird das wesentlich günstigere Preis- Leistungs-Verhältnis von Großrechnern zum maßgebenden Motiv für den Anschluß an ein Rechenzentrum. So hat sich der Anteil der von Rechenzentren betreuten Banken seit der Errichtung der ersten Buchungsgemeinschaften permanent erhöht. Ende 1990 betrieb die Sparkassenorganisation 9 Verbandsrechenzentren und 23 sonstige Buchungsgemeinschaften, der Genossenschaftssektor 11 Rechenzentralen.

Trotz dieser Entwicklung sind die an den Betrieb eines Rechenzentrums gestellten Anforderungen nicht zu unterschätzen. Ein Rechenzentrum hat Banken zu betreuen, deren technologische Standards sehr unterschiedlich sein können. Es wird sich weder am fortschrittlichsten Institut noch an Nachzüglern orientieren können, sondern nach Kompromißlösungen suchen müssen. Auch sind die Möglichkeiten, individuell konstruierte Programme zu fahren, zumindest beschränkter als bei einem Einzelanwender. Das Preis-Leistungs-Verhältnis sollte zwar, sofern sich die Errichtung eines Rechenzentrums überhaupt rechtfertigen läßt, nach einer Anlaufphase günstiger sein als bei einem Einzelanwender. Die zusätzlichen Transport- und/oder Leitungskosten, Zurechnungsprobleme bei der Ermittlung der Stückkosten bei Einzelanwendern und ggf. unausgenutzte, nicht alternativ einsatzfähige personale Kapazitäten lassen aber diese Frage nicht von vornherein eindeutig zugunsten eines Rechenzentrums beantworten. Der Abstand im Preis-Leistungs-Verhältnis von kleineren und mittleren Anlagen gegen über Großrechnern verringert sich zudem tendenziell. Anderseits nehmen die Investitionen in die Datenendgeräte zu.

Wenn trotzdem von weiter steigenden Anteilen der an Rechenzentren angeschlossenen Kreditinstitute und einer Verringerung der Anzahl der Einzelanwender ausgegangen werden kann, findet diese Entwicklung vor allem in den zunehmenden Software-Kosten ihre Begründung. Nicht mehr die Hardware, sondern die Software-Poolung wird zum bestimmenden Faktor der Existenz von Rechenzentren.

Wir wollen beispielhaft hier die im Genossenschaftssektor größte Rechenzentrale, die FIDUCIA Informationszentrale AG[6], Karlsruhe, vorstellen. Das Rechenzentrum wird in der Rechtsform einer Aktiengesellschaft geführt. Als Einrichtung der Primärstufe befindet sich der Aktienbesitz vorwiegend in den Händen der sogenannten "Partnerbanken", die dem Leistungsverbund angeschlossen sind, und einigen größeren Warengenossenschaften. Die Südwestdeutsche Genossenschafts-Zentralbank (SGZ) hält ebenfalls eine geringe Beteiligung.

Als Dienstleistungskonzern unterhält die FIDUCIA AG (FAG) eine Reihe von Tochtergesellschaften, die entweder der regionalen Versorgung oder der Erstellung von Sonderleistungen dienen. So versorgt die ORGA Gesellschaft für automatische Datenverarbeitung mbH sämtliche Kunden aus dem Nichtbankenbereich. Als Ausstatterin für technische Installationen bei den Partnerbanken fungiert die FIDUCIA Anlagen-Verwaltung GmbH (FAV), Karlsruhe. In ihrem Zuständigkeitsbereich ist ein besonders hoher Zuwachs bei der Bereitstellung von Integrierten Arbeitsplatz-Computern festzustellen (vgl. Diagramm 12).

In Kooperation mit der Rechenzentrale Bayerischer Genossenschaften, München, wurde im Jahre 1988 die ProGeno Anwendungssysteme der Informationsverarbeitung GmbH gegründet. Das Joint Venture soll zur weiteren Intensivierung der technologischen Gemeinsamkeit im genossenschaftlichen Sektor beitragen.

---

6 Der Verfasser ist Herrn Direktor Walter Bausch, Vorstandsvorsitzender der Fiducia AG, Karlsruhe, für die freundlicherweise zur Verfügung gestellten Informationen zu verbindlichstem Dank verpflichtet.

Diagramm 12: Terminal-Installationen

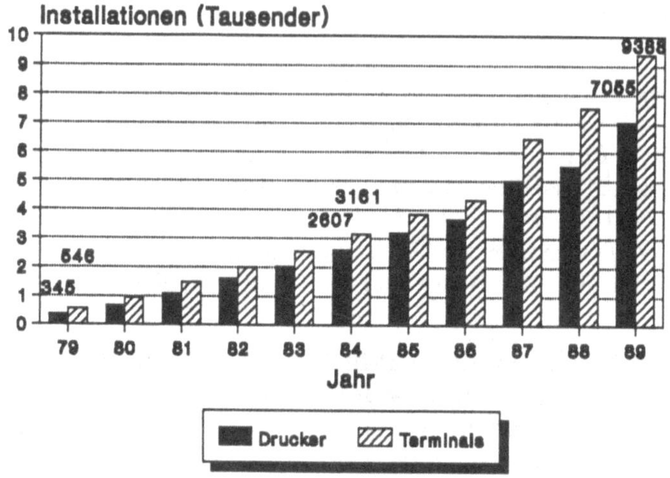

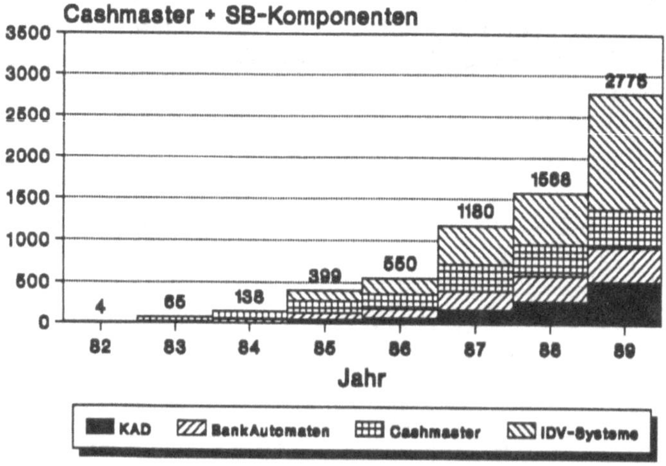

Das konzernweite Sachanlagevermögen der FIDUCIA AG betrug zum 31.12.1989 ca. 143,8 Mio. DM. Der Konzern beschäftigte zu diesem Stichtag 1203 Mitarbeiter, von denen 555 (=46%) bei der Muttergesellschaft tätig waren (vgl. Diagramm 13).

Diagramm 13: Mitarbeiter der FIDUCIA

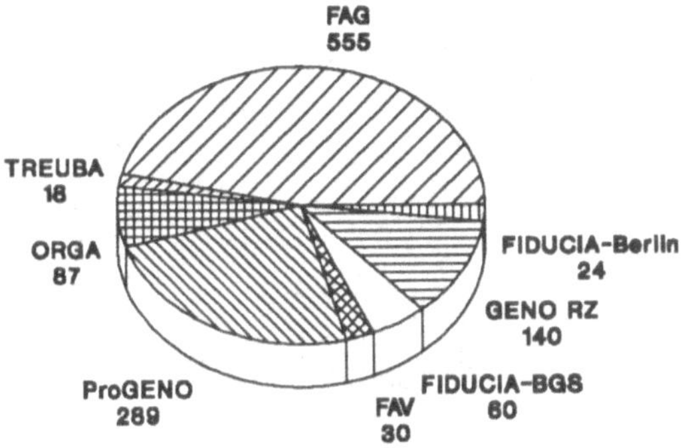

1.203 Mitarbeiter
im Dezember 1989

Zum Jahresende 1989 betreute die FIDUCIA AG insgesamt 516 Partnerbanken mit einer zusammengefaßten Bilanzsumme von rund 106,7 Mrd. DM. Die Anzahl der verwalteten Konten betrug 17,9 Mio. Es waren 604,5 Mio. Buchungsposten zu bewältigen.

Über die Maschinenkonfiguration der beiden größten Rechenzentralen der FIDUCIA AG gibt nachfolgende Aufstellung Auskunft (vgl. Diagramm 14).

Zur Dateneingabe sind bei den angeschlossenen Genossenschaften entsprechende Eingabegeräte installiert.

Für die Datenübertragung wurden 1989 ca. 12 Mio. DM an Leitungskosten aufgewendet.

Diagramm 14: Maschinenkonfiguration der FIDUCIA in Karlsruhe

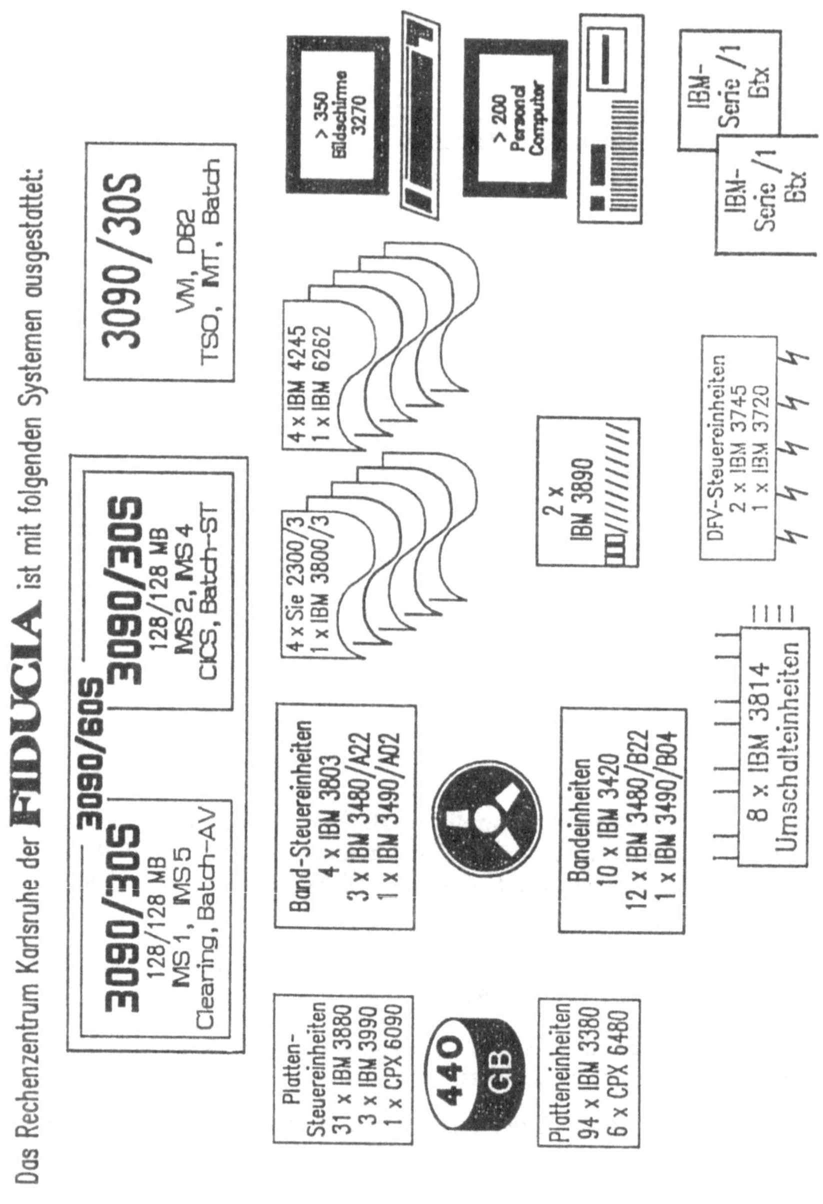

Generell bestehen für die Datenübertragung zum Rechenzentrum folgende Möglichkeiten (Schwetje, H., o.Jg., S.13, Diagramm 15).

Diagramm 15: Datentransport Bank - Rechenzentrum

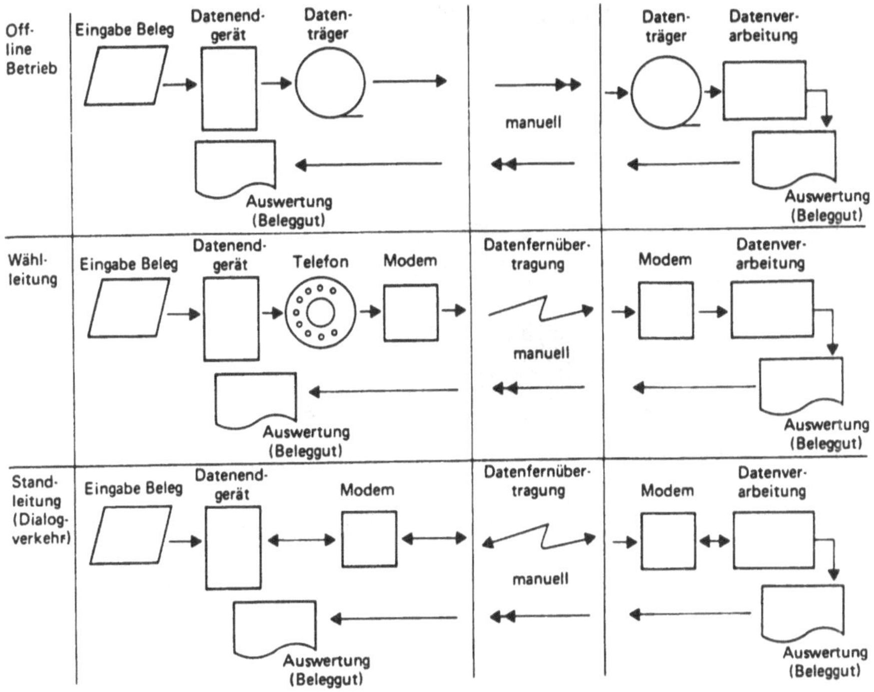

Im off-line Betrieb sind die Datenträger manuell zum Rechenzentrum zu transportieren, das nach vollzogener Auswertung die erstellten Belege an die Empfängerbank zurückleitet. Bei Vorhandensein eines Wählleitungsanschlusses erfolgt die Übertragung der Daten zum Rechenzentrum über Leitungen. Im Dialogverkehr schließlich verfügt die angeschlossene Bank über einen direkten Zugriff auf die zentral beim Rechenzentrum geführten Konten. Damit besteht die Möglichkeit, während eines Beratungsgespräches Daten über in Anspruch genommene Leistungen, den historischen Verlauf der Bank-Kunde-Beziehung und - bei Erstellung einer Kundenkalkulation - den Deckungsbeitrag des Kunden abzurufen. Sowohl für eine aktive Angebotspolitik ("Cross Selling") als auch für die Anlageberatung sowie die Kreditentscheidung und -überwachung (Gesamtobligo) bietet der Dialogverkehr somit eine wertvolle Informationsquelle.

Bei 65% der Partnerbanken der FIDUCIA AG kommt das Genossenschaftliche Organisations-System GENOS zum Einsatz. Es wird zum überwiegenden Teil für Dialogtransaktionen genutzt. Zu etwa 60% der Zweigstellen existieren Standleitungen, unter Abzug der Ein-Mann Zweigstellen steigt diese Zahl sogar auf 70% - 75%. Nur 1% der insgesamt fast 730 Mio. GENOS-Transaktionen in 1989 entfiel auf die off-line Datenerfassung und -verbuchung (vgl. Diagramm 16).

Diagramm 16: Genos-Transaktionen 1989

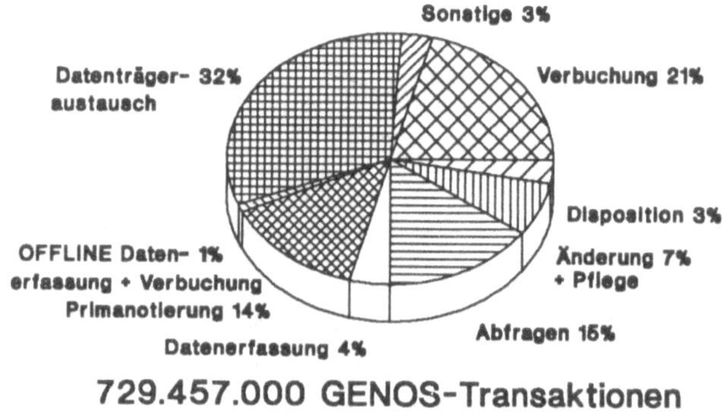

Neben der Verarbeitung der bilanzwirksamen Transaktionen bietet die FIDUCIA AG ihren Partnerbanken auch eine Reihe von Informations- und Service-Systemen an. Diese beinhalten neben einem Büroinformationssystem zur Textverarbeitung, Informationsdienste aus dem Genossenschafts- und Wertpapierbereich und Anwendungen auf dem Gebiet des Controlling. 1989 setzten bereits 75 Partnerbanken die Marktzinsmethode ein.

Die Geschäftsphilosophie der Rechenzentrale sieht für die Zukunft im Leistungsbereich einen Übergang von der Vorgangsverarbeitung zur prozeßorientierten "Office Vision" vor. Diese soll die Möglichkeit der Bereitstellung aller, nach Anwendungsschwerpunkten aufbereiteten, Informationen am Arbeitsplatz ermöglichen.

Der regionale Aktionsbereich soll um das Gebiet der ehemaligen DDR erweitert werden. Hierfür existieren bereits 118 rechtsverbindliche Verträge mit ca. 70% der Volksbanken. Zur Betreuung der dadurch erweiterten Abnehmerzahl nahm mit Wirkung vom 05.07.1990 die FIDUCIA GENO-Datenservice GmbH, Berlin-Ost, ihren Geschäftsbetrieb auf.

Auf der Kundenseite ist eine stärkere Einbeziehung der Nichtbanken geplant.

3.4.3.3 Aus- und Weiterbildung

Wir unterstrichen bereits die Bedeutung der Qualität des Bankpersonals für die Kundenpräferenzen und das Institutsimage. Dieser Tatbestand macht die berufsbegleitende Aus- und Weiterbildung von Bankmitarbeitern unverzichtbar. Insbesondere bei Führungskräften und bei Bankkaufleuten ("Verkäufern") geht man heute von einem berufsbegleitenden lebenslangen Lernprozeß aus (Ashauer, G., 1980).

Aus Wirtschaftlichkeitsgründen bietet sich an, die Aus- und Weiterbildung nicht individuell in den einzelnen Banken zu betreiben, sondern auf Verbandsebene zu organisieren.

So verfügen heute sowohl die Sparkassenorganisation als auch die genossenschaftliche Bankengruppe über umfassende Aus- und Weiterbildungsinstitutionen. Neben den zentralen Einrichtungen (**Sparkassenakademie; Akademie Deutscher Genossenschaften e.V. - Sektion: Akademie der Volksbanken und Raiffeisenbanken**) bestehen auf regionaler Ebene weitere 12 Sparkassenakademien und -schulen bzw. 16 genossenschaftliche Schulungszentren.

Aufgrund ihrer Betriebsgröße und der gegebenen Konkurrenzlage betreiben die drei Großbanken eigenständige Ausbildungszentren. Immerhin aber bestehen mit der **Bankakademie e.V.** und der **Vereinigung für Bankberufsbildung e.V.** auch im Kreditbankensektor zentrale Bildungseinrichtungen. Sie werden vor allem von den Regionalbanken und den Privatbankiers beschickt. Neuerdings verfügt die Kreditwirtschaft über eine private Fachhochschule für Bankwirtschaft. Als Trägerverein fungiert die Bankakademie e.V.. Damit wird aus Sicht der Kreditbanken dem enorm gestiegenen Bedarf an hochqualifizierten Mitarbeitern für Fach- und Führungsaufgaben entsprochen. Die Absolventen durchlaufen neben ihrer dreitägigen Arbeit in ihrem Kreditinstitut ein achtsemestriges Studium in kleinen Lern- und Arbeitsgruppen von maximal 30 Studenten. Durch diese Parallelausbildung wird gleichzeitig der Abwanderung von Bankkaufleuten nach ihrem Hochschulstudium aus der Branche entgegengewirkt. Im Hauptstudium wird ein Auslandssemester absolviert. Der Abschluß des Studiums berechtigt zum Tragen des akademischen Grades eines Diplom-Betriebswirt (FH).

3.4.3.4 Information und Beratung

Der Beschaffung und Weitergabe von Informationen i.w.S. des Wortes an die Mitgliedsinstitute kommt in den Bankenverbänden heute erhebliches Gewicht zu. So stellte, um einen zwar weit hergeholten, aber anschaulichen Vergleich mit einer Verbundorganisation von weltweiter Bedeutung zu liefern, die

UNO wiederholt fest, daß sie die Information über die wirtschaftliche Entwicklung der Mitgliedsländer als eine ihrer Grundfunktionen betrachtet.

Als Informationsmedien kommen Rundbriefe, Broschüren, (nur intern oder auch extern verbreitete) Zeitschriften ebenso in Betracht wie Seminartagungen und Kongresse. Gegenstand des Informationsflusses zwischen Verbänden und ihren Mitgliedsbanken sind grundsätzlich folgende Nachrichten:

(a) aktuelle oder bevorstehende ordnungs- und ablaufpolitische Normen,
(b) Entwicklung des Bankenmarktes,
(c) interner Informationsaustausch und
(d) Informationen zu einzelnen Geschäftssparten.

Zu (a) zählen Informationen über geldpolitische Entscheidungen der Zentralnotenbank, Änderungen des Bankrechts oder der Handhabung der Bankenaufsicht, aber auch Informationen über den aktuellen Diskussionsstand bei anstehenden Entscheidungen zu Gesetzesänderungen von weittragender Bedeutung, die ggf. zum Zwecke der breiten Meinungsbildung innerhalb eines Verbundes weitergegeben werden.

Bei (b) geht es um die Einschätzung der gegenwärtigen und zukünftigen Marktentwicklung einschließlich konjunktureller und branchenspezifischer Trends sowie um die Beobachtung der Konkurrenz. Über zukünftige Entwicklungen der Umwelt geben vor allem wissenschaftliche Gutachten von Forschungs- und Beratungsinstituten Aufschluß. Es empfiehlt sich, die wesentlichsten Ergebnisse solcher Forschungsberichte an die Mitgliedsbanken weiterzugeben.

Der interne Informationsaustausch (c) vollzieht sich in erster Linie in Form des Betriebsvergleiches. Dieser zwischenbetriebliche Vergleich, der ggf. nach Betriebsgrößen oder nach der Struktur der Einzugsbereiche differenziert vorgenommen werden kann, womit innerhalb der einzelnen Klassen eine weitgehende Vergleichbarkeit gewährleistet ist, dient zur Orientierung der Geschäftspolitik der einzelnen Mitgliedsbanken. Der Betriebsvergleich informiert über Durchschnittswerte oder auch über die Schwankungsbreiten der Aktiv-, Passiv-, Aufwands- und Ertragsstruktur. Aufbauend auf diesen Basisinformationen sind Korrelationen zwischen einzelnen Daten der Bilanzstruktur und der G/V-Rechnung herstellbar. Auf diese Weise läßt sich, um ein Beispiel herauszugreifen, empirisch prüfen, welche Auswirkungen eine vergleichsweise niedrige (hohe) Zinsbelastung im Passivgeschäft auf das Wachstum der Mitgliedsbanken hat.

Informationen über einzelne Geschäftssparten (d) umfassen (unverbindliche) Zinsempfehlungen ebenso wie Unternehmensanalysen, Kursprognosen (Wertpapiere, Devisen) oder Nachrichten über Banknoten- und Wertpapierfälschungen sowie Schecksperren.

Schließlich üben Verbände auch umfassende Beratungsfunktionen aus. Diese erstrecken sich von der Rechtsberatung, insbesondere in steuerrechtlichen Fragen, über die Bauberatung, die Organisations- und Personalpolitik bis zum Institutsmarketing. Zudem kommt Verbänden vorrangig die Aufgabe zu, den Gedankenaustausch zwischen wissenschaftlicher Forschung und Bankpraxis zu pflegen und damit Innovationen in der Unternehmensführung sowie in der technischen Abwicklung der Bankgeschäfte anzuregen. Verbände übernehmen in dieser Hinsicht Transferaufgaben und stellen das Gesprächsforum für sektorinterne Diskussionen über die Umsetzung von wissenschaftlich-technologischen Erkenntnisfortschritten in der Praxis dar.

3.4.3.5 Revision

Als typische Verbandsfunktion ist auch die externe Revision in Form der Jahres-abschlußprüfung oder unvermuteter Prüfungen zu sehen. Für die externe Revision der Kreditbanken ist der Prüfungsverband deutscher Banken zuständig. Bei den Sparkassen und den Genossenschaften werden die Prüfungen von den auf Verbandsebene organisierten Revisionsstellen vorgenommen.

3.4.3.6 Sicherungsfonds

Trotz einer Vielzahl, bereits auf einzelwirtschaftlicher Ebene ergreifbarer risikovorbeugender Maßnahmen lassen sich größere Forderungsverluste und in deren Folge notleidend werdende Banken nicht von vornherein ausschalten. Da Illiquiditäten oder gar Insolvenzen von Banken aber nach der "Ölflecktheorie" einen nachhaltigen Vertrauensschwund in der Öffentlichkeit für das gesamte Kreditgewerbe oder zumindest für die davon betroffene Bankengruppe nach sich ziehen, hat man sich in der BR Deutschland zu einer umfassenden, auf Verbandsebene organisierten Einlagensicherung entschlossen.

Der Einlagensicherungsfonds des Bundesverbandes deutscher Banken, an dem Großbanken, Regionalbanken, Privatbankiers und Zweigstellen ausländischer Banken beteiligt sind, garantiert Einlagen je Kunde bis zur Höhe von 30% des haftenden Eigenkapitals der Bank. Geschützt sind Einlagen von Privaten, von Unternehmen und von öffentlichen Haushalten. Die Mittelaufbringung erfolgt durch Umlage bei den Mitgliedsbanken, die sich an der Bilanzposition "Verbindlichkeiten aus dem Bankgeschäft gegenüber anderen Gläubigern" orientiert. Der Fonds des privaten Bankgewerbes liegt vor allem im Interesse der kleineren und mittleren Banken, die durch diesen Einlegerschutz hinsichtlich ihrer Bonität den Großbanken gleichgestellt sind. Bei den Großbanken würde man auch ohne die Existenz eines Einlagensicherungsfonds wie bei Großunternehmen anderer Wirtschaftszweige eine de facto Staatsgarantie unterstellen, die im Notfall einen Zusammenbruch verhindert.

Das Sicherungssystem der Sparkassenorganisation besteht aus folgenden Institutionen (Güde, U., 1989):

- regionalen Stützungsfonds,
- überregionalem Ausgleich zwischen den regionalen Stützungsfonds,
- Sicherungsreserve der Girozentralen,
- Haftungsverbund zwischen den Fondssystemen.

Im Gegensatz zum Fonds des Bundesverbandes deutscher Banken, dessen Zielsetzung die Einlagensicherung ist, bezwecken die Fonds und der Haftungsverbund der Sparkassen die Institutssicherung.

Hinsichtlich der Haftungshierarchie im Sparkassensektor ist ergänzend auf die Anstaltslast und auf die Gewährträgerhaftung zu verweisen. Nach der Anstaltslast ist der Anstaltsträger verpflichtet, die Funktionsfähigkeit des Institutes zu erhalten und einen bankaufsichtsrechtlich erheblichen Verlust auszugleichen. Die Gewährträgerhaftung schließlich garantiert die Sicherheit der Einlagen gegenüber den Gläubigern.

Dies bedeutet, daß die Sicherungsfonds der Sparkassen im Vergleich zu den Fonds des privaten Bankgewerbes und der Kreditgenossenschaften unter anderen Vorzeichen gesehen werden müssen. Sie sind eine Art Selbsthilfeeinrichtung, die Anstaltslast und Gewährträgerhaftung teilweise entlastet.

Basis des Sicherungsystems der Kreditgenossenschaften ist der Garantiefonds. An diesem Garantiefonds sind grundsätzlich alle Institute des Genossenschaftssektors beteiligt. Der Fonds befindet sich zwar im Vermögen des Bundesverbandes der Deutschen Volksbanken und Raiffeisenkassen, wird jedoch zu 90% auf Treuhandbasis von den Prüfungsverbänden verwaltet. Die Mittelaufbringung erfolgt nach einer bestimmten Bemessungsgrundlage im Umlageverfahren bei den angeschlossenen Instituten. Ganz ähnlich wie bei den Sparkassen ist das Sicherungssystem der Kreditgenossenschaften auf die Institutssicherung ausgerichtet. Zusätzlich zum Garantiefonds besteht noch ein Garantieverband, der vorübergehende Bilanzierungshilfen in Form von Bürgschaften leistet.

3.3.3.7 Betriebsgrößenpolitik

Entschließen sich mehrere rechtlich selbständige Unternehmen zur Gesamtaufgabenerfüllung, sprechen wir von Konzentration. Als Ausfluß des Konzentrations- oder Fusionsprozesses entsteht entweder eine neue Wirtschaftseinheit (Verschmelzung durch Neubildung) oder eine bereits bestehende Wirtschaftseinheit nimmt das zu fusionierende Unternehmen auf (Verschmelzung durch Aufnahme). Unter volkswirtschaftlichen Aspekten gesehen verringert sich die Anzahl der Leistungsanbieter am Markt und damit die Wettbewerbsintensität.

Aus einzelwirtschaftlicher Sicht wird durch den Konzentrationsprozeß die Marktposition eine Verstärkung erfahren. Sofern von Verbänden Betriebsgrößenpolitik betrieben wird, bewegt sich diese immer nur auf der Ebene von Empfehlungen. Initiativen in der Betriebsgrößenpolitik entfalten im wesentlichen nur die Verbandsorganisationen des Sparkassen- und Genossenschaftssektors. Diese Aktivitäten finden ihren primären Ansatzpunkt in der erhöhten Wirtschaftlichkeit, die durch Zusammenschlüsse erwartet wird. Angestrebt wird die Erreichung kostenoptimaler Betriebsgrößen. Im deutschen Kreditgewerbe gab es im 20. Jahrhundert mehrere Fusionswellen. Davon betroffen waren in der Periode vor und nach dem Ersten Weltkrieg vor allem Privatbankiers, die Zusammenschlüsse mit Großbanken eingingen. In den 60-er und 70-er Jahren kam es zu zahlreichen Fusionen im Sparkassen- und Genossenschaftssektor, deren vorrangiges Motiv die Erzielung von Kostendegressionen durch die Schaffung größerer Wirtschaftseinheiten ("Economies of Scale") war. Derzeit vollzieht sich eine erneute Welle von Zusammenschlüssen im Hinblick auf die Einführung des EG-Binnenmarktes. Dabei erfolgt eine Anpassung an den sich vergrößernden Markt auf einzelwirtschaftlicher Ebene. Vor allem kleinere Kreditinstitute werden auch in Zukunft sich hierdurch zu Fusionen motiviert sehen.

Wir wollen in diesem Zusammenhang nicht stillschweigend unterstellen, daß grundsätzlich jede Fusion von Banken zu "Economies of Scale" führt. Wenn wir die Frage prüfen, welche Auswirkungen Bankzusammenschlüsse auf die Wirtschaftlichkeit der Leistungserstellung ausüben, haben wir zwischen dem geschäftspolitischen Bereich, dem liquiditätsmäßig-finanziellen Bereich und dem technisch-organisatorischen Bereich zu unterscheiden. Mit Deppe (1974, Sp. 407 f) verstehen wir unter dem geschäftspolitischen Bereich einer Bank die "gedankliche Einheit aller Überlegungen und Maßnahmen zur Formulierung der Zielkonzeption (oberstes einzelwirtschaftliches Ziel bzw. Zielbündel), der strategischen Grundsätze (Globalsteuerung von Ertrag, Aufwand, Risikoverhalten, Produktmix etc.) sowie der Ziel-Strategie-Kontrolle (Meßvorschriften über den Grad der Ziel- und Strategierealisierung)". Der liquiditätsmäßig-finanzielle Bereich läßt sich erklären als die "gedankliche Einheit aller Dispositionen und Transaktionen finanzieller Art und umschließt im wesentlichen die Nutzung des monetären Faktors" (Deppe, H.D., 1969, S. 20).

Der technisch-organisatorische Bereich schließlich umfaßt die Struktur sowie das sachliche und räumliche Zusammenwirken von menschlicher Arbeit, Arbeits- und Betriebsmittel sowie von Informationen (Deppe, H.D., 1978, S. 49).

Offensichtlich ist, daß ein Zusammenschluß Rationalisierungseffekte im geschäftspolitischen Bereich auslösen wird. Hier kommen "Economies of Scale" unzweifelhaft zum Tragen. Im liquiditätsmäßig-finanziellen Bereich wird sich die Wirtschaftlichkeit dann erhöhen, wenn aus der Verschmelzung eine Verringerung der Spitzen (Differenzen) zwischen Ein- und Auszahlungen resultiert, so daß die Kassenreserven knapper disponierbar sind. Über eine mögliche Erhöhung der durchschnittlichen Wertleistung im Einlagen- oder im Kreditgeschäft können zudem Kostensenkungen im technisch-organisatorischen Bereich ausgelöst werden. Die Bezugsbasis im technisch-organisatorischen Bereich ist die Stückleistung (z.B.: 1 Barein-/-auszahlung, 1 Überweisungsauftrag, 1 Beratung, 1 Kontoeröffnung, 1 Kreditentscheidung). Größere Betriebseinheiten ermöglichen zunächst einen höheren Grad an Arbeitsteilung und an Spezialisierung. Beispielsweise ist die Institutionalisierung einzelner Aufgaben (Anlageberatung, Organisation, Marktforschung, Werbung etc.) erst ab einer bestimmten Betriebsgröße wirtschaftlich tragbar. Damit schafft der Zusammenschluß die Voraussetzungen für die Erhöhung der Qualität des Leistungsangebotes und eine Verfeinerung der Aufbau- und Ablaufstrukturen. Gleichzeitig wird sich das Verhältnis von Nutzungskosten zu Leerkosten (z.B. an den Kassen und an den Beratungsplätzen) tendenziell verbessern.

Andererseits drängt sich die Frage auf, ob mit zunehmender Betriebsgröße nicht ein progressiver Verlauf einzelner Kostenfaktoren ("Diseconomies of Scale") festzustellen ist. Vor allem in US-amerikanischen Banken zeigt sich, daß Ineffizienzen in der Funktionstrennung und in der Aufgabenverteilung auf die einzelnen Organisationsmitglieder zutage treten. Größere Banken neigen zudem überdimensionierte Stabsabteilungen aufzubauen, wodurch der Grad der Bürokratisierung zunimmt. Schließlich wird auch die Bereitstellung der Informations-, Koordinations- und Kontrollmechanismen aufwendiger.

Die Betriebsgrößenpolitik der Verbände hat sich naturgemäß an konkreten Fällen zu orientieren. Fusionen sind nur insoweit zu forcieren, als aus dem Zusammenschluß eine Annäherung an das Kostenoptimum und/oder eine Erhöhung der Qualität des Leistungsangebotes erwartet werden kann. Wir gehen davon aus, daß sowohl im Sparkassen- als auch im Genossenschaftssektor umfassende Daten über die Kostenverläufe und deren Abhängigkeit von der Betriebsgröße vorliegen. Diese Daten sind allerdings für Zwecke der Publikation - aus durchaus einsichtigen Gründen - nicht zugänglich.

Ersatzweise herangezogene US-amerikanische Untersuchungen (Bräutigam, J.; Wolken, J.D. und F.J. Navratil, 1980, S. 769 ff) bestätigen, daß mit zunehmender Betriebsgröße "Economies of Scale" eintreten. Zwar finden sich vereinzelt auch Indizien daß ab einer bestimmten Betriebsgröße diese Rationalisierungseffekte zum Verschwinden kommen. Ein U-förmiger Durchschnittskostenverlauf konnte allerdings nicht überzeugend nachgewiesen werden, sondern - nach Erreichen einer bestimmten Betriebsgröße - lediglich die Konstanz der Durchschnittskosten.

3.4 Kooperation in der Marktpolitik

3.4.1 Preispolitik (Zins- und Gebührenpolitik)

Die Kooperation in der Preispolitik der Mitgliedsinstitute unterliegen engen Grenzen. Zunächst bestehen, durch die jeweilige konkurrenzpolitische Ausgangslage, regional und lokal Unterschiede im Zinsfußniveau mit einer positiven Beziehung zwischen der Höhe der Zinsen und der räumlichen Distanz zum nächsten Ballungszentrum. Diese heute noch festzustellenden Abweichungen zwischen den einzelnen Bankplätzen sollten sich allerdings mit zunehmender Markttransparenz und Mobilität - etwa durch die Verbreitung des Bildschirmtextsystems - zusehends reduzieren. Auch erachten die Mitgliedsbanken der jeweiligen Verbundsysteme die Preispolitik als autonomen, in ihre individuelle Verantwortlichkeit fallenden Entscheidungsbereich. Vor allem aber verbietet das Kartellrecht die Vorgabe von Zinsen und Gebühren und läßt lediglich unverbindliche Empfehlungen zu.

3.4.2 Leistungsprogrammpolitik

Beim Leistungsangebot kommt den Verbänden die Aufgabe zu, den Produktinnovationsprozeß zu unterstützen. Wirtschaftlichkeitsmotive, aber auch die Möglichkeit der Poolung des kreativen Potentials innerhalb einer Bankengruppe lassen die Verbände als vorzügliches Diskussionsforum über Produktinnovationen erscheinen. Zur Ideengewinnung wurden zahlreiche leistungsfähige Kreativitätstechniken entwickelt, die den Innovationsprozeß nicht mehr Zufälligkeiten überlassen, sondern die systematische Ideensuche und Ideenproduktion ermöglichen. Auf Verbandsebene entwickelte Produktinnovationen können schließlich in wirtschaftlicher Form auf lokal beschränkten Märkten getestet werden.

3.4.3 Zweigstellenpolitik

Auch bei der Zweigstellenpolitik der Mitgliedsbanken bewegen sich Verbände - ähnlich wie bei der Preispolitik - auf der Ebene von Empfehlungen. Zur Erfassung des Potentials ausgewählter lokaler Märkte können Marktkennziffern zur Verfügung gestellt werden, die als Orientierungshilfe bei der Zweigstellenpolitik der Mitgliedsinstitute verwertbar sind. Entscheidendes Gewicht käme den Verbänden allerdings bei einer Reglementierung der Zweigstellen und einem Genehmigungsverfahren durch die Bankenaufsicht zu. In diesem Falle würden die Prioritäten zwischen den Bewerbern um neu zu errichtende Zweigstellen vom jeweiligen Verband zu setzen sein.

3.4.4 Werbung

Die auf Verbandsebene organisierte Gemeinsschaftswerbung oder zentrale Werbung erweist sich aus mehreren Gründen als unverzichtbar. Zunächst haben bundes- und landesweit wirkende Werbemedien (Fernsehen, Rundfunk, regionale und überregionale Presse) einen mediengerechten Verbund zur Voraussetzung. Einzelne Banken mit lokal beschränktem Einzugsbereich würden hier enorme Streuverluste in Kauf nehmen müssen und könnten sich dieser Medien damit nur in außerordentlich unwirtschaftlicher Form bedienen. Auch die Poolung des Ideenpotentials der Werbeexperten eines Sektors spricht für die zentrale Werbung. Gemeinschaftswerbung regt zudem die Mitgliedsbanken eines Verbundes an, eine bestimmte Werbelinie mit akquisitorischen Maßnahmen auf lokaler Ebene zu unterstützen. Die Kombination lokale - regionale (überregionale) Werbung erhöht die Werbewirkung. Der zentralen Werbung kommt damit der Charakter einer Initialzündung zu, sie zieht auf lokaler Ebene einen Imitationseffekt nach sich.

3.5 Internationale Bankenkooperation

Die zunehmende Öffnung der nationalen Kreditmärkte und das steigende Außenhandelsvolumen als Folgewirkung der intensiven internationalen Arbeitsteilung nach dem Zweiten Weltkrieg waren zwangsläufig von verstärkten Auslandsaktivitäten der Banken begleitet. Neben den ausländischen Zahlungsverkehr, der auf den internationalen Handel zurückzuführen ist, traten zunehmend auch grenzüberschreitende Aktiv- und Passivgeschäfte. Unter diesen Voraussetzungen konnte die Interessenvertretung durch ausländische Korrespondenzbanken aber nicht mehr genügen. So wurden Stützpunkte in den verschiedensten rechtlichen Konstruktionsformen geschaffen, angefangen von Repräsentanzen (Verbindungsbüros) über Bankenbeteiligungen, die Errichtung von Auslandsniederlassungen und von Tochtergesellschaften bis zu Gemeinschaftsgründungen auf kooperativer Basis.

3.6 Konkurrenz

3.6.1 Kreditinstitute

Aus einzelwirtschaftlicher Sicht liegt zunächst ein Konkurrenzverhältnis zu allen übrigen Kreditinstituten vor. Zwar wird die Wettbewerbsintensität in hohem Maße von den Einzugsbereichen abhängen, doch läßt die zukünftige technologische Entwicklung, vor allem der Einsatz des Bildschirmtextsystems, einen bundesweit außerordentlich transparenten Markt erwarten.

Diagramm 17: Bankengruppen in Deutschland

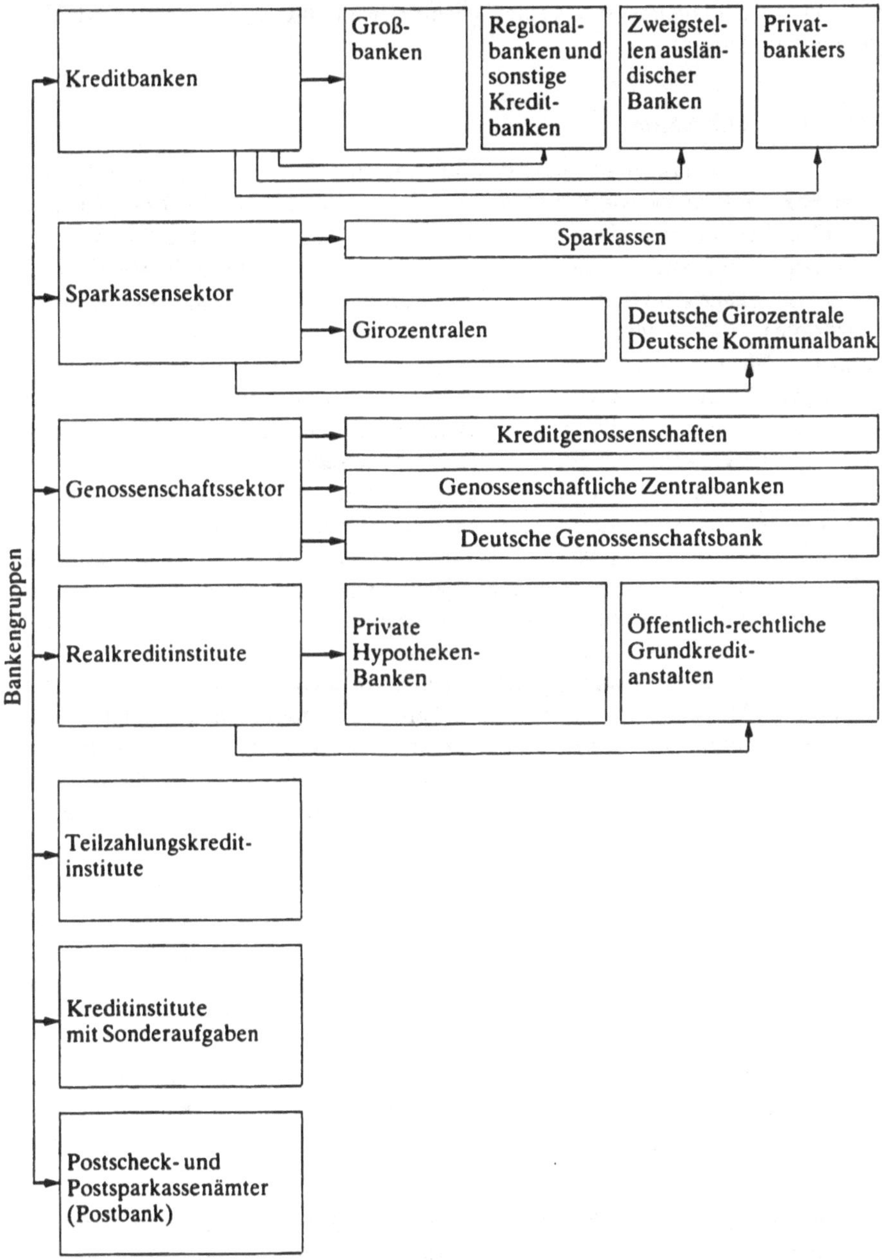

3.6.1.1 Bankengruppen

Das Kreditwesen in der BR Deutschland, das weitgehend den Charakter eines Universalbankensystems trägt, gliedert sich in die in Diagramm 17 dargestellten Sektoren.

3.6.1.1.1 Kreditbanken

Nach der Bundesbankstatistik sind mit der Deutsche Bank AG, der Dresdner Bank AG sowie der Commerzbank AG und deren Berliner Tochter den **Großbanken** vier Institute zuzurechnen. Diese sind Prototypen eines Universalbankensystems. Ihre Mittelaufbringung vollzieht sich vorwiegend durch die Entgegennahme von Sicht-, Termin- und Spareinlagen (einschl. Sparbriefe). In ihrer Mittelverwendung steht die Industriefinanzierung im Vordergrund. Mit der zunehmenden Umwerbung der Privatkunden, die sich auch im hohen Spareinlagenzufluß niederschlägt, gewann in den vergangenen Jahren aber auch die Kreditgewährung an private Haushalte erheblich an Gewicht. Ein vergleichsweise geringes Volumen nehmen dagegen die Beteiligungen ein, auch wenn ein erheblicher Teil der gesamten, von Kreditinstituten gehaltenen Nichtbankenbeteiligungen bei den Großbanken zu finden ist. Die starke Position der Gruppe bei den industriellen Großbetrieben erklärt den hohen volumenmäßigen Anteil an den gesamten bargeldlosen Zahlungsverkehrstransaktionen - im besonderen bei der Abwicklung des ausländischen Zahlungsverkehrs - sowie ihre vergleichsweise hohen Provisionserträge aus dem Dienstleistungsgeschäft i.e.S., vor allem aus dem Emissionsgeschäft. Die Großbanken sind in erheblichem Maße direkt (über Niederlassungen oder Repräsentanzen) und indirekt (Tochtergesellschaften, Gemeinschaftsvertretungen, internationale Bankenkooperationen oder das Korrespondenzbankensystem) auf ausländischen Bankplätzen und Kreditmärkten präsent.

Eine den Großbanken im wesentlichen vergleichbare Geschäftsstruktur weist die Gruppe der **Regionalbanken und sonstigen Kreditbanken** auf. Mit Ausnahme der BfG:Bank AG und der Bayerischen Vereinsbank/Vereins- und Westbank deren Tätigkeitsfeld sich auf das gesamte Bundesgebiet bzw. auf einen überwiegenden Teil erstrecken, beschränken sich die geschäftlichen Aktivitäten auf einen regionalen oder lokalen Einzugsbereich. Die der Gruppe zugerechneten Institute sind in den verschiedensten Rechtsformen, vorwiegend allerdings in Form von Kapitalgesellschaften, tätig. Zum Teil handelt es sich um Spezial- und Branchenbanken, deren Geschäftstätigkeit schwerpunktmäßig auf einzelne Wirtschaftszweige konzentriert ist.

Sowohl von ihrer Größe als auch aufgrund ihrer geschäftlichen Struktur eine Sonderstellung nehmen die Bayerische Hypotheken- und Wechselbank sowie die Bayerische Vereinsbank ein. Beide Banken sind zum Betrieb des

Hypothekenbankgeschäftes ermächtigt. Daraus erklärt sich der vergleichsweise hohe Mittelzufluß durch die Ausgabe von Inhaberschuldverschreibungen.

Die zunehmende internationale Verflechtung des Bankwesens hat in Verbindung mit einem vergleichsweise großzügig geregelten Niederlassungsrecht zur Gründung einer größeren Anzahl von **Zweigstellen ausländischer Banken** geführt. Sie unterliegen grundsätzlich den Vorschriften des KWG und der Aufsicht des Bundesaufsichtsamtes für das Kreditwesen.

§ 53 KWG sieht zudem besondere Vorschriften über die Geschäftsführung[7], die für die inländische Geschäftstätigkeit gesondert vorzunehmende Buchführung und Rechnungslegung sowie die Aufnahme der Geschäftstätigkeit[8] vor. Solche Sonderregelungen werden im Zuge der EG-Bankenrechtsharmonisierung an Bedeutung verlieren. Die Mittelaufbringung dieser Gruppe vollzieht sich größtenteils durch Zwischenbankeinlagen.

Seit Jahren mit sinkenden Marktanteilen haben die in der Rechtsform der Personengesellschaft oder des Einzelkaufmannes tätigen **Privatbankiers** zu kämpfen. Der steigende Eigenkapitalbedarf im Kreditgewerbe ermöglicht heute nur noch einer relativ geringen Anzahl von Privatbankhäusern die Erhaltung des Unternehmens, so bedauerlich diese Entwicklung aus marktwirtschaftlicher Sicht auch einzuschätzen ist. Zudem bestehen beim weitaus überwiegenden Teil der in der Bundesbankstatistik erfaßten Privatbankiers enge Abhängigkeitsverhältnisse gegenüber Großinstituten. Nur noch einige wenige Privatbankhäuser sind heute de facto als unabhängige Institute anzusprechen. Von ihrer besonderen Funktion her haben Privatbankiers vor allem den Vorzug individueller Kundenbetreuung aufzuweisen. Seit Jahrzehnten gehörte es zu den Gepflogenheiten von Industriebetrieben, neben der Hausbankverbindung zu einem Großinstitut auch geschäftliche Beziehungen zu einem renommierten Privatbankhaus zu unterhalten.

3.6.1.1.2 Sparkassensektor

Die der Sparkassenorganisation zuzurechnenden Kreditinstitute sind - mit Ausnahme von 11 freien Sparkassen, die dem privaten Recht unterliegen - juristische Personen des öffentlichen Rechts. Als Gewähr- und Anstaltsträger haften öffentlich-rechtliche Institutionen, vor allem Gemeinden und Gemeindeverbände, für die Verbindlichkeiten. Sparkassen sind an die Erfüllung des öffentlichen Auftrages gebunden, der in den jeweiligen Sparkassengesetzen und Sparkassensatzungen formuliert ist (§ 3 Nordrhein-Westfälisches Sparkas-

---

7 Abs. 2, Ziffer 1: "Das ausländische Unternehmen hat mindestens zwei natürliche Personen mit Wohnsitz im Geltungsbereich dieses Gesetzes zu bestellen, die für den Geschaftsbetrieb des Kreditinstituts zur Geschäftsführung und zur Vertretung des ausländischen Unternehmens befugt sind. Solche Personen gelten als Geschäftsleiter".

8 Abs. 2, Ziffer 5: "Die Aufnahme der Geschäftstätigkeit einer jeden Zweigstelle des ausländischen Unternehmens bedarf der Erlaubnis. Die Erlaubnis kann auch dann versagt werden, wenn sie unter Berücksichtigung der gesamtwirtschaftlichen Bedürfnisse nicht gerechtfertigt ist".

sengesetz vom 2. Juli 1975: "Die Sparkassen dienen der kreditwirtschaftlichen Versorgung der Bevölkerung insbesondere des Geschäftsgebietes und ihres Gewährträgers. Zu ihren Aufgaben gehört es vor allem den Sparsinn und die Vermögensbildung zu fördern. Die Kreditversorgung dient vornehmlich der Kreditausstattung des Mittelstandes sowie der wirtschaftlich schwächeren Bevölkerungskreise").

Auf den ersten Anschein entsteht der Eindruck einer dreistufig organisierten Bankengruppe. Bei näherer Betrachtung zeigt sich jedoch, daß der Deutschen Girozentrale - Deutsche Kommunalbank Ergänzungsfunktionen zukommen und nicht der Liquiditätsausgleich zwischen den auf regionaler Ebene tätigen Girozentralen. Schon allein die Größenrelationen - das Geschäftsvolumen einiger regionaler Girozentralen liegt erheblich über jenem der Deutschen Girozentrale - würden die Erfüllung einer solchen Funktion kaum ermöglichen.

Die **Sparkassen** gelten als Marktführer im Privatkundengeschäft. Diese Position zeigt sich im hohen Anteil der Spareinlagen und Sparbriefe an der gesamten Mittelaufbringung, bei den Privatgirokonten und im bargeldlosen Zahlungsverkehr der privaten Haushalte, zusehends aber auch im steigenden Volumen des Konsumentenkreditgeschäftes. In der Mittelverwendung stehen Wohnungsbau- und Kommunalkredite im Vordergrund. In größerem Umfang werden auch Anleihen und Schuldverschreibungen im Portefeuille gehalten.

Die auf regionaler Ebene tätigen **Girozentralen** fungieren zunächst als Liquiditätsausgleichsstellen und als Clearing-Zentren zur Abwicklung des bargeldlosen Zahlungsverkehrs. Die Sparkassen sind laut Satzung gehalten, ihre Liquiditätsreserven in der Regel bei ihrer regionalen Girozentrale zu unterhalten. Noch gewichtiger für die Mittelaufbringung der Girozentralen ist allerdings die Emission von Bankschuldverschreibungen. In der Veranlagung dominieren die Finanzierung öffentlicher Haushalte, Hypothekarkredite auf Wohngrundstücke und die Industriefinanzierung. Ein erheblicher Teil der Mittel wird zudem der kurzfristigen Veranlagung bei Kreditinstituten zugeführt.

Dadurch sind die Girozentralen in der Lage, den Sparkassen im regionalen Bereich ggf. kurzfristige Liquiditätshilfe leisten zu können. Kooperationen zwischen Sparkassen und Girozentralen bestehen auch bei der Gewährung von Gemeinschaftskrediten. Die Girozentralen haben im vergangenen Jahrzehnt erhebliche Aktivitäten auf ausländischen Bankplätzen entwickelt und bieten sich damit den Sparkassen zur Abwicklung ihres Auslandsgeschäftes an. Darüber hinaus erstellen sie bestimmte Produkte des Investmentbanking und Beratungsleistungen, die im Sparkassensektor allenfalls aus der Sicht einer Großsparkasse wirtschaftlich und personell darstellbar wären.

Die **Deutsche Girozentrale - Deutsche Kommunalbank** nimmt vor allem Komplementärfunktionen (Depotbank für Sparkassen - Wertpapierfonds, Beteiligung an Wertpapierkonsortien, Branchendienst) wahr. Die Bank finanziert sich in erster Linie durch die Emission von Schuldverschreibungen. In ihrer Veranlagung steht der Kommunalkredit deutlich im Vordergrund.

3.6.1.1.3 Genossenschaftssektor

Den Genossenschaften kommt die gesetzliche Aufgabe zu, den Erwerb und die Wirtschaft ihrer Mitglieder durch einen gemeinschaftlichen Geschäftsbetrieb zu fördern. Hinsichtlich der Haftung der Mitglieder ist generell zwischen Genossenschaften mit unbeschränkter Haftung, mit beschränkter Haftung und ohne Haftung zu unterscheiden. Bedeutung erlangten bislang allerdings nur Genossenschaften mit beschränkter Haftung. Die Haftpflicht der Genossen wird als Zuschlag auf das haftende Eigenkapital der Kreditgenossenschaften angerechnet. Dieser **Haftsummenzuschlag** ist auf 25% (ab 1995) des tatsächlich vorhandenen Eigenkapitals begrenzt. Die genossenschaftliche Bankengruppe weist derzeit noch einen echten dreistufigen Aufbau auf, bestehend aus den Kreditgenossenschaften (Primärinstitute), den regionalen Zentralbanken und der Deutschen Genossenschaftsbank. Seit einiger Zeit werden Pläne für eine Umwandlung in ein zweistufiges System umgesetzt. Damit übernimmt die DG Bank die Rolle der regionalen Zentralbanken.

Die Passivstruktur der **Kreditgenossenschaften** ist vergleichbar der Mittelaufbringung der Sparkassen, insbesondere hinsichtlich des vergleichsweise hohen Mittelzuflusses durch Spareinlagen. Die von den Genossenschaften vorrangig betreuten Zielgruppen - gewerbliche und landwirtschaftliche Klein- und Mittelbetriebe - stellen die wesentlichsten Kreditkunden dar. Diese Schwerpunktbildung reicht zurück bis auf die früher bestehende Trennung von gewerblichen Kreditgenossenschaften ("Volksbank") und ländlichen Kreditgenossenschaften ("Raiffeisenkasse"; "Spar- und Darlehenskasse"). Durch die inzwischen erfolgten Fusionen der Zentralbanken und Verbände entstand ein einheitlicher genossenschaftlicher Bankenverbund. Die noch verbliebenen drei auf regionaler Ebene tätigen **genossenschaftlichen Zentralbanken**, die überwiegend Aktiengesellschaften sind, verzeichnen ihren Mittelzufluß in erster Linie aus Einlagen der Primärinstitute. Die Zentralbanken gewähren ihren angeschlossenen Kreditgenossenschaften Liquiditätshilfe und legen einen wesentlichen Teil ihrer Mittel bei der Deutschen Genossenschaftsbank an.

Den Rang eines Spitzeninstitutes der Gruppe nimmt die **Deutsche Genossenschaftsbank - DG Bank** ein. Sie besteht als Anstalt des öffentlichen Rechts. Die öffentliche Hand hält eine (nominelle) Beteiligung am Eigenkapital des Institutes. Die Mittelaufbringung erfolgt vor allem auch durch Wertpapieremissionen. In der Mittelveranlagung stehen - wie es der Funktion einer Liquiditätsausgleichstelle entspricht - Kredite an Primärinstitute im Vordergrund. Erwähnenswert sind aber auch die Ausleihungen an die Warengenossenschaften. Beachtenswerte Aktivitäten hat die Bank in den letzten Jahren im Auslandsgeschäft im Zuge einer namhaften Verstärkung der Auslands-Präsenz entwickelt.

3.6.1.1.4 Auslandsbanken

Die Stabilität und fortschreitende Liberalisierung des deutschen Wirtschafts- und Währungssystems hatte in der Vergangenheit eine erhebliche Anziehungskraft auf Finanzdienstleistungsunternehmen internationaler Provenienz. Insbesondere die Zulassung von ausländischen Tochterbanken in der Bundesrepublik zum Bundesanleihekonsortium und als Konsortialführer für DM-Auslandsanleihen eröffnete ein neues Marktpotential. Inzwischen haben sich die **Auslandsbanken** zu einer festen Größe in der deutschen Bankenlandschaft entwickelt. Hierunter verstehen wir die bereits erwähnten **Zweigstellen** ausländischer Banken, aber auch **Kreditinstitute im Mehrheitsbesitz ausländischer Banken**. Ihre Anwesenheit in der Bundesrepublik hat dem Bankenwettbewerb neue Impulse verliehen. So ist etwa eine verstärkte Hinwendung zu Produkten aus dem Bereich des Investmentbanking auch bei den deutschen Universalbanken zu verzeichnen.

Die traditionell am stärksten vertretene Gruppe sind nordamerikanische Banken. Eine rasante Verstärkung ihrer Präsenz erlebten in den letzten Jahren die japanischen Kreditinstitute (die Aktivitäten der führenden japanischen Wertpapierhäuser nicht eingerechnet). Zusammengenommen vereinigen die beiden Gruppen über 50% des gesamten Geschäftsumfanges der Auslandsbanken auf sich.

Deutlich geringer sind die Aktivitäten der Adressen aus Frankreich, dem größten Handelspartner der Bundesrepublik. Zusammen mit englischen Banken halten sie einen Geschäftsanteil von rund einem Drittel unter den Auslandsbanken.

In den Bilanzen der Auslandsbanken überwiegt das Auslands- und Interbankengeschäft. Anders als bei den Zweigstellen ausländischer Banken halten die Tochterbanken ihre Forderungen vor allem gegenüber Nichtbanken. Einen überdurchschnittlichen Anteil von reichlich einem Drittel an ihrem Gesamtergebnis trägt das zinsunabhängige Geschäft bei. Damit liegt diese Kennzahl doppelt so hoch wie bei anderen Bankengruppen.

3.6.1.1.5 Realkreditinstitute

Bereits den Charakter von Spezialbanken tragen die Realkreditinstitute. Die Bundesbankstatistik trifft eine durch die Rechtsform bedingte Unterscheidung zwischen privaten Hypothekenbanken und öffentlich-rechtlichen Grundkreditanstalten.

Die **privaten Hypothekenbanken** existieren als Aktiengesellschaften oder als Kommanditgesellschaften auf Aktien. Ihre Mittelaufbringung erfolgt durch die Ausgabe von Wertpapieren, in wesentlich geringerem Umfang durch Termingelder von Nichtbanken und Zwischenbankeinlagen. Bei der Veranlagung dominieren der Hypothekar- und Kommunalkredit. Die Emission von Pfandbriefen und Kommunalobligationen, für diese Spezialbanken typisch, ist allerdings laut Hypothekenbankgesetz an besondere Vorschriften gebunden, die dem Gläubigerschutz dienen. Die Grundidee dieser Bestimmungen läuft darauf hinaus, zwischen den eingeräumten Hypothekar- und Kommunalkrediten sowie den im Umlauf befindlichen Pfandbriefen und Kommunalobligationen ein vorgegebenes Deckungsverhältnis herzustellen. Zur ständigen Überwachung dieses Deckungsverhältnisses muß ein Hypothekenregister (Pfandbriefe) bzw. ein Deckungsregister (Kommunalobligationen) eingerichtet werden. Zudem fungiert neben der üblichen Bankenaufsicht nach KWG ein staatlich bestellter Treuhänder.

Als Sonderform der privaten Hypothekenbanken gelten die **Schiffspfandbriefbanken**, die einer besonderen gesetzlichen Regelung (Schiffsbankgesetz) unterworfen sind.

Die **öffentlich-rechtlichen Grundkreditanstalten** finden ihre gesetzliche Basis im Pfandbriefgesetz. Sie unterliegen in ihrer Geschäftstätigkeit geringeren Auflagen als die privaten Hypothekenbanken. Vor allem ist die Einsetzung eines Treuhänders nicht zwingend vorgeschrieben. Ihre Mittelaufbringung ist schwerpunktmäßig auf die Gewinnung von Termineinlagen ausgerichtet. Nur zweitrangig sind dagegen die Wertpapieremissionen. Die Aktivstruktur ist weitgehend der Veranlagung der privaten Hypothekenbanken vergleichbar.

3.6.1.1.6 Teilzahlungskreditinstitute

Ausgesprochene Spezialbanken sind die Teilzahlungskreditinstitute. Sie bestehen in den verschiedensten Rechtsformen. Häufig treten andere Banken oder auch Versicherungsunternehmungen als Anteilseigner auf. Diese Tatsache erklärt auch das hohe Refinanzierungsvolumen aus Zwischenbankeinlagen. In ihrer Aktivstruktur nimmt die Kreditgewährung an die privaten Haushalte die dominierende Rolle ein.

Die statistische Gruppe der Teilzahlungskreditinstitute ist aus der Bundesbankstatistik im Dezember 1986 aufgelöst und auf andere Bankengruppen verteilt worden.

3.6.1.1.7 Kreditinstitute mit Sonderaufgaben

Um eine außerordentlich heterogene Gruppe handelt es sich bei den Kreditinstituten mit Sonderaufgaben. Sowohl private als auch öffentlich-rechtliche Banken werden hier erfaßt. Sie erfüllen im Rahmen des Kreditwesens spezifische Transformationsfunktionen. Die bekanntesten Banken dieser Gruppe sind die Industriekreditbank AG, die Ausfuhrkredit GmbH (AKA), die Privatdiskont AG, die Deutsche Verkehrs-Kredit-Bank AG, die Kreditanstalt für Wiederaufbau und die Lastenausgleichsbank.

Die **Industriekreditbank AG** wurde zur Kreditversorgung gewerblicher Mittelbetriebe, die nicht emissionsfähig sind, eingerichtet.

Die **Ausfuhrkredit GmbH (AKA)** dient der mittel- und langfristigen Exportfinanzierung. Die Privatdiskont AG kauft und verkauft Privatdiskonten (=erstklassige Bankakzepte) und trägt damit zum Liquiditätsausgleich unter den Banken bei.

Als Hausbank der Deutschen Bundesbahn ist die **Deutsche Verkehrs-Kredit-Bank AG** tätig.

Ursprünglich zur Abwicklung des Marshallplanes wurde die **Kreditanstalt für Wiederaufbau (KFW)** errichtet. Ihr Schwergewicht verlagert sich heute zusehends auf die Finanzierung und Bürgschaftsübernahme für Lieferungen und Leistungen in Entwicklungsländer sowie die Aufbringung und Verteilung von Finanzierungsmitteln zur wirtschaftlichen Integration der neuen Bundesländer.

Die **Lastenausgleichsbank** soll im Wege der Kreditgewährung zur wirtschaftlichen Eingliederung und Förderung der durch den Krieg und seine Folgen betroffenen Personen, insbesondere der Vertriebenen, Flüchtlinge und Kriegsgeschädigten, beitragen.

3.6.1.1.8 Postbank

Die Postbank als Teilbereich der Deutschen Bundespost zielt nach dem Poststrukturgesetz vom 01. Juli 1989 auf die Erfüllung folgender Leistungsgrundsätze:

- Deckung der Nachfrage von Bürgern, Wirtschaft und Verwaltung,
- Berücksichtigung der Markterfordernisse und Anpassung an die wirtschaftliche und technische Entwicklung,
- Erbringung von Infrastrukturdiensten im Sinne der öffentlichen Aufgabe, insbesondere bzgl. der Daseinsvorsorge.

Sie ist nach betriebswirtschaftlichen Grundsätzen zu führen.

Von ihrer Grundkonzeption her setzt die Postbank ihren geschäftspolitischen Akzent auf die bundesweite Abwicklung des bargeldlosen und bargeldsparenden Zahlungsverkehrs. In unmittelbarem Zusammenhang mit diesen Dienstleistungen steht die betonte Umwerbung der privaten Haushalte.

Ihre Leistungen umfassen:

- Sparkonten mit gesetzlicher und vereinbarter Kündigungsfrist, vermögenswirksames Sparen, Sparen mit wachsendem Zins,
- Bargeldloser Zahlungsverkehr (Überweisung, Dauerauftrag, Scheck, Lastschrift) und Nutzung der Eurocheque- und EUROCARD-Zahlungssysteme,
- Institutsübergreifende Geldausgabeautomaten-Nutzung mit ec-Karten,

- Überziehungsmöglichkeit auf Postgirokonten um das Dreifache der regelmäßigen monatlichen Einkünfte bis 10000 DM über 90 Tage sowie
- Verkauf von Sorten und Reiseschecks.

Den neuesten Ankündigungen des Postbank-Vorstandes zur Folge soll die Produktpalette um

- die Ausgabe von Sparbriefen,
- das Angebot von mit einer Risikolebensversicherung gekoppelten Ratensparverträgen,
- die Entgegennahme von Festgeldern,
- den Verkauf von Bundesschatzbriefen und Postanleihen,
- das Angebot von Investment-Sparverträgen,
- die Vermittlung von Versicherungen und
- die Eigenemission von Kreditkarten

erweitert werden.

Eine enorme Stützung erfährt diese geschäftspolitische Grundausrichtung mit dem ungewöhnlich dichten Stellennetz, da die Ämter des Postdienstes als Zahlstellen dienen. Die Kapitalaufbringung erfolgt vorwiegend durch Spareinlagen und - in wesentlich geringerem Umfang - durch Sichteinlagen.

3.6.1.2 Marktpositionen

3.6.1.2.1 Bankstellennetz

Das Stellennetz des deutschen Bankensystems ersehen wir im Vergleich der Jahre 1970 - 1980 - 1990 aus Tabelle 14.

Tabelle 14 veranschaulicht zunächst die zunehmende Dichte des Stellennetzes. Während im Jahre 1970 insgesamt 40728 (zum Vergleich 1957: 26304) Bankstellen bestanden, erhöhte sich diese Anzahl Ende 1980 nur noch geringfügig auf 44563. Im Durchschnitt entfielen nur noch 1381 Einwohner auf eine Bankstelle. Seither hat - bezogen auf die alten Bundesländer - ein leichter Zweigstellenabbau stattgefunden. Ende 1990 waren noch je 1431 Bundesbürger durch eine Bankstelle versorgt. Zusammen mit dem Beitrittsgebiet hat sich zwar die Anzahl der Bankstellen Ende 1990 absolut auf 48063 vergrößert, doch ist die Zahl der Bewohner pro Zweigstelle auf 1645 angestiegen. Damit verfügen die alten Bundesländer weltweit gesehen über ein außerordentlich dichtes Netz.

Tabelle 14: **Anzahl der Kreditinstitute und ihrer Zweigstellen nach Bankengruppen**

Bankengruppe	*Ende 1970* K	Z	B	*Ende 1980* K	Z	B	*Ende 1990* ohne Beitrittsgebiet K	Z	B	*Ende 1990* mit Beitrittsgebiet K	Z	B
Kreditbanken	305	4986	5291	246	5914	6160	332	6289	6621	338	6552	6890
▪Großbanken	6	2650	2656	6	3124	3130	6	3105	3111	6	3234	3240
▪Regional- und Sonstige	112	2017	2129	101	2465	2566	185	2847	3032	191	2976	3167
▪Zweigst. ausl. Banken	24	23	47	56	50	106	60	34	94	60	34	94
▪Privatbankiers	163	296	459	83	275	358	81	303	384	81	308	389
Sparkassensektor	844	12256	16100	611	17203	17814	586	17521	18107	781	19347	20128
▪Sparkassen	832	14903	15735	599	16890	17489	574	17212	17786	769	19036	19805
▪Girozentralen	12	353	365	12	313	325	12	309	321	12	311	323
Genossenschaftssektor	7072	11385	18457	4235	15492	19727	3046	15800	18846	3384	17435	20819
▪Kreditgenossenschaften	7059	11280	18339	4225	15453	19678	3042	15769	18811	3380	17402	20782
▪Genoss. Zentralbanken	13	105	118	10	39	49	4	31	35	4	33	37
Realkreditinstitute	46	25	71	38	31	69	36	49	85	36	58	94
▪Priv. Hypothekenbanken	29	14	43	25	23	48	27	42	69	27	50	77
▪Grundkreditanstalten	17	11	28	13	8	21	9	7	16	9	8	17
KI mit Sonderaufgaben	17	28	45	16	75	91	16	82	98	18	98	116
Postbank(-Ämter)	15	(25521)	15	15	(18141)	15	16	(17241)	16	16	(28241)[2]	16
SUMME[1]	8479	32249	40728	5271	39292	44563	4032	39741	43773	4573	43490	48063
Einwohner/Bankstelle[3]	(916)	1489		(981)	1381		(1027)	1431		(1036)	1645	

1) Ohne Postämter. Die Summen für 1970 und 1980 beinhalten die Teilzahlungskreditinstitute.
2) Geschätzt; 3.10.1990. 3) (Mit Postämtern). K = Kreditinstitute Z = Zweigstellen B = Bankstellen insgesamt

Quelle: Deutsche Bundesbank (Hrsg.), Monatsberichte; Deutsche Bundesbank (Hrsg.), Geschäftsberichte; Statistisches Bundesamt (Hrsg.), Statistische Jahrbücher.

Im Gegensatz dazu ist das Beitrittsgebiet für sich genommen keineswegs over-banked.

Würde man gar noch die Postämter hinzurechnen, was aufgrund der anders orientierten Primärfunktion und des beschränkten Leistungsangebotes allerdings kaum vertretbar ist, errechnet sich für jeweils 1027 bzw. 1036 Einwohner eine Bankstelle. Die in der Angabe zur gesamtdeutschen Stellendichte ausgewiesenen 11000 Poststellen auf dem Gebiet der ehemaligen DDR (Stand 3. Oktober 1990) sind ein für die Zukunft unrealistisch hoher Ansatz, dessen Reduzierung im Rahmen der laufenden Restrukturierung bereits im Gang ist.

Dieser insgesamt ungewöhnlich hohe Versorgungsgrad läßt für die Zukunft mindestens eine stagnierende Entwicklung erwarten. Im Zuge der Verbreitung kundenbedienter Datenstationen und kartengesteuerter Zahlungsverkehrssysteme ist aber selbst ein anhaltender Stellenabbau denkbar. Eine Vergrößerung von unter 20% erlebten die Zweigstellen der Kreditbanken im Untersuchungszeitraum. Die Großbanken haben gemessen an den Zahlen für die alten Bundesländer ihre Sättigungsgrenze erreicht und konnten nur im gesamten Bundesgebiet leicht zulegen. Einen enormen Zuwachs nach zunächst leichtem Absinken bei den Kreditinstituten und einen nachhaltigen Zuwachs bei den Zweigstellen verzeichnen die Regionalbanken. Eine erhöhte Zahl von Zweigstellen ausländischer Banken verfügt über eine abnehmende Zahl von Filialen, während bei den Privatbankiers mittlerweile eine Untergrenze erreicht zu sein scheint und bei der Zahl der Zweigstellen mittlerweile eine Trendumkehr zu verzeichnen ist.

Im Sparkassensektor ist kaum noch eine Ausweitung des Stellennetzes in den alten Bundesländern feststellbar. Im Beitrittsgebiet ist bereits eine recht hohe Anzahl an Zweigstellen vorhanden. Weiterhin spiegelt die unübersehbare Verringerung der Hauptstellen - bezogen auf die alten Bundesländer - die vollzogenen Fusionen wider.

Noch wesentlich größere Formen nahm der Fusionsprozeß bei den Kreditgenossenschaften an. In dieser Gruppe wurde im Zuge von Institutszusammenschlüssen ein erheblicher Teil der Hauptstellen in Zweigstellen umgewandelt. Selbst unter Hinzunahme der Kreditgenossenschaften in den alten Bundesländern ist ihre Zahl im Untersuchungszeitraum auf deutlich unter die Hälfte des Ausgangswertes gesunken. Auch die Anzahl der Zweigstellen erhöht sich bei dem beschriebenen Prozeß nur noch marginal.

3.6.1.2.2 Geschäftsstruktur

Wir wollen an Hand der zusammengefaßten Bilanzen die Geschäftsstruktur einzelner Bankengruppen darlegen. Aus Gründen der Übersichtlichkeit greifen wir nur die wesentlichsten Aktiv- und Passivpositionen heraus.

Diagramm 18: Geschäftsstruktur ausgewählter Bankengruppen - Aktiva (Stand: Ende 1990)

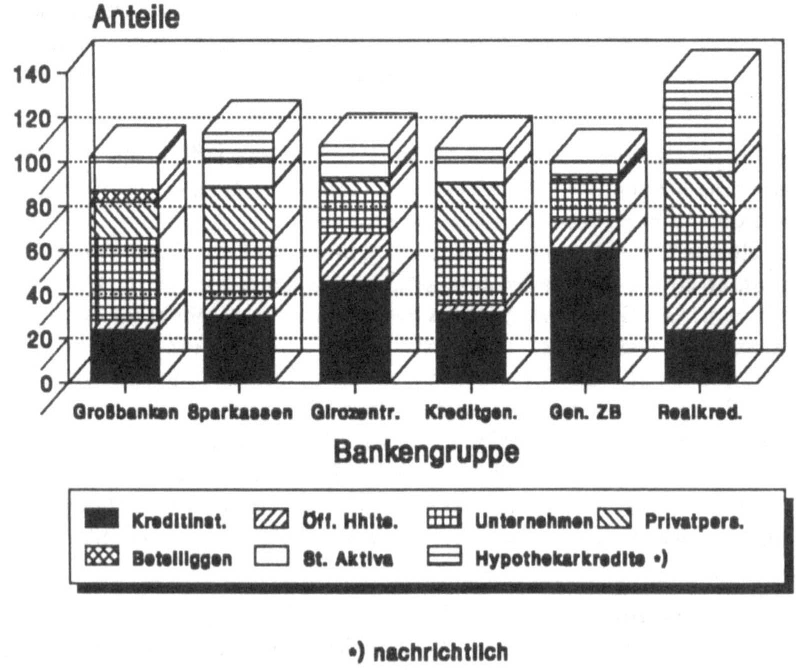

Quelle: Deutsche Bundesbank (Hrsg.), Statistische Beihefte zu Monatsberichten, Reihe 1.

Die errechneten Prozentanteile stellen Durchschnittswerte der jeweiligen Gruppe zum vorgegebenen Stichtag (Ende 1990) dar. Gegenübergestellt werden die Geschäftsstrukturen der Großbanken, der Sparkassen, der Girozentralen (einschl. der Deutschen Girozentrale), der Kreditgenossenschaften, der genossenschaftlichen Zentralbanken (einschl. der Deutschen Genossenschaftsbank) und der Realkreditinstitute (private Hypothekenbanken und öffentlich-rechtliche Grundkreditanstalten zusammengefaßt).

Diagramm 19: Geschäftsstruktur ausgewählter Bankengruppen - Passiva (Stand: Ende 1990)

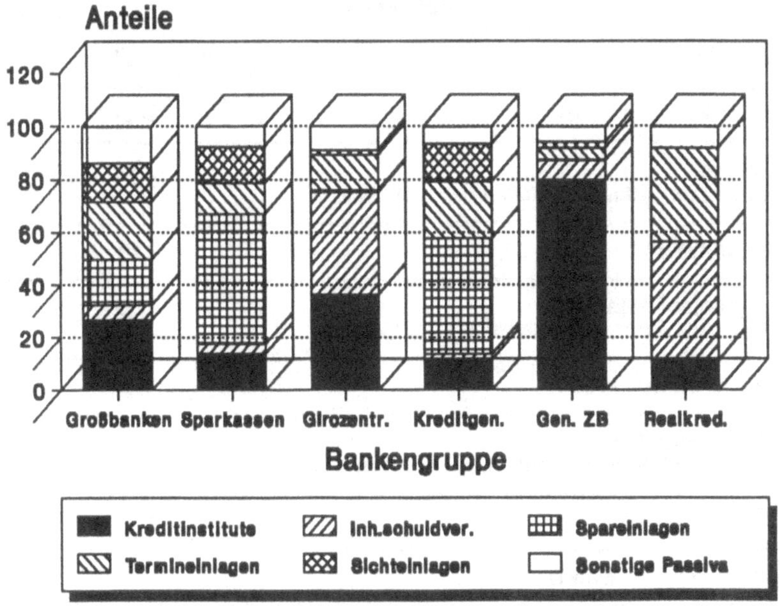

Quelle: Deutsche Bundesbank (Hrsg.), Statistische Beihefte zu Monatsberichten, Reihe 1.

3.6.1.2.3 Marktanteile

Ende 1990 verteilten sich die Anteile am **Geschäftsvolumen** wie folgt auf die einzelnen Bankengruppen (Tabelle 15). Von Bedeutung für die Einschätzung der Marktpositionen ist aber auch die Marktanteilsentwicklung. Wir wollen aus diesem Grunde die Marktanteile der wesentlichsten Bankengruppen für die Jahre 1960 bis 1990 im Fünfjahresrythmus graphisch darstellen.

Tabelle 15: Marktanteile der Bankengruppen am Geschäftsvolumen (Ende 1990)

Bankengruppe	**Anteil in Prozent**
Großbanken Regionalbanken und sonstige Kreditbanken Zweigstellen ausländischer Banken Privatbanken	8,9 15,3 1,5 1,2
Kreditbanken insgesamt	26,9
Sparkassen Girozentralen (inkl. Deutsche Girozentrale)	20,6 14,5
Sparkassensektor	35,1
Kreditgenossenschaften Genossensch. Zentralbanken (inkl. DG Bank)	11,3 4,1
Genossenschaftssektor	15,4
Private Hypothekenbanken Öffentlich-rechtliche Grundkreditanstalten	8,7 3,0
Realkreditinstitute	11,7
Kreditinstitute mit Sonderaufgaben	9,5
Postbank	1,4
Summe	100,0
Geschäftsvolumen aller Banken in Mrd. DM	**5.243,842**

Quelle: Deutsche Bundesbank (Hrsg.), Monatsberichte.

Diagramm 20: Marktanteile der einzelnen Bankengruppen am Geschäftsvolumen 1960-1990

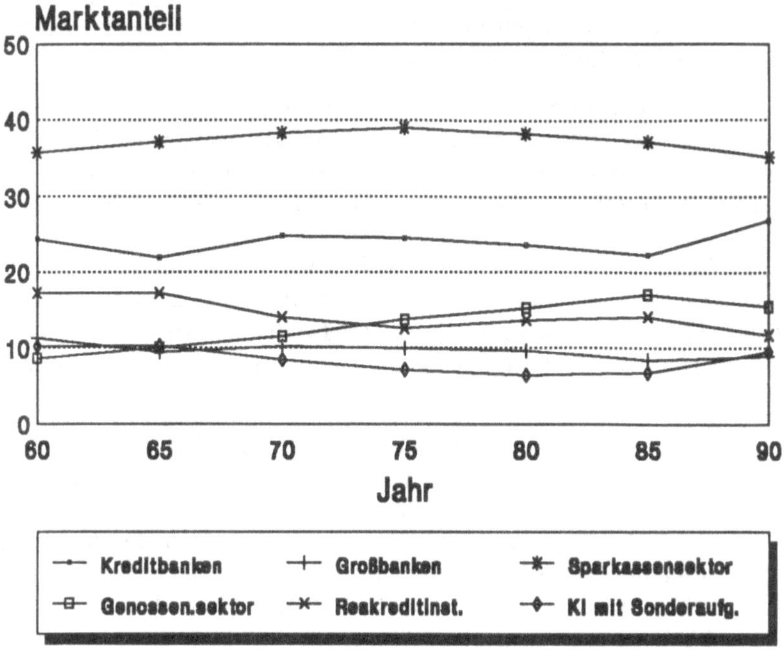

Quelle: Deutsche Bundesbank, Monatsberichte.

In Diagramm 20 fällt zunächst der ständig steigende Marktanteil der genossenschaftlichen Bankengruppe bis in die Mitte der achtziger Jahre ins Auge. Mittlerweile hat sich diese Entwicklung auf dem Stand von 1980 konsolidiert. Marktanteilsverluste sind im Beobachtungszeitraum bei den Kreditbanken bzw. den Großbanken festzustellen, die allerdings im Vergleich zu dem für die Kreditgenossenschaften beschriebenen Trend in den letzten Jahren Zugewinne zu verzeichnen hatten. Der Sparkassensektor konnte aufgrund der Positionsverbesserung der Girozentralen seinen Marktanteil über eineinhalb Jahrzehnte zunächst ausbauen, wobei Marktanteilsverluste vor allem in den letzten zwei Jahren zu dem Stand der frühen sechziger Jahre führten. Die Realkreditinstitute konnten ihre Marktposition zunächst halten. Seit Ende der sechziger Jahre hatten sie einen deutlichen Rückgang zu verzeichnen, der bis in die Mitte der siebziger Jahre reichte. Anschließend konnten sie ihren Anteil bis in die späten achtziger Jahre auf einem höheren Niveau zunächst halten, fielen dann aber wieder zurück. Die Kreditinstitute mit Sonderaufgaben, deren relative Bedeutung sich auf einem niedrigen Niveau zu stabilisieren schien, haben in 1990 den Marktanteil der Großbanken überschritten. Die im Zusammenhang mit der Wiedervereinigung notwendigen Finanzierungen lassen einen für die Zukunft weiterhin steigenden Marktanteil vermuten.

Tabelle 15 und Diagramm 20 repräsentieren naturgemäß ausschließlich die Marktanteile im Zins- oder Differenzgeschäft. Vergleichsweise niedrig ist der Informationsstand über die Entwicklung des Indifferenzgeschäftes, der Dienstleistungen im engeren Sinne. Immerhin aber sind die Anteile der Bankengruppen am bargeldlosen Zahlungsverkehr verfügbar. Diese Geschäftssparte stellt heute unzweifelhaft den gewichtigsten Zweig des Indifferenzgeschäftes der Kreditinstitute dar. Die Anzahl der für die Nichtbanken-Kunden jährlich ausgeführten giralen Verfügungen steigt stetig an. Wir wollen die Entwicklung der Marktanteile im bargeldlosen Zahlungsverkehr in Diagramm 21 näher darlegen.

Das gesamte Transaktionsvolumen der giralen Verfügungen (=Belastungen auf Konten von Nichtbanken aus Überweisungen, Lastschriften und Scheckverrechnungen) stieg im Untersuchungszeitraum auf 24,075 Bio. DM (1990) an. Auf den ersten Blick überrascht der sehr hohe Anteil der Kreditbankengruppe. So bewältigen allein die Großbanken in etwa das Zahlungsverkehrsvolumen des gesamten Sparkassensektors. Diese Tatsache findet im hohen Anteil des kommerziellen Zahlungsverkehrs, dessen Auftraggeber und Empfänger in erster Linie bei den Großbanken angesiedelt sind, ihre Erklärung. Klar an Position gewonnen hat zunächst der Genossenschaftssektor, während die Postbank erhebliche Einbußen erleiden mußte. Ebenfalls einen deutlichen Zugewinn konnte die Gruppe der Regionalbanken verzeichnen, die nunmehr deutlich vor den Sparkassen und Großbanken liegt.

Diagramm 21: **Entwicklung der Marktanteile an den giralen Verfügungen auf Nichtbanken-Konten**

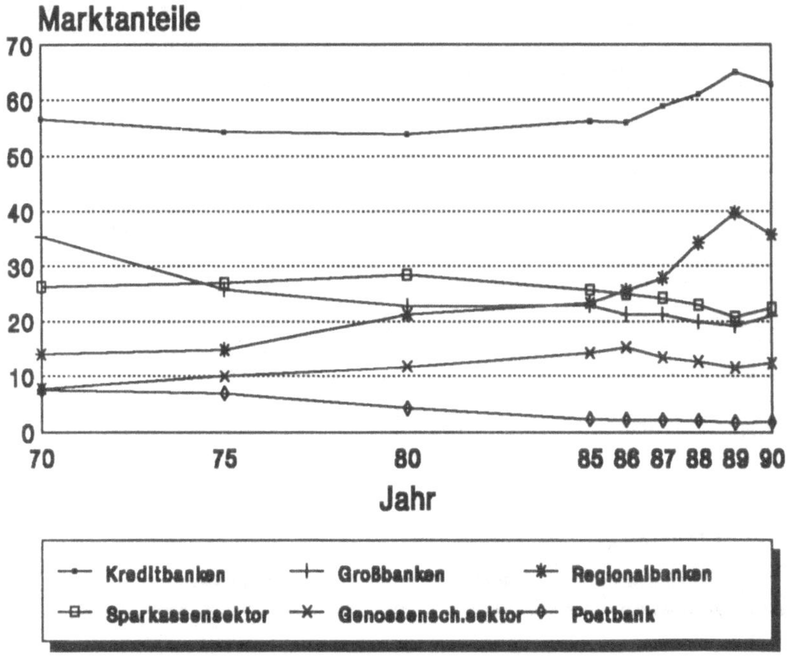

Quelle: Schriftliche Auskunft der Deutschen Bundesbank vom 17. Dezember 1991.

Ihren sichtbarsten Ausdruck findet die Effizienz der Unternehmensführung im Betriebsergebnis. Wir wollen nunmehr die Marktanteile der Bankengruppen am Zinsüberschuß, am Provisionsüberschuß und schließlich am gesamten Betriebsergebnis darstellen. Außerdem wird das Verhältnis des Provisionsüberschusses zum Zinsüberschuß präsentiert.

Diagramm 22: Entwicklung der Marktanteile am Zinsüberschuß 1970 -1990

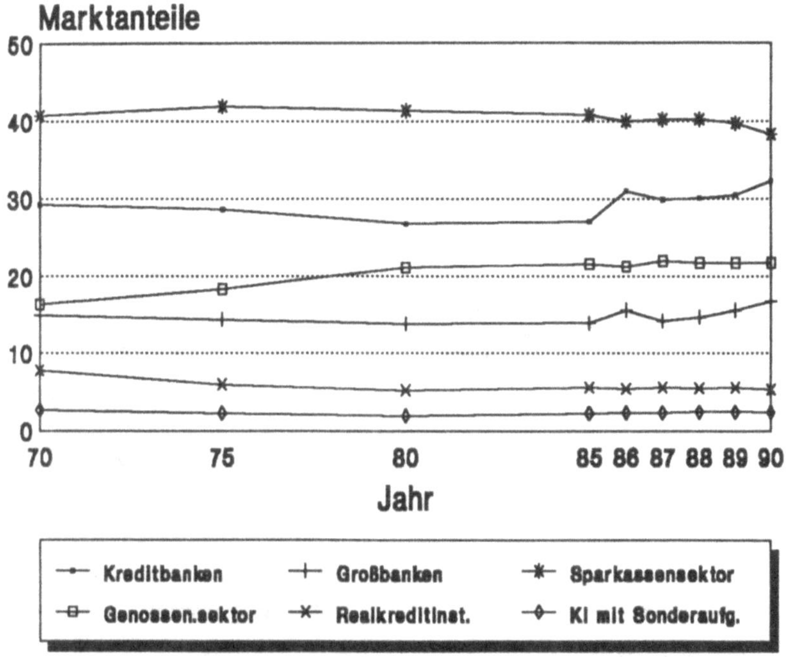

Quelle: Deutsche Bundesbank (Hrsg.), Monatsberichte.

Diagramm 23: Entwicklung der Marktanteile am Provisionsüberschuß 1970 - 1990

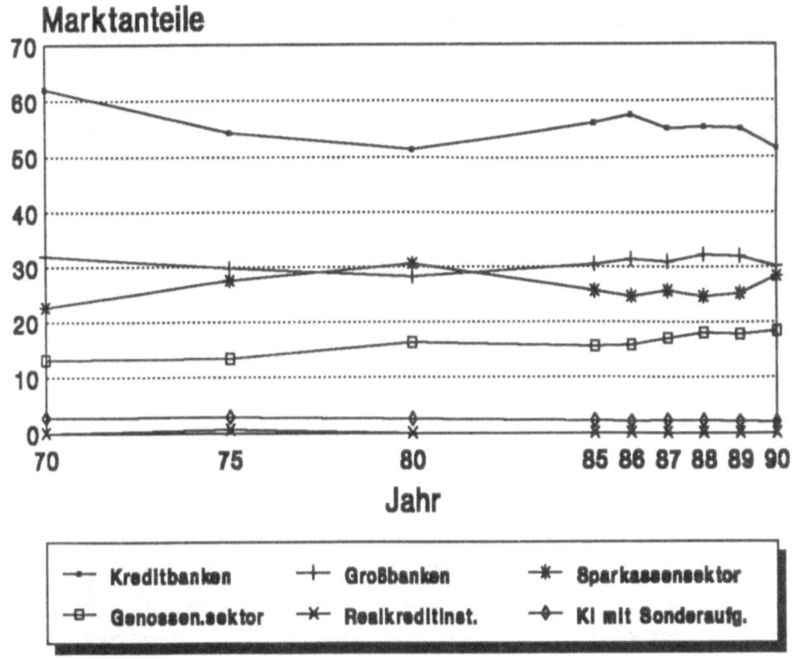

Quelle: Deutsche Bundesbank (Hrsg.), Monatsberichte.

Diagramm 24: Entwicklung des Provisionsüberschusses im Verhältnis zum Zinsüberschuß

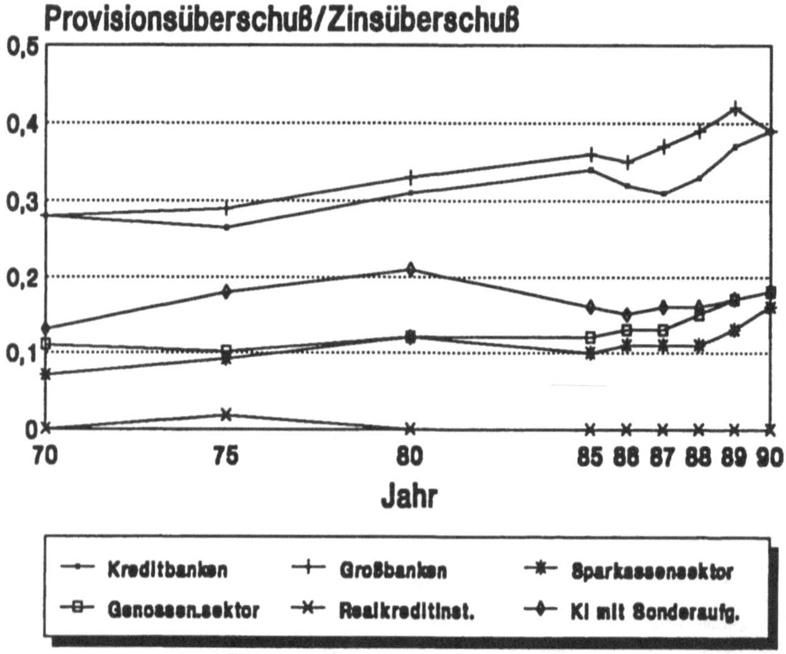

Quelle: Deutsche Bundesbank (Hrsg.), Monatsberichte.

Wir wollen die aufgrund unterschiedlicher Bilanzierungs- und Bewertungsgrundsätze der einzelnen Banken bestehenden Probleme der Vergleichbarkeit nicht unterschätzen. Trotzdem lassen sich einige markante Trends deutlich erkennen. Auffällig ist zunächst der überproportional hohe Anteil der Kreditbanken am Provisionsüberschuß. Bei den Großbanken hat der Provisionsüberschuß mittlerweile die 40%-Relation im Verhältnis zum Zinsüberschuß überschritten. Bemerkenswert ist aber auch der im Vergleich zum Anteil am Geschäftsvolumen stark unterdurchschnittliche Marktanteil der Realkreditinstitute am Zinsüberschuß, der sich in den achtziger Jahren auf die Hälfte verringerte. Kontinuierlich hinzugewinnen konnte der Genossenschaftssektor sowohl hinsichtlich der Marktanteile am Zins- als auch am Provisionsüberschuß.

Am gesamten Betriebsergebnis haben die Kreditinstitute mit Sonderaufgaben nur einen unterproportionalen Anteil, während die Großbanken überproportional abschneiden. Mindestens seit Beginn der achtziger Jahre läßt sich eine deutliche Verschiebung in der Ergebnisrechnung zugunsten der Provisionsüberschüsse feststellen. Bei den Kreditbanken bewegt sich das Verhältnis der Provisions- zu den Zinsüberschüssen auf 40% zu, im Sparkassen- und im Genossenschaftssektor liegt diese Zahl mit deutlich ansteigender Tendenz bei 13% bzw. 17%.

Diagramm 25: Entwicklung der Marktanteile am Betriebsergebnis 1970 -1990

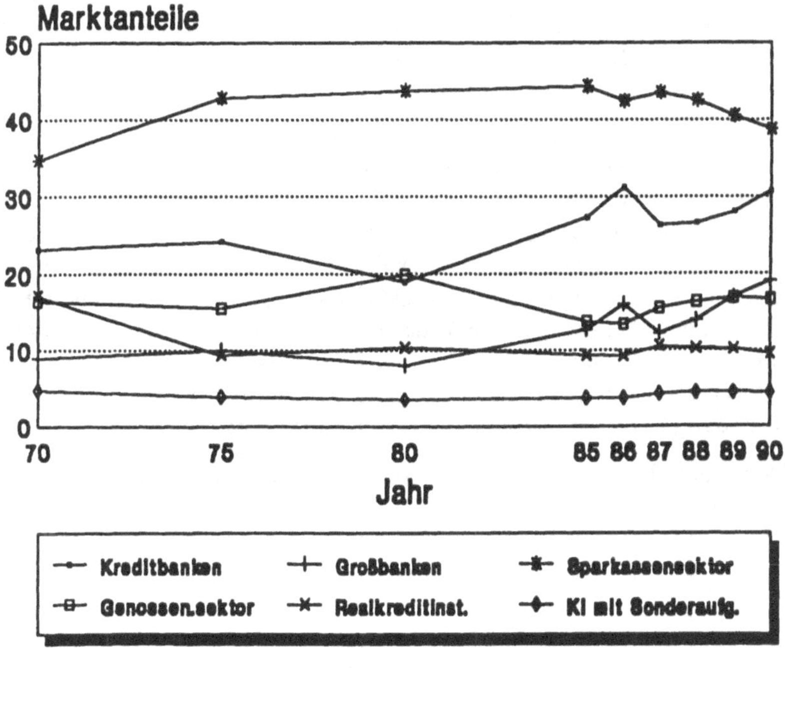

Quelle: Deutsche Bundesbank (Hrsg.), Monatsberichte.

3.6.2 Institutionen des paramonetären Bereiches

Aus der geschäftspolitischen Sicht der einzelnen Bank stellt sich die Frage, welche Konkurrenten außerhalb des klassischen Bankensystems am Markte auftreten. Dabei stoßen wir auf den sogenannten paramonetären Bereich. Es handelt sich hier um Unternehmen, die nur einzelne spezifische Bankgeschäfte bzw. bankähnliche Dienstleistungen anbieten. Die Abgrenzung gegenüber dem Bankensektor ist dabei keineswegs frei von Willkür und wird überdies länderweise durchaus unterschiedlich gesehen. Schirmer (1971) sieht als entscheidendes Kriterium das Sichteinlagengeschäft. Er ordnet dem paramonetären Sektor (im anglo-amerikanischen Sprachraum wird von "non-monetary financial intermediaries", "near-banks" oder "non-banking financial intermediaries" gesprochen) Institutionen zu, die keine oder nur in unwesentlichem Umfang Sichteinlagen von Nichtbanken entgegennehmen. Aufgrund der Artverwandheit des Leistungsangebotes liegen zahlreiche Beteiligungsverhältnisse im Sinne von Mutter-Tochter-Beziehungen zwischen Kreditinstituten und Unternehmen des paramonetären Sektors vor, so daß sich in Einzelfällen das Konkurrenzverhältnis völlig auflöst und die Beziehung unter dem Vorzeichen der Anteilseignerschaft zu sehen ist.

Nur kurz verwiesen werden kann an dieser Stelle darauf, daß auch noch zu anderen Nichtbankunternehmen Konkurrenzverhältnisse entstehen können. Wir denken in diesem Zusammenhang an die Direktkreditvergabe von Unternehmen an Unternehmen. Verfolgt man die Entwicklung der letzten Jahre so stellt man fest, daß einzelne Großunternehmen ihre Finanzinvestitionen verstärkt in dieser Form tätigen. Sie üben gleichsam "paramonetäre Funktionen" aus. Es liegt auf der Hand, daß damit das Kreditgewerbe in keineswegs unwesentlichem Umfange vom Prozeß der Kapitaltransformation ausgeschaltet wird. Wir wollen uns in den folgenden Ausführungen über den paramonetären Bereich ausschließlich mit institutionell organisierten Konkurrenten befassen.

In Deutschland wollen wir folgende Institutionen dem paramonetären Bereich zurechnen (Diagramm 26).

Diagramm 26: Institutionen des paramonetären Bereichs

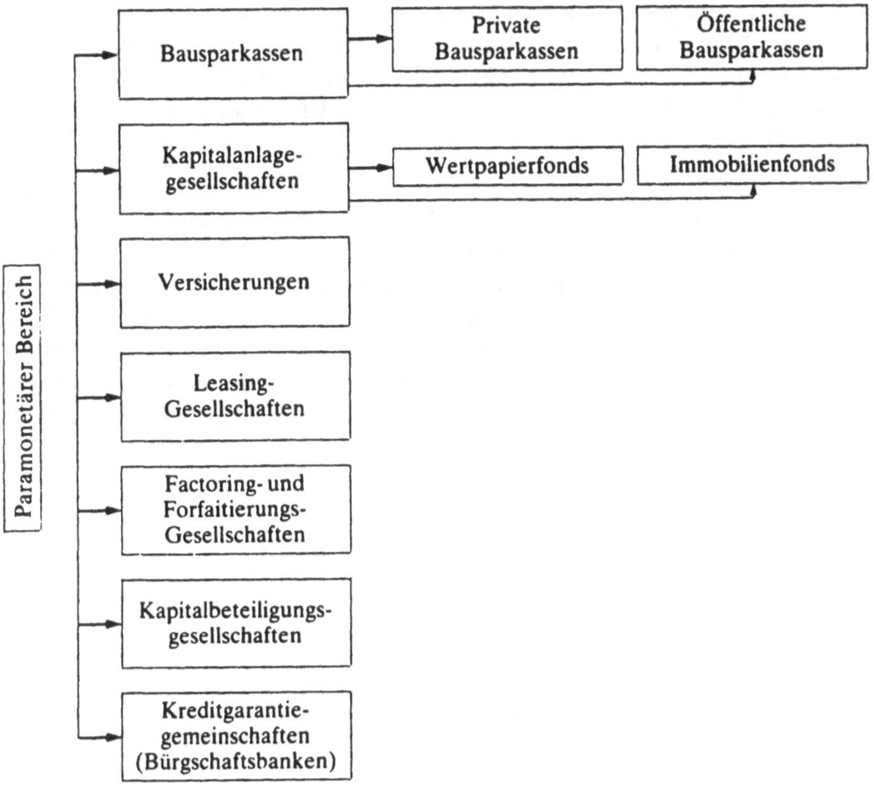

3.6.2.1 Bausparkassen

Die Entstehung des Bausparwesens geht auf die um 1800 aufkommenden englischen "Building Societies" zurück. Die Bausparkassen sind im Grunde genommen typische Spezialkreditinstitute. Zumeist besteht aber für sie eine gesonderte gesetzliche Regelung. In der Bundesrepublik unterstehen die Bausparkassen unabhängig von ihrer Rechtsform einheitlich dem zu Beginn des Jahres 1973 inkraft getretenen Gesetz über Bausparkassen. Daneben sind auch die KWG-Bestimmungen anwendbar, da Bausparkassen im Sinne von § 1 KWG als Kreditinstitute gelten. Als Aufsichtsbehörde fungiert das Bundesaufsichtsamt für das Kreditwesen.

Die Aufgabe der Bausparkassen ist die Finanzierung von Wohnraum. Mit einem spezifisch auf die Zielgruppe der privaten Bauherren (Bausparkollektiv) ausgerichteten Leistungsprogramm soll ein optimales Finanzierungsangebot geschaffen werden. Das Grundprinzip der Bausparkassen beruht auf im Vergleich zu den jeweiligen Marktzinsen relativ niedrigen Einlagen- und Kreditzinsen. Nach Erreichung einer vorgegebenen Ansparsumme und unter Einhaltung einer bestimmten Wartefrist - beide Kriterien werden unter einer pauschalen Bewertungsziffer erfaßt - gelangt die Bausparsumme zur Auszahlung. Wird von einem Bausparer kein Darlehen in Anspruch genommen, so kann nach der Zuteilungsreife das angesparte Guthaben behoben werden. Sofern eine Finanzierung bereits vor der Zuteilungsreife erforderlich ist, bestehen bei ausreichender Liquidität der Bausparkasse Zwischenfinanzierungsmöglichkeiten zu erhöhten Konditionen.

In Deutschland existieren nebeneinander private und öffentliche Bausparkassen. Während die privaten Bausparkassen unter verschiedenen Rechtsformen als selbständige Unternehmen agieren, bestehen die öffentlichen Bausparkassen, bis auf vier mit rechtlicher Selbständigkeit, als Abteilungen von Girozentralen. Alle öffentlichen Bausparkassen, die im übrigen als Landesbausparkassen geführt werden, sind dem Sparkassensektor zuzuordnen. Neuerdings sind auch zwei der drei deutschen Großbanken mit eigenen Bausparkassen im Markt tätig. Die Marktanteile verteilen sich wie folgt (Diagramm 27):

Diagramm 27: Entwicklung der Bilanzsumme der Bausparkassen und der Marktanteile 1970 - 1990

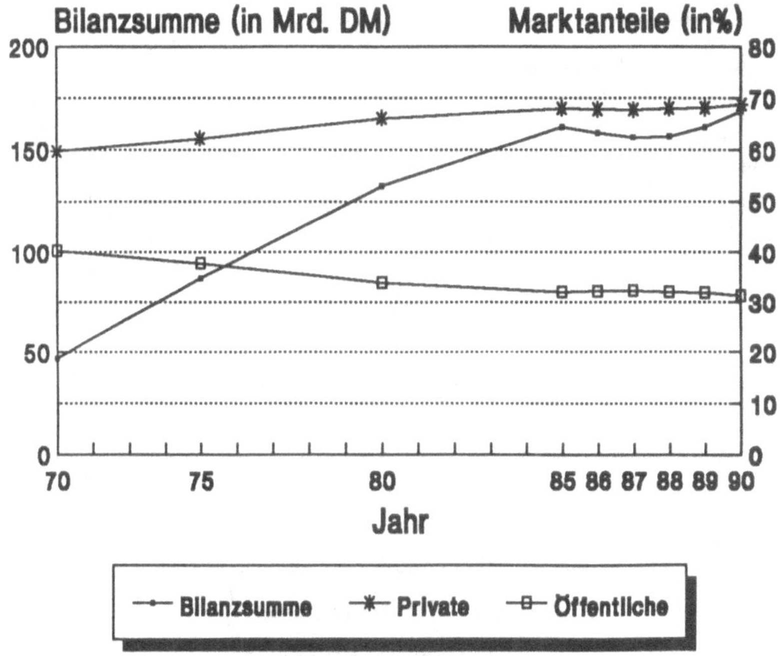

Quelle: Deutsche Bundesbank (Hrsg.), Monatsberichte.

Auffällig ist zunächst eine deutliche Marktanteilverschiebung zugunsten der privaten Bausparkassen, deren Anzahl sich im Untersuchungszeitraum allerdings um vier auf 19 vergrößert hat, während zu den 12 öffentlichen Kassen seit 1979 nur eine hinzugetreten ist.

Diagramm 28: Entwicklung der eingezahlten Bausparbeträge und der Baudarlehen 1970 - 1990

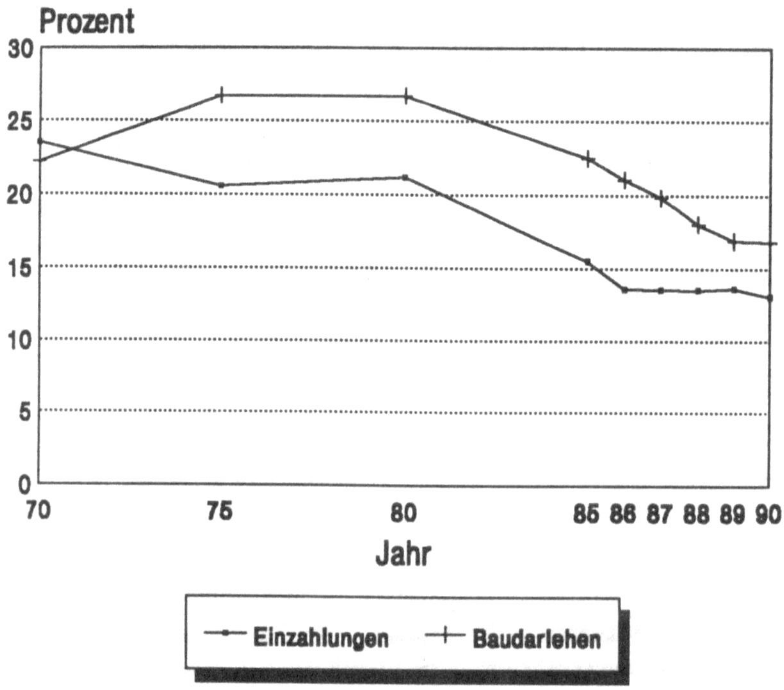

Quelle: Deutsche Bundesbank (Hrsg.), Monatsberichte.

Um eine nähere Orientierung zum Bilanzvolumen der Bausparkassen zu geben, wollen wir die Entwicklung der eingezahlten Bausparbeträge und der Baudarlehen seit 1970 darlegen. Im Diagramm 28 setzen wir den jeweiligen Zufluß von Bausparbeträgen in Beziehung zu der jährlichen Geldvermögensbildung der privaten Haushalte und stellen die aushaftenden Baudarlehen (einschließlich Vor- und Zwischenfinanzierungskredite) den gesamten Wohnungsbau-Krediten aller Banken gegenüber.

Hierbei zeigt sich insgesamt bis in die späten achtziger Jahre ein kontinuierlich sinkender Marktanteil, der sich für die Bauspareinzahlungen erst 1986 und die Bauspardarlehen erst 1989 auf einem niedrigen Niveau stabilisierte.

Durch die Wiedervereinigung und den dadurch zutage tretende Finanzierungsbedarf der Wohnungswirtschaft ist mit einer leichten Trendumkehr zu rechnen. Im Beitrittsgebiet sind nach einer umfassenden Studie des Instituts für Marktforschung (IM), Leipzig, 35% der Haushalte entschlossen, einen Bausparvertrag abzuschließen (Stöbe, F., 1991). Weiters ist davon auszugehen, daß pro Bausparer regelmäßig von einem, im Vergleich zu anderen Sparformen, höheren Betrag auszugehen ist.

Im Einfluß der bevorstehenden Marktöffnung zum EG-Binnenmarkt ist darüber hinaus mit einer Ausdehnung des außerkollektiven Geschäftes der Bausparkassen und damit einer Aufweichung der Zweckorientierung zu rechnen.

3.6.2.2 Kapitalanlagegesellschaften

Die Forcierung des **Investmentsparens** (=Geldvermögensbildung in Form von Anteilscheinen von Kapitalanlagegesellschaften) fußt auf dem Grundgedanken, breitere Bevölkerungsschichten an das Wertpapiersparen heranzuführen. Die Anlage-Hierarchie Kontensparen - Sparen in Rentenwerten (festverzinslichen Wertpapieren) - Aktiensparen erfährt mit dem Investmentsparen eine Erweiterung. Mit der Institution des Investmentfonds sollte das Wertpapier auch für kleinere Anleger attraktiver werden. Aufgrund einer breiten Risikostreuung, wie sie für diese Sparform typisch ist, hält sich das Veranlagungsrisiko in engen Grenzen. Anderseits zieht der Investor aus der professionellen Verwaltung des Fondsvermögens Nutzen.[9]

Während beim Wiederaufleben der Investmentidee nach dem Zweiten Weltkrieg zunächst die **Aktienfonds** bzw. die **gemischten Fonds** (das sind Fonds, deren Vermögen sich aus Gläubiger- und Anteilspapieren zusammensetzt) im Vordergrund standen, gewannen Mitte der 70-er Jahre die Rentenfonds stark an Boden. Entscheidend dafür waren die hohen Renditen dieser Fonds, wogegen die Kursgewinne bei den Aktienfonds nicht im erwarteten Umfang eintraten.

Neben den Publikumfonds wurden seit Ende der 60-er Jahre vermehrt sog. **Spezialfonds** gegründet. Das wesentlichste Unterscheidungsmerkmal zu den Publikumfonds ist, daß diese Fonds von institutionellen Anlegern (Versicherungen, Pensionskassen etc.) für die Eigenanlage errichtet werden. Die Zertifikate eines Spezialfonds befinden sich daher in der Regel in der Hand eines einzigen (institutionellen) Investors. Schließlich erlangten mit Beginn der 70-er Jahre die **Immobilienfonds**, deren Vermögen sich vornehmlich aus Grundstücken und Erbbaurechten zusammensetzt, an Bedeutung.

---

9 Zur Effizienz der Anlageentscheidungen von Investmentfonds siehe die umfassende Untersuchung von Schneeberger (1979).

Rechtliche Basis der Investmentfonds ist das Gesetz über Kapitalanlagegesellschaften vom 14. Januar 1970. Seit dem 28. Juli 1969 besteht zudem ein Gesetz über den Vertrieb ausländischer Investmentanteile und über die Besteuerung der Erträge aus ausländischen Investmentanteilen. Damit wurden aus Gründen des Gläubigerschutzes auch für ausländische Investmentfonds, die im Inland zum Vertrieb angeboten werden, bestimmte Grundanforderungen (z.B. Publizitätspflicht, Vermögensverwaltung durch eine Depotbank etc.) verbindlich erklärt bzw. die Ertragsbesteuerung geregelt.

In Bezug auf die rechtliche Konstruktion muß zunächst zwischen echten und unechten Kapitalanlagegesellschaften unterschieden werden. Bei der echten Kapitalanlagegesellschaft erwirbt der Investor Anteilsrechte an der Gesellschaft (z.B. in Form von Aktien), die das Fondsvermögen, das im wesentlichen dem Betriebsvermögen entspricht, verwaltet. Aus Gläubigerschutzgründen ist diese Rechtsform in Deutschland nicht zugelassen. Bei der unechten Kapitalanlagegesellschaft dagegen wird für die aus der Ausgabe von Anteilscheinen hereinfließenden Mittel bzw. die damit beschafften Vermögenswerte ein **Sondervermögen** gebildet. Dieses Sondervermögen ist getrennt vom Vermögen der Kapitalanlagegesellschaft zu halten. Das Sondervermögen kann im Miteigentum der Anteilsinhaber **(Miteigentumslösung)** oder im Eigentum der Kapitalanlagengesellschaft, die dieses Vermögen treuhänderisch verwaltet **(Treuhandlösung)**, stehen. Bei den Immobilienfonds ist lediglich die Treuhandlösung zulässig.

Zu unterscheiden ist weiters zwischen **offenen Fonds** (Open-end Funds) und **geschlossenen Fonds** (Closed-end Funds). In der strengen Form der geschlossenen Fonds (geschlossen nach oben und nach unten) werden Anteilscheine im Wert eines festgelegten Volumens begeben. Weder eine Aufstockung des Fondsvermögens durch die Ausgabe weiterer Zertifikate noch der Rückkauf von Zertifikaten durch die Kapitalanlagegesellschaft ist möglich. Ein nach unten offener Fonds dagegen kann ausgegebene Anteilscheine zurücknehmen. Das bereits erwähnte deutsche Gesetz sieht die Rücknahmepflicht bzw. die Auszahlung des Anteiles am Sondervermögen an den Zertifikatsinhaber bindend vor. Ein nach oben offener Fonds schließlich kann sein Sondervermögen durch die Ausgabe zusätzlicher Zertifikate aufstocken.

Hinsichtlich der Zusammensetzung des Fondsvermögens ist zwischen **fixen Fonds** (Fixed Funds), **flexiblen Fonds** (Managed Funds) und **semifixen Fonds** (Semifixed Funds) zu trennen. Bei einem fixen Fonds ist die Zusammensetzung des Sondervermögens strikt vorgegeben, während beim flexiblen Fonds das Management der Kapitalanlagegesellschaft im Rahmen der gesetzlich vorgegebenen Anlagegrundsätze und Anlagegrenzen freie Hand in der Veranlagung hat. Bei den semifixen Fonds sind Umschichtungen im Sondervermögen unter Einhaltung bestimmter vertraglich festgelegter Normen (Mindest- und Höchstanteile von Anteilspapieren, Gläubigerpapieren, inländischen oder ausländischen Werten etc.) möglich.

Bei **Immobilienfonds** ist ein Sondervermögen zwingend vorgeschrieben, das aus mindestens 10 Grundstücken besteht. Von den einzelnen Grundstücken darf keines zur Zeit seines Erwerbes 15% vom Wert des Sondervermögens übersteigen.

Mit der Verwahrung des Sondervermögens sowie der Ausgabe und Rücknahme von Anteilscheinen ist ein Kreditinstitut als (Depotbank) zu beauftragen. Bei der Auswahl dieser Depotbank bestehen bestimmte Auflagen, insbesondere hinsichtlich der Geschäftsführung und der Bankenaufsicht.

Das Fondsvermögen bei den Kapitalanlagegesellschaften hat sich in den vergangenen zwei Jahrzehnten wie folgt entwickelt:

Diagramm 29: Fondsvermögen der deutschen Wertpapierfonds 1970 - 1990

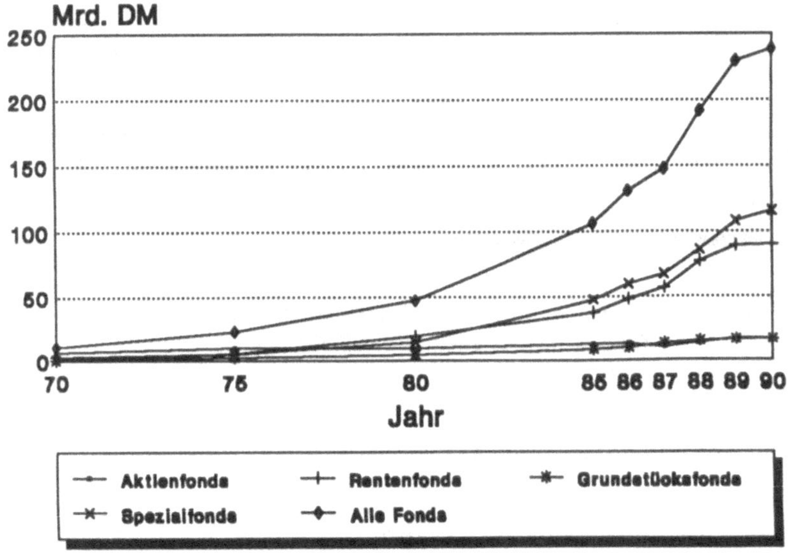

Quelle: Deutsche Bundesbank (Hrsg.), Monatsberichte.

Diagramm 30: Anteile der einzelnen Fondsarten am Mittelaufkommen 1970 - 1990

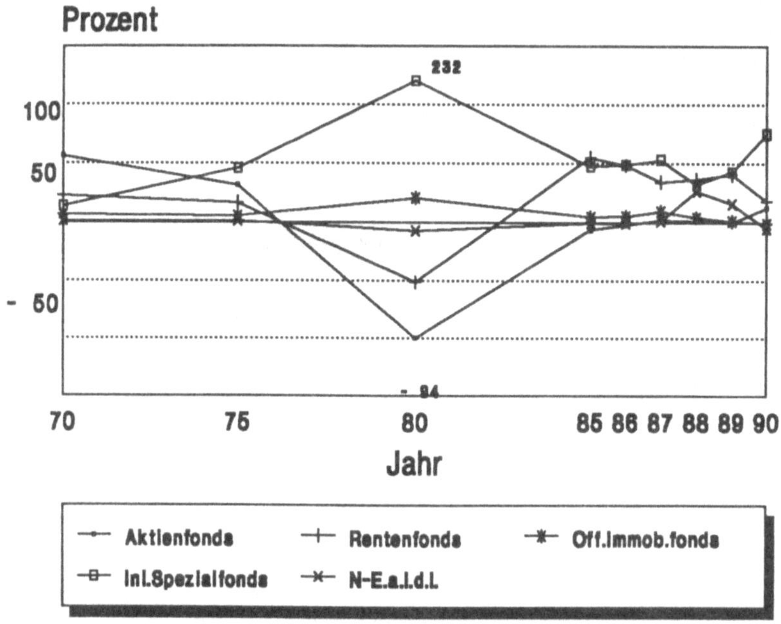

N.-E.a.I.d.I. = Netto-Erwerb ausländischer Investmentanteile durch Inländer

Quelle: Deutsche Bundesbank (Hrsg.), Monatsberichte.

Unübersehbar ist zunächst die erheblich steigende Tendenz der Mittelanlage in Investmentfonds, auch in Relation zu den jeweiligen Spareinlagenbeständen. Insbesondere in den Jahren 1988/89 konnten hohe Zugewinne verzeichnet werden. Aus Diagramm 30 erkennen wir eine deutliche Verschiebung der Anteile zugunsten der Spezialfonds zu Beginn der achtziger Jahre. Bis Mitte der achtziger Jahre teilten sich Spezial- und Rentenfonds im wesentlichen das gesamte Mittelaufkommen. In den späten achtziger Jahren haben die Rentenfonds wieder an Bedeutung verloren. Dominant sind seither allein Spezialfonds. Aktienfonds, offene Immobilienfonds sowie der Absatz ausländischer Investmentzertifikate spielten kaum eine Rolle.

Diagramm 31: Fondsvermögen der deutschen Wertpapierfonds und der offenen Immobilienfonds (Ende 1990; in Mio. DM)

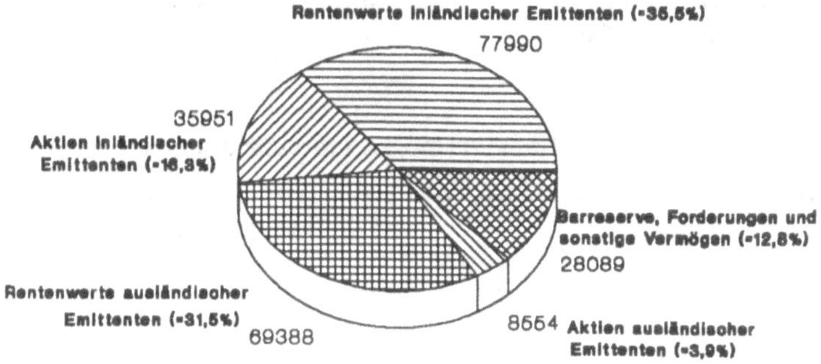

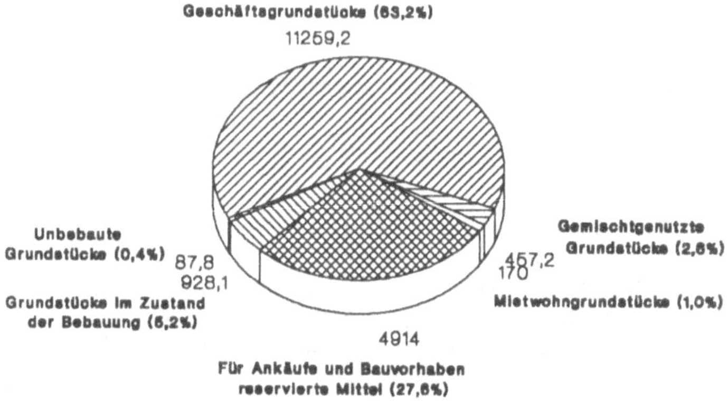

Quelle: Bundesverband deutscher Investmentgesellschaften e.V. (Hrsg.): 1991, S. 58 und 65.

Im internationalen Vergleich (BVI, 1991) des Fondsvermögens pro Kopf ist die Bundesrepublik seit Ende der siebziger Jahre deutlich abgesackt. Sie liegt jetzt nur noch an neunter Stelle mit einem Investmentvermögen von DM 1.994,- pro Kopf. Im vereinten Deutschland liegt diese Kennziffer deutlich niedriger, da Investmentfonds in der ehemaligen DDR weitgehend unbekannt sind.

Einen rasanten Anstieg verzeichneten die Franzosen, die weltweit deutlich an erster Stelle liegen (Tabelle 16).

Tabelle 16: Pro-Kopf Investmentvermögen im internationalen Vergleich

Rang	Land	Investmentvermögen pro Kopf (in DM; Ende 1990)
1	Frankreich	8.912
2	Schweiz	6.650
3	USA	6.275
4	Japan	5.649
5	Australien	3.198
6	Österreich	2.816
7	Großbritannien	2.772
8	Niederlande	2.666
9	Deutschland	1.994
10	Kanada	1.329
11	Dänemark	1.249
12	Italien	1.141
13	Korea	1.112
14	Belgien	880
15	Südafrika	94

Quelle: Bundesverband deutscher Investmentgesellschaften e.V. (Hrsg.): 1991, S. 16.

3.6.2.3 Versicherungen

Die Leistungsmerkmale der Versicherung, deren Grundfunktion die Risikovorsorge ist, unterscheiden sich unzweifelhaft vom Leistungsprogramm einer Bank. Deshalb haben wir zunächst zu prüfen, bei welchen Leistungsarten ein so hoher Grad an Artverwandheit besteht, daß von einem Wettbewerbsverhältnis gesprochen werden kann.

Im klassischen Versicherungsgeschäft kommt eine Versicherung nur bei Eintritt eines ungewissen, für den Versicherungsnehmer mit einem Schaden verbundenen Ereignisses zum Tragen. Lediglich bei der gemischten Lebensversicherung (Erlebens- und Todesfallversicherung) sowie bei der Todesfallversicherung erfolgt mit Sicherheit eine Leistung von seiten des Versicherers, und zwar in einer durch die Versicherungssumme festgelegten Höhe. Der Wesenszug einer Versicherung, die Risikovorsorge, ist zwar noch vorhanden und findet in der Risikoprämie auch seine kalkulatorische Berücksichtigung, doch in vielen Fällen, vor allem auch durch einschlägige steuerliche Begünstigungen forciert, steht die Geldvermögensbildung deutlich im Vordergrund. Die Prämieneinnahmen der gemischten Lebensversicherung bzw. der Todesfallversicherung sind damit - unter Abzug der Risikoprämien - als Geldvermögen der privaten Haushalte zu sehen. Der Versicherungsnehmer oder - im Todesfall - der in der Police ausgewiesene Begünstigte erhöht seine konsumtiven Möglichkeiten in künftigen Perioden. Diese Ausweitung des Konsums liegt auch dem Einlagengeschäft der Banken zugrunde.

Um eine Vorstellung vom Volumen des Versicherungssparens zu geben, haben wir in Diagramm 32 die Beitragseinnahmen der Lebensversicherungen der Geldvermögensbildung der privaten Haushalte gegenübergestellt.

Diagramm 32: Beitragseinnahmen der Lebensversicherungsunternehmen in % der Geldvermögensbildung der privaten Haushalte 1970 - 1990

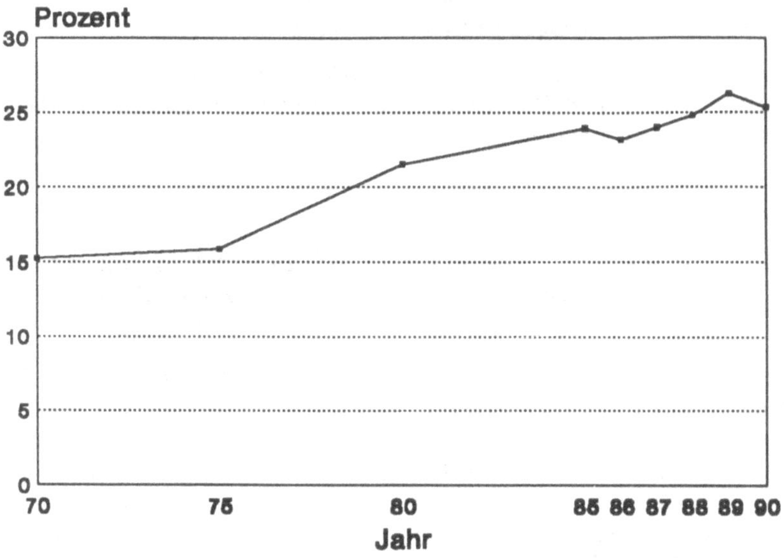

Quelle: Deutsche Bundesbank (Hrsg.), Monatsberichte; Bundesaufsichtsamt für das Versicherungswesen, Schriftliche Auskunft.

Wir sehen aus Diagramm 32, daß die Lebensversicherung ein ins Gewicht fallender Konkurrent für das Einlagengeschäft der Banken ist.

Vor allem im letzten Jahrzehnt lag ihr Zuwachs deutlich vor dem der Banken. Mittlerweile haben allein die Beitragseinnahmen der Lebensversicherungen einen Anteil von rund einem Viertel der jährlichen Gelvermögensbildung aller bundesdeutschen privaten Haushalte. Auch in den Anschlußgebieten wird eine sehr intensive Zukunftsvorsorge durch Lebensversicherungen betrieben.

Noch aus anderer Sicht liegt eine Wettbewerbslage zwischen Kreditinstituten und Versicherungsunternehmen vor, nämlich in der Mittelveranlagung. Realistischerweise trifft dies vor allem für die Individualversicherungen, d.h. für die Lebensversicherung, Pensions- und Sterbekassen, Krankenversicherung, Schaden- und Unfallversicherung sowie die Rückversicherung zu. Dagegen unterliegen die Vermögensanlagen der Sozialversicherung, die eine Art Umlageverfahren zwischen Einnahmen und Ausgaben verfolgt, engen Grenzen. Ein Konkurrenzverhältnis der Individualversicherungen zu den Kreditinstituten ist vor allem bei den Anlagepositionen "Namensschuldverschreibungen, Schuldscheinforderungen und Darlehen" sowie "Hypotheken-, Grund- und Rentenschuldforderungen" in Betracht zu ziehen. In zunehmendem Maße treten in der jüngeren Vergangenheit allerdings Kreditinstitute als Darlehensnehmer auf, während die Direktkreditvergabe von Individualversicherungen an Unternehmen an Bedeutung verlor. Einen gewissen Stellenwert hat dagegen nach wie vor die Einräumung von Hypothekardarlehen, bei denen die Individualversicherungen seit Jahren ihre Stellung gut behaupten können.

Im Querschnitt der bundesdeutschen Bankenlandschaft ist festzustellen, daß zwischen Banken und Versicherungen ein erheblicher Grad an wechselseitiger Kapitalverflechtung besteht.

3.6.2.4 Leasing-Gesellschaften

Leasing bietet sich als Alternative zur Kreditfinanzierung an. Statt des kreditfinanzierten Ankaufes eines Investitionsobjektes besteht die Möglichkeit der Mietfinanzierung von beweglichen oder unbeweglichen Wirtschaftsgütern.

Grundsätzlich muß zwischen zwei Vertragstypen unterschieden werden. **Financial Leasing** liegt bei langfristig geschlossenen Verträgen vor, die während der Grundmietzeit nicht gekündigt werden können. Nach dem Mobilien-Leasing-Erlaß des Bundesministers der Finanzen vom 19. April 1971 müssen die in der Grundmietzeit zu entrichtenden Raten mindestens die Anschaffungs- oder Herstellungskosten sowie alle Nebenkosten einschließlich der Finanzierungskosten des Leasing-Gebers decken. Nach Ablauf der Grundmietzeit besteht ggf., sofern die Grundmietzeit kürzer ist als die betriebsgewöhnliche Nutzungsdauer, eine Kauf- oder Verlängerungsoption.

Im Gegensatz dazu sind **Operational Leasing**-Verträge kurzfristiger Natur. Darunter fallen auch die bekannten Formen des Konsumentenleasing (Leasing von Autos, Fernsehgeräten etc.).

Eine Sonderform stellt das sog. **"sale and lease back"**-Verfahren ("Verkauf und Rückmiete") dar. Der (zukünftige) Leasingnehmer verkauft zunächst das Wirtschaftsgut an eine Leasing-Gesellschaft und mietet es von dieser zurück.

Als Leasing-Geber kommen Hersteller (= direktes Leasing) oder Leasing-Gesellschaften (= indirektes Leasing), deren Geschäftszweck in der Vermietung von Wirtschaftsgütern besteht, in Frage. Das **Herstellerleasing** hat vor allem bei Datenverarbeitungsanlagen und in der Kraftfahrzeug-Industrie an Bedeutung gewonnen. In letzter Konsequenz stellt Hersteller- oder Produzentenleasing ein Instrument der Absatzförderung von Produktionsunternehmen dar. Eine ähnliche Zielsetzung wird durch das sog. Vertriebsleasing, einer Kooperationsform zwischen Investitionsgüterproduzenten und institutionellen Leasinggesellschaften, verfolgt, bei der sich der Hersteller um den Service und die Verwertung zurücklaufender Anlagen kümmert. Die Leasinggesellschaft wird Eigentümerin der Investition, sorgt für die Finanzierung und hilft bei der Akquisition.

Wirtschaftlichkeitsvergleiche zwischen dem Kreditkauf und Financial-Leasing[10] lassen in der Regel die Kreditfinanzierung günstiger erscheinen. Wenn man berücksichtigt, daß die Leasing-Gesellschaft neben dem Kaufpreis des Wirtschaftsgutes bzw. den Kapitalkosten auch den Verwaltungskostenanteil, die Risikoprämie und ggf. eine Gewinnquote kalkulieren muß, stellt sich dieses Ergebnis beinahe von selbst ein. Trotzdem können unter bestimmten Voraussetzungen die Differenzen auf ein Minimum sinken, in Grenzfällen mag Leasing sogar wirtschaftlicher als der Kreditkauf sein. Dieses ist vor allem dann der Fall, wenn bei grenzüberschreitenden Mietgeschäften, dem sog. Cross-border Leasing, Steuervorteile an den Leasingnehmer weitergereicht werden können. Solche Varianten finden neuerdings im Big-Ticket Leasing (v.a. Flugzeug-Leasing) vermehrt Anwendung.

Im Inland schneidet Leasing vor allem dann vergleichsweise günstig ab, wenn der auf das Wirtschaftsgut bezogene Eigenkapitalanteil mit dessen Kapitalkosten Berücksichtigung findet. In aller Regel sind die Motive, die aus der Sicht des mietenden Unternehmens Leasing attraktiv machen, jedoch anderer Art. Nach einer Erhebung des Deutschen Industrie- und Handelstages 1978 (Schaefer, A., 1978, S. 7) waren folgende Gründe für eine Entscheidung pro Leasing maßgebend:

---

10 Die Vorzüge des Operational Leasing liegen für das mietende Unternehmen vor allem in der kurzfristigen Kapazitätsanpassung begründet.

Tabelle 17: Gründe für die Leasing-Entscheidung

Grund	Prozent
Schonung der Eigenkapitaldecke	37,0
Liquiditätsvorsorge	15,0
Schonung der Sicherheiten	11,0
Ausdehnung des Finanzierungsvolumens	10,4
Kostenvorteile gegenüber dem Kredit	10,3
Einschränkung des Überalterungsrisikos	8,1
Feste Kalkulationsbasis	4,4
Beschaffung und Finanzierung aus einer Hand	3,8

Diagramm 33: Entwicklung des Leasing-Anteiles an den volkswirtschaftlichen Investitionen 1975 - 1990

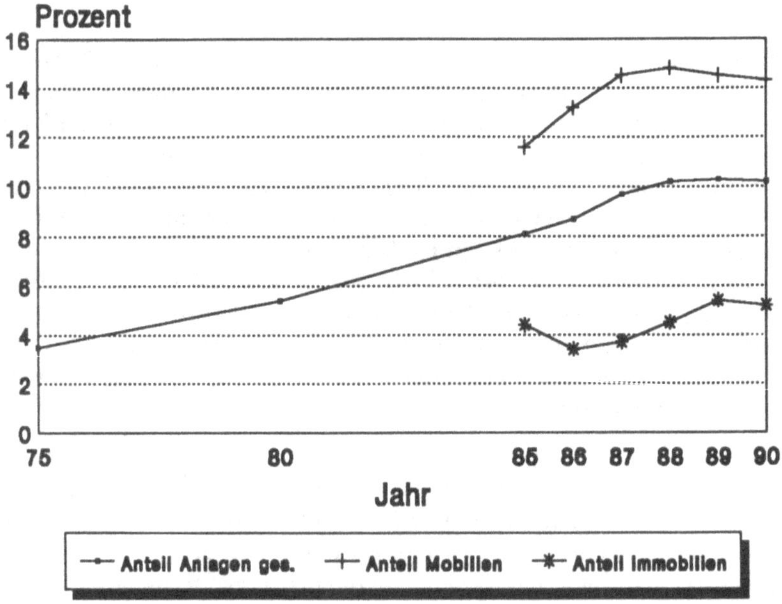

Quelle: Städler, A., 1990, S.5 ff.

Die Leasing-Quote verzeichnete bis zum Jahr 1988 einen rasanten Anstieg bis auf über 10%. Seither ist der Anteil leicht rückläufig, diese Entwicklung muß allerdings vor dem Hintergrund der insgesamt immens hohen volkswirtschaftlichen Investitionen gesehen werden.

In Deutschland sind Ende 1990 1.348 Leasing-Gesellschaften registriert (Wassermann, H., 1990). Von diesen betreiben 1.162 ausschließlich Mobilienleasing, 51 das Immobilienleasing und die restlichen 135 Unternehmen beide Formen. Immerhin 121 deutsche Leasing-Gesellschaften verfügen über ein haftendes Kapital von mehr als einer Mio. DM. Unter den 10 größten Anbietern befinden sich fünf Leasing-Töchter führender Kraftfahrzeughersteller, die anderen der Top 10 bieten ebenfalls private und Nutzfahrzeuge an. Neben der Kfz-Industrie kommen weitere zwei Drittel der mittelbar oder unmittelbar Beteiligten aus dem Bankensektor und dem Ausland. Hierbei entfallen auf den Sparkassensektor neun, auf Kreditgenossenschaften vier, auf die Deutsche Bank zehn, die Dresdner Bank acht und die Commerzbank zwei Institute. Insgesamt 116 Anbieter haben ausländische Eigentümer.

Einen Anteil von fast 50% (Ende 1990: 43,2%) des Leasing-Volumens nimmt die Vermietung von Kraftfahrzeugen ein. Nahezu 20% der in Deutschland registrierten Neuzulassungen sind auf Leasing zurückzuführen. Büromaschinen und EDV-Anlagen - als Wegbereiter der Branche - haben ihre einstige Dominanz eingebüßt und stellen nur noch 22% des Vermietungsgeschäftes. Mit der zu erwartenden anhaltenden Preiserosion im Hardwarebereich und dem Trend zu Individualsoftware ist mit einer weiteren Verringerung dieses Anteils zu rechnen.

Bei den Leasing-Kunden dominiert das verarbeitende Gewerbe mit einem Anteil von 30,4%. Ein starker Zuwach ist in der Dienstleistungsbranche zu verzeichnen. Insbesondere bei der Berufsgruppe der freiberuflich Tätigen ist ein Trend entgegen der bisher typischen Eigentumspräferenz festzustellen. Ein Zusammenhang zu der zunehmenden Verbreitung der Mikroelektronik sowie zu dem sich beschleunigenden technischen Wandel ist sicherlich nicht abwegig. Diese Kundengruppe "sonstige Dienstleistungen" stellt derzeit das wachstumsstärkste Marktsegment der Leasing-Anbieter dar.

Auch in den neuen Bundesländern sind rege Leasing-Aktivitäten mit Schwerpunkt in der Automobilbranche festzustellen. Die Leasing-Quote liegt noch deutlich unter der westdeutschen Vergleichszahl. Für eine Angleichung müßten Ausrüstungsgüter im Wert von ca. 6 Mrd. DM vermietet werden. Leasing ist hier bereits seit 1986 erlaubt, das bisherige Volumen war allerding gering. Die Zukunft der Branche hängt unter anderem, trotz eines erheblichen Nachholbedarfs, sehr stark von einer möglichen Investitionszulage ab. Besonders aussichtsreich könnte zunächst ein Second-hand Leasing sein, bei dem zurücklaufende Anlagen weitervermarktet werden.

3.6.2.5 Factoring- und Forfaitierungsgesellschaften

Factoring hat den Ankauf von Geldforderungen aus Warenlieferungen und Dienstleistungen zum Gegenstand. Von seiten der Factoring-Gesellschaft können Finanzierungs-, Delkredere- und Dienstleistungsfunktionen ausgeübt werden. Die Übernahme der **Finanzierungsfunktion** zielt auf eine (vollständige oder teilweise) Bevorschussung der abgetretenen Forderungen ab. Um eine bonitätsmäßig negative Auslese der Zahlungspflichtigen und eine dadurch bedingte Risikoanhäufung zu verhindern, muß dem Factor auf der Basis einer Rahmenvereinbarung der pauschale Forderungsbestand angedient werden. Leistet der Factor erst bei Fälligkeit Zahlung, liegt Maturity Factoring vor. In diesem Fall steht die **Delkrederefunktion** im Vordergrund. Um echtes Factoring handelt es sich, wenn ein Rückgriffsrecht des Factors an das abtretende Unternehmen ausgeschlossen bleibt, das Risiko des Forderungseinganges also bei der Factoring-Gesellschaft verbleibt. Andernfalls sprechen wir von unechtem Factoring.

An **Dienstleistungsfunktionen** können dem Factor vor allem die Führung der Debitorenbuchhaltung, die Überwachung des Forderungeinganges, das Mahnwesen und ggf. die Kreditwürdigkeitsprüfung der Abnehmer übertragen werden. In Einzelfällen kommt es zur Ausübung von Beratungsfunktionen.

Während beim offenen oder notifizierten Factoring die Forderungsabtretung dem Zahlungspflichtigen mitgeteilt wird, erhält beim stillen oder nicht notifizierten Factoring der Schuldner keine Kenntnis vom eingegangenen Factoring-Vertrag. Das abtretende Unternehmen leitet in diesem Falle die eingehenden Zahlungen an den Factor weiter. Factoring-Gesellschaften nehmen in Deutschland vor allem mittelständische Industriebetriebe mit Jahresumsätzen zwischen 5 und 200 Mio. DM in Anspruch. Im Gegensatz zum Leasing konnte sich Factoring bisher nicht in größerem Umfang durchsetzen. Seiner Entwicklung hinderlich war vor allem die Vorstellung, nur in hohem Grade illiquide oder verschuldete Unternehmen würden offene Abtretungen ihrer Forderungen zulassen. An Kosten fallen für das Factoring je nach Leistungsumfang ein Diskont und eine Delkrederegebühr (i.d.R. 1%-1,5%) an.

Im Jahre 1990 waren in Deutschland insgesamt 50 Factoring-Gesellschaften, davon 13 in nennenswertem Umfang, aktiv. Von den 7 Gesellschaften mit über einer Mrd. DM Jahresumsatz sind fünf im Besitz in- und ausländischer Banken.

Diagramm 34 zeigt die Umsatzentwicklung der 12 im deutschen Factoring-Verband zusammengeschlossenen Anbieter.

Diagramm 34: Factoringumsätze in Deutschland 1980 -1990

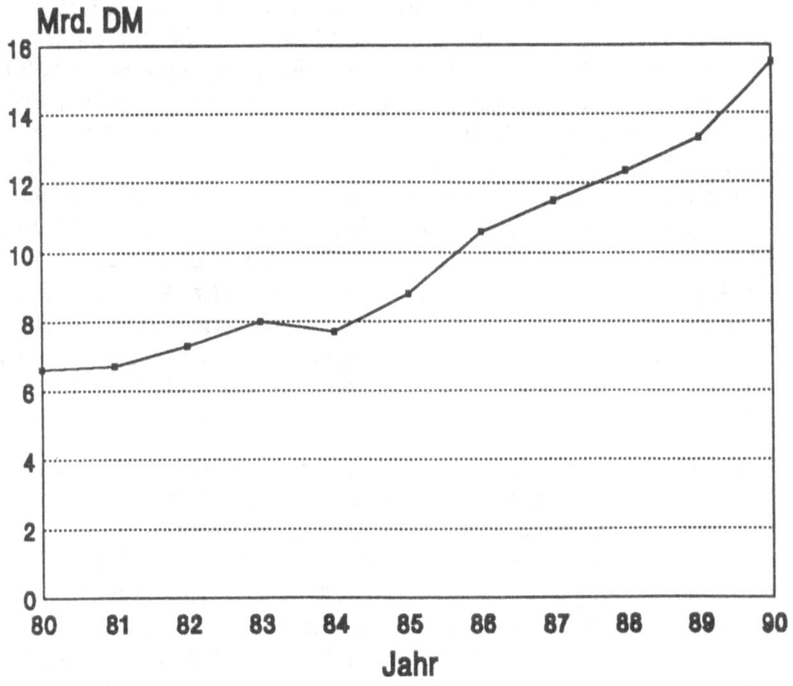

Quelle: Wassermann, H., 1991, S. 156.

Dabei wird deutlich, daß sich die Umsätze im vergangenen Jahrzehnt mehr als verdoppelt haben. Mit einem weiteren Anstieg ist durch den Anschluß der neuen Bundesländer im nächsten Jahrzehnt zu rechnen.

Eine interessante Spielart des Factoring ist die **Forfaitierung.** Auch bei der Forfaitierung liegt ein (regreßloser) Forderungsverkauf zugrunde, doch entstammt die abgetretene Forderung einem Exportgeschäft. Im Gegensatz zum Factoring ist die Abtretung auch nicht an die pauschale Andienung eines Forderungsbestandes gebunden, es ist vielmehr die Abtretung einzelner Forderungen möglich. Forfaitierungs-Gesellschaften stellen die Einbringlichkeit der abgetretenen Forderungen in der Regel durch eine vom Kreditnehmer benannte renommierte Bank oder durch eine staatliche Garantie des Importlandes sicher.

3.6.2.6 Kapitalbeteiligungsgesellschaften/Venture-Capital Gesellschaften

Kapitalbeteiligungsgesellschaften kommt die Aufgabe zu, die Eigenkapitalversorgung nicht kapitalmarktfähiger Klein- und Mittelbetriebe zu stützen. Bei diesen Betriebsgrößen stellen sich häufiger Barrieren des einzelwirtschaftlichen Wachstums ein, die durch die knappe Eigenkapital-Decke bedingt sind. Zwar ist nach Absatz- und Rentabilitätskriterien gesehen eine Kapitalaufstokkung voll gerechtfertigt, ggf. sogar unabdingbar, doch anderseits sollen die bisherigen Sicherheitsverhältnisse - meist handelt es sich um Familienbetriebe - unangetastet bleiben. Verfügen nun die bisherigen Anteilseigner nicht über ausreichende finanzielle Reserven, unterbleibt die Zuführung von zusätzlichem Beteiligungskapital. Eine ersatzweise Finanzierung mit Fremdkapital scheitert an der selbst gesetzten oder von Kreditgebern vorgegebenen Verschuldungsgrenze. Um diesen Unternehmen eine bedarfsgerechte Finanzierung anbieten zu können, wurden von Banken und der öffentlichen Hand Kapitalbeteiligungsgesellschaften gegründet.

Kapitalbeteiligungsgesellschaften erwerben Anteilsrechte an Einzelunternehmen, Personengesellschaften oder an nicht kapitalmarktfähigen Kapitalgesellschaften und stellen damit voll haftendes Eigenkapital zur Verfügung. Trotzdem müssen die bisherigen Anteilseigner nicht um den Verlust ihrer Mehrheit fürchten. Grundsätzlich gehen Kapitalbeteiligungsgesellschaften nur Minderheitsbeteiligungen bis zur Grenze von 49% des Eigenkapitals ein. Zudem ist nur ein befristetes Beteiligungsverhältnis vorgesehen. Nach einer bestimmten Mindestfrist kann das kapitalaufnehmende Unternehmen die Beteiligung wieder zurückerwerben. Die in der Zwischenzeit erwirtschafteten Erträge sollten zum Rückkauf ausreichen. Unabhängig von der geringen Einflußnahme, die Kapitalbeteiligungsgesellschaften auf die Unternehmensführung ausüben, verfügen sie aus ihrer Erfahrung häufig über einen ausgezeichneten Beratungsservice (z.B. zum Aufbau eines instrumentalen Rechnungswesens), auf das gerne zurückgegriffen wird. Von der Rechtskonstruktion wird vor allem die Beteiligung in Form einer stillen Gesellschaft bevorzugt, da damit keinerlei Publizitätspflicht verbunden ist. Auch wird die Haftung der Beteiligungsgesellschaft auf die Höhe der eingegangenen Beteiligung begrenzt.

Eine neue Spielart, die sich insbesondere auf die Finanzierung von bei Unternehmensgründungen regelmäßig benötigten Eigenmitteln bezieht, ist das sog. **Venture Capital.** Diese Form der Kapitalbeteiligung wird vielfach durch von Banken und herkömmlichen Kapitalbeteiligungsgesellschaften eigens zu diesem Zweck gegründeten Fonds dargestellt.

Die Kosten dieser Eigenkapitalfinanzierung setzen sich aus einer Mindestverzinsung, einer Gewinnbeteiligung und einer Wertzuwachspauschale zusammen. Sie liegen deutlich höher als die Kosten einer Kreditfinanzierung. Weder von der Funktion der Kapitalbeteiligungsgesellschaft noch von der Kostenbelastung her eignet sich diese Finanzierungsform für Sanierungsprogramme. Die Zielgruppe der Beteiligungsgesellschaften sind vielmehr wirtschaftlich solide Unternehmen mit Wachstums- und Ertragschancen. Die Einzelbeteiligung liegt im Regelfall unter 1 Mio. DM, woraus bereits die Größenordnungen erkennbar werden. Im volkswirtschaftlichen Rahmen spielt das Finanzierungsvolumen der Kapitalbeteiligungsgesellschaften keine nennenswerte Rolle. Ungeachtet davon ist diese Finanzierungshilfe für einzelne Klein- und Mittelbetriebe außerordentlich fruchtbringend.

3.6.2.7 Kreditgarantiegemeinschaften (Bürgsschaftsbanken)

Kreditgarantien kommt ergänzende Funktion zu. So gesehen liegt auch kein Konkurrenzverhältnis vor, die Gewährleistung von seiten eines Garantieträgers soll ganz im Gegenteil die Leistungsinanspruchnahme eines Kreditinstitutes erst ermöglichen oder zumindest erleichtern. Garantieleistungen werden in Deutschland von der **Hermes Kreditversicherungs-AG** angeboten. Diese nach dem klassischen Versicherungsprinzip arbeitende staatliche Institution soll die spezifischen Risiken von Forderungsausfällen bei der Insolvenz in- und ausländischer Abnehmer von Waren und Dienstleistungen, abdecken.

Seit 1987 können auch Unternehmen mit einem Jahresumsatz von unter 4 Mio. DM den Versicherungsschutz des Kreditversicherers in Anspruch nehmen.

Für den Handel, das Handwerk, die mittelständische Industrie, das Hotel- und Gaststättengewerbe und den Gartenbau bestehen etwa 40 **Kreditgarantiegemeinschaften**. Diese leisten Kreditgarantien vor allem für Unternehmen, deren Ertragskraft zwar die Kreditgewährung rechtfertigt, die aber über keine ausreichenden Sicherheiten verfügen. Als vielfach unverzichtbare Starthilfe versteht sich die Garantieübernahme bei der Errichtung von Betrieben (Existenzgründungskredite). Kreditgarantiegemeinschaften übernehmen grundsätzlich nur Teilgarantien (bis zu höchstens 80% des Kreditvolumens), die Abdeckung des Restrisikos ist durch bankübliche Sicherheiten vorzunehmen. Das gesamte Bürgschaftsvolumen der Kreditgarantiegemeinschaften bewegt sich - an volkswirtschaftlichen Dimensionen gemessen - in engen Grenzen, doch muß hier ähnlich wie bei den Kapitalbeteiligungsgesellschaften ihre unverzichtbare Funktion für gewerbliche Klein- und Mittelbetriebe unterstrichen werden.

3.6.2.8 Kreditkartengesellschaften

Eine wachsende Bedeutung in der nationalen und internationalen Bankenlandschaft kommt dem sog. Plastikgeld und den dahinterstehenden Organisationen und Institutionen zu. Insbesondere die Kreditkarte, deren Idee ihren

Ursprung um die Jahrhundertwende in den USA hatte, verkörpert Bankfunktionen. Neben ihr unterscheiden wir ferner reine Legitimationskarten (z.B. ADVOCARD) und reine Zahlungsverkehrskarten. Bei der letzteren kann eine weitere Differenzierung in Debitkarten und Prepaid-Karten (z.B. Telefonkarte) vorgenommen werden. Bekannteste Debitkarte in Deutschland ist die ec-Karte, mit einer welteiten Verbreitung von 42 Mio. Stück und einer bundesweiten Verbreitung von 23 Mio. Stück (Stand Mitte 1990).

Diagramm 35: Kartentypen und Kartensysteme

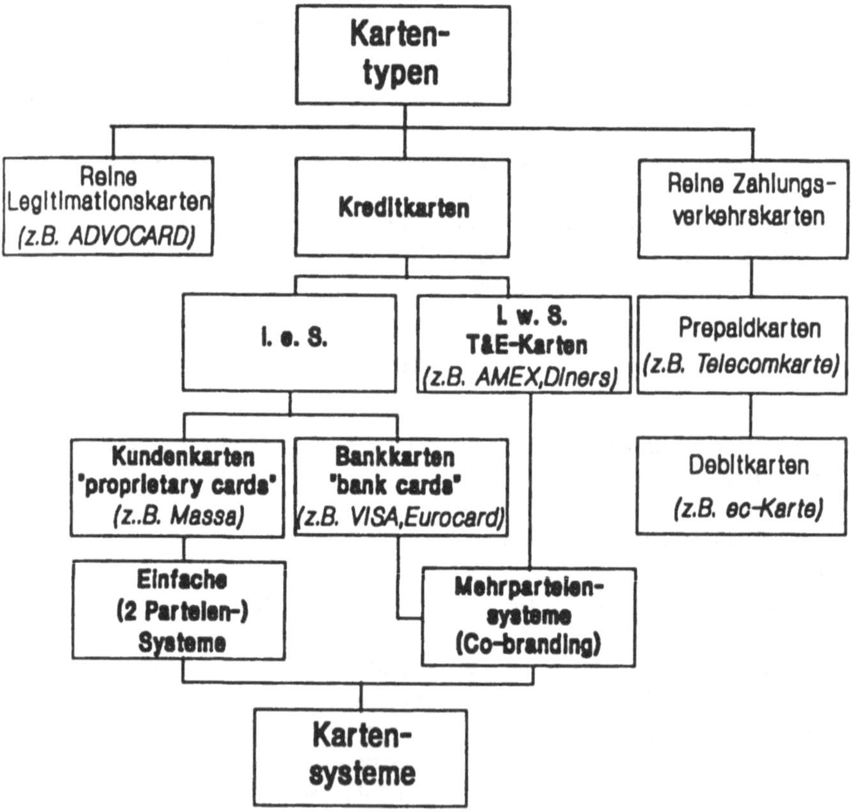

In Abhängigkeit von der marktpolitischen Zielsetzung der Kreditkartenorganisationen haben sich unterschiedliche Systeme, namentlich:

- Zwei-Parteien und
- Drei- oder Mehrparteien-Systeme (mit und ohne co-branding)

herausgebildet.

Unter der Differenzierung nach dem Kriterium der hinter dem Besitz der Karten stehenden Leistungen, kann eine Klassifikation der Kartenarten (Kartentypen) vorgenommen werden.

Die ältesten Karten sind die sog. **Kundenkarten** oder proprietary cards (Kreditkarten i.e.S.), denen ein einfaches Zwei-Parteien-System zugrundeliegt. Sie dienen v.a. Warenhäusern (z.B. Massa, Hertie) und Mineralölfirmen zur Intensivierung der Kundenbeziehung, zur teilweisen Vereinfachung der Finanztransaktion oder als Bonitätsausweis. Markantestes Merkmal dieses Kartentyps liegt in der Identität der Interessen zwischen Kartenherausgeber und dem Handelsunternehmen.

Seit den frühen fünfziger Jahren verbreiten sich Mehrparteien-Kartensysteme. Nach dem Herausgeber dieser Karten unterscheiden wir Bankkarten (Kreditkarten i.e.S.) und Travel&Entertainment-Karten (=T&E; Kreditkarten i.w.S.).

Die **Bankkarten** (z.B. VISA, Euro-/Mastercard) werden regelmäßig von Kreditinstituten ausgestellt. Der Karteninhaber wird hierbei mit einem festen Kreditrahmen seiner Bank ausgestattet. Er kann damit unter Verwendung der Karte bei Vertragsunternehmen Kreditkäufe tätigen.

Die klassische Form der Mehrparteien-Kreditkarte ist die **T&E-Karte** (z.B. American Express, Diners, carte blance, Lufthansa Travel Card). Diese charge cards (=Belastungskarten) haben die Funktion von Zahlungskarten mit monatlicher Rechnungsstellung. Für die dahinter stehende Leistung ist eine Jahresgebühr zu entrichten.

Typisch für Mehrparteien-Systeme sind Zusatzleistungen aus dem Versicherungsbereich. Einer solchen Leistungskombination liegt nicht selten ein cobranding zweier Finanzinstitute zugrunde.

Die Verbreitung der Kreditkarten ist weltweit sehr unterschiedlich. Während in den USA etwa 75% aller privaten Einkäufe per Kreditkarte getätigt werden, liegt dieser Anteil in Deutschland (Ende 1990) bei unter 5%. Mit der Integration Europas ist mit einem beschleunigten Wachstum von Zahlungen via Kreditkarte auch in Deutschland zu rechnen. Damit werden die Kreditinstitute einem wachsenden Konkurrenzdruck ausländischer Kartenorganisationen ausgesetzt. Hier hat das deutsche Kreditgewerbe durch seine bislang eher zögerliche Haltung nur eine schwache Ausgangsposition. Auch die Verbreitung nationaler Kartensysteme außerhalb des Bankensystems deuten auf einen mittlerweile erheblichen Konkurrenzdruck.

Tabelle 18: Verbreitung der bekanntesten Karten - Die Top 10 (Mitte 1990)

Rang	Deutschland (Stück)		Weltweit (Stück)	
1	eurocheque Karte	23 Mio.	Visa Karte	220 Mio.
2	ADAC-Clubkarte	10 Mio.	Eurocard	150 Mio.
3	Auto Card (Allianz)	3,5 Mio.	eurocheque Karte	42 Mio.
4	Servicekarte der Banken und Sparkassen	3,5 Mio.	American Express Karte	34 Mio.
5	Eurocard	2 Mio.	Hertz Business Club Kreditkarte	8 Mio.
6	Bücherbund Club-Ausweis	1,5 Mio.	Northwest Airlines Worldperks Card	5 Mio.
7	DKV-Medi-Card	1,3 Mio.	Auto Card (Allianz)	3,5 Mio.
8	Vereinte Krankenversichung Klinik-Card	1,2 Mio.	Servicekarte der Banken und Sparkassen	3,5 Mio.
9	Bundespost Telefon-Wertkarte	1 Mio.	AVIS Wizard Card	3 Mio.
10	Bertelsmann Club Karte	1 Mio.	Diners Club Karte	5 Mio.

Quelle: Hoppenstedt und Wolff (Hrsg.), 1990, S. 500.

Ferner ist zukünftig durch die Weiterentwicklung des Kartenmediums zur sog. **smart card** mit einer Erweiterung der Anwendungen zu rechnen. Solche Multifunktionskarten erlauben Token-Anwendungen und kommen somit Bestrebungen zur Integration verschiedener Leistungsangebote (Stichwort Allfinanz) entgegen. Dabei geht allerdings die bisher werbewirksame, sichtbare Differenzierung und damit ein gewisser Snob-Effekt verloren. Voraussetzung einer solchen Entwicklung bleibt die Kompatibilität der Netze und technischen Systeme. Die Bereitschaft der Kartenorganisationen, Kundendaten untereinander auszutauschen, sowie die Fragen des gesetzlichen Datenschutzes bleiben limitationale Faktoren des aufgezeigten Prozesses.

3.6.2.9 Corporate Banks

In multinationalen Konzernen vollzieht sich neuerdings ein Strukturwandel, der sich durch die Aufwertung von Finanzabteilungen (treasury departments) zu umfassenden Finanzinstitutionen kennzeichnen läßt. Diese als Profit-Center geführten Corporate Banks treten in zunehmenden Maße als Selbstversorger und neuerdings als Substitutionskonkurrenz für die Kreditwirtschaft bei deren begehrtestem Klientel auf. Dadurch kommt es zu einer verstärkten Disintermediation. Auch typische Bankprodukte gehören zum Leistungsumfang der neuen Wettbewerber.

Im Privatkundengeschäft sind sie vor allem in den Bereichen

- Fahzeugleasing,
- Akkreditive,
- Factoring und
- Konsumentenkredite

äußerst aktiv. Daneben brechen sie in das traditionelle Firmenkundengeschäft mit

- Risikomanagement,
- Cash-management,
- Entwicklung von Kapitalmarktinstrumenten,
- Wertpapieremissionen,
- Aufbau und Bereitstellung von Datennetzen und
- Mergers & Acquisitions

ein. Bereits im Jahre 1985 gelang es dem Ölmulti British Petroleum (BP) völlig ohne Bankhilfe eine Anleihe am internationalen Kapitalmarkt zu plazieren.

Der Ausgangspunkt des Auftretens der Non-bank Konkurrenz liegt in der Angleichung an die bisherigen Vorteile der Banken. Vor diesem Hintergrund sind insbesondere folgende Faktoren bedeutsam:

1. Volumen und Häufigkeit der Finanztransaktionen,
2. Internationale und produktmäßige Verbreiterung, dadurch Diversifizierung der Risiken,
3. Schwindender Informationsvorsprung,
4. Schwindende Kostenvorteile,
5. Bonität der Unternehmen,
6. Technologische Entwicklung,
7. Dregulierung,
8. Direkte Vorteile: Kundenbeziehungen, finanztechnisches und Markt-Know-how.

Nach einer Studie der Mc Kinsey Unternehmensberatungsgesellschaft (Hagemann, H., 1991) tragen die hochentwickelten Corporate Banks Europas bereits 20% und mehr zum Gesamtgewinn ihres Unternehmens bei. Das Corporate Banking der Unternehmensgruppe ABB hat mit 600 Mitarbeitern in 1990 gut 100 Mio. US-Dollar Gewinn vor Steuern erwirtschaftet. Bei den zehn umsatzstärksten europäischen Unternehmen befassen sich bereits 64 rechtlich selbständige Einheiten mit dem Angebot von Finanzdienstleistungen, davon offerieren fünf eine derart umfassende Palette von Bankprodukten, daß sie als Corporate Banks zu bezeichnen sind.

Tabelle 19: **Anzahl der Tochtergesellschaften im Finanzdienstleistungsbereich der zehn größten europäischen Unternehmen**

Versicherung	10
Leasing, Factoring	16
Finanzierung	33
Corporate Banks	5
Summe	**64**

Quelle: Hagemann, H., 1991, S. 167.

Ein Ende des beschriebenen Strukturwandels ist derzeit nicht absehbar. Entwicklungen in den USA lassen eine Trendverstärkung vermuten. Der US-Handelskonzern Sears Roebuck erwirtschaftet ca. 80% seines Unternehmensergebnisses mittlerweile via Finanzdienstleistungen. Die Finanzabteilungen selbst kleinerer deutscher Unternehmen öffnen sich zusehends dem Corporate Banking. Seitens der Kreditwirtschaft ist mit dem Aufbau zahlreicher Corporate-Finance Abteilungen (und Geschäftsbereichen) bereits eine Anpassungsreaktion (vgl. Kap. 6) zu verzeichnen.

Empfohlene ergänzende Literatur

Zur Struktur und Funktion der Finanzmärkte:

- Christians, F. W. (Hrsg.): Finanzierungshandbuch, 2. Aufl., Wiesbaden 1988.
- Loistel, O.: Computergestütztes Wertpapiermanagement, 2. Aufl., München 1989.
- Schätzle, R.: Handbuch Börse 1991, München 1990.
- Braunberger, G. und T. Knipp (Hrsg.): Die Deutsche Terminbörse, Frankfurt 1989.

Zur Einführung in die EDV:

- Hansen, H. R.: Wirtschaftsinformatik I. Einführung in die betriebliche Datenverarbeitung. 3. Aufl. Stuttgart/New York 1981.
- Scheer, A. W.: EDV-orientierte Betriebswirtschaftslehre, Berlin 1984.

Zu Innovationen:

- BIZ (Hrsg.), Zahlungsverkehrssysteme in elf entwickelten Ländern, Frankfurt 1989.
- OECD (Hrsg.), Electronic Fund Transfer - Plastic Cards and the Consumer, Paris 1989.
- Chorafas, D. N.: Electronic Banking - eine langfristige Strategie, Wiesbaden 1989.
- Frank, G.: Neuere Entwicklungen im elektronischen Zahlungsverkehr, Frankfurt 1990.

Zur Konkurrenz im Kreditgewerbe:

- Kaven, J. P.: Alte und neue Dimensionen des Bankenwettbewerbs, ZfgK 2/1987, S. 55-59.
- Franck, H.: Die Entwicklung der Marktanteile der Bankengruppen in den letzten 25 Jahren, Sparkasse 9/1988, S. 409-417.

Kontroll- und Verständnisfragen

(1) In welche Segmente läßt sich der Finanzmarkt unterteilen?

(2) Nennen Sie die Organe des institutionalisierten Kapitalmarktes sowie deren Funktionen.

(3) Schildern Sie die unterschiedlichen Zulassungsvoraussetzungen für die einzelnen Börsensegmente.

(4) Erläutern Sie die Kursfeststellung für einen Wert des amtlichen Handels anhand eines selbstgewählten Beispiels.

(5) Welche Funktionen vereinigt die Deutsche-Wertpapier-Datenzentrale und welche Integrationsschritte werden durch sie vollzogen?

(6) Welche Produktivkräfte (Ressourcen) setzt die Errichtung und Führung einer Bank voraus?

(7) Welche Funktionen übernimmt das Eigenkapital in einem Bankbetrieb und welche Möglichkeiten zur Kapitalbeschaffung stehen den unterschiedlichen Kreditinstituten zur Verfügung?

(8) Welches sind die wesentlichen Einsatzformen der EDV im Bankbetrieb?

(9) Differenzieren Sie die Nachfragefaktoren für Bankdienstleistungen der einzelnen Wirtschaftssektoren. Gibt es auch konjunkturelle Einflüsse?

(10) Erklären Sie den Kreditschöpfungsprozeß an Hand einfacher Bilanzen von zwei Banken (Aktiva: Barreserve, Kredit; Passiva: originäre Einlagen; derivative Einlagen).

(11) Schildern Sie die wichtigsten Einsatzmöglichkeiten einer Verbandspolitik im Kreditgewerbe und deren Grenzen.

(12) Gibt es im deutschen Kreditgewerbe institutsübergreifende Sicherungssysteme? Welche?

(13) Zeigen Sie die markantesten Merkmale der einzelnen kreditwirtschaftlichen Sektoren auf.

(14) Erläutern Sie die unterschiedliche Geschäftsstruktur der Bankengruppen.

(15) Welche Beziehungen erkennen Sie zwischen der Stellendichte und den Marktanteilen der einzelnen Bankengruppen?

(16) Geben Sie einen Überblick über den sog. Paramonetären Bereich.

(17) Welche unterschiedlichen Funktionen werden durch das Factoring abgedeckt und welche Gebühren werden hierfür erhoben?

(18) Welche Arten von Kapitalanlagegesellschaften kennen Sie?

(19) Skizzieren Sie die unterschiedlichen Interessen von privaten Haushalten und Unternehmen am Leasing.

(20) Skizzieren Sie die unterschiedlichen Kartensysteme und stellen Sie eine Verbindung zu den Kartentypen her.

(21) In welchen Bereichen des Bankgeschäftes treten Nichtbankunternehmen besonders intensiv in Konkurrenz zum Kreditgewerbe?

Abschnitt B:

Bankpolitik

(einschließlich Bankgeschäfte)

4. Unternehmensziele und Unternehmensführung

4.1 Unternehmensziele

4.1.1 Unternehmensphilosophie

Menschliches Handeln ist - bewußt oder unbewußt - zielorientiert. Das grundlegende, Langfristigkeitscharakter aufweisende Leitbild, an dem Entscheidungen im Unternehmen auszurichten sind, liefert die **Unternehmensphilosophie.** Sie ist sichtbarer Ausdruck der jeweiligen **Unternehmenskultur.** Dabei werden bestimmte Kulturelemente auf die einzelwirtschaftliche Ebene übertragen, die eine möglichst hohe Identifikation der Mitarbeiter mit ihrem nach außen möglichst unverwechselbaren Unternehmen erreichen sollen.

Neue Führungsstile und Führungsprinzipien fördern den dezentralen Entscheidungsprozeß und die relative Selbständigkeit der einzelnen Abteilungen, die als (Sub-)Unternehmen im Unternehmen verstanden werden. Unter diesen Voraussetzungen ist ein verbindlich festgelegtes **Unternehmensleitbild als Orientierungsmaßstab** unverzichtbar, auch wenn der Wandel zugunsten partizipativer Führungsstrukturen nur zögernd vor sich gehen mag. Die Formulierung der Unternehmensphilosophie verfolgt aber auch **motivationale Zwecke.** Es zeigt sich, daß der Motivationsgrad und die Arbeitswilligkeit der Mitarbeiter in Unternehmen, die ein Unternehmensleitbild vorgeben, vergleichsweise höher ist. Erst die Unternehmensphilosophie, eine Art Vision darstellend, hebt die Arbeit über das bloße Einkommensmotiv hinaus und macht sie zu einem individuellen Beitrag zur Bedürfnisbefriedigung.

Bei der Formulierung der Unternehmensphilosophie ist zunächst ein Generalziel (Sachziel) in Form des Unternehmenszweckes (Angebot von bestimmten Produktions-, Handels- oder Dienstleistungen) vorzugeben. Dieses Generalziel ist, um langfristig gültig sein zu können, umfassend zu konzipieren (z.B.: "Angebot von Dienstleistungen zur Lösung von Kundenproblemen auf dem Gebiete der finanziellen Sphäre"). Ohne Aussagekraft wären anderseits, trotz des unvermeidbaren Abstraktionsgrades und der Allgemeingültigkeit des Generalzieles, inhaltsleere Phrasen (z.B.: "Beitrag zur weltweiten Hebung des Lebensstandards"). Üblicherweise gehen in die Unternehmensphilosophie auch die Beziehungen zu den Anteilseignern (**Gewinnausschüttungsziele**), den Organisationsmitgliedern (**Personalziele**, insbesondere Ausbildungsziele), den Kunden[1] (**Leistungsprogrammziele**, Grundsätze der Preispolitik), zur Öffentlichkeit (**Imageziele**) und ggf. auch zum Wirtschafts- und Gesellschaftssystem (**wirtschafts- und gesellschaftspolitische Ziele**) ein.

---

[1] Die Beziehungen zu den Lieferanten sind im Bankbetrieb ganz im Gegensatz zur Industrie und zum Handel nur von relativ geringer Bedeutung.

Unternehmensleitbilder haben im deutschen Kreditgewerbe - verglichen mit schweizerischen und amerikanischen Instituten - keine sehr lange Tradition. Noch immer verfügen bei weitem nicht alle deutschen Banken über die schriftliche und veröffentlichte Darlegung ihrer Unternehmensphilosophie und -ziele.

Bei der Commerzbank AG[2] - deren Unternehmensleitbild wir exemplarisch darlegen wollen - hat der Prozeß zur Konstruktion eines Leitbildes Ende 1986 begonnen. Ein Jahr nach der ersten Initiative wurde zunächst eine Mitarbeiterumfrage gestartet. Der erste Leitbildentwurf wurde in vier Arbeitsgruppen im Frühjahr 1988 erarbeitet und im Sommer 1988 der Strategiekommission vorgelegt. Eine im Januar 1989 gegründete Corporate Identity (CI)-Kommission bereitete die erste Vorstandsvorlage, die diesem im Sommer 1989 erstmalig präsentiert wurde. Es erfolgte eine Verabschiedung im Vorstand im Januar 1990, woraufhin zunächst die Führungskräfte (3/90) und anschließend alle Mitarbeiter (4/90) informiert wurden.

Im Mai 1990 begann die CI-Kommission mit der Steuerung der Umsetzung. Dabei wurde beschlossen, die Vorstände der Bank stärker einzubinden. Diese führten im Sommer 1990 zusammen mit ihren Gebietsstellen- und Ressortleitern Präsentations- und Diskussionsveranstaltungen durch, womit die regionalen Umsetzungsmaßnahmen eingeleitet wurden. Gleichzeitig wurden Trainingsveranstaltungen für Führungskräfte gestartet.

Seit Ende 1990 sichtet und diskutiert die CI-Kommission Maßnahmen in den Bereichen:

- Steuerung und Organisation,
- Führung und Zusammenarbeit,
- Kommunikation sowie
- Kunde und Markt.

Im Ergebnis werden die Machbarkeit und die Umsetzungsplanung abgestimmt. Zur Unterstützung und Umsetzung des Bereiches Führung und Zusammenarbeit wurde ein Führungskonzept erarbeitet, das in Teilprojekten umgesetzt wird. Ferner wird bis zum Jahr 1993 flankierend eine Geschäftsstellenstrukturreform durchgeführt.

Der dargestellte CI-Prozeß verdeutlicht, welche enormen Anstrengungen zur Kreation und Umsetzung eines Unternehmensleitbildes aufgewendet werden müssen. Damit wird noch einmal die Langfristigkeit einer solchen Richtschnur deutlich.

---

2 Der Verfasser ist Herrn Generalbevollmächtigten Dr. Manfred Wilsdorf von der Commerzbank AG für das freundlicherweise zur Verfügung gestellte Leitbild der Bank zu Dank verpflichtet.

Leitbild des Commerzbank-Konzerns (Fassung 1990)

I. Unternehmen, Tradition und Ziele
In der weltoffenen Tradition unserer Bank fühlen wir uns unseren Kunden partnerschaftlich verpflichtet.

II. Gesellschaftliche Verantwortung
Wir bekennen uns zu den Prinzipien des fairen Wettbewerbs auf Basis der sozialen Marktwirtschaft und einer freiheitlichen Gesellschaftsordnung.

III. Partnerschaftliche Kundenbeziehung
Im Mittelpunkt unserer unternehmerischen Strategien und Konzepte steht der Kunde.

IV. Unternehmerisches Handeln
Auf allen Ebenen der Bank steht unternehmerisches Denken und Handeln im Vordergrund.

V. Führung und Zusammenarbeit
Unsere Mitarbeiter bestimmen durch ihre Leistung entscheidend den Unternehmenserfolg. Alle Mitarbeiter sind sich bewußt, daß sie dazu beitragen, das Bild der Bank in der Öffentlichkeit zu prägen.

VI. Konzernsteuerung, Kommunikation und Organisation
Die Kommunikation in der Commerzbank vollzieht sich offen und vermittelt Zielsetzungen, Grundsätze und Wertmaßstäbe nach innen und außen.

Die Leitlinien sind eingerahmt von den Grundlagen der Bank, in denen detaillierte Vorgaben zu weiteren regelungs- und ausrichtungsbedürftigen Bereichen, wie

- der unternehmerischen Unabhängigkeit,
- der globalen Präsenz und regionalen Schwerpunktsetzung,
- der gesellschaftlichen Verantwortung,
- dem Beitrag zur Funktionsfähigkeit der Finanzmärkte,
- dem Slogan ("Die Bank an ihrer Seite"),
- dem zielgruppenorientierten Marketing,
- dem ertragsorientierten Wachstum als Ziel,
- der Lernbereitschaft bei Fehlern und Irrtümern,
- dem Führen durch Vorbild und Überzeugung,
- dem Teamgeist und den Freiräumen,
- der Zusammenarbeit zwischen den Gremien,
- der Konzernsteuerung,
- dem Controlling und
- dem Verhältnis zu modernen Techniken

gegeben werden. Damit ist das Leitbild der Commerzbank auch im Vergleich zu den Leitbildern möglicher Konkurrenten außerordentlich breit angelegt.

4.1.2 Monetäre und nichtmonetäre Ziele

Ganz im Gegensatz zur Unternehmensphilosophie, die den Unternehmenszweck und Grundsätze der Unternehmensführung beinhaltet, gibt die Unternehmensplanung konkrete monetäre und nichtmonetäre Ziele, meist in quantifizierender Form, vor. Hinsichtlich ihrer Fristigkeit ist zwischen **kurz-, mittel- und langfristigen Zielen** zu unterscheiden. Die Fristentrennung wird notwendigerweise immer einen gewissen willkürlichen Charakter tragen müssen. Um eine Orientierung zu geben, können kurzfristige Ziele bis zu einer Laufzeit von einem Jahr, mittelfristige Ziele für eine Planungsperiode bis zu 5 Jahren und langfristige Ziele für Perioden über 5 Jahre festgelegt werden. Darüber hinaus bietet sich nach dem Vorbild technologischer Voraussagen ("technological forecast") in der Industrie an, weitreichende Zukunftsprognosen zu erstellen. Gegenstand weitreichender Zukunftsprognosen können beispielsweise Analysen der zukünftigen Nachfragestruktur nach Bankdienstleistungen oder die Auswirkungen technologischer Innovationen auf die Geschäftspolitik sein.

Hinsichtlich der Zielhierarchie ist zwischen Oberzielen (**Gesamtbankziele**) und Unterzielen (=**Ziele der einzelnen Verantwortungsbereiche**) zu unterscheiden. Sowohl auf Gesamtbankebene als auch auf der Ebene einzelner Verantwortungsbereiche kommt zudem die Vorgabe produkt-, sparten- und kundengruppenspezifischer Ziele in Betracht.

An monetären Zielsetzungen sind im wesentlichen Gewinn-, Rentabilitäts-, Wachstums- und Marktanteilsziele zu nennen.

Das **Gewinn- und Rentabilitätsstreben** der Banken ist heute - unabhängig von ihrer rechtlichen Konstruktion - in erster Linie unter dem Vorzeichen der ausreichenden Eigenkapitalbildung zu sehen. Die Bezugsgrößen Geschäftsvolumen, Bilanzvolumen oder Gesamtverpflichtungen verzeichneten in den vergangenen Jahrzehnten überdurchschnittliche Wachstumsraten. Eine wachstumsadäquate Eigenkapitalaufstockung hat die Erzielung angemessener Gewinne zur unabdingbaren Voraussetzung. Bei den Bankaktiengesellschaften und den Kreditgenossenschaften werden aus den erzielten Gewinnen neben der direkten Rücklagendotierung die Ausschüttungen an die Anteilseigner bestritten. Dieser Kapitaldienst ist die Vorbedingung, um vom Kapitalmarkt im Sinne einer "Schütt' aus - hol' zurück-Politik" durch die Ausgabe junger Aktien bzw. von Geschäftsanteilen zusätzliches Haftkapital zuführen zu können. Bei den Sparkassen schließlich erfolgt die Erhöhung der Sicherheitsrücklage im Regelfall nur durch unmittelbare Dotierung aus den Jahresüberschüssen.

Das Gewinn- und Rentabilitätsstreben findet anderseits seine Begrenzung in den bestehenden Wettbewerbsverhältnissen, die einen starken Druck auf die Zins- und Konditionenpolitik der Kreditinstitute ausüben. Dieser findet sowohl in sinkenden Spannen im Zinsgeschäft als auch in negativen Deckungsbeiträgen in einzelnen Sparten des Indifferenzgeschäftes, vor allem im Zahlungsverkehr, seinen sichtbaren Ausdruck.

Das **Unternehmenswachstum** vermag Kostensteigerungen im technisch-organisatorischen Bereich vollständig oder teilweise aufzufangen. Zu diesen Kosten zählen vor allem die weitgehendst fixen Personalkosten, die nach den Zinskosten die gewichtigste Kostenart einer Bank bilden. Der alljährlich ansteigende Fixkostenblock der Personalkosten läßt sich bei wachsendem Geschäftsvolumen auf eine verbreiterte Bezugsbasis verteilen. Das Unternehmenswachstum wirkt somit kostendämpfend auf die Stückkosten.

Zur **Marktanteilspolitik** ist festzuhalten, daß sich der Bankenmarkt durch eine vergleichsweise hohe Markttransparenz auszeichnet. So läßt sich, vom Indifferenzgeschäft abgesehen, die Marktanteilsentwicklung der einzelnen Bankengruppen aus den Monatsberichten der Notenbank mit hohem Aktualitätsgrad verfolgen. Selbst die Marktanteile einzelner Banken bei bestimmten Zielgruppen sind auf empirischer Basis durch Primärerhebungen feststellbar. Dieser Grad an Markttransparenz weist marktanteilsbezogenen Zielen einen hohen Stellenwert im Kreditgewerbe zu.

Unzweifelhaft bestehen zwischen einzelnen monetären Zielfunktionen Konflikte. In klassischer Form trifft dies auf die Zielpaare Rentabilität/Gewinn kontra Wachstum/Marktanteil zu. Ein hohes Einlagenzinsfußniveau wird beispielsweise Wachstums- und Marktanteilsziele stützen, andererseits aber Gewinn und Eigenkapitalrentabilität sinken lassen. Zur Lösung von Zielkonflikten sind die verfolgten Unternehmensziele hierarchisch zu ordnen, d.h. es ist ein integriertes, in sich geschlossenes, widerspruchsfreies ("konsistentes") **Zielsystem** aufzubauen.

An **nichtmonetären Zielsetzungen** sind vor allem Imageziele, aber auch Marktmacht (Schuster, L., 1977), Prestige, soziale Verantwortung und Unabhängigkeit zu nennen. Hier zuzurechnen sind schließlich die Auftragsziele (öffentlicher Auftrag der Sparkassen, Mitgliederförderung durch die Kreditgenossenschaften). Nichtmonetäre Ziele entziehen sich zum Teil einer Konkretisierung in quantifizierender Form.

Besondere Erwähnung verdient das angestrebte **Bankenimage**. Mit Hilfe von Meß- und Skalierungsverfahren, auf die in Kap. 6 noch näher einzugehen sein wird, ist das Image jeder einzelnen Bank in quantitativen Dimensionen erfaßbar. In einem Bankenmarkt, der aufgrund des vorherrschenden Universalbanktyps durch ein weitgehendst homogenes Leistungsprogrammangebot gekennzeichnet ist, gewinnt das Image zusehends an Bedeutung für die Kundenpräferenzen. Das Bankenimage wird zum wesentlichsten Unterscheidungsmerkmal zwischen den einzelnen Marktteilnehmern und beeinflußt nachhaltig die Institutswahl von seiten der effektiven und potentiellen Kunden.

4.1.3 Strenge Nebenbedingungen

Rentabilität, Liquidität und Sicherheit gelten als das **"magische Dreieck"** der Bankpolitik. Wenn wir davon lediglich das Streben nach Rentabilität als

Unternehmensziel anführten so erklärt sich dies aus der Tatsache, daß weder die Aufrechterhaltung der Liquidität noch das Sicherheitsstreben als Zielfunktion gesehen werden kann. Beide Postulate sind vielmehr strenge Nebenbedingungen. Ihnen kommt im Rahmen der Geschäftspolitik unzweifelhaft ein hoher Stellenwert zu, der allerdings eine Zuordnung zu den Unternehmenszielen nicht rechtfertigen kann. Liquiditätssicherung und Sicherheitsstreben sind Bedingungen, die den Handlungsspielraum zur Verfolgung unternehmerischer Ziele begrenzen.

4.1.3.1 Liquidität

Unter Liquidität verstehen wir die Fähigkeit, die eingegangenen Zahlungsverpflichtungen termingerecht und uneingeschränkt erfüllen zu können.

Das Bankgeschäft beruht weitestgehend auf der Abwicklung von Zahlungsvorgängen. Daraus erklärt sich, daß der jederzeitigen Aufrechterhaltung der Zahlungsbereitschaft größeres Gewicht zukommt als in allen anderen Wirtschaftszweigen. Im Produktions- oder Handelsbetrieb mag eine vorübergehende Illiquidität, ggf. auch aufgrund der Einräumung von Moratorien durch die Hauptgläubiger, noch ohne wesentliche Störung des Betriebsablaufes überwindbar sein. Im Bankbetrieb löst Illiquidität unweigerlich eine Abhebungswelle der Einleger, einen sog. "Run", aus.

Schon im Jahre 1854 befaßte sich Hübner (Hübner, O., 1854, S. 28) mit der Liquidität der Banken. Er stellte folgenden als **"goldene Bankregel"** in die Literatur eingegangenen Grundsatz auf: "Der Kredit, welchen eine Bank geben kann , ohne Gefahr zu laufen, ihre Verbindlichkeiten nicht erfüllen zu können, muß nicht nur im Betrage, sondern auch in der Qualität (= in der Laufzeit, Anm. d. Verf.) dem Kredit entsprechen, welchen sie genießt".

Seit Hübner wurden zahlreiche Theorien zur Liquidität der Banken entwkkelt. Diese unterscheiden sich allerdings grundlegend von der Goldenen Bankregel. Würden sich die Banken in ihrer Liquiditätspolitik an Hübner orientieren, könnten sie keine Fristentransformation betreiben. Schon wenige Jahre nach Hübner modifizierte A. Wagner (1857, S. 167) die Goldene Bankregel zu einer Art **Bodensatztheorie**. In der Interpretation von Schmalenbach (1961, S. 134) sagt diese aus, daß die Transformation von kurzfristigen Einlagen in langfristige Kredite darauf beruht, daß der Großteil der Einleger sich zwar die Möglichkeit der jederzeitigen Verfügbarkeit vorbehält, ohne allerdings tatsächlich kurzfristig zu beheben (= **Kapitalprolongation**). An die Stelle jener Einleger, die dagegen tatsächlich beheben, treten neue Einleger (= **Kapitalsubstitution**).

Durch die fortwährende Kapitalprolongation steht ein Mindestbestand an Einlagen (= Bodensatz) den Banken dauerhaft zur Verfügung. Obwohl dieser Bodensatz formell nur kurzfristig gebunden ist, gestattet das Verhalten der Einleger eine mittel- oder langfristige Veranlagung. Die Kapitalsubstitution hat nominell (zumindest) konstantes Einlagenniveau zur Voraussetzung. Bei sinkenden Einlagenbeständen kann der Zustrom neuer Einlagen die Abhebungen nicht mehr ausgleichen.

Die Stützelsche **Maximalbelastungstheorie** (Stützel, W., 1959, S. 40) bezieht auch den Run der Einleger in die Liquiditätsdisposition ein. Selbst in diesem Falle müßte eine Bank in der Lage sein, ihren Zahlungsverpflichtungen zu den formell eingegangenen Rückzahlungsterminen nachzukommen. Unvermeidbar ist dabei allerdings die Abtretung (=Monetisierung) von Aktivbeständen, wobei Verluste sowohl aus Forderungsausfällen als auch aus Zinsänderungen in Kauf zu nehmen sind. Nach der Maximalbelastungstheorie tritt an die Stelle der Goldenen Bankregel folgender Grundsatz: "Die Summe der Verluste, die bei einer derartigen vorzeitigen Abtretung gewisser Aktiva hingenommen werden müssen, darf nie größer sein als das Eigenkapital" (Stützel, W., 1959, S. 73). Das Liquiditätsproblem stellt sich damit als eine Frage des rechtzeitigen Geldanschlusses, d.h. der Wandelbarkeit von Aktivbeständen in Liquidität dar. In der anglo-amerikanischen Literatur wird - allerdings bezogen auf den Normalfall - in diesem Zusammenhang von "shiftability" gesprochen.

Wenn wir nunmehr die Liquiditätssicherung aus der Sicht der Gelddisposition einer Bank analysieren, stoßen wir zunächst auf eine vierstufige Hierarchie von Liquiditätsnormen:

(1) Wie bereits in Kap. 2.2.1.3.2.2 näher dargelegt, sind die Kreditinstitute zur Haltung von **Mindestreserven** bei der Notenbank vepflichtet. Details über die Mindestreserve-Pflicht (reservepflichtige Kreditinstitute, reservepflichtige Verbindlichkeiten, Form der Unterhaltung von Mindestreserven, Berechnung des Reserve-Solls sowie der Ist-Reserve, Sonderzins, Reservemeldung) sind der Anweisung der Deutschen Bundesbank über Mindestreserven (AMR) vom 11. Nov. 1968 in der jeweils geltenden Fassung zu entnehmen.[3] Die Mindestreserve hat, wie schon betont, einen ausgeprägten geld- und kreditpolitischen Charakter. Durch die Festlegung der Mindestreserve bei der Notenbank zählen diese Mittel zu den illiquidesten Anlagen einer Bank.

(2) Auf der Basis der Grundverfassung des Kreditwesens bestehen die vom Bundesaufsichtsamt für das Kreditwesen erlassenen "**Grundsätze über das Eigenkapital und die Liquidität der Kreditinstitute**". Insbesondere der Grundsatz II wird zur Liquiditätssicherung herangezogen. Zudem unterliegen die dauernden Anlagen sowie die Großkredite lt. KWG gesetzlichen Beschränkungen.

---

[3] Die AMR kann dem jeweiligen Geschäftsbericht der Deutschen Bundesbank entnommen werden.

(3) Für einzelne Sektoren (Sparkassen, Kreditgenossenschaften, Realkreditinstitute) sind - mit unterschiedlichem Verbindlichkeitsgrad - **gruppenspezifische Liquiditätsnormen** in Kraft. Diese beziehen sich auf generelle Regelungen bei der Veranlagung liquider Mittel bei den Clearing-Zentren (Liquiditätszug Sparkasse - Girozentrale bzw. Kreditgenossenschaft - genossenschaftliche Zentralbank/DG Bank), auf Grenzen bei der Gewährung langfristiger Kredite oder auf die Begrenzung des Umlaufes an Pfandbriefen und an Kommunalobligationen.

(4) Ggf. existieren noch **selbst gesetzte Liquiditätsnormen**, die sich beispielsweise auf einen Mindestbestand an Kassenreserven, auf das maximale Kreditvolumen sowie auf Mindest- oder Höchstgrenzen einzelner, nach Sicherheiten Wirtschaftszweigen, Laufzeiten oder nach der Zinsbindung differenzierbarer Aktivbestände beziehen können.

Erst nach Erfüllung der Liquiditätsnormen (1), (2) und (3) kann im Grunde die eigenständige Liquiditätspolitik einer Bank ansetzen. Auszugehen ist von der Überlegung, daß Kreditinstitute Zentralbankgeld - im Gegensatz zum Giralgeld - nicht selbst schaffen können. Der **Steuerung der Zentralbankgeldmenge** wird daher primäre Funktion im Rahmen der Gelddisposition zukommen. Die Aufrechterhaltung der Liquidität versteht sich dabei als Gleichgewichtsproblem zwischen Ein- und Auszahlungsströmen, wobei für jede Teilperiode nachfolgende Bedingung gilt:

$$B^t + \sum_{i=1}^{n} E_1{}^t - \sum_{i=1}^{n} A_1{}^t \geq 0$$

B^t = Anfangsbestand an Zentralbankgeld in der Periode t

$\sum_{i=1}^{n} E_1{}^t$ = Einzahlungen in den Geschäftssparten 1...n in der Periode t

$\sum_{i=1}^{n} A_1{}^t$ = Auszahlungen in den Geschäftssparten 1...n in der Periode t

Mit dieser Formel haben wir den Geldstrom ganz unzweifelhaft in extrem vereinfachter Form dargestellt. Das eigentliche Problem der Liquiditätsplanung liegt in der Konkretisierung der Ein- und Auszahlungsströme begründet. Dabei ist das Geldverhalten der Kunden, getrennt nach einzelnen Geschäftssparten, zu analysieren, um aus den erkennbaren Gesetzmäßigkeiten (z.B.: Korrelationen mit Lohn-, Gehaltsauszahlungs- und Steuerterminen, Verlauf der Spareinlagenein- und -auszahlungen) Prognosen über das Volumen der Ein- und Auszahlungen abzuleiten. Gegenstand der Prognose sind die unbestimmten, von der planenden Bank unbeeinflußbaren Ein- und Auszahlungen, über deren Verlauf lediglich Mittelwerte und Streuungsmaße ermittelt werden können. Im Gegensatz zu diesen stochastischen Geldströmen können die mit ihren Fälligkeitsterminen bereits feststehenden Ein- und Auszahlungen (= deterministische Geldströme) fix eingeplant werden. Mit dem Auf- und Ausbau von Management-Informations-Systemen steht dazu bereits eine breite, kurzfristig greifbare Datenbasis zur Verfügung. Selbst Prognosen einzelner Aktiv- und Passivpositionen können, wie noch zu zeigen sein wird, von leistungsfähigen Informationssystemen erstellt werden.

Schierenbeck (1991) sieht auch eine Verpflichtung des Bilanzstruktur-Managements für die Sicherstellung des (strukturellen) finanziellen Gleichgewichts im Bankbetrieb. Die Sicherstellung der dispositiven Liquidität ist indessen Aufgabe einer operativen Liquiditätssteuerung. Die Bankbetriebslehre bietet heute ein umfassendes Instrumentarium zur Planung der Kassenreserven an. Die Ansätze berücksichtigen im besonderen die (in der Regel hohen) Geldbeschaffungskosten zum Spitzenausgleich an Ultimoterminen (= "short cost") sowie die Opportunitätskosten aus entgangenen Zinsgewinnen bei Kassenbeständen über Null.

Die Liquiditätsplanung einer Bank erschöpft sich aber keineswegs mit der Ermittlung der optimalen Kassenreserven. In einer umfassenderen Betrachtungsweise sind sämtliche liquidierbaren Aktivbestände Liquiditätsreserven, allerdings mit unterschiedlicher Geldnähe und Liquiditätsgraden. Während die Barreserve **Primärliquidität** repräsentiert, sind die restlichen liquidierbaren Vermögenswerte der **Sekundär- und Tertiärliquidität** zuzuordnen. So zielt die Maximalbelastungstheorie auf eine optimale Kombination von Bar-, Sekundär- und Tertiärliquidität ab, um selbst für den Fall eines Runs der Einleger gerüstet zu sein.

Sowohl zur Aktivplanung als auch zur Optimalplanung von Aktiva und Passiva stehen heute eine beinahe schon unübersehbare Fülle an Planungs- und Entscheidungsmodellen zur Verfügung. Noch wesentlich stärker als bei den Kassenhaltungsmodellen kann bezüglich der Eingabedaten bzw. der Prognosen auf Informationssysteme zurückgegriffen werden. Hinsichtlich der konkreten Modellstruktur verweisen wir auf Kap. 4.2.2.4.

Mit der Prognose der Ein- und Auszahlungsströme sowie von Aktiv- und Passivpositionen verbreitert sich die Informationsbasis zur Liquiditätssteuerung. Aufgabe der Liquiditätsplanung einer Bank ist es sodann, Unter- und Überdeckungen auszugleichen.

Bei **Unterdeckungen** bietet sich zunächst der Rückgriff auf die Refinanzierungshilfe der Notenbank im Rahmen noch verfügbarer Diskont- und Lombardkontingente oder auch in Form von Offenmarktgeschäften an. Bei mehrstufig organisierten Bankengruppen kommt weiters die Geldaufnahme innerhalb des sektoralen Liquiditätsverbundes in Betracht. Schließlich sind der Abschluß von Pensionsgeschäften oder die Liquiditätsbeschaffung auf in- oder ausländischen Geldmärkten in Erwägung zu ziehen.

Nur in besonders gelagerten Fällen kann die Liquiditätshilfe der **Liquiditäts-Konsortialbank GmbH** in Anspruch genommen werden. Dieses Institut wurde 1974 auf Anregung und unter Mitwirkung der Deutschen Bundesbank gegründet. Die Liquiditäts-Konsortialbank GmbH leistet - gegen bankmäßige Sicherheiten - Liquiditätshilfe an Kreditinstitute, die vorübergehend in Zahlungsschwierigkeiten geraten. Diese Form der Finanzierung versteht sich allerdings in keiner Weise als Sanierungsprogramm notleidend gewordener Banken, sondern kommt grundsätzlich nur für Banken mit zweifelsfreier Bonität in Betracht. Die Liquiditäts-Konsortialbank GmbH will kurzfristige Illiquiditäten einzelner Banken überbrücken und damit das Vertrauen in das gesamte deutsche Kreditgewerbe stützen.

Für kurzfristige **Liquiditätsüberschüsse** werden sich in erster Linie Geldmarktanlagen zu verschiedenen Fristigkeiten (Tages-, Monats-, Zweimonats-, Dreimonatsgeld etc.) anbieten. In Konkurrenz dazu steht in den mehrstufig aufgebauten Bankengruppen die Veranlagung im Rahmen des eigenen Bankenverbundes. Mittel- und längerfristige Liquiditätsreserven erweitern vor allem den Kreditspielraum.

4.1.3.2 Sicherheit

Unternehmerisches Handeln ist untrennbar mit Risiko verbunden.

Mit dem Begriff Risiko werden alle außerhalb der Macht- und Willenssphäre des Unternehmens liegenden Ereignisse erfaßt, deren Eintritt bewirkt, daß der Unternehmenszweck nicht oder nur unvollkommen erreicht wird (Oberparleiter, K., 1958, Sp. 4693). Ungewißheit des Ereigniseintrittes, Unmöglichkeit seiner Verhinderung und (zumeist) auch Ungewißheit über die Höhe des Schadens sind die charakteristischen Merkmale des Risikos. Risiko ist daher die Gefahr des Mißlingens einer Leistung, wobei der Eintritt des Ereignisses ungewiß bleibt (Oberparleiter, K., 1955, S. 99).

Banken unterliegen dem **Konjunkturrisiko**, dem **Branchenrisiko** und **Unternehmensrisiken.**

Vom allgemeinen Konjunkturverlauf und von der Branchenkonjunktur hängt in entscheidendem Maße, wie in Kap. 3.3 dargestellt, die Nachfrage nach Bankdienstleistungen ab. Wir wollen dies an einem Beispiel verdeutlichen. Unabdingbare Voraussetzung zur Erfüllung der Fristen-, Risiko- und Losgrößentransformation der Banken ist die uneingeschränkte Aufrechterhaltung der Geldfunktion. Würde im Zuge einer trabenden oder galoppierenden Inflation wieder die Naturalwirtschaft an Bedeutung gewinnen und das Geld seiner Funktionen zusehends entkleidet werden, wäre damit notwendigerweise eine drastische Einschränkung der Leistungsinanspruchnahme der Banken verbunden. Den Strategien zur Vorbeugung gegen den Eintritt von Konjunktur- und Branchenrisiken sind aus bankbetrieblicher Sicht enge Grenzen gesetzt.

Unternehmensrisiken fallen an im geschäftspolitischen Bereich, im technisch-organisatorischen Bereich sowie im liquiditätsmäßig-finanziellen Bereich.

Kaum Erwähnung finden in der einschlägigen bankbetrieblichen Literatur die im **geschäftspolitischen Bereich** auftretenden Risiken. Dabei beeinflussen sie nachhaltigst den Zielerreichungsgrad einer Bank. Ineffiziente Entscheidungen des Bankmanagements ziehen aufgrund ihres generellen Bezuges auf die Aktivitäten der Gesamtbank Langzeitwirkungen von außerordentlicher Tragweite nach sich. Sie sind auf Fehleinschätzungen des Managements in der Markt- und/oder Betriebspolitik zurückzuführen. Zwar sind bereits Ansätze zur Beurteilung der Leistungsfähigkeit des Managements (Management-Controlling) entwickelt worden, doch diese Bewertungssysteme können die Effizienz der Unternehmensführung lediglich im nachhinein einschätzen.

Die Risiken im **technisch-organisatorischen Bereich** einer Bank resultieren aus dem Einsatz des Faktors Arbeit sowie der Sachmittel (Grundstücke und Gebäude, Betriebs- und Geschäftsausstattung, Werkstoffe). Darunter fallen Fehlleistungen des Personals, durch höhere Gewalt (Brand, Rohrbruch etc.) und Naturkatastrophen ausgelöste Beschädigungen und Zerstörungen sowie kriminelle Delikte (Unterschlagungen, Veruntreuungen, Diebstahl, Beraubung). Im Gegensatz zu den Risiken im geschäftspolitischen Bereich können hier wirkungsvolle Maßnahmen der Risikovorbeugung ergriffen werden. Zunächst ist an den Aufbau von Kontrollmechanismen (z.B. Vieraugenprinzip, Innenrevision, externe Revision) zu denken. Von unersetzlichem dokumentarischen Wert ist heute das auf elektronischen Datenträgern gespeicherte Rechnungswesen. Zur Absicherung der Daten bieten sich vielfältige Möglichkeiten, angefangen von der Aufbewahrung der Originalbelege und der Mikroverfilmung bis zur getrennten Lagerung von Duplikaten elektronischer Datenträger. Insgesamt betrachtet können die im technisch-organisatorischen Bereich anfallenden Risiken weitestgehend durch den Abschluß von Versicherungen abgedeckt werden.

Im **liquiditätsmäßig-finanziellen Bereich** bestehen folgende Risiken:

(1) Liquiditätsrisiko,
(2) Ausfallrisiko,
(3) Zinsänderungsrisiko,
(4) Geldwertrisiko,
(5) Kursrisiko (Wertpapiere, Devisen);
(6) Sonstige Währungsrisiken.

(1) Über die Strategien der **Liquiditätssicherung** einer Bank haben wir uns bereits in Kap. 4.1.3.1 ausführlich auseinandergesetzt.
(2) Eine zentrale Stellung im Rahmen der Risikopolitik einer Bank nimmt das **Ausfallrisiko** ein. Wir verstehen darunter die Gefahr des teilweisen oder vollständigen Verlustes von Forderungen. In den Forderungsbestand sind neben

den eingeräumten Krediten auch Zinsen, Provisionen, Gebühren und Nebenkosten (Eintreibungskosten) einzurechnen.

Eine grundlegende Funktion des Bankbetriebs ist die Risikotransformation. Das bedeutet, daß im Sinne der Funktionserfüllung die Gefahr notleidend werdender Kredite nicht grundsätzlich ausgeschaltet werden kann (z.B. auf dem Versicherungswege durch Risikoabwälzung an Dritte). Als Haftungspolster der Banken dient - ggf. nach Auflösung vorhandener stiller Reserven - das Eigenkapital. Angesichts der vergleichsweise geringen Eigenkapitalausstattung bewegt sich die Veranlagungspolitik der Banken auf einem außerordentlich schmalen Grad zwischen Funktionserfüllung und Unternehmenserhaltung.

In diesem Zusammenhang drängt sich die Überlegung auf, die minimale Eigenkapitalausstattung der Banken an die Intensität des Veranlagungsrisikos zu binden. Die Untersuchung einer Professoren-Arbeitsgruppe (1987) kommt zu dem Ergebnis, daß es möglich sein müßte, alle wichtigen Risikoarten in einer einzigen umfassenden Risikobegrenzungsnorm dem haftenden Eigenkapital gegenüberzustellen. Damit würde zum einen eine Kompensation zwischen den verschiedenen durch die Begrenzungsnormen des Bankenrechts heute einzeln erfaßten Risiken möglich und zum anderen eine Vergleichbarkeit einzelner Kreditinstitute gegeben. Sie räumen gleichwohl ein, daß eine breit gefächerte länderweise Risikoeinteilung auch aus politischen Erwägungen heraus nicht durchsetzbar ist.

Im internationalen Rahmen bemüht sich der Ausschuß für Bankenbestimmungen und -überwachung (1989) um die **Eigenkapitaladäquanz** und eine internationale Konvergenz der Eigenkapitalmessung (vgl. Kap. 2.1.3). Neben einer international einheitlichen Definition des Eigenkapitals bringt der Ausschuß vor allem eine international einheitliche Risikogewichtung verschiedener Aktiva und außerbilanzieller Engagements ("gearing ratio approach") in die Diskussion. Er schlägt ein Gewichtungsschema mit fünf Gewichten vor. In der deutschen bankenaufsichtlichen Praxis existiert bislang nur die sehr pauschale Gewichtung des Ausfallrisikos im Grundsatzes I des Bundesaufsichtsamtes (vgl. Kap. 2.1.2.1.2). Das spezielle Ausfallrisiko bei Großkrediten wird parallel dazu ungewogen berücksichtigt.

Der enge Handlungsspielraum der Banken zwischen Funktionserfüllung und Erhaltung des Unternehmens erfordert geeignete risikobegrenzende Strategien. Auf den einzelnen Kredit bezogen, wird die Feststellung der Bonität der Kreditwerber im Rahmen der **Kreditfähigkeits- und Kreditwürdigkeitsprüfung** vorzunehmen sein. Bei Großkrediten bestehen die erwähnten, vom Gesetzgeber erlassenen einschränkenden Bestimmungen (§ 13 KWG).

Das kumulierte Ausfallrisiko des gesamten Kreditportefeuilles ist durch **Risikostreuung** zu begrenzen. Eine Streuung des Kreditrisikos ist in zeitlicher (kurz-, mittel- und langfristige Kredite) und örtlicher Hinsicht, nach Wirtschaftszweigen, Sicherheiten, Kreditarten, nach der Kredithöhe oder auch auf überbetrieblicher Basis (durch die Einräumung von Gemeinschafts- oder Konsortialkrediten) möglich.

(3) Das **Zinsänderungsrisiko** tritt in beiden Richtungen zutage: in Form des Risikos des fallenden Einlagenzinses und des Risikos des steigenden Kreditzinses. Stärkere Schwankungen im Zinsfußniveau, aber auch tendenziell zunehmende aktiv- oder passivseitige Überhänge der Festzinsblöcke, haben die Intensität des Zinsänderungsrisikos beträchtlich erhöht. In der theoretischen Konzeption bietet sich als risikovorbeugende Maßnahme die Kongruenz der Festzinsblöcke sowohl hinsichtlich des Volumens als auch der Fristen an.

Ein klassisches Beispiel, wie das Zinsänderungsrisiko ausgeschaltet oder zumindest stark verringert werden kann, liefern **roll-over Kredite** am Euromarkt. Dabei handelt es sich im Grunde genommen um längerfristige Kreditvereinbarungen, die aber mit einer Zinsgleitklausel ausgestattet sind. In vergleichsweise kurzen Abständen ist eine Anpassung an den Marktzins möglich.

Im unmittelbaren Zusammenhang mit dem Zinsänderungsrisiko der Banken stehen Regelungen des Bürgerlichen Gesetzbuches. Der jahrelang kontrovers diskutierte § 247 BGB[4], der ein außerordentliches Kündigungsrecht für Darlehen vorsah, wurde zum 1. Januar 1987 für Neuverträge gestrichen und durch § 609a BGB ersetzt. Dieser sieht unterschiedliche **Kündigungsmöglichkeiten** bei variablen und festen Zinsvereinbarungen vor. Damit sind im Gegensatz zu früheren Vorschlägen die Kündigungsmöglichkeiten weder an die Höhe der Darlehensbeträge noch an den Zinssatz gebunden.

(4) Das **Geldwertrisiko** schlägt sich in sinkenden Realwerten von Geldforderungen nieder. Da sich in den Bilanzen von Kreditinstituten Nominalwertforderungen und Nominalwertverbindlichkeiten im wesentlichen die Waage halten, findet nach dem Prinzip der Wertgleichheit ein weitgehender Ausgleich zwischen Realwertverlusten und Realwertgewinnen statt.

(5) **Kursrisiken** im Devisengeschäft entstehen durch offene Positionen (= Saldo an Forderungen oder Verbindlichkeiten) in den einzelnen Währungen. Grundsatz Ia beschränkt die offenen Positionen im Devisengeschäft und damit gleichzeitig auch das maximale Wechselkursrisiko. Kursrisiken aus Wertpapieranlagen bestehen sowohl bei Anteils- als auch bei Gläubigerpapieren. Als Strategie der Risikobegrenzung empfiehlt sich eine breite Streuung nach Wertpapierarten, Emittenten und (bei festverzinslichen Wertpapieren) Restlaufzeiten.

(6) Unter **sonstigen Währungsrisiken** sind das Transfer- und Konvertibilitätsrisiko soie andere politische und ökonomische Länderrisiken zu vrstehen. Zur Risikovorsorge können zunächst Länderlimite herangezogen werden. Diese haben sich auch an der politischen Stabiliät der jewiligen Länder zu orientieren. Externe Länderraings (z.B. Institutionl Investor) sind heute in großer Zahl verfügbar. Daneben sind Instrumente entwickelt worden, die dem

---

[4] Vgl. Bundesgesetzblatt I/38 vom 31.07.1986.

Problem der Knappheit von Hartährungsdevisen entgegenzuwirken. Hierbei werden Hartwährungsforderungen gegenüber Weichwährungsländern in Investitionskapital oder Beteiligungen umgetauscht (sog. debt-to-equity-swap).

4.1.4 Integriertes Zielsystem

Wir wollen nach der Darlegung von Einzelzielen und der strengen Nebenbedingungen nunmehr in den nachfolgenden Diagrammen 36 und 37 zwei Beispiele zum Zielsystem (Zielkatalog) einer Bank geben.

Diagramm 36: Kundengruppenorientiertes Zielsystem einer Bank

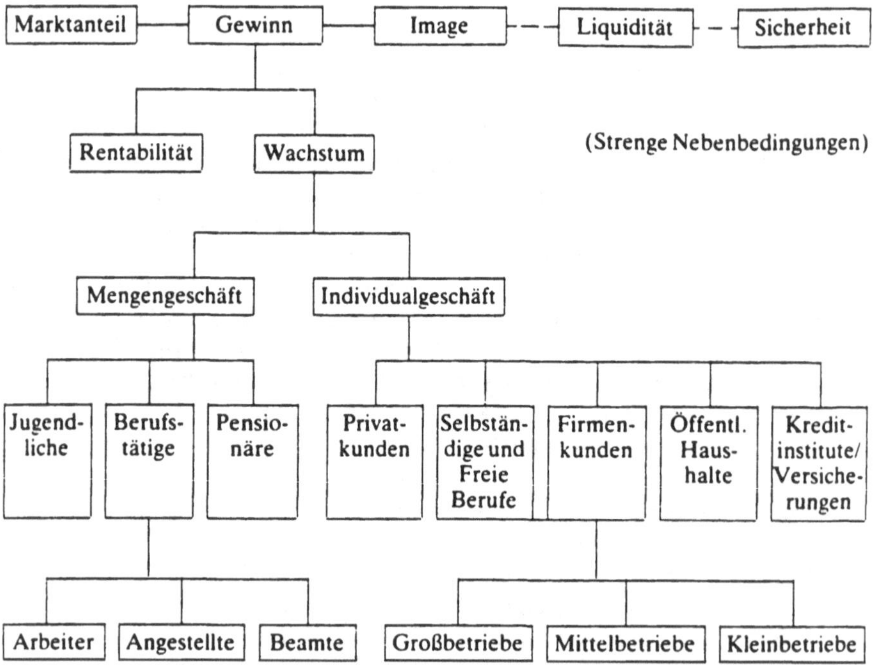

Diagramm 37: Hierarchisch aufgebautes Zielsystem einer Bank

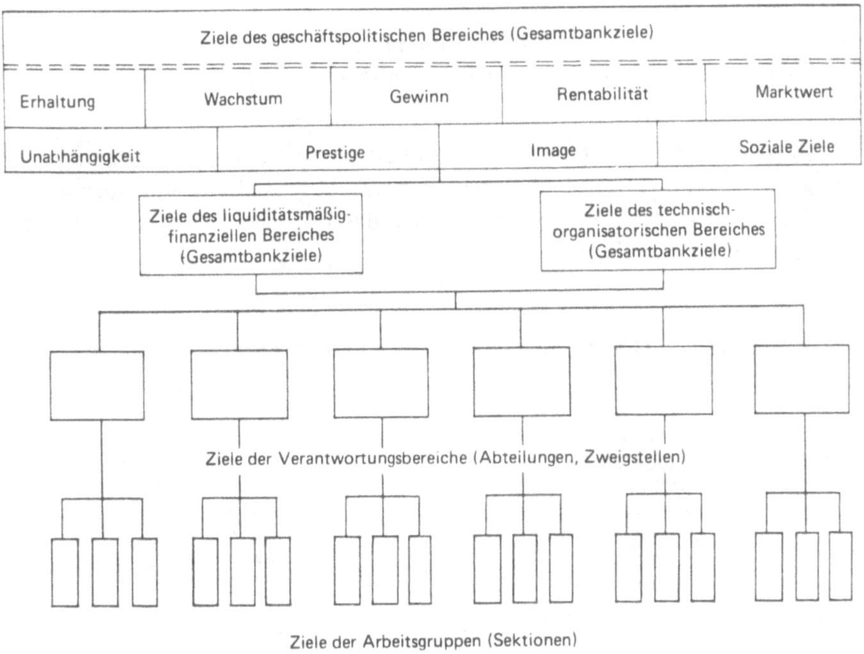

Quelle: vgl. Zumbach, F., 1979, S. 12ff.

4.2 Unternehmensführung

Unternehmensführung versteht sich als der auf Leitungsebene stattfindende Prozeß der **Willensbildung** und der **Willensdurchsetzung** unter Übernahme der damit verbundenen Führungsverantwortung (Hahn, D., 1974, S. 23 ff). Die Art der Ausübung der Unternehmensführung äußert sich am praktizierten Führungsstil, an den Führungsprinzipien und an der Mitarbeitermotivation.

4.2.1 Führungsstil, Führungsprinzipien und Mitarbeitermotivation

Der autoritäre und der demokratische Führungsstil stehen sich als Gegensatzpaar gegenüber. Die Zuordnung leitet sich aus Führungsmerkmalen ab. In der empirischen Forschung werden dabei mehrdimensionale Konzepte bevorzugt. Bestimmt man zum Beispiel den Führungsstil nach dem Ansatz **"Consideration and Initiating Structure"** (= Mitarbeiterorientierung und Aufgabenorientierung), sind folgende Merkmale zu analysieren:

- Consideration (mitarbeiterorientierte Führung): Rücksichtnahme, Zuwendung und Respektierung der Mitarbeiter, Beteiligung der Mitarbeiter am Entscheidungsprozeß
- Initiating Structure (aufgabenorientierte Führung): Unterwerfung unter die gesetzten Sachziele, Vorgabe von Kommunikations- und Kontrollmechanismen.

Blake und Mouton (1968) entwickelten unter graphischer Gegenüberstellung (Diagramm 38) von Mitarbeiterorientierung und Aufgabenorientierung ein Verhaltensgitter ("Managerial Grid"), das folgende charakteristische Führungsstile erkennen läßt:

Diagramm 38: Verhaltensgitter nach Blake und Mouton

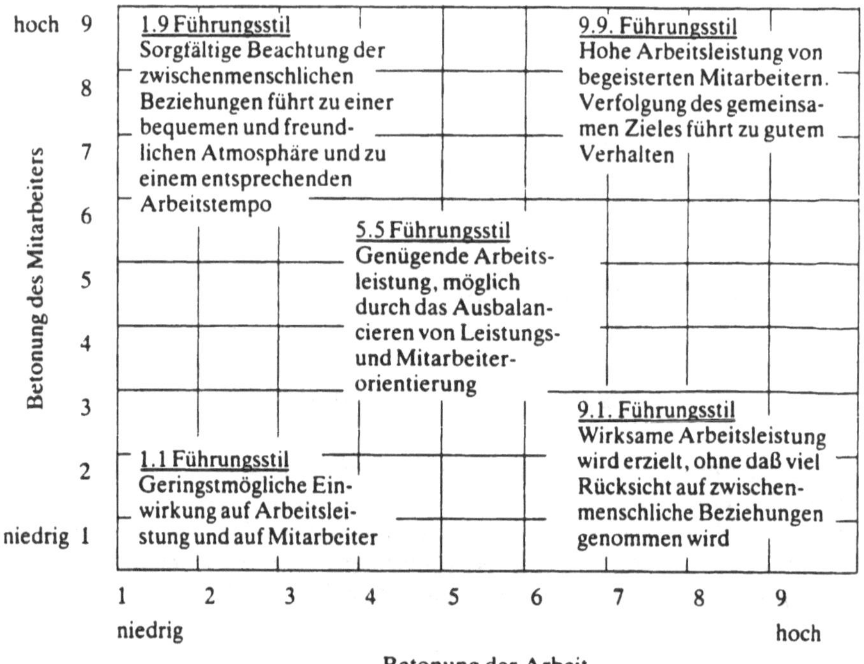

Quelle: Baumgarten, R., 1977, S. 78.

Reddin (1977) basiert seinen Ansatz ebenfalls auf den vier Ohio State Leadership Quadranten. In geringfügiger Modifikation benennt er die Achsen "Aufgabenorientierung" (AO) und "Beziehungsorientierung" (BO).

Diagramm 39: 3-D Modell von Reddin

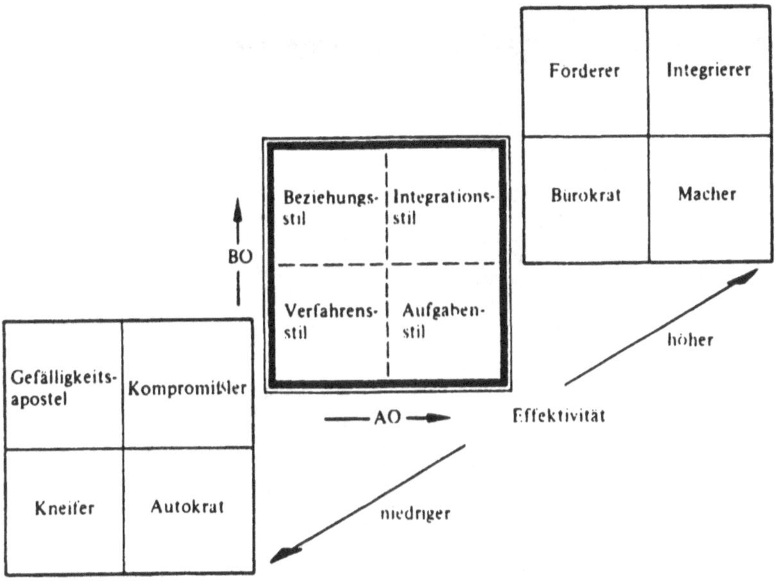

Quelle: Reddin, W.J., 1977, S. 28.

Im Gegensatz zu Blake und Mouton ist die Effizienz der vier Stilarten bei Reddin von der spezifischen Situation abhängig. Diese Situation wiederum steht unter dem Einfluß von fünf Elementen:

- der Arbeitsweise,
- den Mitarbeitern,
- den Kollegen,
- den Vorgesetzten,
- der Organisationsstruktur und dem Organisationsklima.

Reddin gibt pro Situationselement bis zu 20 Indikatoren für das Verhalten der Vorgesetzten vor. Damit können alle der vier Grundstilformen in Abhängigkeit ihrer Situationsangemessenheit effizient oder ineffizient sein. Es ist daher kein einzelner Führungsstil zu favorisieren.

Ein sehr ähnliches Konzept vertreten Hersey und Blanchard (1977). Sie unterscheiden vier erfolgreiche Führungsstile:[5]

Diagramm 40: Situative Führungstheorie nach Hersey und Blanchard

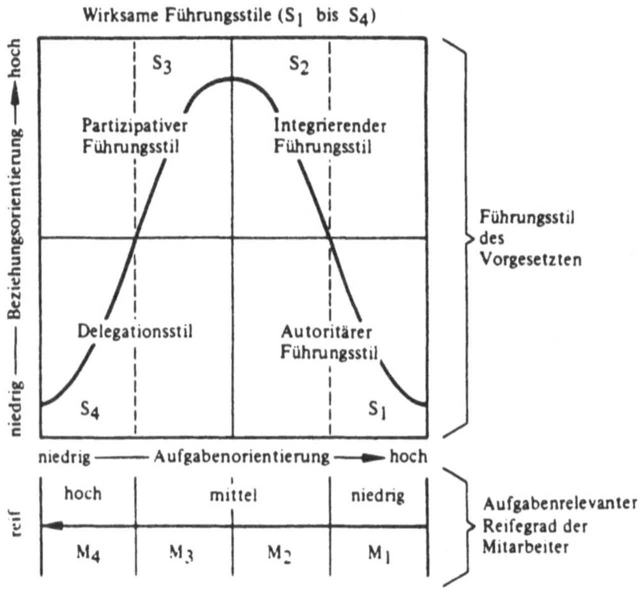

Quelle: Hersey, P. und K.H. Blanchard, 1977, S. 194.

- S1: telling (Unterweisung)
- S2: selling (Verkaufen)
- S3: participating (Beteiligung)
- S4: delegating (Delegation).

Das Ergebnis eines "Leader Effectiveness and Adaptibility"-Fragebogens deutet auf den situationsbedingt besten Führungsstil. Neben den Variablen nach Reddin stellt der Reifegrad der Untergebenen das entscheidende situationsbestimmende Element. Mit steigendem Reifegrad seiner Mitarbeiter sollte sich der Vorgesetzte von den Aufgaben weg in Richtung Beziehung orientieren und dabei seine personellen Machtgrundlagen[6] variieren (vgl. Diagramm 40):

5 Die neueren Bezeichnungen (Blanchard, 1985) lauten: directing, coaching, supporting, delegating.

6 Die dargestellten Machtgrundlagen entstammen dem Ansatz von French und Raven (1962).

- coercive power (Bestrafung)
- reward power (Belohnung)
- referent power (Vorbild)
- expert power (Experte).

Anfang der 80er Jahre ist eine Kontroverse zwischen den Vertretern des Verhaltensgitters[7] und der situativen Führungstheorie ausgebrochen, die bis heute keineswegs als abgeschlossen angesehen werden kann.[8]

Likert (1975, S. 25) unterscheidet zwischen 43 Führungsmerkmalen, die er zu folgenden Merkmalsgruppen zusammenfaßt:

- Motivation
- Kommunikation
- Interaktion
- Entscheidungsbildungsprozeß
- Zielsetzung und Befehlserteilung
- Kontrolle
- Leistung.

Der praktizierte Führungsstil bestimmt sich sodann durch die als Auswahlkriterien herangezogenen Führungsmerkmale. Mit abnehmendem Autoritäts- und zunehmendem Kooperationsbezug wird im Rahmen der sog. Kontinuum-Theorie vom autoritären, patriarchalischen, beratenden, konsultativen, partizipativen, und delegativen Führungsstil gesprochen (Tannenbaum, R. und W.H. Schmidt, 1958, S. 96 f).

Unübersehbar ist in diesem Zusammenhang schließlich die im Rahmen des **Harzburger Modelles** entwickelte Führungskonzeption (Höhn, R. und G. Böhme, 1974). Sie beruht auf der Idee der Führung im Mitarbeiterverhältnis. Das entscheidende Führungsinstrument ist die Delegation von Verantwortung. Der Mitarbeiter übernimmt innerhalb seines Aufgabenbereiches Handlungsverantwortung, während die Führungsverantwortung beim Vorgesetzten verbleibt. Führung im Mitarbeiterverhältnis nach dem Harzburger Modell basiert auf folgenden vier Grundsätzen:

(1) Entscheidungen werden von den betroffenen Mitarbeitern auf jener Ebene getroffen, der sie ihrem Wesen nach zuzuordnen sind.

(2) Den Mitarbeitern wird ein Aufgabenbereich übertragen, in dessen Rahmen sie selbständig handeln und entscheiden können.

---

7 Blake und Mouton (1985) öffnen sich gleichzeitig gegenüber den situativen Führungsansätzen, indem sie in ihrem Managerial Grid III den idealtypischen Führungsstil (jetzt 9,9) nur als Führungsstrategie interpretieren, die situativ-taktisch variiert werden kann.

8 Zu den kontroversen Standpunkten und Diskussionsbeitägen vgl. Staehle, W.H., 1991, S. 781 ff.

(3) Verantwortung trägt nicht nur die Unternehmensleitung, sondern wird zu Teilen mit den entsprechenden Kompetenzen auf jene Ebenen übertragen, denen sie ihrem Wesen nach obliegt.

(4) Die Unternehmung wird von unten nach oben aufgebaut ("bottom-up-approach"), wobei die vorgesetzte Stelle der nachgeordneten Instanz nur jene Entscheidungen abnimmt, die nicht mehr allein auf der unteren Ebene getroffen werden können.

Einschlägige **Feldforschungen zum Führungsstil** in Kreditinstituten sind erst in jüngerer Zeit vermehrt festzustellen. Nicht immer lassen sich repräsentative Aussagen ableiten. Auf der Basis einer vierstufigen Skala (Stufe 1: autoritärer Führungsstil; Stufe 4: Gruppensystem) gelangt Schinnerl (1980, S. 50) zum Ergebnis, daß der in Banken praktizierte Führungsstil durchschnittlich bei Stufe 3 liegt, also bereits in höherem Grade partizipative Züge trägt.

Aus der gleichen Untersuchung (S. 53) geht hervor, daß keine signifikanten Beziehungen zwischen dem vom Top Management gepflegten Führungsstil und der Arbeitszufriedenheit, der Abwesenheit sowie zum Betriebsklima vorliegen. Die Untersuchung baut jedoch auf einer relativ schmalen Datenbasis[9] auf, so daß ihr nur Beispielcharakter zukommen kann.

Mit der Frage der Mobilisierung absatzrelevanter Potentiale durch Führungsverhalten setzen sich zwei im Auftrage des DSGV durchgeführte Studien auseinander.

Mit der ersten Studie (Gebert/Steinkamp/Wendler, 1987) wurde ermittelt, daß zwischen dem Lenken und Anreizen einerseits und der Produktnutzungsquote (cross selling) andererseits ein starker Beziehungszusammenhang besteht. Für die Strenge der (linearen) Beziehung werden die jeweiligen Korrelationskoeffizienten r[10] ausgewiesen.

---

9 Untersucht wurden insgesamt 71 Führungskräfte in 11 deutschen Banken.

10 Je höher der Wert für die Korrelation, desto stärker der positive Zusammenang.

Tabelle 20: Beziehung zwischen dem Lenken und Anreizen sowie der Produktnutzungsquote

	Durchschnittliche Geschäftsstelle (7,7 Mitarbeiter) (n = 164) Korrelation (r)	Große Geschäftsstelle (über 11 Mitarbeiter) (n = 34) Korrelation (r)
Aufgabenbezogenes Lenken	0,28	0,47
Verhaltensbezogenes Lenken	0,23	0,45
Handlungsspielraum	0,35	0,33
Mannschaftsgeist	0,19	0,38
r^2	24,1%	39,6%

Quelle: Gebert, D., 1987, S. 73.

Diese Beziehung betrug für die durchschnittliche Geschäftsstelle gut 24% und für die große Geschäftsstelle sogar fast 40%.[11] Damit zeigt sich zunächst, daß die Führungsfrage in großen Geschäftsstellen noch bedeutsamer ist. Es ist evident, daß sich die Führungswirkungen mit ansteigender Geschäftsstellengröße potenzieren.

Auf der Basis der Ergebnisse der ersten Studie untersucht die zweite Studie (Gebert/Ulrich, 1990), inwieweit nicht nur der Absatzerfolg in den Geschäftsstellen, sondern auch der ökonomische Erfolg in der Kreditabteilung von Führungsqualitäten abhängt. Dabei wurde in Erweiterung zur ersten Studie die Größe des Erfolges mehrdimensional bestimmt. Neben Indikatoren des Umsatzes und der Rendite werden Indikatoren der Risikoentwicklung und der Produktivität herangezogen.

Die Untersuchung stellt das Geführtenverhalten als Transmissionsriemen zwischen das Führungsverhalten und den Erfolg.[12] Die folgende Einordnung gibt die Stichprobenverteilung in funktional-hirarchischer Hinsicht wieder (Tab. 21).

---

11 Die Werte wurden aufgrund von Stichproben (n = 164 bzw. 34) mittels multipler Regression ermittelt.

12 Es wurden letztlich effektiv 656 Personen mit häufigem Kundenkontakt aus 65 Sparkassen befragt.

Tabelle 21: Funktional-hierarchische Einordnung der Befragten

	Stichprobe der Befragten, die häufiger mit Kunden verhandeln n	Prozent
1 Hilfs-/Nachwuchssachbearbeiter	17	2,6%
2 Sachbearbeiter	254	38,7%
3 Berater	57	8,7%
4 Stellvertretender Gruppenleiter	15	2,3%
5 Gruppenleiter	144	22,0%
6 Stellvertretender Abteilungsleiter	24	3,7%
7 Abteilungsleiter	58	8,8%
8 Hauptabteilungsleiter	7	1,1%
9 Sonstige Führungskräfte	54	8,2%
10 Sonstige Mitarbeiter	3	0,5%
Keine Angaben	23	3,5%
Insgesamt:	**656**	**100,0%**

Quelle: Gebert, D., 1990, S. 41.

Im Ergebnis wird eine erhebliche positive Korrelation (r=0,41) zwischen der "Unternehmerischen Grundeinstellung' und der "Entwicklung des ökonomischen Gesamterfolges" gesehen.

Tabelle 22: Beziehung zwischen unternehmerischen Denkweisen von Vorgesetzten und der Entwicklung des ökonomischen Erfolgs (Korrelationskoeffizienten)

	Entwicklung des ökonomischen Gesamterfolgs
1 risikofreudig	0,30
2 wachstumsorientiert	0,27
3 vertrauend	0,35
4 stimulierend	0,46
5 schnell	0,47
6 optimistisch	0,37
7 innovationsfreudig	0,28
8 entschlußfreudig	----
9 souverän	0,31
Unternehmerische Grundeinstellung	0,41

Quelle: Gebert, D., 1990, S. 84.

Die Strenge des linearen Zusammenhangs zwischen der "Unternehmerischen Grundeinstellung" und dem "Allgemeinen gesamterfolgsorientierten Führen" einerseits sowie dem "Allgemeinen gesamterfolgsorientierten Führen" und der Entwicklung des "Ökonomischen Gesamterfolges" andererseits wird auf r = 0,52 bzw. r = 0,55 beziffert.

Daneben existiert ein bemerkenswerter Zusammenhang zwischen dem "Allgemeinen gesamterfolgsorientierten Führen" oder der "Unternehmerischen Grundeinstellung" und den kriterienspezifischen Ausprägungen der Führung (vgl. Tab. 23). Deshalb wird empfohlen, neben dem "Allgemeinen gesamterfolgsorientierten Führen" auch das "Kriterienspezifische Führen" zu intensivieren.

Tabelle 23: Zusammenhang zwischen dem "Allgemeinen gesamterfolgsorientierten Führen" (AgF) sowie der "Unternehmerischen Grundeinstellung" (UG) und dem "Kriterienspezifischen Führen" (Korrelationskoeffizienten)

	Kriterienspezifische Führung				
	volumenorientiertes Führen	risikoorientiertes Führen	produktivitätsorientiertes Führen	renditeorientiertes Führen	insgesamt
AgF	0,43	0,54	0,55	0,49	0,70
UF	0,38	0,27	0,52	0,27	----

Quelle: Gebert, D., 1990, S. 94 ff.

Negative Ausstrahlungeffekte der einzelnen Kriterien untereinander existieren nicht, was in dem hohen Wert für die Korrelation zwischen dem "Allgemeinen Führen" und dem "Kriterienspezifischen Führen" insgesamt zum Vorschein kommt.

Die kriterienspezifische Führung hat auch einen erheblichen Einfluß auf die "Allgemeine gesamterfolgsorientierte Mitarbeit" der Geführten. Dieser Zusammenhang ist mit Ausnahme der "Produktivitätsorientierten Führung" sogar signifikanter als gegenüber der jeweiligen kriterienspezifischen Mitarbeit (vgl. Tab. 24).

Tabelle 24: Korrelation zwischen den kriterienspezifischen Ausprägungen der Führung und den Ausprägungen der Mitarbeit

Mitarbeiten / Führen	allgemein gesamterfolgsorientiert...	jeweils kriterienspezifisch...
volumenorientiert...	0,32	0,27
risikoorientiert...	0,30	0,20
produktivitätsorientiert...	0,26	0,29
renditeorientiert...	0,30	0,17

Quelle: Gebert, D., 1990, S. 98 ff.

Neben den genannten Ausprägungen kriterienspezifischer Führung wird auch die geschäftsstellenunterstützende Führung in die Betrachtung aufgenommen. Durch ihre Betonung ist ebenfalls mit einer Erhöhung des ökonomischen Gesamterfolges (r=0,38) sowie der Rendite (r=0,37) zu rechnen. Außerdem wirkt sie kostensenkend (r=0,36).

Bei der Anwendung von **Führungsprinzipien** (Management by... -Techniken) orientiert sich die Unternehmensführung an bestimmten Verhaltensregeln. Management by Objectives (= Führung durch Zielvorgabe) basiert auf der Vorgabe von Bereichs- oder Stellenzielen. Management by Exception (Führung durch Ausnahmeregelung) geht vom Delegationsprinzip aus. Innerhalb der festgelegten Kompetenzen können Mitarbeiter selbständig handeln und entscheiden. Nur wenn eine Entscheidung diesen Rahmen überschreitet, ist die vorgesetzte Instanz einzuschalten. Typische Beispiele im Bankbetrieb für Management by Exception sind die Bewilligungsgrenzen im Kreditgeschäft oder vorgegebene Verhandlungsspielräume bei Zinsvereinbarungen mit Kunden. Management by Results (Führung durch Ergebniskontrolle) orientiert sich am Zielerreichungsgrad. Management by Delegation (Führung durch Delegation) überträgt Kompetenzen und Handlungsverantwortung auf einzelne hierarchische Ebenen der Unternehmung. Management by Systems (systemorientierte Führung) stützt sich auf Informations-, Planungs- und Kontrollsysteme. Management by Participation/Motivation (Führung durch Partizipation/Motivation) will über die Beteiligung der Mitarbeiter am Willensbildungsprozeß Leistungsanreize schaffen.

Führung zielt letztlich auf die Beeinflussung des Verhaltens der Geführten, d.h. auf **Mitarbeitermotivation**, ab. Personales Verhalten fußt auf Motiven und Anreizen. Motive sind die Bestimmungsgründe menschlichen Verhaltens. Sie werden durch Anreize aktiviert. Führungs- und Geführtenverhalten erklären sich damit aus einem Anreiz-Beitrags-Verhältnis. Im Rahmen der - interdisziplinär angelegten - Führungsforschung wurden zahlreiche Theorien zur Erklärung der Arbeitsmotivation entwickelt. Die heute bekanntesten Ansätze gehen auf Maslow, Mc Gregor und Herzberg zurück.

Diagramm 41: Bedürfnispyramide

Quelle: Maslow, A.H., 1954, S. 35 f.

Maslow (1954) unterstellt eine hierarchische Bedürfnisskala, wie sie in Diagramm 41 zum Ausdruck kommt. Als Anreiz fungiert jeweils die ranghöhere, noch nicht befriedigte Motivgruppe.

(1) Physiologische Bedürfnisse: Grundbedürfnisse (Nahrung, Obdach, Bewegungsfreiheit).
(2) Sicherheitsbedürfnisse: Arbeitsplatzsicherheit, soziale Sicherheit.
(3) Soziale Bedürfnisse: Gruppenzugehörigkeit, Kontakt, Freundschaft.
(4) Geltungsbedürfnisse: Anerkennung, Selbstachtung, Prestige, Status.
(5) Selbstverwirklichungsbedürfnisse: Entfaltung der Persönlichkeit.

Herzberg (1959; 1966) unterscheidet zwischen Motivatoren und Konsistenzfaktoren (ursprünglich Hygiene-Faktoren genannt). Motivatoren lösen Anreize aus. Zu den Motivatoren zählen Leistung, Anerkennung, Arbeitsinhalt, Verantwortung, Aufstiegsmöglichkeiten und Selbstentfaltung. Konsistenzfaktoren können zwar Unzufriedenheit verhindern, ohne allerdings Zufriedenheit zu bewirken. Konsistenzfaktoren sind die Unternehmungspolitik, die Führung, die Beziehung zu Vorgesetzten, Kollegen und Mitarbeitern, die Entlohnung sowie die Arbeitsbedingungen. Sie beeinflussen einseitig den Grad der Unzufriedenheit, können aber nicht als Anreize dienen.

Mc Gregor (1970) erklärt die Motivation von Organisationsmitgliedern mit der Gegenüberstellung der Theorien X und Y. Nach der Theorie X hat der Durchschnittsmensch eine angeborene Abneigung gegen die Arbeit. Aus diesem Grunde müssen Geführte zur Erreichung der Unternehmensziele unter Druck gesetzt und mit Strafen bedroht werden. Zudem neigt der Durchschnittsmensch zur Abschiebung von Verantwortung, im Vordergrund seiner Wertskala stehen vielmehr Sicherheitsbedürfnisse. Unter diesen Voraussetzungen bedarf es zur Motivation der Geführten des vollen Einsatzes der Autorität und der Kontrolle der Führenden.

In seiner Theorie Y dagegen sieht Mc Gregor die Arbeit als Quelle der Zufriedenheit und der persönlichen Entfaltung. Unter entsprechenden Voraussetzungen sucht der Durchschnittsmensch sogar Verantwortung. Als Führungsgrundsatz empfiehlt sich damit die Integration der Mitarbeiterbedürfnisse und der Unternehmensziele. In je höherem Grade Konsistenz zwischen Mitarbeiterbedürfnissen und Unternehmenszielen erreicht werden kann, umso effizienter wird die Unternehmensführung sein.

Wie schon bei der Darstellung der Untersuchung der deutschen Kreditwirtschaft von Gebert (1990, vgl. Tabelle 24) angedeutet, besteht zwischen den Variablen Führen und Mitarbeiten eine relativ enge Korrelation. Dieser Sachverhalt läßt einen Rückschluß auf die Abhängigkeit der Mitarbeitermotivation von den Führungsqualitäten zu. Hier kann ein erheblicher empirischer Zusammenhang unterstellt werden.

Eine weitergehende Untersuchung von Wolff und Göschel (1991, S. 50) kommt zu dem Ergebnis, daß die Arbeitszufriedenheit im Finanzdienstleistungsbereich im Vergleich zu anderen Bereichen der Volkswirtschaft am niedrigsten ist. Nur rund 50 Prozent der Befragten waren mit ihrem Arbeitsplatz uneingeschränkt zufrieden. Eine uneingeschränkte Zufriedenheit mit dem Führungsverhalten der Vorgesetzten bekundeten lediglich ein knappes Drittel. Diese Quote lag in anderen Wirtschaftszweigen immerhin um 10 bis 15 Prozent höher.

Die bereits oben zitierte Untersuchung von Schinnerl (1980, S. 460 ff) gibt bei allen Einschränkungen hinsichtlich ihres Repräsentativitätsgrades eine Orientierung über die wesentlichen Gründe von Arbeitszufriedenheit und Arbeitsunzufriedenheit in Banken. Die Daten basieren auf einem Stichprobenumfang von 125 (Arbeitszufriedenheit) bzw. 123 (Arbeitsunzufriedenheit) Befragten von 11 deutschen Kreditinstituten und zeigen folgendes Ergebnis:

Wesentlichster Grund der Arbeitszufriedenheit (Rangreihung 1):

(1)	Eine Arbeit, die gefällt	45,6%
(2)	Selbständigkeit bei der Arbeit	16,8%
(3)	Arbeitsplatzsicherheit	12,8%
(4)	Leistungsbewußtsein	10,4%
(5)	Gute Bezahlung	3,2%

(6)	Gute Aufstiegsmöglichkeiten	3,2%
(7)	Gute Mitarbeiterbeziehungen	2,4%
(8)	Angenehmes Vorgesetztenverhalten	0,8%
(9)	Akzeptable Betriebspolitik	0,8%
(10)	Ansehen der Arbeit	0,8%
(11)	Möglichkeit der Einflußnahme	0,8%
(12)	Sonstige (Idealismus, Kundenbeziehungen)	2,4%

Wesentlichster Grund der Arbeitsunzufriedenheit (Rangreihung 1):

(1)	Eine Arbeit, die nicht gefällt	30,9%
(2)	Unsicherer Arbeitsplatz	16,3%
(3)	Mangelnde Autonomie bei der Arbeit	13,8%
(4)	Schlechte Entlohnung	7,3%
(5)	Unangenehme Arbeitsbedingungen	7,3%
(6)	Fehlendes Leistungsbewußtsein	7,3%
(7)	Keine Anerkennung für Leistung	4,1%
(8)	Keine Möglichkeit der Mitbestimmung	4,1%
(9)	Unangenehmes Vorgesetztenverhalten	3,3%
(10)	Unakzeptable Betriebspolitik	2,4%
(11)	Schlechte Mitarbeiterbeziehungen	1,6%
(12)	Geringe Aufstiegsmöglichkeiten	0,8%
(13)	Sonstige (kein Kundenkontakt)	0,8%

Keine Bestätigung fand mit dieser Untersuchung die Herzbergsche 2-Faktoren-Theorie einer Trennung von Motivatoren und Konsistenzfaktoren.

Bei den diametral gegenüberstehenden Theorien X und Y von Mc Gregor neigen die befragten 74 Führungskräfte von 11 deutschen Banken deutlich stärker zur Theorie Y (Schinnerl, R., 1980, S. 103).

4.2.2 Instrumente und Hilfsmittel der Unternehmensführung

Nach den durch die Wachstumseuphorie geprägten 70er Jahre hat zu Beginn der 80er Jahre ein geschäftspolitischer Umbruch - wie ihn zuletzt der Wandel zum Käufermarkt der 60er Jahre hervorgerufen hatte - stattgefunden. Erratische Zins- und Wechselkursschwankungen sowie die Schuldenkrise im internationalen Rahmen und eine Welle von Insolvenzen sowie immer preisbewußtere Anleger innerhalb der eigenen Volkswirtschaft haben die Forderung nach integrierten Management-Instrumenten vorangetrieben. Diese Integrationstendenz soll der wachsenden Komplexität und den wachsenden Risiken Rechnung tragen. Unter dem Stichwort **Bankcontrolling** werden ertragsorientierte Ansätze der Banksteuerung diskutiert, welche die Elemente der Bankplanung und der Informationssysteme zu verbinden versuchen.[13]

4.2.2.1 Dokumentäres Rechnungswesen (Buchhaltung und Bilanzierung)

Eine Unzahl bilanzwirksamer Transaktionen, die insbesondere durch den Zahlungsverkehr, aber auch durch andere Bankgeschäfte ausgelöst werden, fallen heute täglich in einem Kreditinstitut an. Aus dokumentären Gründen, zur kurzfristigen Gelddisposition und zur aktuellen Überwachung der Verfügungslimits (Dispositionsgrenzen) von Kreditnehmern ist die **Tagfertigkeit** (a jour) der Buchhaltung unverzichtbar.

Unter diesen Voraussetzungen besteht zur EDV-mäßigen Organisation des dokumentären Rechnungswesens heute selbst für mittlere und kleine Banken kaum noch eine diskussionswürdige Alternative. Schon in den ersten Anfängen der Implementierung von EDV-Systemen in Kreditinstituten lag daher der Hauptakzent deutlich auf der Übernahme des dokumentären Rechnungswesens (EDV als Buchhaltungssystem).

Ein einheitliches Kontonummernsystem besteht im deutschen Kreditgewerbe bislang nicht. Im nachfolgenden Diagramm 42 wird der vom Bundesverband deutscher Banken entwickelte Kontenplan dargestellt.

Anders verhält es sich hingegen mit der Bilanzierung von Kreditinstituten.[14] Nach der Formblattverordnung vom 20. Dez. 1967 sind Kreditinstitute bei der Veröffentlichung ihres Jahresabschlusses sowie ihrer Gewinn- und Verlustrechnung grundsätzlich an ein (weitgehend vereinheitlichtes) Formblatt gebunden (Diagramme 43, 44 und 45).

---

13 Den umfassenden Ansatz eines dualen Steuerungssystems zum Controlling in Kreditinstituten präsentiert Schierenbeck (1991).

14 Ein umfassendes Werk über die Bilanzierung der Kreditinstitute nach Handels- und Steuerrecht steht mit Birck/Meyer (1976-1989) zur Verfügung.

Diagramm 42: Kontenrahmen für private Banken

Klasse 1	Klasse 2	Klasse 3	Klasse 4
Barreserve, kurz- und mittelfristige Anlagen	Forderungen und Verbindlichkeiten	Sonstige Vermögensposten	Verrechnungskonten
10 Kassenbestand	20 Kontokorrent – Kreditinstitute	30 Wertpapierkommission	40
11 Edelmetalle	21 Kontokorrent – Kunden	31 Anleihen und Schuldverschreibungen mit einer Laufzeit von mehr als vier Jahren	41
12 Guthaben bei der Deutschen Bundesbank	22 Spareinlagen	32 Börsengängige Anteile und Investmentanteile	42
13 Postscheckguthaben	23 Retouren	33 Sonstige Wertpapiere	43
14 Fällige Schuldverschreibungen, Zins- und Dividendenscheine	24 Eigene Schuldverschreibungen	34 Konsortialbestände	44
15 Schecks und zum Einzug erhaltene Papiere	25 Eigene Akzepte und Solawechsel	35 Ausgleichs- und Deckungsforderungen gegen die öffentliche Hand	45
16 Wechsel	26 Eigene Ziehungen	36 Beteiligungen	46
17 Schatzwechsel und unverzinsliche Schatzanweisungen	27 Sonstige Vermögensgegenstände	37 Grundstücke und Gebäude	47
18 Anleihen und Schuldverschreibungen mit einer Laufzeit bis zu vier Jahren	28 Sonstige Verbindlichkeiten	38 Betriebs- und Geschäftsausstattung	48
19 Devisen	29 Verbindlichkeiten aus Bürgschaften, Wechsel- und Scheckbürgschaften sowie aus Gewährleistungsverträgen	39 Anteile an einer herrschenden oder mit Mehrheit beteiligten Gesellschaft	49

Diagramm 42: (Fortsetzung)

Klasse 5	Klasse 6	Klasse 7	Klasse 9
Erträge	Aufwendungen	Neutrale Erträge und Aufwendungen und vom Ergebnis abhängige Aufwendungen	Kapitalkonten und Abschlußkonten
50 Zinserträge	60 Zinsaufwendungen	70 Neutrale Erträge	90 Kapitalkonten
51 Zinsähnliche Erträge aus dem Kreditgeschäft	61 Provisionen und ähnliche Aufwendungen für Dienstleistungsgeschäfte	71 Erträge aus der Auflösung von Wertberichtigungen und Rückstellungen sowie aus dem Eingang auf abgeschriebene Forderungen	91 Offene Rücklagen
52 Laufende Erträge aus Wertpapieren, Schuldbuchforderungen und Beteiligungen	62 Gehälter und Löhne	72 Entnahmen aus offenen Rücklagen	92 Sonderposten mit Rücklageanteil
53 Provisionen und andere Erträge aus dem Zahlungsverkehr	63 Soziale Abgaben	73 Steuerrückvergütungen und Auflösung von Steuerrückstellungen	93 Rückstellungen
54 Provisionen und andere Erträge aus dem Auslands-, Reisezahlungsmittel- und Edelmetallgeschäft	64 Aufwendungen für Altersversorgung und Unterstützung	74 Neutrale Aufwendungen	94 Wertberichtigungen
55 Provisionen und andere Erträge aus dem Wertpapiergeschäft	65 Sachaufwand für das Bankgeschäft	75 Aufwendungen bei Kapitalerhöhungen und Fusionen	95
56 Sonstige Erträge aus Dienstleistungsgeschäften	66 Sachaufwand für das Bankgeschäft (Fortsetzung)	76 Vom Gesamtergebnis abhängige Aufwendungen (ohne Steuern)	96 Aktive Rechnungsabgrenzungsposten
57 Kursgewinne	67 Kursverluste	77 Vom Gewinn abhängige Steuern, Steuernachzahlungen	97 Passive Rechnungsabgrenzungsposten
58 Ersatz von Gebühren und Spesen	68 Kostensteuern und betriebsnotwendige Abschreibungen	78 Abschreibungen und Wertberichtigungen sowie Zuführungen zu Rückstellungen	98 Gewinn- und Verlustkonto
59 Sonstige Erträge	69 Sonstige Aufwendungen	79	99 Bilanzkonto

Diagramm 43: Formblatt zum Jahresabschluß

Formblatt 1

Jahresbilanz zum ___________ der ___________

Aktivseite

	DM	DM	DM
1. Barreserve			
a) Kassenbestand		___	
b) Guthaben bei Zentralnotenbanken		___	
darunter: bei der Deutschen Bundesbank ... ___ DM			
c) Guthaben bei Postgiroämtern		___	___
2. Schuldtitel öffentlicher Stellen und Wechsel, die zur Refinanzierung bei Zentralnotenbanken zugelassen sind			
a) Schatzwechsel und unverzinsliche Schatzanweisungen sowie ähnliche Schuldtitel öffentlicher Stellen		___	
darunter: bei der Deutschen Bundesbank refinanzierbar .... ___ DM			
b) Wechsel		___	___
darunter: bei der Deutschen Bundesbank refinanzierbar .... ___ DM			
3. Forderungen an Kreditinstitute [1])			
a) täglich fällig		___	
b) andere Forderungen		___	___
4. Forderungen an Kunden [2])			___
darunter: durch Grundpfandrechte gesichert ... ___ DM			
Kommunalkredite .... ___ DM			
5. Schuldverschreibungen und andere festverzinsliche Wertpapiere			
a) Geldmarktpapiere			
aa) von öffentlichen Emittenten	___		
ab) von anderen Emittenten	___	___	
b) Anleihen und Schuldverschreibungen			
ba) von öffentlichen Emittenten	___		
bb) von anderen Emittenten	___	___	
darunter: beleihbar bei der Deutschen Bundesbank ___ DM			
c) eigene Schuldverschreibungen		___	___
Nennbetrag .... ___ DM			
6. Aktien und andere nicht festverzinsliche Wertpapiere			___

Passivseite

	DM	DM	DM
1. Verbindlichkeiten gegenüber Kreditinstituten [6])			
a) täglich fällig		___	
b) mit vereinbarter Laufzeit oder Kündigungsfrist		___	
2. Verbindlichkeiten gegenüber Kunden [7])			
a) Spareinlagen			
aa) mit gesetzlicher Kündigungsfrist	___		
ab) mit vereinbarter Kündigungsfrist	___	___	
b) andere Verbindlichkeiten			
ba) täglich fällig	___		
bb) mit vereinbarter Laufzeit oder Kündigungsfrist	___	___	___
[8])			
3. Verbriefte Verbindlichkeiten [9])			
a) begebene Schuldverschreibungen		___	
b) andere verbriefte Verbindlichkeiten		___	___
darunter: Geldmarktpapiere .... ___ DM			
eigene Akzepte und Solawechsel im Umlauf ___ DM			
4. Treuhandverbindlichkeiten			___
darunter: Treuhandkredite .... ___ DM			
5. Sonstige Verbindlichkeiten			___
6. Rechnungsabgrenzungsposten [10])			___
7. Rückstellungen			
a) Rückstellungen für Pensionen und ähnliche Verpflichtungen		___	
b) Steuerrückstellungen		___	
c) andere Rückstellungen		___	___
[11])			
8. Sonderposten mit Rücklageanteil			___
9. Nachrangige Verbindlichkeiten			___
10. Genußrechtskapital			___
darunter: vor Ablauf von zwei Jahren fällig ... ___ DM			
11. Fonds für allgemeine Bankrisiken			___

Diagramm 43: (Fortsetzung)

	DM	DM	DM
[3])			
7. Beteiligungen [4])			—
darunter: an Kreditinstituten ______ DM			
8. Anteile an verbundenen Unternehmen			—
darunter: an Kreditinstituten ______ DM			
9. Treuhandvermögen			—
darunter: Treuhandkredite ______ DM			
10. Ausgleichsforderungen gegen die öffentliche Hand einschließlich Schuldverschreibungen aus deren Umtausch			—
11. Immaterielle Anlagewerte			—
12. Sachanlagen			—
13. Ausstehende Einlagen auf das gezeichnete Kapital			—
darunter: eingefordert ______ DM			
14. Eigene Aktien oder Anteile			—
Nennbetrag ______ DM			
15. Sonstige Vermögensgegenstände			—
16. Rechnungsabgrenzungsposten [5])			—
17. Nicht durch Eigenkapital gedeckter Fehlbetrag			═
Summe der Aktiva			═

	DM	DM	DM
12. Eigenkapital			
a) gezeichnetes Kapital [12])		—	
b) Kapitalrücklage		—	
c) Gewinnrücklagen [13])			
ca) gesetzliche Rücklage	—		
cb) Rücklage für eigene Anteile	—		
cc) satzungsmäßige Rücklagen	—		
cd) andere Gewinnrücklagen	═	—	
d) Bilanzgewinn/Bilanzverlust		═	═
Summe der Passiva			═

1. Eventualverbindlichkeiten			
a) Eventualverbindlichkeiten aus weitergegebenen abgerechneten Wechseln	—		
b) Verbindlichkeiten aus Bürgschaften und Gewährleistungsverträgen	—		
c) Haftung aus der Bestellung von Sicherheiten für fremde Verbindlichkeiten	═	—	
2. Andere Verpflichtungen			
a) Rücknahmeverpflichtungen aus unechten Pensionsgeschäften	—		
b) Plazierungs- und Übernahmeverpflichtungen	—		
c) Unwiderrufliche Kreditzusagen	═	—	

Diagramm 44: Gewinn- und Verlustrechnung (Staffelform)

der ....
für die Zeit vom .... bis ....

Nr.	Posten	DM	DM	DM
1.	Zinserträge aus[1])			
	a) Kredit- und Geldmarktgeschäften	—		
	b) festverzinslichen Wertpapieren und Schuldbuchforderungen	=	—	
2.	Zinsaufwendungen[2])		=	—
3.	Laufende Erträge aus			
	a) Aktien und anderen nicht festverzinslichen Wertpapieren		—	
	b) Beteiligungen[3])		—	
	c) Anteilen an verbundenen Unternehmen		=	—
4.	Erträge aus Gewinngemeinschaften, Gewinnabführungs- oder Teilgewinnabführungsverträgen .			—
5.	Provisionserträge[4])		—	
6.	Provisionsaufwendungen[5])		=	—
7.	Nettoertrag oder Nettoaufwand aus Finanzgeschäften			—
8.	Sonstige betriebliche Erträge			—
9.	Erträge aus der Auflösung von Sonderposten mit Rücklageanteil			—
10.	Allgemeine Verwaltungsaufwendungen			
	a) Personalaufwand			
	aa) Löhne und Gehälter	—		
	ab) Soziale Abgaben und Aufwendungen für Altersversorgung und für Unterstützung .	=	—	
	darunter: für Altersversorgung ___ DM			
	b) andere Verwaltungsaufwendungen		=	—
11.	Abschreibungen und Wertberichtigungen auf immaterielle Anlagewerte und Sachanlagen			—
12.	Sonstige betriebliche Aufwendungen			—
13.	Abschreibungen und Wertberichtigungen auf Forderungen und bestimmte Wertpapiere sowie Zuführungen zu Rückstellungen im Kreditgeschäft		—	
14.	Erträge aus Zuschreibungen zu Forderungen und bestimmten Wertpapieren sowie aus der Auflösung von Rückstellungen im Kreditgeschäft ...		=	—
15.	Abschreibungen und Wertberichtigungen auf Beteiligungen, Anteile an verbundenen Unternehmen und wie Anlagevermögen behandelte Wertpapiere		—	
16.	Erträge aus Zuschreibungen zu Beteiligungen, Anteilen an verbundenen Unternehmen und wie Anlagevermögen behandelten Wertpapieren ...		=	—
17.	Aufwendungen aus Verlustübernahme			—
18.	Einstellungen in Sonderposten mit Rücklageanteil			=
19.	Ergebnis der normalen Geschäftstätigkeit			—
20.	Außerordentliche Erträge		—	
21.	Außerordentliche Aufwendungen		=	
22.	Außerordentliches Ergebnis		—	—
23.	Steuern vom Einkommen und vom Ertrag		—	
24.	Sonstige Steuern, soweit nicht unter Posten 12 ausgewiesen		=	—
25.	Erträge aus Verlustübernahme			—
26.	Auf Grund einer Gewinngemeinschaft, eines Gewinnabführungs- oder eines Teilgewinnabführungsvertrags abgeführte Gewinne			=
27.	Jahresüberschuß/Jahresfehlbetrag			—
28.	Gewinnvortrag/Verlustvortrag aus dem Vorjahr .			=
				—
29.	Entnahmen aus der Kapitalrücklage			=
				—
30.	Entnahmen aus Gewinnrücklagen			
	a) aus der gesetzlichen Rücklage		—	
	b) aus der Rücklage für eigene Anteile		—	
	c) aus satzungsmäßigen Rücklagen		—	
	d) aus anderen Gewinnrücklagen		=	=
				—
31.	Entnahmen aus Genußrechtskapital			=
				—
32.	Einstellungen in Gewinnrücklagen			
	a) in die gesetzliche Rücklage		—	
	b) in die Rücklage für eigene Anteile		—	
	c) in satzungsmäßige Rücklagen		—	
	d) in andere Gewinnrücklagen		=	=
				—
33.	Wiederauffüllung des Genußrechtskapitals			=
34.	Bilanzgewinn/Bilanzverlust			=

Diagramm 45: Gewinn- und Verlustrechnung (Kontoform)

Formblatt 2 (Kontoform)

Gewinn- und Verlustrechnung der ____________

für die Zeit vom ____________ **bis** ____________

Aufwendungen	DM	DM	DM
1. Zinsaufwendungen [1])			___
2. Provisionsaufwendungen [4])			___
3. Nettoaufwand aus Finanzgeschäften			___
[6])			
4. Allgemeine Verwaltungsaufwendungen			
a) Personalaufwand			
aa) Löhne und Gehälter	___		
ab) Soziale Abgaben und Aufwendungen für Altersversorgung und für Unterstützung	___	___	
darunter: für Altersversorgung ___ DM			
b) andere Verwaltungsaufwendungen		___	___
5. Abschreibungen und Wertberichtigungen auf immaterielle Anlagewerte und Sachanlagen			___
6. Sonstige betriebliche Aufwendungen			___
7. Abschreibungen und Wertberichtigungen auf Forderungen und bestimmte Wertpapiere sowie Zuführungen zu Rückstellungen im Kreditgeschäft			___
8. Abschreibungen und Wertberichtigungen auf Beteiligungen, Anteile an verbundenen Unternehmen und wie Anlagevermögen behandelte Wertpapiere			___
9. Aufwendungen aus Verlustübernahme			___
10. Einstellungen in Sonderposten mit Rücklageanteil			___
11. Außerordentliche Aufwendungen			___
12. Steuern vom Einkommen und vom Ertrag			___
13. Sonstige Steuern, soweit nicht unter Posten 6 ausgewiesen			___
14. Auf Grund einer Gewinngemeinschaft, eines Gewinnabführungs- oder eines Teilgewinnabführungsvertrags abgeführte Gewinne			___
15. Jahresüberschuß			___
Summe der Aufwendungen			___

Erträge	DM	DM
1. Zinserträge aus [2])		
a) Kredit- und Geldmarktgeschäften	___	
b) festverzinslichen Wertpapieren und Schuldbuchforderungen	___	___
2. Laufende Erträge aus		
a) Aktien und anderen nicht festverzinslichen Wertpapieren	___	
b) Beteiligungen [3])	___	
c) Anteilen an verbundenen Unternehmen	___	___
3. Erträge aus Gewinngemeinschaften, Gewinnabführungs- oder Teilgewinnabführungsverträgen		___
4. Provisionserträge [5])		___
5. Nettoertrag aus Finanzgeschäften		___
[6])		
6. Erträge aus Zuschreibungen zu Forderungen und bestimmten Wertpapieren sowie aus der Auflösung von Rückstellungen im Kreditgeschäft		___
7. Erträge aus Zuschreibungen zu Beteiligungen, Anteilen an verbundenen Unternehmen und wie Anlagevermögen behandelten Wertpapieren		___
8. Sonstige betriebliche Erträge		___
9. Erträge aus der Auflösung von Sonderposten mit Rücklageanteil		___
10. Außerordentliche Erträge		___
11. Erträge aus Verlustübernahme		___
12. Jahresfehlbetrag		___
Summe der Erträge		___

Die Frage der **Bewertung** hat aus Gründen der Vertrauensgewähr zu einer Ausnahmeregelung für Kreditinstitute geführt. Nach **§ 26a KWG** können Kreditinstitute, die Kapitalgesellschaften sind, "Forderungen und Wertpapiere des Umlaufvermögens mit einem niedrigeren als dem nach § 253 Abs. 1 und 3 sowie § 279 Abs. 1 Satz 1 des Handelsgesetzbuchs vorgeschriebenen oder zugelassenen Wert ansetzen, soweit dies nach vernünftiger kaufmännischer Beurteilung zur Sicherung gegen die besonderen Risiken des Geschäftszweiges der Kreditinstitute notwendig ist".[15] Außerdem sind Kreditinstitute nach § 26a Abs. 2 KWG davon befreit, die ihren Wertberichtigungen zugrunde liegenden Vorschriften (§ 281 Abs. 1 HGB) anzugeben.

Damit besteht ein gewisser Verdeckungsschutz für Reservebewegungen, d.h. Zuführungen und Auflösungen von stillen Rücklagen können kaum noch aus der Bilanz nachvollzogen werden. Durch **Überkreuzkompensationen** im Kredit- und im Wertpapiergeschäft sind zudem auch in der G+V-Rechnung genügend Tarnmöglichkeiten für die Veränderung der stillen Reserven gegeben. Stille Rücklagen lassen sich bei der Bilanzposition Forderungen durch die Bildung von Einzel- und Sammelwertberichtigungen legen. Auch bei der Bilanzierung der Wertpapiere können aufgrund der Kursbewegungen nennenswerte Bewertungsabschläge vorgenommen werden.

Im Rahmen der Transformation der am 8. Dezember 1986 vom Rat der Europäischen Gemeinschaften verabschiedeten **Richtlinie über den Jahresabschluß und den konsolidierten Abschluß von Banken und anderen Finanzinstituten**[16] (Bankbilanzrichtlinie; vgl. Kap. 2.1.3.1) ergeben sich gegenüber dem bisher geltenden Recht einige grundlegende Änderungen.

Die Richtlinientransformation erfolgt zum einen durch Änderung bestehender Gesetze sowie durch Umstrukturierung der geltenden Formblattvorschriften und Bilanzierungsrichtlinien zu einer ergänzenden Rechtsverordnung. Die derzeit im KWG enthaltenen besonderen Vorschriften über die Rechnungslegung der Kreditinstitute (§§ 25a-26b) werden in modifizierter Form als "ergänzende Vorschriften für Kreditinstitute" in eine Erweiterung des HGB (§§ 340-340o) übernommen. Das AktG und das Publizitätsgesetz sowie andere Gesetze werden in der Folge der beschriebenen Neufassung ebenfalls geändert.

Der Anwendungsbereich der Neuregelungen erstreckt sich auf Kreditinstitute nach § 1 KWG. Das Publizitätsgesetz ist von Kreditinstituten in Zukunft nicht mehr anzuwenden. Kreditinstitute haben unabhängig von ihrer Größe

---

15 Für Kreditinstitute in anderen Rechtsformen ist eine Anwendung des § 26a ebenfalls möglich. Personenhandelsgesellschaften und Einzelkaufleute können die Regelung nach § 253 Abs. 4 HGB ohnehin anwenden, für Sparkassen besteht die Möglichkeit zur Anwendung von § 26a aufgrund von Verordnungen der obersten Sparkassenaufsicht der Länder und bei Kreditgenossenschaften erübrigt sich die Anwendung des § 279 HGB gemäß § 336 Abs. 2 HGB.

16 Der Bundesrat hat am 12. Oktober 1990 dem vom Deutschen Bundestag beschlossenen Gesetz zur Durchführung der EG-Bankbilanzrichtlinie zugestimmt. Es ist für die nach dem 31. Dezember 1992 beginnenden Geschäftsjahre anzuwenden.

einen Jahresabschluß und einen Lagebericht zu erstellen und bekanntzumachen (§ 340a). Maßgebend sind hierbei die für große Kapitalgesellschaften geltenden allgemeinen Bestimmungen der §§ 264-289 HGB.[17] Institute, die Mutterinstitute sind, haben größenunabhängig einen Konzernabschluß und einen Konzernlagebericht anzufertigen (§§ 340i,j).

Einige im § 25a KWG bzw. § 1 Abs. 6 der Formblattverordnung enthaltenen Ausnahmen sind künftig auch von Kreditinstituten zwingend zu beachten.

Die Regelungen zur Vorsorge für allgemeine Bankrisiken (§ 340f), die den § 26a KWG künftig ersetzen, weichen vom bisherigen Recht insofern ab, als

- Wertpapierhandelsbestände nicht in die Bemessungsgrundlage für die Reservebildung eingehen und
- die Vorsorgereserven nur bis zu einer Höhe von maximal vier Prozent der neuen Bemessungsgrundlage (ohne Handelsbestände) gebildet werden dürfen.

Das **Wertpapiereigenhandelsergebnis** ist nicht mehr Bestandteil der Überkreuzkompensation (§ 340f Abs. 3 HGB). Dieses ist in einem gesonderten Netto-Posten "Ertrag oder Aufwand aus Finanzgeschäften" (§ 340c Abs. 1 HGB) auszuweisen. Die Bildung und Auflösung der stillen Vorsorgereserven sowie die Kompensation bleibt hingegen in verdeckter Form möglich (§ 340f Abs. 4). Es wird aber auch die Möglichkeit gegeben, die Reserven zur Sicherung gegen allgemeine Bankrisiken als Sonderposten "Fonds für allgemeine Bankrisiken" offen auszuweisen.

Noch in den ersten Anfängen befindet sich in Deutschland die gesellschaftsbezogene Rechnungslegung der Kreditinstitute.

Ein umfassender Ansatz zur **Sozialbilanz** wurde von einem auf Initiative des Verbandes öffentlicher Banken tätig gewordenen Arbeitskreis entwickelt (Becker, W.D., 1980, S. 15 ff). Nach dem vom Arbeitskreis in Vorschlag gebrachten Katalog umfaßt die gesellschaftsbezogene Rechnungslegung folgende Bereiche:

(1) Verhältnis der Bank zu den Kunden (Bankleistungen)
- Refinanzierung der Bank,
- Finanzierung öffentlicher Haushalte,
- Finanzierung inländischer Unternehmen,
- Internationales Geschäft,
- Beteiligungen,
- Baufinanzierungen und Bauservice,
- Liquiditätsanlagen und Forderungen an Kreditinstitute,
- Wirtschaftsförderung,

---

17 Nach § 340a HGB sind die bezeichneten Paragraphen für solche Fälle ausgeschlossen, wo ihr Regelungsgehalt Kreditinstitute nicht betrifft oder bankspezifische Sonderregelungen vorgesehen sind (Abs. 1). Die von Kreditinstituten nicht anzuwendenden Bestimmungen sind im einzelnen angegeben (Abs. 2).

- Wertpapiergeschäft,
- Sonstige Serviceleistungen.

(2) Verhältnis der Bank zu den Mitarbeitern
- Löhne und Gehälter,
- Sonstige direkte Entgelte,
- Indirekte Leistungen,
- Aus- und Fortbildung,
- Beschäftigung,
- Arbeitsbedingungen.

(3) Verhältnis der Bank zum Eigentümer, zur Gesellschaft und zum Steuerfiskus
- Eigentümerbeziehung,
- Beziehungen zur Gesellschaft,
- Steuerfiskus.

(4) Verhältnis der Bank zur physischen Umwelt
- Belastung der Umwelt und ihre Reduzierung,
- Beanspruchung von knappen Ressourcen.

(5) Wertschöpfungs-Rechnung.

Einen wichtigen Einfluß auf die Unternehmensführung einerseits und die Rechnungslegung andererseits stellt die **Besteuerung** dar. Bei der Besteuerung der Kreditinstitute fallen als direkte Steuern vor allem die Körperschaftsteuer (Einkommensteuer), die Vermögensteuer und die Gewerbesteuer an.

Die nachfolgende Tabelle gibt einen Überblick über die derzeit gültigen Steuersätze sowie deren Bemessungsgrundlagen.

Steuerart	**Bemessungsgrundlage**	**Steuersatz**
Körperschaft-steuer	Körperschaftsteuer-licher Gewinn	50% bei Einbehaltung 36% bei Ausschüttung
Vermögensteuer	Steuerpflichtiges Vermögen	0,6 % bei jurist. Personen
Gewerbesteuer	Gewerbeertrag Gewerbekapital Steuermeßbetrag I + II	5% (Steuermeßzahl I) 2‰ (Steuermeßzahl II) 200%-450% (Hebesatz)

4.2.2.2 Instrumentales Rechnungswesen (Kostenrechnung)

Im Gegensatz zur Buchhaltung, der dokumentäre Funktion zukommt, verfolgt die Kostenrechnung Kontroll- und dispositive Aufgaben (Wirtschaftlichkeitskontrolle, Selbstkostenermittlung). Sie hat instrumentalen Charakter. Aus Wirtschaftlichkeitsgründen empfiehlt sich, ebenso wie beim

Aufbau von Informationssystemen, auf den Daten des dokumentären Rechnungswesens aufzubauen.

4.2.2.2.1 Entwicklungsstand der Bankkostenrechnung

Die ersten Veröffentlichungen zur Bankkostenrechnung reichen bis in die Zeit nach dem Ersten Weltkrieg (Isaac 1921, Hasenack 1925) zurück. Erst seit den 70er Jahren bedient man sich allerdings im Bankgewerbe zusehends dieses Instrumentes der Unternehmensführung. Wir ersehen daraus die erhebliche Zeitspanne, welche die Umsetzung von Forschungsergebnissen in praktische Anwendungen erfordern kann.

Nicht übersehen werden kann gleichzeitig, daß die verfügbaren Ansätze zur Bankkostenrechnung Unzulänglichkeiten aufweisen. Dies gilt in erster Linie für die Problematik der Zuordnung von Passiv- und Aktivpositionen bzw. von Zinserträgen und Geldbeschaffungskosten, wie sie bei der **Schichtenbilanz** unvermeidbar ist. Derartige Zurechnungen werden immer in gewisser Weise Willkürcharakter aufweisen. Ein unangreifbares theoretisches Konzept zur Schichtenbilanz besteht jedenfalls bisher nicht und wird auch in der Zukunft kaum entwickelt werden können.

Auch neuere Ansätze, die die Aktiv- und Passivseite isoliert nach dem **Opportunitätskostenprinzip** bewerten, lassen Zuordnungsprobleme erkennen. Hier verlagert sich die Willkür in die Gegenüberstellung der Aktiv- und Passivzinsen mit Referenzzinssätzen (Marktzinsen), d.h. der Zuordnung von Kundengeschäften einerseits und Geld- bzw. Kapitalmarktgeschäften andererseits. Ähnlich problematisch ist die Aufschlüsselung der fixen Kosten auf Verantwortungsbereiche, Geschäftssparten, Kundengruppen oder Stückleistungen. Auch die Teilkostenrechnung vermag aufgrund des hohen Anteiles des Fix-kostenblocks an den Gesamtkosten dieses Problem nicht voll befriedigend zu lösen.

Trotz dieser - aus theoretischer Sicht erheblichen - Einwände sind heute Kostenrechnungssysteme verfügbar, deren Aussagekraft die zu investierenden Ressourcen rechtfertigt.

Der (gedanklichen) Trennung zwischen liquiditätsmäßig-finanziellem und technisch-organisatorischem Bereich folgend, unterscheiden wir bei der Bankkostenrechnung grundsätzlich zwischen **Wertsphäre** und **Betriebssphäre** (Kaminsky, S., 1955). Erst aus der Verschmelzung von Wert- und Stückleistung erwächst die Marktleistung. Sinngemäß ist zwischen Werterlösen (z.B. Aktivzinsen) und Betriebserlösen (z.B. Stückgebühren) bzw. zwischen Wertkosten (z.B. Passivzinsen) und Betriebskosten (z.B. Personalkosten) zu unterscheiden.

Angesichts des zum Teil fehlenden Ursache-Wirkungs-Zusammenhanges zwischen Kostenanfall und Leistungserstellung bzw. der Unabhängigkeit des Fixkostenblocks vom Beschäftigungsgrad ist es naheliegend, auf eine Aufschlüsselung der fixen und sprungfixen Kosten zu verzichten. Beim "Direct Costing" werden nur variable Kosten in Ansatz gebracht. Soweit der Erlös die direkt zurechenbaren Kosten übersteigt, dient er zur Abdeckung des Fixkostenblocks (Deckungsbeitragsrechnung).

Zwar fällt als Haupteinwand der vergleichsweise hohe Anteil der fixen Kosten im Bankbetrieb ins Gewicht. Anderseits weist das Konzept der Teilkostenrechnung deutliche Vorzüge gegenüber der Vollkostenrechnung auf. Die Teilkostenrechnung erlaubt es, die verursachungsgerecht ermittelten variablen Kosten ohne Verfälschung durch eine mehr oder weniger willkürliche Schlüsselung von Gemeinkosten stellen-, sparten- oder kundenorientiert zu erfassen und im Zeitvergleich oder im zwischenbetrieblichen Vergleich zu analysieren. Auch die volle Verantwortlichkeit der Bereichsleiter kann nur mit dem Teilkostenkonzept hergeleitet werden. Wir werden darauf bei der Profit-Center-Rechnung noch näher zu sprechen kommen. Unter Abwägung aller Argumente pro und kontra Teilkostenrechnung entscheidet sich die Bankpraxis häufig für eine kombinierte Anwendung des Voll- und Teilkostenkonzeptes.

Eine grundsätzliche Unterscheidung muß ferner zwischen **Ist-Kostenrechnung** und **Plankostenrechnung** getroffen werden. Beide Varianten sind generell für alle im folgenden dargestellten Kostenrechnungsverfahren anwendbar. Der Plankostenrechnung wird vor allem bei der Gesamtzinsspannenrechnung sowie bei der Profit-Center-Rechnung hohe Aussagekraft zukommen.

4.2.2.2.2 Verfahren der Bankkostenrechnung

4.2.2.2.2.1 Gesamtbetriebskalkulation

Die Gesamtbetriebskalkulation stellt das Bindeglied zwischen dem dokumentären Rechnungswesen und den Verfahren zur Aufschlüsselung der Kosten und Erlöse nach Kostenstellen und Kostenträgern dar. Ausgehend von der Buchhaltung sind neutrale Aufwendungen (außerordentliche und betriebsfremde Aufwendungen) auszuscheiden und Zusatzkosten (kalkulatorische Zinsen, kalkulatorische Abschreibungen, Risikokosten) in Rechnung zu stellen. Da die Gesamtbetriebskalkulation eine Periodenrechnung ist, werden nur die der Abrechnungsperiode zuzurechnenden Kosten und Erlöse berücksichtigt. Die gesamten Kosten und Erlöse werden sodann nach Arten gegliedert, womit die Kosten- und Erlösstruktur der Bank deutlich wird. Die Differenz zwischen Gesamterlösen und Gesamtkosten ergibt den Betriebserfolg.

4.2.2.2.2.2 Kostenstellenrechnung und Stückkostenrechnung

Gegenstand der Kostenstellenrechnung ist die Verteilung der nach Arten differenzierten Gesamtkosten auf die einzelnen Kostenstellen. Ihre primäre Funktion ist die Wirtschaftlichkeitskontrolle. In der Kostenstellenrechnung werden ausschließlich Kosten der Betriebssphäre in Ansatz gebracht. Hinsichtlich der Kostenstellen wird unterschieden zwischen **Geschäftsleistungsbereich** (Verwaltungskostenstellen), dem **Marktleistungsbereich** (Hauptkostenstellen) und dem **Hilfsleistungsbereich** (Hilfskostenstellen). Kernstück jeder Kostenstellenrechnung ist der Betriebsabrechnungsbogen (= BAB), auf dem die Kosten den einzelnen Kostenstellen zugeordnet werden (Diagramm 46).

Während die Zuordnung der Einzelkosten, die bei den Kostenstellen unmittelbar anfallen, unproblematisch ist, kann bei den Gemeinkosten ein erkennbarer direkter Zusammenhang zwischen Kostenentstehung und Kostenstelle(n) zum Teil überhaupt nicht hergestellt werden, zum Teil wäre er nur mit einem unverhältnismäßig hohen Aufwand feststellbar. Auch bei der Umlage der Kosten des Geschäftsleitungs- und Hilfsleistungsbereiches kann kaum auf das Verursachungsprinzip zurückgegriffen werden. Sowohl bei den Gemeinkosten als auch bei den Kosten des Geschäftsleitungs- und Hilfsleistungsbereiches handelt es sich in erheblichem Ausmaß um (sprung-)fixe Kosten. Eine Umlage nach Gemeinkostenschlüsseln ist damit lediglich eine "rechenhafte Proportionalisierung (sprung-)fixer Kosten".

Will man diesen Einwänden begegnen, müßte auf die Schlüsselung der Gemeinkosten und der Kosten der Verwaltungs- und Hilfskostenstellen verzichtet werden.

Die Teilkostenrechnung vermeidet zwar die Herstellung willkürlicher Ursache-Wirkungs-Zusammenhänge, würde anderseits aber lediglich einen Bruchteil der gesamten Kosten der Betriebssphäre erfassen. Stellt man eine im Marktleistungsbereich nach Leistungsarten differenzierende Kostenstellenrechnung den Leistungsmengen gegenüber, gelangt man zur **Stückkostenrechnung**. Wir sollten die Aussagekraft der Stückkostenrechnung weder als Instrument der Wirtschaftlichkeitskontrolle noch zur Selbstkostenermittlung überschätzen, da die Gesamtleistungsabnahme des Bankkunden im Vordergrund steht. Trotzdem kommt ihr in vereinzelten Fällen, z.B. als Entscheidungshilfe für die Konditionenpolitik im Zahlungsverkehr, erhebliche Bedeutung zu.

Diagramm 46: Schema eines Betriebsabrechnungsbogens (Kostenstellenrechnung)

Kostenstellen / Kostenarten	Geschäftsleitungsbereich				Marktleistungsbereich			Hilfsleistungsbereich				
	Unternehmensleitung	Sekretariat	interne Revision	sonstige Stabsstellen	Aktivgeschäft*)	Passivgeschäft*)	Dienstl. geschäft*)	Hausverwaltung	Materialverwaltung	Fuhrpark	Registratur	sonstige Hilfskostenstellen
Einzelkosten												
Gemeinkosten												
Umlage der Kosten des Hilfsleistungsbereiches												
Umlage der Kosten des Geschäftsleitungsbereiches												
Kosten der Hauptkostenstellen	–	–	–	–				–	–	–	–	–

*) Nach Leistungsarten, Geschäftssparten oder Verantwortungsbereichen (Abteilungen, Zweigstellen) differenziert.

4.2.2.2.3 Zinsspannenrechnung

Im Gegensatz zur Kostenstellenrechnung und zur Stückkostenrechnung orientiert sich die Zinsspannenrechnung an der Wertsphäre.

Die **Gesamtzinsspannenrechnung** drückt Zinskosten und Zinserlöse im Verhältnis zum Bilanzvolumen der Bank aus. Aus der Differenz errechnet sich die Brutto-Zinsspanne oder der Zinsüberschuß. Als Bezugsbasis empfehlen sich dabei nicht Monats- oder Jahresendbilanzen, sondern die unkompensierten durchschnittlichen Bestände der einzelnen Aktiv- und Passivpositionen.

Mit Hilfe eines Informationssystems lassen sich sowohl die durchschnittlichen Bestände als auch die durchschnittlichen Zinskosten und Zinserlöse für jede einzelne Bilanzposition feststellen. Auf der Basis von Ist-Werten kann damit die Entwicklung des Jahresergebnisses aktuell verfolgt werden. Soll eine Plankostenrechnung aufgestellt werden, ist die Hochrechnung auf das Jahresergebnis mit Hilfe von Bestandsprognosen und Prognosen der (bzw. einer Fortschreibung der aktuellen) durchschnittlichen Aktiv- und Passivzinsen möglich. Will man in einer weitergehenden Rechnung unter Einschluß der Kosten und Erlöse der Betriebssphäre die Netto-Zinsspanne ermitteln, stellt sich das Kalkulationsschema wie folgt dar (Tab. 25):

Tabelle 25: Schema zur Ermittlung von Brutto- und Nettozinsspanne (Zinsspannenrechnung)

Kosten-/Erlösposition	in DM	in % der durchschnittlichen Bilanzsumme
Zinserlöse - Zinskosten	2.400.000 1.600.000	12 8
Bruttozinsspanne (Zinsüberschuß) + Sonstige Erlöse der Wertsphäre + Betriebserlöse - Sonstige Kosten der Wertsphäre (Risikokosten) - Betriebskosten	800.000 400.000 80.000 320.000 560.000	4 2 0,4 1,6 2,8
Netto-Zinsspanne	400.000	2

Ungleich problematischer als die Gesamtzinsspannenrechnung ist die **Teilzinsspannenrechnung**. Die Schwierigkeiten dieser Rechnung resultieren aus der unverzichtbaren Zuordnung von Aktiv- und Passivpositionen. Für diese Zwecke muß die schon erwähnte **Schichtenbilanz** erstellt werden. In der Vergangenheit wurden zahlreiche Theorien entwickelt, die einen funktionalen Zusammenhang zwischen Kapitalaufbringung und Kapitalverwendung herzustellen versuchen. Lindenmann (1975, S. 65 ff) führt im besonderen die Ein-Pool-Methode (Anwendung eines durchschnittlichen Zinskostensatzes, der - nach Abzug der Finanzierungsmittel für das Anlagevermögen, für die Kassenreseven und die Mindestreseven - aus der Gesamtheit der Passiva errechnet wird), die Schichtung nach der Fälligkeits- und Liquiditätsstruktur, nach der juristischen Bezeichnung der Bilanzposten, nach Zinssätzen und nach anlagepolitischen Grundsätzen an. Jede dieser Alternativen ist keineswegs frei von willkürlichen Zurechnungen, woraus sich auch die Bedenken der Bankbetriebslehre gegen die Teilzinsspannenrechnung erklären.

Unabhängig von diesen Einwänden wollen wir in der nachfolgenden Tabelle 26 ein einfaches Rechenbeispiel zur Teilzinsspannenrechnung darstellen.

Tabelle 26: Modellrechnung zur Teilzinsspannenrechnung

Aktiva				Zugeordnete Passiva (lt. Schichtenbilanz)				Zinsspanne (Zinsertrag – Zinsaufwand)	
Position	Volumen in DM	Zinssatz in %	Zinsertrag in DM	Position	Volumen in DM	Zinssatz in %	Zinsaufwand in DM	in DM	in % (Basis: 100.000 DM)
Langfristige Ausleihungen	100.000	10	10.000	Spareinlagen	60.000	5,5	3.300	3.400	3,4
				Termineinlagen	30.000	8,0	2.400		
				Aufgenommene Gelder	10.000	9,0	900		
Summe	100.000	10	10.000	Summe	100.000	6,6*	6.600	3.400	3,4

4.2.2.2.4 Geschäftsspartenrechnung

Die Geschäftsspartenrechnung schließt unmittelbar an die Kostenstellenrechnung und die Teilzinsspannenrechnung an. Sie zielt, aufbauend auf den Ergebnissen dieser beiden Rechnungen, auf eine nach Sparten differenzierte Erfassung der Kosten und Erlöse ab. Sie läßt zwar spartenspezifische Gewinn- und Verlustquellen in einer Bank erkennen, eignet sich aber wesentlich weniger als die profit-center Rechnung oder die Kundenkalkulation als Entscheidungsgrundlage.

4.2.2.2.5 Profit Center Rechnung (Gewinnzentren-Rechnung)

Die profit center Rechnung geht in ihrer Konzeption auf das in den USA entwickelte Programmplanungssystem PPBS (= Planning Programming Budgeting System) zurück. Grundprinzip ist die Zurechnung von Kosten und Erlösen zu den jeweiligen Verantwortungsbereichen. Diese Verantwortungsbereiche (Abteilungen, Zweigstellen) bilden sog. profit centers. Mit der Einrichtung von profit centers wird sich der beabsichtigte Motivationseffekt dann erreichen lassen, wenn den Leitern weitreichende Entscheidungsbefugnis innerhalb ihres Verantwortungsbereiches eingeräumt wird. Diese werden damit zu relativ selbständigen Einheiten, d.h. zu Teilunternehmen im Gesamtunternehmen. Zurechenbar sind im Sinne der Verantwortlichkeit des Bereichsleiters nur die von ihm unmittelbar beeinflußbaren, direkt zurechenbaren Kosten und Erlöse.

Die profit center Rechnung kann zwar grundsätzlich durchaus als Ist-Kostenrechnung konzipiert werden, doch stellt sie im Grunde genommen den repräsentativen Beispielfall für die **Budgetierung** dar (vgl. 4.2.2.3.3.1). Budgetierung bedeutet in diesem Zusammenhang die Vorgabe von Sollwerten mit nachfolgendem Soll-Ist Vergleich. Hier zeigt sich gleichzeitig die Verknüpfung der einzelnen Instrumente der Unternehmensführung. Die Ermittlung der Soll-Werte vollzieht sich im Rahmen des Planungsprozesses, d.h. durch Zielvorgabe oder Zielvereinbarung. Die Ist-Werte und der Soll-Ist Vergleich können ggf. dem Informationssystem entnommen werden.

Eine erwähnenswerte Spielart der profit center Rechnung ist die sog. **Lenkpreisrechnung** (Slevogt, H., 1972, S. 84 ff). Sie geht davon aus, daß zwischen einzelnen Verantwortungsbereichen (Abteilungen, Zweigstellen) einer Bank Zulieferungen erfolgen, für die Verrechnungspreise in Ansatz zu bringen sind. Diese Verrechnungspreise sollen nach Slevogt auf Grenzkosten und Grenzerträgen basieren.

4.2.2.2.6 Kunden- und Kontenkalkulation

Im Produktions- und Handelsbetrieb erbringt in aller Regel eine relativ kleine Anzahl von Produkten einen Großteil des Umsatzes. In ganz ähnlicher Weise wird im Bankbetrieb mit einem der Zahl nach verhältnismäßig geringen

Kundenpotential ein Großteil des Ertrages erwirtschaftet (Tendenzaussage mit Beispielcharakter: "20% der Kunden erbringen 80% des Ertrages").

Will eine Bank ihre Kundenstruktur nach dem Ertragspotential der Kundengruppen oder einzelner (Groß-)Kunden steuern, ist eine **Kundenkalkulation** unverzichtbar. Erst auf dieser Basis kann die Verhandlungsmacht der Kunden eingeschätzt und die Preispolitik am individuellen Deckungsbeitrag ausgerichtet werden.

Der heutige Standard der Technologie ermöglicht im Wege des Mensch-Maschinen-Dialoges in Sekundenschnelle den direkten Zugriff auf die Kundendaten. Der Verhandlungsführer oder der Kundenberater der Bank kann sich damit noch während des Kundengespräches am Bildschirm über den wirtschaftlichen Erfolg der Bank-Kunden-Beziehung informieren.

Als Nebenprodukt der Kundenkalkulation fällt eine Auflistung der von den Kunden in Anspruch genommenen Bankdienstleistungen an. Diese Datei kann als Informationsbasis für eine aktive Verkaufspolitik ("cross selling") Verwendung finden.

Tabelle 27: Schema einer Kundenkalkulation

Name und Anschrift des Kunden	Leistungsinanspruchnahme				Eingeräumte Konditionen	Wirtschaftlichkeit		
	Leistungsart	*Volumen* Aktiv-geschäfte	Passiv-geschäfte	Dienstleistungs-geschäfte		Erlöse	Kosten	Deckungsbeitrag

Im Prinzip wäre eine derartige Kundenkalkulation für sämtliche Kundenbeziehungen einer Bank möglich. Aus Wirtschaftlichkeitsgründen empfiehlt sich, so aufwendige Kundeninformationssysteme zumindest in einer Anfangsphase auf die Zielgruppe der kommerziellen Kunden und auf die vermögende Privatkundschaft (Individualgeschäft) zu beschränken. Um sich des Instrumentes der Kundenkalkulation in einer effizienten Weise bedienen zu können ist zudem zu überlegen, im Sinne eines "management by exception" die gewinn- und verlustträchtigsten Kundenbeziehungen (20, 30, 50 Kunden je Zweigstelle) herauszugreifen. Bei der Zielgruppe der privaten Haushalte (Mengengeschäft) wird die Erstellung einiger weniger, nach dem Umfang der Leistungsinanspruchnahme differenzierter Musterkalkulationen ausreichend sein. Der Deckungsbeitrag einzelner Privatkunden kann sodann auf der Grundlage der entsprechenden Musterkalkulation eingeschätzt werden.

Da durch den bestehenden Leistungsverbund die Gesamtkundenbeziehung gesehen werden muß, kann die **Kontokalkulation** nur ein Teil der Kundenkalkulation sein. Musterkontokalkulationen, wie sie beispielsweise für Privatgirokonten angestellt werden, liefern zwar Aussagen über die Höhe des Deckungsbeitrages einer Kontogruppe. Isoliert für sich gesehen können sie aber nicht die Informationsbasis für Preisverhandlungen oder zur Einschätzung der Verhandlungsmacht eines Kunden bilden.

4.2.2.2.2.7 Marktzinsmethode

Einen neueren Ansatzpunkt in der Bankkostenrechnung stellt die Marktzinsmethode dar. Sie bedient sich zur Bemessung von Wertkosten und Werterlösen der für das Zinsgeschäft maßgeblichen Marktzinsen. Der Zinsüberschuß der Gesamtbank wird dabei auf die Erfolgsträger aufgeteilt.

Dabei wird davon ausgegangen, daß ein profit center für sich Kundengeschäfte tätigt und refinanziert. Für diese Aktiv- und Passivgeschäfte werden Konditionen ausgehandelt. Für diese wird sodann der Erfolg nach dem **Opportunitätskostenprinzip** gemessen (**Konditionenbeitrag**). Dafür wird bei jedem Aktivgeschäft von dem ausgehandelten Zins der Erlös einer fiktiv verdrängten fristenkongruenten Anlagealternative abgezogen [$K_A = Z_A - Z_M$].

Jeder gezahlte Einlagenzins wird andererseits von dem Zinssatz der Refinanzierungsalternative am Finanzmarkt abgezogen [$K_P = I_M - Z_P$].

Aus der Sicht der Gesamtbank besteht eine weitere Erfolgsquelle in der Transformation der unterschiedlichen Fristen zwischen Aktiv- und Passivgeschäft (**Strukturbeitrag**). Diese kann nicht einzelnen Geschäften zugeordnet werden.

Der Deckungsbeitrag des gesamten Zinsgeschäftes ergibt sich als Differenz der gewogenen Aktiv- und Passivzinsen [$DB_Z = Z_A - Z_P$].

Der Strukturbeitrag ergibt sich dann als der um die Konditionenbeiträge verringerte Zinsüberschuß des gesamten Geschäftes oder als Differenz der gewogenen Marktzinsen [$S_Z = Z_M - I_M$].

Tabelle 28: Modellrechnung zur Marktzinsmethode

Z_A Z_P Z_M I_M	12% 1% 7% 4%	Kundenkredit, 3 Jahre Laufzeit Sichteinlage Dreijähriges Geld Tagesgeld
DB_Z = 12% - 1%	11%	
- K_A = 12% - 7% - K_P = 4% - 1%	5% 3%	Konditionen- beiträge
= S_Z = 7% - 4%	3%	Strukturbeitrag

Die Aufspaltung in Konditionen- und Strukturbeitrag kann gleichzeitig zur Aufdeckung von Erfolgsquellen, der isolierte Konditionenbeitrag zur Beurteilung einzelner profit center herangezogen werden. Die geschäftspolitischen Weichenstellungen des Bankvorstandes kommen im Strukturbeitrag zum Ausdruck. Dabei besteht für den Fall einer **inversen Zinsstruktur** [$Z_M < I_M$] das Risiko eines negativen Fristentransformations- oder Strukturbeitrages. Diesem kann in einem solchen Fall nur mit einer Umkehrung der bilanziellen Zinsbindungsfristen begegnet werden.

Die Qualität der durch die Anwendung der Marktzinsmethode gewonnenen Kontrollinformationen korrespondiert mit der Güte der verwendeten Input-Daten. Hier setzt gleichzeitig die häufig geäußerte Kritik an. So bleiben bei der Auswahl der Referenzzinsen zur Berechnung der Konditionenbeiträge wichtige qualitative und quantitative Kriterien unberücksichtigt. Hierzu können

- die Loßgrößentransformation,
- unterschiedliche Anrechenbarkeiten hinsichtlich Mindestreserve und Eigenkapitalunterlegung,
- das Gefälle zwischen einzelnen Delkredererisiken (Risikotransformation) sowie
- die Abweichungen tatsächlicher von nominalen Bindungsfristen

gesehen werden. Diese Einzelpositionen müssen durch eine Einbeziehung der zugehörigen Kosten in die Berechnung der Konditionenbeiträge berücksichtigt werden. Die Vornahme solcher Korrekturen ist notwendigerweise willkürlich. Damit gewinnt auch das Residuum "Strukturbeitrag" einen eher zwangsläufigen Charakter.

4.2.2.3 Bankplanung

Planung versteht sich als zukunftsbezogener Willensbildungsprozeß oder als Akt der systematischen Entscheidungsvorbereitung zur Bestimmung zukünftigen Geschehens (Hahn, D., 1974, S. 27). Gegenstand des Planungsprozesses sind Ziele und Maßnahmen. Planung bezieht sich grundsätzlich sowohl auf die Alternativensuche als auch auf die Alternativenauswahl.

Die Alternativensuche, wie sie vor allem Aufgabe der Maßnahmenplanung ist, unterstreicht den kreativen Charakter der Unternehmensplanung ("Planung als kreativer Prozeß"). Die Alternativenauswahl dagegen ist als Führungsentscheidung zu verstehen. Bei einer Gliederung des Planungssystems nach Fristen ist zwischen folgenden Elementen der Planung zu unterscheiden:

- kurzfristige Planung (bis zu 1 Jahr),
- mittelfristige Planung (1-5 Jahre),
- langfristige Umrißplanung (5-10 Jahre),
- weitreichende Zukunftsprognose.

Kurz- und mittelfristige Planung wird verschiedentlich auch als **operative Planung**, langfristige Planung auch als **strategische Planung** bezeichnet.

Der kurz- und mittelfristigen Planung kommt Steuerungsfunktion zu, während die weitreichende Zukunftsprognose im Sinne eines Managements des Wandels der langfristigen Orientierung der Betriebs- und Marktpolitik an den zu erwartenden Veränderungen der Umwelt dient.

Planung stellt keinen Selbstzweck dar. Der Planungsprozeß kann sich damit keineswegs mit der Vorgabe von Zielen bzw. der Entscheidung über den Maßnahmeneinsatz erschöpfen. Der regelmäßige Vergleich von Plandaten und Ist-Daten ist Voraussetzung der Abweichungsanalyse. Mit Hilfe der Wirkungsanalyse schließlich wird die Effizienz der eingesetzten marktpolitischen Instrumente untersucht.

Das Planungssystem eines Unternehmens erfordert eine flexible Handhabung. Veränderte Umweltbedingungen, aus der Wirkungsanalyse gewonnene neue Erkenntnisse oder auch erhebliche Planabweichungen legen Planrevisionen nahe. Unternehmensplanung ist damit keineswegs mit der unabänderlichen Fixierung ggf. unerreichbarer oder unrealistischer Plandaten gleichzusetzen, sondern versteht sich als flexibles Führungsinstrument.

4.2.2.3.1 Willensbildungsprozeß, organisatorische Verankerung und Modellbildung

Während Entscheidungen über die Unternehmensphilosophie in die ausschließliche Kompetenz des top managements fallen, erweist sich bei der Willensbildung über die Ziel- und Maßnahmenplanung eine **Kombination von zentraler und dezentraler Verantwortung** als zweckmäßig (Lammerskitten, P., 1978, S. 495 ff).

Den Ausgangspunkt bei der Erarbeitung von Plandaten bildet eine umfassende Umweltanalyse, die von den Prognosen zur Konjunkturentwicklung bis zu den erwarteten marktpolitischen Aktivitäten der Konkurrenten reicht. Auf dieser Informationsgrundlage sind sodann, ggf. unterstützt durch ein Informationssystem, bankspezifische Prognosen zu erstellen, denen der Charakter von Orientierungsgrößen bei der Gewinnung von Plandaten zukommt. Streng zu unterscheiden ist dabei allerdings zwischen Prognose- und Plandaten. Während die Prognose auf dem Grundgedanken der Trendfortschreibung aufbaut, ist Planung eine Vorwegnahme zukünftigen Geschehens. In der Unternehmensplanung findet der Willensbildungsprozeß der Entscheidungsträger über die angestrebten Ziele und die zu ergreifenden Maßnahmen seinen sichtbaren Ausdruck.

Umweltanalyse, Prognoseerstellung und die Anwendung von Planungs- und Entscheidungsmodellen setzen einen hohen Grad an Methodenwissen (z.B. Marktforschung, Statistik, Operations Research) voraus. Aus diesen Gründen ist die Institutionalisierung der Unternehmensplanung in Form einer **Planungsabteilung**, die zweckmäßigerweise als eine unmittelbar der Geschäftsführung unterstellte Stabsstelle fungiert, unverzichtbar.

Ziele und Maßnahmen bedürfen anderseits der Durchsetzung durch die Entscheidungsträger auf den einzelnen hierarchischen Ebenen der Unternehmung. Aus der Motivationsforschung wissen wir, daß die Identifikation von Entscheidungsträgern mit einem Planungssystem von ihrer Beteiligung am Prozeß der Willensbildung abhängt. Diese Tatsache legt es nahe, einen **Planungsausschuß** einzurichten. Der Planungsausschuß setzt sich vorteilhafterweise aus dem für die Unternehmensplanung zuständigen Mitglied der Geschäftsführung, den Leitern der maßgebenden Verantwortungsbereiche sowie aus einem oder mehreren Mitarbeitern der Planungsabteilung zusammen. Dieses Gremium vereinigt hierarchische Verantwortung mit Produkt- und Methodenwissen. Dem Planungsausschuß kommt die Entscheidungskompetenz über die Ziel- und Maßnahmenplanung zu. Er übt gleichzeitig Koordinierungsfunktionen bei inkonsistenten Planungsvorschlägen aus und berät über Planrevisionen. Der Planungsausschuß trifft seine Beschlüsse auf der Basis von (alternativen) Vorschlägen der Planungsabteilung. Diese beruhen ihrerseits wieder auf Vorschlägen oder Vereinbarungen mit den Leitern der Verantwortungsbereiche. Die Plankontrolle dagegen fällt in die Kompetenz der Planungsabteilung.

Der Einsatz von **Planungsmodellen** bezweckt die Erfassung und rechenhafte Verarbeitung der entscheidungsrelevanten Informationen. Modelle stellen Entscheidungen auf eine objektive Informationsgrundlage, sie unterstützen den Entscheidungsprozeß im Unternehmen. Keineswegs soll auf die unternehmerische Intuition verzichtet werden. Durch den Einsatz von Modelltechniken, deren Aufgabe die Findung der optimalen Entscheidung auf der Grundlage der quantifizierbaren Daten ist, sollen ganz im Gegenteil zusätzliche personale Kapazitäten zur Berücksichtigung qualitativer, unrechenbarer Einflußfaktoren frei werden.

Vielfach sind Planungstatbestände nicht komplex in dem Sinne, daß die Konsequenzen möglicher Alternativen völlig unübersehbar wären. Angesichts einer Vielzahl interner und externer Faktoren, die auf die Entscheidung einwirken, liegt primär ein kombinatorisches Problem vor. Der Datenkranz ist von einem derartigen Umfang, daß eine ausschließlich "intuitive Verarbeitung" der entscheidungsrelevanten Informationen unzulänglich ist.

Wir wollen im folgenden aus der Fülle der heute verfügbaren Bank-Planungsmodelle einige uns wesentlich erscheinende Ansätze herausgreifen. Sie werden ausnahmslos in stark vereinfachter Form - getrennt in strategische und operative Modelle - dargestellt.

4.2.2.3.2 Strategische Bankplanung

Die enormen Veränderungen der Umweltbedingungen und die steigende Komplexität machen es notwendig, die Bankplanung als ein systematisches Konzept zu verstehen, welches die mittel- und langfristige Zukunft eines Kreditinstitutes gestalten soll. Hierbei läßt sich zwischen der strategischen und operativen Bankplanung differenzieren. Die **strategische Planung** bildet dabei den Rahmen für das operative Vorgehen.

Im Mittelpunkt der strategischen Planung steht die Ausarbeitung von grundlegenden Zielen und den generellen Handlungsmöglichkeiten von Kreditinstituten. Es werden Aspekte erarbeitet, welche die gesamte Geschäftspolitik einer Bank berühren. Daraus ergibt sich zwangsläufig, daß strategische Planung in erster Linie die oberste Managementebene bzw. die Geschäftsleitung einer Bank involviert. Die zeitliche Dimension ist im strategischen Bereich eher langfristig. Dadurch wird ihre Anwendung sehr komplex, weil eine Vielzahl extern und intern gewonnener Daten zu berücksichtigen ist.

Es versteht sich von selbst, daß mit wachsendem zeitlichen Planungshorizont die Unsicherheit über den Eintritt der durch den strategischen Planungsprozeß abgeleiteten Zielwerte ansteigt. Damit erhöht sich gleichzeitig die Anforderung an die verwendeten Inputdaten.

4.2.2.3.2.1 Prozeßstufen der strategischen Bankplanung

Die strategische Bankplanung orientiert sich an dem Konzept der Entscheidungsprozeßtheorie, wonach wir drei verschiedene Prozeßstufen kennen: die Informationsphase, die Designphase und die Evaluierungsphase. Den einzelnen Phasen können eine Reihe von Instrumenten zugeordnet werden, die dem strategischen Planungsprozeß Denkanstöße liefern und Entscheidungen methodisch absichern sollen. Es ist dabei der jeweilige Anwendungsschwerpunkt in den einzelnen Grundphasen berücksichtigt.

4.2.2.3.2.1.1 Informationsphase

Die **Stärken-Schwächen Analyse** ist eine analytische Methode zur Beschreibung des Ist-Zustandes eines Kreditinstitutes zum Untersuchungszeitpunkt. Gegenstand der Untersuchung sind die internen Daten des Kreditinstitutes. Es wird eine Beurteilung der Bank im Hinblick auf seine spezifischen Potentiale und Ressourcen vorgenommen. Sind die untersuchten Kriterien vor allem an Engpaßbereichen orientiert, sprechen wir auch von einer **Engpaßbilanz**. Nachdem die Schlüsselfaktoren und deren Ausprägungen ermittelt sind, werden die Ergebnisse visuell in einem Stärken-Schwächen Profil aufbereitet.

Diagramm 47: Beispiel einer Stärken-Schwächen Analyse mit Konkurrenzvergleich

Stärken/Schwächenprofil (Vergleich)

Kriterien	Bank A	Bank B
Entwicklung der Gewinne	*******:	:*******
Entwicklung des Sachaufwands	:****	:****
Produktvielfalt	:*******	*:*
Standing unseres Hauses	*:*	****:
Werbekonzept	:*******	:*******
Geschäftsstellendichte	:****	*******:
Vertriebskonzept	****:	*:*
Marktnähe der Organisationsstruktur	*******:	:*******

*******:=-2,****:=-1,*:*=0;****:=1;*******:=2

PROFIL2

Quelle: Moormann, J., 1990, S. 1074.

Um eine Aussage über die tatsächlichen Stärken und Schwächen machen zu können, sollten diese Ergebnisse in einem weiteren Schritt einer **Konkurrenzanalyse** unterzogen werden, damit die gewonnenen Daten ihren relativen Charakter verlieren. Dadurch können die Stärken und Schwächen in Bezug zu den Wettbewerbern gesehen werden. Die Stärken-Schwächen Analyse ist durch eine **Umweltanalyse** zu ergänzen. In ihr werden zunächst die relevanten Kriterien formuliert, die Hinweise auf die künftige

Umweltentwicklung geben können. Die Umweltanalyse kann damit wichtige Hinweise auf zukünftige Erfolgs- und Risikopotentiale liefern.

Diagramm 48: Komponenten der strategischen Situationsanalyse

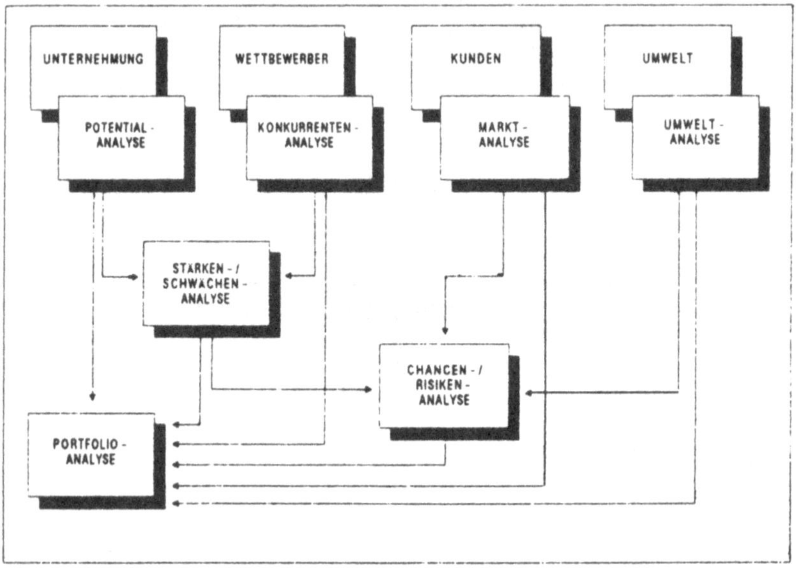

Quelle: Nieschlag, R.; Dichtl, E. und H. Hörschgen, 1988, S. 861.

Die Umwelt- und die Stärken-Schwächen Analyse können anschließend in einer **Chancen-Risiken Analyse** zusammengeführt werden. Die Kombinationen der internen Stärken und Schwächen mit den entsprechenden Umweltsituationen ergeben mögliche Chancen und Risiken. Es darf keineswegs übersehen werden, daß die Ableitung einer Strategie als Umsetzung der so gewonnenen Erkenntnisse recht problematisch ist.

Ein mögliches und in der Praxis zunehmend beliebteres analytisches Verfahren zur Umweltanalyse stellt die **Szenario-Technik** dar. Als Szenario wird die Zusammenfassung aller über eine mögliche Zukunftsentwicklung für einen bestimmten Prognosegegenstand verfügbaren Infomationen bezeichnet. Szenarien bilden die aus der Gegenwart entwickelte Zukunft ab. Die Vorgehensweise erfolgt in acht Schritten (Geschka, H. und B. Hammer, 1986, S. 245 ff):

(1) Strukturierung und Definition des Untersuchungsfeldes,
(2) Indentifizierung und Strukturierung der wichtigsten Einflußbereiche auf das Untersuchungsfeld (Umfelder),

(3) Ermittlung von Entwicklungstendenzen und kritischer Deskriptoren für die Umfelder,
(4) Bildung und Auswahl alternativer konsistenter Annahmebündel,
(5) Interpretation der ausgewählten Umfeldszenarien,
(6) Einführung und Auswirkungsanalyse signifikanter Störereignisse,
(7) Ausarbeiten der Szenarien bzw. Ableitung von Konsequenzen für das Untersuchungsfeld,
(8) Konzepieren von Maßnahmen.

Diagramm 49: Ableitung von Zukunftsszenarien

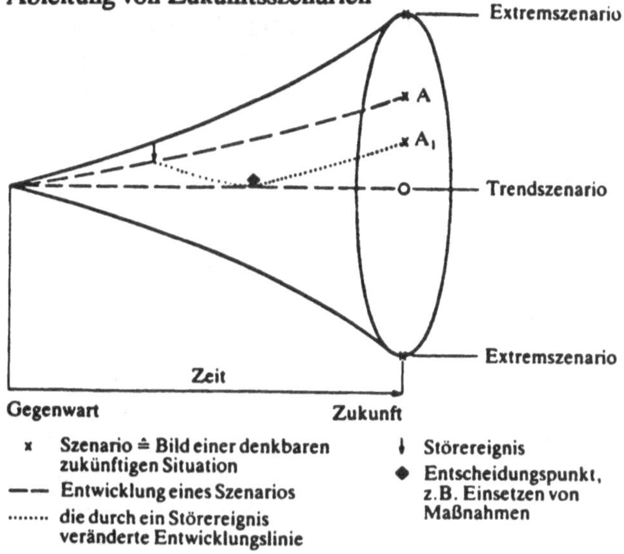

Quelle: Geschka, H. und R. Hammer, 1986, S. 242.

Diagramm 49 zeigt das Aussehen alternativer Zukunftsszenarien. Das Normalszenario A ergibt sich aus der Fortschreibung des bestehenden Trends. Szenario A_1 veranschaulicht die Auswirkungen eines Störereignisses (z.B. Moratorium bedeutender Verschuldungsländer, Ölkrise). Die so ermittelten Zukunftsszenarien können Hinweise auf die Auswirkungen unvorhersehbarer zukünftiger Umweltereignisse liefern. Von besonderer Relevanz dürften vor allem die Abschätzung negativer Störeinflüsse sein (Risikovorsorge).

Das **Relevanzbaumverfahren** bietet ein Instrument zur hierarchischen Strukturierung von Zielen und Mitteln. Ausgangspunkt ist die oberste Hierarchieebene, in der die Leitziele des Kreditinstitutes (Rentabilität, Wachstum, Marktanteil, Image usw.) gruppiert werden. In den nachgelagerten Ebenen werden mögliche Mittel zur Erreichung der jeweils in einer höheren Ebene aufgestellten Ziele eingesetzt. Diese Mittel sind ihrerseits wieder Ziele für die ihnen nachgelagerten Ebenen.

Die einzelnen Ziele werden von den Entscheidungsträgern gewichtet. Für jedes Ziel geben die Entscheidungsträger die Signifikanzen der entsprechenden Mittel an. Die Signifikanzen addieren sich pro Ziel auf eins. In einem dritten Schritt werden die Gewichte mit den Bewertungen multipliziert und über alle Ziele aufaddiert. Auf diesem Wege entstehen die Relevanzzahlen der einzelnen Mittel. Somit wird eine vergleichende Bewertung der Mittel durchgeführt und deren Relevanz zur Zielerreichung ermöglicht. Für die Darstellung besonders komplexer Baumstrukturen bietet sich die Darstellung anhand einer Matrix an.

Neben den dargestellten strategischen Planungsinstrumenten finden auch andere Methoden praktische Anwendung. Zur Expertenbefragung werden die **Delphi Methode** sowie die **ABC Analyse** genutzt. Diese Intrumente dienen insbesondere der Konzentration auf zentrale Zukunftsfragen.

4.2.2.3.2.1.2 Designphase

Ein verhältnismäßig einfach durchzuführendes Verfahren stellt die **Wertvorstellungsanalyse** dar. Ziel des Verfahrens ist eine Integration möglicher Änderungen der Unternehmenskultur in die strategische Gesamtkonzeption des Kreditinstituts. Hierfür soll die Wertvorstellung der **Führungskräfte** herangezogen werden, um eine möglichst hohe Übereinstimmung mit den strategischen Zielen zu erreichen. Dabei wird ein Fragenkatalog aus zweipoligen Skalen entwickelt, der die Ableitung von Wertvorstellungsprofilen ermöglicht. Diskrepanzen in den Profilen können so frühzeitig harmonisiert werden. Zur Verfeinerung des Verfahrens kann bei der Ableitung der Fragen eine Faktorenanalyse vorgeschaltet werden. Aus theoretischer Sicht wäre auch ein Einsatz zur Messung der Wertvorstellungen der **Mitarbeiter** und **Kunden** sinnvoll.

Das wohl bekannteste heuristische Verfahren der strategischen Unternehmensplanung ist die **Portfolio-Analyse**. Ausgangspunkt für diese Methode bilden strategische Geschäftsfelder, bei deren Bildung es auf eine klare und eindeutige Abgrenzung ankommt. So ist gewährleistet, daß konfliktfrei und einzeln gesteuert werden kann. Die einzelnen Geschäftsfelder unterscheiden sich etwa im Erfolgspotential, dem Beratungsbedarf, der Konkurrenzdichte oder in den Bankleistungen. Anhand der Erfolgsfaktoren Marktattraktivität und Wettbewerbsstärke stellen wir fest, welche strategischen Geschäftsfelder eher förderungswürdig oder eher einzuschränken sind. Zur Messung der Marktattraktivität dienen absolute Kundenzahlen, die Risikosituation und Deckungsbeiträge. Die Wettbewerbsstärke - gemessen am stärksten Konkurrenten - wird mit Hilfe des Marktanteils, der Rentabilität, der Personalqualität und anhand von Kostenvorteilen ermittelt.

In einem nächsten Schritt werden die einzelnen Kriterien durch Befragung von Führungskräften und Experten gewichtet. Für die Plazierung in einer

Neun-Felder-Matrix[18], werden mit Hilfe eines computergestützten Scoringmodells die Einzeldaten errechnet und als Punkte im Portfolio positioniert (Diagramm 50).

Diagramm 50: Positionierung Strategischer Geschäftsfelder in einer Neun-Felder-Matrix

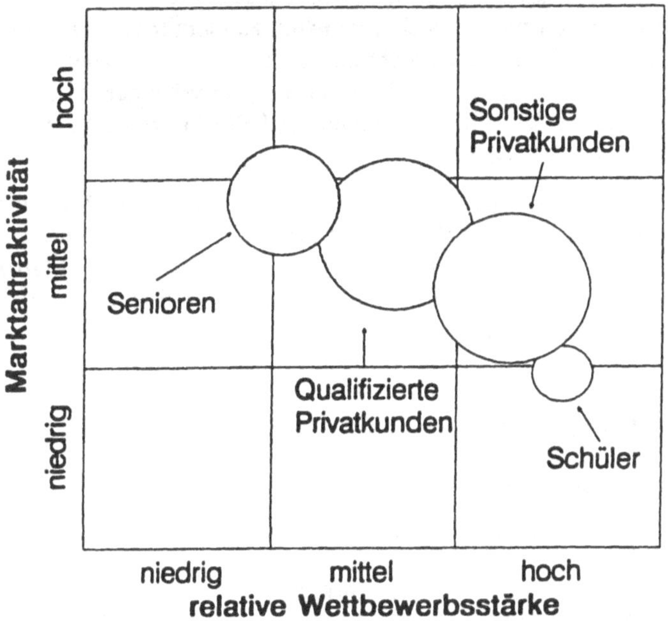

Quelle: Ebelskirch, D. und J. Moormann, 1991, S. 15.

Auf der Ordinate der Matrix wird die Marktattraktivität und auf der Abszisse die Wettbewerbsstärke abgetragen. In dem so entwickelten Ist-Portfolio bildet der Durchmesser der Kreisflächen den Deckungsbeitrag. Eine Gegenüberstellung von Ist-Portfolio und Soll-Portfolio, in dem die gewünschten Basisstrategien realisiert sind, führt zur Festlegung einzelner Strategien für die Geschäftsfelder.

Die einzelnen Aktionspläne für die Geschäftsfelder hängen von deren Positionierung in der Matrix ab. Geschäftsfelder im rechten oberen Bereich sind durch **Wachstums- und Investitionsstrategien** zu fördern. Der linke untere Be-

[18] Die Neun-Felder-Matrix wurde von der Unternehmensberatungsgesellschaft Mc Kinsey auf der Grundlage der von der Boston Consulting Group entwickelten Vier-Felder-Matrix konstruiert. Der Ansatz geht auf die Portfolio-Selection-Theorie (Markowitz, H.M., 1959) zurück.

reich kennzeichnet **Abschöpfungs- und Desinvestitionsstrategien**. Für Geschäftsfelder die auf der Diagonalen liegen, sind differenzierte Methoden anzuwenden. Als kritisch bei dem Einsatz der Portfolio-Analyse gilt die Wahl und Gewichtung der Erfolgsfaktoren. Klare Vorteile der Portfolio-Analyse liegen in der visuellen Darstellung, die Entscheidungen transparent macht und strategisches Denken fördert.

Im Rahmen der strategischen Bankplanung ist die **Cross-Impact Analyse** als ein Baustein eines Frühwarnsystems zu verstehen. Ziel dieses Ansatzes ist es, zukünftige Entwicklungen von Umweltereignissen zu identifizieren und deren Einfluß auf die Strategie des Unternehmens zu analysieren. Dabei sollen mit Hilfe von Expertenschätzungen die Richtung der Beziehungen zwischen den Ereignissen, die Stärke des Einflusses sowie die Diffusionszeit aufgedeckt werden (Welters, K., 1989, Sp. 242 ff).

Es wird unterschieden zwischen strategischen (endogenen) Variablen, die für die langfristige Entwicklung des Kreditinstitutes bedeutend sind, und exogenen Variablen, die mögliche Umweltereignisse wiedergeben. In einer Matrix werden in den Zeilen die strategischen Variablen und in den Spalten die exogenen Variablen dargestellt (Diagramm 51).

Diagramm 51: Darstellung einer Cross-Impact Analyse

Cross-impact-Analyse — Matrix

Strategische Variablen	Umweltereignisse 1	2	3	4	5	Gesamtpunkte
Aktivgeschäft	2	1	2	0	3	8
Passivgeschäft	1	3	0	2	3	9
Personalplanung	2	2	3	0	2	9
Imagepflege	3	2	3	1	0	9
Marketingstrategien	0	1	3	1	2	7
Gesamtpunkte	8	9	11	4	10	42

1. Umweltereignis : Inflation in USA
2. Umweltereignis : Einführung der P.o.S.
3. Umweltereignis : Kreditausfälle in Südamerika
4. Umweltereignis : Öffnungszeitenverlängerung
5. Umweltereignis : Wertstellungsprozeß geht verloren

VERFAHREN4

Quelle: Moormann, J., 1990, S. 1076.

Aus den Zeilensummenwerten wird dann die Abhängigkeit der strategischen Variablen von der Umwelt und aus den Spaltensummenwerten der Einfluß eines Umweltereignisses auf die strategischen Variablen abgelesen. Als Instrument der strategischen Planung wird die Cross Impact Analyse auch im Zusammenhang mit der weiter oben beschriebenen Szenario-Technik angewandt.

Das Instrument der **Strategischen Geschäftsfeldkurve**, das eine Ergänzung zur strategischen Portfolioplanung bildet, hat zum Ziel, die hierbei für ein Kreditinstitut gewonnenen Ergebnisse in Rentabilitätsdaten zu transformieren. Wie bei der Portfolio Analyse werden einzelne Geschäftseinheiten für das Institut gebildet und in einer Rangfolge nach ihrer Rentabilität eingeordnet. In einem nächsten Schritt werden das Eigengeschäft und die nicht zurechenbaren Gemeinkosten ermittelt.

Die graphische Umsetzung dieser Daten erfolgt in der Geschäftsfeldkurve, wobei die horizontale Ausdehnung der einzelnen Kurvenabschnitte das Geschäftsvolumen und die Steigungen der einzelnen Strecken der Geschäftsfeldkurve die relative Ertragskraft beschreiben. Ausgehend von den Gemeinkosten, die unterhalb von der Abszisse also im negativen Bereich abgetragen werden, erfolgt das Eintragen der Strecken der strategischen Geschäftsfelder nach abnehmender Ertragskraft. Zu der so ermittelten Geschäftsfeldkurve wird nun das Rentabilitätsziel des Institutes eingezeichnet. Die Steigung dieser Strecke gibt die Mindestrentabilität des Kreditinstitutes an. Der Vergleich von Unternehmensziel und Geschäftsfeldkurve ist der letzte Schritt in der Analyse. Es werden Basisstrategien zur Reduzierung der vorhandenen Differenzen der Kurven entwickelt. Ziel ist es, die Deckungsbeiträge der Geschäftsfelder zu erhöhen. Die möglichen Strategien der Bank sind abhängig von den Erwartungen der Wachstumsfähigkeit der einzelnen Geschäftsfelder.

Ein ebenfalls zwischen Sollvorgaben vergleichendes Verfahren stellt die Potential- und Lückenanalyse (**GAP Analyse**) dar. Dabei werden Abweichungen zwischen der prognostizierten Entwicklung des Basisgeschäftes und der potentiellen Entwicklungslinie bei der Nutzung der Chancen der Umwelt und der Potentiale (Stärken) des Kreditinstitutes abgebildet. Es erfolgt ferner eine Differenzierung zwischen einer operativen und einer strategischen Lücke. Der Abstand zwischen den Extremlinien ist von der Intensität der Chancen- und Stärkenausnutzung durch das Management abhängig. Ziel des Verfahrens ist zunächst die Aufdeckung der Lücke. Ihre Schließung hat durch entsprechende Marktdurchdringungs- und Marktentwicklungsstrategien zu erfolgen.

Diagramm 52: Darstellung der Planungslücken

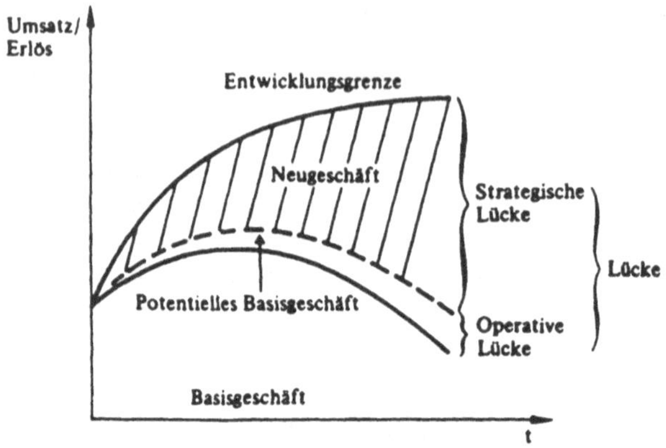

Quelle: Kreikebaum, H., 1989, S. 41.

4.2.2.3.2.1.3 Evaluierungsphase

Quantitative Verfahren bilden den Ansatzpunkt der Evaluierungsphase. **Sensitivitäts-, Scoring- und Entscheidungsbaumverfahren** sind hierfür typisch. Sie gehören bereits zum klassischen Instrumentarium der einzelwirtschaftlichen Planungssysteme. Der Entscheidungsbaum bietet sich grundsätzlich bei allen mehrstufigen Entscheidungsproblemen an (zeitliche oder sachliche Reihenfolge). Ziel des Verfahrens im Rahmen der strategischen Bankplanung ist die Bündelung derjenigen Entscheidungsalternativen zu einer Strategie, die eine optimale Zielerreichung gewährleisten.

Zur Erkundung der Konsequenzen verschiedener strategischer Handlungsmöglichkeiten und zum Vergleich einzelner Strategien können **What-If-Modelle** genutzt werden. Berücksichtigung finden in diesen Modellen Expertenmeinungen und es können verschiedene Umweltszenarien durchgeführt werden. Durch die Vorwärtsrechnung kann das dynamische Verhalten eines Unternehmens beschrieben werden. Im folgenden wird die Erstellung eines What-If-Modells kurz skizziert (Moormann, J., 1989, S. 124 ff):

In einem ersten Schritt werden Problemfelder strukturiert und abgegrenzt. Durch Aggregation der einzelnen Elemente erfolgt eine Reduzierung der Komplexität. Als Ergebnis erhalten wir ein strukturiertes System.

Dieses System ist nun in ein mathematisches Modell zu transformieren und auf einem Computer zu implementieren. In einem nächsten Schritt muß eine Validierung des implementierten Systems erfolgen, um zu überprüfen, ob das Modell zur Lösung der Problemfelder geeignet ist.

Nachdem dies erfolgreich abgeschlossen ist, können Modellrechnungen durchgeführt werden. In Gleichungssystemen werden Auswirkungen möglicher Veränderungen von Parametern oder exogenen Variablen auf endogene Variablen untersucht.

In einem letzten Schritt gehen wir dann in die Analyse- und Interpretationsphase. Die gewonnenen Daten werden verglichen und erklärt. Die Darstellung der Resultate kann in Planbilanzen und Erfolgsrechnungen wiedergegeben werden.

In Kreditinstituten finden diese What-If-Modelle vorwiegend ihren Einsatz im Bilanzstrukturmanagement. Modelle zur Planung der Bilanzstruktur und des strukturellen Gewinnbedarfs sind dazu entwickelt worden.

Exemplarisch wollen wir unter Anwendung der linearen Programmierung eine zeitnahe Optimierung der Struktur der Aktivseite einer Bankbilanz durchführen.[19] Aufgabe dieser Ansätze ist es, unter Einhaltung von Nebenbedingungen (Veranlagungsbeschränkungen) die Struktur der Aktiva so zu gestalten, daß der Zinsertrag maximiert wird.

---

19 Das frei gewählte Anwendungsbeispiel wurde auf einem handelsüblichen PC (Generation 386) unter Verwendung des Optimierungsprogrammes LP90 programmiert.

Modellstruktur

Zielfunktion:

$$\sum_{i=1}^{r} V_i e_i = z \quad \text{--> Max!} \tag{1.1}$$

$\sum_{i=1}^{r} V_i$ = Bestände der Aktivpositionen 1,2,...,r

e_i = Zinsertrag der Aktivposition i

Nebenbedingungen:

$$\sum_{i=1}^{c} V_i g_i \leq 12{,}5 * EK \tag{1.2}$$

(Solvabilitätsrichtlinie/GS I)

g_i = Anrechnungssatz nach Solvabilitätsrichtlinie (i = 1,2,...,c: anrechnungspflichtige Aktivpositionen)

$$\sum_{i=1}^{d} V_i \leq \sum_{j=1}^{e} F_j l_j \tag{1.3}$$

(Grundsatz II)

$\sum_{i=1}^{d} V_i$ = langfristige Anlagen (i = 1,2,...,d: Aktivpositionen, die auf Grundsatz II anrechenbar sind)

$\sum_{j=1}^{e} F_j$ = langfristige Finanzierungsmittel (j = 1,2,...,e: Passivpositionen, die auf Grundsatz II anrechenbar sind)

l_j = Anrechnungssatz Grundsatz II

$$\sum_{i=1}^{f} V_i \leq \sum_{j=1}^{g} F_j p_j \tag{1.4}$$

(Grundsatz III)

$\sum_{i=1}^{f} V_i$ = kurz- und mittelfristige Anlagen (i = 1,2,...,f: Aktivpositionen, die auf Grundsatz III anrechenbar sind)

$\sum_{j=1}^{g} F_j$ = kurz- und mittelfristige Finanzierungsmittel (i = 1,2,...,g: Passivpositionen, die auf Grundsatz III anrechenbar sind)

p_j = Anrechnungssatz Grundsatz III

$$\sum_{i=1}^{h} V_i = \sum_{j=1}^{k} F_j \qquad (1.5)$$

(Bilanzidentität)

$\sum_{i=1}^{h} V_i$ = Bestände der Aktivpositionen 1,2,...,h

$\sum_{j=1}^{k} F_j$ = Bestände der Passivpositionen 1,2,...,k

$$\sum_{i=1}^{2} V_i \geq \text{MR-Soll (siehe (6))} \qquad (1.6)$$

(Mindestreservebedingung)

V_1 = Kasse

V_2 = Guthaben bei der Deutschen Bundesbank

$$\sum_{i=1}^{l} V_i q_i \leq B \qquad (1.7)$$

(Einzelwertberichtigungen)

q_i = durchschnittlicher Wertberichtigungsbedarf für die Aktivposition i

B = nach geschäftspolitischen Grundsätzen festgesetzte Obergrenze für EWBen

$$\sum_{i=1}^{m} V_i r_i \leq C \qquad (1.8)$$

(Rediskontkontingent)

r_i = Anrechnungssatz für Aktivposition i

C = von der Deutschen Bundesbank vorgegebenes Rediskontkontingent

$$X_i \leq 0 \qquad (1.10)$$

(Nichtnegativitätsbedingung)

Beispiel

Die Zielfunktionsvariablen des folgenden Rechenbeispiels entsprechen ausgewählten 30 Positionen der Prognosebilanz[20]. Die zur Verfügung stehenden Mittel sollen unter Berücksichtigung nachfolgender Restriktionen auf diese Anlagemöglichkeiten so verteilt werden, daß der Zinsertrag maximiert wird.

(1) Es bieten sich folgende Anlagemöglichkeiten zu folgenden Zinssätzen:

Anlagemöglichkeit	Zinsertrag in Prozent
Kasse	0,0
Guthaben bei der Deutschen Bundesbank	0,0
Forderungen an Kreditinstitute - laufende Guthaben	3,6
Forderungen an Kreditinstitute - Tagesgelder	9,5
Forderungen an Kreditinstitute - unter 3 Monate	9,5
Forderungen an Kreditinstitute - 3 Monate bis unter 4 Jahre	9,4
Forderungen an Kreditinstitute - 4 Jahre und darüber	6,8
Festverzinsliche Wertpapiere	8,2
Sonstige Wertpapiere	7,5
Erworbene Schuldscheine und Namensschuldverschreibungen	7,6
Wechselkredite an Kunden	10,4
Wechselkredite an Kreditinstitute	9,1
Kontokorrentkredite - Geschäftsgiro	12,7
Kontokorrentkredite - Privatgiro	14,6
Kontokorrentkredite an Kommunen	8,6
Kurz- und mittelfristige Ratenkredite mit Laufzeitzins	11,8
Kurz- und mittelfristige Kommunaldarlehen	8,6
Kurz- und mittelfristige sonstige Darlehen	9,9
Langfristige Ratenkredite mit Laufzeitzins	10,0
Realkredite	8,2
Langfristige Kommunaldarlehen	7,4
Langfristige sonstige Darlehen	8,7
Weiterleitungsdarlehen	6,3
Ausgleichs- und Deckungsforderungen	3,0
Durchlaufende Kredite	0,0
Beteiligungen	11,2
Grundstücke und Gebäude	0,0
Betriebs- und Geschäftsausstattung	0,0
GuV - Saldo	0,0
Übrige Aktiva	0,0

[20] Die genannten prognostizierten Aktivpositionen können dem MIS-Report Nr. 4 des Management-Informationssystems für Sparkassen vom Bayerischen Sparkassen- und Giroverband entnommen werden (vgl. Kap. 4.2.2.4).

Die jeweiligen Zinssätze werden der Prognosebilanz entnommen. Dadurch werden vor allem die durchschnittlichen Zinssätze bei den sogenannten Altblöcken berücksichtigt. Lediglich bei den Geldmarktgeschäften sollten jeweils die aktuellen Konditionen zum Ansatz kommen.

(2) Die nach den Vorschriften der Solvabilitätsrichtlinie (GS I) gewichteten Aktivpositionen dürfen das 12,5-fache des Eigenkapitals (angenommenermaßen 12,5*48,8=610 Mio. DM) nicht übersteigen:

1. Kernkapital
   - Eingezahltes Geschäftskapital
   - Emissionsagio
   - Ausgewiesene Rücklagen
   - Einbehaltene Gewinne, einschl. Ergebnisvortrag
   - Einlagen stiller Gesellschafter

2. Ergänzungskapital

Klasse 1 (Anerkennung bis zu 100% von Ziff. 1)
   - Neubewertungsrücklagen
   - Wertberichtigungen
   - Sonstige Bestandteile

Klasse 2 (Anerkennung bis zu 50% von Ziff. 1)
   - Nachrangige Darlehen
   - Kumulative Vorzugsaktien mit festen Laufzeiten
   - (Kreditgenossenschaften: Haftsummenzuschlag)

Klasse 3 Fonds für allgemeine Bankrisiken

(3) Die nach den Vorschriften des Grundsatz II gewichteten langfristigen Kredite müssen geringer sein als die Summe folgender Passivpositionen (angenommenermaßen 530 Mio. DM):

Eigenkapital
+ Einlagen und Schuldverschreibungen (4 Jahre oder länger)
+ 60% der Spareinlagen und Schuldverschreibungen (unter 4 Jahren)
+ 10% der Sicht- und Termineinlagen (unter 4 Jahren)
+ 60% der Pensionsrückstellungen

(4) Die nach den Vorschriften des Grundsatz III gewichteten kurz- und mittelfristigen Kredite an Kunden und 20% der mittelfristigen Kredite an Kreditinstitute müssen geringer sein als die Summe folgender Passivpositionen (angenommenermaßen 250 Mio. DM):

10% der Verbindlichkeiten gegenüber Kreditinstituten (unter 3 Monaten)
+ 50% der Verbindlichkeiten gegenüber Kreditinstituten (unter 4 Jahre)
+ 60% der Sicht- und Termineinlagen (unter 4 Jahre)
+ 20% der Spareinlagen und Schuldverschreibungen (unter 4 Jahren)

(5) Die Summe aller Aktivpositionen muß gleich der Bilanzsumme (Bilanzidentität) sein (angenommenermaßen 1.000 Mio. DM).

(6) Bei der Notenbank sind folgende (unverzinsliche) Mindestreserven zu unterhalten (Untergrenze: angenommenermaßen 30 Mio. DM; Anrechnungssätze für Gebietsansässige):

Sichteinlagen:
Progressionsstufe 1 (bis 10 Mio. DM): 6,6%
Progressionsstufe 2 (über 10 bis 100 Mio. DM): 9,9%
Progressionsstufe 3 (über 100 Mio. DM): 12,1%
4,15% der Spareinlagen
4,95% der Termineinlagen (3 Monate bis unter 4 Jahre)

(7) Die Summe des durchschnittlichen Wertberichtigungsbedarfs einzelner Aktivpositionen darf nicht größer sein als die nach geschäftspolitischen Grundsätzen festgesetzte Obergrenze für EWBen (angenommenermaßen 3 Mio. DM).

(8) Die Wechselkredite an Kreditinstitute plus 50% der Wechselkredite an Kunden (Erfahrungswert) dürfen das von der Deutschen Bundesbank vorgegebene Rediskontkontingent (angenommenermaßen 10 Mio. DM) nicht überschreiten.

(9) Bei einer realistischen Betrachtung der jeweiligen Märkte ergeben sich für bestimmte Aktiva zusätzlich Unter- und Obergrenzen, welche die Berechnung am Markt nicht erzielbarer Strukturen unterbinden (siehe Ausgangstableau).

Diese Aufgabenstellung läßt sich in folgendem linearen Programm (Tab. 29) erfassen:

Tabelle 29: Simplex-Ausgangstableau

			Nr.	1	2	3	4	5	6	7	8
			Name	Kasse	Buba.	KI-tägl.	KI-tagesg.	KI-3Mon.	KI-3Mon.-4J.	KI-über 4J.	festv. WP
			Konstant								
			Untergrenze	12	14	2	0	0	0	0	200
			Obergrenze	15	17	3	5	20	5	15	320
			Zielwert	0	0	0,036	0,095	0,095	0,094	0,068	0,082
Nr.	Name	Typ	RHS								
1	GS I(Solva.)	<=	610			0,2	0,2	0,2	0,2	0,2	0,2
2	GS II	<=	530							1	
3	GS III	<=	250						0,2		
4	BS	=	1000	1	1	1	1	1	1	1	1
5	MR	>=	30	1	1						
6	EWB	<=	3								
7	Rediskont.	<=	10								

			Nr.	9	10	11	12	13	14	15	16
			Name	sonst. WP	Schuldsch.	Wechselk.-K	Wechselk.-KI	KK-Geschäft.	KK-Priv.	KK-Komm.	kurzfr. LZD
			Konstant								
			Untergrenze	0	0	7,5	5	0	0	0	0
			Obergrenze	30	30	12	10	75	25	1	15
			Zielwert	0,075	0,076	0,104	0,091	0,127	0,146	0,086	0,118
Nr.	Name	Typ	RHS								
1	GS I(Solva.)	<=	610	1	1	1	0,2	1	1		1
2	GS II	<=	530		1						
3	GS III	<=	250	1				1	1	1	1
4	BS	=	1000	1	1	1	1	1	1	1	1
5	MR	>=	30								
6	EWB	<=	3			0,0005		0,03	0,014		0,01
7	Rediskont.	<=	10			0,5	1				

			Nr.	17	18	19	20	21	22	23	24
			Name	Kurzfr. Komm.	kurzfr. SoDa.	langfr. LZD	Realkredite	langfr. Komm.	langfr. SoDa.	Weiterl.-Da.	Ausgl.-ford.
			Konstant								0,6
			Untergrenze	0	0	0	0	0	0	6	
			Obergrenze	10	20	30	200	10	320	10	
			Zielwert	0,086	0,099	0,1	0,082	0,074	0,087	0,063	0,03
Nr.	Name	Typ	RHS								
1	GS I(Solva.)	<=	610		1	1	0,5		1	1	
2	GS II	<=	530			1	1	1	1	1	
3	GS III	<=	250	1	1						
4	BS	=	1000	1	1	1	1	1	1	1	1
5	MR	>=	30								
6	EWB	<=	3		0,075	0,01			0,0025		
7	Rediskont.	<=	10								

			Nr.	25	26	27	28	29	30
			Name	durchl. Kred.	Beteil.	Grund. u. Geb.	BGA	GuV-Saldo	übrige Akt.
			Konstant						
			Untergrenze	1	2	22	6	0	10
			Obergrenze	2	3	30	7	1	
			Zielwert	0	0,112	0	0	0	0
Nr.	Name	Typ	RHS						
1	GS I(Solva.)	<=	610		1	1	1		1
2	GS II	<=	530		1	1	1		
3	GS III	<=	250					1	1
4	BS	=	1000	1	1	1	1	1	1
5	MR	>=	30						
6	EWB	<=	3						
7	Rediskont.	<=	10						

Mit Hilfe des Simplex Algorithmus errechnet sich nunmehr folgende, den Zinsertrag maximierende Optimallösung (Tab. 30 und 31):

Tabelle 30: Optimale Lösung der Spaltenvariablen

Zinsertrag: DM 83.240.000

Nr.	Name	Aktivität	Einsatzkosten	Untergrenze	Obergrenze	Dualwert
1	Kasse	15.000.000	-	12.000.000	15.000.000	-
2	Buba.	15.000.000	-	14.000.000	17.000.000	-
3	KI-tägl.	2.000.000	0,036000	2.000.000	3.000.000	-45.182
4	KI-tagesg.	5.000.000	0,095000	-	5.000.000	13.818
5	KI-3Mon.	20.000.000	0,095000	-	20.000.000	13.818
6	KI-3Mon.-4J.	5.000.000	0,094000	-	5.000.000	12.818
7	KI-über 4J.	-	0,068000	-	15.000.000	-13.182
8	festv. WP	320.000.000	0,082000	200.000.000	320.000.000	818
9	sonst. WP	-	0,075000	-	30.000.000	-8.364
10	Schuldsch.	-	0,076000	-	30.000.000	-7.364
11	Wechselk.-K	10.000.000	0,104000	7.500.000	12.000.000	-
12	Wechselk.-KI	5.000.000	0,091000	5.000.000	10.000.000	-30.000
13	KK-Geschäft.	48.018.182	0,127000	-	75.000.000	-
14	KK-Priv.	25.000.000	0,146000	-	25.000.000	42.273
15	KK-Komm.	1.000.000	0,086000	-	1.000.000	5.364
16	kurzfr. LZD	15.000.000	0,118000	-	15.000.000	20.091
17	Kurzfr. Komm.	10.000.000	0,086000	-	10.000.000	5.364
18	kurzfr. SoDa.	-	0,099000	-	20.000.000	-93.455
19	langfr. LZD	30.000.000	0,100000	-	30.000.000	2.091
20	Realkredite	123.600.000	0,082000	-	200.000.000	0
21	langfr. Komm.	-	0,074000	-	10.000.000	-6.636
22	langfr. SoDa.	301.781.818	0,087000	-	320.000.000	-
23	Weiterl.-Da.	6.000.000	0,063000	6.000.000	10.000.000	-20.364
24	Ausgl.-ford.	600.000	0,030000	600.000	600.000	-50.636
25	durchl. Kred.	1.000.000	-	1.000.000	2.000.000	-80.636
26	Beteil.	3.000.000	0,112000	2.000.000	3.000.000	28.636
27	Grund. u. Geb.	22.000.000	-	22.000.000	30.000.000	-83.364
28	BGA	6.000.000	-	6.000.000	7.000.000	-83.364
29	GuV-Saldo	-	-	-	1.000.000	-80.636
30	übrige Akt.	10.000.000	-	10.000.000	keine	-83.364

Tabelle 31: Optimale Lösung der Zeilenvariablen

Zinsertrag: DM 83.240.000

Nr.	Name	Aktivität	Slack-Aktivität	Untergrenze	Obergrenze	Dualwert
1	GS I (Solva.)	610.000.000	-	keine	610.000.000	-2.727
2	GS II	492.381.818	37.618.182	keine	530.000.000	-
3	GS III	110.018.182	139.981.818	keine	250.000.000	-
4	BS	1.000.000.000	-	1.000.000.000	1.000.000.000	-80.636
5	MR	30.000.000	-	30.000.000	keine	80.636
6	EWB	3.000.000	-	keine	3.000.000	-1.454.545
7	Rediskont.	10.000.000	-	keine	10.000.000	-39.818

Zu analytischen Zwecken empfiehlt es sich, im Anschluß an die Ermittlung der Optimallösung, sowohl eine Sensitivitätsanalyse als auch eine parametrische Planungsrechnung durchzuführen. Bei der Sensitivitätsanalyse wird untersucht, wie stark einzelne Ausgangsdaten variieren dürfen, ohne daß sich die Lösung qualitativ ändert. Bei der parametrischen Planungsrechnung werden ausgewählte Ausgangsdaten schrittweise variiert, wobei die Auswirkungen auf die Optimallösung beobachtet werden.

Exemplarisch sollen hier die Ergebnisse der Sensitivitätsanalyse aufgezeigt werden. Zunächst sei nach den möglichen Kapazitätsänderungen der Restriktionen, den sog. RHS-Ranges gefragt (Tabelle 32). Die Lower und Upper Ranges veranschaulichen die Sensitivität der vorgegebenen Werte für die rechte Seite. Eine solche Änderung entspricht der Verschiebung einzelner Begrenzungen des zulässigen Lösungsbereichs.

Tabelle 32: Sensitivitätsanalyse RHS-Ranges

Zinsertrag: DM 83.240.000

Nr.	Name	RHS	Lower Range	Upper Range
1	GS I (Solva.)	610.000.000	571.800.000	618.350.000
2	GS II	492.381.818	492.381.818	unbegrenzt
3	GS III	110.018.182	110.018.182	unbegrenzt
4	BS	1.000.000.000	983.300.000	1.038.200.000
5	MR	30.000.000	29.000.000	32.000.000
6	EWB	3.000.000	2.499.000	3.742.000
7	Rediskont.	10.000.000	8.750.000	11.000.000

In entsprechender Weise ist zu fragen wie sich die anfänglichen Zinssätze, d.h. die Dualwerte (Zielfunktionskoeffizienten) der in der Basis der Optimallösung enthaltenen Variablen ändern dürfen, ohne daß sich das Optimum verlagert (Tabelle 33). Z.B. würde bei der Anlage in Tagesgeld bei Kreditinstituten (Nr. 4; Preis=9,5%; Aktivität=5) eine Verringerung des Zinssatzes bis zu 8,1182% den optimalen Strukturanteil (Aktivität) dieser Position nicht verändern. Nach oben ist die Optimallösung sogar bzgl. einer - theoretisch - unendlichen Erhöhung unempfindlich; hier kommt die geschäftspolitische Vorgabe zum Tragen. Eine Anlage in langfristige Kommunaldarlehen (Nr. 21; Preis=7,4%; Aktivität=0) würde unter Optimierungsgesichtspunkten erst ab einem Zinssatz von 8,0636% sinnvoll.

Tabelle 33: Sensitivitätsanalyse Preis-Ranges

Zinsertrag: DM 83.240.000

Nr.	Name	Preis	Lower Range	Upper Range
1	Kasse	-	unbegrenzt	unbegrenzt
2	Buba.	-	unbegrenzt	0,080636
3	KI-tägl.	0,036000	unbegrenzt	0,081182
4	KI-tagesg.	0,095000	0,081182	unbegrenzt
5	KI-3Mon.	0,095000	0,081182	unbegrenzt
6	KI-3Mon.-4J.	0,094000	0,081182	unbegrenzt
7	KI-über 4J.	0,068000	unbegrenzt	0,081182
8	festv. WP	0,082000	0,081182	unbegrenzt
9	sonst. WP	0,075000	unbegrenzt	0,083364
10	Schuldsch.	0,076000	unbegrenzt	0,083364
11	Wechselk.-K	0,104000	0,089000	unbegrenzt
12	Wechselk.-KI	0,091000	unbegrenzt	0,121000
13	KK-Geschäft.	0,127000	0,091552	0,134667
14	KK-Priv.	0,146000	0,103727	unbegrenzt
15	KK-Komm.	0,086000	0,080636	unbegrenzt
16	kurzfr. LZD	0,118000	0,097909	unbegrenzt
17	Kurzfr. Komm.	0,086000	0,080636	unbegrenzt
18	kurzfr. SoDa.	0,099000	unbegrenzt	0,192455
19	langfr. LZD	0,100000	0,097909	unbegrenzt
20	Realkredite	0,082000	0,078682	0,082511
21	langfr. Komm.	0,074000	unbegrenzt	0,080636
22	langfr. SoDa.	0,087000	0,085750	0,089875
23	Weiterl.-Da.	0,063000	unbegrenzt	0,083364
24	Ausgl.-ford.	0,030000	unbegrenzt	unbegrenzt
25	durchl. Kred.	-	unbegrenzt	0,080636
26	Beteil.	0,112000	0,083364	unbegrenzt
27	Grund. u. Geb.	-	unbegrenzt	0,083364
28	BGA	-	unbegrenzt	0,083364
29	GuV-Saldo	-	unbegrenzt	0,080636
30	übrige Akt.	-	unbegrenzt	0,083364

4.2.2.3.2.2 Anwendungsdichte und Implementierungskriterien der strategischen Bankplanung

Den aktuellen Stand der strategischen Planung in der Bankpraxis untersucht eine empirische Erhebung aus dem Jahre 1987 (Moormann, J., 1988, S. 309). Dabei wurden Kreditinstitute aus dem deutschsprachigen Raum mit einer Mindest-Bilanzsumme (Einzelabschlüsse) von 5 Mrd. DM bzw. 4,21 Mrd. SFr oder 35,16 Mrd. ÖS - ohne Kreditinstitute mit Sonderaufgaben, Hypothekenbanken, Auslandsbanken und 100prozentige Töchter bereits einbezogener Institute - befragt. Von den berücksichtigten 79 Banken antworteten 46.

Der Beginn der strategischen Planung in der bankbetrieblichen Praxis ist, bezogen auf den Durchschnitt, auf das Jahr 1980 zu datieren. Vorher wurde nur von wenigen Instituten strategisch geplant. Ab 1979/80 ist die Anwendungsdichte sprunghaft angestiegen (Diagramm 53). Seit Ende der 80er Jahre verfügt jedes größere Kreditinstitut über eine strategische Planung. Hier zeigt sich die enorme Bedeutung, welche die strategische Planung in wenigen Jahren erlangt hat. In vielen Banken wurden strategische Planungsabteilungen eingerichtet. Die Entwicklung kann damit allerdings keineswegs als abgeschlossen angesehen werden.

Diagramm 53: Implementierung strategischer Planungssysteme bei Kreditinstituten im deutschsprachigen Raum 1970-1987

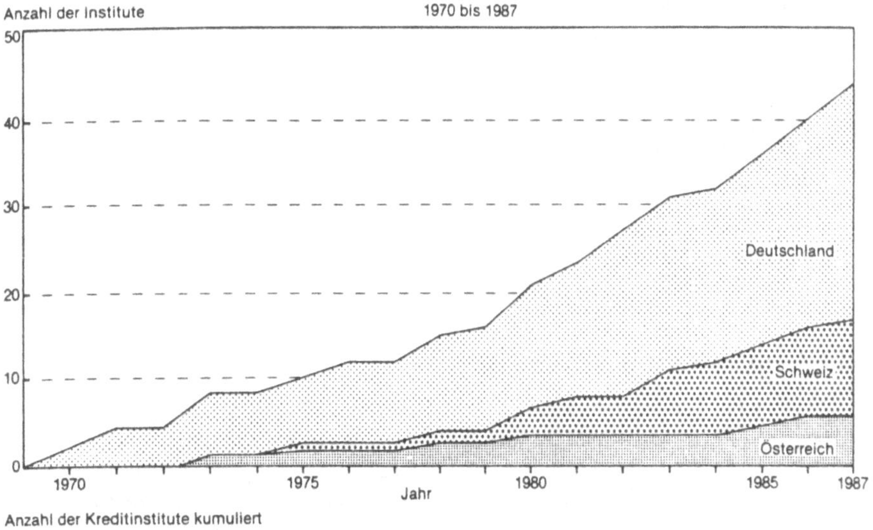

Quelle: Moormann, J., 1989, S. 139.

Nach der formalen Einführung der strategischen Planung werden in den 90er Jahren vor allem die Instrumentarien zu verfeinern und den jeweiligen Institutsspezifika anzupassen sein. Einen Überblick über Methoden, die im Rahmen einer strategischen Planung zum Einsatz gelangen, gibt Tabelle 34.

Tabelle 34: **Einsatz von Methoden und Verfahren in der strategischen Bankplanung (n=46)**

Instrument	regelmäßig	selten	nie
a) Informationssammlung			
Analyse historischer Unternehmensdaten	38	6	3
Dokumentenanalyse (Statistiken, Zeitschr.)	37	6	3
Analyse von Marktforschungsinstituten	27	16	3
Expertengespräche	23	17	6
Eigene Fragebögen	15	22	9
Checklisten	15	13	18
Delphi-Methode	4	13	29
b) Informationsaufbereitung			
Statistische Auswertungsmethoden	32	9	5
Andere Prognosemethoden	15	15	16
Simulationsmodelle:			
▪ deterministisch	9	13	24
▪ stochastisch	4	9	33
OR-Methoden	4	10	32
c) Informationsbewertung			
Stärken-Schwächen-Analyse	37	5	4
Kosten-Nutzen-Analyse	31	10	5
Gefahren-Chancen-Analyse	26	10	10
Portfolio-Analyse	15	20	11
Mathematische Entscheidungsmodelle	3	16	27
d) Ideenfindung			
Marktanalysen	39	6	1
Brainstorming	33	10	3
Expertengespräche	21	17	8
Szenario-Technik	19	15	12
Methode 635	0	4	42

Quelle: Moormann, J., 1988, S. 312.

Bei der **Informationssammlung** werden hauptsächlich historische Unternehmensdaten und die Dokumentenanalyse herangezogen, während die moderne Delphi-Methode noch kaum zur Anwendung gelangt. Für die **Informationsaufbereitung** werden statistische Methoden bevorzugt. Die Operations-Research Verfahren werden kaum eingesetzt. Zur **Informationsbewertung** werden verschiedene Analysemethoden fast gleichrangig herangezogen, während die Portfolio-Analyse noch recht selten, mathematische Entscheidungsmodelle annähernd gar nicht zum Einsatz gelangen. Bei den Methoden der Ideenfindung werden Marktanalysen und das Brainstorming bevorzugt. Die Methode 635 ist faktisch unbekannt.

Die überwiegende Datenbasis der strategischen Planung ist das betriebliche Rechnungswesen. Auch auf Marketingdaten aus den entsprechenden Abteilungen und externen Forschungsinstituten wird intensiv zurückgegriffen.

Tabelle 35: Datenbasen der strategischen Bankplanung (n=46)

Datenbasis	absolut	%
Eigenes Rechnungswesen	43	93,5
Marketing-Abteilung	33	71,7
Marktforschungsinstitute	23	50,0
Sonstige	12	26,1

Quelle: Moormann, J., 1988, S. 314.

Der Computer gelangt in der strategischen Bankplanung sehr intensiv zum Einsatz. Vor allem in den Phasen der Informationssammlung, -aufbereitung und -bewertung, in denen Massendaten zu verarbeiten sind, ist die Verwendung modernster Technik kaum verzichtbar, während bei der Ideenfindung annähernd keine Computerunterstützung erfolgt. Hinsichtlich der verwendeten Software halten sich Standardprogramme und individuell erstellte Programme ungefähr die Waage. Die DV-Unterstützung stellt allgemein einen Enpaßfaktor für die Nutzung strategischer Planungsmodelle in Kreditinstituten dar. Für viele der populären Instrumente ist ein zukünftiger Bedarf an DV-Unterstützung gegeben (Tabelle 36).

Tabelle 36: Gewünschte DV-Unterstützung für ausgewählte Methoden und Verfahren (n=41)

Instrument	absolut	%
Delphi-Methode	11	26,8
Portfolio-Analyse	21	51,2
Chancen-/Gefahren-Analyse	24	58,5
Szenario-Technik	22	53,7
Stärken-/Schwächen-Analyse	25	61,0
Strategische Geschäftsfeldkurve	12	29,3
Nutzwertanalyse	16	39,0
Sonstige	10	24,4

Quelle: Moormann, J., 1988, S. 314.

Schwerpunkte zukünftiger Aktivitäten werden neben der Personalverstärkung im Bereich der strategischen Bankplanung in dem verstärkten Einsatz von Personalcomputern und Standartsoftware sowie in der kooperativen Softwareentwicklung gesehen. Auch die Hinzuziehung externer Berater wird erwogen.

4.2.2.3.3 Operative Bankplanung

Der operativen Planung fällt dann die Aufgabe zu, die im strategischen Planungsprozeß ermittelten Strategien in operative Zielvorgaben zu transformieren. Es werden detaillierte Pläne auf mittlerer und unterer Managementebene entwickelt. Bezugspunkt sind hierbei die einzelnen **Geschäftsfelder**, der Planungshorizont liegt bei etwa 1 bis maximal 5 Jahren. Einflußgröße ist hier das periodenbezogene Geschäftsergebnis. Durch die unterschiedlichen zeitlichen Dimensionen ergibt sich, daß den operativen Planungspozeß ein niedrigerer Unsicherheitsfaktor prägt als den strategischen.

Wie eine Untersuchung (Zufall, R., 1975) gezeigt hat, bedienten sich Mitte der 70er Jahre nur wenige Kreditinstitute der quantitativen Methoden operativer Planung. Dieser Sachverhalt deutet auf eine erst allmählich aufkommende Implementierung hin. Die Gründe für den nur zögerlichen Einsatz konnten aufgrund einer vom Verfasser im Jahre 1977 durchgeführte Untersuchung auf die noch geringe Modellkenntnis der potentiellen Modellanwender, die fehlende Bank-Praxis der Unternehmensforscher, die Problematik des Nachweises der Effizienzsteigerung von Entscheidungen sowie die unzureichende Rückkoppelung Theorie-Praxis zurückgeführt werden.

Berufsvorbereitende und berufsbegleitende Ausbildungsaktivitäten sowie eine Verbesserung der informationstechnischen Voraussetzungen haben mittlerweile zu günstigeren Voraussetzungen geführt, sodaß heute kaum ein Institut nicht über den Einsatz quantitativer Modelle innerhalb der operativen Planung in irgendeiner Form verfügt.

4.2.2.3.3.1 Budgetierungsprozeß

Im Kern dient der Budgetierungsprozeß der Ableitung von Soll-Vorgaben für die Geschäftsbereiche aus den strategischen Gesamtbankzielen. Daraus ergibt sich einerseits die Notwendigkeit der Operationalisierbarkeit der Ziele sowie andererseits die Möglichkeit zur Kontrolle der Zielvereinbarung und Analyse der Abweichungen.

Schierenbeck (1991) stellt zur Durchführung der Budgetierung die vier Grundsätze:

- Prinzip der Zielvereinbarung,
- Prioritätenprinzip,
- Verursachungsprinzip und
- Verantwortungsprinzip

auf.

Mit dem Prinzip der Zielvereinbarung ist zunächst die Forderung verbunden, die Budgetplanung von unten nach oben zu vollziehen (bottom-up-approach). Dadurch kann eine Vereinbarkeit der Ziele mit den marktlichen Gegebenheiten erreicht und eine Akzeptanz der Ziele sichergestellt werden. Gleichzeitig wird gefordert, daß die Teilziele den Gesamtbankerfordernissen entsprechen müssen, die Ziele also von oben nach unten heruntergebrochen werden müssen (top-down-approach). Die Synthese der entgegengerichteten Prinzipien muß durch ein Gegenstromverfahren gewährleistet werden.

Das Prioritätenprinzip stellt die Forderung nach einer optimalen Allokation der Verteilungsmasse dar. Eine Lenkung der Mittel in die jeweils erfolswirksamste Verwendung vollzieht sich idealerweise auf der Grundlage eines Zero-Base-Budgeting, bei dem zu Beginn einer jeden Planungsperiode alle Budgets von einer Basis von Null zu planen und zu beantragen sind.

Durch das Verursachungsprinzip ist zu gewährleisten, daß Entscheidungsträger nur über solche Budgetgrößen entscheiden, die direkt in ihren Einflußund Verantwortungsbereich fallen.

Schließlich gewährleistet das Verantwortungsprinzip die Einhaltung des Budgets sowie die Einleitung rechtzeitiger Anpassungsmaßnahmen.

Für den bankbetrieblichen Budgetierungsprozeß bieten sich in erster Linie zwei Planungsfelder an, die operative Ergebnis- und die operative Liquiditätsplanung (vgl. Kap. 4.1.3.1). Die Ergebnisplanung vollzieht sich auf der Grundlage einer Aufspaltung des Betriebsergebnisses in seine Bestandteile.

Diagramm 54: Anknüpfungspunkte der operativen Ergebnisplanung

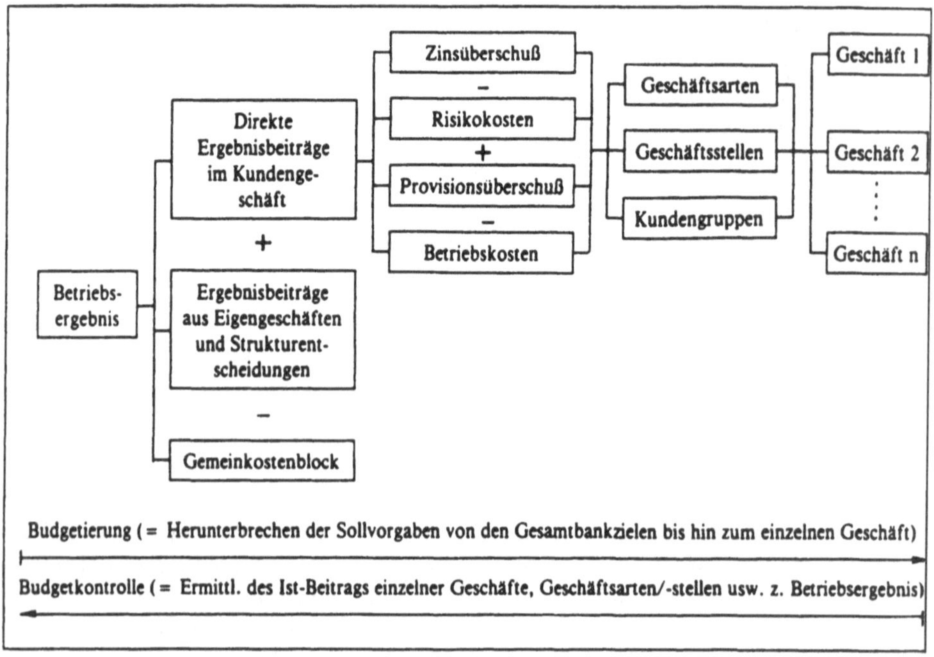

Quelle: Schierenbeck, H., 1987, S. 427.

Für die einzelnen Erlös- und Kostenkomponenten lassen sich einzelne Budgetierungsprozesse durchführen. Dabei können Erfolgspotentiale des Betriebsergebnisses identifiziert werden.

4.2.2.3.3.2 Modell zur Planung des optimalen Wertpapierportefeuilles (Portfolio Selection)

Das von Markowitz entwickelte Portfolio Selection-Modell hat dic Ermittlung eines optimalen Portefeuilles zum Inhalt. Aus einer Vielzahl von möglichen Wertpapierkombinationen wird dabei diejenige ausgewählt, die unter Berücksichtigung der Anlagekriterien Rendite (Kursänderungen, Zins- und Dividendenerträge) und Risiko (ausgedrückt als Standardabweichung des Portefeuillewertes) für den Anleger optimal ist. Das subjektiv optimale Portefeuille kann dabei über die individuelle Nutzenfunktion des Anlegers gefunden werden. Häufig wird jedoch das varianzminimale Portefeuille ermittelt, welches unter allen möglichen Kombinationen diejenige Kombination ist, die bei einer bestimmten Rendite das kleinste Risiko aufweist.

Modellstruktur

Zielfunktion:

$$\sigma_p^2 = \sum_{i=1}^{n} x_i^2 * \sigma_i^2 + 2 * \sum_{i=1}^{n-1} \sum_{j>i}^{n} x_i * x_j * \sigma_{ij} \text{ --> Min!} \qquad (2.1)$$

σ_p^2 = Varianz des Portefeuilles (Quadrat des Risikos)

σ_i^2 = Varianz des Wertpapiers i

σ_{ij} = Kovarianz der Wertpapiere i und j

x_i = Anteil des Wertpapiers i am Portefeuille

n = Anzahl der Wertpapiere

Nebenbedingungen:

1) $$r_p = \sum_{i=1}^{n} x_i * r_i \qquad (2.2)$$

r_p = erwartete Rendite des Portefeuilles

r_i = erwartete Rendite des Wertpapiers i

2) $$\sum_{i=1}^{n} x_i = 1 \text{ (alle Mittel werden veranlagt)} \qquad (2.3)$$

3) $x_i \geq 0$ (Nichtnegativitätsbedingung) (2.4)

Verfahren: Quadratische Programmierung

Ermittlung der Input-Daten:

Da bei der Portfolio Selection in erster Linie Erwartungsgrößen in die Berechnung eingehen, kommt der Ermittlung der Input-Daten eine besondere Bedeutung zu. Deren Exaktheit entscheidet über die Zuverlässigkeit der Berechnung.

Zur Ermittlung der Input-Daten existieren zwei wichtige Ansätze:

a) Die Verfahrensweise von Markowitz

Nach Markowitz wird die erwartete Rendite des Wertpapiers i aus den, nach Periode k als möglich erscheinenden, zukünftigen Renditen r_{ik} sowie deren Eintrittswahrscheinlichkeiten w_k gewonnen. Sie berechnet sich über:

$$r_i = \sum_{k=1}^{m} w_k * r_{ik} \tag{2.5}$$

Die Ermittlung der alternativen Zukunftswerte kann dabei über Szenario-Analysen oder ähnliche Verfahren erfolgen.

Die erwarteten Varianzen ergeben sich über:

$$\sigma_i^2 = \sum_{k=1}^{m} w_k * (r_{ik} - r_i)^2 \tag{2.6}$$

Die erwarteten Kovarianzen ergeben sich über:

$$\sigma_{ij} = \sum_{k=1}^{m} w_k * (r_{ik} - r_i) * (r_{jk} - r_j) \tag{2.7}$$

Diese Vorgehensweise wird umso aufwendiger, je größer die Anzahl der in die Analyse einbezogenen Wertpapiere ist.

b) Das Index-Modell von Sharpe

Mit dem Index-Modell von Sharpe kann die Ermittlung der Input-Daten wesentlich vereinfacht werden. Ausgangspunkt ist die Überlegung, daß die Entwicklung eines jeden Wertpapieres in einem funktionalen Zusammenhang mit der Entwicklung des Gesamtmarktes steht. Damit läßt sich dann die Rendite eines Wertpapiers über eine Funktion aus der Rendite des Gesamtmarktes bzw. eines den Markt repräsentierenden Indizes beschreiben.

Im einfachen Index-Modell von Sharpe wird die Einfachregression zur Ermittlung des funktionalen Zusammenhanges verwendet. Mit einem Wertpapierindex als erklärende Variable werden die Regressionsparameter der einzelnen Wertpapiere anhand historischer Daten gewonnen. Um nun zu einer Ermittlung der Erwartungswerte der Renditen zu gelangen, muß lediglich ein Erwartungswert für die Rendite des Indizes über den Anlagezeitraum gebildet werden. Die erwarteten Renditen der einzelnen Wertpapiere ergeben sich dann über die Formel:

$$r_i = \alpha_i + \beta_i * r_I \tag{2.8}$$

r_I = erwartete Rendite des Indizes
α_i = Absolutglied der Regression
β_i = Steigung der Regression (Beta)

Die Zuverlässigkeit der Prognose hängt davon ab, wie treffsicher der Erwartungswert für die Indexrendite gebildet werden kann und wie stabil die (historisch ermittelten) funktionalen Beziehungen über den Anlagezeitraum bleiben. Sharpe geht davon aus, daß diese sich nicht wesentlich verändern. Aus diesem Grund können auch die historischen Varianzen und Kovarianzen für die Berechnung verwendet werden.

Beispiel

Zur Verdeutlichung des Verfahrens soll im folgenden ein einfaches Beispiel präsentiert werden. Für zwei Aktien, Deutsche Bank (Nr. 1) und BMW (Nr. 2), soll das varianzminimale Portefeuille bestimmt werden.

Die Ermittlung der Input-Daten erfolgte nach der Methode von Sharpe, unter Verwendung des DAX als Index. Zur Berechnung der Regressionsparameter wurden die bereinigten Monatsultimokurse vom Januar 1988 bis zum Februar 1992 verwendet.

Dabei ergaben sich, unter der Annahme eines 10%-igen Anstiegs des DAX bis zum Ende des Jahres 1992, folgende Erwartungswerte für die Renditen der Aktien:

r_1 = 15,23%
r_2 = 12,80%

Für die Varianzen und Kovarianzen wurde berechnet:

σ_1^2 = 3,9168
σ_2^2 = 3,0199
σ_{12} = 1,0114

Da hier nur zwei Wertpapiere in die Berechnung eingehen, kann (2.3) zu

$$x_2 = 1 - x_1 \tag{2.9}$$

vereinfacht werden.

Für die Zielfunktion (2.1) folgt:

$$\sigma_p^2 = x_1^2 * \sigma_1^2 + x_2^2 * \sigma_2^2 + 2 * x_1 * x_2 * \sigma_{12} \tag{2.10a}$$

$$= x_1^2 * \sigma_1^2 + (1-x_1)^2 * \sigma_2^2 + 2 * x_1 * (1-x_1) * \sigma_{12} \tag{2.10b}$$

Das Minimum von (2.10b) ergibt sich durch partielles Differenzieren nach x_1

$$\frac{\delta \sigma_p}{\delta x_1} = 2 * x_1 * (\sigma_1 + \sigma_2 - 2 * \sigma_{12}) + 2 * (\sigma_{12} - \sigma_2) = 0 \tag{2.11}$$

Daraus folgt:

$$x_1 = \frac{\sigma_2^2 - \sigma_{12}}{\sigma_1^2 + \sigma_2^2 - 2 * \sigma_{12}} \tag{2.12a}$$

$$x_2 = 1 - x_1 = \frac{\sigma_1^2 - \sigma_{12}}{\sigma_1^2 + \sigma_2^2 - 2 * \sigma_{12}} \tag{2.12b}$$

Durch Einsetzen der berechneten Werte erhält man:

$x_1 = 0{,}339$
$x_2 = 0{,}661$

Damit besteht das varianzminimale Portefeuille zu 33,9% aus Aktien der Deutschen Bank und zu 66,1% aus BMW-Aktien.

Die erwartete Rendite des Portefeuilles berechnet sich gemäß (2.2) über

$$r_p = 13{,}62\%$$

und die Varianz des Portefeuilles beträgt nach (2.1)

$$\sigma_p^2 = 2{,}2228.$$

4.2.2.3.3.3 Punktsystem zur Bewertung des Ausfallrisikos im Konsumkreditgeschäft (Credit Scoring-Modell)

Credit Scoring will auf der Basis eines Punktbewertungssystems die Bonität privater Kreditnehmer einschätzen. Nur Kreditwerbern, die ein errechnetes Punkteminimum erreichen, wird nach diesem Verfahren Kredit gewährt. Die eliminierten Kreditwerber werden einer weiteren Kreditfähigkeits- und Kreditwürdigkeitsprüfung unterzogen und müssen ggf. zusätzliche Sicherheiten erbringen.

Zielfunktion:

$$G = r*A(S)*F(S) - c*A(S)*[1 - F(S)] \rightarrow Max!$$

G	= Gesamtgewinn im Konsumentenkreditgeschäft
r	= durchschnittlicher Ertrag bei klagloser Geschäftsabwicklung (bei "guten" Krediten)
A(S)	= Anzahl der Kredite, die bei der (Mindest-)Punktzahl S gewährt werden
F(S)	= Wahrscheinlichkeit, daß die an Kreditwerber mit der Punktzahl S eingeräumten Kredite klaglos abgewickelt werden können
c	= durchschnittlicher Verlust bei Ausfall (bei "schlechten" Krediten)
1 - F(S)	= Wahrscheinlichkeit, daß die an Kreditwerber mit der Punktzahl S eingräumten Kredite notleidend werden

Verfahren: Diskriminanzanalyse

Tabelle 37: **Beispiel für eine Punktbewertung**

Beurteilungskriterium	Punktzahl
Telefon	
▪ja	38
▪nein	0
Wohnung	
▪Eigenes Haus	34
▪Miete	0
Gegenwärtige Adresse	
▪weniger als 6 Monate	0
▪6 Monate bis 2 Jahre	11
▪3 bis 5 Jahre	19
▪6 bis 8 Jahre	27
▪mehr als 8 Jahre	35
Bankgeschäfte	
▪kein Bankkonto	0
▪Sparkonto	13
▪Girokonto	13
▪Spar- und Girokonto	19
▪Bankkreditkarte	23
▪Warenhauskreditkarte	10
▪Bankanleihen	12
Beruf	
▪Arzt, Ingenieur	27
▪Rechtsanwalt	26
▪Manager	14
▪Büro-Angestellter	14
▪Verkäufer	12
▪Landarbeiter	3
▪ungelernter Arbeiter	0
▪Hausangestellte(r)	5
Gegenwärtiger Beruf	
▪weniger als 1 Jahr	0
▪1 bis 4 Jahre	7
▪5 bis 8 Jahre	11
▪9 bis 14 Jahre	15
▪mehr als 14 Jahre	19
Alter	
▪bis 30 Jahre	3
▪31 bis 40 Jahre	12
▪41 bis 50 Jahre	9
▪über 50 Jahre	16

Punktemaximum: 233

Quelle: Schwarz, H.G., 1979, S. 38 ff.

Tabelle 38: **Beispiel zur Ermittlung der optimalen Gesamtpunktzahl**

S	Eliminierte Kreditwerber und Kosten- bzw. Ertragseffekte "gute" *Kredite* Anzahl	 entgang. Ertrag in DM (r = 1.000 DM)	 "schlechte" *Kredite* Anzahl	 vermiedene Ausfälle in DM (c = 5.000 DM)	Nettoertragssteigerung in DM
50	10	- 10.000	100	+ 500.000	+ 490.000
60	20	- 20.000	120	+ 600.000	+ 580.000
70	20	- 20.000	150	+ 725.000	+ 705.000
80	30	- 30.000	200	+ 1.000.000	+ 970.000
90	40	- 40.000	250	+ 1.250.000	+ 1.210.000
100	40	- 40.000	350	+ 1.750.000	+ 1.710.000
110	70	- 70.000	400	+ 2.000.000	+ 1.930.000
120	100	- 100.000	400	+ 2.000.000	+ 1.900.000
130	150	- 150.000	400	+ 2.000.000	+ 1.850.000
140	250	- 250.000	410	+ 2.050.000	+ 1.800.000
150	300	- 300.000	410	+ 2.050.000	+ 1.750.000

Optimale Gesamtpunktzahl: 110
Nettoertragssteigerung: 1.930.000 DM

4.2.2.3.3.4 Marketing-Planungsmodell zum Leistungsverbund

Marketing-Planungsmodelle zeichnen sich zumeist durch außerordentlich komplexe Strukturen aus, auf deren ausführlichere Darstellung verzichtet werden muß. Wir wollen hier beispielhaft einen - stark vereinfachten - Ansatz herausgreifen, der den Verbund ("cross selling") von Bankleistungen zum Gegenstand hat.

Ausgegangen wird von der Überlegung, daß sich eine zunächst auf einem einzigen Produkt aufbauende Kundenbeziehung in bestimmten Fristen mit gewissen Wahrscheinlichkeiten zu einer umfassenderen Leistungsabnahme ausweiten läßt. Als "Initialzündung" dienen im Privatkundengeschäft angenommenermaßen folgende Leistungsarten:

- Privatgirokonto,
- Sparkonto,
- Konsumkredit,
- Wohnbaukredit.

Aufgrund des gegebenen Verbundeffektes, der empirisch erhoben werden kann, nehmen Privatgirokontoinhaber in der Folgeperiode weitere Dienstleistungen in Anspruch[21]:

- 1% eröffnen ein weiteres Privatgirokonto,
- 20% eröffnen ein Sparkonto;
- 15% nehmen einen Konsumkredit in Anspruch;
- 10% nehmen einen Wohnbaukredit in Anspruch.

Vergleichbare Verbundeffekte liegen auch bei den anderen, oben angeführten Leistungsarten vor. Sofern in der Folgeperiode keine weiteren Leistungen beansprucht werden, kommt annahmegemäß die Verbundwirkung zum Stillstand, d.h. auch in späteren Perioden erfolgt kein cross selling mehr. Die gesamten Übergangswahrscheinlichkeiten stellen sich nunmehr wie folgt dar:

Tabelle 39: Verbundintensitäten von Bankdienstleistungen

verbundene Dienstleistungen / Initialzündung	P	S	K	W
Privatkonto (P)	1%	20%	15%	10%
Sparkonto (S)	10%	2%	5%	15%
Konsumkredit (K)	15%	8%	10%	4%
Wohnbaukredit (W)	15%	5%	2%	3%

Mit Hilfe der **Markov'schen Ketten** (Müller-Merbach, H., 1971, S. 432 ff) läßt sich die zusätzliche Leistungsinanspruchnahme in den Folgeperioden ermitteln. Ausgehend von einem Neubestand von 1.000 Privatgirokonten in der Periode t_0 (= $Z(t_0)$) und der Matrix der Übergangswahrscheinlichkeiten (= M(Ü)) errechnet sich der Absatz folgender Zusatzleistungen:

21 Das Beispiel basiert auf frei gewählten Daten.

$$Z(t_0) = (1.000 \quad 0 \quad 0 \quad 0)$$
$$Z(t_1) = Z(t_0) \cdot M(\ddot{U})$$
$$= (1.000 \quad 0 \quad 0 \quad 0) \begin{pmatrix} 0{,}01 & 0{,}20 & 0{,}15 & 0{,}10 \\ 0{,}10 & 0{,}02 & 0{,}05 & 0{,}15 \\ 0{,}15 & 0{,}08 & 0{,}10 & 0{,}04 \\ 0{,}15 & 0{,}05 & 0{,}02 & 0{,}03 \end{pmatrix}$$

$$Z(t_1) = (10 \quad 200 \quad 150 \quad 100)$$
$$Z(t_2) = Z(t_1) \cdot M(\ddot{U})$$
$$= (10 \quad 200 \quad 150 \quad 100) \begin{pmatrix} 0{,}01 & 0{,}20 & 0{,}15 & 0{,}10 \\ 0{,}10 & 0{,}02 & 0{,}05 & 0{,}15 \\ 0{,}15 & 0{,}08 & 0{,}10 & 0{,}04 \\ 0{,}15 & 0{,}05 & 0{,}02 & 0{,}03 \end{pmatrix}$$

$$Z(t_2) = (57{,}6 \quad 23{,}0 \quad 28{,}5 \quad 40{,}0)$$
$$Z(t_3) = Z(t_2) \cdot M(\ddot{U})$$
$$= (57{,}6 \quad 23{,}0 \quad 28{,}5 \quad 40{,}0) \begin{pmatrix} 0{,}01 & 0{,}20 & 0{,}15 & 0{,}10 \\ 0{,}10 & 0{,}02 & 0{,}05 & 0{,}15 \\ 0{,}15 & 0{,}08 & 0{,}10 & 0{,}04 \\ 0{,}15 & 0{,}05 & 0{,}02 & 0{,}03 \end{pmatrix}$$
$$Z(t_3) = (13{,}2 \quad 16{,}26 \quad 13{,}44 \quad 11{,}55)$$

Aufbauend auf dem Neubestand von 1.000 Privatgirokonten in Periode t_o konnten bis zur Periode t_3 folgende zusätzliche Absatzleistungen insgesamt erzielt werden (jeweils abgerundet):

- weitere 80 Privatgirokonten,
- 239 Sparkonten,
- 191 Konsumkredite,
- 151 Wohnbaukredite.

Da alle Elemente der Matrix der Übergangswahrscheinlichkeiten kleiner als 1 sind, lassen sich auf der Grundlage der unendlichen Reihe (nach einer theoretisch unendlichen Anzahl von Perioden) Sättigungsgrenzen errechnen (Crane, D.B., 1970, S. 49 ff; Röhr, H., o.Jg., S. 331 ff).

Diese Sättigungsgrenzen lauten in unserem Beispielfall wie folgt (jeweils abgerundet):

- Privatgirokonten: 89
- Sparkonten: 246
- Konsumkredite: 198
- Wohnbaukredite: 158

4.2.2.3.3.5 Warteschlangenmodell

Gegenstand der Warteschlangentheorie ist die Steuerung der Wartezeiten an betrieblichen Engpaßstellen. Als klassischer Anwendungsfall im Bankbetrieb gelten Kassen- oder Beratungsschalter.

In die Rechnung gehen die Ankunftsrate λ (= Anzahl der durchschnittlich ankommenden Kunden je Zeiteinheit) und die Abfertigungsrate μ (= Anzahl der durchschnittlich abgefertigten Kunden je Zeiteinheit) ein. Die Kapazitätsauslastung K, die Zahl der durchschnittlich im System befindlichen Personen L, die gesamte Verweilzeit im System Z (= Wartezeit + Bearbeitungszeit) sowie die reine Wartezeit T errechnen sich nach folgenden Formeln:

$$K = \frac{\lambda}{\mu}$$

$$L = \frac{\lambda}{\mu - \lambda}$$

$$Z = \frac{L}{\lambda}$$

$$T = \frac{L}{\mu}$$

Nehmen wir an, an einem Kassenschalter einer Bank liegt die Ankunftsrate (Personen/Minute) λ bei 0,8 und die Abfertigungsrate (Personen/Minute) μ beträgt 1. Für K, L, Z und T errechnen sich somit folgende Werte:

$$K = \frac{0{,}8}{1} = 0{,}8$$

$$L = \frac{0{,}8}{1 - 0{,}8} = 4$$

$$Z = \frac{4}{0{,}8} = 5$$

$$T = \frac{4}{1} = 4$$

Die Kasse ist damit durchschnittlich zu 80% ausgenutzt, die Anzahl der Personen im System beläuft sich auf 4 Kunden, die gesamte Verweildauer im System beträgt 5 Min. und die reine Wartezeit erstreckt sich auf 4 Minuten. Selbstredend haben wir damit ein außerordentlich vereinfachtes Beispiel herausgegriffen. Die in der Bank-Praxis zu lösenden Warteschlangenprobleme sind ungleich komplexer. So sind im Tagesablauf stark wechselnde, ggf. von Faktoren wie der jeweiligen Witterung abhängige Ankunftsraten zu berücksichtigen, was im Wege von Simulationen erfolgen kann. Auch die Abfertigungszeiten variieren von Kunde zu Kunde beträchtlich. Schließlich lassen sich entstehende Engpässe nur dann beseitigen, wenn - in Abhängigkeit von der Schlangenlänge - mehrere Kassen geöffnet werden können. Eine vordringliche Aufgabe der Warteschlangentheorie ist daher auch die Ermittlung der optimalen Anzahl der jeweils einzusetzenden Bedienungseinheiten (Kassen) unter Eingrenzung der maximalen Schlangenlänge bzw. der maximalen Kundenwartezeiten.

Ansätze zur Lösung dieser Warteschlangenprobleme sind verfügbar. Sie erfordern allerdings wesentlich aufwendigere Verfahren (Desbazeille, G., 1970, S. 231 ff; Neumann, K., 1977, S. 365 ff).

4.2.2.4 Informationssystem

Mit dem Aufbau eines (computerunterstützten) Informationssystems wird eine Gesamtkonzeption des betrieblichen Informationswesens verfolgt, welche die Erfassung und Speicherung der entscheidungsrelevanten Informationen bezweckt. Ausgehend von den in einem Unternehmen zu treffenden Entscheidungen sind betriebs- und marktbezogene Daten in Informationen zu transferieren und den Entscheidungsträgern bedarfsgerecht zur Verfügung zu stellen. Angestrebt wird dabei, um aufwendige Datentransformationsprozesse zu vermeiden, eine in sich geschlossene Anwendungskonzeption, die aus Wirtschaftlichkeitsgründen möglichst auf einer einheitlichen Datenbasis aufbaut. Im deutschsprachigen Raum sind drei umfassende Informationssysteme bekannt geworden.

Das erste umfassende Konzept eines Management-Informations-Systems für Kreditinstitute wurde Anfang der 70er Jahre entwickelt. Seja (1972, A. 5 ff) geht in diesem System von folgenden Konzeptionsregeln aus:

(1) Anwendung des Führungsprinzipes "Management by Exception".
(2) Errechnung von Beziehungszahlen für Zwecke des innerbetrieblichen Vergleiches (Soll-/Ist-Zahlen; Mengen-Wert-Angaben).
(3) Verdichtungsprinzip (zunehmende Breite bei abnehmendem Detaillierungsgrad der Informationen mit steigender hierarchischer Zuordnung der Entscheidungsträger).
(4) Einheitlicher Datenursprung.
(5) Einbettung in die Massendatenverarbeitung (Ausgangspunkt ist das dokumentäre Rechnungswesen).

Darauf aufbauend entwickelt Seja sodann ein Gesamtsystem aus den folgenden acht Teilsystemen (Diagramm 55):

Diagramm 55: Informationssystem und Seja-Teilsysteme

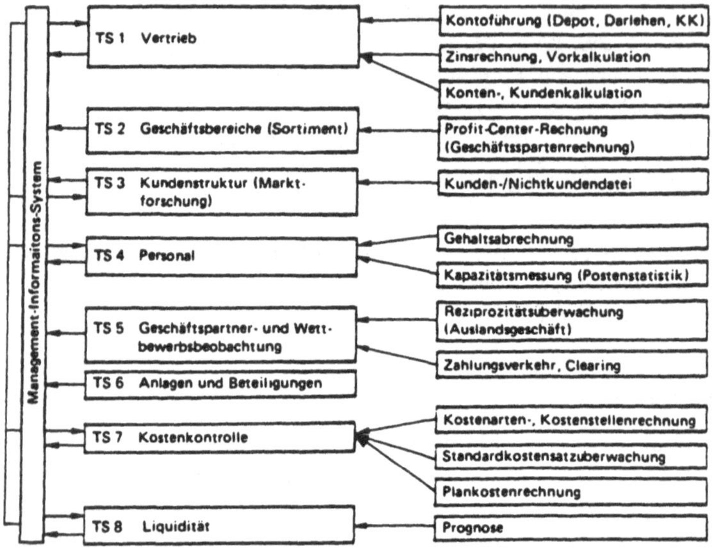

TS = Teilsystem

Ein zweites, in diesem Zusammenhang interessierendes Informationssystem für Kreditinstitute wurde vom **Bayerischen Sparkassen- und Giroverband** (BSGV)[22] initiiert und in Kooperation mit dem **Rheinischen Sparkassen- und Giroverband (RSGV)** weiterentwickelt.

Es gliedert sich in

- das Kostenrechnungs- und Kalkulationssystem (Diagramm 56) und
- das Prognose- und Finanzplanungssystem (Diagramm 57).

Die beiden Programmpakete gelangen in der BR Deutschland und in Österreich bei insgesamt 204 bzw. 645 Sparkassen (Stand August 1990) zur Anwendung. Die Dokumentation der durch die Programme aufbereiteten Informationen erfolgt über die sog. MIS-Reports (MIS = Management Informations System). Einige Anwendungen erlauben einen On-line Betrieb.

Im Rahmen des **Kostenrechnungs- und Kalkulationssystems** liegt der Anwendungsschwerpunkt im Bereich der Profit-Center Rechnung.

---

22 Für die freundlicherweise zur Verfügung gestellten Unterlagen ist der Verfasser Herrn R. Lorenz vom BSGV zu Dank verpflichtet.

Im ersten Teilsystem, der **Betriebsabrechnung**, werden die jährlichen Aufwendungen nach ihrer Art, ihrem Entstehungsort und der zugehörigen Sparte aufgeteilt.

Mit dem Instrument der **Stückkalkulation** werden einmal jährlich auf Teil- und Vollkostenbasis errechnete Selbstkosten der verschiedensten Produkte nachgewiesen.

Diagramm 56: Kostenrechnungs- und Kalkulationssystem

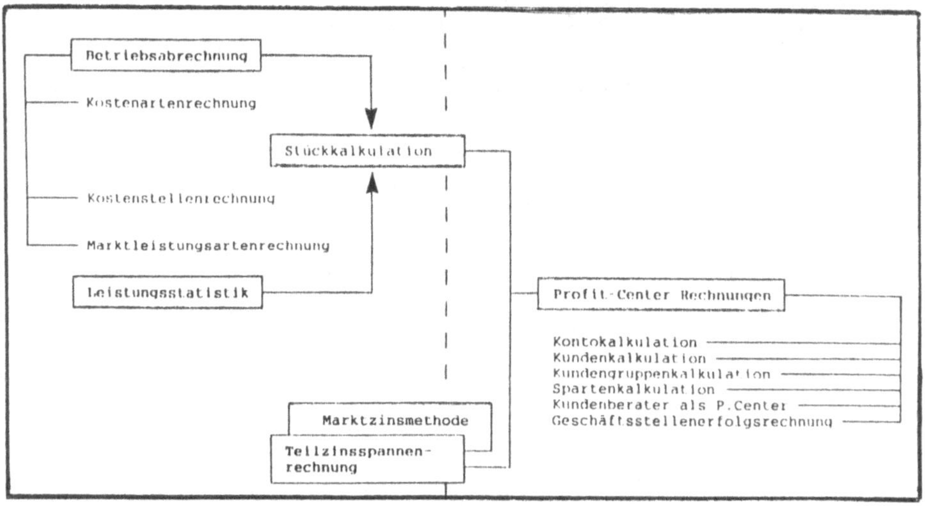

Quelle: Raßhofer, H. und H. J. Ring, 1990, S. 347.

Auf der Basis der **Teilzinsspannenrechnung** werden Wertkosten und Werterlöse gegenübergestellt. Ein alternatives Angebot der Marktzinsmethode befindet sich in der Erprobungsphase.

Herzstück des Kostenrechnungs- und Kalkulationssystems ist die **Profit-Center Rechnung.** Von ihren Instrumenten steht die Kundenkalkulation "On-line" am Beraterplatz zur Verfügung.

Auch auf Profit-Center Ebene soll die Marktzinsmethode eingeführt werden. Sie soll zukünftig als On-line Vorkalkulation und monatliche Nachkalkulation angeboten werden. Als weitere geplante Neuerungen sollen die Konto- und Kundenkalkulation als Deckungsbeitragsrechnung ausgerichtet, aktuelle Leistungsbündel (z.B. BTX) in die Stückkalkulation einbezogen, die Profit-Center Rechnung auf die Kundenberaterebene erweitert, ein Planungssystem für die Geschäftsstellenerfolgsrechnung eingeführt sowie automatische Schnittstellen aus diversen Reports für die individuelle Datenverarbeitung und eine betriebswirtschaftliche Datenbank eingerichtet werden.

Innerhalb des **Prognose- und Finanzplanungssystems** stehen für die unterschiedlichen Steuerungsgrößen verschiedene Subsysteme zur Verfügung.

Diagramm 57: Prognose und Finanzplanungssystem

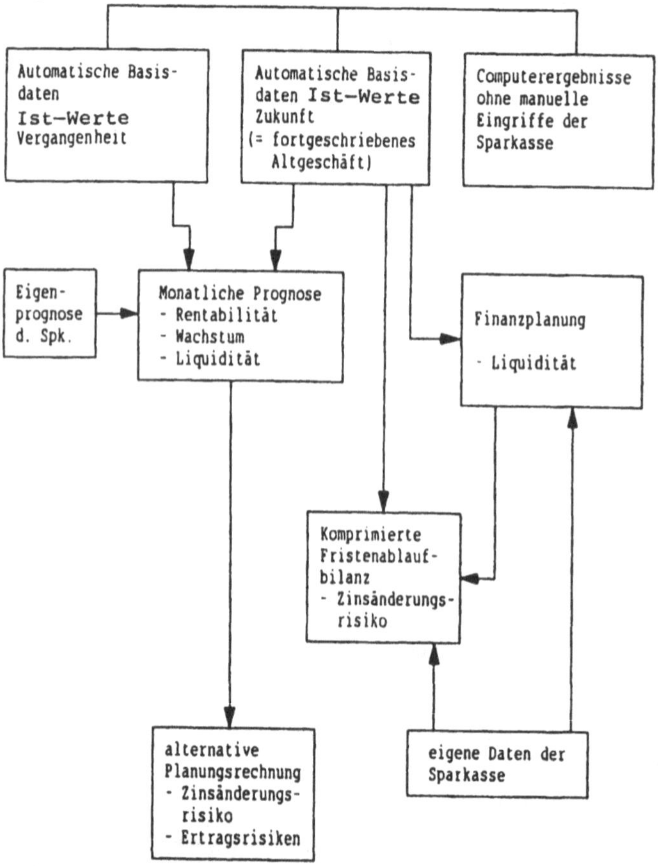

Quelle: Raßhofer, H. und H. J. Ring, 1990, S. 345.

Den Mittelpunkt bildet die **Monatliche Prognoserechnung**. Sie befaßt sich vor allem mit der Rentabilität. Hierbei werden Bestandsprognosen der Aktiva und Passiva sowie Zinsvorausrechnungen des Altgeschäftes und des erwarteten Neugeschäftes erstellt. Informationen zur Entwicklung der Liquidität werden durch die **Monatliche Finanzplanung** bereitgestellt. Mit diesem Instrument werden zukünftige Liquiditätsströme und Zinsänderungsrisiken aufgezeigt.

Zur Einschätzung des Zinsänderungsrisikos und zur Darstellung der Ertragsrisiken besteht die Möglichkeit einer **Alternativen Planungsrechnung**. Hiermit wird der Anwender in die Lage versetzt, positive und negative Szenarien zu simulieren.

Durch eine **Komprimierte Fristenablaufbilanz für fünf Jahre** werden alle aktivischen und passivischen Festzinspositionen und deren Deckungslücken hinsichtlich der Anforderungen des BAK aufgezeigt. In der **Fristenablaufbilanz über zehn Jahre** werden schließlich alle vertraglichen Festzinspositionen für einen langfristigen Zeitraum abgebildet.

Diagramm 58: Vorgesehene Erweiterungen des Prognosesystems

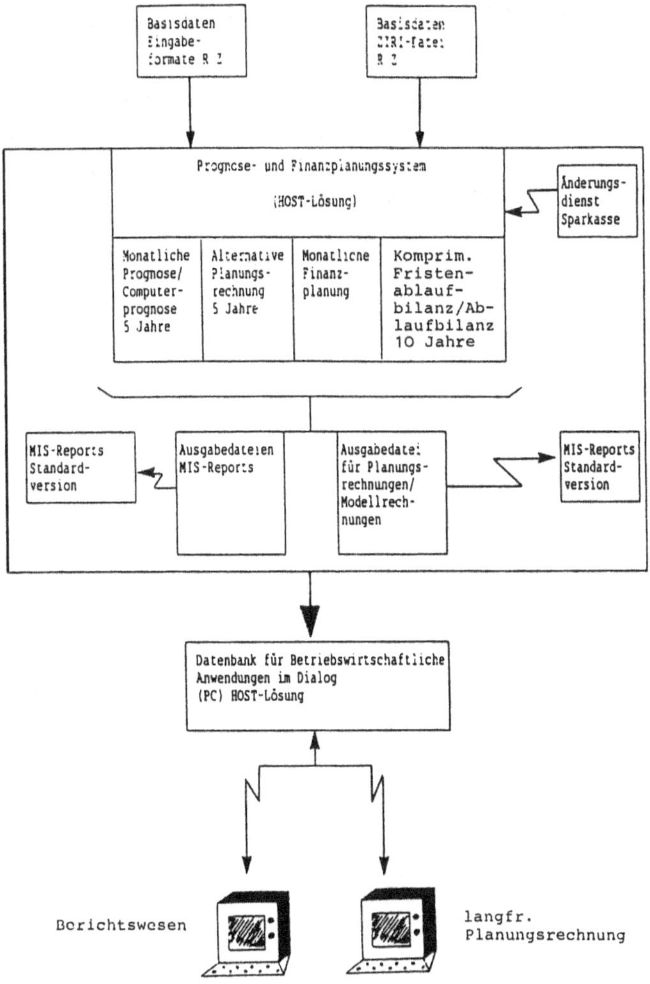

Quelle: Raßhofer, H. und H. J. Ring, 1990, S. 345.

In der konsequenten Weiterentwicklung des Prognosesystems ist eine Erweiterung des Simulationshorizontes, eine Ausdehnung des Leistungsangebotes durch auf vergangenheitsorientierte Zinsanalysen basierende Zinsprognosen und das Vorschalten einer Gewinnbedarfsrechnung geplant. Hinsichtlich der technischen Nutzung soll eine PC/Host Lösung zur Dialogsimulation gefunden und implementiert werden. Damit findet eine Erweiterung des Systems zu einem EDV-Controlling Berichtssystem statt (Diagramm 58).

Als **Prognosemethoden** finden vor allem ein exponentielles Glättungsverfahren (EXPO) sowie ein Regressionsverfahren (MURA) Anwendung. Im Rahmen der Zeitreihenanalyse wird der Gesamtverlauf der zu prognostizierenden Größe in die Komponenten Trend (linear; quadratisch), Saison und irreguläre Schwankungen zerlegt.

Das Regressionsverfahren MURA läßt auch die Berücksichtigung externer Einflußgrößen zu (Eufinger, J., 1975, S. 118 ff).

Der Stellenwert, der im Rahmen des Prognosesystems Trendextrapolationen eingeräumt wird, mag zunächst überraschen. Er erklärt sich vor allem aus dem teilweisen Fehlen unabhängiger Variablen zur Prognostizierung der abhängigen Variablen, ihrer mangelnden Repräsentanz für den Einzugsbereich und schließlich aus dem Mangel zuverlässiger Prognosen für die unabhängigen Variablen. Lediglich für langfristige Prognosen erweisen sich kausale Prognosemodelle als deutlich überlegen.

Wir wollen nunmehr in den Diagrammen 59 und 60 beispielhaft zwei MIS-Reports wiedergeben:

Diagramm 59: MIS-Report Nr. 4

mis

PROGNOSE- UND FINANZPLANUNGSSYSTEM
B I L A N Z S T R U K T U R - M A N A G E M E N T
PROGNOSEBILANZ - AKTIVA -
LAUFENDES JAHR (1992)

PROGNOSE PER 30.03.92
ERSTELLT AM 13.04.92
MIS-REPORT 4

POS.	BEZEICHNUNG DER BILANZPOSITION	JAHRESDURCHSCHN.-BESTAND IN TDM	BILANZSTRUKTUR IN % ZUR DBS		JAHRESZINS-BETRAG TDM	DURCHSCHNITTSZINSSAETZE IN % P.A. JAEHRLICH		MONATLICH	
		SPARKASSE	SPK	GRUPPE	SPARKASSE	SPK	GRUPPE	SPK	GRUPPE
1	KASSE	26.237	0,7	0,6	0	0,000	0,000	0,000	0,000
2	BUNDESBANK	111.110	3,1	2,7	0	0,000	0,000	0,000	0,000
3	FORD. AN KI. LAUFENDE GUTHABEN	18.386	0,5	0,2	300	1,632	3,553	1,524	3,582
4	FORD. AN KI. TAGESGELDER	35.602	1,0	0,6	3.357	9,428	9,495	9,546	9,548
5	FORD. AN KI. UNTER 3 MONATE	8.583	0,2	1,3	796	9,274	9,471	9,250	9,522
6	FORD. AN KI. 3 MON.BIS UNT.4 JAHRE	13.278	0,4	1,6	1.223	9,208	9,415	9,159	9,383
7	FORD. AN KI. 4 JAHRE U.DARUEBER	1.760	0,0	0,2	121	6,878	6,772	6,878	6,696
	SUMME 3 - 7	77.609	2,1	3,8	5.797	7,469	9,067	7,424	9,044
8	FESTVERZINSLICHE WERTPAPIERE	902.925	24,8	21,6	71.557	7,925	8,169	7,926	8,161
9	SONSTIGE WERTPAPIERE	1.597	0,0	1,3	96	6,000	7,455	6,000	7,513
10	ERW. SCHULDSCH. U. NAMENSSCHULDV.	14.361	0,4	2,1	1.171	7,883	7,575	7,860	7,482
	SUMME 8 - 10	919.383	25,3	25,0	72.824	7,921	8,081	7,921	8,068
	SUMME 3 - 10	996.992	27,4	28,9	78.621	7,886	8,211	7,881	8,195
11	WECHSELKREDITE AN KUNDEN	64.626	1,8	1,2	6.064	9,383	10,383	8,389	10,199
12	WECHSELKREDITE AN KI	1	0,0	0,2	0	8,719	9,122	8,719	9,138
	SUMME 11 - 12	64.627	1,8	1,4	6.064	9,383	10,176	8,389	10,020
13	KK.-KREDITE GESCHAEFTSGIRO	316.379	8,7	7,5	42.390	13,399	12,677	13,419	12,690
14	KK.-KREDITE PRIVATGIRO	115.905	3,2	2,4	17.783	15,343	14,647	15,363	14,616
15	KK.-KREDITE AN KOMMUNEN	0	0,0	0,1	0	0,000	8,621	0,000	8,611
	SUMME 13 - 15	432.275	11,9	10,0	60.173	13,920	13,088	13,924	13,085
16	K.U.MFR. RATENKREDITE M.LAUFZEITZ.	11.644	0,3	0,5	1.396	11,993	11,759	12,009	11,552
17	K.U.MFR. KOMMUNALDARLEHEN	15.716	0,4	0,4	1.386	8,818	8,632	8,936	8,632
18	K.U.MFR. SONSTIGE DARLEHEN	139.164	3,8	3,5	14.792	10,629	9,887	10,673	9,794
	SUMME 16 - 18	166.524	4,6	4,3	17.574	10,553	9,976	10,606	9,880
19	LFR. RATENKREDITE M.LAUFZEITZINS	22.578	0,6	0,7	2.080	9,212	10,010	9,244	9,901
20	REALKREDITE	612.489	16,8	15,7	49.636	8,104	8,208	8,144	8,175
21	LFR. KOMMUNALDARLEHEN	176.091	4,8	5,7	13.879	7,882	7,430	7,913	7,420
22	LFR. SONSTIGE DARLEHEN	831.607	22,8	23,3	72.292	8,693	8,711	8,700	8,643
	SUMME 19 - 22	1.642.765	45,1	45,5	137.887	8,394	8,397	8,413	8,344
	SUMME 13 - 22	2.241.564	61,6	59,7	215.634	9,620	9,293	9,631	9,240
23	WEITERLEITUNGSDARLEHEN	72.833	2,0	2,6	4.794	6,582	6,320	6,611	6,319
24	AUSGLEICHS- U. DECKUNGSFORDERUNGEN	1.902	0,1	0,0	57	3,000	3,008	3,000	3,008
25	DURCHLAUFENDE KREDITE	7.317	0,2	0,4	0	0,000	0,000	0,000	0,000
26	BETEILIGUNGEN	10.112	0,3	0,3	1.224	12,107	11,170	12,107	11,171
27	GRUNDSTUECKE UND GEBAEUDE	44.743	1,2	1,3	0	0,000	0,000	0,000	0,000
28	BETRIEBS- U. GESCHAEFTSAUSSTATTUNG	13.812	0,4	0,3	0	0,000	0,000	0,000	0,000
29	GUV - SALDO	3.328	0,1	0,1	0	0,000	0,028	0,000	0,025
30	UEBRIGE AKTIVA	22.366	0,6	0,8	0	0,000	0,422	0,000	0,297
	B I L A N Z A U S G L E I C H	24.001	0,7	0,8	2.088	8,699	8,143		
	[illegible] DURCHSCHNITTSBILANZSUMME	3.640.944			308.486	8,473	8,329	8,435	8,269

Diagramm 60: MIS-Report Nr. 1/2

PROGNOSESYSTEM

VORHERSAGEBERICHT PRO BILANZPOSITION

ERSTELLT PER 30.03.92

BILANZPOSITION NR. 44 TERMINGELD.V.KUNDEN U.3 MONATE

	JANUAR	FEBRUAR	MARZ	APRIL	MAI	JUNI	JULI	AUGUST	SEPTEMBER	OKTOBER	NOVEMBER	DEZEMBER	JAHRESDURCH-SCHNITTSWERTE
[illegible] (TDM)	419153	457239	467636	478533	489435	500549	511875	523412	535162	547122	559295	552650	505196
[illegible] (TDM)	438277	456632	469409										
ABWEICHUNG	+19124	-607	+1773										
[illegible]SATZ (%)	7,603	7,873	7,875	7,970	7,969	7,968	7,967	7,966	7,965	7,964	7,964	7,964	7,926
[illegible] (TDM)	33322,7	35973,5	36966,0	38139,1	39003,1	39883,7	40781,1	41695,0	42625,7	43572,8	44542,3	44013,0	40043,1
[illegible] FOLGEJAHR	7,962	7,961	7,960	7,960	7,959	7,958	7,958	7,957	7,956	7,956	7,955	7,955	7,958
[illegible] (TDM) FOLGEJAHR	584275	597092	610102	623333	636775	650430	664296	678373	692663	707164	721877	717773	657012

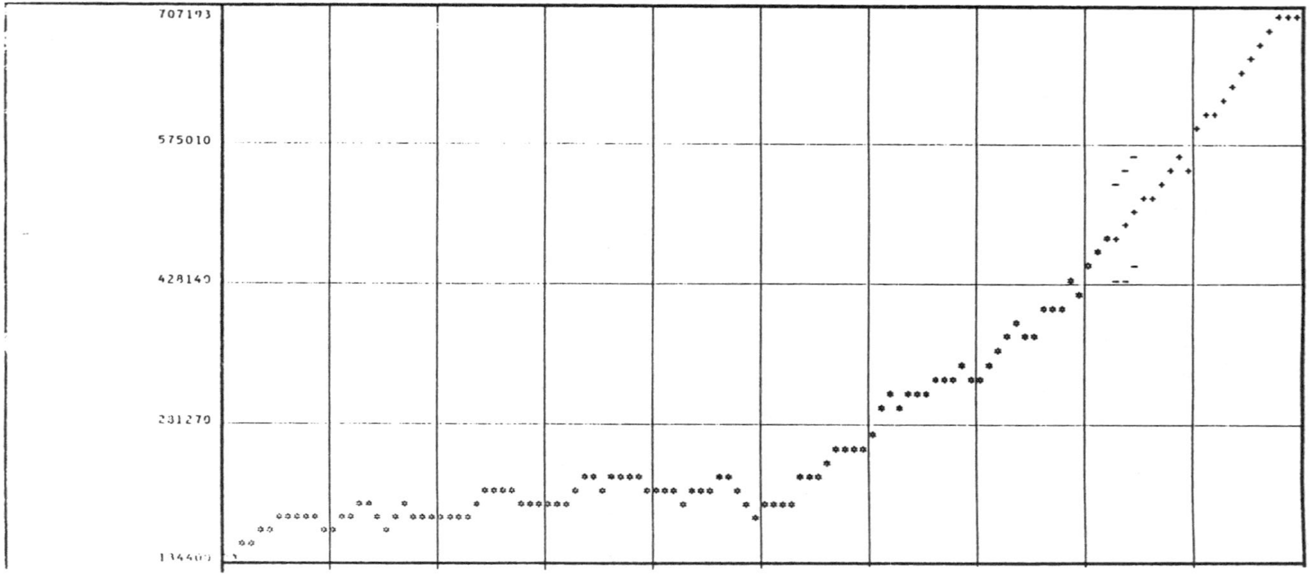

Mit der Implementierung ist noch nicht notwendigerweise verbunden, daß ein computerunterstütztes Informationssystem auch tatsächlich von seiten der Entscheidungsträger genutzt wird. Ähnlich wie beim Einsatz von Planungsmodellen wurde empirisch untersucht, unter welchen Voraussetzungen Informationssysteme tatsächlich in den Entscheidungsprozeß integriert sind. Dabei wurde festgestellt, daß die subjektive Wertschätzung eines Informationssystems von der Beteiligung der Entscheidungsträger am Entwicklungs- und Implementierungsprozeß des Systems abhängt (Swanson, E.B., 1974, S. 178 ff).

Bezüglich des **wissenschaftlichen und technologischen Standards von Informationssystemen** ist eine permanente Verbesserung der angewandten Prognosetechniken unabdingbar. Im Grunde genommen nimmt jede der zu prognostizierenden Positionen einen spezifischen Verlauf. Für jede einzelne Bilanzposition wäre somit - im Idealfall - ein anderes Prognoseverfahren zur Anwendung zu bringen. Unter diesem Gesichtspunkt müssen alle relevanten Prognosetechniken in einer **Methodenbank** gespeichert und zur Erstellung der Prognosen abrufbar sein, ja im gegebenen Fall müßte aus mehreren Verfahren dasjenige mit der zutreffendsten Prognose vollautomatisch gewählt werden können.

Heute erfolgt der Einsatz von Informationssystemen fast ausschließlich im On-line Betrieb. Der Trend zum **Dialogverkehr** wird auch in Zukunft anhalten. Angestrebt wird, Teilsysteme im direkten Zugriff am Bildschirm abrufen zu können. Charakteristische Beispiele für solche Systemelemente sind Informationen über die Liquidität (kurzfristige Gelddisposition), über die beanspruchten Leistungen eines Kunden (aktives Leistungsangebot durch Kundenkontakter) sowie über den aus der Kundenbeziehung resultierenden Deckungsbeitrag (Informationsgrundlage für Preisverhandlungen). Eine weitere Unterstüzung der Informationssysteme durch Entscheidungsunterstützungssysteme (DSS = Decision Support Systems) und **Expertensysteme** ist für die Zukunft zu erwarten.

Empfohlene ergänzende Literatur

Zur Unternehmensführung:

- Staehle, W.H.: Management, 6. Auflage, München 1991.
- Schwarz, G.: Unternehmenskultur als Element des strategischen Managements, Berlin 1989.

Zur Diskussion Vollkosten- kontra Teilkostenrechnung:

- Passardi, A. : Probleme der Kostenrechnung im Bankbetrieb. In: Die Unternehmung. Jg. 1970/4. S. 249-266.

- Gnoth, K.: Entwicklungstendenzen der Bankkostenrechnung, in: Hammer, G.; Kremer, E.; Schwebler, R. und A. Zink (Hrsg.), Planung und Prognose in Dienstleistungsunternehmen, Karlsruhe 1986, S. 89-108.

Zur Bankplanung:

- Schierenbeck, H.: Ertragsorientiertes Bankmanagement - Controlling in Kreditinstituten, 3. Auflage, Wiesbaden 1991.
- Moormann, J.: Strategische Planung mit DSS-Generatoren, München 1989.

Kontroll- und Veständnisfragen

(1) Auf welche Faktoren kommt es bei der Formulierung eines Unternehmensleitbildes für ein Kreditinstitut an?
(2) Geben Sie einen Überblick über das bankbetriebliche Zielsystem.
(3) Welche Liquiditätsnormen kennen Sie?
(4) Welche Möglichkeiten stehen zum Ausgleich von Liquiditäts-Unterdeckungen zur Verfügung?
(5) Kennen Sie bankspezifische Risiken?
(6) Wenden Sie gedanklich verschiedene Führungstechniken auf die Führungsaufgaben in Kreditinstituten an.
(7) Besteht in der bankwirtschaftlichen Praxis ein empirischer Zusammenhang zwischen der Führung und der Mitarbeit?
(8) Skizzieren Sie die verschiedenen Führungsprinzipien.
(9) Welche Faktoren führen zur Erhöhung der Arbeitsmotivation in Kreditinstituten?
(10) Welche Neuerungen bringt die sog. Bankbilanzrichtlinie?
(11) Geben Sie einen Überblick über die wichtigsten Steuern mit ihren Auswirkungen auf den Bankbetrieb.
(12) Welche Mängel weisen die verschiedenen Verfahren zur Bankkostenrechnung auf?
(13) Welche Verfahren und Methoden eignen sich besonders für die strategische Bankplanung?
(14) Welche Strategien lassen sich aus der Portfolio Analyse ableiten?
(15) Skizzieren Sie die Vorgehensweise beim Credit Scoring-Modell anhand eines selbstgewählten Beispiels.
(16) Beschreiben Sie die Bestandteile eines Ihnen bekannten bankbetrieblichen Informationssystems.

5. Betriebspolitik

Aufgabe der Betriebspolitik ist die Schaffung der erforderlichen innerbetrieblichen Voraussetzungen zur Leistungserstellung bzw. zur Abwicklung der Bankgeschäfte. Damit ist der technisch-organisatorische Bereich des Bankbetriebes angesprochen. Gegenstand der Betriebspolitik sind somit die Personal- und Sachmittelausstattung, die Organisation und der Produktionsfaktor Information.

5.1. Sachmittel

5.1.1 Grundstücke und Gebäude

Die Standortwahl ist eine der gewichtigsten marktpolitischen Entscheidungen, die eine Bank zu treffen hat. Wir werden auf ihre Bestimmungsgründe in Kap. 6 noch näher einzugehen haben. Aus betriebspolitischer Sicht stellt sich die Frage nach der Verfügbarkeit des optimalen Standortes, da Grund und Boden als Knappheitsfaktor nicht beliebig vermehrbar ist. Insbesondere in städtischen Bankenvierteln ("City") oder an internationalen Finanzzentren werden langfristige Perspektiven in Rechnung zu stellen sein.

Bei der Errichtung oder Adaptierung von Bankgebäuden ist zunächst zwischen Hauptsitz und Zweigstelle zu unterscheiden. Der Flächenbedarf an jedem einzelnen Standort setzt sich sodann aus der erforderlichen räumlichen Kapazität für folgende drei Bereiche zusammen:

- Kundenbedienung und -beratung (Kundenbereich oder Front-office),
- Bürofläche (Back-office),
- Sonder- und Nebenflächen.

Wir wollen uns zunächst der **Bank-Hauptstelle** zuwenden. Diese ist auch außerhalb des eigentlichen Kundenbereiches Ausdruck des äußeren Erscheinungsbildes der Bank und wirkt damit imagebildend. Auf den Kundenbereich wollen wir im unmittelbar folgenden Kap. 5.1.2 zu sprechen kommen.

Die **Bürofläche** dient funktionell der räumlichen Versorgung der Unternehmensleitung, der ihr unterstellten Stabsabteilungen und der zur Abwicklung der Bankgeschäfte eingesetzten Mitarbeiter. Die Raumbedarfsplanung wird sich in Abstimmung mit der Personalplanung zu vollziehen haben. Ausgehend vom derzeitigen oder innerhalb des Planungshorizontes erwarteten Personalbestand kann zu einer ersten Orientierung der gesamte Flächenbedarf unter Zugrundelegung von Richtwerten für die durchschnittliche Bürofläche pro Arbeitsplatz ermittelt werden (Tab. 40).

Tabelle 40: Durchschnittlicher Bürobedarf pro Arbeitplatz in Banken

Raumtyp	Arbeitsplatz in qm
Zellenbüro	9,5 - 12,0
Großraum ohne horizontale, interne Verkehrsfläche	10,0 - 12,0
Großraum mit horizontaler, interner Verkehrsfläche	13,0 - 15,6

Quelle: Lappat, A., 1975.

Der individuelle Flächenbedarf der einzelnen Arbeitsplätze kann sodann in Abhängigkeit von der Arbeitsaufgabe und der hierarchischen Zuordnung bestimmt werden (Tab. 41).

Tabelle 41: Flächenbedarf ausgewählter Arbeitsplätze

Arbeitsplatz	Fläche in qm		
	Stellfläche	Zugangsfläche	Gesamtfläche
Sachbearbeiter			
▪Buchhaltung, Tresor, Coupons	2,56	1,14	3,70
▪Stabsabteilung, Sekretariate	4,80	1,40	6,20
▪Kreditabteilung	3,20	1,40	4,60
Schreibkraft	2,56	1,14	3,70
Gruppenleiter	6,24	3,36	9,60
Abteilungsleiter	17,60	5,30	22,90

Quelle: Sulzberger, M., 1980, S. 129 ff.

Bezüglich der möglichen Raumtypen ist zwischen Kleinraum- und Großraumbüro zu unterscheiden. Die zumeist in Zellenform angeordneten **Kleinraumbüros** sind als Ein- oder Mehrpersonenraum konzipiert. Sie eignen sich vor allem für Führungskräfte und für Stabsabteilungen. **Großraumbüros** begünstigen und erleichtern den Informationsfluß unter den Mitarbeitern. Sie kommen deshalb in erster Linie für Arbeitsgruppen in Betracht. Ihr Ausmaß bestimmt sich einerseits durch den Grundgeräuschpegel, der notwendig ist, um Geräuschspitzen zuzudecken, anderseits nach den Entfernungen zum Hauptverkehrsweg, zum Haupterschließungskern sowie zu den Pausen- und Sanitärräumen (Sulzberger, M., 1980, S. 162 f). Die Alternativentscheidung Kleinraum- oder Großraumbüro wird vor allem von der Funktion der betroffenen Arbeitsplätze abhängen.

An Sonder- und Nebenflächen sind Registratur- und Archivräume, Sitzungsräume, die Bibiliothek, Werksküche, Kantine, Pausenräume und Sanitärzonen einzuplanen.

Keineswegs unabdingbar ist die Unterbringung aller Abteilungen der Hauptstelle in einem einzigen, zentral gelegenen Gebäudeblock oder Hochhaus. Aus Wirtschaftlichkeitsüberlegungen ist die Ausgliederung von Teilfunktionen in Verbindung mit der Errichtung eines außerhalb des Stadtkerns angesiedelten Verwaltungsgebäudes in Erwägung zu ziehen. Ein Beispiel dafür liefert die Deutsche Bank AG, deren Hauptsitz in der Frankfurter City liegt, während sich das Großrechenzentrum, die Zahlungsverkehrs- und abwicklungsorientierten Abteilungen im Taunuszentrum Eschborn befinden.

Wir wollen nunmehr zu Veranschaulichungszwecken beispielhaft die **Baukonzeption und -umsetzung der Deutschen Bank** beim neuen Verwaltungsgebäude in Frankfurt näher darlegen.[1]

Konzept und Lage

Das architektonische Rahmenkonzept des Neubaues der Deutschen Bank ist das Ergebnis eines von der Stadt Frankfurt ausgeschriebenen Wettbewerbs im Jahre 1971. Die Stadt legte besonderen Wert auf einen städtebaulich attraktiven Abschluß des Grünraums Gallusanlage-Taunusanlage. Deshalb entstand hier nicht ein übliches kastenförmiges Hochhaus, sondern zwei vielfach gegliederte Glastürme, die durch einen Basisbau (Sockel) verbunden sind. Dieser Neubau gilt als architektonische Bereicherung des Stadtbildes und setzt einen neuen Akzent in der Skyline der Frankfurter City. Der Neubau wurde notwendig, weil mit dem Wachstum der Deutschen Bank und ihrer Tochtergesellschaften auch die Anzahl der Mitarbeiter in der Zentrale anstieg. Zielsetzung war die Schaffung von bedarfs- und funktionsgerechten Arbeitsplätzen für 2000 Mitarbeiter in zentraler Lage.

Das insgesamt 13.000 qm große Areal liegt an einem Grüngürtel, der die Frankfurter City umschließt. Unmittelbar vor dem Haus befindet sich die Station "Taunusanlage" der S-Bahn, die eine Verbindung zu Flughafen und Hauptbahnhof ermöglicht. Für den Individualverkehr steht eine Besuchergarage zur Verfügung. Darüberhinaus ist ein Taxi-Halteplatz integriert.

Kommunikationswege und Nutzung

Jeder Turm hat zehn Personenaufzüge, unterteilt in fünf Nah- und fünf Fernaufzüge. Pro Aufzug können bis zu 13 Personen mit einer Geschwindigkeit von 4 m/s befördert werden. Außerdem verfügt jeder Turm über einen Lasten- bzw. Feuerwehraufzug. In den Basisgeschossen verkehren vier weitere

---

1 Für die freundliche Zurverfügungstellung der erbetenen Informationen ist der Verfasser Herrn Vorstandsmitglied Dr. Michael Endres und Herrn Dr. Rainer Jakubowski von der Deutsche Bank AG zu Dank verpflichtet.

Aufzüge, über die auch die Tiefgaragen zu erreichen sind. Das Wechseln von einem Turm zum anderen ist über die Basisgeschosse möglich.

Diagramm 61: Lageplan des Verwaltunggebäudes der Deutschen Bank

Den raschen Transport von Unterlagen gewährleistet eine mikroprozessorgesteuerte Aktenförderanlage. Die maximale Transportzeit zwischen den entferntesten Stationen beträgt 10 Minuten. Die Deutsche Bank als weltweit tätiges Bankhaus ist auf modernste Kommunikationsmöglichkeiten angewiesen.

Hierzu zählen eine moderne Telefonanlage, internationale Direktleitungen, Diskussions- und Telefonkonferenzanlagen und die Nutzung von Bürokommunikations-Anwendungen.

Aufgrund der klaren Gliederung benötigt das Haus kein aufwendiges Orientierungssystem. In der vierstöckigen Eingangshalle befindet sich eine ständig besetzte Informationsinsel. Hier erhält der Ankommende einen Besucherschein mit Lageplan, um seinen Gesprächspartner rasch finden zu können. Im entsprechenden Turmgeschoß angekommen, weist eine Etagenübersicht im Aufzugsvorraum den Weg. Jedes Büro, alle multifunktionalen Räume und die Sozialbereiche sind übersichtlich beschildert.

Diagramm 62: Nutzungsplan des Hauses und Aufzugskonzept (Taunusanlage 12)

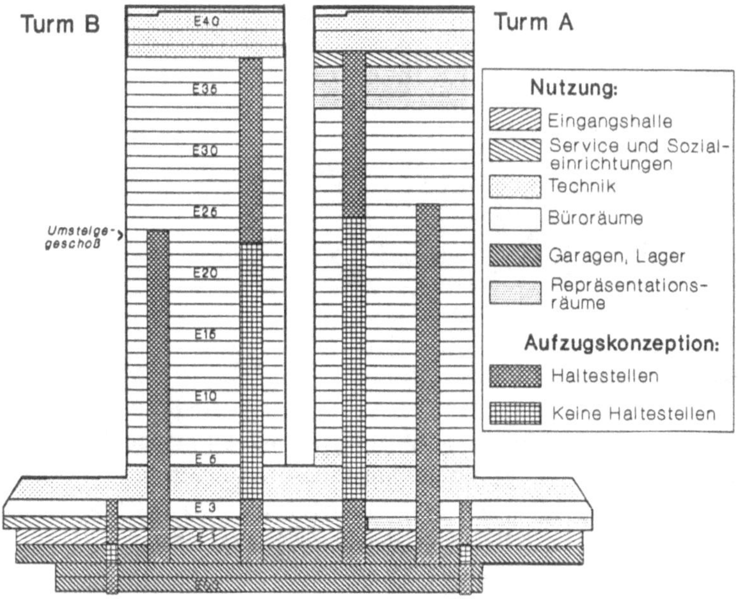

Büroraumplanung

Jede Etage verfügt bei einer Nutzfläche von 810 qm über eine Bürofläche von rund 500 qm, das sind für beide Türme zusammengenommen etwa 30.500 qm. Dieses ergibt bei 2.000 Mitarbeitern (1.750 Arbeitsplätze bei Bezug) einen Durchschnitt von 15,25 qm pro Person. Zur Aufteilung der für Bürozwecke nutzbaren Flächen wurde ein flexibles Raumteilungssystem entwickelt. Sämtliche Büroflächen liegen an der Fensterfront, haben also Tageslicht.

Während in den Turmgeschossen ausschließlich Ein- und Mehrpersonenräume für rund 35 Mitarbeiter eingerichtet wurden, entstanden im Basisbau größere Räume für den dort angesiedelten Devisenhandel und die Handelsgruppen der Börsenabteilung, deren Organisation in Arbeitsgruppen einen engen Blick- und Sprachkontakt erfordert. Diese Entscheidung, keine typischen Großraumbüros einzurichten, entspricht einem in der jüngeren Vergangenheit zu beobachtenden Trend.

Diagramm 63: Grundriß eines Normalgeschosses (Taunusanlage 12)

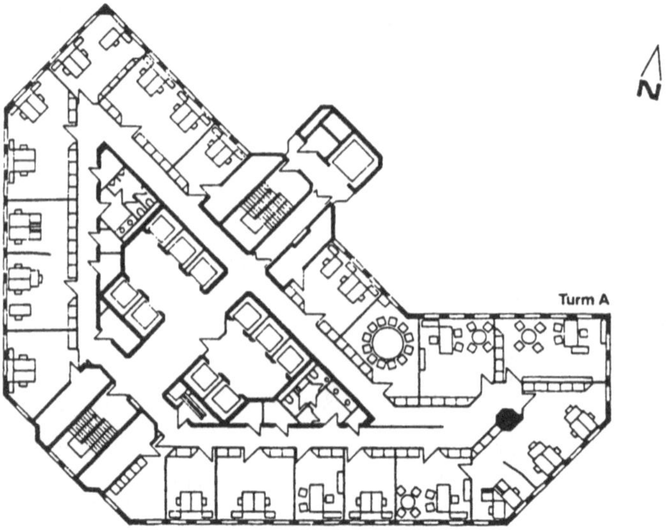

Für die Zuordnung der einzelnen Abteilungen auf Turm und Geschosse waren der Arbeitsablauf und die Kommunikationsbeziehungen entscheidend. In den Abstimmungsgesprächen mit den Abteilungen - über einen Zeitraum von drei Jahren in einem sukzessiven Prozeß durchgeführt - wurde außerdem die Zimmerverteilung und -anordnung vorgenommen.

Information und Mitwirkungsmöglichkeiten in allen Planungsstadien machten die Mitarbeiter schon frühzeitig mit dem neuen Gebäude vertraut. Frühzeitig konnten vollständig eingerichtete Musterräume besichtigt werden. Die intensive Einbindung der Mitarbeiter in den Planungsprozeß führte zu einer hohen Akzeptanz und Identifizierung mit "ihrer" Taunusanlage 12.

An Kosten fielen für den Neubau einschließlich Grundstückserwerb insgesamt 580 Mio. DM an.

Die Bank in der Bank

Kunden und Mitarbeiter finden eine Geschäftsstelle mit allen Dienstleistungen, die heute eine Zweigstelle der Deutschen Bank anbietet. Zur technischen Unterstützung der Beratung stehen ein automatischer Kassentresor, Kontoauszugsdrucker, das Börsen-Informations-System und Bildschirmtext zur Verfügung. Kunden erreichen die Geschäftsstelle über den Vorplatz an der Taunusanlage, für Mitarbeiter besteht ein hausinterner Zugang. Ein ec-Geldautomat, der die Bargeldversorgung rund um die Uhr gewährleistet, ist an der Außenfront der Geschäftsstelle angebracht. Für Mitarbeiter ist ein weiterer inhouse-Geldautomat verkehrsgünstig vor dem Betriebsrestaurant installiert.

Auch der **Flächenbedarf von Banken-Zweigstellen** hängt entscheidend vom Personalbestand ab. Bei den von v.d. Recke (1979, S. 216 ff) entwickelten Muster-Raumprogrammen wird unterschieden zwischen

- Zweigstellentyp A (2-4 Mitarbeiter),
- Zweigstellentyp B (6-8 Mitarbeiter) und
- Zweigstellentyp C (14-16 Mitarbeiter).

Er errechnet den gesamten Flächenbedarf (ohne Hausmeisterwohnung) bei Typ A mit ca. 120 qm (davon Kundenbereich ca. 95 qm), bei Typ B mit ca. 410 qm (260 qm) und bei Typ C mit ca. 675 qm (460 qm).

Bei den Zweigstellen dominiert ganz offensichtlich der Flächenbedarf für den Kundenverkehr. Gering ist dagegen die erforderliche Kapazität für Büroräume.

5.1.2 Betriebs- und Geschäftsausstattung

Die betriebliche Nutzung eines Gebäudes setzt das Vorhandensein einer geeigneten Innenausrüstung voraus. Dabei sollen uns weniger Überlegungen interessieren, wie sie in genereller Form in jedem Bürobetrieb bei der Gestaltung von haustechnischen Anlagen sowie der Innenausstattung und Möblierung anzustellen sind. Wir wollen vielmehr branchenspezifische Fragen des Innenausbaues herausgreifen.

5.1.2.1 Kundenbereich (Schalterzonen)

Jahrzehntelang vollzog sich der Kontakt zwischen Banken und ihren Kunden an langen Theken, die - schützengrabenähnlich - den äußeren Charakter jeder Schalterhalle prägten. In pseudowissenschaftlichen Abhandlungen wurden selbst Richtwerte vorgegeben, welche Länge der Schalter aufweisen sollte (z.B.: pro 100 Kassenposten am Tag 5 m Schalterlänge; Spitzenbelastungen an Ultimo- und Medioterminen waren durch Zuschlagfaktoren zu berücksichtigen).

Diese Gestaltung von Schalterhallen widersprach aus mehreren Gründen den Kundenbedürfnissen. Die spartenorientierte Funktionstrennung beim Schalterpersonal erforderte häufig das Aufsuchen mehrerer Schalter. Vor allem aber wurden psychologische Barrieren zwischen Kunden und Bankmitarbeitern aufgebaut, welche die ohnehin vorhandene Schwellenangst noch verstärken mußten.

Aus der Sicht der Banken schließlich konnte man damit die Kundenberatung und das aktive Verkaufen (cross selling) nicht in den Griff bekommen.

Die zunehmende Marktorientierung der Banken erforderte auch bei der Gestaltung des Kundenbereiches ein tiefgreifendes Umdenken. Die Grundsätze der heute bevorzugten Konzeption von Schalterhallen lassen sich wie folgt zusammenfassen:

- Schaffung von sogenannten Schalterzonen, und zwar einer **Kassenzone**, einer **Beratungszone** und einer **Einreicher- oder Kurzinformationszone**.
- Einrichtung eines **Sofortkassensystems**. Die Kunden füllen ihren Kassenbeleg selbst aus und die Ein- oder Auszahlung wird an der Kasse vorgenommen, ohne daß vorher noch eine andere Stelle in der Schalterhalle anzulaufen ist.
- **Kundengruppenorientierte** statt geschäftsspartenorientierte **Betreuung** in der Beratungszone. Damit verbindet sich die Erwartung nach dem Aufbau eines besonderen Vertrauensverhältnisses, einer persönlichen Beziehung ("Interaktion") zwischen Bankkunde und Bankmitarbeiter. Durch die Herstellung persönlicher Präferenzen soll die Institutstreue geweckt und verstärkt werden.
- Ausrüstung der Kundenarbeitsplätze mit **Dialogstationen**. Durch den Einsatz von Terminals an der Kasse können Kontostände, Dispositionslimits, Auszahlungsbeschränkungen, Schecksperren etc. in Sekundenschnelle abgerufen bzw. der gesamte Arbeitsablauf an der Kasse erheblich beschleunigt werden. An den Beratungsplätzen besteht über Bildschirme ein direkter Zugriff zu den Kundenkonten, so daß die bislang in Anspruch genommenen Leistungen, aber auch der individuelle Deckungsbeitrag einzelner Kunden während des Beratungsgespräches feststellbar sind.
- **Aufgelockerte Gestaltung**. Die einzelnen Zonen sind über die gesamte Schalterhalle verteilt, wodurch psychologisch begründete Distanzen weiter abgebaut werden sollen.
- Ausschließliche Besetzung der Schalterhalle mit Mitarbeitern, die Kunden betreuen ("Verkäufer"). Diese Bank-Mitarbeiter sind ihrerseits von Folgearbeiten befreit, so daß sie sich voll auf den **Kundenkontakt konzentrieren** können. Anderseits wird damit der Eindruck vermieden, ein Teil der Mitarbeiter (deren Arbeitsaufgabe ausschließlich die Belegverarbeitung ist), läßt Kunden unbedient warten.
- Betonung der aufgelockerten Atmosphäre durch **farbliche Differenzierung** der einzelnen Zonen (in einzelnen US-amerikanischen Banken soll es selbst leise musikalische Untermalung geben).

Wir wollen nunmehr beispielhaft einige Modell-Lösungen darstellen, die entscheidende Elemente einer modernen Schalterhallenkonzeption enthalten.

Diagramm 64: Geschäftsstelle Baden der Kreissparkasse Verden

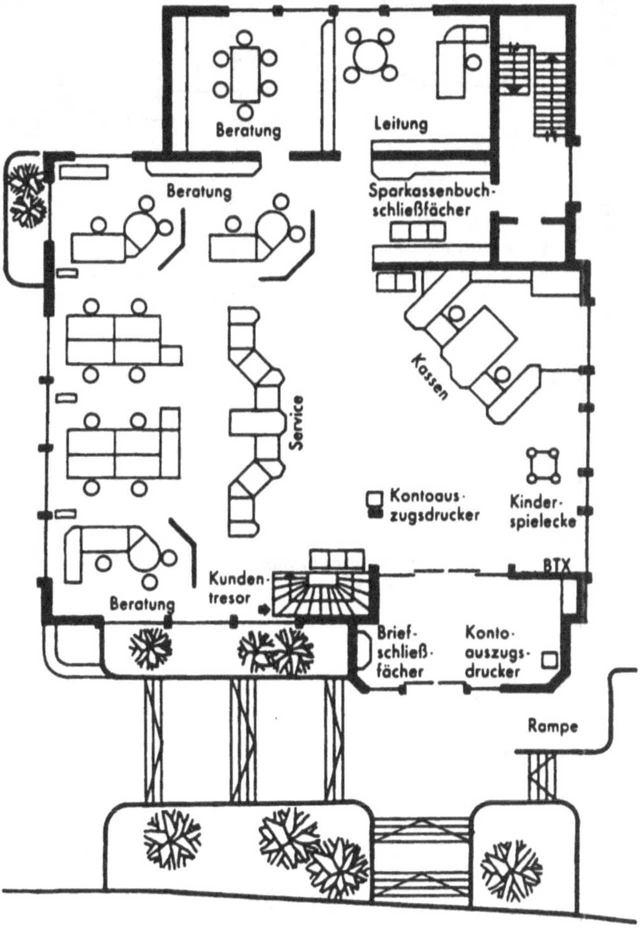

Grundriß der neugestalteten Geschäftsstelle Baden. Gebäudedaten: Gesamtnutzfläche: 625m²; davon Kundenhalle 242m²; Bürobereich 50m²; SB-Bereich 11m².

Quelle: Seemann, F., 1991, S. 36.

Diagramm 65: Kundenhalle der Volksbank Bassum eG

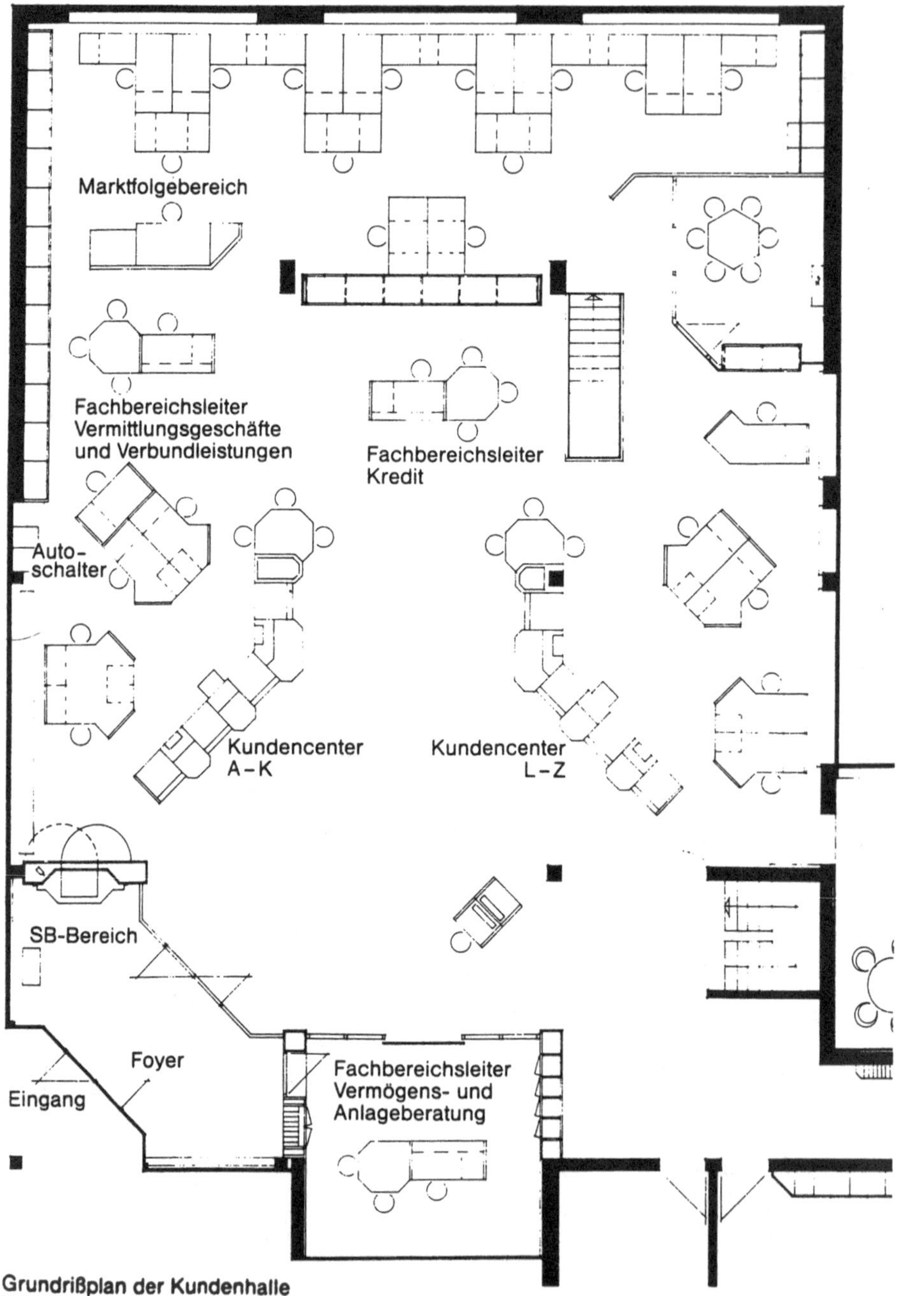

Quelle: Schierenbeck, W., 1990, S. 39.

Diagramm 66: Geschäftsstelle Merscheid der Stadt-Sparkasse Solingen

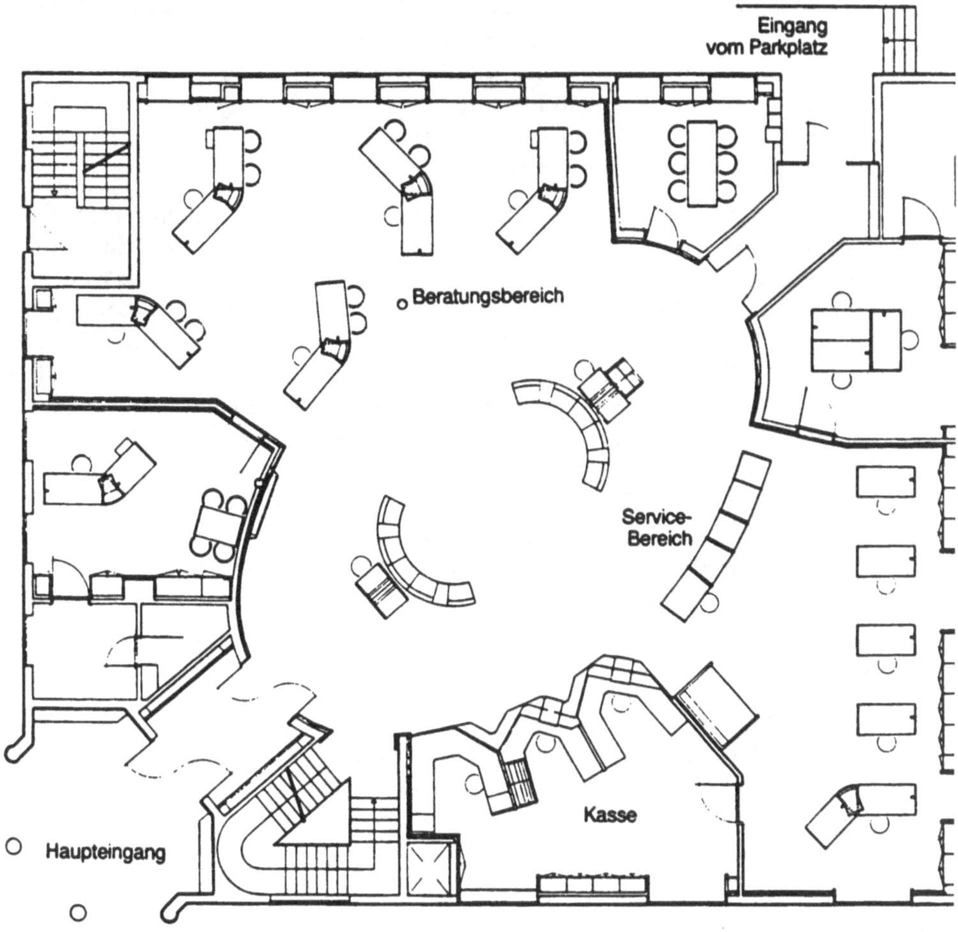

Grundriß der Kundenhalle, Geschäftsstelle Merscheid der Stadt-Sparkasse Solingen.

Quelle: Wortmann, D., 1991, S. 56.

5.1.2.2 Elektronische Datenverarbeitung

Kreditinstitute sind klassische Informationsverarbeiter. Wie bereits erwähnt, hat sich mit der Forcierung des Mengengeschäftes die Anzahl der anfallenden Geschäftsvorfälle in einem Ausmaß erhöht, das eine händische Erfassung und Verarbeitung der Daten nur noch zu unverhältnismäßig hohen Kosten zuließe. Wirtschaftlichkeitsüberlegungen, aber auch die (qualitative und quantitative) Verbesserung des Leistungsangebotes sowie Effizienzsteigerungen im innerbetrieblichen Informations- und Entscheidungssystem machen den Einsatz der EDV unverzichtbar. Diese bildet heute das Kernstück der Betriebs- und Geschäftsausstattung einer Bank. In mehrstufig organisierten Bankengruppen wird die EDV-Funktion zum Teil auf kooperativer Ebene von einem Rechenzentrum übernommen.

Der Anteil der EDV-gestützten Tätigkeiten in Banken unterliegt einer ständigen Steigerung. Einige Bankprodukte sind erst durch den Einsatz der Datenverarbeitung wirtschaftlich durchzuführen (z.B. cash management). Beim Hardware-Budget ist im Zuge der verstärkten Dezentralisierung der EDV-Funktion ("verteilte Computer-Intelligenz") eine deutliche relative Zunahme der Terminal-Aufwendungen festzustellen. Nahezu jeder Arbeitsplatz im Kreditgewerbe verfügt heute über einen Personal Computer (PC) oder zumindest ein Terminal. Insgesamt gesehen aber verschiebt sich der Aufwand zusehends stärker auf die Software. Dem Electronic-Banking kommt eine strategische Bedeutung zu. Die dabei verfolgte Zielsetzung verbindet marktbezogene Komponenten wie Wettbewerbsvorsprung, Steigerung der Servicequalität und Image mit bankbetrieblichen Rationalisierungspotentialen (Walter, B., 1991, S. 319).

Wir wollen nun in Diagramm 67 den Systemaufbau mit beispielhaft angeführten peripheren Einheiten darstellen.

Der Datenfluß zwischen Zentraleinheit und Peripherie erfolgt über Kanäle. Bei der Datenfernverarbeitung ist der Einsatz von Datenendeinrichtungen (z.B.: Fernschreiber, Stapelstationen, Dialogstationen) sowie von Datenübertragungsgeräten (z.B.: Modems) erforderlich.

Diagramm 67: Aufbau eines EDV-Systems

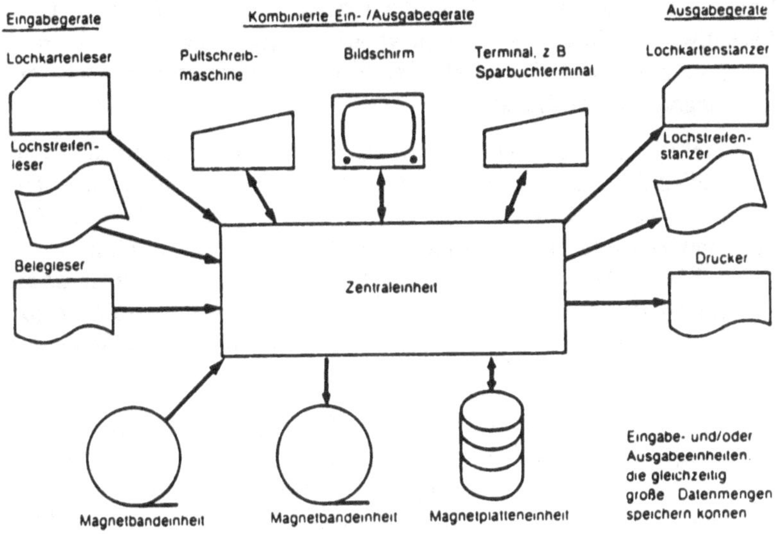

Für den **Datentransfer** bietet die Deutsche Bundespost, die das ausschließliche Recht zur Übertragung von Nachrichten auf dem Gebiet der Bundesrepublik hat, folgende Übertragungswege an:

- Öffentliche Wählnetze,
  Fernsprechnetze,
  Telexnetz,
  Datexnetz,
- Öffentliches Direktrufnetz für die Übertragung digitaler Nachrichten (Hauptanschlüsse für Direktruf: HfD),
- Private Drahtfernmeldeanlagen.

Die Vermittlungs- und Übertragungstechnik für die öffentlichen digitalen Netze (Telexnetz, Datexnetz, Direktrufnetz) werden unter der Bezeichnung **"Integrated Services Digital Network" (= ISDN)** zusammengefaßt. ISDN-Leistungsmerkmal ist die Integration der Kommunikationsformen Sprache, Text, Bild und Daten in einem Netz, auf einer Leitung und unter einer Rufnummer. Für das Telex- und Datexnetz hat die Bundespost ein elektronisches Datenvermittlungssystem (= EDS) eingerichtet.

Die Zulassung der Datenübertragung über private Drahtfernmeldeanlagen, sog. Local Area Networks (LAN), ist an besondere Voraussetzungen gebunden (nur interner Verkehr eines Benutzers). Auch hier besteht die Tendenz zur technischen Integration mehrerer Kanäle unter einer Leitung und Rufnummer.

Für Banken stellt sich bei der Wahl der Übertragungswege in erster Linie die Alternative Wählleitung (Stapelverarbeitung) oder Standleitung (Echtzeitverarbeitung). Für die wichtigsten Datentransfers stehen heute online-Verbindungen zur Verfügung.

International gültige **OSI-Verkehrsregeln (OSI = Open Systems Interconnection)** sollen Systeme, Netze und Dienste normieren, um eine offene Kommunikation zwischen Computern jeder Art zu ermöglichen. Auch auf dem Gebiet der Handelsdaten sind internationale Normungsgremien tätig. Unter dem Namen **EDIFACT (Electronic data interchange for administration, commerce and transport)** werden Handelsdaten weltweit vereinheitlicht. Hierfür wurden Syntaxregeln abgeleitet. Auch der Kontoauszug gehört zu den standardisierten Nachrichtentypen.

Aufgrund seines hohen Stückumsatzes im Vordergund steht die **Automation des Zahlungsverkehrs**. Dabei handelt es sich um eine Geschäftssparte, in welcher der mit der Automation verbundene Rationalisierungseffekt nur dann voll zur Wirkung kommen kann, wenn durch entsprechende Normen instituts- und netz-überschreitend EDV-technische Kompatibilität soweit hergestellt ist, daß die direkte Weiterverarbeitung der in beleggebundener oder in belegloser Form erfaßten Daten möglich ist. Der technologische Standard der Kreditinstitute, aber auch einzelner Zahlungsverkehrsformen, ist unterschiedlich. Eine unter der Leitung der Deutschen Bundesbank zusammengetretene Arbeitsgruppe "Zahlungsverkehr" aus Vertretern der Spitzenverbände des Bankgewerbes und der Deutschen Bundespost bemüht sich um die Vereinheitlichung in der Abwicklung des Zahlungsverkehrs. Bisher wurden Vereinbarungen über

- den elektronischen Zahlungverkehr für Individualüberweisungen (**EZÜ**),
- den beleglosen Scheckeinzug (**BSE**) und
- den elektronischen Zahlungsverkehr Lastschriften (**EZL**)

getroffen.

Bei der Abwicklung beleggebundener Zahlungsaufträge bedient man sich aus Wirtschaftlichkeitserwägungen heute vorrangig der **optischen Beleglesung**. Voraussetzung der optischen Beleglesung sind maschinell voll lesbare Belege. Dazu bedurfte es zunächst der Schaffung einer einheitlichen **Codierzeile**, wie sie heute auf den Zahlungsverkehrsmedien Überweisung, Scheck und Lastschrift vorzufinden ist, sowie einheitlicher Codier-Richtlinien für das gesamte Kreditgewerbe. In Deutschland hat man sich auf die Schrift OCR-A (OCR = Optical Character Recognition) geeinigt. Moderne Schriftenlesesysteme sind nicht mehr an die OCR-Lesung gebunden, sondern verarbeiten neben mehreren hundert Drucker- und Schreibmaschinenschriften sogar Handblockschrift. Die Codierzeile besteht aus folgenden Feldern:

Mehrzweckfeld: dient zur Aufnahme von Kundendaten (Rechnungs-Nummern etc.)
Scheck: Scheck-Nr.
Konto-Nr.:
Überweisung: Konto-Nr. des Auftraggebers im Auftragsteil; Konto-Nr. des Empfängers im Überweisungsträger;
Scheck: Konto-Nr. des Ausstellers;
Lastschrift: Konto-Nr.des Zahlungspflichtigen.
Betrag:
Bankleitzahl (=BLZ)
Überweisung: BLZ der begünstigten Bank;
Scheck: BLZ der bezogenen Bank;
Lastschrift: BLZ der Zahlstelle
Textschlüssel: bezeichnet die jeweilige Zahlungsverkehrsart (z.B. 20 = Überweisungsauftrag).

Die Bankleitzahl dient als Steuerungs- und Sortierindikator. Sie umfaßt 8 Stellen und ist wie folgt aufgebaut:

Stelle							
1	2	3	4	5	6	7	8
Clearing-Gebiet							
1	2						
Clearing-Bezirk							
1	2	3					
LZB-Platz							
			4				
			Banken-gruppe				
				5	6		
				Nebenplatz			
						7	8
						Interne Niederlassung	

Die Codierung erfolgt mit sog. Codiergeräten. Mit der neugefaßten Richtlinie für Zahlungsverkehrsvordrucke sind seit Anfang 1992 nur noch sog. **SLS (Schriften-Lese-System)-fähige Formen für Überweisung und Lastschrift** zugelassen. Erwähnenswert ist in diesem Zusammenhang die Einführung eines Zahlschein-/Überweisungsvordrucks mit prüfzifferngesicherten Zuordnungsdaten. Die Prüfziffern werden nach einem einheitlichen Verfahren vergeben.

Hierdurch wird eine Zuordnung von Verwendungszweck-Informationen oder Kunden-Referenznummern möglich, die eine automatisierte Weiterverarbeitung beim Überweisungsempfänger ermöglicht.

Optische Beleglesesysteme können damit programmgesteuert folgende Funktionen ausüben (Hambusch, R. und W. Reiter, 1979, S. 128):

- Erfassung der codierten Daten auf einem Datenträger (Magnetband, Magnetplatte, Diskette),
- Sortierung des Beleggutes nach Bankleitzahlen (außer-Haus-Aufträge) bzw. nach Konto-Nummern (Hausverkehr),
- Druck der Lieferverzeichnisse je Empfänger/Institut,
- Erstellung einer Buchungsdatei (Magnetband, Magnetplatte, Diskette) mit allen für die Verrechnung (außer Haus) und Verbuchung (Hausverkehr) notwendigen Umsätzen.

Durch den Einsatz der optischen Beleglesung bietet sich die Möglichkeit der maschinellen Erfassung und Verarbeitung der Daten sowohl bei der erstbeauftragten Bank als auch bei allen nachgelagerten (Clearing-)Stellen bis zur Bank des Endbegünstigten. Vor allem auch in den Clearingzentren mit hohem Beleganfall konnten die Stückkosten erheblich gesenkt werden. Unterstützt wird diese Entwicklung durch eine weitere Steigerung der Leseleistung optischer Beleglesemaschinen. Anderseits sind die Anstrengungen der Maschinenhersteller unverkennbar, auch für kleine und mittlere Betriebsgrößen wirtschaftliche Lösungen anzubieten. So sind heute bereits OCR-Belegsortierleser-Systeme ab einem durchschnittlichen Beleganfall von 2000 pro Tag wirtschaftlich einsetzbar, so daß auch kleine und mittlere Banken die Vorteile der Belegcodierung nutzen können.[2]

Eine institutsspezifische Kosten-Nutzen-Analyse zum **Vergleich der Belegberarbeitung** mittels Schriften-Lese-System mit den möglichen Alternativen, hat einen eindeutigen Kostenvorteil der SLS-Bearbeitung nachgewiesen. Während die beleghafte Verarbeitung zu durchschnittlichen Kosten von DM 0,44 pro Beleg führt und bei der manuellen Umwandlung EZÜ-online Stückkosten i.H.v. DM 0,43 anfallen, werden durch die maschinelle SLS-Bearbeitung Kosten von DM 0,31 pro Beleg verursacht (Harmsen, D.M.; Weiß, G. und P. Georgieff, 1991, S. 69 ff). Eine Untersuchung des Genossenschaftsverbandes Hannover, bei der insgesamt fünf Verfahren der Belegverarbeitung verglichen werden, sieht ebenfalls die Kostenvorteile der vollautomatischen Beleglesung und -bearbeitung (Bellmann, K. und P. Hausigk, 1991, S. 36 ff). Die gesamten Personalkosten liegen allerdings in dieser Studie bei der Anwendung von SLS bei DM 0,70 pro Beleg, was mit der noch relativ aufwendigen Fehlerkontrolle und -beseitigung bei der Ausgangsbearbeitung begründet wird. Zusammen mit

---

2 Moderne Belegclearing-Systeme (z.B. ISABEL = Integriertes System automatischer Beleglesung der Firma Siemens) lesen und sortieren pro Stunde über 10.000 Belege.

den vergleichsweise hohen EDV-Kosten ist der Betrieb des SLS-Verfahrens nach der Studie erst ab einem täglichen Belegvolumen von 3000 bis 4000 Belegen wirtschaftlicher (Bellmann, K. und P. Hausigk, 1991, S. 42).

Die kostenträchtige Ausfertigung und (händische) Weiterbearbeitung von Belegen erübrigt sich, wenn die zu erteilenden Zahlungs- oder Einzugsaufträge auf Datenträgern (Magnetband, Magnetplatte, Diskette) erfaßt werden. Die gegenwärtig wirtschaftlichste Abwicklungsform stellt daher der (beleglose) **Datenträgeraustausch** dar. Gegenstand des Datenträgeraustausches sind derzeit vor allem Massenzahlungen wie Lohn-, Gehalts- und Rentenzahlungen sowie Einzugsaufträge.

Beim Datenträgeraustausch wird der Zahlungsauftrag (oder Einzugsauftrag) bereits auf einem EDV-mäßig weiterzuverarbeitenden Datenträger (Magnetband, Magnetplatte, Diskette) bei der erstbeauftragten Bank eingereicht oder über (Wähl-)Leitungen überspielt. Die Teilnahme am Datenträgeraustausch erfordert die Beachtung der von den Spitzenverbänden des deutschen Kreditgewerbes festgelegten Normen des Satz- und Dateiaufbaues (**Datenträgeraustauschformat (DTA)**).

Auch im Verrechnungsverkehr zwischen den Kreditinstituten bedient man sich in Form des Magnetbandclearing, das über die Landeszentralbanken abgewickelt wird, des Datenträgeraustausches.

Die Datensätze können von der erstbeauftragten Bank und allen nachgelagerten Giropartnern ohne manuellen Aufwand direkt verarbeitet werden. Nach dem heutigen technologischen Horizont als Endstufe der Entwicklung ist die Abwicklung des Zahlungsverkehrs über Leitungen, der elektronische Zahlungsverkehr, zu betrachten.

Beim elektronischen Zahlungsverkehr erfolgt unmittelbar aus dem Auftragsformular des Kunden die Eingabe von Gutschrift und Lastschrift in das Teminal zur weiteren Verarbeitung. Wird das Konto des Empfängers nicht bei der erstbeauftragten Bank geführt, ist der Zahlungsauftrag über ein sektorinternes oder ggf. ein netzüberschreitendes on-line Verbundsystem bis zur Bank des Begünstigten weiterzuleiten. So sind nahezu alle Banken und Bankengruppen in der Bundesrepublik mit ihrem flächendeckenden on-line Netz schon heute in der Lage, im Überweisungsverkehr die taggleiche Gutschrift auf dem Empfängerkonto sicherzustellen.

Im deutschen Kreditgewerbe existierten nebeneinander sieben **Gironetze**. Eine Schlüsselstellung nimmt dabei die Deutsche Bundesbank ein. Sie hat den gesetzlichen Auftrag, für die bankmäßige Abwicklung des Inlandszahlungsverkehrs zu sorgen. Seit 1975 verfügen die Girozentralen der Sparkassen über einen on-line Verbund. Der Genossenschaftssektor verfügt mit GENO ebenfalls über ein konkurrenzfähiges Gironetz. Auch die drei Großbanken besitzen jeweils ein eigenes Gironetz, das es ihnen ermöglicht, bargeldlose Zahlungen zwischen größeren Orten auszuführen. Ein weiteres Gironetz wird durch die Postbank betrieben.

Der elektronische Zahlungsverkehr, der die Verkürzung der Überweisungslaufzeit bis zur Nullaufzeit ermöglicht, wird vor allem für eilbedürftige Zahlungen sowie für Zahlungsaufträge über größere Beträge in Betracht kommen.

Ein netzüberschreitender Datenverbund war Voraussetzung für die Einführung des **elektronischen Scheckinkassos (BSE)**. Dabei werden in DM ausgestellte Inhaber- und Orderschecks sowie Zahlungsanweisungen zur Verrechnung bis zu einer Sicherheitsgrenze von DM 1.000, die auf Kreditinstitute im Inland gezogen sind, berücksichtigt. Der Scheck bleibt zwar in seiner Grundform erhalten, doch bei seinem Eintritt in das Bankensystem über das Einreicherinstitut werden die für seine Weiterverarbeitung erforderlichen Daten der Codierzeile bereits elektronisch erfaßt. Auf eine Weiterreichung des Schecks an die bezogene Bank kann verzichtet werden (Scheck-Truncation). Das in das beleglose Einzugsverfahren überleitende Institut ist für die vollständige und unveränderte Erfassung der Scheckdaten sowie für die Lagerung oder Mikroverfilmung der Schecks verantwortlich. Die derzeitige BSE-Betragsgrenze von DM 1.000, mit der ca. 75% der deutschen Schecks einbezogen werden (Büschgen, H.E., 1989, S. 343), wird demnächst verdoppelt. Damit wird sich eine weitere Reduzierung des tagesdurchschnittlichen Belegvolumens von derzeit 160.000-180.000 Belegen auf etwa 110.000 realisieren lassen (Harmsen, D.M.; Weiß, G. und P. Georgieff, 1991, S. 127).

Technologische Innovationen bei den optischen Beleglesesystemen ermöglichen es, das Scheckabbild zu digitalisieren und die Image-Copy über Leitungen an die bezogene Bank zu übertragen. In den USA ist bereits heute bei der Scheck-Truncation ein Verfahren in Anwendung, bei dem auf die Codierung der Schecksumme verzichtet werden kann, da über das Beleglesesystem der handschriftlich eingetragene Betrag erfaßt wird. Der Kontoauszug gibt sodann die Schecksumme in der Handschrift des Ausstellers wieder. Dieses Verfahren wurde durch den Einsatz von Laser-Printern möglich gemacht (Hoersch, F., 1979, S. 2 ff). Bei deutschen Banken wird die Technik der Abbilddigitalisierung bei der elektronischen Erfassung von Unterschriften eingesetzt. Einmal erfaßte Unterschriften können problemlos von jeder Zweigstelle aus von einem Zentralrechner abgerufen und sofort überprüft werden. Die Erfassung kann mit Hilfe eines **Scanners** ebenfalls dezentral erfolgen.

Auch nach vollzogener Installierung eines netzüberschreitenden on-line Verbundes wird allerdings ein hierarchisch aufgebautes Zahlungsverkehrssystem weiterbestehen. Neben der beleglosen Weiterleitung von Zahlungsaufträgen über Leitungen werden beleggebundene Zahlungsformen und der Datenträgeraustausch nach wie vor einen gewissen Stellenwert im Zahlungsverkehrssystem der Bundesrepublik einnehmen.

Selbst Überweisungsaufträge zugunsten ausländischer Zahlungsempfänger können heute bereits auf elektronischem Wege ausgeführt werden. Der Startschuß für den Aufbau eines weltweiten Datenfernverarbeitungsnetzes wurde im Mai 1973 mit der Gründung der **Society for Worldwide Interbank Financial Telecommumcation (=SWIFT)** gegeben. An der Gründung waren 239 Institute aus 15 Ländern beteiligt. Bereits im Jahre 1972 hatte das sog. Standards Committee damit begonnen, die notwendigen Vereinheitlichungen für den elektronischen Austausch von Geschäftsvorgängen herbeizuführen. Aus diesen Bemühungen ist eine breite Basis von Normierungen hervorgegangen. In der Bundesrepublik wurden im Jahre 1986 vom ZKA einheitliche Richtlinien für den Auslandszahlungsverkehr mittels Datenträgeraustausch verabschiedet, die SWIFT-kompatibel sind. Der enorme Anstieg des Nachrichtenvolumens (Diagramm 68) sowie die ständige Verbreiterung der Anwendungsmöglichkeiten hat zur Weiterentwicklung der Netzwerkskonzeption geführt.

Diagramm 68: Entwicklung des SWIFT-Nachrichtenvolumens

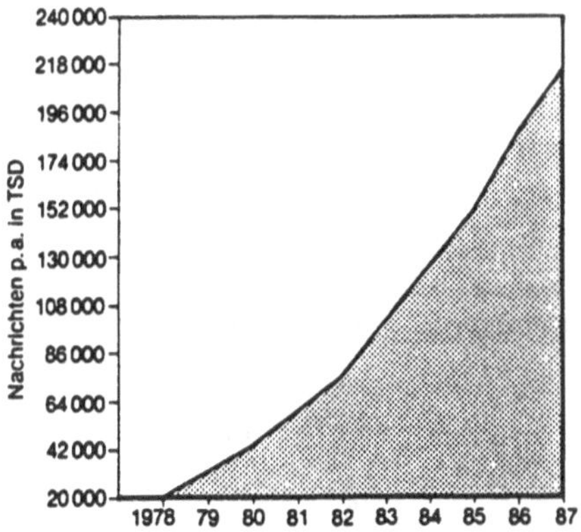

Quelle: Jueterbock, D., 1988a, S. 274.

Gleichzeitig hat eine fortgesetzte Internationalisierung des Systems stattgefunden. Anfangs fast ausschließlich als westeuropäisches Bankennetz betrieben, wurde Ende der 70er Jahre eine Ausweitung nach Asien und Latein-Amerika und Anfang der 80er Jahre nach Afrika vorgenommen. Osteuropa wurde zuletzt erschlossen. Damit ist heute eine nahezu weltweite geographische Flächendeckung erreicht und eine allmähliche Sättigung der Steigerungsraten im Nachrichtenvolumen zu erwarten. Am erreichten Niveau sind die Briten am stärksten mit 14,3% vor den USA mit 11% und der Bundesrepublik mit 7,1% beteiligt. Auf den Zahlungsverkehr als gewichtigste Nachrichtenquelle entfallen 57,7% des gesamten Aufkommens (Jueterbock, D., 1988a, S. 272).

Die SWIFT-Systemarchitektur ist wie folgt strukturiert (Diagramm 69):

Diagramm 69: Die SWIFT II - Systemarchitektur

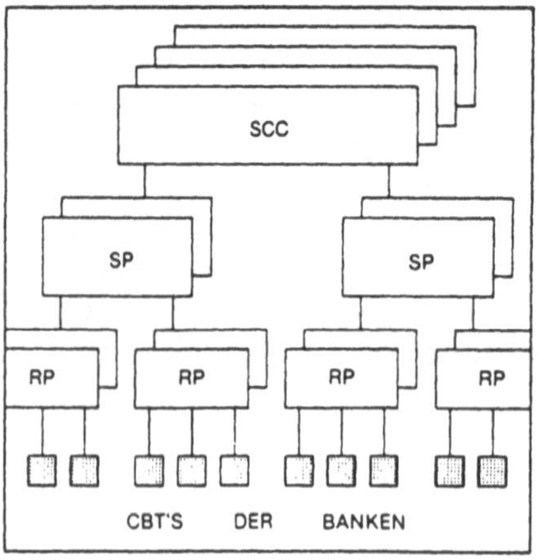

Quelle: Jueterbock, D., 1988b, S. 329.

Das SWIFT-System gliedert sich danach in die **System Kontrollzentren** (SCC), die Slice Prozessoren (SP) und die Regionalen Prozessoren (RP). Hieran angeschlossen sind die Computer Based Terminals (CBT) der einzelnen Banken. Das verwendete Kommunikationsprotokoll entpricht der OSI-Architektur.

Die Kontrollzentren befinden sich in Amsterdam und in Culpepper (USA). Sie übernehmen das Netzwerkmanagement und stellen Software und Datenbankdienste zur Verfügung. Für die Speicherung, Auslieferung und Weiterleitung von Nachrichten sind die unbemannt arbeitenden **Slice Prozessoren** zuständig. Die **regionalen Prozessoren** dienen den Teilnehmern als Ein- und Ausgangspunkt in das System. Sie sind der nationalen Umgebung entsprechend konfiguriert und können sich flexibel den Leitungsanschlüssen und dem Nachrichtenvolumen anpassen. In der Bundesrepublik sind aufgrund des hohen Nachrichtenaufkommens nebeneinander zwei Konzentratoren im Einsatz.

Neben der Abwicklung des internationalen Zahlungsverkehrs wird SWIFT zusehends für die weltweite Abwicklung von Wertpapiergeschäften genutzt. Auf den Computereinsatz im Wertpapierhandel sind wir bereits in Kap. 3.1.2.2.2 ausführlich eingegangen. Weitere Einsatzmöglichkeiten im Firmen- und Privatkundenbereich müssen im Rahmen der Marktpolitik diskutiert werden.

Die zukünftige Entwicklung der Computeranwendungen in Kreditinstituten wird von der Integration sämtlicher EDV-Inseln im Office- und Home-Banking geprägt sein. Dieser Prozeß wird in der einschlägigen Literatur unter dem Begriff **Computer Integrated Banking (CIB)** behandelt (Reiter, W., 1990, S. 151 f; Walter, B., 1991, S. 323 ff). Dabei verschwimmt die Grenze zwischen betriebs- und marktpolitischer Nutzung der EDV.

5.1.2.3 Sicherheitsvorkehrungen

Die in einer Bank zu treffenden besonderen Sicherheitsvorkehrungen umfassen die Kassen, die Tresoranlagen und die Büros der Führungskräfte oder das gesamte Bankgebäude.

Als risikovorbeugende Maßnahmen bei den **Kassen** empfehlen sich die Minimierung des Bargeldbestandes, die zeitverzögerte Auszahlung durch automatische Kassentresore, die Bereithaltung "präparierten Geldes", schußsichere oder schußhemmende Verglasung, der Polizeinotruf sowie die Installierung einer vom Schalterpersonal uneinsehbar per Knopfdruck einschaltbaren Filmkamera. Damit kann das Beraubungsrisiko zwar noch keineswegs völlig ausgeschaltet werden, doch aufgrund der stark herabgesetzten Wahrscheinlichkeit, unerkannt mit einer größeren Geldsumme zu entkommen, sollten potentielle Täter abgehalten werden.

Bei den **Tresoranlagen** kommen vor allem mechanische Sicherungen (Automatischer Kassentresor) sowie elektronische Überwachungs- und Alarmsysteme in Betracht.

Es besteht auch die Möglichkeit einer Zugangskontrolle zum **Bankgebäude**. Im Backoffice-Bereich bieten sich elektronische Türsteuerungen zum Zutritt in einzelne Abteilungen an. Hier kann durch persönliche Merkmale in den Zugangsmedien (Karte, Code, biometrische Merkmale) die Zugangsberechtigung der einzelnen Mitarbeiter gesteuert werden. Im benachbarten Ausland schon sehr verbreitet ist der kontrollierte Zutritt zum Frontoffice. Hier bieten sich Schleusen- und Drehtürlösungen an. Für den Durchtritt durch eine Schleuse muß zunächst die hintere Tür geschlossen sein, bevor die weitere Tür geöffnet werden kann.

Am schwierigsten ist unzweifelhaft die **Sicherung besonders gefährdeter Organisationsmitglieder**. Schutzmaßnahmen können sich hier nicht allein auf das Büro beziehen, in dessen Umfeld entsprechende bauliche und organisatorische Vorkehrungen zu treffen sind, sondern müssen auch den Weg zum Arbeitsplatz und ggf. selbst die Wohnung einbeziehen. Das Herrhausen-Attentat hat gezeigt, daß ein lückenloser Schutz faktisch nicht möglich ist.

5.1.3 Werkstoffe

Die Leistungserstellung im Bankbetrieb vollzieht sich weitestgehend in körperloser, abstrakter Form. Sie beruht auf Informationsverarbeitung. Aus diesen Gründen kommt den vom industriellen Fertigungsprozeß bekannten Roh-, Hilfs- und Betriebsstoffen kaum Gewicht zu. Äußerstenfalls ließen sich Datenträger in den verschiedensten äußeren Erscheinungsformen (Papier, Lochkarten, Lochstreifen, Magnetbänder, Magnetplatten, Disketten, Mikrofilm etc.) als Werkstoffe bezeichnen. Im Vergleich zum Produktionsbetrieb ist ihre Bedeutung als Kosten- und Dispositionsfaktor aber unvergleichlich geringer.

5.2 Personal

5.2.1 Quantitativer Personalbedarf

Unter Zugrundelegung des vorhandenen Personalbestandes hängt der zukünftige quantitative Personalbedarf für die Gesamtbank von folgenden Faktoren ab:

Diagramm 70: Bestimmungsgründe des zukünftigen Personalbedarfs (Gesamtbank)

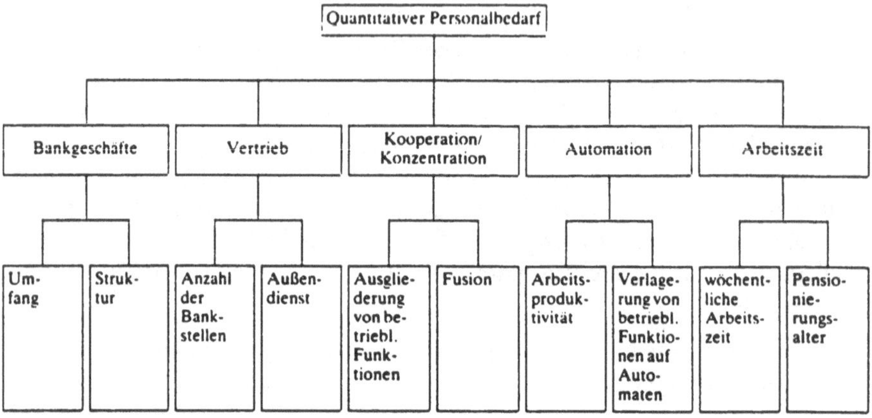

Bei der Entwicklung der **Bankgeschäfte** geht es naturgemäß um den Stückumsatz. Bekanntermaßen sind aufgrund ihrer hohen Stückzahlen vor allem die im Zahlungsverkehr anfallenden Geschäftsvorfälle ins Kalkül zu ziehen. Als Orientierungsgröße rechnet man heute bei Kreditinstituten mit universellem Leistungsangebot 30%-35% der Personalkosten allein dem Zahlungsverkehr zu. Die Struktur der Bankgeschäfte beeinflußt über eine Anteilsverschiebung zwischen Leistungsarten mit unterschiedlicher Personalintensität (z.B. durch eine Zunahme beratungsbedürftiger Leistungen oder Kunden) den quantitativen Personalbedarf.

Bei der Ausdehnung des **Stellennetzes** entsteht ein zusätzlicher Bedarf, während im Falle von Zweigstellenschließungen personale Reserven auftreten. Aufgrund der ungewöhnlich hohen Bankstellendichte in den alten Bundesländern wird hier in der Zukunft nur noch in wenigen Fällen mit einer weiteren Zweigstellenexpansion zu rechnen sein. Wirtschaftlichkeitsüberlegungen, aber auch die zunehmende Verlagerung von Routinegeschäften auf Automaten lassen eher eine Verringerung des Stellennetzes erwarten. Damit tritt anderseits aber die Frage nach einer stärkeren Forcierung des Außendienstes in den Vordergrund.

Die **Ausgliederung von betrieblichen Funktionen** - wir denken in diesem Zusammenhang in erster Linie an die Übertragung der EDV-Funktion auf ein Rechenzentrum oder eine Buchungsgemeinschaft - verringert grundsätzlich den Personalbedarf. Bei einer beabsichtigten Fusion wird diese generelle Aussage nicht ohne Bezug auf die Betriebsgrößen gemacht werden können. Im Regelfall treten durch die Konzentration Überkapazitäten auf der obersten Leitungsebene und bei den Stabsstellen auf. Denkbar ist aber auch, daß erst mit der Fusion eine Betriebsgröße geschaffen wird, welche die Einrichtung von Stabsabteilungen rechtfertigt (Benölken, H., 1976, S. 53).

Die **Automation** verringert sowohl über eine Erhöhung der Arbeitsproduktivität als auch mit der (weiteren) Verlagerung von betrieblichen Funktionen auf Automaten den quantitativen Bedarf. Arbeit wird durch den Produktionsfaktor Kapital ersetzt. Schließlich fällt bei langfristiger Betrachtung noch die Komponente **Arbeitszeitentwicklung** ins Gewicht.

An einem einfachen Beispiel dargestellt errechnet sich der quantitative Personalbedarf für die Gesamtbank wie folgt (Tab. 42):

Tabelle 42: Ermittlung des quantitativen Personalbedarfs (Gesamtbank)

Derzeitiger Bestand		500 Mitarbeiter
- Pensionierungen	10	
- Austritte	30	
Ersatzbedarf	40	40 Mitarbeiter
Ist-Bestand (Ende der Planungsperiode)		460 Mitarbeiter
Soll-Bestand (Ende der Planungsperiode)		520 Mitarbeiter
Nettobedarf (Ersatz- und Zusatzbedarf)		60 Mitarbeiter

Wir unterstellten bislang, daß der vorhandene Personalbestand dem tatsächlichen Personalbedarf entspricht. Jahrzehntelang ging die Betriebswirtschaftslehre von der These aus, daß Zeitwerte nur für manuelle Verrichtungen vorgegeben werden können. Geistig-schöpferische Tätigkeiten dagegen entziehen sich jeder Methode einer Messung des Zeitaufwandes. Aus diesen Gründen wurde bei Büroarbeiten auf die systematische Anwendung von arbeitswissenschaftlichen Verfahren lange verzichtet.

Die Unmöglichkeit der Ermittlung präziser **Planzeitwerte** wird heute nach wie vor für leitende, planende und kreative Tätigkeiten sowie für Stellen mit Entscheidungsfunktionen unwidersprochen anerkannt. Jedoch besteht auch im Bürobereich ein erheblicher Anteil an Tätigkeiten repetitiver Art bzw. an Arbeiten, die manuelles Handeln und schematisches Denken erfordern. So können beispielsweise die Tätigkeiten Rechnen, Lesen und Vergleichen nicht als eigentliche Denkarbeit bewertet werden. Nach der Entscheidungshierarchie und der Art der Funktion differenziert kommen Heinisch und Sämann (1973, S. 20 ff; Sämann, W., 1970, S. 424) zu folgendem Tätigkeitenprofil im Bürobetrieb (Diagramm 71).

Diagramm 71: Tätigkeitenprofil im Bürobetrieb

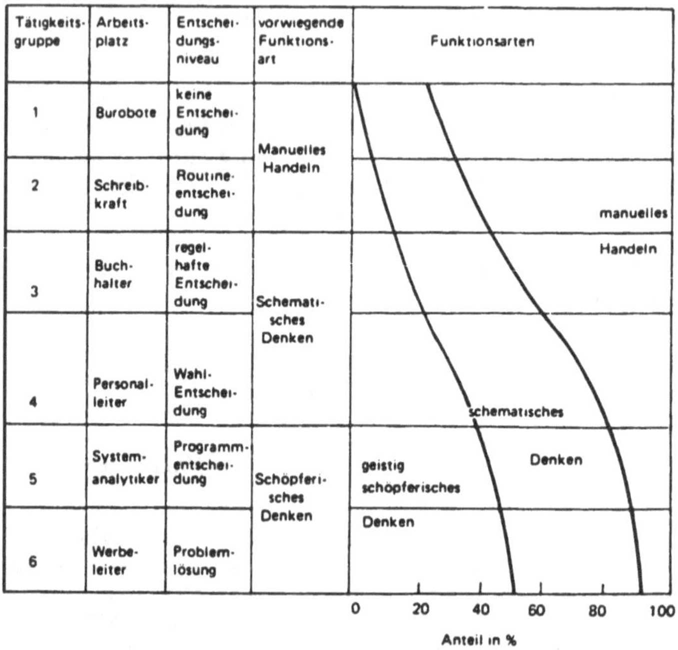

Nach Heinisch und Sämann ist aufgrund des routinehaften Charakters des Tätigkeitenprofils bei wenigstens 60 Prozent der in einem Bürobetrieb Beschäftigten eine Erfassung des Zeitaufwandes möglich. In Kreditinstituten werden heute in zunehmendem Maße Planzeitwerte ermittelt, welche - unter Berücksichtigung entsprechender Rüst-, Verteil- und Erholungszeiten - die Basis für die Personalbedarfsanalyse darstellen. Mehrere leistungsfähige Verfahren kommen dafür in Betracht. Wir wollen an dieser Stelle im besonderen auf das Multimomentverfahren, das Taktzeitverfahren sowie auf Zeitstudien mit Zeitmeßgeräten verweisen. Zu letzteren zählen das Stoppuhrverfahren sowie die in den USA entwickelten Systeme vorbestimmter Zeiten. Wir wollen auf diese Zeitermittlungsverfahren bei der Ablauforganisation noch näher zu sprechen kommen.

Die Ermittlung des Personalbedarfes für repetitive, routinisierte Tätigkeiten basiert auf folgenden Faktoren (Diagramm 72):

Diagramm 72: Bestimmungsgründe des quantitativen Personalbedarfes für repititive Tätigkeiten

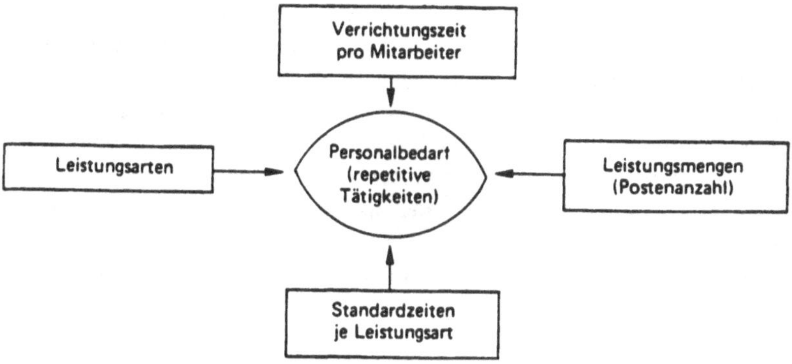

Die Verrichtungszeit pro Mitarbeiter errechnet sich wie folgt (Diagramm 73):

Diagramm 73: Verrichtungszeit pro Mitarbeiter

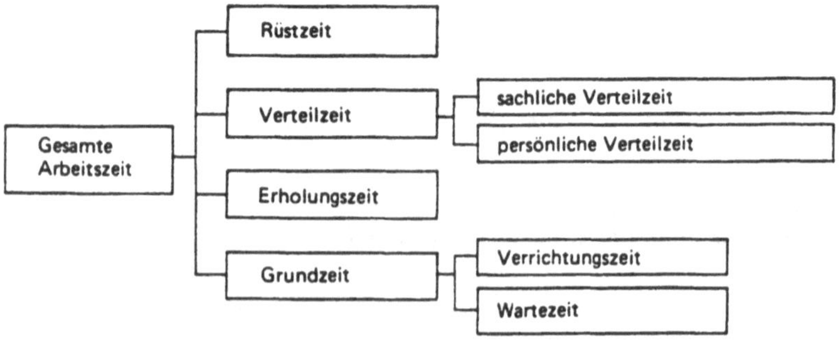

Die Rüstzeit ist zur Arbeitsvorbereitung erforderlich. Verteilzeiten sind aus sachlichen Gründen (Nebentätigkeiten wie Rückfragen) sowie wegen persönlicher Bedürfnisse anzusetzen. Die Erholungszeit dient der Regeneration. Effektiv einsetzbar ist damit die nach Abzug der Rüst- , Verteil- und Erholungszeit errechnete Grundzeit. Diese zerfällt wieder in die Wartezeit (sie kann durch den Arbeitsablauf oder den Kundenverkehr bedingt sein) und die Verrichtungszeit. Die Leistungsarten sowie die Standardzeiten je Leistungsart ergeben sich aus den erwähnten arbeitswissenschaftlichen Verfahren. Die Leistungsmengen können der Postenstatistik entnommen werden oder sind hilfsweise durch Zeitstudien feststellbar.

An einem konkreten Beispielfall mit angenommenen Daten errechnet sich folgender Personalbedarf (Tab.43):

Tabelle 43: Quantitativer Personalbedarf (Beispiel)

Leistungsarten	Leistungsmengen pro Tag	Standardzeiten je Leistungsart in Minuten (einschl. Wartezeit)	Ausführungszeit in Minuten
Einzahlung/ Auszahlung	940	1,154	1.084,760
Überweisungs- ein-/-ausgang	2.020	0,639	1.290,780
Dauerauftrag	48	0,963	46,224
.	.	.	.
.	.	.	.
.	.	.	.
Kontoeröffnung	20	15,041	300,820
Kontoschließung	5	2,091	10,455
Kreditantrag	10	20,059	200,590
	Gesamte Ausführzeit		5.236,470 Min.
	+ Rüstzeitzuschlag 2%		104,729 Min.
	+ Verteilzeitzuschlag 2%		104,729 Min.
	+ Erholungszeitzuschlag 6%		314,188 Min.
	Gesamtzeit/Tag		5.760,116 Min.
	Arbeitszeit/Mitarbeiter/Tag		480 Min.
	Personalbedarf		12 Mitarbeiter

Bei dem ermittelten Personalbedarf von 12 Mitarbeitern handelt es sich um den Einsatzbedarf. Noch unberücksichtigt ist der Reservebedarf, der sich aus Abwesenheiten (Urlaub, Krankheit, Schulung, Sitzungen, Tagungen) ergibt. Auch gingen wir von einer Normalbelastung aus. Spitzenbelastungen (an Ultimo- und Medioterminen) und Tagen mit unterdurchschnittlichem Arbeitsanfall ist durch Kapazitätsanpassungen (Einsatz von Teilzeitbeschäftigten, internen Personalausgleich) Rechnung zu tragen (Müller, H., 1976).

Ungleich problematischer als bei repetitiven routinisierten Tätigkeiten ist die Ermittlung des Personalbedarfes für Arbeitsplätze mit leitenden, planenden und kreativen Tätigkeiten. Die Ermittlung von Planzeitwerten scheidet hier aus. Ein befriedigendes Verfahren besteht bislang nicht. Allenfalls bieten zwischenbetriebliche Vergleiche einen Orientierungspunkt. Wie Personalbedarfsanalysen der Unternehmensberatungsgesellschaft Mc Kinsey & Co. in deutschen Kreditinstituten wiederholt gezeigt haben, bestehen vor allem in den Stabsstellen Rationalisierungsreserven.

5.2.2 Qualitativer Personalbedarf

Das Anforderungs- und Tätigkeitenprofil der Bankmitarbeiter ist außerordentlich vielschichtig. Der gesamte Mitarbeiterstab reicht von **Hilfskräften** über **Produktspezialisten** (Kreditgeschäft, Anlageberatung, Zahlungsverkehr, Wertpapiergeschäft, Auslandsgeschäft etc.), **Methodenspezialisten** (Marketing, Planung, Organisation, EDV, Controlling, Rechnungswesen etc.) und **Kunden-Kontaktern** bis zu **Bank-Führungskräften**.

Die im Rahmen der qualitativen Personalpolitik zu treffenden Entscheidungen sind grundsätzlich zweidimensionaler Natur. Einerseits geht es um den **Eignungsgrad** von einzelnen (internen oder externen) Stellenbewerbern für die zu besetzenden Arbeitsplätze. Anderseits soll aus der Sicht der Gesamtbank die **optimale Zuordnung** der Mitarbeiter zur Gesamtheit der Arbeitsplätze sichergestellt werden.

Zur Eignungsprüfung von Stellenbewerbern empfiehlt sich die **Profilanalyse**. An Hand bestimmter Anforderungsmerkmale wird das Anforderungsprofil der Stelle dem Eignungsprofil der einzelnen Stellenbewerber gegenübergestellt.

Wir wollen zur näheren Veranschaulichung ein von Braun (1971, S. 266 ff) entwickeltes maximales und minimales Anforderungsprofil eines Gruppenleiters in der Kreditabteilung mit dem entsprechenden Eignungsprofil eines Stellenbewerbers darlegen (Diagramm 74).

Diagramm 74: Maximales und minimales Anforderungsprofil eines Gruppenleiters der Kreditabteilung und Eignungsprofil eines Stellenbewerbers

Kurzbeschreibung der Stelle:

- Gewinnen und Betreuen von Kreditkunden
- Einraumen und Überwachen von Krediten an Kunden der Buchstaben A – H
- Leiten und Führen der Gruppe

Höchstanforderung — · — · — · — Eignungsprofil ————
Mindestanforderung — — — — —

Anforderungsmerkmal	a	b	c	d	e
I. Bildung **1. Schulische Allgemeinbildung** Sollte haben / hat	Höchstanforderung	Eignungsprofil	Mindestanforder.		
	● Abitur	● Fachhochschulreife	● Mittlere Reife	● Hauptschulabschluß / A-Kurs	
2. Berufsbildung (einschlägige) sollte abgeschl. haben / hat	● Hochschule	● Fachhochschule	● Fachschule ● Banklehre ● sonst. kaufm. Lehre	● Burogehilfinnenlehre ● Wirtschaftsabschluß	
3. Fachwissen sollte haben / hat	● hervorragendes Fachwissen	● gutes Fachwissen	● befriedigendes Fachwissen	● wenigstens ausreichendes Fachwissen	
4. Berufserfahrung (einschlägige) sollte haben / hat Facherfahrung	● über 5 J.	● über 3 J.	● über 2 J.	● uber 1 J.	● über 3 Mon.
Branchenerfahrung	● über 5 J.	● über 3 J.	● uber 2 J.	● uber 1 J.	● über 3 Mon.
5. Sprachliches Ausdrucksvermögen sollte / kann a) mündlich	● sich sehr rasch und sehr klar ausdrücken	● sich rasch und klar ausdrücken	● sich befriedigend schnell und klar ausdrucken	● sich ausreichend schnell und klar ausdrucken	
b) schriftlich					

Diagramm 74: (Fortsetzung)

II. Geistige Fähigkeiten	a	b	c	d	e
6. Auffassungsgabe sollte / kann	• sehr schnell und sehr gut erfassen • rasch wesentliches erkennen	• Zusammenhänge und Wesentliches erkennen	• befriedigend auffassen • wesentliches einigermaßen erfassen	• noch einigermaßen auffassen	
7. Denk- und Urteilsfähigkeit sollte / kann	• selbständig, sicher und klar denken und urteilen • sehr vorteilhaft schwierige Fragen vereinfachen • sehr rasch zu vernünftigen Ergebnissen kommen	• gut denken und urteilen • schwierige Fragen vorteilhaft vereinfachen • rasch zu vernünftigen Ergebnissen kommen	• mitdenken • befriedigend sicher urteilen • bei angemessener Zeitvorgabe zu vernünftigen Ergebnissen kommen	• noch ausreichend denken und urteilen • ohne Zeitvorgabe zu vernünftigen Ergebnissen kommen	
8. Gedächtnis-Merkfähigkeit sollte / kann	• sich schnell, zuverlässig und genau erinnern	• sich das Wesentliche gut merken • sich an das Wesentliche verhältnismäßig rasch und gut erinnern	• das meiste behalten	• wenigstens einiges behalten	
III. Arbeitsverhalten **9. Belastbarkeit** sollte sein / ist a) körperlich	• fast unbegrenzt belastbar	• gut belastbar, ausdauernd	• befriedigend belastbar, beharrlich	• mäßig belastbar	
b) seelisch	• sehr widerstandsfähig, sehr belastbar	• widerstandsfähig, gut belastbar	• einigermaßen widerstandsfähig und belastbar	• mäßig widerstandsfähig belastbar	
10. Arbeitsbereitschaft und Fleiß sollte sein / ist	• sehr initiativ, ausgeprägt fleißig	• aktiv, anstrengungsbereit	• arbeitsam, interessiert	• ausreichend arbeitsam	
11. Konzentration und Sorgfalt sollte sein / ist	• sehr konzentriert, sehr sorgfältig	• konzentriert, sorgfältig	• befriedigend konzentriert • befriedigend sorgfältig	• mäßig konzentriert • mäßig sorgfältig	

Diagramm 74: (Fortsetzung)

	a	b	c	d	e
12. Vielseitigkeit und Geschicklichkeit sollte sein / ist	● ungewöhnlich vielseitig ● manuell sehr gewandt und vielseitig	● sehr vielseitig, beweglich ● manuell anstellig	● im gleichen Arbeitsbereich austauschbar ● manuell brauchbar	● im gleichen Arbeitsgebiet beschränkt austauschbar ● manuell noch beschränkt brauchbar	
13. Zuverlässigkeit sollte sein / ist	● ungewöhnlich zuverlässig	● besonders zuverlässig	● zuverlässig, umsichtig im gewohnten Rahmen	● noch einigermaßen zuverlässig	
IV. Verhalten anderen gegenüber					
14. Verhalten zu Mitarbeitern sollte sein / ist	● sehr kontaktfähig ● stets hilfsbereit	● gut kontaktfähig ● verständnisvoll	● kontaktfähig ● verträglich	● noch kontaktfähig ● einigermaßen verträglich	
15. Verhalten zu Vorgesetzten sollte sein / ist	● immer offen ● immer korrekt ● guter Partner	● offen ● korrekt ● Mitarbeiter	● verhältnismäßig offen ● verhältnismäßig anpassungsbereit	● im wesentlichen offen ● im wesentlichen anpassungsbereit	
16. Verhalten zu Kunden sollte sein / ist	● sehr begabt im Umgang mit Menschen ● sehr kontaktfähig ● Händlernatur ● sehr anpassungsfähig	● gut begabt im Umgang mit Menschen ● gut kontaktfähig ● „Verkäufer" ● gut anpassungsfähig	● umgänglich ● kontaktfähig ● anpassungsfähig	● einigermaßen umgänglich ● kontakt- und anpassungsfähig	
17. Auftreten, Erscheinung sollte sein / ist	● sehr sicher und sehr gewandt ● sehr gepflegt	● sicher und gewandt ● gepflegt	● im allgemeinen sicher und gewandt ● ordentlich	● noch einigermaßen sicher und gewandt ● im ganzen gesehen noch ordentlich	
18. Besondere Eigenschaften sollte sein / ist					
19. Eignung für die Aufgabe	● weit über Durchschnitt	● über Durchschnitt	● durchschnittlich	● gerade noch geeignet	● ungeeignet

Durch eine Gegenüberstellung der Eignungsprofile läßt sich erkennen, welcher Bewerber dem Anforderungsprofil einer Stelle am nächsten kommt. Selbst nach quantitativen Kriterien ließe sich für jeden einzelnen Bewerber die Gesamtdistanz zwischen Anforderungs- und Eignungsprofil feststellen und auf diese Weise der qualifizierteste Stellenanwärter auf der Grundlage eines rechenhaften Verfahrens ermitteln. Wir wollen dieses Verfahren im Hinblick auf die mangelnde Gewichtung der einzelnen Anforderungsmerkmale und wegen der von Subjektivitäten keineswegs freien Bestimmung der Anforderungs- und Eignungswerte aber nicht überschätzen. Auf die Methode der Errechnung der Gesamtdistanz zwischen Anforderungs- und Eignungsprofil wollen wir in Kap. 6.4.4 eingehen.

In diesem Zusammenhang soll ein prognostischer Blick auf die zukünftige **Entwicklung der Anforderungsprofile** von Bankmitarbeitern nicht unterlassen werden. Nach Prognosen wird eine Zunahme der Beratungsfunktionen zu verzeichnen sein. Während heute vom gesamten Arbeitskräftepotential einer Bank mit universellem Leistungsangebot höchstens 10-15% der Kundenberatung zuzuordnen sind, erwartet man eine Anteilssteigerung auf 40-50%. Die allmähliche Verlagerung der Abwicklung von Routinegeschäften auf Automaten, die Zunahme beratungsintensiver Leistungsangebote, das Hineinwachsen immer breiterer Kundenschichten in beratungsbedürftige Geschäftssparten sowie der Ausbau der Unternehmensberatung werden als die ausschlaggebenden Gründe dieser Entwicklung genannt. Damit wird sich zwangsläufig das Anforderungsprofil der Bankmitarbeiter zugunsten einer stärkeren Betonung verkäuferischer Qualitäten ändern. Eine relative Zunahme im Rahmen des gegebenen Personalbestandes wird auch bei den Führungskräften erwartet, während der Anteil der Hilfskräfte abnehmen sollte.

Auf die Personalzuordnungsmodelle kommen wir im nachfolgenden Kapitel über Einsatzplan und Stellenbeschreibung zu sprechen.

5.2.3 Einsatzplan und Stellenbeschreibung

Aufgabe des **Einsatzplanes** ist die optimale Zuordnung der Mitarbeiter zu den vorhandenen Arbeitsplätzen. Optimal versteht sich hier im Sinne einer Maximierung der Unternehmensleistung. Zunächst sind für jede Stelle der Arbeitsplatzwert und für jeden Mitarbeiter die entsprechenden Eignungswerte an den Arbeitsplätzen zu bestimmen. Der Leistungswert der Stelle errechnet sich sodann aus der Multiplikation Arbeitsplatzwert * Eignungswert. Ausgehend von den Arbeitsplatzwerten der Stellen und den Eignungswerten der Mitarbeiter ist es mit Hilfe sog. **Personalzuordnungsmodelle** ("Personnel-Assignment") möglich, die Summe der Leistungswerte für das Unternehmen zu maximieren (Eickhoff, K.H.; Abels, P. und B. Mühlstephan, 1973, S. 116 ff).

Nehmen wir an, in einer Bank sind die vorhandenen n Mitarbeiter auf die verfügbaren n Arbeitsplätze aufzuteilen. A_i (i = 1, 2,...,n) sind die Arbeitsplatzwerte der einzelnen Stellen, E_i (i = 1, 2,...,n) die Eignungswerte der Mitarbeiter. Die zu maximierende Zielfunktion lautet damit:

$$A_1 * E_1 + A_2 * E_2 + ... A_n * E_n = Z ---> Max!$$

Mit Hilfe von Restriktionen ist sicherzustellen, daß jede Stelle mit jeweils einem Mitarbeiter besetzt ist. Auch auszuschließende Zuordnungen können in den Nebenbedingungen formuliert werden.

Eickhoff, Abels und Mühlstephan gehen in ihrem Modell von vier Zweigstellen aus, die insgesamt über 60 Arbeitsplätze verfügen. Sie unterscheiden zwischen Führungskräften, Spezialisten und Fachkräften. Die Arbeitsplatzwerte der 60 Stellen sowie die Eignungswerte der Mitarbeiter werden vorgegeben. Dabei gilt die einschränkende Bedingung, daß Arbeitsplätze und Mitarbeiter nur innerhalb der drei Funktionsgruppen ausgetauscht werden können. An Hand des Modelles wird gezeigt, daß die Summe der Leistungswerte durch die optimale Zuordnung der Mitarbeiter zu den Arbeitsplätzen von 1.214 Punkten auf 1.348 Punkte erhöht werden kann. Fuchs (1978, S. 525 f) zeigt an Hand mehrerer Alternativrechnungen die Auswirkungen von weiteren Einschränkungen beim Stellentausch (Einschränkung der Versetzungen zwischen den Filialen, Berücksichtigung minimaler Eignungswerte für bestimmte Stellen) auf die aufaddierten Leistungswerte auf.

Der Einsatz von Personalzuordnungsmodellen als Instrument der Entscheidungshilfe soll nicht überschätzt werden. Angefangen von der keineswegs problemlosen Festlegung von Arbeitsplatz- und Eignungswerten über vorhandene Mitarbeiterpräferenzen für bestimmte Stellen, Standorte oder Arbeitsgruppen bis zu den beschränkten Möglichkeiten einer Umsetzung im Entlohnungssystem bestehen grundsätzliche Bedenken gegen schwerwiegende Eingriffe in die Personalstruktur. Auch fällt der Arbeitsaufwand bei der Gewinnung der Basisdaten hemmend ins Gewicht. Totzdem können Personalzuordnungsmodelle als Instrument der Verbreiterung des Informationsstandes für die Personalpoltik von Nutzen sein.

Die **Stellenbeschreibung** präzisiert die Einordnung der einzelnen Arbeitsplätze in die Unternehmenshierarchie. Sie enthält:

- Stellen- und Dienstbezeichnung,
- Funktion und Stellenziel,
- Rechte und Pflichten des Stelleninhabers,
- Unter- und Überstellungsverhältnis,
- Vertretung,
- Anforderungsprofil.

Wenig Probleme werden die Formulierung der Stellen- und Dienstbezeichnung, das Unter- und Überstellungsverhältnis sowie die Vertretung bereiten. Auf das Anforderungsprofil kamen wir bereits im vorangegangenen Kapitel zu sprechen. Die periodischen Leistungsziele jedes Stelleninhabers (Stellenziele) leiten sich aus den Unternehmenszielen ab. Rechte und Pflichten grenzen die Kompetenzen des Stelleninhabers ab.

Ein vergleichsweise geringer Wissensstand besteht heute noch über die Tätigkeitsstruktur von Stellen. Zwar liegen vereinzelt empirische Erhebungen von Banken über die Ist-Situation vor, doch zur Frage der Ermittlung optimaler Tätigkeitsprofile (Aufschlüsselung der Gesamtarbeitszeit nach Einzeltätigkeiten) im Bankbetrieb lassen sich kaum fundiertere Aussagen treffen. Allenfalls allgemein gehaltene und willkürlich zustandegekommene Empfehlungen ("Führungskräfte haben 20% ihrer Arbeitszeit der strategischen Planung zu widmen") sind vereinzelt vorzufinden.

5.2.4 Arbeitsplatzbewertung und Leistungsbeurteilung

Das Entlohnungssystem im Kreditgewerbe beruht grundsätzlich auf tarifvertraglichen Regelungen. Der weitaus überwiegende Teil der Bankmitarbeiter (80-90%) wird auf dieser Basis honoriert. Bei den außertariflich Entlohnten handelt es sich vor allem um Bank-Führungskräfte. Zwar differenzieren auch Tarifverträge nach Funktionen, Hierarchie und nach (Dienst- oder Lebens-) Alter, doch stehen mit den heutigen Verfahren der Arbeitsplatzbewertung und der Leistungsbeurteilung bereits erheblich feinere Instrumente zur Verfügung.

Ausgangspunkt jeder Stellenbewertung sind die an einen Arbeitsplatz gestellten Anforderungen. Dabei orientiert man sich an einem **"fiktiven Normalarbeitenden"**, d.h. man nimmt an, daß die zu bewertende Arbeit von einem "normal Geeigneten und Geübten bei normalem Kräfteeinsatz verrichtet wird" (Beckerle, H., 1966, S. 41).

Nach dem Vorschlag der 1950 in Genf stattgefundenen Internationalen Tagung über Arbeitsbewertung sind bei der **Arbeitsplatzbewertung** folgende Merkmale zugrundezulegen:

Tabelle 44: Bewertungsmerkmale des Genfer Schemas (1950)

Anforderungsart	Fachkönnen	Belastung
Geistige Anforderungen	*	*
Körperliche Anforderungen	*	*
Verantwortung	-	*
Arbeitsbedingungen	-	*

Gestützt auf dieses Genfer Schema, auf dem im Grunde alle später entwickelten Bewertungsverfahren aufbauen, wurden 1956 vom Refa-

Grundsatzausschuß Arbeitsbewertung folgende Hauptanforderungsarten genannt:

Tabelle 45: Hauptanforderungsarten Refa-Grundsatzausschuß Arbeitsbewertung (1956)

Anforderungsart
(1) Können ▪ vorwiegend nicht muskelmäßig (geistig); ▪ vorwiegend muskelmäßig (Geschicklichkeit);
(2) Verantwortung
(3) Arbeitsbelastung ▪ vorwiegend nicht muskelmäßig; ▪ vorwiegend muskelmäßig;
(4) Umgebungseinflüsse

Die Bewertung kann grundsätzlich nach folgenden Verfahren vorgenommen werden:

Diagramm 75: Verfahren der Arbeitsplatzbewertung

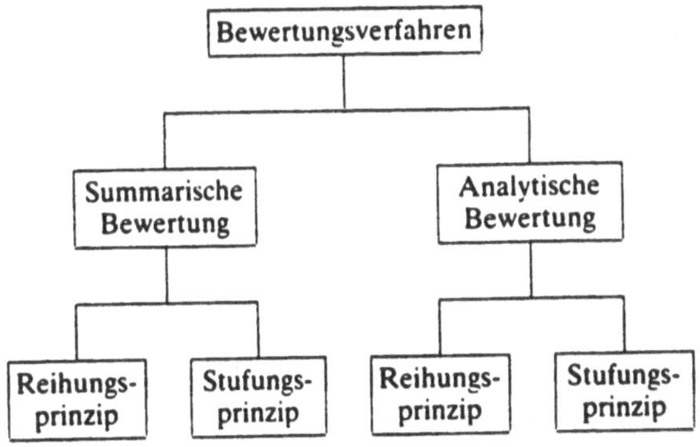

Während bei der summarischen Bewertung eine globale Einschätzung der Anforderungen vorgenommen wird, erfolgt bei der analytischen Arbeitsplatzbewertung eine Differenzierung nach Anforderungsarten. Der Arbeitsplatz wird hinsichtlich seiner einzelnen Merkmale bewertet, der Gesamtarbeitsplatzwert errechnet sich sodann aus der Summierung der Punktwerte aller Anforderungskomponenten.

Beim Reihungsprinzip wird eine Rangfolge der zu bewertenden Arbeitsplätze aufgestellt. Die Reihung erfolgt entweder global für alle zu bewertenden Arbeitsplätze (summarische Bewertung) oder differenziert nach Anforderungsarten (analytische Bewertung). Beim analytischen Verfahren ermittelt man den Wert eines Arbeitsplatzes durch Addition der nach Anforderungsarten aufgeschlüsselten Rangplätze ("Platzziffern").

Im Gegensatz zur Rangreihung errechnet sich beim Stufungsprinzip der Wert des Arbeitsplatzes nach Wertskalen. Bei den analytischen Verfahren wird zudem eine Gewichtung der einzelnen Anforderungsarten vorgenommen.

Die verschiedenen Anforderungsarten können sich auf persönliche Daten, die abgeschlossene Berufsausbildung, Fähigkeiten und Haltungen, Berufskenntnisse und -erfahrungen, berufliche Fertigkeiten, Sprachkenntnisse, die äußere Erscheinung und (andere) Besonderheiten (Weber, H.J., 1991, S. 14) beziehen. Unter dem erklärungsbedürftigen Hauptmerkmal "Fähigkeiten und Haltungen" werden Anforderungen an die Intelligenz und Persönlichkeit wie:

- analytisch-logisches Denken,
- Anpassungsfähigkeit,
- Durchsetzungsfähigkeit,
- Einsatzbereitschaft,
- Führungsfähigkeit,
- Frustrationsfähigkeit,
- Initiative,
- Kontaktstreben,
- Kommunikationsfähigkeit,
- Lernbereitschaft,
- Motivationsfähigkeit,
- schöpferische Fähigkeit,
- sprachliche Ausdrucksfähigeit und
- Zielstrebigkeit

subsumiert (Weber, H.J., 1991, S. 16 ff).

Auch für Kreditinstitute wurden bereits spezifische Bewertungssysteme entwickelt. Wir wollen nunmehr drei Systeme, die alle auf dem Stufungsprinzip aufbauen und den analytischen Verfahren zuzurechnen sind, darstellen. Es handelt sich dabei um zwei generell gehaltene Bewertungssysteme für Kreditinstitute (Beckerle, H., 1966, S. 133; Zöbl, K., 1979, S. 135) und um ein Bewertungsmodell, dessen Gewichtungsschema sich am Arbeitsplatz "Gruppenleiter der Kreditabteilung" orientiert (Eickhoff, K.H.; Abels, P. und B. Mühlstephan, 1973, S. 118).

Tabelle 46: Arbeitsplatzbewertungsschema für Kreditinstitute - Gewichtung der Anforderungsarten in Prozent

Beckerle		Zöbl		Eickhoff/Abels/ Mühlstephan	
Anforderungsart	%	Anforderungsart	%	Anforderungsart	%
(1) Können Berufswerdegang Berufserfahrung Umgangs- und Ausdrucksgewandtheit Geschicklichkeit	 18 18 10 4	**(1) Können** Ausbildung Berufserfahrung Betriebskenntnisse	 36 	**(1) Können** Berufsaubildung Berufserfahrung Erfahrung am Arbeitsplatz Manuelle Geschicklichkeit	 15 6 6 2
(2) Verantwortung Arbeitsausführung Arbeitsablauf und Arbeit anderer Aufsicht	 10 10 10	**(2) Verantwortung** Eigene Arbeit Personalführung Kontakte	 36 	**(2) Geistige Anforderungen** Arbeitsausführung und Vielgestaltigkeit des Aufgabengebietes Handeln und/oder Entscheiden Umgangs- und Ausdrucksgewandtheit	 6 8 11
(3) Arbeitsbelastung Nachdenken Belastung der Sinnesorgane durch Aufmerksamkeit Belastung der Nerven d. Aufmerksamkeit Muskelmäßige Belastung	 7 3 6 2	**(3) Beanspruchung** Geistig Körperlich	 28	**(3) Verantwortung** anvertraute Sachwerte eigenes selbständiges Handeln und/oder Entscheiden sowie Beratungsfunktion Arbeitsausführung anderer	 2 14 3
(4) Umgebungseinflüsse	2			**(4) Belastung** Nachdenken Belastung der Sinne und Nerven durch Aufmerksamkeit Belastung durch körperl. Beanspruchung Belastung durch Umgang mit Kunden Belastung durch Fachaufsicht	 12 6 1 7 1
Gesamt	100	Gesamt	100	Gesamt	100

Zöbl entwickelt zudem ein ausgefeiltes Punktesystem zu den Hauptanforderungsarten Können, Verantwortung und Beanspruchung. Bei der Anforderungskomponente Können bestimmt sich die Punktebewertung nach dem erforderlichen schulischen Ausbildungsniveau (Volksschule bis Universitätsstudium) und nach der benötigten Berufs- und Betriebserfahrung. Bei der Anforderungsart Verantwortung hängt die Punkteanzahl von der Häufigkeit und Gewichtigkeit der Entscheidungen (Verantwortung für eigene Arbeit), von der Anzahl und dem Ausbildungsniveau der unterstellten Mitarbeiter (Verantwortung für Personalführung) bzw. der Häufigkeit und dem Stellenwert der Kontakte (Verantwortung für Kontakte) ab. Bei der (geistigen) Beanspruchung schließlich sind die Vielfalt in der Aufgabenstellung, die Kreativität und der geforderte Konzentrationsgrad bei der Arbeitsausführung die entscheidenden Bewertungskriterien.

Während die Arbeitsplatzbewertung auf eine an objektiven Kriterien orientierte Einschätzung der gestellten Anforderungen abzielt, bezweckt die Leistungsbeurteilung, den Grad der Funktionserfüllung durch die Stelleninhaber festzustellen. Auch bei der Leistungsbeurteilung sind Punktesysteme anwendbar. Dabei kann wieder ähnlich wie bei der Arbeitsplatzbewertung ein Katalog einzelner Beurteilungsmerkmale aufgestellt werden (Tab. 47).

Tabelle 47: Merkmale und Gewichtungsfaktoren der Leistungsbeurteilung

Merkmal	Gewichtung in %
Fachkönnen	20
Konzentrations-, Denk- und/oder Planungsvermögen	24
Arbeitsausführung	24
Kontaktvermögen	6
Erfüllung der Mitarbeiterpflichten	10
Erfüllung der Vorgesetztenpflichten	16

Quelle: Tenckhoff, P., 1973, S. 46.

Zöbl (1979, S. 140) schlägt eine Bewertung der Arbeitsleistung und des sozialen Verhaltens nach folgendem Punkteschema vor:

Tabelle 48: **Punkteschema zur Leistungsbeurteilung nach Zöbl**

Merkmal	Beurteilung				
	entspricht Anforderungen in keiner Weise	entspricht Anforderungen teilweise	entspricht Anforderungen/ mittleres Leistungsniveau	übertrifft Anforderungen	übertrifft Anforderungen in hohem Maße
1. Arbeitsleistung (80%)					
1.1 Arbeitsgüte und -ausführung					
▪ Verwertbarkeit/Fehlerquote	0	2	4	7	9
▪ Termineinhaltung	0	1	2	4	6
▪ Rationelle Arbeitsweise	0	2	3	5	7
▪ Verhalten gegenüber Kunden, Öffentlichkeit	0	2	4	6	8
1.2 Arbeitsmenge und -tempo					
▪ Menge pro Arbeitszeiteinheit	0	5	10	15	20
▪ Ausdauer, Stetigkeit der Leistung	0	3	5	7	10
1.3 Arbeitseinsatz					
▪ Interesse, Initiative	0	1	2	3	4
▪ Lern- und Fortbildungsbereitschaft	0	1	2	3	3
▪ Bereitschaft zur Aushilfe	0	1	2	3	3
1.4 Arbeitssorgfalt					
▪ Beachten der Vorschriften	0	1	2	3	4
▪ Sorgfalt beim Einsatz von Arbeits- und Betriebsmitteln	0	1	3	5	6
2. Soziales Verhalten (20%)					
▪ Zusammenarbeit und Informationsaustausch	0	2	4	5	7
▪ Verhalten zu Kollegen/ Mitarbeitern	0	2	3	5	7
▪ Verhalten zu Vorgesetzten	0	1	3	5	6

Dieses Punktbewertungsschema ergänzt Zöbl (1979, S. 140) mit einer Beurteilung des Entwicklungspotentials der Stelleninhaber (Tab. 49).

Tabelle 49: Merkmalskatalog zum Entwicklungspotential von Stelleninhabern

Merkmal	Beurteilung				
	kaum vorhanden	mit Einschränkung vorhanden	vorhanden (durchschnittlich)	deutlich ausgeprägt	sehr stark ausgeprägt
Selbständigkeit mündliche Ausdrucksfähigkeit schriftliche Ausdrucksfähigkeit Kontaktfähigkeit Verhandlungsgeschick Durchsetzungsvermögen Entscheidungsfreudigkeit Kreativität Belastbarkeit Fairneß Flexibilität Initiative					

Der Arbeitsplatzbewertung und der Leistungsbeurteilung kommen in einem Unternehmen zunächst Informationscharakter zu. Eine unmittelbare und vorbehaltlose Umsetzung im Entlohnungssystem scheitert aus vielerlei Gründen. Das vergleichsweise starre Tarifschema, der den Kriterien Lebensalter und Dauer der Betriebszugehörigkeit üblicherweise zugewiesene Stellenwert, Widerstände der Belegschaft bzw. der Arbeitnehmervertretung, Meß- und Skalierungsprobleme bei der Bewertung, das Angebots-Nachfrage-Verhältnis am Arbeitsmarkt sowie das kaum antastbare Prinzip der Besitzstandswahrung verhindern eine ausschließliche oder überwiegende Bestimmung des individuellen Arbeitsentgeltes nach den errechneten Arbeitsplatzwerten und der Leistungsbeurteilung. Wollte man unter Wahrung des Besitzstandes die Entlohnung nach diesen Gesichtspunkten ausrichten, würde dies de facto eine Höhergruppierung der zu niedrig eingestuften Stelleninhaber nach sich ziehen, ohne daß anderseits die im Vergleich zu den ermittelten Arbeitsplatzwerten bzw. der erbrachten Leistung zu hoch bezahlten Mitarbeiter heruntergestuft werden könnten. In letzter Konsequenz liefe dies auf eine Erhöhung der Personalkosten hinaus.

Wir wollen anderseits die Aussagekraft der Arbeitsplatzbewertung und der Leistungsbeurteilung für die Personalführung nicht verkennen. Die daraus zu gewinnenden Informationen tragen zu einer Verobjektivierung des Entlohnungssystems eines Unternehmens bei. Die Arbeitsplatzwerte können bei der Eingruppierung neu aufzunehmender Mitarbeiter unmittelbar einfließen und damit langfristig die Gehaltsstruktur prägen. Arbeitsplatzbewertung und Leistungsbeurteilung liefern gleichzeitig aber auch die Informationsgrundlage für den leistungsbestimmten Lohnanteil (Leistungszulagen, Leistungsprämien) sowie für Höherstufungen und Beförderungen im Unternehmen.

5.2.5 Aus- und Weiterbildung der Mitarbeiter

Die heutige Wirtschafts- und Gesellschaftsordnung basiert auf einem lebenslangen **Lernprozeß**. Der inner- und überbetrieblichen Aus- und Weiterbildung in Kreditinstituten wird daher wie in allen anderen Wirtschaftszweigen ein hoher Stellenwert zuzuordnen sein.

Auf die - zumeist auf Verbandsebene organisierten - Ausbildungsinstitutionen der deutschen Kreditwirtschaft gingen wir bereits in Kap. 3.4.3.3 ein.

Der Aneignung und der Erweiterung des Fachwissens dient die Verfolgung sog. **kognitiver Lernziele**. Bei den **affektiven Lernzielen** steht dagegen das Verhaltenstraining im Vordergrund. Affektive Lernziele erfuhren in der jüngeren Vergangenheit eine enorme Aufwertung. Aktive, durch audiovisuelle Mittel unterstützte Lehr- und Lernmethoden wie Unternehmensplanspiele, Fallbeispiele, gruppendynamische Übungen, Kreativitätstraining sowie das Training der Gesprächs- und Verhandlungsführung nehmen dabei eine dominierende Rolle ein. Bezweckt wird die Steuerung des Mitarbeiteverhaltens gegenüber Kunden (z.B.: aktives Verkaufen; Behandlung von Kundenbeschwerden) sowie gegenüber anderen Organisationsmitgliedern aller hierarchischen Stufen.

Im Vergleich zu den kognitiven und den affektiven Lernzielen geringe Bedeutung haben **motorische Lernziele**, bei denen es um die Erlernung von Handfertigkeiten zur Abwicklung bestimmter Bewegungsabläufe geht.

5.3 Information

Die Erfassung, Sortierung und Speicherung von Informationen sowie die Schaffung der erforderlichen Zugriffsmöglichkeiten sind gleichfalls integrierende Bestandteile der Betriebspolitik. Diese Aufgaben vollziehen sich heute nahezu ausschließlich auf elektronischem Wege. Der Zugriff kann über Leitungen durch Dialogstationen (Terminals, Bildschirme) an den betreffenden Arbeitsplätzen sichergestellt werden. Mit der Konzeption von Informationssystemen haben wir uns bereits in Kap. 4.2.2.4 eingehend befaßt.

5.4 Organisation

5.4.1 Aufbauorganisation

Die hierarchisch geordnete Strukturierung der Arbeitsplätze bildet die Aufbauorganisation eines Unternehmens. Sie erklärt sich aus der Zerfällung der betrieblichen Gesamtaufgabe in Teilaufgaben, deren Erfüllung an den einzelnen Stellen zu erfolgen hat. Aus aufbauorganisatorischer Sicht gesehen entstehen die einzelnen Arbeitsplätze aus der Vereinigung von Tätigkeiten zu

Stellen. Daher und von der Herstellung eines Beziehungsgefüges zwischen den Stellen rührt der Begriff der "integrativen Aufbaustruktur".

Organisation repräsentiert keinen Selbstzweck, sondern ein Mittel zur Zielerreichung. Es bietet sich an, die Stellenstruktur am betrieblichen Engpaßbereich Markt auszurichten. Im Mittelpunkt unserer Betrachtung steht damit die **marketingorientierte Aufbauorganisation.** Der Marktbereich einer Bank kann nach drei Strukturmerkmalen aufgegliedert werden: nach Standorten, nach Geschäftssparten und nach Zielgruppen. Skizzenhaft läßt sich die dreidimensionale Organisationsstruktur wie folgt darstellen (Diagramm 76):

Diagramm 76: Strukturmerkmale des Marktbereiches von Banken

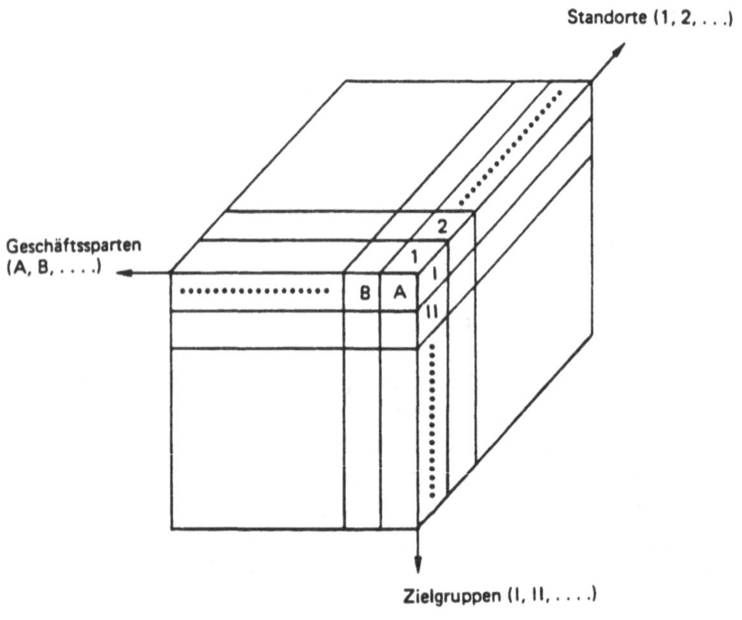

Auf der Basis dieser Dreidimensionalität ist nach den Kriterien (1) Vereinigung von Einzeltätigkeiten zu einem Arbeitsplatz, (2) hierarchische Einordnung und (3) Optimierung des Arbeitsablaufes die Aufbaustruktur zu entwickeln.

Bei den **Standorten** ergibt sich die weitere Aufgliederung durch das Stellennetz. Hinsichtlich der **Geschäftssparten** bietet sich eine Differenzierung nach Aktivgeschäft, Passivgeschäft, Dienstleistungsgeschäft und Auslandsgeschäft an. Innerhalb dieser Gruppen kann ggf. eine tiefere Untergliederung vorgenommen werden. Allerdings kommt diesem Differenzierungsmerkmal bei einer marketingorientierten Aufbauorganisation nur sekundäre Bedeutung zu. Es ist letztlich Ausdruck einer "produktionsorientierten" Denkweise. Wesentlich näher kommt den Kundenbedürfnissen eine Funktionstrennung nach Zielgruppen. Unter einer marketingorientierten Aufbauorganisation wird deshalb auch in aller Regel eine nach Zielgruppen aufgeschlüsselte Stellenstruktur verstanden. Diese Strukturierung nach Zielgruppen ist beispielsweise in folgenden Formen möglich:

Variante (1):

- Lohn-, Gehalts- und Pensionsbezieher (Mengengeschäft),
- Vermögende Privatkundschaft,
- Nicht emissionsfähige Unternehmen,
- Emissionsfähige Unternehmen.

Variante (2):

- Lohn-, Gehalts- und Pensionsbezieher (Mengengeschäft),
- Vermögende Privatkundschaft,
- Klein- und Mittelbetriebe,
- Großbetriebe,
- Öffentliche Haushalte.

Zur Konzeption der Stellenstruktur der Gesamtbank bedarf es nunmehr der Ergänzung durch alle anderen Leistungsbereiche.

Die Gestaltungsmöglichkeiten der Aufbauorganisation einer Bank sind vielfältig, wie die Diagramme 77 bis 80 verdeutlichen.

In den Modellen a, b und c finden wir die Funktion des **Controllers** vor. Völlig irreführend wäre die Ableitung seines Aufgabenbereiches aus der naheliegenden deutschen Übersetzung "Kontrolleur". Das Tätigkeitsfeld des Controllers vereinigt vielmehr Zielsetzungs-, Planungs-, Budgetierungs-, Steuerungs- und Kontrollaktivitäten in einer Funktion (Heigl, A., 1978, S. 11). Ganz im Gegensatz zur Industrie verfügen bislang erst wenige Banken über ein institutionalisiertes Controlling (vgl. Kap. 4.2.2).

Neben der **divisionalisierten Aufbauorganisation** sind auch andere Organisationsstrukturen in Betracht zu ziehen (Ellermeier, Ch., 1975). Hier zu nennen sind die **Profit-Center- und Budgetierungskonzeptionen**, auf die bereits an anderer Stelle eingegangen wurde.

Diagramm 77: Aufbauorganisation (Modell a)

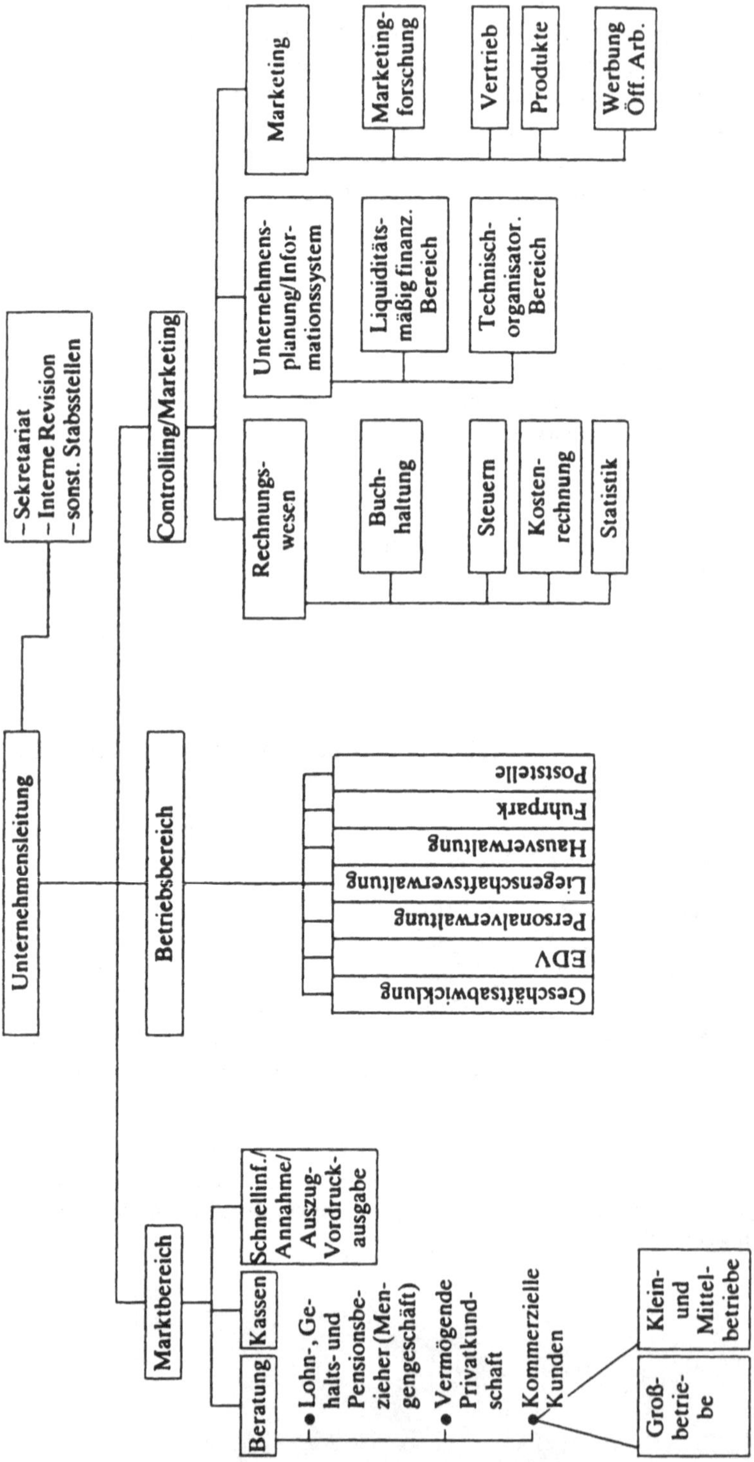

Diagramm 78: Aufbauorganisation (Modell b)

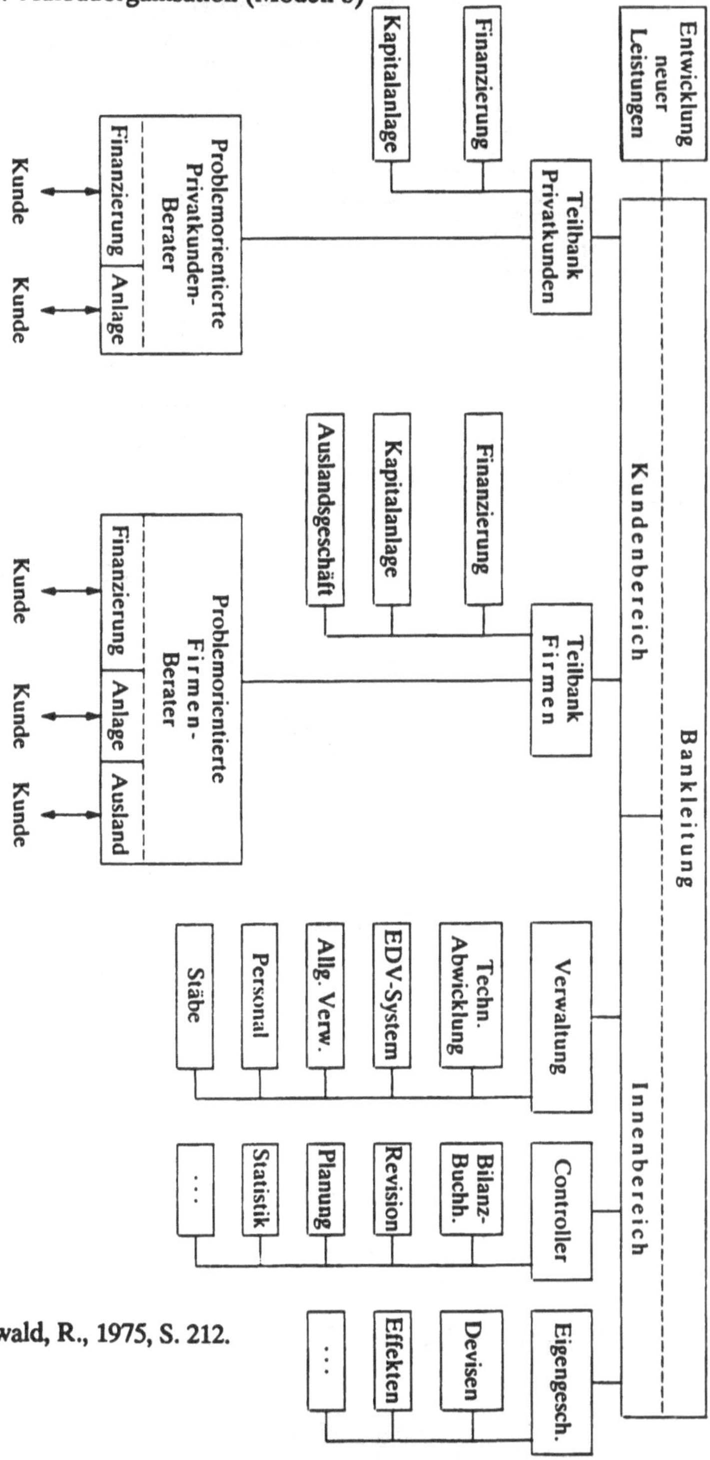

Quelle: Mankwald, R., 1975, S. 212.

Diagramm 79: Aufbauorganisation (Modell c)

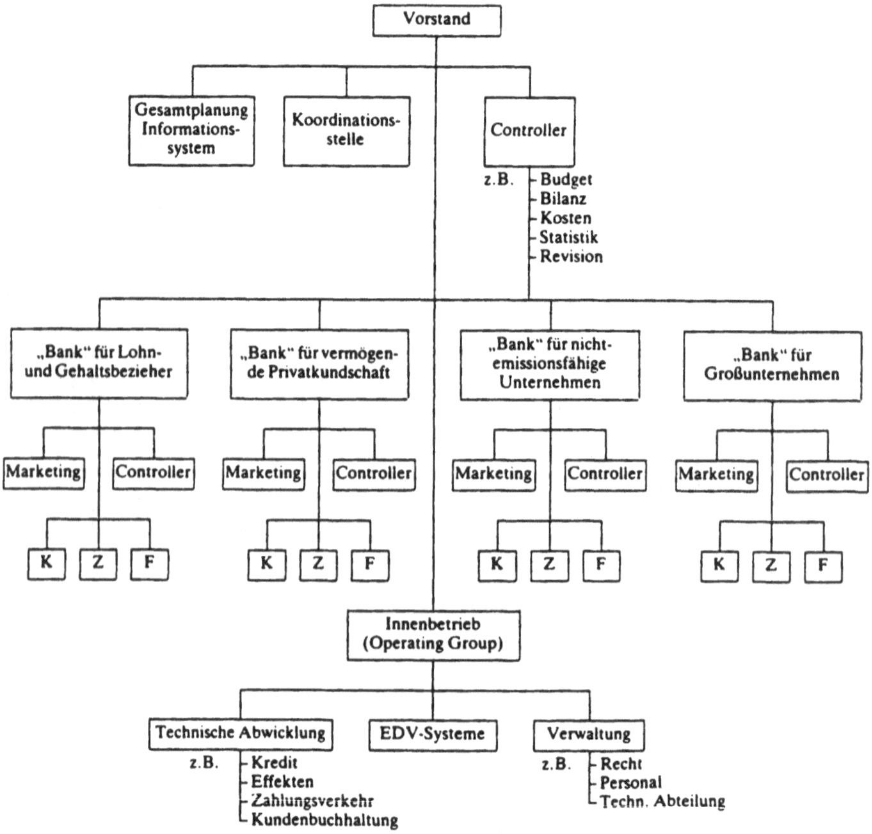

K = Kapitalanlagen Z = Zahlungs- und Verrechnungsverkehr F = Finanzierung

Quelle: Wielens, H., 1978, S. 569.

Diagramm 80: Aufbauorganisation (Modell d - Zweigstelle)

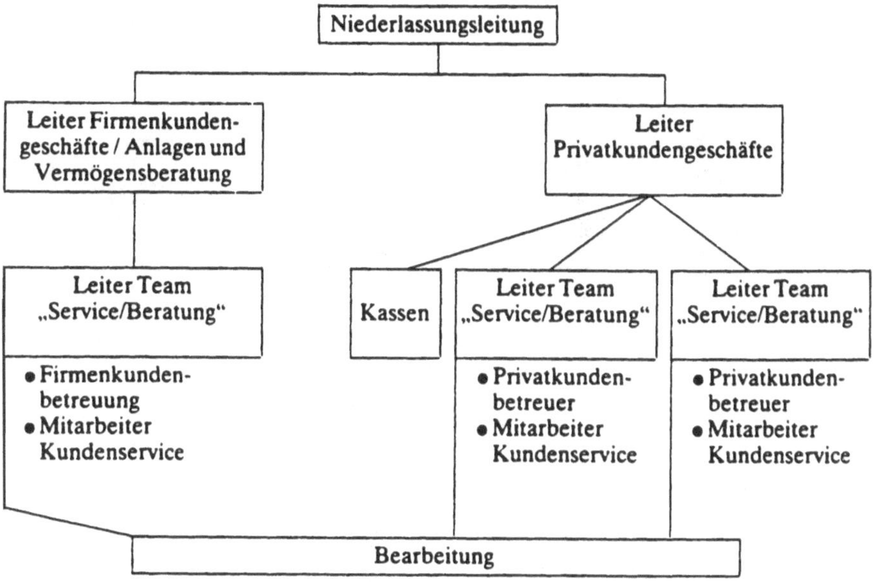

Quelle: Benölken, H. und K. Rühle, 1977, S. 43.

Die **Matrixorganisation** baut auf der dualen Führung auf. Sie nimmt den institutionalisierten Konflikt in Kauf, da sie von der Überlegung ausgeht, daß nur bei gleichgewichtiger Vertretung von divergierenden Interessen Einzelziele in einem ausgewogenen Verhältnis durchgesetzt werden können. Der klassische Anwendungsfall in Kreditinstituten ist der Konflikt von Geschäftssparten- und Zielgruppeninteressen. Modellhaft läßt sich die Matrixorganisation einer Bank wie folgt darstellen (Diagramm 81):

In der Bank-Praxis spielt die Matrixorganisation bislang keine nennenswerte Rolle. Auch **teamorientierte Konzeptionen** werden nur in relativ geringem Umfang angewandt. Sie sind vor allem für einzelne exekutive Abteilungen sowie in der Entwicklungs- und Einführungsphase von Produkt- und Prozeßinnovationen erwägenswert.

Zumindest in den deutschen Großbanken wird derzeit eine aufbauorganisatorische Aufteilung von Privat- und Firmenkundengeschäft diskutiert. Diese soll durch eine strikte Trennung auf allen hierarchischen Ebenen zwischen Vorstand und Zweigstelle erreicht werden.

Diagramm 81: Aufbauorganisation (Modell e)

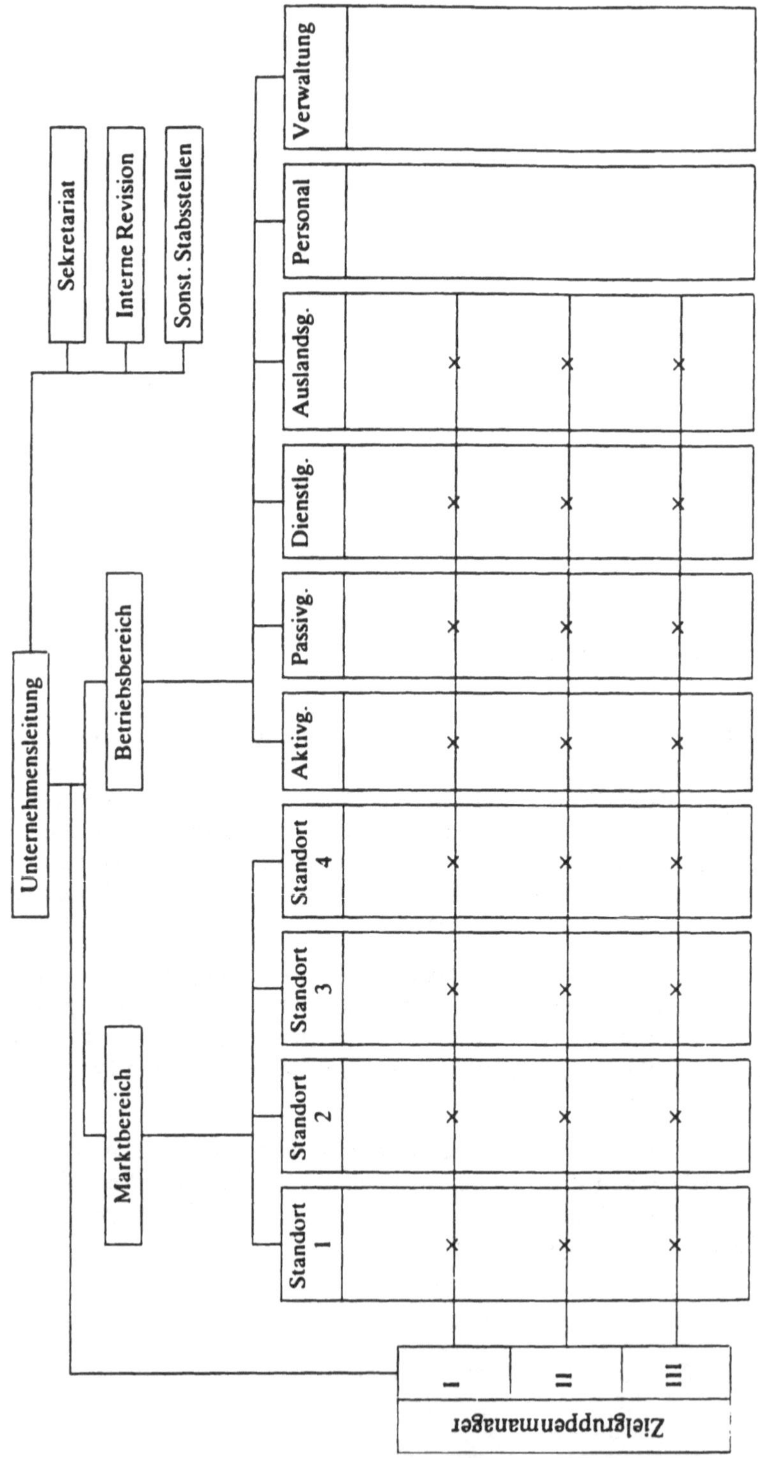

5.4.2 Ablauforganisation

Gegenstand der Ablauforganisation ist die Gestaltung des Betriebsprozesses. Elemente des Betriebsprozesses sind die Arbeitsgänge, die im Betrieb durchzuführenden Verrichtungen. Im wesentlichen sind es Tätigkeiten repetitiver Art, um deren Abwicklung sich die Ablauforganisation annimmt. Der für das Kreditwesen geltende Grundsatz der **Arbeitsausführung bei Arbeitsanfall** sowie das daraus abzuleitende Erfordernis der **Tagfertigkeit des dokumentären** (und ggf. auch von Teilen des instrumentalen) **Rechnungswesens** lassen das Interesse der Unternehmensführung an einer Optimierung der Ablauforganisation klar erkennen.

5.4.2.1 Planung der Arbeitsabläufe

Ablauforganisatorische Entscheidungen sind in einer Bank nach folgenden Gesichtspunkten zu treffen:

- nach zeitlichen Kriterien: **wann** sind bestimmte Tätigkeiten zu erledigen ?
- nach räumlichen Kriterien: **wo** sind bestimmte Tätigkeiten zu erledigen ?
- nach Reihenfolge-Kriterien: **in welcher Reihenfolge** sind bestimmte Tätigkeiten zu erledigen ?
- nach Gruppierungs-Kriterien: **welche Tätigkeiten** werden einem Mitrbeiter zugewiesen?

Im Kundenverkehr gilt der bereits erwähnte Grundsatz Arbeitsabwicklung bei Arbeitsanfall. Da - von wenigen Ausnahmen abgesehen (z.B. Terminvereinbarungen bei Beratungsgesprächen und Kreditverhandlungen) - der Umfang der anfallenden Geschäftsvorfälle nicht beeinflußt werden kann, ist diese Forderung nur bei flexibler Anpassung der personalen Kapazitäten erfüllbar. Hinsichtlich des räumlichen Aspektes gehen Banken vom Prinzip aus, der Kundennachfrage am Ort ihres Anfalles zu entsprechen. Die weitere Verarbeitung der Kundenaufträge bis zur Produktion des Beleggutes kann unabhängig davon an einem anderen Ort (z.B. Hauptstelle, Rechenzentrum) erfolgen. Die Reihenfolge des Arbeitsanfalles entscheidet im Regelfall, vor allem im Kundenverkehr, über Prioritäten bei der Abwicklung. Die Gruppierung von Tätigkeiten zu Arbeitsplätzen ist einerseits unter Effizienzkriterien, anderseits nach ergonomischen Gesichtspunkten vorzunehmen (Radl, G.W., o.Jg.).

Anzustreben ist eine Ablauforganisation, die folgenden Bedingungen in einem ausgewogenen Verhältnis Rechnung trägt:

(1) vom **Kundenverkehr** her gesehen: Minimierung der Wartezeiten bei Gewährleistung ausreichender Beratungszeiten durch qualifizierte Kundenkontakter,

(2) vom **Mitarbeitereinsatz** her gesehen: Minimierung der Einsatzzeit bei ordnungsgemäßer Abwicklung der anfallenden Tätigkeiten,

(3) von den **Geschäftsvorfällen** her gesehen: Minimierung der Durchlaufzeiten vom Arbeitsanfall bis zur vollständigen Abwicklung bzw. zur Entscheidungsfindung (z.B. im Kreditgeschäft: Minimierung der Frist vom Kreditantrag bis zur Krediteinräumung),

(4) von den eingesetzten **Sachmitteln** (z.B. EDV) her gesehen: Minimierung der Brachzeit.

5.4.2.2 Zeitermittlungsverfahren

Aus der industriellen Fertigung sind bereits umfassende Ansätze zur Optimierung der Ablauforganisation bekannt geworden. Dabei hat man aus Effizienzgründen ggf. selbst einzelne Arbeitsgänge in Griffe und Griffelemente zerlegt. Verglichen damit befindet sich die Gestaltung des Arbeitsablaufes im Bürobetrieb noch im Entwicklungsstadium. Unzweifelhaft stehen aber auch Kreditinstituten leistungsfähige Verfahren zur Verfügung, die zur Errechnung von Planzeitwerten für Tätigkeiten routinehaften Charakters eingesetzt werden können. Wir wollen uns im folgenden mit den wesentlichsten Zeitermittlungsverfahren kurz auseinandersetzen.

Vorab ist zu unterstreichen, daß der Realitätsbezug und die Verwertbarkeit der Ergebnisse von Zeitermittlungsverfahren entscheidend von der Kooperationsbereitschaft der Mitarbeiter abhängen. Deshalb wird vor Beginn der Zeitaufnahmestudien auf eine umfassende Information der betroffenen Stelleninhaber über die Untersuchungsziele nicht verzichtet werden können. Auch empfiehlt sich eine zusätzliche Motivation der Mitarbeiter durch die (begleitende) Auflegung von Mängel- und Wunschlisten, wodurch diesen die Möglichkeit eröffnet wird, selbst Schwachstellen in der Ablauforganisation aufzuzeigen.

Üblicherweise erfolgt die Zeitaufnahme im Wege der direkten Beobachtung durch Dritte (Zeitaufnehmer). Grundsätzlich möglich sind bei einzelnen Verfahren allerdings auch die Selbstaufschreibung oder die indirekte Beobachtung durch Einweg-Spiegel - dessen Einsatz allerdings arbeitsrechtlich verboten ist - bzw. mit Hilfe des Einsatzes von Videorecordern.

Der methodische Ansatz des **Multimomentverfahrens** ist die Stichprobentheorie. Bezweckt wird eine repräsentative Aussage über die prozentualen Anteile sowie über die Zeitdauer definierter Tätigkeiten innerhalb eines vorgegebenen Vertrauensbereiches. Dabei werden die beobachteten Tätigkeiten an Hand eines Tätigkeitenkataloges zufallsbedingt in unregelmäßigen Zeitabständen erfaßt bzw. deren Zeitdauer diskontinuierlich festgestellt. Die Beobachtung erfolgt durch einen Zeitaufnehmer bei (in der Wegführung wechselnden) Rundgängen zwischen den untersuchten Arbeitsplätzen. Grandin (1970, S. 31) unterscheidet zwischen folgenden Grundtypen des Multimoment(=MM)-Verfahrens:

- MM-Tätigkeitsstudie,
- MM-Zeitbedarfsstudie,
- MM-Staustudie.

Mit der **MM-Tätigkeitsstudie** werden die absolute und relative Häufigkeit der Tätigkeiten von Arbeitsplätzen oder ggf. auch von Maschinen festgestellt. Die **MM-Zeitbedarfsstudie** nimmt die Rüst-, Verteil-, Erholungs-, Verrichtungs- und Wartezeiten auf. Mit Hilfe der Postenstatistik lassen sich sodann die durchschnittlichen Bearbeitungszeiten pro Tätigkeit ermitteln. Die daraus gewonnenen Ist-Zeiten können allerdings nur mit erheblichen Einschränkungen zur Ermittlung von Soll-Zeiten (Planzeitwerten) Verwendung finden, da bei dieser Erhebungstechnik kaum Aussagen über den Leistungsgrad möglich sind. Die **MM-Staustudie** ermittelt Warteschlangen an Kundenschaltern, aber auch Stauzeiten bei maschinellen Engepässen.

Während das MM-Verfahren zufallsgesteuert ist, erfolgen die Beobachtungen beim **Taktzeitverfahren** in gleichbleibenden Zeitintervallen. Es bewährt sich vor allem bei Arbeitsabläufen mit vergleichsweise kurzer Zeitdauer.

Das **Stoppuhrverfahren** stellt die Zeitdauer einzelner Arbeitsabläufe (Beispiel: Sparbuch-Auszahlung) oder Verrichtungen (in unserem Beispielfall: Entgegennahme des Sparbuches, Erstellung des Auszahlungsbeleges, Eingabe der Auszahlung in das Terminal, Terminalausdruck im Sparbuch, Unterschrift, Aushändigung des Geldes und des Sparbuches) fest. Da der Zeitaufnehmer permanent einen bestimmten Arbeitsplatz beobachtet, ist ihm gleichzeitig die Abschätzung des Leistungsgrades (= Verhältnis der beobachteten Leistung zur Normalleistung) möglich (Grandin, K.K., 1970, S. 39 f). Ganz im Gegensatz zum MM-Verfahren sind die Erhebungsergebnisse des Stoppuhrverfahrens somit auch zur Ermittlung von Soll-Arbeitszeiten gut verwertbar.

Der Grundgedanke der **Systeme vorbestimmter Zeiten** beruht auf der Zerlegung einzelner Tätigkeiten in Tätigkeitselemente. Für diese Tätigkeitselemente kann auf (überbetrieblich ermittelte) Richtzeiten zurückgegriffen werden. Der Zeitbedarf (Soll-Arbeitszeit) einer Tätigkeit errechnet sich durch die Zusammensetzung von Richtzeiten. Ausgangsbasis ist die **TMU-Zeiteinheit**, die sich wie folgt errechnet:

1 TMU (= Time Measurement Unit) :
= 0,036 Sekunde,
= 0,0006 Minuten,
= 0,00001 Stunden.

Eine Vielzahl von Systemen vorbestimmter Zeiten (= SvZ) sind heute aus den USA bekannt. Zu nennen sind vor allem folgende Verfahren:

- Motion-Time Analysis (MTA),
- Master-Clerical-Data-System (MCD),
- Work Factor,
- Methods-Time-Measurement (MTM),

- Basic Motion Time Study (BMT),
- Dimensional Motion Times (DMT).

Das hier zu Demonstrationszwecken beispielhaft herausgegriffene MCD-System baut auf folgenden Tätigkeitselementen auf:

Tabelle 50: Tätigkeitselemente des MCD-Systems

Gruppe	Code	Elementklasse
Körperbewegungen	K	Körper
Geistige Tätigkeiten	B L R S	Blickfunktionen Lesen Rechnen Schreiben
Handhabungselemente	A E F H O P Z	Aufnehmen und Zur-Seite-Legen Einfügen Finden und Suchen Handhaben (Verschiedenes) Öffnen und Schließen Vom-Platz-Nehmen und Zurücklegen Zusammenfassen
Maschinenbedienung	MA MB MF MG MR MS MV	Aufnahmegeräte Buchungsmaschinen Frankiermaschinen Bürogeräte Rechenmaschinen Schreibmaschinen Vervielfältigungsmaschinen

Quelle: Müller, H., 1976, S. 59.

Die Aufnahme der Tätigkeitselemente erfolgt entweder durch Befragung des Stelleninhabers oder durch Beobachtung. An einem konkreten Beispiel errechnet sich folgende TMU-Zeit:

Tabelle 51: MCD-Zeitaufnahmebogen

Tätigkeit: Scheckeinreichung - Erstellung eines Einreichungsformulares mit Schreibmaschine				
Code	**Tätigkeitsmerkmale**	**Einzelzeit TMU**	**Häufigkeit H**	**Gesamtzeit TMU*H**
A	Formular aufnehmen	19	1	19
A	Kohlepapier aufnehmen	19	2	38
H	Kohlepapier einlegen	30	2	60
H	Blätter auffalten	30	2	60
H	Rütteln	8	2	16
H	Haltepunkt ändern	27	1	27
MS	In Maschine ein- und ausspannen	130	1	130
MS	Wagen einstellen	82	1	82
MS	Wagen verschieben	50	11	550
MS	Anschläge	6	210	1.260
B	Erkennen	18	12	216
L	Lesen	7	25	175
A	Kohlepapier entfernen und weglegen	36	1	36
Summe				2.669
Arbeitszeit in Sekunden:				2.669 * 0,036 = 96,08

Quelle: Müller, H., 1976, S. 67.

Die angeführten Zeitermittlungsverfahren dienen der Optimierung des Arbeitsablaufes. Dazu liefern zumeist bereits innerbetriebliche Vergleiche der Bearbeitungszeiten zwischen einzelnen Zweigstellen einen ersten konkreten Ansatzpunkt. Auch der Gegenüberstellung von Verrichtungs- und Wartezeiten an Arbeitsplätzen mit unterschiedlicher technologischer Ausstattung (on-line Betrieb und off-line Betrieb) kommt große Aussagekraft zu.

Allein schon die bloße Ermittlung der Tätigkeitsstrukturen bietet Ansätze zur Korrektur von Tätigkeitsprofilen. Das Stoppuhrverfahren und die Systeme vorbestimmter Zeiten schließlich ermöglichen die Vorgabe von Planzeitwerten und die Planung der personalen Kapazitäten auf einer objektiven Datenbasis. Damit sind alle empirischen Voraussetzungen zur Minimierung von Einsatz-, Warte-, Durchlauf- und Brachzeiten gegeben.

5.4.2.3 Charakteristische (EDV-mäßig organisierte) Arbeitsabläufe

Wir wollen nunmehr beispielhaft (mögliche) Arbeitsabläufe bei der Sparbuch-Auszahlung und bei der Bearbeitung eines Überweisungsauftrages wiedergeben. In beiden Fällen stellen wir die durchzuführenden Einzeltätigkeiten sowohl in der off-line Version als auch in der on-line Version dar:

Tabelle 52: Vergleich möglicher computerunterstützter Arbeitsabläufe

Sparbuch-Auszahlung	
Off-line-Betrieb	**On-line-Betrieb**
(1) Entgegennahme des Sparbuches; (2) Erstellung des Auszahlungsbeleges; (3) Prüfung des Sparbuches auf Sperrvermerke; (4) Vergleich des Kontostandes mit Mikrofilm; (5) Prüfung des Mikrofilmes auf Sperrvermerke; (6) Buchung im Sparbuch; (7) Weiterleitung von Beleg und Sparbuch zu Kassierer; (8) Überprüfung von Beleg und Sparbuch durch Kassierer; (9) Buchung des Kassenvorganges in der Schalterquittungsmaschine; (10) Unterschrift Kassierer; (11) Aushändigung des Geldes und des Sparbuches an Kunden.	(1) Entgegennahme des Sparbuches; (2) Erstellung des Auszahlungsbeleges; (3) Eingabe des Sparbuches in den Druckschacht des Terminals; (4) Eintasten der Kontonummer,der Buchungszeile, des Saldos und des Auszahlungsbetr. in das Terminal, Drücken der Funktionstaste; (5) Herausnahme des Sparbuchs aus dem Druckschacht; (6) Unterschrift des Kassierers; (7) Aushändigung Geld/Sparbuch an Kunden.

Bearbeitung eines Überweisungsauftrages	
Off-line-Betrieb	**On-line-Betrieb**
(1) Annahme des ausgefüllten Auftrag-Formulares; (2) Prüfung der Ordnungsmäßigkeit; (3) Abtrennung der Durchschrift für den Auftraggeber; (4) Rückgabe der Durchschrift an den Auftraggeber; (5) Weiterleitung von Lastschrift/Gutschrift zur Belegaufbereitung (Nachcodierung); (6) Weitere Verarbeitung (optische Beleglesung).	(1) Annahme des ausgefüllten Auftrag-Formulares; (2) Prüfung der Ordnungsmäßigkeit; (3) Abtrennung der Durchschrift für den Auftraggeber; (4) Rückgabe der Durchschrift an den Auftraggeber; (5) Eingabe der Lastschrift in das Terminal; (6) Eingabe Gutschrift in das Terminal (ist Zahlungsempfänger Kunde der eigenen Bank: Kontogutschrift; ansonsten: Buchung auf Zwischenkonto).

Empfohlene ergänzende Literatur

Zur Diskussion Großraumbüro kontra Kleinraumbüro:

- Sulzberger, M. : Das Bankgebäude. Bankbetriebliche Anliegen an Raum und Raumplanung. Bankwirtschaftliche Forschungen. Band 61. Bern und Stuttgart 1980, S. 161-180.

Zur Datenverarbeitung in Kreditinstituten:

- Reiter, W.: Electronic Banking, in: Kurbel, K. und H. Strunz (Hrsg.): Handbuch Wirtschaftsinformatik, Stuttgart 1990, S. 138-152.
- Straub, E.: Electronic Banking - Die elektronische Schnittstelle zwischen Banken und ihren Kunden, Bern/Stuttgart 1990.
- Walter, B.: Electronic Banking als Erweiterung des Vertriebssystems und des Leistungsprogramms, in: Süchting, J. und E. van Hooven (Hrsg.): Bankmarketing, 2. Aufl., Wiesbaden 1991, S. 303-328.

Zur Organisation in Banken:

- Engels, W. (Hrsg.): Organisation der Banken und des Bankenmarktes, Frankfurt 1988.
- Liebau, G.: Marktorientierte Organisation in Kreditinstituten, Göttingen 1981.

Kontroll- und Verständnisfragen

(1) Schildern Sie das Aussehen eines modernen Front-Office. Welche personellen, technischen und räumlichen Voraussetzungen sind daran zu stellen?

(2) Welche Ziele lassen sich durch Electronic Banking erreichen?

(3) Beschreiben Sie die nationalen und internationalen Normungen und Standardisierungen mit ihren Auswirkungen auf den Zahlungsverkehr.

(4) Skizzieren Sie den Aufbau des SWIFT-Systems.

(5) Welche besonderen Sicherheitsvorkehrungen können Banken treffen?

(6) Wie kann der quantitative Personalbedarf eines Kreditinstitutes ermittelt werden? Welche Schwierigkeiten ergeben sich hierbei?

(7) Erstellen Sie ein Anforderungsprofil für verschiedene Front- und Back-Office-Mitarbeiter.

(8) Welche Komponenten umfaßt eine gute Stellenbeschreibung?

(9) Welchen Einfluß üben Arbeitsplatzbewertung und Leistungsbeurteilung auf das Entlohnungssystem aus?

(10) Welche Vorteile ergeben sich aus einer marketingorientierten Aufbauorganisation? Woran ist diese zu orientieren?

(11) Welche Bedingungen sind an eine bankbetriebliche Ablauforganisation zu stellen?

(12) Skizzieren Sie die Einsatzmöglichkeiten von SvZ in Kreditinstituten.

6. Marktpolitik (einschließlich Bankgeschäfte)

6.1 Einführung

Jahrzehntelang war die Angebotspolitik der Kreditinstitute produktionsorientiert. Erst mit zunehmendem Abbau der Wettbewerbsschranken (Verzicht auf die Bedürfnisprüfung bei Zweigstellengründungen, Aufhebung der staatlichen Zinsbindung und des Wettbewerbsabkommens) in den späten 50er Jahren und in den 60er Jahren wurde der Aktionsbereich für eine marktorientierte Unternehmensführung ausgeweitet. Zunehmend verbreiterte Universalbankkonzeptionen, wie sie vor allem im Industriekreditgeschäft und bei der Akquisition der privaten Haushalte in den deutlichsten Formen zum Ausdruck kamen, führten zu einer weitgehenden Verteilung der kundenbezogenen Marktanteile. Der Verteilungswettbewerb mußte somit allmählich durch eine Strategie des Verdrängungswettbewerbes abgelöst werden. Verstärkt wurde diese Entwicklung durch das aggressive Marktverhalten ausländischer Kapitalanlagegesellschaften. Anderseits trat die "Produktion", d.h. Fragen der technischen Abwicklung der Bankgeschäfte durch die gestiegene Leistungsfähigkeit der EDV zusehends in den Hintergrund.

Unter diesen Voraussetzungen mußte der Bankenmarkt zwangsläufig eine Wandlung vom Verkäufer- zum Käufermarkt erfahren. Ab der Mitte der 60er Jahre ist eine zunehmende Ausrichtung der Geschäftspolitik der Banken am Engpaßbereich Markt festzustellen.

Ohne auf eine Diskussion des Begriffes eingehen zu können, wollen wir unter **Marketing** vor allem den Ausdruck eines marktorientierten unternehmerischen Denkstils verstehen, der sich durch eine schöpferische, systematische und zuweilen auch aggressive Note auszeichnet. Die für Marketing Verantwortlichen begnügen sich nicht mehr damit, auf Entwicklungen zu reagieren, also Daten zu registrieren, sondern streben danach, selbst Daten zu setzen (Nieschlag, R.; Dichtl, E. und H. Hörschgen, 1988, S.8 f). Hierin kommt insbesondere die strategische Ausrichtung des Marketing zum Ausdruck.

Wir unterscheiden zwei Kategorien von Marketingdefinitionen, eine klassische (ökonomische) und eine moderne (generische). In der klassischen Fassung bedeutet Marketing Planung, Koordination und Kontrolle aller auf die aktuellen und potentiellen Märkte ausgerichteten Unternehmensaktivitäten. Durch eine dauerhafte Befriedigung der Kundenbedürfnisse sollen die Unternehmungsziele im gesamtwirtschaftlichen Güterversorgungsprozeß verwirklicht werden (Meffert, H., 1986).

Bei der modernen Marketingdefinition sind alle Formen des Austausches zwischen zwei Kontrahenten zu berücksichtigen (generischer Begriff). Damit wird **"Marketing als Sozialtechnik"** (Nieschlag, R.; Dichtl, E. und H. Hörschgen, 1988, S.18 ff) verstanden und die Marktaktivitäten nicht-kommerzieller Institutionen einbezogen. Dieser Ansatz hat Eingang in die Definition der American Marketing-Association gefunden: "Marketing is the process of planning and executing the conception, pricing, promotion and distribution of ideas, goods, and services to create exchanges that satisfy individual and organizational objectives." Gemeinsam ist beiden Ansätzen die Orientierung an dem Gratifikations- und dem Knappheitsprinzip (Meffert, H., 1988, S. 33).

Vergleichsweise wenig Ansatzpunkte am Bankenmarketing findet der **Konsumerismus** vor. Konsumerismus ist eine in den USA entstandene, mit dem Namen R. Nader untrennbar verbundene Bewegung, die das Ziel verfolgt, ethisch nicht vertretbare Verhaltensweisen von Marktanbietern zu verhindern. Die Konsumerismus-Bewegung bedient sich zur Erreichung dieses Zieles der Beeinflussung der öffentlichen Meinung. Sie wendet sich gegen die Produktdifferenzierung bei homogenen Produkten, die künstliche Veralterung von Produkten, mangelnde Kommunikation zwischen Anbietern und Verbrauchern, unzureichende Information von Leistungsanbietern (Vorenthaltung von Produktinformationen, mangelnder Wahrheitsgehalt) und gegen die suggestive Werbung.

In Zusammenhang mit den Zielsetzungen des Konsumerismus standen bislang im wesentlichen nur die **Überweisungslaufzeiten** und die Konditionen im Zahlungsverkehr in der breiteren öffentlichen Diskussion. Bei den Überweisungslaufzeiten konnte mit den 1975 zwischen den Spitzenverbänden der deutschen Kreditwirtschaft vereinbarten Normlaufzeiten, die gemessen am Stückumsatz heute zu (mindestens) 90% eingehalten werden, eine Regelung gefunden werden. Mit dem Ausbau des elektronischen Zahlungsverkehrs schließlich wird bei zeitkritischen Überweisungsaufträgen sogar die Null-Laufzeit realisierbar sein.

Die **Konditionen im Zahlungsverkehr** stehen noch immer unter dem Eindruck des kostenlosen Leistungsangebotes in der Anfangsphase der Privatkontenakquisition. In der Zwischenzeit sind die Verwaltungsaufwendungen in Dimensionen gewachsen (auf den Zahlungsverkehr entfallen heute 30%-35% der persönlichen und sachlichen Verwaltungsaufwendungen), die für jedes Kreditinstitut die geschäftspolitische Grundsatzfrage aufwerfen müssen, ob sich - nach dem Beispiel der Versicherer - diese Geschäftssparte selbst zu tragen hat oder ob im Sinne einer Maximierung der Gesamtleistungsabnahme und unter Berücksichtigung der Zubringerfunktion Kontoführung und Zahlungsverkehrsleistungen unter den Selbstkosten angeboten werden sollen. De facto werden heute von den kontoführenden Banken im Privatgirogeschäft Gebühren in Rechnung gestellt, die günstigstenfalls 50% der Selbstkosten decken. Problematisch erscheint insbesondere der Kostenunterschied zwischen den einzelnen Zahlungsverkehrsleistungen. Auf der Basis von Vollkosten müßten pro Bareinzahlung ca. 4 DM, für eine Dauerauftragsausführung hingegen nur etwa 0,10 DM in Rechnung gestellt werden (Kollhöfer, D., 1991, S.180).

6.2 Marketingforschung als Instrument der Entscheidungshilfe

Marketing setzt die Erforschung aller marktbedingten aktuellen und zukünftigen Umwelteinflüsse, die direkte oder indirekte Auswirkungen auf die Durchsetzbarkeit der unternehmerischen Zielfunktion haben, voraus. Eingeschlossen ist hier die Wirkungsanalyse der marktpolitischen Instrumente (Distributionsforschung, Preisforschung, Produktforschung, Werbeforschung).

Die **ökoskopische Forschung** verarbeitet und analysiert sekundärstatistische Daten, greift also auf bereits vorhandene Informationen zurück und wertet sie institutsbezogen aus.

Ein charakteristisches Beispiel, bei dem sogar auf Daten des eigenen Institutes zurückgegriffen werden kann, ist die Abgrenzung des Einzugsbereiches von Zweigstellen. Aus dem Kundeninformationssystem bzw. von den Kundenkonten werden nach einer Zufallsstichprobe (jeder 10., 100., 1.000.,.... Kunde) die Adreßdaten entnommen und auf einem (Stadt-/Orts-) Plan vermerkt.

Aber auch volkswirtschaftliche Daten, sektoral oder institutsspezifisch aufgeschlüsselte Daten zur Wachstums- und Marktanteilsentwicklung oder Prognosen über die wirtschaftliche Entwicklung, aus denen sich das zukünftige Marktpotential ableiten läßt, können auf ökoskopischem Wege gewonnen werden.

Im Gegensatz dazu baut die **demoskopische Forschung** auf Primärerhebungen auf. Der Demoskopie zuzurechnen sind Repräsentativerhebungen, qualitative Interviews, psychologische Explorationen, Tiefeninterviews und experimentelle Methoden.

Die **Repräsentativerhebung** kann sich in Form einer mündlichen, telefonischen oder schiftlichen Befragung vollziehen. Sie bezweckt, aus der Befragung einer Teilmenge (= Stichprobe) der Grundgesamtheit (z.B. alle Erwachsenen des Einzugsbereiches, ausgewählte Zielgruppen) unter Inkaufnahme einer maximalen Fehlertoleranz Repräsentativschlüsse auf das Verhalten oder auf Einstellungen der Grundgesamtheit ziehen zu können.

Die Stichprobe wird mittels systematischer Auswahlverfahren gebildet, so daß sie als repräsentativ für die Grundgesamtheit gelten kann. In der Regel reicht selbst für große Grundgesamtheiten bereits eine Stichprobe von einigen tausend Interviews.

Bei der von Interviewern durchgeführten mündlichen Erhebung werden Fragen nach folgendem Muster gestellt:

Typische Frage aus der Repräsentativerhebung eines Kreditinstitutes:
Welcher der nachstehend angeführten Gründe hat Sie veranlaßt, Ihre Bank zu wählen?

- Nähe zur Wohnung,
- Nähe zum Arbeitsplatz,
- niedrige Kreditzinsen,
- hohe Einlagenzinsen,
- qualifizierte Beratung,
- zuvorkommende Bedienung,
- persönlicher Kontakt mit Mitarbeitern der Bank,
- sonstige Gründe.

Wir wollen als mögliches (Teil-)Ergebnis einer Repräsentativerhebung die (hypothetisch konstruierte) Beurteilung der **Imageprofile des Schalterpersonals** von drei konkurrierenden Kreditinstituten darstellen (Diagramm 82).

Diagramm 82: Imageprofile des Schalterpersonals von drei Kreditinstituten

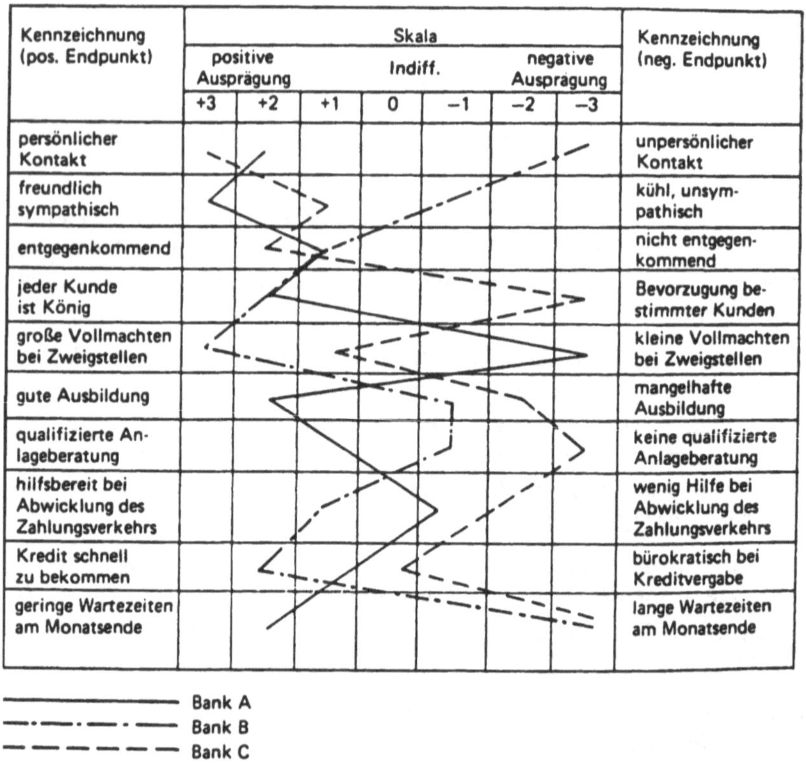

Das vorstehende Imageprofil (Diagramm 82) wird durch ein Skalierungsverfahren ermittelt. Jeder Interviewte vergibt bei den Fragen zu den einzelnen Imagemerkmalen Punkte innerhalb der angeführten Skala +3 und -3.

Die Beurteilung des Schalterpersonals kann aus plausiblen Gründen nur von den Kunden der jeweiligen Bank vorgenommen werden. Besonders aussagekräftig sind in diesem Zusammenhang die Befragungsergebnisse von Kunden, die geschäftliche Verbindungen zu mehreren der untersuchten Banken unterhalten.

Im Augenblick noch kaum von Bedeutung sind zumindest für das Kreditwesen im deutschsprachigen Raum **telefonische Befragungen**. Aufgrund der steigenden Kosten und der sinkenden Ausschöpfungsquoten mündlicher Befragungen (Bauer, E., 1980, S. 173) sollten sie aber in der Zukunft an Boden gewinnen können. Die telefonische Befragung bietet den besonderen Vorzug, in unmittelbarem zeitlichen Anschluß an ein aktuelles Ereignis ein repräsentatives Meinungsbild gewinnen zu können. Im Regelfall spielt diese zeitliche Komponente aber für die Marketingforschung der Kreditinstitute keine nennenswerte Rolle.

Größere Bedeutung kommt im Kreditwesen dagegen der **schriftlichen Kundenbefragung** zu. Sie ist zu vergleichsweise geringen Kosten durchzuführen. Anderseits werden bei dieser Form der Erhebung nur eigene Kunden erreicht, deren Vergleichsmöglichkeiten mit der Leistungsfähigkeit der Konkurrenzinstitute, sofern nicht Verbindungen zu mehreren Banken bestehen, begrenzt sind. Ansatzpunkte zur Akquisition neuer Kunden liefert sie kaum. Auch weisen die Ergebnisse schriftlicher Kundenbefragungen in ihrer Tendenz eine Schieflage zugunsten einer überdurchschnittlich positiven Beurteilung der kontoführenden Bank auf.

Qualitative Interviews wenden sich an einen im Vergleich zur Repräsentativerhebung wesentlich kleineren Personenkreis (60-300 Befragte). Im Fragebogen wird auf die Vorgabe von Antworten weitgehend verzichtet (= offene Fragen). Die **psychologische Exploration** bedient sich hochentwickelter psychologischer Explorationstechniken wie projektiver oder assoziativer Verfahren (Nieschlag, R.; Dichtl, E. und H. Hörschgen, 1988, S. 705). Dies bedingt notwendigerweise den Einsatz qualifizierter Interviewer (Diplom-Psychologen). Das **Tiefeninterview** kann als Intensiv-Gespräch zwischen Interviewer und Befragten dargestellt werden und liefert Ergebnisse, die im Wege der direkten Befragung nicht erhoben werden können. Dem Interviewer dient dabei in der Regel ein Explorationsleitfaden als gedankliche Stütze (Nieschlag, R.; Dichtl, E. und H. Hörschgen, 1988, S. 705).

Diese drei Befragungsmethoden eignen sich vor allem für die Motivforschung (z.B. grundsätzliche Einstellungen ausgewählter Zielgruppen zum Ratenkauf) und für die Werbekonzeptions-Tests, Werbemittel-Tests und Werbewirkungsanalysen. Mit ihrer Hilfe können aber auch **Kundenstereotypen** erfragt werden. Aus diesen läßt sich ersehen, welche charakteristischen Eigenschaften mit einem bestimmten Kundentyp (z.B. mit Kunden einer Großbank, eines Privatbankhauses, einer Sparkasse, einer Volksbank) assoziiert werden.

Experimentielle Methoden schließlich, die Wahrnehmungs-, Entscheidungs- oder Handlungsabläufe analysieren, werden vor allem zur Entscheidungshilfe bei der Werbemittelgestaltung eingesetzt.

6.3 Differenzierung nach Zielgruppen

Der Einsatz des marktpolitischen Instrumentariums erfordert eine Differenzierung nach Kunden- oder Zielgruppen. Erst unter dieser Voraussetzung ist ein Abgehen vom Gießkannenprinzip und ein an den Kundenbedürfnissen orientiertes Bankmarketing möglich. Im Rahmen einer strategischen Ausrichtung des Marketing-Managements erfolgt die Suche nach strategischen Geschäftsfeldern (SGF), um daraus Rückschlüsse auf die Bildung von strategischen Geschäftseinheiten (SGE) ziehen zu können. Die hierbei angestrebte Gruppierung der Kundschaft geht über die klassische Marktsegmentierung hinaus.

Eine Differenzierung der Kunden kann grundsätzlich nach mehreren Gesichtspunkten vorgenommen werden. Ausgehend von den drei Gruppen kommerzielle Kunden, private Kunden und öffentliche Haushalte kommt bei den kommerziellen und privaten Kunden noch eine weitergehendere Differenzierung nach folgenden Kriterien in Betracht:

Kommerzielle Kunden:

- nach dem Wirtschaftszweig,
- nach der Unternehmensgröße,
- kombiniert nach Wirtschaftszweig und Unternehmensgröße,
- nach der Kapitalmarktfähigkeit (emissionsfähige/nicht emissionsfähige Unternehmen),
- nach dem geographischen Tätigkeitsfeld (lokale/nationale/internationale - Unternehmen).

Private Kunden:

- nach der Art des Geschäftes (Mengengeschäft - Individualgeschäft),
- nach soziodemographischen Merkmalen (Alter, Geschlecht, Einkommen, Beruf),
- nach psychologischen Merkmalen,
- nach Verhaltensmerkmalen,
- nach Hobbygruppen.

Ungewöhnlich wirkt auf den ersten Anschein die Differenzierung der privaten Kunden nach Hobbygruppen. Gemessen an der Bankpraxis handelt es sich unzweifelhaft um eine zukunftsorientierte Konzeption.

Die Zielgruppenbildung nach psychologischen Merkmalen basiert methodisch auf der Faktorenanalyse oder der multiplen Diskriminanzanalyse. Es geht darum, möglichst in sich homogene Kundengruppen, sog. Cluster[1], herauszuschälen. Zwischen den gefundenen Clustern soll eine maximale Heterogenität bestehen. Äußerst problematisch erscheint die praktische Umsetzung der aufgrund psychologischer Kriterien gefundenen Einteilung, da eine Kategorisierung ohne genaue Kenntnis des Kunden zwangsläufig willkürlich zu erfolgen hat. Noch ungenauer ist die Zuordnung von Nicht-Kunden.

Eine in Deutschland auf einer umfassenden Datenbasis aufgebaute, vom Deutschen Sparkassen- und Giroverband in Auftrag gegebene Clusteranalyse kam auf der Grundlage der Analyse **psychologischer Merkmale** zu der sog. DOR-Typologie. Es ergab sich eine Grobeinteilung in die fünf Kundengruppen:

- Allroundkunden,
- Kreditkunden,
- Sparkunden,
- nicht planende Kunden und
- inaktive Kunden.

Der Ansatz wurde in der beschriebenen Form aufgegeben, da er sich in der bankbetrieblichen Praxis - trotz stärkerer Kundenorientierung - nicht durchsetzen ließ. In der Weiterentwicklung wurden **soziodemographische Kriterien** hinzugenommen (Cramer, J. E., 1991, S. 124). Diese lassen sich zunächst ohne größeren Aufwand zuordnen und erlauben gleichzeitig aussagefähige Rückschlüsse auf die Einstellung gegenüber den Kreditinstituten. Erwähnenswert sind in diesem Zusammenhang die halbjährlichen repräsentativen Panelbefragungen (GfK-Finanzmarktpanel). Dabei werden im Zeitablauf die regionalen Unterschiede in der Nutzung der verschiedenen Finanzdienstleistungen erhoben. Hierbei ergibt sich neben dem Hinweis auf soziodemographische Kriterien auch Aufschluß über **Verhaltensmerkmale**. Hierzu zählen z.B die Nachfragefrequenz, die Kontaktgewohnheiten, die Dienstleistungspräferenzen, die Institutstreue und die Medianutzung (Cramer, J. E., 1991, S. 125). Auch die Stimmungsabhängigkeit unterschiedlicher Anlageformen kann dabei abgeleitet werden. Es besteht die Tendenz, die Ableitung von Kundengruppen auf mehreren Merkmalsausprägungen aufzubauen.

Ein recht früher Ansatz einer nach mehreren Kriterien ausgerichteten Typologisierung der Privatkundschaft ist von einer einschlägigen US-amerikani-

---

1 Zur Methodik der Faktorenanalyse siehe Überla, K., 1977, zur Clusteranalyse siehe Späth, H. 1977.

schen Untersuchung verfügbar (Robertson, D.H. und D.N. Bellenger, 1977, S. 278 ff)[2].

Beispielhaft sollen einige neuere Ansätze der Kundensegmentierung vorgestellt werden.

Diagramm 83: Typologie nach Geldtypen und Kundensegmenten

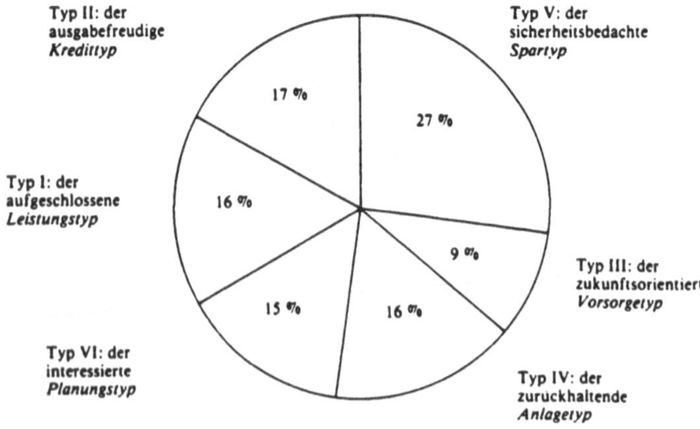

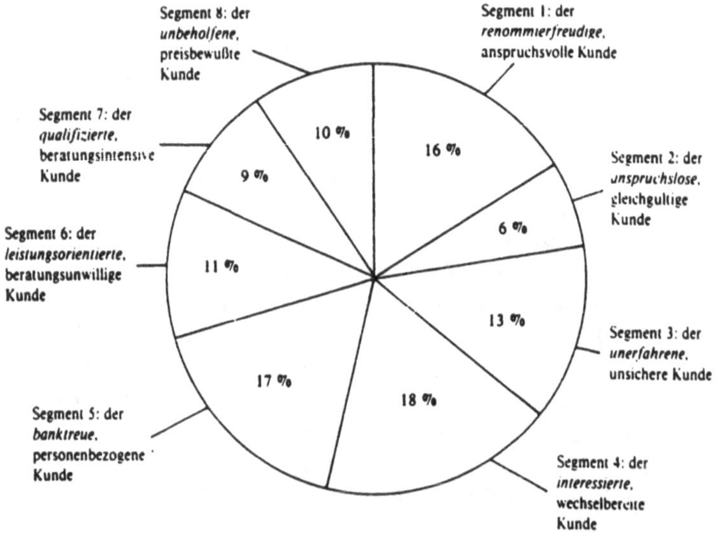

Quelle: Weber, B., 1991, S. 242 f.

2 Ausführlich siehe Priewasser, E., 1986, S. 225 ff und Thiesing, E. O., 1986, S. 210 ff.

Weber (1991, S. 242) fordert, solche Segmente zu bilden, die sich im Markt wiederfinden. Er sieht eine operationale Basis in den folgenden Differenzierungen.

Tabelle 53 zeigt zwei recht unterschiedliche Typologisierungen, die jeweils verschiedene Kundenmerkmale kombinieren. Jeden einzelnen Typ und jedes Segment kennzeichnen eine bestimmte Kombination psychologischer, verhaltensorientierter und soziodemographischer Merkmale. Tabelle 53 veranschaulicht vergleichend die Wesensmerkmale des Geldtyps V und des Segmentes 1 (Weber, B., 1991, S. 242 ff).

Tabelle 53: Vergleich des sicherheitsbedachten Spartyps (Geldtyp V) mit dem renommierfreudigen, anspruchsvollen Kunden

	Charakteristik	**Soziodemographische Merkmale**
I	▪ interessiert sich nur wenig für Geldangelegenheiten ▪ Sicherheit in Gelddingen ist ihm wichtiger als mögl. Gewinn ▪ vermeidet jedes Risiko ▪ macht keine Schulden ▪ ist prinzipiell gegen Kredite ▪ kauft nur Dinge, die er sich leisten kann	▪ häufig Frauen ▪ Altersschwerpunkt 50-65 Jahre ▪ überwiegend Volksschulbildung ▪ im Beruf oft Arbeiter ▪ eher mittleres bis niedriges Einkommen ▪ Verstärkt 2- bis 3- Personen-Haushalte
II	▪ braucht große, renommierte und leistungsfähige Bank ▪ will gutes Verhältnis zum Filialleiter ▪ möchte optimal informiert und beraten werden	▪ meist Männer ▪ verheiratet ▪ Mehrpersonenhaushalte ▪ viele Selbständige und freie Berufe ▪ hohes Einkommen ▪ oft in Großstädten
	I = Geldtyp V	II = Segment 1

Den Versuch über die univariate Segmentierung hinausgehend **strategische Geschäftsfelder** abzuleiten unternimmt Küspert (1991, S. 425 ff). Zunächst werden in sich homogene Marktsegmente herausgearbeitet. In einem zweiten Schritt werden diese einer Umwelt- und Unternehmensanalyse unterzogen. Die bewerteten Segmente werden im dritten Schritt in ein Portfolio eingeordnet, wobei sie zu strategischen Geschäftsfeldern zusammengefaßt werden. Die Geschäftsfelder werden ebenfalls bewertet. Im vierten Schritt sind dann die geeignetsten Geschäftsfeldkonstellationen zu bestimmen.

Eine von Küspert im Jahre 1987 durchgeführte Befragung mehrerer tausend Personen führte zu der in Tabelle 54 dargestellten Segmentierung.

Tabelle 54: Darstellung der ermittelten Kundengruppen

Charakteristik / Kundengruppen	Kurzcharakteristik	Anteil an der Gesamtbevölkerung[1] in Millionen	in %	Produktnutzung ingesamt	Güte der Klassifikation (diskriminanzanalytische Überprüfung) in %
Selbständige	ausschließlich Selbständige	1,69	3,44	überdurchschnittlich	100,0
»Vermögende«	Personen mit einem persönl. Nettoeinkommen > 4000 DM	1,06	2,14	überdurchschnittlich	90,6
Jugendmarkt	Schüler, Studenten und Lehrlinge	5,54	11,25	unterdurchschnittlich	100,0
Seniorenmarkt	Personen, die weder vermögend noch selbständig sind und älter als 59 Jahre	11,44	23,26	unterdurchschnittlich	99,9
Kinderlose Doppelverdiener	verheiratet, keine Kinder und beide Partner arbeiten	5,29	10,76	überdurchschnittlich	98,1
»Singles«	ledig, geschieden oder verwitwet, alleinelebend, keine Kinder	7,45	15,14	unterdurchschnittlich	95,7
Familien in der Frühphase	Ehepaare mit 1 oder 2 Kindern unter 6 Jahren	4,36	8,86	überdurchschnittlich	97,8
Familien in der Mittelphase	Ehepaare mit 1 oder 2 Kindern zwischen 6 und 17 Jahren	6,05	12,30	überdurchschnittlich	98,6
Familien in der Spätphase	Ehepaare, deren Kinder das Elternhaus bereits verlassen haben	6,32	12,85	überdurchschnittlich	99,2

[1] Zugrundegelegt ist hier die in der Bundesrepublik lebende deutsche Bevölkerung (d. h. ohne Berücksichtigung von Ausländern) ab 14 Jahren, die im Jahre 1987 (= Jahr der Marktforschungsuntersuchung) 49,2 Millionen betrug.

Quelle: Küspert, A., 1991, S. 428.

Gemäß der oben dargestellten Folgeschritte positioniert Küspert die gefundenen Marktsegmente und faßt sie zu strategischen Geschäftseinheiten zusammen (Diagramm 84). Bei seriöser Durchführung einer solchen Zielgruppendifferenzierung ist ein hoher Informationsgehalt zu erwarten.

Diagramm 84: Positionierung der Zielgruppen im 3D-Portfolio

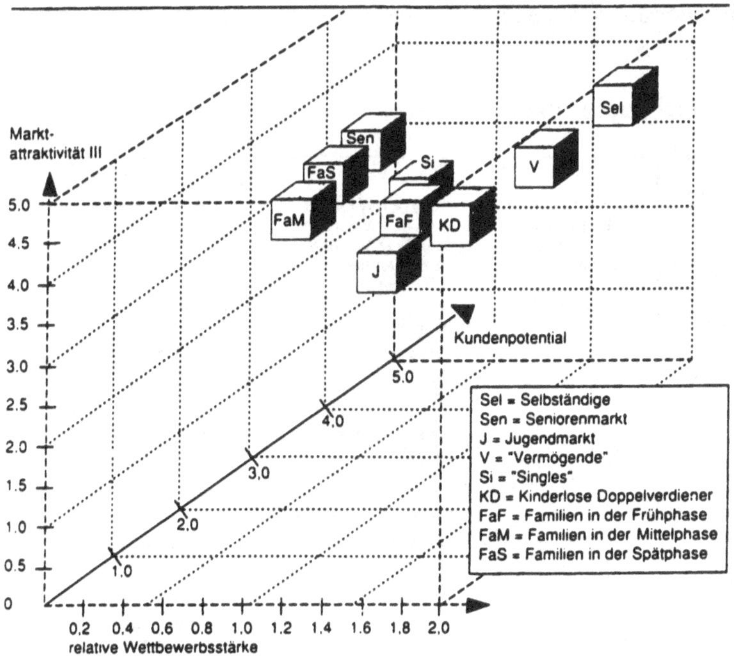

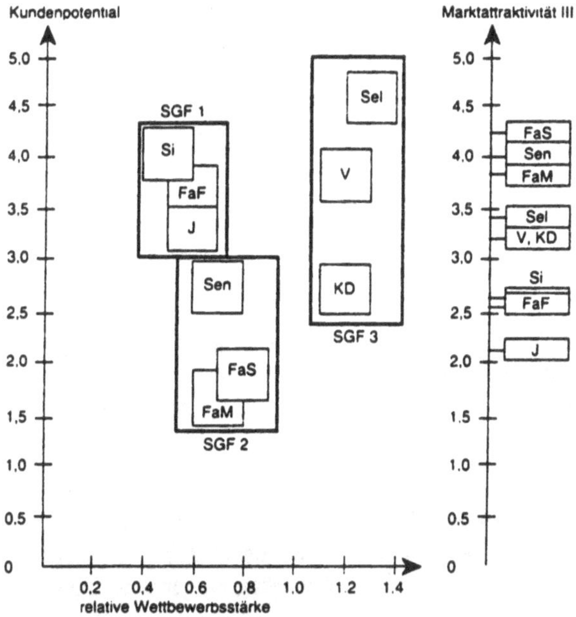

Eine Differenzierung **kommerzieller Kunden** unternimmt Dierolf (1991, S. 52 f). Die von ihm aufgestellte Neun-Felder-Matrix stellt das Kundenpotential und den Bindungsgrad an das Institut gegenüber (Tabelle 55).

Tabelle 55: Zielgruppenstrategie im Firmenkundengeschäft

Potential Firmenkunden / Bindungsgrad	1 **Kunde hat langfristig großes Wachstum und Zukunft** **Aufsteiger**	2 **Kunde hat mittleren Erfolg, wächst wie der Durchschnitt der Branche** **Mitläufer**	3 **Kunde hat keinen Erfolg, keine Zukunft, Stagnation und Rückgang** **Absteiger**
1 **Kunde bevorzugt uns: Stammkunde** Unser Angebot paßt optimal	**Idealkunde** bevorzugen, pflegen (1)	**Ertragskunde** bevorzugt besuchen, pflegen (2)	**Barzahlungskunde** kritisch beobachten (3)
2 **Kunde bevorzugt keinen: Sowohl-als-auch-Kunde** Unser Angebot paßt wie Konkurenzangebot	**potentieller Idealkunde** umwerben, hoher Aufwand (4)	**Standardkunde** umwerben, kostenbewußt akquirieren (5)	**Mitnahmekunde** wenig Aufwand nur gegen bar; kein Service (6)
3 **Kunde bevorzugt Konkurrenten: Konkurrenzkunde** Unser Angebot paßt ungenügend	**Beobachtungskunde** situationsbedingter Aufwand (7)	**Karteikunde** gelegentlich beobachten (8)	**zu meidender Kunde** kein Aufwand, nicht besuchen (9)

Quelle: Dierolf, G., 1991, S. 52.

Die entstandene Einteilung der Firmenkunden erlaubt eine direkte Zuordnung von Strategien. So ist verständlicherweise der "Idealkunde" zu bevorzugen und zu pflegen, während für den "zu meidenden Kunde[n]" kein Aufwand entstehen sollte.

Typisches Einsatzgebiet der Zielgruppendifferenzierung ist die Einzelansprache von Kunden (über Direktwerbeaktionen oder Zusatzangebote durch Kundenkontakter). Hierzu kann die Bank eine an den beschriebenen Merkmalen orientierte Cluster-Zuordnung mit Hilfe eines Fragebogens durchführen.

6.4 Marktpolitisches Instrumentarium

6.4.1 Vertriebsformen

6.4.1.1 Zweigstellen

Wie empirische Erhebungen vielfach bestätigen, kommt räumlichen Präferenzen (Nähe einer Bankstelle zur Wohnung bzw. zum Arbeitsplatz) bei der Institutswahl ein hoher Stellenwert zu. Im Zuge der Verlagerung von Routinegeschäften auf Automaten, die z.T. selbst von der Wohnung aus bedienbar sind (Bildschirmtext-System), wird sich jedoch das Gewicht räumlicher Präferenzen abschwächen.

Trotzdem wird der Standortfaktor aufgrund eines weitgehend homogenen Leistungsangebotes und sich zusehends annähernder Bank-Preise auch weiterhin ein entscheidender Bestimmungsgrund bei der Wahl der Bank sein.

Als Entscheidungshilfe bei der Standortwahl von Bank-Zweigstellen stehen mehrere leistungsfähige Ansätze zur Verfügung. Wir wollen uns im folgenden mit dem Gravitationsmodell (gravity model), den Marktkennziffern und der Profilanalyse näher auseinandersetzen.

Das **Gravitationsmodell** geht von der grundsätzlichen Überlegung aus, daß jede Bankstelle durch die vorhandenen räumlichen Präferenzen von Bankkunden einen (schwachen) monopoloiden Bereich entstehen läßt. Mit zunehmender Entfernung von einem Standort verringert sich seine Anziehungskraft durch den Einbruch konkurrierender Bankstellen. Damit geht auch der zu erwartende Ausschöpfungsgrad des angesiedelten Kundenpotentials zurück.

Die von einem konkreten Standort aus erreichbare Kundenanzahl wird von folgenden Faktoren bestimmt:

- von der Anzahl der gesamten im Einzugsbereich angesiedelten Bankkunden,
- von den räumlichen Präferenzen zugunsten des Standortes,
- von sonstigen Präferenzen (persönlicher, sachlicher und zeitlicher Art) zugunsten einer Bankstelle.

Das Gravitationsmodell (Eilon, S. und T.R. Fowkes, 1972, S. 220 f), dessen Anwendung sich vor allem in städtischen Siedlungen empfiehlt, teilt den Einzugsbereich einer Bankstelle in Zonen auf (Diagramm 85).

Diagramm 85: Einzugsbereich einer Bankstelle (Flächendiagramm)

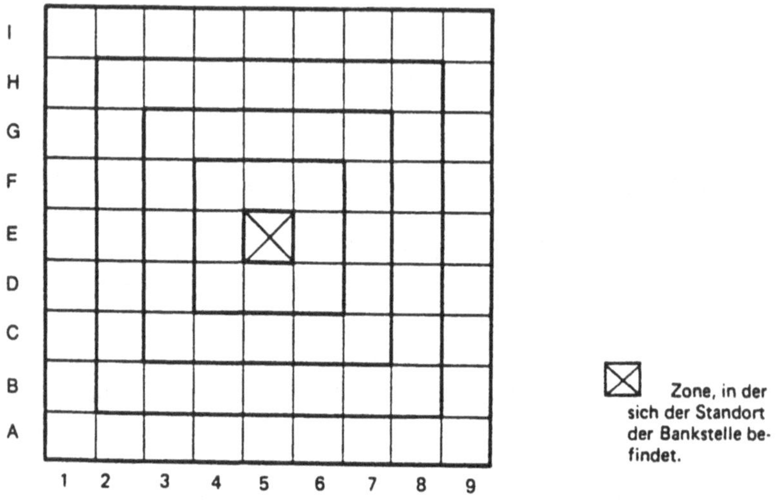

Die Anzahl der potentiellen Kunden ist sodann wie folgt zu ermitteln (Tab. 56):

Tabelle 56: Anzahl der potentiellen Kunden des gesamten Einzugsbereiches (lt. Flächendiagramm)

Zone Nr.	Diagrammfläche (n) (Diagramm 85)	Bankkunden insgesamt	Prognostizierter Ausschöpfungsgrad in %	Potentielle Kunden
I	E5	100	45	45
II	D4-D6 F4-F6 4E;6E	800	35	280
III	C3-C7 G3-G7 3D-3F 7D-7F	1.400	30	420
IV	B2-B8 H2-H8 2C-2G 8C-8G	2.200	20	440
V	A1-A9 I1-I9 1B-1H 9B-9H	3.500	5	175
I-V	A-I/1-9	8.000	17	1.360

Daten über den prognostizierten Ausschöpfungsgrad der einzelnen Zonen können orientierungsweise bei den bereits bestehenden eigenen Bankstellen gewonnen werden.

Siepmann (1968, S. 242 ff) entwickelt zur Standortbestimmung **Ringzonen** (Diagramm 86), aus denen er auf der Basis der Wohnbevölkerung die Anzahl der potentiellen Kunden errechnet.

Siepmann verweist im besonderen auf die unterschiedliche Bedeutung der räumlichen Komponente für einzelne Bankgruppen. So spielen räumliche Präferenzen bei Sparkassen eine deutlich größere Rolle als bei Großbanken oder Privatbankiers.

Diagramm 86: Einzugsbereich einer Bankstelle (Ringzonen)

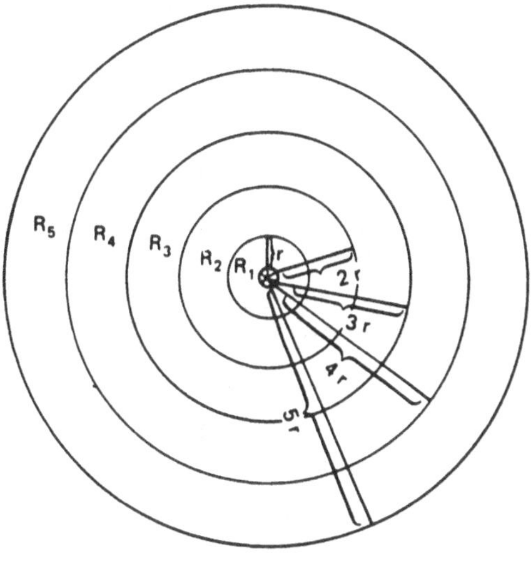

⊗: Standort der Bankstelle
$R_1 \ldots R_5$: Ringzone 1 bis 5
r ... 5 r: Radius der Ringzonen 1 bis 5

Mit einem Gravitationsmodell ist aber die Frage nach der Wirtschaftlichkeit einer beabsichtigten Zweigstellengründung noch nicht beantwortet. Zu untersuchen ist, wie groß der Mindest-Einzugsbereich sein muß bzw. ob die Anzahl der potentiellen Kunden eines konkreten Standortes zur Kostendeckung ausreicht. Für die **Wirtschaftlichkeitsanalyse** können die klassischen Investitionsrechnungsverfahren, im besonderen die Kapitalwertmethode und die Amortisationsmethode, angewandt werden. Wir wollen in der nachfolgenden Tab. 57 an einem konkreten Beispielfall eine Wirtschaftlichkeitsrechnung

(Heinz, H.J. und P.G. Windisch, 1978, S. 63 ff) für eine Einzugszweigstelle[3] durchführen:

Tabelle 57: Wirtschaftlichkeitsrechnung einer beabsichtigten Zweigstellengründung

Jahr nach der Zweigstellengründung	0	1	2	3	4	5
Im Einzugsbereich angesiedelte Bankkunden (Anzahl)	8.100	8.500	9.000	9.500	10.000	10.000
Ausschöpfungsgrad in Prozent	4	6	9	13	15	17
Ausschöpfungsgrad absolut	324	510	810	1.235	1.500	1.700
Durchschnittliche Einlagenhöhe je Kunde in DM	10.000	12.000	13.000	14.000	15.000	16.000
Einlagenbestand in TDM	3.240	6.120	10.530	17.290	22.500	27.200
Kalkulatorischer Zinsertrag (2%), in DM	64.800	122.400	210.600	345.800	450.000	544.000
Anzahl der Mitarbeiter	3	3	3	5	5	6
Personalkosten je Mitarbeiter in DM	35.000	40.000	45.000	50.000	55.000	60.000
Personalkosten insgesamt in DM	105.000	120.000	135.000	250.000	275.000	360.000
Sachkosten insges. in DM	60.000	60.000	65.000	80.000	80.000	100.000
Summe Personal- und Sachkosten in DM	165.000	180.000	200.000	330.000	355.000	460.000
Ertrag-Kosten in DM	-100.200	-57.600	10.600	15.800	95.000	84.000

Im Gegensatz zum Gravitationsmodell eignen sich **Marktkennziffern** vor allem als Entscheidungsgrundlage zur Standortwahl in Land- und Kleinstädten sowie in ländlichen Siedlungen. Sie bezwecken, mit Hilfe von Punktebewertungsverfahren die wirtschaftlichen Umweltfaktoren alternativer Standorte zu erfassen und zu quantifizieren.

In ein Bewertungsverfahren zur Errechnung von Marktkennziffern (Kunze, Ch., 1973, S. 38 ff) können beispielhaft dargestellt folgende Faktoren eingehen (Tab. 58).

3 Darunter ist eine Bankstelle zu verstehen, die als Kapitalsammelstelle fungiert und kein Kreditgeschäft in nennenswertem Ausmaß betreibt.

Tabelle 58: Schema eines Punktebewertungsverfahrens zur Berechnung von Marktkennziffern

Kriterium	Gewichtungsfaktor (in %)	Erfüllungsgrad (Punktwert)	Gewichtungsfaktor * Erfüllungsgrad
Gruppe I: Demographische Daten ▪ Einwohnerzahl ▪ Bevölkerungsprognose ▪ Tägliche Einpendler ▪ Täglicher Pendlersaldo (Einpendler-Auspendler) ▪ Berufsstruktur			
Gruppe II: Kaufkraft-Daten ▪ Durchschnittliches Pro-Kopf-Einkommen ▪ Einkommensstruktur ▪ (Gemeinde-)Steueraufkommen			
Gruppe III: Daten zu den angesiedelten Unternehmen ▪ Anzahl der Beschäftigten ▪ Anzahl der Produktionsbetriebe ▪ Anteil der Produktionsbetriebe mit mindestens ...Beschäftigten ▪ Anzahl der Handelsbetriebe ▪ Anteil der Handelsbetriebe mit mindestens ...Beschäftigten ▪ Anzahl der Dienstleistungsbetriebe ▪ Anteil der Dienstleistungsbetriebe mit mindestens ...Beschäftigten ▪ Anzahl der Übernachtungen			
Gruppe IV: Daten zum Nutzungsverhalten ▪ Potentielle Kunden (Umzugswillige) ▪ Anzahl Privatgirokonten/ 100 Einwohner ▪ Anzahl Sparkonten/ 100 Einwohner ▪ Anzahl Kreditkonten/ 100 Einwohner ▪ Anzahl Wertpapierdepots/ 100 Einwohner ▪ Anzahl Scheckkarten/ 100 Einwohner ▪ Anzahl Kreditkarten/ 100 Einwohner			
Marktkennziffer	100		

Unzweifelhaft wird man die auf dieser Grundlage errechneten kumulativen Marktkennziffern in ihrer Aussagekraft nicht überschätzen dürfen. Die Gewichtung der Einzelkriterien und die Festlegung der Bewertungsskalen werden ähnlich wie bei der Arbeitsplatzbewertung nicht frei von subjektiven Schätzungen sein können. Bei einigen Kriterien wird außerdem die Datengewinnung auf Schwierigkeiten stoßen und zudem nur in vergleichsweise aufwendiger Form durch demoskopische Erhebungen möglich sein. Trotz all dieser Einwände ist den Marktkennziffern ein erheblicher Informationswert nicht abzusprechen.

In Fortführung des Entscheidungsprozesses empfiehlt sich eine Gegenüberstellung der ermittelten Marktkennziffern mit der Bankstellendichte alternativ in Betracht gezogener Standorte (Diagramm 87).

Diagramm 87: Marktkennziffern und Bankstellendichte alternativer Standorte (1-15 alternative Standorte für Zweigstellengründungen)

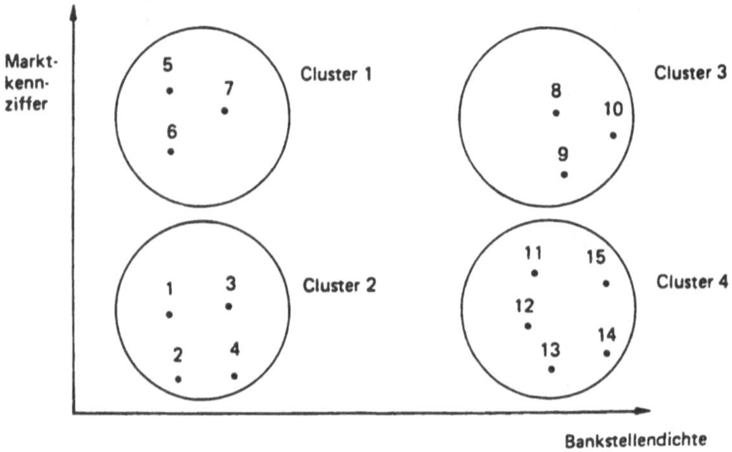

In Diagramm 87 erkennen wir aufgrund einer bewußt gewählten extremeren Differenzierung der Marktkennziffern und der Bankstellendichte folgende vier Gruppen (bzw. Cluster):

- Standorte mit hoher Marktkennziffer und hoher Bankstellendichte (Cluster 3)
- Standorte mit niedriger Marktkennziffer und niedriger Bankstellendichte (Cluster 2)
- Standorte mit hoher Marktkennziffer und niedriger Bankstellendichte (Cluster 1)
- Standorte mit niedriger Marktkennziffer und hoher Bankstellendichte (Cluster 4)

Bei der endgültigen Wahl werden jene Standorte den Vorzug genießen, die eine hohe Marktkennziffer bei vergleichsweise niedriger Stellendichte aufweisen (= Standorte 5, 6 und 7). Die geringste Attraktivität kommt den Standorten mit niedriger Marktkennziffer und hoher Stellendichte zu (= Standorte 11, 12, 13, 14 und 15).

Tabelle 59: Schema einer Profilanalyse

I. Demographische Daten				
Einwohnerzahl (in 1000)	50	40	30	10
Wanderungsintensität (1000 Zuziehende /Jahr)	7	6	4	1
Bevölkerungsdichte (Einwohner/ha Siedlungsfläche)	200	100	70	30
Bestand an Nichtmietwohnungen (Einwohner/1 Eigentumswohnung)	10	30	50	70
durchschnittliche Wohnungsbelegung (Personen/Normalwohnung)	2	2,5	3	3,5
Bestand an Altbauten (in % aller Wohngebäude)	40	50	60	70
Einpersonenhaushalte (in % aller Haushalte)	35	30	25	20
Pendler aus innerstädtischen Bezirken (1000 Erwerbstätige/Tag)	6	4	3	2
Pendler aus außerstädtischen Bereichen (1000 Erwerbstätige/Tag)	4	3	2	1
II. Daten zu den angesiedelten Unternehmen				
Anzahl der Produktionsunternehmen	350	300	250	100
Lage der Produktionsunternehmen	zentral	geballt	halbkreisf.	verstreut
Anzahl der Handelsunternehmen	1250	1000	750	500
Angebotsstruktur	Waren des täglichen Bedarfs	periodisch benötigte Verbrauchsgüter	periodisch beanspruchte Dienstleistungen	aperiodisch benötige Gebrauchsgüter
Produktionsunternehmen mit mehr als 5 Beschäftigten (in %)	70	60	50	40
Handelsunternehmen mit mehr als 5 Beschäftigten	70	60	50	40
III. Daten zur Konkurrenzsituation				
Bankengruppe	Reiffeisenkasse	Spezialbank	Sparkasse	Geschäftsbank
Image	antiquiert	bürokratisch	aufgeschlossen	modern

Tabelle 60: Schema einer Profilanalyse (Fortsetzung)

Benutzerschicht	jedermann	Mittelstand	Gewerbetreibende	Großkunden
Standort	abseits	wohnsitznah	gewerbebezogen	verkehrsgünstig
Größe (Personalbestand)	teilzeit	3	10	25
feststellbare Kapazitätsauslastung	schwach	mittel	weitgehend	total
Sortimentsbreite	einseitig	schwerp.-bezogen	schichtenorientiert	universal
typische Bedienungsweise	schroff	gleichgültig	konziliant	individuell
Konditionenpolitik	starr	schwerfällig	elastisch	anreißerisch

Die **Profilanalyse** ist in einer vergleichsweise späten Phase des Entscheidungsprozesses in Betracht zu ziehen, in der die Wahlentscheidung zwischen nur noch wenigen alternativen Projekten zu treffen ist. Sie liefert den unmittelbarsten Vergleich der Vorzüge und Nachteile alternativer Standorte. Tabelle 60 gibt das Schema einer Profilanalyse ausschnittweise wieder (Siepmann, J.D., 1968, S. 272 f).

Rechtfertigt schließlich ein Einzugsbereich nicht die mit einem festen Standort erwachsenden fixen Kosten, ist die Möglichkeit der Versorgung mit Bankdienstleistungen durch eine **fahrbare Zweigstelle** zu überlegen.

Mit der vorstehenden Darlegung mehrerer Ansätze zur Entscheidungsfindung in der Zweigstellenpolitik sollte keineswegs der Eindruck vermittelt werden, daß im deutschen Kreditgewerbe in der Zukunft noch eine wesentliche Ausdehnung des Stellennetzes zu erwarten ist. Die Bankstellendichte hat in der Bundesrepublik ein Ausmaß erreicht, das eine ausreichende Marktdurchdringung annehmen läßt. Bestätigt wird diese Tatsache durch ein nur noch minimales Stellenwachstum in den letzten Jahren.

Für die Zukunft kann sogar ein **Stellenabbau** erwartet werden. Alternative Vertriebsformen (automatische Bankschalter, Geldausgabeautomaten, Außendienst, Kooperation mit Dritten, Kommunikation über Leitungen), die zunehmende Verbreitung kartengesteuerter Zahlungsverkehrssysteme und damit einhergehend der verminderte Bargeldbedarf, aber auch Wirtschaftlichkeitsaspekte werden als die maßgebenden Motive für eine Verringerung der Bankstellen gesehen. Die Entscheidung, welche Standorte aufgegeben oder in anderer Form versorgt werden sollen, wird sich weitgehend an einschlägigen Kostenrechnungsverfahren (Profit-Center Rechnung, Filialkalkulation) orientieren können.

6.4.1.2 Kundenbediente Bankterminals

Der Grundgedanke der Kundenselbstbedienung im Kreditgewerbe basiert einerseits auf der Entwicklung und Verbilligung technischer Applikationsformen und andererseits den negativen Deckungsbeiträgen von Routinetätigkeiten.

In der Bundesrepublik kommen heute vor allem **Monofunktionsgeräte** zum Einsatz. Eine wichtige Funktion in der Liquiditätsversorgung nehmen die **Geldausgabeautomaten (GAA)** oder Cash Dispenser ein. Hiervon existieren derzeit bundesweit rund 6.140, in zwölf europäischen Ländern stehen 11.000 GAA zur Verfügung (Walter, B., 1991, S. 310). Eine zweite automatisierte Schnittstelle zwischen Bank und Kunden sind Terminals zur Kontostandsanzeige und **Kontoauszugsdrucker (KAD)**. Damit kann der Kontoinhaber jederzeit seinen aktuellen Kontostand abrufen.

Als universelles **Eingabemedium** fungiert die mit einem Magnetstreifen ausgerüstete eurocheque-Karte. Damit wird eine institutsübergreifende Nutzung möglich[4]. Daneben existieren eine Reihe von institutsinternen Karten, die den Zugriff auf die Selbstbedienungseinrichtungen nur eines Institutes erlauben. Entsprechend ausgestattete Kreditkarten eignen sich ebenfalls für automatisierte Auszahlungen.

Dem Automateneinsatz können Rationalisierungsmotive, der Abbau von Warteschlangen, eine Ausweitung der Schalteröffnungszeiten oder Imageziele zugrundeliegen.

Eine **Erhöhung der Wirtschaftlichkeit** der Kassenfunktion ist mit einer zunehmenden Ablösung der Barabhebung von manuell bedienten Schaltern durch die Geldausgabe an Automaten erreichbar. Unterstützt wird dieser Trend durch die Scherenwirkung steigender Personal- und sinkender EDV-Kosten. Die zu erzielende Rationalisierungswirkung betrifft GAA und KAD nicht in gleicher Weise. Bei der automatisierten Geldausgabe fallen erhebliche laufende Betriebskosten an. Diese entstehen durch die Versorgung des Automaten mit Bargeld und den Anstieg der Bargeldbevorratung insbesondere im 24-Stunden-Betrieb und an Wochenenden. Die automatisierte Bereitstellung von Kontoauszügen entlastet die Kreditinstitute hingegen spürbar. Die zeitaufwendige und wenig anspruchsvolle Sortierung und Kuvertierung entfällt. Dem Kunden wird ständig der richtige und aktuelle Beleg zugeordnet und der Beleganfall wird reduziert. Das gesamte Rationalisierungspotential im Frontoffice hat einen beträchtlichen Umfang, wenn man bedenkt, daß etwa 90%

---

4 Nach einer 1979 getroffenen Vereinbarung zwischen den Spitzenverbänden des deutschen Kreditwesens besteht in Deutschland - ebenso wie in Österreich und in der Schweiz - ein Automatenpool.

der Bankkunden ihre Bank zur Abwicklung von Routinegeschäften - davon zwei Drittel im Zahlungsverkehr - besuchen (Wielens, H., 1991, S. 93).

Bei geschickter Positionierung der Automaten können **Warteschlangen** zu den Stoßzeiten abgebaut werden. Insbesondere monofunktionale Terminals sind hierzu geeignet.

Die **Schalteröffnungszeiten** im deutschen Kreditgewerbe liegen - mit Ausnahme der Postbank - bei etwa 50% der Öffnungszeiten im Einzelhandel. Insbesondere seit Einführung der bargeldlosen Lohn- und Gehaltszahlung wird an den knappen Öffnungszeiten der Banken Kritik laut. In funktionsgerechter Ergänzung des Nachttresors stellen Automaten ein vorzügliches Instrument dar, um dieses Problem der knappen Schalteröffnungszeiten zu lösen.

Schließlich ist bei Erstinstallationen an einzelnen lokalen Einzugsbereichen eine zusätzliche **Imageprofilierung** in Richtung einer Verstärkung der Imagekomponenten "Modernität", "technische Leistungsfähigkeit" und "Fortschrittlichkeit" erzielbar. Daraus mögen in Einzelfällen auch erhöhte Akquisitionschancen erwachsen, ohne allerdings nennenswerte Marktanteilsverschiebungen erwarten zu können.

Eine Umfrage des Battelle-Instituts bei 260 Finanzinstituten aus fünf europäischen Ländern verdeutlicht die Gewichtung der möglichen Vorteile, die sich durch das Angebot von Kundenselbstbedienung für das Kreditgewerbe ergeben können (Tabelle 61).

Tabelle 61: Erwartete Vorteile durch die Kundenselbstbedienung

Vorteile	Zustimmung
▪ Umsatzsteigerung, Gewinnung von Neukunden	57,1 %
▪ Herausfinden der Anforderungen/Wünsche der Kunden	45,2 %
▪ Ausbau des Images des Instituts/Corporate Identity	33,3 %
▪ Abwicklung von Routine-Abfragen	28,6 %
▪ Steigerung der Produktivität der Mitarbeiter	14,3 %
▪ Einheitliche Information in allen Filialen	14,3 %

Quelle: Carlin, E. und E. Reimann, 1992, S. 32.

Interessant erscheint auch die Integration mehrer Funktionen in einer SB-Einheit. Solche **Multifunktionsterminals** haben in der Bundesrepublik bisher - obwohl technisch machbar - keinen durchschlagenden Erfolg zu verzeichnen gehabt. Gründe hierfür liegen in den hohen Kosten und ihrer Störanfälligkeit (Walter, B. 1991, S. 310) sowie in der mäßigen Kundenakzeptanz und einer möglichen Verursachung von Warteschlangen. Trotz der genannten Nachteile ist in der Zukunft mit einer ständig steigenden Verbreitung und Weiterentwicklung zu rechnen. Zunächst bietet sich die Erweiterung der Funktionen von GAA zu Geldautomaten an. Hier ist an die Geldeinzahlung sowie an die Ausgabe von Sorten - zumindest im grenznahen Bereich - zu denken.

Die multimedialen Möglichkeiten der Interaktion führen zu der Nachfolgegeneration der aus den 70er Jahren bekannten Automated Teller Maschines (ATM). Diese werden als Marketing-Terminals oder Electronic Teller (Straub, E., 1990, S. 123) bezeichnet. Sie integrieren sämtliche SB-Systeme mit der Videotechnik und der betrieblichen Informationsverarbeitung. Solche Terminals sind durch

- interaktive Auslegung,
- Graphik- und Videofähigkeit,
- akustische Wiedergabefähigkeit und
- diverse Druckersysteme

gekennzeichnet (Weingärtner, H., 1992, S. 26). Dadurch bleibt ihr Einsatz nicht auf Zahlungsverkehrsapplikationen beschränkt, sondern wird auf den Pre-Sales-Bereich und möglicherweise darüber hinaus ausgedehnt. Ein breites Spektrum an elektronischen Bankleistungen wird damit möglich, beispielsweise (Straub, E., 1990, S. 124):

- alle Bargeldgeschäfte des ATM (bei Einzahlung zu Gunsten Dritter mit rechtsgültiger Quittung),
- Zahlungsverkehr (Überweisungen von Konto zu Konto, unabhängig davon, ob das begünstigte Konto das eigene oder dasjenige eines Dritten ist),
- Effektengeschäfte, wie Kauf und Verkauf von Wertschriften, oder Zeichnung von Neuemissionen,
- Konto- bzw. Depoteröffnung oder -schließung,
- Konto- und Depotinformationen,
- Finanzinformationen aller Art,
- Auskünfte über die verschiedenen Bankservices,
- Ratschläge und Auskünfte zu Routinefragen sowie
- Kreditgesuche.

Marketing-Terminals sind in der Lage bei relativ einfachen Problemstellungen und wenn der Kunde es wünscht das Geschäft komplett allein abzuschließen. Sofern der Kunde dieses nicht wünscht oder der Sachverhalt zu komplex ist, so kann das Terminal dem Sachbearbeiter die bis dahin gesammelten Daten verfügbar machen (Weingärtner, H., 1992, S. 26).

Technische Voraussetzungen sind die Entwicklung einer entsprechenden Software und Anschluß an Datenbanken, die Voraussetzung für eine effiziente Mensch-Maschine-Kommunikation und den Abbau der Schwellenangst besteht in einer **kunden- und problemorientierten Bedieneroberfläche und -führung.** Insbesondere der Einschulungsaufwand ist zu minimieren (Ambros, H. 1989,

S. 26). Als primäre Kommunikationsschnittstelle und unter dem Sicherheitsaspekt bietet sich der berührungsempfindliche Bildschirm (Touch Screen) an. Bereits in den USA im Einsatz befindet sich ein integriertes Video-Telefonkonferenzsystem. Hierbei kann der Kunde das "Videofenster" des Terminals öffnen und sich dann mit dem Sachbearbeiter live über sein Anliegen besprechen (Weingärtner, H., 1992, S. 27). Zu den vielseitigen Einsatzmöglichkeiten der neuen Benutzeroberflächen kann auch die interaktive Schulung der Mitarbeiter gezählt werden.

Abgeleitet von den Bestimmungsgründen des Einsatzes von Automaten bieten sich grundsätzlich folgende Standorte an:

(1) **Standorte in räumlicher Verknüpfung mit einer Bankstelle**

- Schalterhalle ("Indoor-Machines"),
- Schaltervorraum ("In-Lobby-Machines"),
- Außenwand ("Outdoor-Machines").

Mit der Installierung von kundenbedienten Bankterminals in der Schalterhalle werden primär Wirtschaftlichkeitsziele verfolgt, während Automaten im Schaltervorraum und an der Außenwand zu einer Ausweitung der Schalteröffnungszeiten beitragen.

Grundsätzlich an eine Zweigstelle gebunden ist die Einrichtung sog. "Börsen-Cafés". Hierbei werden bestimmte SB-Komponenten und SB-Informationsterminals räumlich zusammengefaßt. Damit soll eine selbstbedienungsfreundliche Atmosphäre (Stichwort: Erlebnis-Banking) geschaffen werden.

(2) **Von Bankstellen losgelöste Standorte**

- Einkaufszentren (Supermärkte, Kaufhäuser, Gastronomieviertel),
- Verkehrsknotenpunkte (Bahnhöfe, Flugplätze, Messen),
- Unternehmen mit einer hohen Beschäftigungszahl,
- Wohnsiedlungen.

Standorte, die von Bankstellen losgelöst sind, stellen entweder die Bargeldbeschaffung an Orten eines spezifischen Bedarfes sicher oder bieten den Privatkontoinhabern eine bequeme Möglichkeit zur Behebung von Löhnen, Gehältern und Pensionen. Ideale Standorte sind sog. "Points of Public". Die Systeme können in ein bestehendes Gebäude integriert oder in Form eines freistehenden Selbstbedienungs-Pavillons installiert werden.

Folgende ökonomische und demographische Umweltbedingungen schaffen die günstigsten Voraussetzungen für eine **hohe Benutzerfrequenz**:

- überdurchschnittlicher Anteil mittlerer und höherer Einkommensklassen,
- überdurchschnittlicher Anteil jüngerer Bevölkerungsschichten (zwischen 25 und 40 Jahren),

- unmittelbare Nähe eines Einkaufszentrums mit ausgedehnten Öffnungszeiten und einem hohen Anteil an Wochenend-Käufern.

Bisher vorliegende empirische Untersuchungen über die Kundenakzeptanz von kundenbedienten Bankterminals bestätigen, daß vor allem jüngere Kunden als Benutzer in Frage kommen. Diese Schwelle steigt mit dem Funktionsumfang der aufgestellten SB-Geräte. Aus der zeitlichen Verteilung der Kundenfrequenzen läßt sich zudem klar erkennen, daß rund die Hälfte der Transaktionen außerhalb der üblichen Schalteröffnungszeiten abgewickelt werden.

6.4.1.3 Außendienst

Wie schon erwähnt, sind die Schalteröffnungszeiten des Kreditgewerbes knapp bemessen. In Stoßzeiten unterliegen die Kundenberatung und eine aktive Verkaufspolitik erheblichen Einschränkungen. Anderseits ist mit der Zunahme beratungsintensiver Leistungsangebote und dem Hineinwachsen immer breiterer Kundenschichten in beratungsbedürftige Dienstleistungen der Bedarf an einer umfassenden Kundenberatung im Ansteigen begriffen. Eine Strategie des Verdrängungswettbewerbes, wie sie heute vorherrscht, macht zudem eine aktive Verkaufspolitik unverzichtbar.

Unter diesen Voraussetzungen erweist sich der Aufbau eines Bank-Außendienstes bzw. die Übernahme von Außendienstfunktionen durch Mitarbeiter als marktpolitisch interessante Variante zur Ergänzung und Erweiterung des Vertriebssystems. Wie durch Kundenbefragung festgestellt wurde (Hauser, R., 1979, S.111), schätzen Außendienstkunden vor allem die bequemere Beratung und Bedienung hoch ein. Bei Kreditgesprächen steht der diskrete Charakter der Verhandlungsführung im Vordergrund.

Im Zuge einer Reduzierung des Stellennetzes kann mit einem zunehmenden Ausbau des Außendienstes der Banken gerechnet werden (Spiegel, R.v., 1986, S. 7). Einschlägige Kostenrechnungen bestätigen (Hauser, 1979, S. 102), daß mit dem Ersatz von Zweigstellen durch den Aufbau einer Außenorganisation Rationalisierungseffekte erzielbar sind.

6.4.1.4 Kooperation mit Dritten

Bei der Kooperation mit Dritten wird auf Zubringerdienste Außenstehender zurückgegriffen. Charakteristische Beispiele sind die Kreditvermittlung durch Kraftfahrzeug-Händler, Bausparkassenvertreter und Grundstücksmakler oder die Vermittlung von Sparverträgen über Lohnbüros. Insbesondere Versicherungunternehmen und Bausparkassen verfügen über umfangreiche Außendienstaktivitäten. Banken können im Rahmen einer Allfinanzstrategie in Kooperation mit einer der genannten Institutionen des paramonetären Bereichs deren Außendienst nutzen oder ein solches Institut übernehmen respektive gründen.

6.4.1.5 Kommunikation Bank - Bankkunde über Leitungen ("Banking at home")

Technologische Innovationen lassen schon in wenigen Jahren auf breiter Basis neue Formen des Dialogs zwischen Banken und Bankkunden über Leitungen erwarten.

In erster Linie denken wir in diesem Zusammenhang an das **Bildschirmtext-System**, das von der Deutschen Bundespost seit 1983 zur Verfügung gestellt wird. Damit besteht sowohl für Unternehmen als auch für private Haushalte eine Möglichkeit, um über Wählleitungen mit der Hausbank, aber auch mit anderen Banken, in Kommunikation zu treten.

Bislang wurden die anfangs hoch gesteckten Erwartungen allerdings bei weitem nicht erfüllt. Vor allem die wesentliche Zielgruppe der privaten Haushalte ist mit nur ca. 25% (vgl. Kap. 3.2.3.3) an den Anschlüssen beteiligt. Lediglich im Electronic-Banking der Unternehmen reüssierte der Kommunikationsdienst. Als Reaktion auf die schleppend anlaufende Nachfrage zogen sich einige Anbieter bereits wieder aus dem Markt zurück. Mittlerweile sind vermehrt auch hoffnungsvolle Stimmen zu vernehmen, die eine Renaissance des Btx-Systems in den 90er Jahren auch für das Home-Banking in Aussicht stellen (Walter, B., 1991, S. 311). Hierzu könnte die steigende Zunahme von Personal Computern bei privaten Haushalten beitragen, die mit der entsprechenden Software Btx-fähig gemacht werden können und preislich weit unter den Bedienungselementen der Post liegen (Büschgen, H. E., 1991, S. 7).

Die Ausweitung von Btx wird eine Ausgliederung einzelner Geschäftsvorfälle (z.B. Zahlungsaufträge, standardisierte Beratungsleistungen) von den manuell bedienten Schaltern nach sich ziehen. Es bieten sich sämtliche Anwendungen der kundenbedienten Bankterminals an.

Persönliche und räumliche Präferenzen bei der Institutswahl sollten an Bedeutung verlieren. Gleichzeitig wird ein hoher Grad an Transparenz über die Preispolitik der einzelnen Marktanbieter erreicht, woraus eine weitgehende Annäherung der Bankpreise erwartet werden kann.

Der Dialog zwischen Banken und Bankkunden ist schließlich auch über **Point-of-Sale Händleterminals** (vgl. Kap. 3.2.3) möglich.

6.4.1.6 Kommunikation Bank - Bankkunde auf dem Postweg ("Banking by mail")

Die Kommunikation zwischen Bank und Bankkunde auf dem Postweg wird vorwiegend von Teilzahlungsinstituten, der Postbank und Kreditvermittlern gepflegt. Diese Vertriebsform schaltet einerseits die Schwellenangst[5] aus und

---

5 Die Schwellenangst liegt in den Vorbehalten potentieller Kunden begründet, das Portal (="Schwelle") einer Bank zu durchschreiten. Sie tritt vor allem bei privaten Kreditwerbern

trägt anderseits den Bequemlichkeitsmotiven potentieller Bankkunden Rechnung.

6.4.2 Preispolitik (Zins- und Gebührenpolitik)

6.4.2.1 Marktform und Preisführerschaft

Das Kreditwesen stellt die klassische Form eines **Angebots-Oligopols** dar, d.h. eine beschränkte Anzahl von Anbietern steht einer Vielzahl von Nachfragern gegenüber. Fehlende Homogenität des Leistungsangebotes, mangelnde Markttransparenz, bestehende Präferenzen (persönlicher, räumlicher, zeitlicher und sachlicher Natur) sowie die faktische Unmöglichkeit unendlicher Anpassungsgeschwindigkeit sichern der einzelnen Bank einen reaktionsfreien Bereich zu. Vor allem die mangelnde Transparenz über die Bankpreise sowie räumliche und persönliche Präferenzen begründen die Unvollkommenheit des Marktes und erklären die starke Bindung der Bankkunden an ihre Hausbank. Der Anteil jener Kunden, die ihr Kreditinstitut ein- oder mehrmals wechseln, ist aus diesen Gründen im Kreditgewerbe vergleichsweise niedrig. Erst der breitere Einsatz des Bildschirmtext-Systems auch im Bereich der privaten Haushalte wird zu einer hohen Markttransparenz bei den Bankpreisen für das standardisierte Leistungsprogramm führen. In der weiteren Konsequenz ist mit einer weitgehenden Annäherung der Zinsen und Gebühren sowie einer erheblichen Verringerung der Reaktionszeiten konkurrierender Anbieter zu rechnen.

Innerhalb des **reaktionsfreien (preisautonomen) Bereiches** kann jede Bank wie ein monopolistischer Anbieter ihre Preise bewegen, ohne die Abwanderung von Kunden befürchten zu müssen bzw. Mitwettbewerbern Kunden abwerben zu können. Überschreitet eine Bank aber diesen Aktionsbereich, ist mit einem geänderten Kundenverhalten und mit preispolitischen Reaktionen der Konkurrenten zu rechnen. Charakteristische Merkmale des Oligopols sind die Existenz eines Preisführers und von Preisfolgern. Der **Preisführer** verändert als erster seinen Preis, während die **Preisfolger** auf eine eigenständige Preispolitik weitgehend verzichten und sich in ihrer Preispolitik am Preisführer orientieren. Nach der Oligopoltheorie (Fehl, U. und P. Oberender, 1990, S. 248 ff) erklärt sich die Preisführerschaft aus der Gewinnfunktion der Anbieter. Das bedeutet gleichzeitig, daß der Preisführer keineswegs der Anbieter mit dem größten Marktanteil sein muß.

Als auslösendes Moment von Preisänderungen kommt im Kreditgewerbe in erster Linie eine Variierung des geldpolitischen Instrumentariums der Notenbank, vor allem des Diskontsatzes, in Betracht. Dabei liegt allerdings in der

---

zutage und fußt auf althergebrachten Vorstellungen, die Kreditaufnahme mit wirtschaftlicher Untüchtigkeit und mangelnder Leistungsfähigkeit zu assoziieren.

Regel keine Automatik im Sinne einer direkten Verknüpfung von Einlagen- oder Kreditzinsen mit dem Diskontsatz vor.

Am aussagekräftigsten zur Feststellung des Preisführers und der Preisfolger ist der Teilmarkt für Bankeinlagen, konkret die Bewegung des Zinssatzes für Spareinlagen mit gesetzlicher Kündigungsfrist, des sog. Eckzinssatzes. Es handelt sich hier um einen Markt mit einem vergleichsweise hohen Homogenitätsgrad des Leistungsangebotes.

An diesem repräsentativen Beispielfall läßt sich in der Tat die **Preisführerschaft** aus dem Verlauf der Gewinnkurve erklären. Eine Erhöhung des Diskontsatzes schlägt sich primär in Zinsbewegungen im kurz- und mittelfristigen Kreditgeschäft nieder. Die Gewinnsituation wird sich damit zwangsläufig bei jenen Kreditinstituten am stärksten verbessern, die über die relativ größten Anteile in diesen Geschäftssparten verfügen. Dies ist unzweifelhaft bei den Kreditbanken der Fall. Anderseits ist in ihrem Mittelaufkommen der Anteil der Spareinlagen niedriger, so daß eine Erhöhung des Eckzinses eine geringere Belastung bedeutet als für Sparkassen oder Kreditgenossenschaften. Vor diesem Hintergrund erklärt sich die barometrische Zinsführerschaft, die einzelne Großbanken bei der Entwicklung des Eckzinses ausüben.

Ebenso werden auch bei einer Diskontsatzsenkung die Kreditbanken am unmittelbarsten betroffen. Auch bei Herabsetzungen des Eckzinses nehmen einzelne Großbanken daher häufiger die Position des Preisführers ein. Angesichts der negativen Imagewirkung einer Preisführerschaft bei Einlagenzinssenkungen kommen aber auch zeitlich eng aneinanderfolgende Herabsetzungen des Eckzinssatzes von seiten aller Bankengruppen vor.

6.4.2.2 Preispolitik im Passivgeschäft

Auch nach Aufhebung der Zinsverordnung im Jahre 1967 herrschte im deutschen Kreditwesen grundsätzliche Einigkeit darüber, daß ein schrankenloser Preiswettbewerb, verbunden mit der Eliminierung "kranker" Unternehmen, vermieden werden sollte. Diese Überlegungen führten schließlich zu den **unverbindlichen Zinsempfehlungen**, die von seiten der Spitzenverbände des privaten Bankgewerbes, der Sparkassen und der Kreditgenossenschaften an ihre Mitgliedsbanken gegeben werden.

Gegenstand der Zinsempfehlungen ist vor allem der **Eckzins**, dem gleichzeitig Orientierungscharakter für längerfristig gebundene Spareinlagen zukommt. Zwar hatten zeitweise Einwendungen des Kartellamtes die Herausgabe von Zinsempfehlungen verhindert, doch nach dem heutigen Diskussionsstand sind sie zulässig, wenn sie sich als unverbindliche Tendenzempfehlungen verstehen.

Wir verwiesen bereits bei unseren Ausführungen zur Preisführerschaft auf die bei den Kreditbanken bestehende Verbindung Diskontsatz - Kreditzins -

Spareinlagen-Eckzins. Im Gegensatz dazu steht bei den Sparkassen die Ausrichtung der Einlagenzinsen an der Entwicklung der Effektivverzinsung festverzinslicher Wertpapiere im Vordergrund. Sie tendieren mehr zu längerfristig konstant bleibenden Spareinlagenzinsen.

Die tatsächlichen Bewegungen des Eckzinses lassen letztlich einen Kompromiß zwischen beiden Positionen erkennen. Dabei vollziehen sich die Zinsänderungen aller Bankengruppen weitgehendst synchron. Setzt der Preisführer den Eckzins nach oben, erfordert die Wettbewerbssituation ein Mitziehen der anderen Marktteilnehmer. Im Falle einer Zinsreduktion bietet sich mit der Herabsetzung der Kapitalbeschaffungskosten auch für die Preisfolger die Möglichkeit zur Verbesserung der Ertragsstruktur, worauf aus Wirtschaftlichkeitsüberlegungen bzw. angesichts der knappen Eigenkapital-Ausstattung kaum verzichtet werden kann.

Sichteinlagen, die der Abwicklung des Zahlungsverkehrs dienen, werden gar nicht oder nur zu geringen Sätzen (¼% - 1%) verzinst. Auf die in Rechnung gestellten Kontoführungs- und Buchungsgebühren wollen wir an anderer Stelle (Kap. 6.4.2.4) näher eingehen.

Bei den **Termineinlagen**, die zu wesentlichen Teilen dem Unternehmenssektor entstammen, besteht auf lokaler Ebene ein vergleichsweise sehr transparenter Markt. Aufgrund der höheren Einlagensummen verfügt der Einleger gegenüber der Bank zumeist über Verhandlungsmacht. Es liegt somit ein typisches Individualgeschäft vor, das sich zudem durch eine hohe Zinsempfindlichkeit auszeichnet. Die häufig auf dem Verhandlungswege zustande kommenden Zinsen für Termineinlagen bestimmen sich nach dem Liquiditätsbedarf der Bank, der Bindungsdauer und der Höhe der Einlage bzw. nach der Verhandlungsmacht des Einlegers.

Die zinsmäßige Ausstattung neu zu emittierender **Bankschuldverschreibungen** (Pfandbriefe, Kommunalobligationen, sonstige Bankschuldverschreibungen) orientiert sich am Zinsfußniveau des Rentenmarktes. Stärkere Zinsbewegungen am Rentenmarkt, wie sie in den 70er Jahren zutage traten, führten zu beträchtlichen Kursschwankungen der im Umlauf befindlichen Titel und erzwangen eine Verkürzung der Laufzeiten.

Diagramm 88: Entwicklung der Habenzinsen, des Diskontsatzes und des Preisindex 1980 - 1990

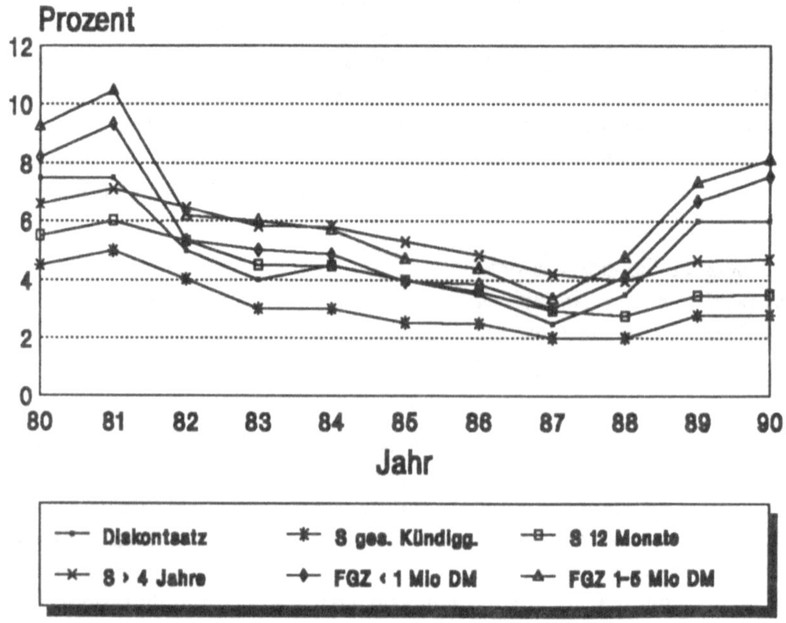

S = Sparzins
FGZ = Festgeldzins

Quelle: Deutsche Bundesbank (Hrsg.), Monatsberichte.

In den Diagrammen 88 und 89 finden wir eine Gegenüberstellung repräsentativer Habenzinssätze mit dem Diskontsatz. Hier zeigt sich, vor allem in der kurzfristigen Betrachtung, eine deutliche Paralellität des Diskontsatzes mit der Verzinsung von Festgeldern. Der Beziehungszusammenhang gegenüber der Spargeldverzinsung ist demgegenüber wesentlich geringer.

Diagramm 89: Entwicklung der Habenzinsen und des Diskontsatzes 1989/90 (Monatswerte)

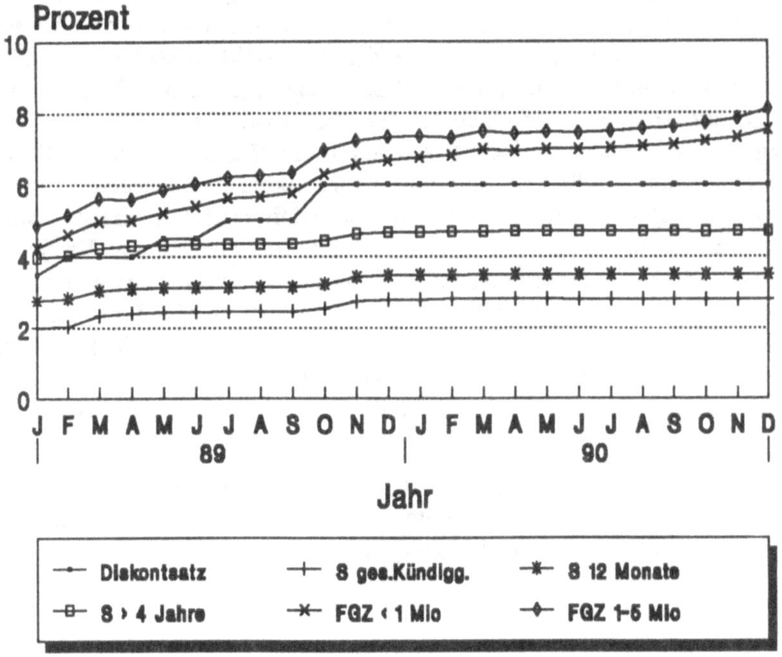

Quelle: Deutsche Bundesbank (Hrsg.), Monatsberichte.

6.4.2.3 Preispolitik im Aktivgeschäft

Wesentlich heterogener als beim Passivgeschäft ist das Leistungsangebot der Banken im Kreditgeschäft. Diese **Heterogenität** ist im besonderen auf bestehende Unterschiede in den Bonitäts- und Besicherungsanforderungen, vielfache Kombinationsmöglichkeiten von Zins-, Provisions- und Auszahlungssätzen (im Darlehensgeschäft) sowie von Preisbezugsbasen, Zinsabrechnungsterminen, Zinsbindungsfristen und Wertstellungen, auf die (unterschiedliche) Qualität der Beratungsleistungen und den unterschiedlichen Umfang unentgeltlicher Teilleistungen zurückzuführen (Krümmel, H.J., 1969).

Das Kreditgeschäft gilt volumenmäßig zu wesentlichen Teilen als typisches **Individualgeschäft**. Als solches weist es einen ungleich höheren Grad an Intransparenz auf als das standardisierte Mengengeschäft. Aufgrund der nur bedingten Vergleichbarkeit der Preise verfügen die Banken in dieser Geschäftssparte auch über einen relativ breiten preisautonomen Bereich.

Unabhängig davon bestehen auch für die Kreditzinspolitik objektive Indikatoren, an denen sie sich orientieren kann. Am deutlichsten trifft dies für das kurzfristige Kreditgeschäft, vor allem für den Wechseldiskontkredit zu. Diskontwechsel sind unter bestimmten Voraussetzungen (s. Kap. 2.2.1.3.2.1) als Instrument der Refinanzierungshilfe bei der Notenbank verwertbar. Die Veränderung des Leitzinses (= Diskont) von seiten der Notenbank beeinflußt direkt die Höhe der Geldbeschaffungskosten der Banken und schlägt, soweit Rediskonte erfolgen, somit voll auf den von Kreditinstituten eingeräumten Diskontkredit durch. Aber auch audere Formen des kurzfristigen Kreditgeschäftes sind, z.T. über Zinsgleitklauseln, direkt an den Diskontsatz gebunden. Selbst im (formell kurzfristigen) Kontokorrentkreditgeschäft und bei den Ratenkrediten richtet sich die Zinspolitik der Banken, wenn auch nicht in einer dem Wechseldiskont vergleichbaren Automatik, am Diskontsatz aus. Der Zins im langfristigen Kreditgeschäft dagegen orientiert sich am Kapitalmarktzinsniveau.

Wir wollen nunmehr in den nachfolgenden Diagrammen 90 und 91 die Entwicklung der Sollzinsen ausgewählter Geschäftssparten und der Rendite festverzinslicher inländischer Wertpapiere näher darlegen.

Diagramm 90: Entwicklung der Sollzinsen, des Diskontsatzes und der Umlaufsrendite 1980 -1990

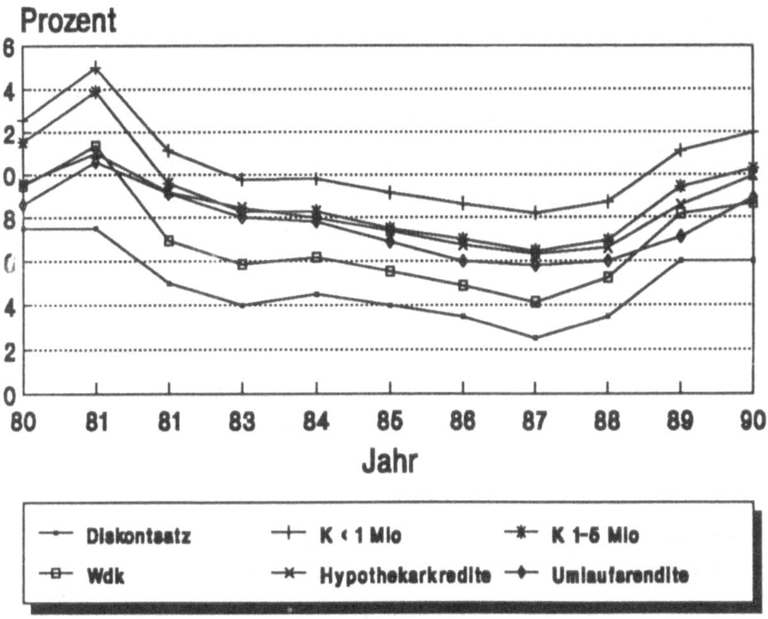

K = Kontokorrentkredit
Wdk = Wechseldiskontkredit

Quelle: Deutsche Bundesbank (Hrsg.), Monatsberichte.

Es zeigt sich ein unverkennbarer Zusammenhang der ausgewählten Zinssätze zu dem Diskontsatz. Die Betrachtung der Monatswerte legt nahe, daß gelegentliche Änderungen des Diskontsatzes - vor allem im Falle von Anhebungen - von der Kreditwirtschaft antizipiert werden.

Diagramm 91: Entwicklung der Sollzinsen, des Diskontsatzes und der Umlaufsrendite 1989/90 (Monatswerte)

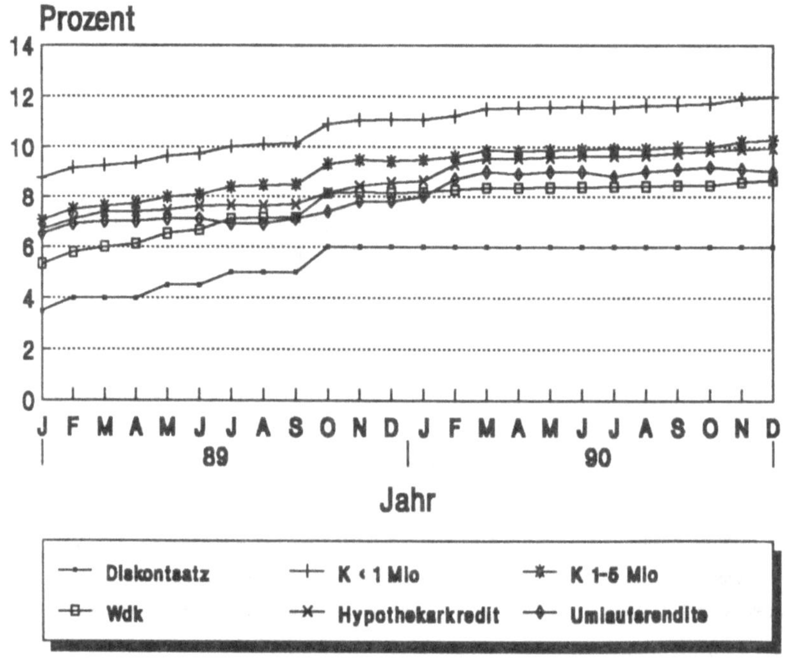

Quelle: Deutsche Bundesbank (Hrsg.), Monatsberichte.

6.4.2.4 Preispolitik im Dienstleistungsgeschäft (Indifferenzgeschäft)

Dem Indifferenzgeschäft sind eine Vielzahl von Dienstleistungen höchst unterschiedlicher Natur zuzurechnen. Im Gegensatz zu den Differenzgeschäften ist die Preisbezugsbasis nicht ein Bestand an Aktiva oder Passiva, für den Aufwands- oder Ertragszinsen oder zinsähnliche Preiselemente in Anrechnung zu bringen sind, sondern eine Stückleistung. Die Bankpreise im Dienstleistungsgeschäft schlagen sich damit in Form von (Stück-) **Gebühren** nieder. Das gesamte Spektrum der Preispolitik im Indifferenzgeschäft reicht von Gratisleistungen bis zu Leistungsangeboten mit positiven Deckungsbeiträgen.

Tabelle 62: Gebührenmodelle im Privatgirogeschäft (Stand 31.03.1992)

Kondition	Pauschal-system 1)4)	Preisdifferenzierungssysteme Einzelabrech. 2)	Staffelung 3)
Monatliche Kontoführungsgebühr	7,50	1,50	bis 5: 3,00 6-15: 4,50 16-30: 7,50 31-100: 15,00 101-300: 30,00 301-500: 60,00
Postengebühr	-,-	0,20	
Kosten pro Kontoauszug ▪ Selbstabholer (KAD) ▪ Postzustellung	 -,- Porto,Brief	 0,20 n.v.	 n. v. -,-
Kosten für Daueraufträge ▪ Einrichtung ▪ Postengebühr	 -,- -,-	 2,00 5) 0,20	 -,- s.o.
Institutskarte für GAA und KAD	-,-	5,00	-,-
eurocheque ▪ Karte (p.a.) ▪ 10 eurocheques	 -,- -,-	 10,00 -,-	 10,00 2,50
Guthabenzins	0,5	0,5% 6)	-,-
Kontoauflösung	-,-	5,00	10,00

1) "Servicepaket" der Deutsche Bank AG.
2) Gebührenmodell der Sparkasse Marburg-Biedenkopf.
3) Zahlungsverkehrspreise der POSTBANK.
4) Für extra bezeichnete Leistungen existieren Zusatzpreise.
5) Gilt auch für Änderung, Aussetzung und Löschung.
6) Ab einer Mindest-Einlagenhöhe von 2.000,- DM.
n.v. = nicht vorgesehen

Sowohl aufgrund des Stückumsatzes als auch hinsichtlich der Gesamtkostenbelastung der Banken mit Abstand am gewichtigsten sind heute die im Rahmen des **Zahlungsverkehrs** erbrachten Stückleistungen. An anderer Stelle (Kap. 6.1) verwiesen wir bereits auf die geschäftspolitische Brisanz der Gebührenpolitik im Zahlungsverkehr. Diese zwingt die kontoführenden Banken, zwischen den beiden Extrempositionen Gratisleistung und Erwirtschaftung eines positiven Deckungsbeitrages eine Kompromißformel zu finden, die auf einen teilweisen Kostenersatz hinausläuft. Die **Gebührenpolitik** der einzelnen Kreditinstitute ist dabei in ihrer Grundkonzeption außerordentlich unterschiedlich, wie einschlägige empirische Untersuchungen bestätigen. In allen denkbaren Kombinationen werden Kontoführungsgebühren, Buchungsgebühren (ggf. mit einer bestimmten Anzahl von Freiposten), Kontoauszugsgebühren (differenziert nach Selbstabholer und Postzustellung), Dauerauftragsgebühren,

Gebühren für Euroscheckkarten sowie Euroschecks und Kontoauflösungsgebühren in Rechnung gestellt. Alle diese Gebührenmodelle (vgl. Tab. 62) sind schließlich in bezug auf die für die Kontoinhaber erwachsenden Kosten in unmittelbarem Zusammenhang mit den verrechneten Einlagenzinsen und der Verzinsung des Dispositionskredites zu sehen.

Wir unterscheiden generell Pauschal- und Preisdifferenzierungssysteme. Viele Institute haben seit Beginn der 90er Jahre **Pauschalsysteme** - zum Teil wahlweise - eingeführt. Die Pauschalpreise und der darin enthaltene Leistungsumfang variieren dabei von Bank zu Bank. Der Hauptvorteil in der pauschalen Abgeltung wird in seiner Transparenz und Einfachheit sowie der Kontrakionswirkung auf attraktive Kunden gesehen. Vorteile ergeben sich für solche Kunden, die ihr Konto häufig nutzen. Für sie besteht keine Veranlassung mehr, ihr Konto zu Monatsbeginn zu räumen, was zu erhöhten Durchschnittsguthaben führt (Kollhöfer, D., 1991, S. 184).

Preisdifferenzierungsmodelle sind nur noch selten mit einer Anzahl von Freiposten versehen. Eine besondere Variante der Preisdifferenzierung, die die Vorteile der Pauschalabgeltung zu nutzen sucht, ist das Durchschnittsguthabenmodell. Es beruht auf dem Prinzip der Einzelabrechnung (vgl. Tab. 62). Dabei werden in Abhängigkeit von den auf einen bestimmten Zeitraum bezogenen Durchschnittsguthaben Freiposten eingeräumt. Damit wird die Gebühr den Prinzipien der Kosten- und Erlösverursachung angenähert. Kunden mit einem hohen durchschnittlichen Bodensatz können ihre Kontokosten bis auf eine geringe monatliche Kontoführungsgebühr senken.

Eine weitere wichtige Quelle von Provisionseinnahmen sind die **Effektengeschäfte**. Im Emissionsgeschäft bemißt sich die in Rechnung gestellte Gebühr in der Regel nach dem Emissionsvolumen. Hier wird ein Promillesatz individuell ausgehandelt. Bei der Effektenverwaltung und -verwahrung wird ein Prozentsatz des Depotwertes als jährliche Depotgebühr eingezogen. Einige Kreditinstitute sind dazu übergegangen, eine Mindestdepotgebür zu verlangen. Im Effektenhandel schließlich wird eine vom Umsatzvolumen abhängige Provision verrechnet.

Für die professionelle **Beratung** von Firmenkunden haben zahlreiche Banken eigene Beratungskonzepte entwickelt und entsprechende Abteilungen eingerichtet. In diesem anspruchsvollen und personal(qualitäts)intensiven Dienstleistungsbereich werden zumeist neben einem Grundbetrag (retainer) Tagessätze für die abgeleisteten Manntage in Rechnung gestellt.

6.4.3 Leistungsprogramm

6.4.3.1 Bankgeschäfte

6.4.3.1.1 Passivgeschäfte

6.4.3.1.1.1 Spareinlagen

Spareinlagen sind lt. § 21 Abs. 1 KWG "Einlagen, die durch Ausfertigung einer Urkunde, insbesondere eines Sparbuches, als solche gekennzeichnet sind".

Generell dürfen lt. § 21 Abs. 2 KWG unter diesem Titel nur Einlagen entgegengenommen werden, die der **Ansammlung oder Anlage von Vermögen** dienen. Ausdrücklich ausgeschlossen sind:

- Geldbeträge, die zur Verwendung im Geschäftsbetrieb oder für den Zahlungsverkehr bestimmt sind;
- Geldbeträge, die von vornherein befristet angenommen werden.

Einlagen von juristischen Personen und Personenhandelsgesellschaften dürfen nur dann auf Sparkonten geführt werden, wenn die Voraussetzungen von § 21 Abs. 2 erfüllt sind.

Der Spareinlage kommt im Rahmen der Geldvermögensbildung der privaten Haushalte eine dominierende Rolle zu. Diese erklärt sich aus den vorhandenen Liquiditätspräferenzen und der teilweisen Abneigung gegen die Übernahme der mit alternativen Anlageformen verbundenen (Kurs-) Risiken. Standen zunächst Vorsorgemotive im Vordergrund, so überwiegt heute angesichts der ausgebauten Altersvorsorge das Zwecksparen.

Aus der Sicht der Kreditinstitute sind die Spareinlagen heute einer der wesentlichsten Faktoren der Kapitalbeschaffung. Sie repräsentieren längerfristige Finanzierungsmittel vergleichsweise stabilen Charakters. Spareinlagen bilden damit vorzugsweise die Basis für längerfristige Ausleihungen.

Bei der ersten Einzahlung auf ein Sparkonto ist eine Urkunde (= Sparbuch) auszustellen. Von der Rechtsnatur her gesehen gilt das Sparbuch als qualifiziertes Legitimationspapier oder als hinkendes Inhaberpapier (§ 808 BGB). Demgemäß kann einem Sparbuchinhaber, der nicht verfügungsberechtigt ist, die Auszahlung verweigert werden. Anderseits ist die kontoführende Bank berechtigt, an den Inhaber mit schuldbefreiender Wirkung Auszahlung zu leisten. Hinsichtlich der Verfügung ist zu unterscheiden zwischen (§ 21 KWG)

- **Spareinlagen mit gesetzlicher Kündigungsfrist** und

- **Spareinlagen mit vereinbarter Kundigungsfrist.**

Die gesetzliche Kündigungsfrist für Spareinlagen beträgt 3 Monate. Von diesen Sparkonten kann ohne Kündigung ein Betrag bis zu 2.000 DM innerhalb von 30 Zinstagen zurückgefordert werden (§ 21 Abs. 1). Ohne Anrechnung auf diese Freigrenze können zudem die aufgelaufenen Zinsen bis zu 2 Monaten nach erfolgter Gutschrift behoben werden.

Der Anreiz zur längerfristigen Bindung (die üblicherweise vereinbarten Kündigungsfristen sind 6, 12, 24 und 48 Monate) besteht in der höheren Verzinsung. Für diese Spareinlagen mit vereinbarter Kündigungsfrist beträgt die Kündigungsfrist mindestens 6 Monate (§ 21 Abs. 2). Außerdem ist die Kündigung frühestens 6 Monate nach der Einzahlung zulässig, so daß sich bei vereinbarter 6 monatiger (12 monatiger) Kündigungsfrist die Anlagedauer auf mindestens 1 Jahr (1½ Jahre) erstreckt. Ein Freibetrag wie bei den Spareinlagen mit gesetzlicher Kündigungsfrist besteht hier nicht, doch können die Zinsen innerhalb 2 Monate nach Gutschrift abgehoben werden.

Für vorzeitig zurückgezahlte Spareinlagen (Rückzahlung ohne Kündigung, Rückzahlung vor Ablauf der Kündigungsfrist) sind Vorschußzinsen in Anrechnung zu bringen. Diese Vorschußzinsen müssen die Habenzinsen um mindestens ein Viertel übersteigen. Nur unter besonderen Voraussetzungen (wirtschaftliche Notlage des Berechtigten, Wechsel der Sparform, Verfügung der Erben etc.) kann auf die Berechnung von Vorschußzinsen verzichtet werden.

Wie bereits weiter oben vermerkt (vgl. Kap. 2.1.2.1.2), ist mit der Vierten KWG-Novelle eine Abschaffung (ersatzlose Streichung) des Rechtsinstitutes der Spareinlage (§§ 21, 22 KWG) vorgesehen.

Besondere Erwähnung verdienen an dieser Stelle Sparverträge, die auf der staatlichen Förderung der Geldvermögensbildung unterer und mittlerer Einkommensempfänger (es bestehen Einkommensgrenzen) durch Prämien (**prämienbegünstigtes Vertragssparen nach dem Sparprämiengesetz**) oder durch die Gewährung von Arbeitnehmersparzulagen (**Bildung von vermögenswirksamen Anlagen nach dem Vermögensbildungsgesetz**) basieren. Zu unterscheiden ist zwischen Allgemeinen Sparverträgen, Ratensparverträgen und vermögenswirksamen Sparverträgen. Diese Vertragsarten können grundsätzlich als Kontensparverträge oder als Wertpapiersparverträge abgeschlossen werden.

6.4.3.1.1.2 Sparbriefe

Der Sparbrief nimmt eine Zwischenstellung zwischen der Spareinlage und dem festverzinslichen Wertpapier ein. Er gewährt einerseits dem Einleger eine höhere Verzinsung als die Spareinlage, während er anderseits dem begebenden

Kreditinstitut eine längere Kapitalbindungsdauer (i.d.R. zwischen 4 und 6 Jahre) zusichert. Sparbriefe ab einer Laufzeit von 4 Jahren sind von der Mindestreserve befreit. Die üblicherweise auf runde Beträge (100 DM, 500 DM, 1.000 DM, 5.000 DM, 10.000 DM) ausgestellten Titel können mit laufender Verzinsung (halbjährliche bzw. jährliche Zinstermine) ausgestattet sein oder mit Diskont begeben und zum Nennwert getilgt werden (= abgezinste Sparbriefe). An der Börse werden Sparbriefe nicht gehandelt.

Im Falle eines vorzeitigen Rückgriffes bietet sich die Möglichkeit der Beleihung an.

6.4.3.1.1.3 Sichteinlagen

Sichteinlagen sind kurzfristig verfügbare Guthaben, die auf Giro- oder Kontokorrentkonten unterhalten werden. Über Sichteinlagen werden keine Urkunden ausgestellt. Aufgrund ihres kurzfristigen Charakters werden sie nur mit geringen Sätzen verzinst bzw. zum Teil zinslos geführt. Über Sichteinlagenbestände kann der Kontoinhaber bar und bargeldlos disponieren. Vom Zweck her dienen Sichteinlagen der Abwicklung des Zahlungsverkehrs.

Sichteinlagen entstammen **kurzfristigen Liquiditätsüberschüssen** von Unternehmen und öffentlichen Haushalten bzw. sind in ihrer Entstehung auf die **bargeldlose Lohn- und Gehaltszahlung** zurückzuführen. Während sich mit der weiteren Verfeinerung der kurzfristigen Gelddisposition der Unternehmen (= "cash management") das Wachstum der kommerziellen Sichteinlagen, gemessen an der Entwickung der gesamten Sichteinlagen, unterdurchschnittlich entwickelt, nimmt der Anteil der Sichteinlagen der Privatkontoinhaber am Gesamtbestand zu.

Auf den ersten Blick erscheinen Sichteinlagen aus der Warte der kontoführenden Institute aufgrund ihrer niedrigen Zinskosten als außerordentlich attraktiv. Dabei muß allerdings auf die in unmittelbarem Zusammenhang mit der Kontoführung entstehenden Kosten des Zahlungsverkehrs verwiesen werden, die vor allem bei den privaten Girokonten erheblich ins Gewicht fallen.

Obwohl Sichteinlagen kurzfristig abrufbar sind, gewähren Banken auf der Basis dieser Einlagen in Erfüllung ihrer Funktion der Fristentransformation auch mittelfristige Ausleihungen. Zwar ist diese kurzfristige Verfügbarkeit grundsätzlich für jedes einzelne Konto gegeben, doch empirisch feststellbare Gesetzmäßigkeiten bei den Zu- und Abflüssen lassen einen Bodensatz ermitteln, der eine teilweise Veranlagung über kurze Fristen hinaus ermöglicht.

6.4.3.1.1.4 Termineinlagen

Termineinlagen sind befristete Guthaben (z.B.: 1 Monat, 3 Monate, 6 Monate, 12 Monate, über 12 Monate). Sie werden als **Festgelder** oder **Kündigungsgelder** unterhalten. Während für Festgelder bereits bei der Einzahlung ein bestimmter Fälligkeitstermin vereinbart wird, ist die Verfügung des Kontoinhabers über ein Kündigungsgeld an die Einhaltung der Kündigungsfrist gebunden.

Bei den Termineinlagen handelt es sich zumeist um **Finanzinvestitionen**, die von Nichtbankunternehmen getätigt werden. Vorhandene Liquiditätsreserven, die nicht sofort zur Reinvestition gelangen, werden zeitlich befristet in Form von Geldkapital angelegt.

Vor diesem Hintergrund läßt sich gleichzeitig erkennen, daß Termineinlagen i.d.R. größere Einzeleinlagen darstellen. Die Verzinsung orientiert sich zunächst an der Festlegungs- oder Kündigungsfrist, wird jedoch auch, wie schon erwähnt, von der individuellen Verhandlungsmacht des Einlegers abhängen.

Aus der Sicht der kontoführenden Institute haben Termineinlagen den Vorzug, daß die zu tätigenden Kapitalrückzahlungen aufgrund der bekannten Festlegungs- oder Kündigungsfristen mit hohem Zuverlässigkeitsgrad prognostizierbar sind. Im Vergleich zu den Sichteinlagen sind zwar deutlich höhere Zinskosten in Rechnung zu stellen, doch anderseits fallen - bei wesentlich längerer Kapitalbindungsdauer - nur geringe Verwaltungsaufwendungen an.

6.4.3.1.1.5 Bankschuldverschreibungen

Zur Beschaffung langfristiger Finanzierungsmittel begeben einzelne Bankengruppen und Spezialbanken festverzinsliche Wertpapiere.

An vorderster Stelle zu nennen sind **Pfandbriefe** und **Kommunalobligationen**, die vor allem von Realkreditinstituten und Girozentralen begeben werden. Die Ausgabe dieser Titel unterliegt besonderen Voraussetzungen. Zunächst ist der Umlauf durch die **Deckungsmasse** begrenzt. Diese Deckungsmasse setzt sich bei den Pfandbriefen aus erststelligen Hypotheken und - in begrenzter Höhe - Ersatzdeckungen (Schuldverschreibungen des Bundes, der Länder, bestimmte Bankguthaben) zusammen, während bei den Kommunalobligationen die eingeräumten Kommunaldarlehen (Darlehen an öffentliche Haushalte bzw. von diesen garantierte Darlehen) als Deckungsmasse herangezogen werden. Volle Deckung muß sowohl hinsichtlich des aushaftenden Kapitals (Kapitalkongruenz) als auch hinsichtlich der Zinsaufwendungen (Zinskongruenz) vorhanden sein.

Außerdem bestehen durch das Eigenkapital vorgegebene Umlaufgrenzen.

Mit dem Angebot von Pfandbriefen und Kommunalobligationen stehen Titel zur Verfügung, die - bei vernachlässigbarem Ausfallrisiko - im Regelfall höhere Zinserträge erbringen als das Kontensparen. Da Pfandbriefe und Kommunalobligationen an der Börse gehandelt werden, ist ihre Verflüssigung auch vor Ablauf der Laufzeit grundsätzlich möglich. Dem vergleichsweise hohen Zinsertrag ist allerdings das Kursrisiko gegenüberzustellen, welches durch das schwankende Kapitalmarktzinsniveau bedingt ist.

Neben den Pfandbriefen und Kommunalobligationen Erwähnung verdienen noch sonstige **Inhaberschuldverschreibungen**, **Kassenobligationen** (Laufzeit i.d.R. bis zu 4 Jahren) und die von Sparkassen begebenen **Sparobligationen**.

6.4.3.1.1.6 Aufgenommene Gelder

Anlaß der Geldaufnahme bei anderen Kreditinstituten oder bei Nichtbankunternehmen (Versicherungsunternehmen, Industrieunternehmen) sind Liquiditätsengpässe, ertragreiche Wiederveranlagungsmöglichkeiten oder bilanzpolitische Ziele ("window dressing" zu Bilanzierungsstichtagen).

Neben der klassischen Refinanzierung bei der Notenbank, die sich in Form eines Aktivtausches vollzieht, bietet sich bei Banken, die mehrstufig organisiert sind, primär die Geldaufnahme im Rahmen des sektoralen Liquiditätsverbundes an. Alternativ oder ergänzend dazu ist die Finanzierung am Geldmarkt zu den jeweiligen Geldmarktsätzen in der erforderlichen Fristigkeit (Tagesgeld, tägliches Geld, Ultimogeld, Monatsgeld, Dreimonatsgeld, Jahresgeld) in Betracht zu ziehen.

6.4.3.1.2 Aktivgeschäfte

6.4.3.1.2.1 Kreditgeschäfte

6.4.3.1.2.1.1 Einführung

Der Begriff **Kredit** geht auf das lateinische Wort credere (= glauben, vertrauen) zurück. Wir wollen unter Kredit die befristete Zurverfügungstellung von Kaufkraft gegen spätere Gegenleistung (Zinsen, Rückzahlung) verstehen. Als **Nachfrager** nach Kredit treten Unternehmen, öffentliche und private Haushalte auf.

Im Unternehmenssektor dient die Kreditaufnahme zur Ergänzung der durch das haftende Eigenkapital vorhandenen Kapitalbasis. Die befristet überlassene Kaukraft wird zur Finanzierung von Investitionen i.w.S. des Wortes eingesetzt. Das knappe Angebot an Risikokapital bzw. die unterschiedliche steuerliche Behandlung von Eigen- und Fremdkapital (Abzugsfähigkeit der Fremdkapitalzinsen, Nichtabzugsfähigkeit der ausgeschütteten Gewinne) begünstigen die Fremdfinanzierung zulasten der Eigenkapitalaufnahme. Unter diesen Voraussetzungen hat sich das Schwergewicht in der Unternehmensfinanzierung in den vergangenen Jahrzehnten deutlich auf die Kreditfinanzierung verlagert.

Bei den öffentlichen Haushalten treten Kreditinstitute zur Finanzierung von Haushaltsdefiziten ein.

Eine im Verhältnis zum Einkommen steigende Kreditnachfrage ist im langfristigen Trend bei den privaten Haushalten festzustellen. Der zunehmende Abbau der Schwellenangst sowie von Mentalreservationen grundsätzlicher Natur gegen die Kreditfinanzierung, das aktive Kreditangebot der Banken in Verbindung mit unbürokratischen, bequemen Abwicklungsformen (z.B.: Dispositionskredit) und die allmähliche Verbreitung von kartengesteuerten Zahlungsverkehrssystemen gelten als die entscheidenden Faktoren dieser Entwicklung, die sich in der Zukunft weiter verstärken sollte.

Aus der Sicht der Banken ist das Kreditgeschäft die **Hauptertragsquelle**. Erst mit der Wiederveranlagung der in den einzelnen Sparten des Passivgeschäftes akquirierten Mittel kann im gesamten Zinsgeschäft ein positiver Zinsbeitrag erwirtschaftet werden. Im Vergleich dazu ist der Ertrag des Dienstleistungsgeschäftes in aller Regel nur von sekundärer Bedeutung, auch wenn die Provisionserträge des Indifferenzgeschäftes bei einzelnen Banken erhebliche Ausmaße erreichen.

Die von Banken eingeräumten Kredite lassen sich nach verschiedenen Kriterien unterteilen. Trennt man nach der **Laufzeit**, ist zwischen kurz-, mittel- und langfristigen Krediten zu unterscheiden. Bei aller Willkür einer solchen Differenzierung beträgt die Laufzeit kurzfristiger Kredite i.d.R. maximal 6 Monate, von mittelfristigen Krediten spricht man bei einer Fristigkeit von 6 Monaten bis zu 4 Jahren, während langfristige Kredite eine Laufzeit von über 4 Jahren aufweisen. Erwähnenswert ist in diesem Zusammenhang, daß die formelle Befristung eines Kredites nicht notwendigerweise mit der tatsächlichen Laufzeit einer Kreditgewährung identisch sein muß. Das charakteristische Beispiel dafür liefert der Kontokorrentkredit. Obwohl zumeist nur kurzfristig gewährt bzw. mit entsprechend kurzen Kündigungsfristen ausgestattet, verlängert er sich im Falle der Nichtkündigung automatisch und hat damit de facto langfristigen Charakter. Selbst wenn Gefahr besteht, daß er notleidend wird, sieht sich die kreditgewährende Bank häufig vor die Alternative gestellt, entweder durch eine Prolongierung zur Sanierung beizutragen oder mit der Aufkündigung des Kredites den Bankrott des finanzierten Unternehmens herbeizuführen und die daraus resultierenden Ausfallrisiken in Kauf zu nenmen.

Hinsichtlich der **Sicherheiten** ist zu differenzieren zwischen

- ungedeckten Personal- oder Blankokrediten (sie basieren auf der Kreditwürdigkeit des Kreditnehmers),
- gedeckten Personalkrediten (neben die Bonität des Kreditwerbers treten zusätzliche Sicherheiten wie die Abtretung von Forderungen, Bürgschaften, die Verpfändung von beweglichen Sachen und Wertpapieren oder eine Sicherungsübereignung) und
- Realkrediten (es erfolgt eine Absicherung durch Grundpfandrechte).

Ein weiteres Unterscheidungsmerkmal ist der **Verwendungszweck.** Wir kennen Investitionskredite, Betriebsmittelkredite, Überbrückungskredite, Saisonkredite, Exportkredite, Importkredite, Effektenkredite, Wohnungsbaukredite, Anschaffungsdarlehen und Konsumkredite.

Nach dem **Leistungsumfang** kann zwischen Geldleihe und Kreditleihe unterschieden werden. Bei der Gelleihe wird dem Kreditnehmer unmittelbar Kaufkraft überlassen. Er ist berechtigt, bis zur eingeräumten Kreditlinie in barer oder unbarer Form über finanzielle Mittel zu verfügen. Nur mit Einschränkungen ist hingegen die Kreditleihe dem Kreditgeschäft der Banken zuzuordnen. Bei der Kreditleihe übernimmt die Bank lediglich Haftungs- oder Garantiefunktionen und ermöglicht somit mit ihrer eigenen Bonität dem Kreditwerber, sich bei Dritten mit Kaufkraft zu versorgen.

Hinsichtlich der **Abwicklungsformen** ist zwischen Kontokorrentkredit, Diskontkredit, Raten- oder Teilzahlungskredit, Dispositionskredit, Darlehen, Akzeptkredit und Avalkredit zu unterscheiden.

Differenziert man nach **Kreditnehmern,** kann über die drei Sektoren Unternehmen, öffentliche und private Haushalte hinaus bei den Unternehmen eine weitergehende Aufschlüsselung nach Wirtschaftszweigen vorgenommen werden (z.B. werden in der Bundesbankstatistik Kredite an das verarbeitende Gewerbe, an das Baugewerbe, den Handel, an die Land- und Forstwirtschaft sowie an den Verkehr und die Nachrichtenübermittlung gesondert ausgewiesen).

Weiters kann nach **Inlands- und Auslandskrediten** sowie nach **Groß-, Mittel- und Kleinkrediten** unterschieden werden. Wenn wir schließlich an die Funktion der abwickelnden Bank denken, sind noch **Treuhandkredite** und **Gemeinschafts-** oder **Konsortialkredite** zu erwähnen.

Aus der Sicht der kreditgewährenden Bank stehen zwei Differenzierungsmerkmale im Vordergrund: die Kreditsicherheiten als Indikator für den Grad des eingegangenen Risikos und die Abwicklungsformen. Wir werden uns deshalb bei unseren weiteren Ausführungen zum Kreditgeschäft vor allem an diesen Kriterien orientieren.

6.4.3.1.2.1.2 Kreditvergabepolitik

Kreditinstitute verwalten zu hohen Graden Fremdmittel. Aufgrund der knappen Ausstattung können mit dem haftenden Eigenkapital nur sehr begrenzt Forderungsausfälle aufgefangen werden. Schon aus Gründen der Unternehmenserhaltung wird daher die Kreditvergabepolitik der Banken auf dem Grundsatz aufgebaut sein müssen, nur jenen Kreditwerbern Kaufkraft zur Verfügung zu stellen, bei denen die vertragsgemäße Erfüllung der Gegenleistung in Form der vereinbarten Zins- und Tilgungszahlungen mit hoher Wahrscheinlichkeit erwartet werden kann. Vor diesem Hintergrund wird der dinglichen Absicherung von Krediten ein entsprechender Stellenwert nicht abgesprochen werden können.

Anderseits fällt Kreditinstituten die gewerbsmäßige Aufgabe der Übernahme von Finanzierungsrisiken zu. Diese Funktion der Banken schließt ein, im besonderen auch wachstums- und innovationsträchtige Investitionen, deren Absicherung zu Teilen oder ausschließlich auf der Basis der zukünftigen Ertragskraft erfolgen muß, zu finanzieren.

Statisches Denken, das sich an dinglichen Sicherheiten orientiert, und dynamische Kriterien der Kreditvergabe, bei denen der Ertrag der finanzierten Investitionen im Vordergrund steht, liegen damit in Konkurrenz. Konkrete Entscheidungsgrundlage bei der Kreditvergabe an einen Kreditwerber bilden dessen **Kreditwürdigkeit** und **Kreditfähigkeit**.

In der bankbetrieblichen Literatur finden sich die verschiedensten Interpretationen dieser beiden Begriffe. Wir wollen Kreditfähigkeit an die Geschäftsfähigkeit (evtl. Vertretungsbefugnis) des Antragstellers und damit an objektiv-persönliche Kriterien knüpfen. Bei der Kreditwürdigkeit sind neben den subjektiv-persönlichen Eigenschaften (Charakter, Managementfähigkeiten) auch wirtschaftlich-sachliche Faktoren zu erfüllen (vgl. auch Büschgen, H.E., 1989, S. 698; Heno, R., 1983, S. 10 f; Jährig, A. und H. Schuck, 1982, S. 181 f.; Stein, J.H.v. und M. Kirschner, 1988, S. 304 ff).

Im anglo-amerikanischen Bankwesen wird in diesem Zusammenhang von den nachfolgend dargestellten **"C's of Credit"** eines Kreditwerbers gesprochen:

- Character (= Charakter)
- Capacity (= Managementfähigkeiten)
- Collateral (= Sicherheiten)
- Capital (= haftendes Eigenkapital)
- Conditions (= wirtschaftliche Umweltbedingungen).

Die Beurteilungskriterien gehen mit unterschiedlichen Gewichten bei der Kreditentscheidung ein (Tab.63):

Tabelle 63: Kreditwürdigkeits- und -fähigkeitsprüfung - Beurteilungsmerkmale

Beurteilungsmerkmal	Gewichtungsfaktor in %
Bilanzanalyse	26,7
Sicherheiten/Branchenentwicklung	21,0
Marktchancen des Unternehmens	22,3
Managementfähigkeiten	11,6
Bisherige Zusammenarbeit	9,5
Organisation, Kontrollsystem des Unternehmens	6,4
Soziales Klima, Arbeitsmarktsituation	2,3
Sonstige Faktoren	0,2

Die dargestellten Gewichtungsfaktoren entstammen empirischen Erhebungen für die Bundesrepublik und sind länder- und situaionsbedingt anzupassen. So dürften in den neuen Bundesländern andere Beurteilungmerkmale im Vordergrund stehen.

Bei den im Rahmen der Bilanzanalyse errechneten Kennzahlen kommen der Eigenkapitalquote, dem Liquiditätsgrad, Cash-flow-Kennziffern und Gewinnquoten eine dominierende Rolle zu.

In Zusammenhang mit der laufenden Kreditüberwachung wird in neueren Ansätzen versucht, auf der Basis von Bilanzkennzahlen Warnsysteme zur frühzeitigen Erkennung von Ausfallrisken zu entwickeln.

6.4.3.1.2.1.3 Kreditsicherheiten

6.4.3.1.2.1.3.1 Bürgschaft

Mit der Übernahme der Bürgschaft verpflichtet sich der Bürge gegenüber der kreditgewährenden Bank, für die Erfüllung der Verbindlichkeiten des Kreditnehmers einzustehen. Die Bürgschaft kommt durch einen einseitig verpflichtenden Vertrag zustande, d.h. Verpflichteter ist nur der Bürge. Die Bürgschaft setzt notwendigerweise das Bestehen einer Schuld des Kreditnehmers, des Hauptschuldners, voraus.

Grundsätzlich zu unterscheiden ist zwischen **selbstschuldnerischer Bürgschaft** und **Ausfallbürgschaft**. Bei der selbstschuldnerischen Bürgschaft verzichtet der Bürge auf die Einrede der Vorausklage. Dadurch kann die kreditgewährende Bank unmittelbar Zahlung vom Bürgen verlangen, wenn der Kreditnehmer seinen vertraglichen Verpflichtungen nicht nachkommt. Der Bürge haftet wie der Kreditnehmer selbst. Bei der Ausfallbürgschaft dagegen tritt die Haftung des Bürgen erst nach erfolgter Zwangsvollstreckung des Hauptschuldners ein. Im Kreditgeschäft der Banken dominiert die selbstschuldnerische Bürgschaft.

6.4.3.1.2.1.3.2 Abtretung von Forderungen (Zession)

Bei der Abtretung von Forderungen geht die volle Rechtsinhaberschaft vom bisherigen Gläubiger (= Zedent) auf einen neuen Gläubiger (= Zessionar) über. Im gegenständlichen Fall der Absicherung eines Bankkredites überträgt ein Kreditnehmer seine aus einer einzelnen Forderung oder einer Anzahl von Forderungen bestehenden Rechte gegenüber einem oder mehreren Drittschuldnern auf die kreditgewährende Bank. Wird der Drittschuldner von der Abtretung benachrichtigt, liegt eine **offene Zession** vor. Der Drittschuldner kann damit nur noch an den Zessionar mit schuldbefreiender Wirkung Zahlung leisten. Erfolgt keine Benachrichtigung des Drittschuldners, handelt es sich um eine **stille Zession**.

In diesem Falle ist der Zedent zur Abführung der eingehenden Zahlungen an den Zessionar verpflichtet.

Abgetreten werden Einzelforderungen (= **Einzelzession**) oder ein Forderungsbestand innerhalb einer Rahmenvereinbarung. Solche Rahmenvereinbarungen erfolgen in Form von Mantel- und Globalzessionen. Bei der **Mantelzession** verpflichtet sich der Zedent, den Gesamtnennbetrag der abgetretenen Forderungen in einem bestimmten Verhältnis zum aushaftenden Kredit zu halten. Bei der **Globalzession** dagegen werden sämtliche, gegen einen abgegrenzten Kundenkreis bestehenden gegenwärtigen und zukünftigen Forderungen abgetreten. Globalzessionen können aufgrund von Knebelung, Übersicherung oder Verleitung zum Vertragsbruch gesetzes- oder sittenwidrig sein (§§ 134, 138 BGB).

Zur Absicherung von Bankkrediten wird in aller Regel eine Mantel- oder Globalzession, welche die Abtretung einer Vielzahl von Forderungen vorsieht, vorgenommen werden müssen. Zur Abtretung empfehlen sich vor allem die aus Lieferungen und Leistungen des Kreditnehmers entstehenden Forderungen gegenüber Drittschuldnern. Zwar ist aus Bankensicht die offene Zession vorzuziehen, doch wird diese Form der Forderungsabtretung z.T. von Kreditnehmern, die damit eine Einschränkung ihrer Reputation verbunden sehen, abgelehnt. Auch bei der stillen Zession behalten sich Kreditinstitute jedoch zumeist vor, unter geänderten Voraussetzungen (wenn z.B. der Zedent seinen vertraglichen Verpflichtungen gegenüber der Bank nicht nachkommt) die betroffenen Drittschuldner zu benachrichtigen und damit die stille Zession in eine offene umzuwandeln.

6.4.3.1.2.1.3.3 Verpfändung von beweglichen Sachen oder Rechten

Mit der Verpfändung wird dem Pfandgläubiger (= kreditgewährende Bank) die Verwertungsbefugnis über bewegliche Sachen oder Rechte übertragen. Bei beweglichen Sachen ist zur Begründung des Pfandrechts i.d.R. die körperliche Übergabe an den Pfandgläubiger erforderlich (**Prinzip des Faustpfandes**). Das Pfandrecht ist streng an den Bestand einer Forderung gebunden, zu deren Sicherung die Verpfändung erfolgt ist (= **akzessorisches Recht**). Nur wenn der Verpfänder seinen vertraglichen Verpflichtungen nicht nachkommt, kann der Pfandgläubiger das Pfand nach vorheriger Androhung und unter Einhaltung einer Wartefrist verwerten.

Im Rahmen des Kreditgeschäftes der Banken sind unter dem Titel **Lombardkredit** vornehmlich festverzinsliche Wertpapiere, Aktien, Wechsel, Waren oder Edelmetalle Gegenstand der Verpfändung.

6.4.3.1.2.1.3.4 Sicherungsübereignung

In unmittelbarem Zusammenhang mit der Verpfändung von beweglichen Sachen ist die Sicherungsübereignung zu sehen. Nach dem Faustpfand-Prinzip ist die körperliche Übergabe des Pfandes erforderlich. Handelt es sich bei den Kreditsicherungsmitteln um Vermögenswerte, die im Rahmen der Leistungserstellung oder der Leistungsverwertung des kreditwerbenden Unternehmens einzusetzen sind (Maschinen, Kraftfahrzeuge, Rohstoffe, Halb- und Fertigerzeugnisse) bzw. deren Verwahrung bei Kreditinstituten nicht in Betracht kommt, empfiehlt sich statt einer Verpfändung die Sicherungsübereignung. Bei der Sicherungsübereignung geht das Eigentum am Sicherungsgut zwar an die kreditgewährende Bank über, der Kreditnehmer aber bleibt unmittelbarer Besitzer und verfügt weiter über das Nutzungsrecht. Handelt es sich um die Sicherungsübereignung von Waren, können Wareneingänge über eine vorweggenommene Sicherungsübereignung in das Eigentum der Bank übergehen, während anderseits dem Kreditnehmer die Möglichkeit eingeräumt werden muß, sicherungsübereignete Fertigerzeugnisse zu veräußern. Von Seiten des Kreditgebers wird bei der Sicherungsübereignung von Waren die Einhaltung eines Mindestdeckungsbestandes zu überwachen sein.

Da generell bei der Sicherungsübereignung das Sicherungsgut in der Verfügungsgewalt des Kreditnehmers verbleibt, ist der Grad der Absicherung ungleich schwächer als bei der Verpfändung. Die Sicherungsübereignung wird daher nur bei vertrauenswürdigen Kreditwerbern in Betracht zu ziehen sein.

6.4.3.1.2.1.3.5 Grundpfandrecht (Hypothek und Grundschuld)

Ein vergleichsweise hoher Sicherheitsgrad ist mit dem Erwerb eines Grundpfandrechts verbunden. Nach § 1113 Abs. 1 BGB kann ein Grundstück in der Weise belastet werden, "daß an denjenigen, zu dessen Gunsten die Belastung erfolgt, eine bestimmte Geldsumme zur Befriedigung wegen einer ihm zustehenden Forderung aus dem Grundstück zu zahlen ist (Hypothek)". Die **Hypothek** ist damit vom Bestand einer Forderung abhängig, sie hat den Charakter akzessorischen Rechts. Ganz im Gegensatz dazu ist die **Grundschuld** ein abstraktes dingliches Recht, das unabhängig von einer Forderung besteht.

Grundsätzlich zu unterscheiden ist zwischen Briefhypothek und Buchhypothek bzw. Briefgrundschuld und Buchgrundschuld. Bei der **Briefhypothek (Briefgrundschuld)**, die als Regel anzusehen ist, stellt das Grundbuchamt einen Hypothekenbrief (Grundschuldbrief) aus, während bei der **Buchhypothek (Buchgrundschuld)** die Erteilung eines Briefes ausdrücklich ausgeschlossen werden muß.

Neben der normalen **Verkehrshypothek** bestehen als Sonderformen die Sicherungshypothek und die Höchstbetragshypothek. Im Gegensatz zur Verkehrshypothek, bei der zugunsten des eingetragenen Gläubigers vermutet wird, daß die Forderung besteht, liegt bei der **Sicherungshypothek** die Beweislast für die Rechtmäßigkeit der Forderung beim Gläubiger (strenge Akzessorietät). Die Sicherungshypothek kann ausschließlich als Buchhypothek begründet werden.

Eine Unterart der Sicherungshypothek ist die **Höchstbetragshypothek.** Bei dieser wird der Höchstbetrag, bis zu dem das Grundstück haften soll, vermerkt. Die Forderung ist damit in ihrer Höhe unbestimmt und kann im Zeitablauf schwanken. Die Höchstbetragshypothek lebt auch nach Tilgung der Forderung ggf. wieder auf, weist aber im übrigen die Merkmale der Sicherungshypothek, im besonderen die strenge Akzessorietät, auf.

Zur Absicherung von Bankkrediten bevorzugt wird die Grundschuld. Sie ist vom einzelnen Kredit- oder Darlehensgeschäft unabhängig und kann somit unter Erhaltung der Rangstelle in vielfältigen Formen als Sicherungsmittel eingesetzt werden.

6.4.3.1.2.1.4 Abwicklungsformen

6.4.3.1.2.1.4.1 Kontokorrentkredit

Beim Kontokorrentkredit wird der Kreditnehmer ermächtigt, bis zur Höhe des vereinbarten Kreditrahmens (der ggf. kurzfristig überzogen werden kann) finanzielle Mittel in Anspruch zu nehmen. Das **Konto wird in laufender Rechnung** geführt. Der jeweilige Saldo wird aus dem Bestand sowie den am Konto verbuchten Zahlungseingängen und Zahlungsausgängen ermittelt. Damit sind auch (kurzfristige) Saldendrehungen, die zu einem Guthaben-Saldo führen, grundsätzlich möglich.

Aus der Sicht des Kreditnehmers gestattet der Kontokorrentkredit eine außerordentlich flexible und kurzfristige Anpassung der aushaftenden Kreditsumme an den Finanzierungsbedarf. Der Kontokorrentkredit dient daher vorzüglich zur Finanzierung des kurz- und mittelfristigen Kapitalbedarfs von Unternehmen.

Auf das Auseinanderklaffen der formellen Laufzeit und der materiellen Fristigkeit des Kontokorrentkredits haben wir bereits verwiesen. In Rechnung gestellt werden neben den Zinskosten, die in Höhe der tatsächlichen Inanspruchnahme erwachsen, Provisionen in den verschiedensten Spielarten (Bereitstellungsprovision, Umsatzprovision, Überziehungsprovision etc.) sowie Stückgebühren. Zur Sicherung des Kontokorrentkredites kommen vor allem die Grundschuld und die Globalzession in Betracht.

6.4.3.1.2.1.4.2 Wechseldiskontkredit

Beim Wechseldiskont bevorschußt die kreditgewährende Bank (zumeist im Rahmen einer vereinbarten Diskontzusage) eine bestehende, in Wechselform verbriefte Forderung des Einreichers.

Der Wechseldiskontkredit stellt eine typische Variante des kurzfristigen Bankkredites dar. Er dient vor allem zur Umsatzfinanzierung von Industrie- und Großhandelsunternehmen.

Der in Rechnung gestellte Diskont, der für die Restlaufzeit in Abzug zu bringen ist, liegt unter den Kosten des Kontokorrentkredites. Für die diskontierende Bank weist der angekaufte Wechsel, wenn er rediskontfähig ist, einen hohen Grad an Geldanschlußfähigkeit auf. Für die Einlösung der Forderung haften im Sinne der **Wechselstrenge** neben dem Akzeptanten und dem Aussteller alle Indossanten, sofern sie ihre Haftung nicht ausdrücklich ausgeschlossen haben.

6.4.3.1.2.1.4.3 Raten-(Teilzahlungs-)kredit und Anschaffungsdarlehen

Ganz im Gegensatz zum Kontokorrent- und Wechseldiskontkredit handelt es sich beim Raten-(Teilzahlungs-)kredit und beim Anschaffungsdarlehen um Ausleihungsformen, die sich an die Zielgruppe der privaten Haushalte wenden. Gegenstand der Finanzierung sind Gebrauchsgüter (z.B.: Kraftfahrzeuge, Haushaltsgeräte, Möbel, Unterhaltungselektronik) oder Dienstleistungen (z.B.: Urlaubsreisen, Ausbildung). Vielfach liegen standardisierte Kreditangebote vor, die hinsichtlich ihrer Zinskosten und Rückzahlungsmodalitäten weitgehend normiert sind.

Ratenkredite und Anschaffungsdarlehen, die den mittelfristigen Krediten zuzuordnen sind, werden von den einzelnen Banken unter den verschiedensten Bezeichnungen angeboten. Die im Verhältnis zur Kreditsumme hohen Abwicklungskosten finden in der Effektivverzinsung ihren Niederschlag.

Zur Einschätzung der Kreditwürdigkeit und Kreditfähigkeit von Kreditwerbern kann ein **Punktebewertungssystem ("Credit scoring")**, wie wir es in Kap. 4.2.2.3.3.3 dargestellt haben, herangezogen werden. In diesem Zusammenhang erwähnenswert ist aber auch die Schutzgemeinschaft für allgemeine Kreditsicherung (= **Schufa**). Diese von der deutschen Kreditwirtschaft getragene Gemeinschaftsinstitution führt eine Datei über private Kreditnehmer (aushaftende Kredite, Bürgschaften, Zahlungsrückstände, Pfändungen etc.).

Auf Anfrage stellt die Schufa den Mitgliedsbanken diese Informationen zur Verfügung.

Als Sicherungsmittel genügt bei Ratenkrediten und Anschaffungsdarlehen ggf. der Einkommensnachweis, es kommen aber auch Lohn- und Gehaltsabtretungen, die Mithaftung des Ehegatten, der Abschluß einer Restschuldversicherung oder die Sicherungsübereignung vor.

6.4.3.1.2.1.4.4 Dispositionskredit

Der Dispositionskredit hat sich aus dem Privatgirogeschäft entwickelt. Dem Inhaber eines Privatgirokontos wird die Möglichkeit eingeräumt, sein Konto in einem bestimmten Verhältnis zum monatlichen Nettoeinkommen (zumeist bis zum 1-fachen, 2-fachen oder 3-fachen Nettobezug) zu überziehen. Der Dispositionskredit ist eine Art Kontokorrentkredit für Privatkontoinhaber mit entsprechender Bonität. Er kann zumeist weitgehend formlos und ohne besondere Sicherheiten als Selbstbedienungskredit durch baren oder unbaren Abzug vom Konto in Anspruch genommen werden.

6.4.3.1.2.1.4.5 Darlehen

Die charakteristischen Merkmale des Darlehens sind der langfristige Charakter der Ausleihung, die in einer Summe vorgenommene Auszahlung des Darlehensbetrages und die sich nach einem Tilgungsplan vollziehende Schuldabstattung. Die Rückzahlung kann entweder in jährlich **gleichbleibenden Annuitäten** (Zinsen und Tilgungsrate werden zusammengefaßt), in **gleichbleibenden Tilgungsraten** (Abzahlungsdarlehen) oder in Form einer **Einmalzahlung**, die an einem bestimmten Termin (Fälligkeits- oder Fristdarlehen) oder nach Kündigung (Kündigungsdarlehen) zu leisten ist, erfolgen.

Darlehen werden vornehmlich zur Finanzierung von Investitionen sowie zur Wohnraumbeschaffung in Anspruch genommen. Als Darlehensnehmer treten Unternehmen sowie öffentliche und private Haushalte auf.

Bei der Kalkulation der Kosten eines Darlehens in Rechnung zu stellen sind neben den (festen oder veränderlichen) Zinsen Provisionen (insbes. die Bereitstellungsprovision), der Auszahlungskurs, der zumeist unter 100% liegt (Abschlag = Damnum) , sowie die ggf. bei der Absicherung durch Grundpfandrechte entstehenden Kosten (Schätzungskosten, Notar- und Gerichtskosten).

An besonderen Formen der Darlehensgewährung, die gleichzeitig die wesentlichsten banküblichen Sicherungen verdeutlichen, ist auf das Hypothekardarlehen, das Kommunaldarlehen und das Schuldscheindarlehen zu verweisen.

Beim **Hypothekardarlehen** erfolgt eine grundbücherliche Sicherstellung. Für die Belastung mit Grundpfandrechten kommen gewerbliche sowie land-

und forstwirtschaftlich genutzte Grundstücke und Gebäude, Grundstücke zur Schaffung von Wohnraum sowie Wohnungseigentum oder Erbbaurechte in Betracht. Der Beleihungswert richtet sich am Ertrags- oder Verkehrswert aus.

Kommunaldarlehen werden entweder von öffentlichen Haushalten direkt in Anspruch genommen oder von diesen verbürgt.

Beim **Schuldscheindarlehen** schließlich geht es um die Einräumung von Großdarlehen an Unternehmen oder öffentliche Haushalte. Das Darlehen wird gegen Schuldschein gewährt. Die ausgestellten Schuldscheine haben keinen Wertpapiercharakter. Der Darlehensgeber kann sich allerdings ganz oder teilweise durch Abtretung von Teilbeträgen bei Kapitalsammelstellen (vorwiegend Versicherungen kommen dafür in Betracht) refinanzieren.

6.4.3.1.2.1.4.6 Kreditleihgeschäft

Der Kreditleihe zuzurechnen sind der Akzeptkredit und der Avalkredit.

Beim **Akzeptkredit** erklärt sich die Bank im Auftrag eines Kunden zur Akzeptierung eines auf sie gezogenen Wechsels bereit, der damit angesichts der üblicherweise hohen Bonität eines Bankakzeptes leicht verwertbar ist. Der den Akzeptkredit in Anspruch nehmende Bankkunde verpflichtet sich seinerseits, den Gegenwert des Wechsels bei Fälligkeit bereitzustellen, so daß die Akzeptbank lediglich ihre Bonität zur Verfügung stellt, ohne effektiv Kredit zu gewähren. Auf seiten der Bank besteht somit lediglich eine Eventualverbindlichkeit. Vor allem bei Export- und Importgeschäften ist der Akzeptkredit, wie noch darzulegen sein wird, von Bedeutung.

Beim **Avalkredit** übernimmt die Bank eine Bürgschaft oder Garantie oder einen Kreditauftag. Während die Bürgschaft nur in unmittelbarem Zusammenhang mit einer Forderung besteht, stellt die Garantie ein abstraktes Schuldversprechen dar, das unabhängig von einer Forderung geltend gemacht werden kann. Beispiele für diese Form der Kreditleihe sind die Frachtstundungsbürgschaft, Zollbürgschaften, Prozeßbürgschaften sowie Bietungs-, Anzahlungs-, Lieferungs-, Leistungs- und Gewährleistungsgarantien.

6.4.3.1.2.2 Anlagen am Geldmarkt

Für kurz- und mittelfristige Liquiditätsreserven bietet sich die Möglichkeit der verzinslichen Veranlagung am Geldmarkt. Geldmarktanlagen können grundsätzlich in Form der Gewährung von **Geldmarktkrediten** oder des Erwerbs von **Geldmarkttitel** getätigt werden. Kredite am Geldmarkt werden zum kurzfristigen Spitzenausgleich als Tagesgeld oder tägliches Geld bzw. als Termin- und Kündigungsgeld gehandelt. Die vergleichsweise starken Schwankungen ("Volatilität") unterworfene Verzinsung der Geldmarktkredite bestimmt sich nach der jeweiligen Liquiditätslage der Marktteilnehmer. An Geldmarkttitel zu erwähnen sind vor allem Schatzwechsel, unverzinsliche Schatzanweisungen und Privatdiskonten.

6.4.3.1.2.3 Anlagen am Kapitalmarkt

Zur längerfristigen Veranlagung einer Bank ist neben der Kredit- und Darlehensgewährung der Erwerb von Anteils- und Gläubigerpapieren in Betracht zu ziehen. Bei den festverzinslichen Wertpapieren sind zumeist Ertragsmotive vorherrschend. Festverzinsliche Titel weisen zudem einen hohen Liquiditätsgrad auf und können in der Regel ohne große Kursverluste verflüssigt werden. Beim Erwerb von Aktien dagegen stehen eher Beteiligungsmotive im Vordergrund. Mit ihren stärkeren Kursausschlägen bieten sie zudem in wesentlich größerem Umfang als Anleihen die Möglichkeit zur Legung stiller Reserven.

Wird unter Gewichtung der Anlagekriterien Ertrag und Risiko ein optimales Wertpapierportefeuille angestrebt, empfiehlt sich als Instrument der Entscheidungshilfe der Einsatz von Portefeuille-Planungs-Modellen (Portolio Selection).

6.4.3.1.3 Dienstleistungen im engeren Sinne (Indifferenzgeschäfte)

6.4.3.1.3.1 Inländischer Zahlungsverkehr

Zahlungsverkehrstransaktionen können grundsätzlich in barer, halbbarer oder bargeldloser Form abgewickelt werden. Während beim Barverkehr in aller Regel im direkten Kontakt zwischen Empfänger und Verpflichtetem Zahlung geleistet wird, bedient man sich beim halbbaren und bargeldlosen Zahlungsverkehr der Zwischenschaltung des Kreditwesens. Einzelne Banken und Bankengruppen haben zur Abwicklung des Zahlungsverkehrs eigene Gironetze aufgebaut. In Deutschland verfügen die Deutsche Bundesbank, die drei Großbanken Deutsche Bank, Dresdner Bank und Commerzbank, der Sparkassensektor, der Genossenschaftssektor sowie die Postbank über eigenständige Gironetze (vgl. Kap. 5.1.2.2).

Während Unternehmen und öffentliche Haushalte schon seit Jahrzehnten ihren Zahlungsverkehr über die kontoführenden Banken abwickeln, konnten die privaten Haushalte erst mit der Einführung der bargeldlosen Lohn- und Gehaltszahlung bzw. der damit in unmittelbarem Zusammenhang stehenden Einrichtung von Privatgirokonten am halbbaren und bargeldlosen Zahlungsverkehr teilnehmen. Heute verfügen (mindestens) 95% der Einkommensempfänger über ein Privatgirokonto. Damit ist auch den privaten Haushalten weitestgehend die Möglichkeit der bargeldlosen Auftragserteilung und des bargeldlosen Zahlungsempfanges eröffnet.

Beim **halbbaren Zahlungsverkehr** wird nur ein Akt des gesamten Zahlungsvorganges bargeldlos ausgeführt, während die entsprechende Gegentransaktion in bar zur Abwicklung kommt. Instrumente des halbbaren Zahlungsverkehrs sind der Zahlschein, die Zahlkarte, die Zahlungsanweisung und der Barscheck. Während beim Zahlscheinverkehr und der Zahlkarte der Zahlungspflichtige in bar leistet, erfolgt bei der Zahlungsanweisung und beim Barscheck die Auszahlung an den Begünstigten in Form von Bargeld. Insgesamt gesehen ist der stück- und wertmäßige Umsatz der halbbaren oder bargeldsparenden Transaktionen wesentlich geringer als das Volumen des bargeldlosen Zahlungsverkehrs. Spezialisiert auf die Abwicklung halbbarer Zahlungsverkehrsaufträge ist die Postbank im Rahmen ihrer Gelddienste.

Instrumente des **bargeldlosen Zahlungsverkehrs** sind die Überweisung, der Scheck und die Lastschrift. Eine dominierende, wenngleich rückläufige Rolle im bargeldlosen Zahlungsverkehr nimmt in der Bundesrepublik der **Überweisungsverkehr** ein, der einen mengenmäßigen Anteil von gut 50% an den gesamten beleggebundenen und beleglosen Zahlungsverkehrstransaktionen auf sich vereinigt. Im Überweisungsverkehr zu unterscheiden ist zwischen dem Normalverkehr, der innerhalb der vereinbarten Regellaufzeit abgewickelt wird, dem Eilverkehr und der telegraphischen Überweisung (bzw. dem Blitzgiroverkehr). Zunehmenden Gebrauch findet die beleglose Form der Überweisung mittels Datenträgeraustausch.

Gegenstand des **Scheckverkehrs** sind vor allem Inhaberschecks, in geringerem Umfang Order- und Rektaschecks. In diesem Zusammenhang besondere Erwähnung verdient der Scheckkartenscheck. Nahezu drei Viertel der Privatkontoinhaber verfügt heute über die **eurocheque-Karte (ec-Karte)**. Bis Ende 1990 wurden rund 23 Mio. Scheckkarten von deutschen Kreditinstituten ausgegeben. Weltweit waren es zum selben Zeitpunkt etwa 42 Mio. Karten. Außerhalb Deutschlands ist eine nennenswerte Akzeptanz nur im benachbarten europäischen Ausland festzustellen. Von ihrer Funktion her ist die ec-Karte als Zahlungsverkehrskarte einzustufen. Die ec-Karte garantiert jedem Schecknehmer pro eingereichtem Scheck die Einlösung des Gegenwertes bis zur Höhe von (derzeit) 400 DM.

Im **Lastschriftverkehr** grundsätzlich zu trennen ist zwischen dem Dauerauftrag und der Einzugsermächtigung. Während beim Dauerauftrag die Initiative vom Zahlungspflichtigen ausgeht, wird beim Einzugsverfahren der Zahlungsempfänger vom Zahlungspflichtigen bis auf Widerruf zum Forderungseinzug ermächtigt. Der Anteil des Lastschriftverkehrs im Rahmen des bargeldlosen Zahlungsverkehrs ist ansteigend und betrug Ende 1990 fast 40%.

Von zunehmender Bedeutung sind **Kreditkartensysteme** (vgl. Kap 3.6.2.8). Von der Zahlungsabwicklung, die sich im Einzugsverfahren vollzieht, sind sie in unmittelbarem Zusammenhang mit der Lastschrift zu sehen. Den Kreditkarten zuzurechnen sind Travel and Entertainment-Karten (T&E-Karten), Kundenkreditkarten und Bankkreditkarten. In Deutschland am weitesten verbreitet ist **Eurocard**, die im Jahre 1977 in der Bundesrepublik eingeführt wurde. Eurocard ermöglicht wie jede Kreditkarte den bargeld- und scheck-losen Rechnungsausgleich. Durch ihre Ausstattung mit Magnetstreifen ist die Karte auch automatenfähig. In Kürze dürfte eine flächendeckende GAA-Fähigkeit erreicht sein. Ende 1990 befanden sich in Deutschland ca. 2,6 Mio. Karten im Umlauf, 43% mehr als im Vorjahr. Die Karteninhaber tätigten im Jahresverlauf Umsätze i.H.v. 12,4 Mrd. DM. Landesweit verfügt Eurocard über 180.000 Akzeptanzstellen (Ende 1990). Am deutschen Markt vertreten sind zudem die amerikanischen Kartenorganisationen Diners Club, American Express und Visa. Kundenkreditkarten gewinnen in der jüngeren Vergangenheit zunehmend an Bedeutung. Keine nennenswerte Bedeutung konnten bislang in der Bundesrepublik Bankkreditkarten erlangen.

Auf die technische Abwicklung des Zahlungsverkehrs gingen wir bereits an anderer Stelle näher ein. Wir können uns daher damit begnügen, kurz zusammenfassend darauf zu verweisen, daß die beleglosen Zahlungsverkehrs-Transaktionen inzwischen einen Anteil von reichlich 60% erreicht haben und damit deutlich vor dem beleghaften Zahlungsverkehr liegen.

Aus der Sicht der kontoführenden Banken gilt das Privatgirogeschäft als die verlustträchtigste Geschäftssparte im deutschen Kreditgewerbe. In den Konditionen der einzelnen Kreditinstitute besteht zwar eine außerordentliche Vielfalt, doch der Deckungsbeitrag bewegt sich günstigstenfalls bei 50% der entstehenden Kosten. Die Tragfähigkeit des Privatgirogeschäftes kann sich damit letztlich nur aus dem Leistungsverbund und der Zubringerfunktion für andere Leistungen erklären.

6.4.3.1.3.2 Wertpapiergeschäft

6.4.3.1.3.2.1 Emissionsgeschäft

Nichtbankunternehmen und öffentliche Haushalte, die sich am Kapitalmarkt durch die Ausgabe von Wertpapieren (Aktien, Industrieobligationen, öffentliche Anleihen etc.) finanzieren wollen, stehen vor der Alternative Selbstemission oder Fremdemission. Zumeist entscheidet sich der Emittent (= Emissionsschuldner) für die Einschaltung mehrerer Banken, die das Emissionskonsortium bilden.

Die Funktion eines Emissionskonsortiums kann grundsätzlich entweder in der Plazierung der Wertpapiere am Kapitalmarkt (= **Begebungskonsortium**) oder in der Übernahme der Gesamtemission zu einem fest vereinbarten Kurs (= **Übernahmekonsortium**) bestehen. Beim Übernahmekonsortium beabsichtigen die Konsortialbanken eine (zumindest) befristete Anlage der zu emittierenden Titel im eigenen Portefeuille. An weiteren Konsortialformen zu erwähnen sind das **Garantiekonsortium** (die Konsortialbanken verpflichten sich zur Abnahme einer Teilemission) und das **Optionskonsortium** (das Konsortium übernimmt zunächst eine Teilemission, erhält aber die Option eingeräumt, ggf. weitere Teilemissionen zu übernehmen). Am deutschen Kapitalmarkt dominiert das kombinierte Übernahme- und Begebungskonsortium.

Für den Emittenten besteht der besondere Vorzug der Fremdemission in der vollständigen oder teilweisen Abnahmegarantie zum vereinbarten Kurs bzw. in der Nutzung des Vertriebssystems der Konsortialbanken zur Plazierung der Wertpapiere im Publikum. Aber auch die von den Konsortialbanken angebotene Beratung über die Ausstattung und den Zeitpunkt der Emission, die Kurspflege und das mit dem Bankenkonsortium in aller Regel verbundene Standing, welches die Plazierung im Publikum erleichtert, sind als Vorteile der Fremdemission zu nennen.

Den Konsortialbanken steht als Vergütung der Konsortialnutzen (im Verhältnis zur Konsortialquote) und die Schalterprovision (im Verhältnis zum plazierten Volumen) zu. Die konsortialführende Bank erhält zudem eine Führungsprovision.

6.4.3.1.3.2.2 Effektenhandel

Den Indifferenzgeschäften zuzurechnen ist der Effektenhandel für fremde Rechnung (**Effektenkommissionsgeschäft**). Wir unterscheiden hierbei die einfache Effektenkommission und die Effektenkommission mit Selbsteintritt. Bei der einfachen Effektenkommission sind die Kreditinstitute zum Abschluß eines Deckungsgeschäftes mit einem Dritten der ausdrücklichen Anzeige des Selbsteintrittes verpflichtet. Kauf- oder Verkaufsaufträge von Wertpapieren, die zum amtlichen Handel an der Börse zugelassen sind, wickeln Banken in aller Regel als Kommissionär durch Selbsteintritt, d.h. im eigenen Namen und für fremde Rechnung ab, ohne das es einer ausdrücklichen Anzeige bedarf.

Bei Wertpapieren, die dagegen nicht im amtlichen Handel vertreten sind, treten Banken als Eigenhändler auf (Nr. 29 Abs. 2 AGB).

Von seiten der Bank werden als Vergütung beim Effektenkommissionsgeschäft die Effektenprovision und die Makler-Courtage berechnet, die im Falle der Eigenhändlergeschäfte nicht gesondert in Rechnung gestellt werden können (sog. Nettoabrechnung).

6.4.3.1.3.2.3 Depotgeschäft

Beim Effektendepot übernehmen Banken die Verwahrung und Verwaltung von Wertpapieren für Dritte. Während bei der **Sonderverwahrung** ("Streifbanddepot") nummernmäßig spezifizierte Stücke hinterlegt werden, besteht bei der **Sammelverwahrung** ("Sammeldepot") von seiten des Depotkunden nur Anspruch auf Wertpapiere gleicher Gattung. Sowohl bei der Sonder- als auch bei der Sammelverwahrung sind Kreditinstitute grundsätzlich berechtigt, die ihnen anvertrauten Wertpapiere bei einem anderen Verwahrer zu hinterlegen (**Drittverwahrung**). Vor allem die Drittverwahrung bei den Wertpapiersammelbanken kommt häufig vor. Die wesentlichen Funktionen, die Banken im Rahmen der Wertpapierverwaltung ausüben, sind (Grill/Perczynski, 1987, S. 458):

- Trennung, Einzug und Gutschrift von Zins- und Gewinnanteilscheinen,
- Besorgung neuer Zins- und Gewinnanteilscheinbogen,
- Inkasso verloster und gekündigter Wertpapiere,
- Benachrichtigung des Hinterlegers über Umtausch-, Abfindungs-, Übernahmeangebote, Bezugsrechte und Konvertierungen,
- Abwicklung von Umtausch-, Abfindungs-, Übernahmeangeboten und Konvertierungen sowie Ausübung der Bezugsrechte entsprechend den Weisungen des Kunden,
- Weiterleitung von Gesellschaftsmitteilungen und Ausübung der Stimmrechte aus Aktiendepots (Auftragsstimmrecht, Depotsstimmrecht) bzw. Besorgung von Stimmkarten.

Für die Verwahrung und Verwaltung von Wertpapieren stellen Kreditinstitute eine Depotgebühr in Rechnung.

Neben dem offenen Depot, wie es für die Effektenverwahrung und -verwaltung typisch ist, stellen Kreditinstitute auch **geschlossene Depots** (Schließfächer) zur Verfügung, bei denen der Depotinhalt der deponierenden Bank unbekannt bleibt. Gegenstand der Verwahrung in geschlossenen Depots sind vorwiegend Edelmetalle, Schmuck, Urkunden und Briefmarken. Die Überlassung von Schließfächern ist nicht ein Depotgeschäft im Sinne des § 1 KWG.

6.4.3.1.3.3 Vermögensverwaltung und Anlageberatung

Einzelne, vor allem größere Banken und insbesondere die Luxemburger Banktöchter betreiben eigenständige Vermögensverwaltungsabteilungen. Diese führen die qualifizierte Anlageberatung durch und verwalten Anlagekapital im Kundenauftrag. Als Auftraggeber in Betracht kommt im wesentlichen die vermögende Privatkundschaft. Beim Vollmachtdepot wird die Bank ermächtigt, das zu veranlagende Kapital nach den vom Auftraggeber vorgegebenen Kriterien selbsttätig zu verwalten und ggf. umzuschichten (Büschgen, 1987, S. 322). Anlageobjekte sind vor allem Effekten, aber auch andere Vermögenswerte (z.B. Immobilien, Edelmetalle).

6.4.3.1.3.4 Edelmetallhandel

Von Banken gehandelt werden Gold in Form von Goldmünzen oder Goldbarren sowie - in wesentlich geringerem Umfang - Silber und Platin. Die Veranlagung in Edelmetallen hat für den Anleger den Nachteil, von Differenzen zwischen dem Ankaufs- und Verkaufspreis abgesehen keinerlei Ertrag zu erbringen. Anderseits sind Edelmetalle, vor allem Gold, im langfristigen Trend relativ wertbeständig, fungibel und mobil.

Als weltweit einer der führenden Handelsplätze für Gold gilt heute Zürich. Der Schweizerische Bankverein, die Schweizerische Bankgesellschaft und die Schweizerische Kreditanstalt haben 1968 den **Zürcher Goldpool** gegründet. Jeder Kauf oder Verkauf der Pool-Mitglieder löst eine entsprechende Gegentransaktion mit dem Pool aus, der damit die jeweilige Angebots-Nachfrage-Konstellation klar erkennen läßt.

6.4.3.1.3.5 Kundenberatung

Bei der Kundenberatung handelt es sich um kein Bankgeschäft i.e.S. Sie versteht sich vielmehr als Dienstleistung, die der Abwicklung von Aktiv-, Passiv- oder Indifferenzgeschäften vorgelagert ist. Beratungsleistungen werden von Kreditinstituten in aller Regel unentgeltlich angeboten. Da sie häufig zur Leistungsinanspruchnahme führen, weisen sie allerdings eine Umwegrentabilität auf.

Die Initiative geht zumeist vom Bankkunden aus. Bei bestimmten Anlässen (z.B.: Kontoeröffnung, Kreditverhandlungen) wird das Beratungsgespräch aber auch aktiv von Bankmitarbeitern gesucht, die auf Leistungsangebote verweisen, die bislang noch nicht in Anspruch genommen werden (cross selling).

Wie schon mehrfach dargelegt, wird sich der Stellenwert der Kundenberatung in Zukunft stark erhöhen. Die maßgebenden Motive dafür sind das Hineinwachsen immer breiterer Kundenschichten in die beratungsbedürftigen Bankgeschäfte sowie die zunehmende Komplexität des bankbetrieblichen Leistungsangebotes. Daneben entsteht auch bei der Firmenkundschaft ein wachsender Beratungsbedarf.

6.4.3.1.3.6 Corporate Finance

Als Reaktion auf den in Kap. 3.6.2.9 beschriebenen Prozeß der "Disintermediation" baut auch das deutsche Kreditgewerbe das Geschäftsfeld Corporate Finance aus. Aufgrund des frühen Entwicklungsstadiums dieses Bereiches bei den deutschen Banken hat sich bislang noch keine einheitliche Definition durchsetzen können. Im allgemeinen sind hierunter zusammenhängende Dienstleistungen zu verstehen, die den speziellen (individuellen) und sich ändernden Bedürfnissen der größeren und anspruchsvollen Firmenkunden angepasst werden.

Die einzelnen Produkte werden für das jeweilige Stadium im Lebenszyklus des Firmenkunden zusammengestellt und angepasst. Sie zielen auf die strategische Anpassung der Unternehmen an "zentrale strukturelle Veränderungen in Güter- und Geldmärkten" (Walter, 1991, S. 176). Sie sind somit eine direkte

Folge des unternehmerischen Wandels (Corporate Restructuring) der jüngsten Vergangenheit. Im einzelnen umfasst Corporate Finance die folgenden Produktbestandteile (Walter, 1991, S. 177 f):

- Mergers & Acquisitions, d.h. die Vermittlung und Beratung bei Unternehmenskäufen, -verkäufen und Beteiligungen;
- Projektfinanzierungen, d.h. die Mittelbeschaffung für eine selbständige wirtschaftliche Einheit deren Kapitaldienst aus dem Cash Flow und den Einnahmen bestritten wird, wobei das Projektvermögen als einzige Sicherheit für Kapitalgeber dient (Gröhl, M., 1991, S. 9);
- Venture Capital Finanzierungen, d.h. die Bereitstellung von Wagniskapital in der Gründungs- und Aufbauphase von insbesondere technologieorientierten Unternehmen;
- Eigenkapitalfinanzierungen, d.h. insbesondere die Realisation von Wachstumssprüngen und Investitionsvorhaben sowie die zeitlich begrenzte Übernahme von Geschäftsanteilen (Ware-Housing);
- Spezialfinanzierungen, d.h. Finanzierung von Unternehmensakquisitionen unter besonderem Einsatz von Fremdkapital, Nachrang- und Eigenkapital-Instrumenten (z.B. Leveraged-/ Management-Buyout);
- Emissions- und Emissionsfolgegeschäfte, d.h. Einführung von Unternehmen an die Börse (Going Public) sowie daraus folgende Transaktionen und Kapitalerhöhungen.

Corporate Finance ist kein standardisiertes Produkt. Es beinhaltet einen überdurchschnittlichen Anteil an Beratungsleistungen. Demgemäß ist mit seiner Durchführung auch ein i.d.R. erheblicher Zeitaufwand verbunden. Damit bedeutet für die Kreditwirtschaft das Angebot von Corporate Finance eine hohe Ressourcenbindung. Dieses betrifft vor allem besonders qualifizierte Mitarbeiter.

Das Geschäftsfeld Corporate Finance weist eine deutliche Marktintransparenz auf. Neben der Kreditwirtschaft sind hier verschiedene freie Berater tätig, die häufig ein ausgewähltes Angebot einzelner CF-Produkte offerieren.

Einen Erfahrungsvorsprung besitzen die ausländischen Investmentbanken, die zudem über eine weitreichende internationale Präsenz verfügen.

Im deutschen Kreditgewerbe bieten neben den Großbanken, großen Regionalbanken und Spitzeninstituten der dezentralen Bankengruppen einige Privatbanken Corporate Finance Produkte an. Vielfach wird dieses Geschäftsfeld in Deutschland noch als Marktnische betrachtet.

Für die Banken bietet Corporate Finance neben stattlichen Provisionseinnahmen die Chance zur Reaktivierung schwindender Kundenbindung in dem attraktiven Marktsegment der mittleren bis größeren Firmenkundschaft.

Für die Firmenkunden bedeutet das neue Geschäftsfeld ein maßgeschneidertes Angebot bankbetrieblicher Beratungskapazität, flexibler und moderner Finanzierungsprodukte sowie die Bereitstellung sektoraler und regionaler Marktkenntnis.

6.4.3.1.4 Auslandsgeschäfte

Das deutsche Kreditgewerbe weist eine außerordentlich hohe Auslandsverflechtung auf.[6] Die durchschnittliche **Auslandsquote** (= Auslandsaktiva und Auslandspassiva im Verhältnis zum doppelten Geschäftsvolumen) der deutschen Kreditinstitute (alle Bankengruppen) betrug Ende 1990 10,8%. Sie hat sich damit im letzten Jahrfünft wieder erhöht (1985 = 7,1%), während sie infolge der Schuldenkrise und der weltweiten Wirtschaftsschwäche zu Beginn der 80er Jahre kaum zugelegt hatte (1980 = 6,6%). Sie weist derzeit einen weiteren leichten Anstieg auf. Sowohl bei den Auslandskrediten als auch bei den Auslandseinlagen nimmt das Interbank-Geschäft eine führende Rolle ein.

Der Grad der Auslandsverflechtung der einzelnen Bankengruppen ist naturgemäß außerordentlich unterschiedlich. Überdurchschnittliche Auslandsquoten weisen neben den Zweigstellen ausländischer Banken die Großbanken, die Regionalbanken sowie die Privatbankiers und in einzelnen Geschäftssparten auch die Spitzeninstitute der dezentral organisierten Bankengruppen auf. Sehr niedrige Auslandsquoten verzeichnen dagegen die Sparkassen und die Kreditgenossenschaften.

Ein weiteres Tätigkeitsfeld der Auslandsaktivitäten von deutschen Kreditinstituten sind die Auslandsfilialen sowie die im Mehrheitsbesitz deutscher Kreditinstitute befindlichen ausländischen Banken (Auslandstöchter). Ende 1990 unterhielten 27 Banken zusammen 128 **Auslandsfilialen** (Ende 1985: 23/99) mit einem Geschäftsvolumen von 356,8 Mrd. DM (1985: 195,1 Mrd. DM). Damit waren deutsche Banken an allen bedeutenden Finanzzentren präsent. Auch bei den Auslandsfilialen überwiegt das Interbanken-Geschäft, besonders deutlich bei den Aktiva mit einem Anteil von 50%.

Die Anzahl der **Auslandstöchter** ist ebenfalls einem deutlichen Anstieg unterworfen. Hiervon waren der Deutschen Bundesbank Ende 1990 96 Institute (1985: 67) mit einem zusammengefaßten Geschäftsvolumen von 293,4 Mrd. DM (1985: 186,4 Mrd. DM) gemeldet. Einen eindeutigen regionalen Schwerpunkt stellt Luxemburg mit 29 Instituten (1985: 26) dar. Diese vereinigten ein Geschäftsvolumen i.H.v. 187,0 Mrd. DM (1985: 152,2 Mrd. DM) auf sich. Auch hier werden die Bankbilanzen deutlich von Interbanken-Positionen dominiert. Diese haben einen Anteil an den Aktiva von rund 60%.

---

6 Das verwendete Zahlenmaterial entstammt den Monatsberichten der Deutschen Bundesbank.

6.4.3.1.4.1 Aktiv- und Passivgeschäfte

Grenzüberschreitende Zinsgeschäfte der Banken finden ihren Niederschlag in Krediten an ausländische Kreditnehmer, im Ankauf ausländischer Wertpapiere und in der Entgegennahme ausländischer Einlagen.

Die vom Inland betriebenen Auslandsgeschäfte der deutschen Kreditinstitute können zunächst auf **Finanzoperationen** beruhen. Wir verstehen darunter Aktiv- und Passivgeschäfte, die in keinem Zusammenhang mit Lieferungen und Leistungen an das Ausland oder vom Ausland stehen. Sie werden durch das zwischen einzelnen Kreditmärkten bestehende Ertrags- oder Kostengefälle ausgelöst. In Rechnung zu stellen sind neben der Komponente Zins (Aufwands- oder Ertragszinsen) die erwarteten Wechselkursveränderungen (bzw. Kurssicherungskosten) sowie Informations- und Transaktionskosten. Vor allem auch spekulative Anlagen, die in Erwartung von Devisenkursbewegungen getätigt werden, sind den Finanzoperationen zuzuordnen.

Neben den Finanzoperationen ist der Außenhandel Anlaß für grenzüberschreitende Bankgeschäfte[7]. Man spricht in diesem Zusammenhang von der **Außenhandelsfinanzierung**. Die Palette der von Kreditinstituten angebotenen Finanzierungsformen im Außenhandel ist außerordentlich vielfältig. Sie kann hier nur kurz umrissen werden.

Im Rahmen der kurzfristigen Außenhandelsfinanzierung zunächst zu nennen sind Finanzierungen auf dokumentärer bzw. auf Wechselbasis. In beiden Fällen handelt es sich um Bankgeschäfte, die zwar einerseits bilanzwirksam sind und Finanzierungsleistungen einschließen können, die aber anderseits auch aufgrund ihres dem Zahlungsverkehr stark angenäherten Charakters verschiedentlich den Dienstleistungen i.e.S. zugeordnet werden. Der Übergang vom Differenz- zum Indifferenzgeschäft ist fließend und häufig von Einzelheiten der Abwicklung abhängig.

Auf dokumentärer Basis vollzieht sich die kurzfristige Außenhandelsfinanzierung durch das **Dokumentenakkreditiv** oder das Dokumenteninkasso. Beim Dokumentenakkreditiv vepflichtet sich die eröffnende Bank (= Akkreditivbank; Bank des Importeurs) im Auftrag des Importeurs gegenüber der avisierenden Bank (= Zahlstelle; Bank des Exporteurs), gegen Übergabe der im Akkreditiv bezeichneten Dokumente den Akkreditivbetrag auszuzahlen. Beim **Dokumenteninkasso** dagegen beauftragt der Exporteur seine Bank (= Einreicher-Bank), die Dokumente dem Importeur (ggf. unter Einschaltung einer Inkasso-Bank) nur gegen Rechnungseinzug auszuhändigen. Für beide Abwicklungsformen wurden von der Internationalen Handelskammer in Paris Normen in Form der "Einheitlichen Richtlinien und Gebräuche für Dokumentenakkreditive" sowie der "Einheitlichen Richtlinien für Inkassi" herausgegeben. Für die

---

7 Einen Überblick über die mit dem Außenhandel in Zusammenhang stehenden Zahlungsverkehrs- und Finanzierungstransaktionen bietet Jahrmann, F. U., 1985, S. 236 ff.

Übergabe in Betracht kommen vor allem Transport- und Versicherungsdokumente sowie die Konsulatsfaktura und das Ursprungszeugnis.

Auf Wechselbasis werden kurzfristige Außenhandelsfinanzierungen in Form des Rembours- und Negotiationskredites abgewickelt. Bei beiden Kreditformen sind Kombinationen mit dem Dokumentenakkreditiv (Akzeptakkreditiv, Akkreditiv durch Negotiierung) oder mit dem Dokumenteninkasso (documents against acceptance-Inkasso) gebräuchlich. Beim **Remboürskredit** verpflichtet sich die Remboursbank im Auftrag des Importeurs, eine vom Exporteur auf sie gezogene Tratte gegen Übergabe der Dokumente zu akzeptieren (d/a = documents against acceptance). Beim **Negotiationskredit** bevorschußt die negotiierende Bank eine vom Exporteur auf den Importeur gezogene Tratte gegen Einreichung der Dokumente (d/p = documents against payment).

An spezifischen Formen der kurzfristigen Außenhandelsfinanzierung weiter anzuführen sind Privatdiskont-Kredite, einfache Wechselkredite (Diskont- oder Akzeptkredite), Export- und Importvorschüsse, Export-Factoring und Forfaitierungen.

Für die mittel- und langfristige Außenhandelsfinanzierung durch Inlandsbanken kommen **Lieferantenkredite**, **Forfaitierungen** in entsprechender Fristigkeit und **Bestellerkredite** in Frage.

Neben der Geldleihe und den bereits angeführten Varianten des Akzeptkredites erwähnenswert sind schließlich die im Außenhandel in Betracht zu ziehenden Formen der **Kreditleihe** (Bietungsgarantie, Lieferungsgarantie, Leistungsgarantie, Gewährleistungsgarantie, Konventionalstrafengarantie, Anzahlungsgarantie, Zahlungsgarantie, Konnossementsgarantie).

Wir haben uns bislang mit den auf ausschließlich kommerzieller Grundlage sich bietenden Finanzierungs- und Garantieformen auseinandergesetzt. Der Vollständigkeit halber Erwähnung verdienen an dieser Stelle die vielfältigen, im Rahmen der staatlichen Ausfuhrförderungen eröffneten Finanzierungs- und Sicherungsmöglichkeiten. Deckungsschutz gegen wirtschaftliche, politische und Währungsrisiken bietet die im Auftrag der Bundesregierung tätige **Hermes Kreditversicherungs AG** mit Sitz in Hamburg. Sonderkreditfazilitäten für Lieferanten und Besteller werden über die **AKA Ausfuhrkredit-Gesellschaft mbH** Frankfurt bzw. von der **Kreditanstalt für Wiederaufbau** eingeräumt.

6.4.3.1.4.2 Dienstleistungen im engeren Sinne (Indifferenzgeschäfte)

Soweit im internationalen Zahlungsverkehr keine besonderen Auflagen, wie wir sie in Zusammenhang mit Zahlungen auf dokumentärer und auf Wechselbasis kennengelernt haben, erfolgen, wird von **"Clean Payment"** (= reine Zahlung) gesprochen. Als Zahlungsverkehrsinstrumente zum Einsatz kommen im wesentlichen der Scheck und die Überweisung. Zur Übermittlung von Zahlungsverkehrs-Daten auf internationaler Ebene steht mit **SWIFT** ein elektronisches Datenfernübertragungssystem zur Verfügung, das zwischenzeitlich von über 2.000 Banken auf real-time-Basis genutzt wird (Morgen, K., 1989, S. 120 f). Selbst das Dokumenten-Inkasso, das Dokumenten-Akkreditiv sowie grenzüberschreitende Devisen- und Wertpapierhandelsgeschäfte werden über SWIFT abgewickelt.

Den Indifferenzgeschäften zuzurechnen ist weiters der im Kundenauftrag durchgeführte **Devisen- und Sortenhandel**. In den Reisezahlungsverkehr sind Kreditinstitute zudem durch die Ausgabe von Eurocheques, Eurocards sowie von Reiseschecks (Traveller Cheques) eingeschaltet. Kartengarantierte **eurocheques** können heute bei gut 200.000 Bankstellen (über 220.000 Bargeldauszahlungsstellen) in 39 Ländern Europas und des Mittelmeerraumes eingelöst werden. Zudem sind eurocheques länderweit in 25 Ländern und auf Touristengebiete begrenzt in weiteren 14 Ländern auch als Zahlungsmittel bei Nichtbanken verwertbar. Europaweit beläuft sich damit die Zahl der Akzeptanzstellen auf über 5 Mio.

Eurocard wird weltweit von über 7 Mio. Vertragsunternehmen (Deutschland: 180.000) als Zahlungsmittel akzeptiert. Auf die Bedeutung von Kreditkarten gingen wir bereits ein (vgl. Kap. 3.6.2.8).

Großer Beliebtheit als Reisezahlungsmittel erfreuen sich die bereits im Jahre 1891 von American Express kreierten **Traveller Cheques** (Tab. 64).

Tabelle 64: Verkäufer von Traveller Cheques (1990 weltweit)

Verkäufer	Umsatz in Mrd. $	Marktanteil in %
American Express	25,40	43,60
Interpayment[1)2)]	11,52	19,77
Thomas Cook	8,40	14,42
Citibank[1)3)]	7,00	12,02
Swiss Bankers	0,95	1,63
Arab Financial Services[1)]	0,83	1,42
Sumitomo[1)]	0,70	1,20
Sonstige[4)]	3,46	5,94
Summe	58,26	100,00

1) VISA-Emittenten.
2) Inkl. der 7,72% Marktanteil (4,5 Mrd. $) der Bank of America.
3) Citibank emittiert sowohl VISA Traveller Cheques als auch einen proprietary cheque.
4) Überwiegend MasterCard-Emittenten.

Quelle: Lysaght, G., 1992, S. 12.

Insgesamt wurden im Jahre 1990 für über 50 Mrd. US-Dollar Traveller Cheques umgesetzt. Marktführer ist American Express mit einem Anteil von über 43 % gefolgt von VISA mit einem Marktanteil von gut 25%.

6.4.3.2 Innovationsprozeß

Produktinnovationen kommt in der industriellen Fertigungswirtschaft erhebliches Gewicht zu. In der chemischen Industrie beispielsweise geht man davon aus, daß 60 Prozent des Umsatzes mit Produkten bestritten werden, die erst im Laufe der letzten zehn Jahre in das Produktionsprogramm aufgenommen wurden. Aber auch in anderen Branchen liegt die Situation ähnlich. In forschungsintensiven Zweigen wie in der chemischen und elektrotechnischen Industrie oder gar in der Elektronik erstreckt sich heute der Anteil der Kosten für Forschung und Entwicklung in Größendimensionen von 10% des Gesamtumsatzes.

Im Kreditwesen war jahrzehntelang ein relativ konstant bleibendes Leistungsangebot festzustellen. Erst im Zuge einer verstärkten Marktorientierung der Kreditinstitute wurden Produktinnovationen forciert.

Produktinnovationen können im Kreditwesen grundsätzlich in folgenden Formen auftreten (Cramer, 1970, S. 33):

- **Produktdifferenzierung**: Einführung neuer Produkte ohne Ausweitung der angebotenen Produktgruppen;
- **Produktdiversifikation**: Ausweitung der Angebotspalette auf neue, andersartige Produktgruppen, denen Ergänzungsfunktionen zukommen;
- **Bündelangebot (Packaging)**: Kombination eingeführter Produkte (die Bank als "Problemlöser" für den Kunden);
- **Produktvariation**: Veränderung einzelner Produkteigenschaften.

Trotz erheblicher Anstrengungen zur Intensivierung von Produktinnovationen waren bislang mit diesem Instrument kaum erhebliche Umstrukturierungen in den Deckungsbeiträgen der einzelnen Produkte oder Produktgruppen zu erzielen. Im Regelfall ist die Produktinnovationspolitik der Kreditinstitute unter marktstrategischen Gesichtspunkten (Lohn-, Gehalts- und Pensionskonto) bzw. unter werblichen Aspekten zu sehen. Im Vergleich zur Konsum- und Investitionsgüterindustrie spielen Produktinnovationen in Kreditinstituten eine wesentlich geringere Rolle.

Zur systematischen Ideengewinnung wurden **Kreativitätstechniken** entwickelt. Erwähnenswert sind vor allem das Brainstorming, die Methode 653, die Synektik und die morphologische Methode. Wir wollen beispielhaft kurz auf das Brainstorming eingehen.

Beim **Brainstorming** (= "Gehirnsturm") nach Osborne wird eine Gruppe von 7-12 Teilnehmern gebildet, die in einer Art gemeinsamen Nachdenkens mit einer Dauer von 15-30 Minuten neue Produktvorschläge entwickelt. Um ein anregendes, kreativitätsförderndes Gesprächsklima zu schaffen, ist jedwede Kritik ausgeschlossen. Die vorgetragenen Ideen sollten vielmehr in der Diskussion weiterentwickelt und vertieft werden. Sie werden während der Sitzung protokolliert und anschließend ausgewertet (Nieschlag, R.; Dichtl, E. und H. Hörschgen, 1988, S. 193). Charakteristische Persönlichkeitsmerkmale, denen Innovatoreneigenschaft zugesprochen wird, sind vielseitige Ausbildung, geringes Alter, ausgeprägte Risikobereitschaft und soziale Extrovertiertheit (Meffert, 1973, S. 121).

Die durch Kreativitätstechniken gewonnenen Produkt-Ideen bedürfen sodann einer Filterung, die im Rahmen des **Evaluationsprozesses** vorgenommen wird. Zur Unterstützung des Evaluationsprozesses bieten sich Punktebewertungssysteme sowie die probeweise Produkt-Einführung auf räumlich beschränkten Testmärkten an. Bei der endgültigen Entscheidung über Produktinnovationen wird neben der Wirtschaftlichkeit, dem Aufmerksamkeitsgrad, der Imagewirkung und den Verbundintensitäten mit anderen Leistungen zu berücksichtigen sein, daß Produkt-Imitationen im Bankwesen innerhalb einer vergleichsweise kurzen Reaktionsperiode möglich sind.

Noch in den ersten Anfängen befindet sich die Forschung über die **Kundenakzeptanz von Innovationen** im Leistungsangebot der Banken. Grundsätzlich unterscheidet man zwischen folgenden, in diesem Zusammenhang interessierenden Konsumententypen nach dem Adoptionsmodell von Rogers (Nieschlag, R.; Dichtl, E. und H. Hörschgen, 1988, S. 172 f; Meffert, H., 1986, S. 168 f):

- Innovatoren: Meinungsbildner, Anteil an der Gesamtbevölkerung 2½%;
- Frühadopter: stabile Interessen mit langfristigen Perspektiven, Anteil an der Gesamtbevölkerung 13½;
- Frühe Mehrheit: zögerlich Kurzentschlossene, Anteil an der Gesamtbevölkerung 34%;
- Späte Mehrheit: innovationsfeindlich, Anteil an der Gesamtbevölkerung 34%;
- Nachzügler: konservatives Konsumentenverhalten, Anteil an der Gesamtbevölkerung 16%.

Generell gelten der Ausbildungsgrad, die Einkommenshöhe, der Lebensstandard, die Mitgliedschaft in Gruppen und die Aufgeschlossenheit gegenüber Massenmedien als die entscheidenden Faktoren für die Innovationsfreudigkeit (Meffert, 1986, S. 169).

Beziehen wir uns auf die in Kap 6.3 zitierte Erhebung mit dem Ziel der Differenzierung der Zielgruppen, kann in erster Linie vom Allroundkunden und vom Kredittyp Innovationsbereitschaft erwartet werden.

6.4.4 Werbung, Öffentlichkeitsarbeit und Verkaufsförderung

Mit zunehmender Marktorientierung und dem Ausbau des Mengengeschäftes hat auch der Einsatz des marktpolitischen Instrumentes Werbung bei den Banken an Bedeutung gewonnen. **Bankenwerbung** will wie jede Werbebotschaft

- Aufmerksamkeit erregen, (Attention)
- Interesse wecken, (Interest)
- den Wunsch nach Inanspruchnahme einer bestimmten Dienstleistung oder einer bestimmten Bank auslösen und (Desire)
- auf die tatsächliche Leistungsinanspruchnahme hinwirken. (Action)

Werbung ist nach dieser vielzitierten AIDA-Formel motivierende Information. die das Verhalten der Umworbenen beeinflussen soll. Soweit es sich um Nichtkunden handelt, sollen Präferenzen für die werbende Bank geschaffen oder Einstellungsänderungen bezweckt werden. Bei den Kunden dagegen wird eine Verstärkung der vorhandenen Präferenzen angestrebt oder auf ein spezifisches Produktangebot verwiesen.

Werbung sucht eine primär emotional gesteuerte Übereinstimmung mit der Werbebotschaft zu erzielen, um auf diese Weise eine **Identifikation** der Umworbenen **mit dem Angebot** herzustellen. Sie ist um so wirkungsvoller, je näher sie sich an die Primärmotive menschlichen Verhaltens heranzutasten vermag. Aus diesen Erwägungen werden Inhalt und Stil der Werbung nach den umworbenen Zielgruppen zu differenzieren sein. Im besonderen eine nach psychologisch-charakterologischen Merkmalen oder nach Hobby-Gruppen differenzierende Zielgruppen-Werbung wird diesen Vorstellungen nahekommen.

Grundsätzlich unterscheidet die Bankenwerbung zwischen Produktwerbung und Imagewerbung. Bei der **Produktwerbung** weist die Werbebotschaft auf ein konkretes Leistungsangebot hin. Die Imagewerbung dagegen strebt ein bestimmtes Vorstellungsbild in der Öffentlichkeit über das Unternehmen an. Sie ist darauf angelegt, über das angestrebte Imageprofil eine Abhebung von den Mitwettbewerbern, eine positive Alleinstellung zu erreichen. **Imagewerbung** ist von den umworbenen Zielpersonen her gesehen in aller Regel breit gestreut. Aus diesen Gründen bietet sich der Einsatz von Massenkommunikationsmitteln an. In mehrstufig organisierten Bankengruppen wird Imagewerbung die primäre Aufgabe der Gemeinschaftswerbung im Rahmen der sektorbezogenen Kooperationspolitik sein. Bei der Produktwerbung dagegen liegt der Hauptakzent auf den Einzelinstituten.

Die Werbung der Banken ist **juristischen und finanziellen Rahmenbedingungen** unterworfen. Lt. § 23 Abs. 3 KWG kann das Bundesaufsichtsamt bestimmte Arten der Werbung untersagen, um "Mißständen bei der Werbung der Kreditinstitute zu begegnen". Daneben unterliegen Kreditinstitute dem **Gesetz gegen den unlauteren Wettbewerb** (UWG), der **Zugabeverordnung** und dem **Rabattgesetz. Der Zentrale Wettbewerbsausschuß**, ein aus Vertretern der Spitzenverbände des Kreditwesens zusammengesetztes Gremium, setzte auch nach Aufhebung des Wettbewerbsabkommens seine Tätigkeit fort. Er regelt im Kreditwesen auftretende Wettbewerbskonflikte in eigener Verantwortlichkeit.

Auch der **Deutsche Werberat** und die **Deutsche Bundesbank** greifen, wenn auch in seltenen Fällen, in Belange der Bankenwerbung ein. Die Deutsche Bundesbank wird - wie im übrigen auch andere Notenbanken - vorzugsweise dann aktiv, wenn es im Sinne der Durchsetzung ihrer monetären Ziele um eine Einschränkung der Konsumentenkreditwerbung geht. Sie agiert damit auf der Ebene einer Politik der "Moral Suasion". Wie die Erfahrung zeigt, üben Kreditinstitute in solchen Fällen in der Tat weitgehende Zurückhaltung bei der Konsumkreditwerbung.

Durch Rechtsnormen, Aufsichtsbehörden und Organe der eigenverantwortlichen Regelung ist somit ein Rahmen vorgegeben, der den Aktionsbereich der Bankenwerbung vergleichsweise restriktiv hält. Rechtfertigen und begründen läßt sich dies mit der **besonderen Vertrauensempfindlichkeit** des Kreditwesens. Diese erfordert es, daß sich Kreditinstitute in ihrer Werbung eine "der Natur des Geschäftes angemessene Zurückhaltung auferlegen" (Begründung KWG, 1959, S. 13). Der klassische Anwendungsfall dafür ist die vom Bundesaufsichtsamt geforderte außerordentliche Zurückhaltung bei der Sicherheitswerbung, die insbesondere eine vergleichende Sicherheitswerbung untersagt. Eine forcierte Sicherheitswerbung müßte in der Öffentlichkeit notgedrungen den Eindruck geringerer Sicherheit anderer Banken oder Bankengruppen hervorrufen und würde der Vertrauensgewähr zuwiderlaufen.

Eine marktpolitische Entscheidung grundsätzlicher Natur ist die Bestimmung des **Volumens der Werbeaufwendungen**. Diese Grundsatzentscheidung wird sich zunächst im Sinne der Aufrechterhaltung der Kontinuität der werblichen Intensität an vergangenen Werbebudgets orientieren müssen. Generell lassen sich bei den Werbeetats der Banken Relationen zu den Einlagenbeständen (Nichtbanken-Einlagen) oder auch zum Bilanzvolumen herstellen. Dabei handelt es sich allerdings keineswegs um kausale Verknüpfungen, die statistischen Abhängigkeiten vergleichbar sind, sondern um eine Art "Faustformel", nach der sich einzelne Banken oder auch Bankengruppen ausrichten. Die Budgets der Institutswerbung liegen nach dieser Faustregel in einer Größenordnung von 0,5 Promille - 1,5 Promille der Nichtbanken-Einlagen (bzw. des Bilanzvolumens). Eine Größendegression liegt insofern vor, als sich Großinstitute an der unteren Grenze, kleine Banken dagegen an der Obergrenze bewegen.

Das verfügbare Budget ist sodann auf die einzelnen Werbemedien zu verteilen. Als klassische Medien der Massenkommunikation gelten Printmedien (Zeitungen, Zeitschriften), Fernsehen und Rundfunk. Die dominierende Rolle in der Bankenwerbung kommt den **Printmedien**, d.h. konkret der Werbung in

Zeitungen und Publikumszeitschriften, zu. Der Anteil der Printmedien an den gesamten Werbeaufwendungen in den Massenmedien liegt bei Kreditinstituten um 80% (Sandmann, H., 1985, S. 25). Printmedien weisen deshalb einen hohen Eignungswert für die Bankenwerbung auf, weil sie ausführlichere Informationen über konkrete Produkteigenschaften zulassen als dies beispielsweise bei der **Fernsehwerbung** der Fall ist. Die Fernsehwerbung vermag zwar eine hohe Anzahl an Kontakten herzustellen, doch die Werbespots können aufgrund ihrer Kürze (15, 20, 30, 45 oder 60 Sekunden) nur einen knappen Informationsgehalt vermitteln. Das Medium Fernsehen empfiehlt sich im wesentlichen zur Bekanntmachung von Produktinnovationen (Einführungswerbung) oder bei der (instituts- oder sektorbezogenen) Imagewerbung. Um die auftretenden Streuverluste zu minimieren, erfordern Massenkommunikationsmittel wie das Fernsehen von vornherein eine generalisierend gehaltene Werbebotschaft.

Neben diesen klassischen Massenkommunikationsmitteln kommen eine Reihe weiterer Werbemittel wie Plakate, Direktwerbebriefe (Direct mail), Werbefilme, Werbedias, Werbebroschüren, Werbeprospekte und Werbegeschenke (einschl. Geschenkgutscheine) in Betracht. Geworben werden kann schließlich aber auch im Schaufenster, bei Werbegesprächen, wie sie Kundenkontakter oder Außendienstmitarbeiter führen, sowie durch Ausstellungen und sonstige Werbeveranstaltungen.

Als Entscheidungshilfe zur Verteilung des Werbeetats auf die einzelnen Werbemittel sind **Media-Selektions-Modelle** entwickelt worden. Wird von einem fixen Werbebudget ausgegangen, errechnen sie die im Hinblick auf eine Maximierung der Kontakte zu den umworbenen Zielpersonen optimale Verteilung des Gesamtbudgets auf die einzelnen Werbemedien.

Soll eine bestimmte Anzahl an Kontakten hergestellt werden, minimiert das Modell den einzusetzenden Werbeaufwand. Zur Ermittlung der Eingabedaten für Media-Selektions-Modelle sind allerdings umfassendere ökoskopische und demoskopische Forschungen und Werbewirkungsanalysen erforderlich.[8]

Werbung will, um menschliches Verhalten beeinflussen zu können, informieren und motivieren. Zur Überwindung von Informationslücken, Informationswiderständen und Kommunikationsbarrieren bedient sie sich verschiedener **Argumentationsformen**. Als Extremformen stehen sich die logisch-rationale Argumentation und der emotional-affektive Argumentationstil gegenüber. Während sich die logisch-rationale Argumentationsform an den Verstand, die "Ratio" der Umworbenen wendet und durch konkrete Informationen überzeugen will, trägt die emotional-affektive Argumentation suggestive Züge. Sie spricht gleichzeitig im Unterbewußtsein schlummernde Bedürfnisse an und zielt durch ihren werblichen Stil auf eine gefühlsmäßige Übereinstimmung mit der Werbebotschaft ab. Aus der psychologischen Werbeforschung ist bekannt, daß ein emotional-affektiver Argumentationsstil eine deutlich höhere Werbe-

---

8 Eine ausführliche Darstellung der Media-Selektions-Modelle gibt Schmalen, H., 1987.

wirkung zu erzielen vermag als die logisch-rationale Argumentation. Aus empirischen Erhebungen des Verfassers geht hervor, daß die Bankenwerbung in hohen Graden einen logisch-rationalen Argumentationsstil bevorzugt. Auch der Informationsgehalt der Bankenwerbung wird bei den Umworbenen höher veranschlagt als jener der Konsumgüterwerbung. Diese Tatsachen erklären sich einerseits aus der bereits dargelegten bewußten Zurückhaltung der Bankenwerbung, die den Handlungsspielraum für die Suggestivwerbung von vornherein einschränkt, zum anderen aber auch aus der besonderen Erklärungsbedürftigkeit von Bankdienstleistungen.

Elemente der **Werbemittelgestaltung** sind Worte, Ziffern, Symbole, Zeichen, Bilder, die Schrift, Farben, die Sprache, Stimmen, Bewegungen, Töne und Melodien. Zur Maximierung der Werbewirkung soll ein Werbemittel möglichst viele Sinne der umworbenen Zielpersonen gleichzeitig ansprechen. Wird eine emotional-affektive Argumentationsführung angestrebt, die eine schnelle Aufnahme der Werbebotschaft ohne den Filter der zensierenden Ratio ermöglicht, stehen Bilder, Farben, Bewegungen, Töne und Melodien im Vordergrund.

Die einzelnen Elemente der Werbemittelgestaltung rufen bei den umworbenen Zielpersonen **spontane Assoziationen** hervor und entscheiden dadurch zu wesentlichen Teilen über die Werbewirkung. Symbole und Hausfarben, wie sie einzelne Banken oder Bankengruppen führen, dienen der Vereinheitlichung des Erscheinungsbildes in der Öffentlichkeit und nehmen die Rolle eines konstanten Faktors in der Werbemittelgestaltung ein.

Zur empirischen Analyse der Werbewirkung kann auf eine Unzahl von Ansätzen der **Werbeerfolgskontrolle** zurückgegriffen werden, die vor oder nach dem Werbemitteleinsatz (als pretests oder posttests) anwendbar sind (Sebastian, K. H., 1985). Diese Ansätze liefern Antworten darauf, welche Medien die umworbenen Zielpersonen mit welchen Intensitäten erreichen.

Im Gegensatz zur Werbung, die unmittelbar auf Kundenakquisition ausgerichtet ist, zielt die **Öffentlichkeitsarbeit** (= Public Relation) nach dem Selbstverständnis der Deutschen Public Relations Gesellschaft auf den Aufbau und die Pflege von Vertrauen in der Öffentlichkeit ab. Sie will im besonderen auch Meinungsbildner (= opinion leaders) ansprechen.

Konkreten Ausdruck findet das Vorstellungsbild der Öffentlichkeit über ein Unternehmen im Unternehmensimage. Die Bedeutung dieser subjektiven Bewertung für den Unternehmenserfolg wurde in der Fachliteratur erst spät berücksichtigt (Nieschlag, R.; Dichtl, E. und H. Hörschgen, 1988, S. 411). **Image** ist die "Zusammenfassung aller bewußten Vorstellungen und aller unbewußten Empfindungen, die ein Mensch von einem Objekt besitzt" (Berth, R., 1959, S. 124). Neben den Kommunikationsformen Werbung und Öffenlichkeitsarbeit wirken vor allem das Leistungsangebot in allen quantitativen und qualitativen Dimensionen sowie das äußere Erscheinungsbild auf das Bankenimage ein.

Das Image einer Bank, das durch demoskopische Erhebungen feststellbar ist, kann beispielsweise in Form folgender Profilelemente erfaßt werden:

Diagramm 92: Imageprofile der Banken X und Y[9]

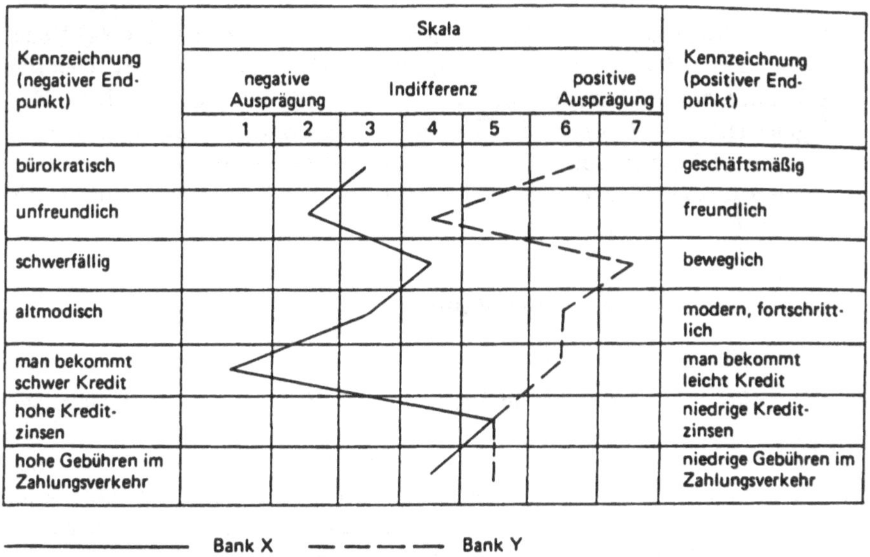

Will man nunmehr das Image von Bank X und Bank Y gegenüberstellen und den Unterschied einwertig ausdrücken, kann der auf Osgood und Hofstätter zurückreichende **Distanzwert** zwischen den beiden Imageprofilen ermittelt werden (Kühl, H., 1967, S. 159 ff). Dieses Distanzmaß errechnet sich aus der folgenden Formel:

$$D = \sqrt{d_1^2 + d_2^2 + ... + d_n^2}$$

D	Distanzwert zwischen Imageprofilen
$d_1.....d_n$	Skalendifferenzen der Gegensatzpaare 1.....n

In unserem Beispielfall ergibt sich damit folgende Rechnung:

$$D = \sqrt{3^2 + 2^2 + 3^2 + 3^2 + 5^2 + 0^2 + 1^2}$$

9 Bei dem Beispiel handelt es sich um angenommene Imageprofile und beispielhaft herausgegriffene Gegensatzpaare.

$$D = \sqrt{57} = 7{,}55$$

Der Distanzwert zwischen den Imageprofilen von Bank X und Bank Y, der als Maß für die Unterschiede in der psychologischen Einstellung der Befragten interpretiert werden kann, beträgt in unserem Beispielfall 7,55.

Verkaufsförderung oder Sales Promotion schließlich hat unterstützende Funktionen des Vertriebes zum Gegenstand. Maßnahmen der Verkaufsförderung können sowohl innerbetrieblicher Natur (z.B.: Verkäuferschulung, Zurverfügungstellung von Verkaufshilfen für Kundenkontakter und Kundenberater, interne Prämiensysteme und Preisausschreiben, Mitarbeiterwettbewerbe) als auch kundenorientiert sein (z.B.: Ausgabe von Kundenzeitschriften, Errichtung von Investmentclubs).

Anhang: Die DDR-Strategie der Dresdner Bank AG - ein Fallbeispiel -[10] [11]

Die Anfänge

Die politischen Ereignisse im Jahresverlauf 1989 fanden ihren damaligen Höhepunkt in der Öffnung der innerdeutschen Grenzübergänge und der Mauer in Berlin am 9. 11. 1989. Die Bundesrepublik wurde von heute auf morgen hautnah mit offenen Grenzen und damit mit einer qualitativ radikal veränderten politischen und gesellschaftlichen Situation in Deutschland konfrontiert. Die Menschen kamen "in Scharen" in den Westen, entweder als Besucher oder als Übersiedler. Banken in Westberlin, in grenznahen Städten aber auch in der gesamten Bundesrepublik stellten im Rahmen der Auszahlung von Begrüßungsgeld erstmals ihre Dienstleistungen den DDR-Bürgern zur Verfügung.

Am 20. 11. 1989 wurde Hans Modrow zum Ministerpräsidenten einer, wie wir heute wissen, Übergangsregierung gewählt. Bundeskanzler Kohl nannte sein Zehn-Punkte-Programm. Wenn auch für alle Weg und Zeitpunkt noch im Dunkel blieben, die Zeichen standen eindeutig auf ein verändertes Deutschland mit vergleichbaren Wirtschaftsordnungen und offenen Grenzen für Menschen, Wirtschaft und Handel.

Noch im Dezember verabschiedete der Vorstand der Dresdner Bank ein Konzept für die DDR-Strategie. Im Kernpunkt hieß es "volle Kraft voraus". Zu diesem frühen Zeitpunkt wurden folgende Ziele formuliert:

- Nutzung unseres Image-Vorsprungs als Dresdner Bank,

---

10 Für die freundlicherweise zur Verfügung gestellten Informationen ist der Verfasser Herrn Vorstandsmitglied Bernhard Walter, Herrn Generalbevollmächtigten Wolfgang Dambmann und Herrn Direktor Claus Kleiner von der Dresdner Bank AG zu Dank verpflichtet.

11 Das Fallbeispiel verbindet Elemente aus verschiedenen Bereichen der Bankpolitik. Einen umfassenden Überblick über die Umweltbedingungen und die strategischen Optionen westdeutscher Banken in den neuen Bundesländern bietet Krafft, R., 1992.

- Aufbau eines flächendeckenden Geschäftsstellennetzes durch eigene Filialen, unter Umständen auch ergänzend mit einem Partner,
- Produkte/Zielgruppen analog BR-Deutschland,
- Sprungbrett für COMECON-Länder,
- Einbindung Westeuropas,
- Stärkung/Ausbau der Marktstellung in Europa.

Am 14./15. 12. 1989 fand eine erste Telefonaktion der Dresdner Bank zum Thema DDR statt. Der Oberbürgermeister der Stadt Dresden und Röller, Vorstandssprecher der Dresdner Bank, vereinbarten am 18. 12. 1989 die Eröffnung eines Büros in Dresden. Die Dresdner Bank gab gleichzeitig die Gründung eines Stiftungsfonds "Dresden" mit einem Gesamtvolumen von 20 Mio. DM bekannt. Am 2. 1. 1990 eröffnete die Dresdner Bank in Dresden als erstes westliches Kreditinstitut ein Büro in der DDR.

Die Zeit bis zur Währungsunion

Das erste Halbjahr 1990 stand ganz im Zeichen großer wirtschafts- und gesellschaftspolitischer Weichenstellungen. Während das Ziel einer hohen Integration der DDR-Wirtschaft mit der bundesrepublikanischen und europäischen Wirtschaft außer Frage stand, wurden die dafür erforderlichen Maßnahmen heftig diskutiert. Fragen wie

- Eigentumsrechte,
- Gewerbefreiheit,
- Niederlassungsfreiheit westlicher Unternehmen,
- Joint Ventures,
- Währungspolitik und Wechselkurse

waren von entscheidender Bedeutung. Unscharfe Zielstellungen der Modrow-Regierung führten jedoch zu Wochen der Unsicherheit.

Für die Menschen in der DDR, im häuslichen Bereich und in den Betrieben war dies eine Zeit der Öffnung gegenüber Neuem und Unbekanntem. Ein ganzes Volk wollte und mußte die "Schulbank" drücken und Marktwirtschaft lernen.

Für die Dresdner Bank standen in dieser Zeit zwei Leitlinien im Hauptinteresse ihres Handelns. Zum einen der zügige und zielstrebige Ausbau ihrer Präsenz vor Ort in der DDR. Sie wollte "Gewehr bei Fuß stehen", um bei erster Gelegenheit flächendeckend Bankgeschäft in der DDR betreiben zu können. Zum zweiten wollte sie Botschafter der neuen Zeit, einer neuen Gesellschaft und eines neuen Wirtschaftssystems sein. Hilfe zur Selbsthilfe war das Motto. Hoffnungsträger brauchte das Land.

Nach dem Büro in Dresden eröffnete deshalb die Dresdner Bank noch im Januar weitere Büros in Leipzig, Ost-Berlin, Rostock, Magdeburg, Erfurt und

Chemnitz. Damals schon wurden in den Büros täglich Hunderte von Menschen beraten.

Bankintern wurden in allen Geschäftsbereichen und Konzernstäben der Zentrale Arbeitskreise gebildet. Alle DDR-Aktivitäten wurden durch einen neu gebildeten Bereich im Geschäftsbereich Inland koordiniert. Dieser neue Bereich wurde direkt an den Vorstand angebunden.

Fünf Maßnahmenbereiche standen dann im Vordergrund der Dresdner DDR-Strategie:

1. Breite Information und Aufklärung in Ost und West
2. Vermittlung von Kontakten
3. Beratung
4. Ausbildung/Schulung/Training
5. Maßnahmen im Sinne von corporate citizenship

zu 1. Breite Information/Aufklärung

- zu der Telefonaktion am 14./15. 12. 1989 kam eine weitere am 31. 1./1. 2. 1990 zum Thema "DDR aktuell". 130er Nummer zum Ortstarif
- Artikelserie "Soziale Marktwirtschaft" in DDR-Zeitungen

zu 2. Kontaktvermittlung

- elektronische Kontaktbörse "drekontakt" ab Anfang Januar
- Direct Mail Aktion für Kombinate/VEB's, mit der die kostenlose Einstellung von Kontaktwünschen in dieses System angeboten wurde
- Round Table Gespräche in grenznahen Filialen

zu 3.Beratung

- Entsendung von 50 Filialleitern, Firmenkundenbetreuern, Spezialisten aus der Zentrale zur Unterstützung der Büros und zur Vertierfung der Gespräche über besondere Bratungswünsche insbesondere von Firmen
- Messestand Leipzig
- DDR-Tagesseminare in der BR-Deutschland
- Informationsreisen für westdeutsche Unternehmen in der DDR (jeweils 3 Tage in der Zeit von Februar bis April)
- Existenzgründungsseminare ab 10. März. Insgesamt wurden ca. 10.000 Teilnehmer erreicht.
- Gründung der DOWC Ost-West-Consults GmbH, für die auch DDR Know- how gewonnen werden konnte

zu 4. Ausbildung/Schulung/Training

- Schulung der ersten, zweiten und dritten Ebene von Kombinaten in dreiwöchigen Seminaren zu den Themen
  - Allgemeine Volkswirtschaftslehre
  - Soziale Marktwirtschaft
  - Marketing
  - Organisation
  - Investitionsfinanzierung
  - Kostenrechnung/Rechnungswesen/Controlling
  - Unternehmensbewertung/Wirtschaftsrecht
  - Schulung von Mitarbeitern von DDR-Banken
  - Marketing-Seminare in DDR-Städten
- Erster Marketing-Tag in Dresden zusammen mit der Deutschen Marketing Vereinigung: ca. 1000 Teilnehmer
- Gründung von Marketing-Clubs mit der deutschen Marketing Vereinigung
- Gründung des Dresdner Management Instituts

zu 5. Maßnahmen zur corporate citizenship

- Stiftungsfond Dresden DM 20 Mio für kulturelle/bauliche Entwicklung der Stadt
- Stiftung von 3 Marketing-Lehrstühlen in Ost-Berlin, Leipzig und Dresden
- Organisation und Finanzierung von Wochenendvorlesungen für Studenten der letzten Semester zum Thema Marktwirtschaft
- Spende von über 30 Bussen für den Nahverkehr
- Sachspenden für oppositionelle Parteien (Anfang Januar)

Eine Infratest-Umfrage nach dem Bekanntheitsgrad westdeutscher Banken in der DDR dokumentiert die herausragende Rolle der Dresdner Bank. Sie war mit 93 % weit vor der Deutschen Bank mit 74 % und der Commerzbank 73 % bei den DDR-Bürgern am bekanntesten.

Am 18. 3. 1990 fand mit der Volkskammerwahl die erste und letzte freie und geheime Wahl des DDR-Parlaments statt. Die CDU als eindeutige Wahlsiegerin stellte den Ministerpräsidenten Lothar de Maizière. Damit gewann die wirtschaftliche Annäherung und Integration der beiden deutschen Staaten an Fahrt. Die Möglichkeit der Geschäftsaufnahme für westliche Banken in der DDR war in greifbare Nähe gerückt.

Am 1. 4. 1990 wurde in Dresden die erste ostdeutsche Stelle der Dresdner Bank mit Westdeutschland on line über Satelliten verbunden. Sie war somit nach westlichem Standard voll betriebsbereit. Bis zum 1. 7. 1990 baute die Dresdner Bank in der DDR insgesamt 35 eigene Filialen auf. Der regionale Schwerpunkt lag in größeren Städten sowie in grenznahen Bereichen zur Bundesrepublik sowie zu Westberlin.

Am 25. 6. 1990 wurde die Dresdner Bank Kreditbank AG als Joint Venture mit der Deutschen Kreditbank AG, Berlin gegründet. Mit ihr war die Dresdner Bank Gruppe mit weiteren 72 Geschäftsstellen in der DDR vertreten. 4300 Mitarbeiter standen somit zur Verfügung, davon 3500 aus der Dresdner Bank Kreditbank AG sowie 800 aus der Dresdner Bank AG bzw. Dresdner Bank Berlin AG. Alle Stellen wurden recht schnell mit modernster EDV-Technik ausgestattet und on line mit Rechenzentren in der Bundesrepublik verbunden, zum Teil über Satellit.

Damit verfolgte die Dresdner Bank als einziges westliches Institut von Anfang an eine Doppelstrategie, nämlich Aufbau eigener Filialen (Vorteil: Westl. Bank Know how vor Ort präsent; Probleme: Fehlende Räumlichkeiten, Betriebskosten pro Mitarbeiter anfänglich höher, zunächst nur dünnes GS-Netz möglich, da lange Anlaufzeiten) sowie Übernahme bestehender Filialen im Rahmen eines Joint Ventures (Vorteil: Übernahme von Geschäftslokalen, Immobilien, Mitarbeiter, Verbindung zu Kunden; Probleme: Know how-Transfer, Technik, Ausbildungsstand, Seilschaften/Altlasten, personelle Überbesetzung). Ziel war, die jeweiligen Stärken der beiden Vorgehensweisen zu verbinden und die Schwächen zu reduzieren.

Währungsunion und Beginn des operativen Geschäfts

Am 18. 5. 1990 wurde der Staatsvertrag über die Schaffung einer Wirtschafts-, Währungs- und Sozialunion unterzeichnet. Am 1. 7. 1990 trat die Wirtschafts-, Währungs- und Sozialunion in Kraft. Aus Banksicht war die damit verbundene Ausdehnung des Geltungsbereichs des KWG von herausragender Bedeutung. Sie bedeutete Beginn der operativen Geschäftstätigkeit westlicher Banken in der ehemaligen DDR.

Die Dresdner Bank startete mit 107 Filialen. Oberstes Ziel in der Anfangsphase der operativen Geschäftstätigkeit war, den erreichten Imagevorsprung zu stabilisieren und auszubauen. Den Hoffnungen, die geweckt wurden, sollte gerecht werden. Die Dresdner Bank wollte als Hoffnungsträger entscheidend mit dazu beitragen, daß die Menschen in der ehemaligen DDR sich schnell mit den neuen Bedingungen vertraut machen und den Wandel aktiv gestalten konnten. Folgende Maßnahmenbereiche standen dabei im Vordergrund:

1. Einführung des westlichen Zahlungsverkehrs und Sicherstellung des Liquiditätskreislaufes
2. Transfer von Know how und Ressourcen
3. Akquisition und Intensivierung von Beratung und Betreuung

Basis des modernen Bankings ist ein moderner Zahlungsverkehr. Er ist die infrastrukturelle Voraussetzung für viele heute selbstverständliche Bankprodukte.

Die Dresdner Bank stellte deshalb mit der on line Anbindung aller Filialen, deren Ausstattung mit mehreren tausend Endgeräten wie Terminals, Drucker, AKT, KAD, GAA etc. sowie mit der Einrichtung von Zahlungsverkehrszentren in ihrem Filialnetz den Firmen- und Privatkunden diese Infrastruktur zur Verfügung.

Der Zahlungsverkehr fällt unter die Rubrik der Leitungsmonopole. Insoweit bedingt er Einheitlichkeit und Standardisierung. Die Situation in der ehemaligen DDR war jedoch geprägt durch das Nebeneinander zweier inkompatibler Zahlungsverkehrssysteme. Um den gesamten Zahlungsverkehr trotzdem funktionsfähig zu halten, hat die Dresdner Bank eine Reihe von Vorkehrungen getroffen, von der Einrichtung eigener Kurierdienste, über personelle Verstärkungen im Zahlkungsverkehr bis hin zu organisatorischen Entscheidungen (Selbstabholer bei Kontoauszügen). Erst die vollständige Ablösung des ZV-Alt durch den ZV-Neu wird den gewohnten westlichen Standard auch in der ehemaligen DDR ermöglichen.

Gleich zu Beginn der Währungsunion zeichnete sich bei den Betrieben eine generelle Liquiditätskrise ab. Sie resultierte aus der Asynchronität von Einnahmen und Ausgaben in DM. Auch auf Initiative der Dresdner Bank startete die Treuhandanstalt in Berlin ein Liquiditätshilfeprogramm. Die der Treuhand unterstellten Betriebe erhielten auf Basis von durch die Treuhandanstalt geprüften Liquiditätsplänen für die Monate Juli, August und September von der Bank ihrer Wahl einen von der Treuhandanstalt garantierten Liquiditätskredit. Ein ähnliches Programm wurde auch dem drohenden Liquiditätskollaps entgegengewirkt.

Die Dresdner Bank startete für die 3500 Mitarbeiter in den 72 Dresdner Bank Kreditbank-Filialen sehr schnell eine Ausbildungsoffensive. In einer Mischung aus Schulung vor Ort, Learning by doing, Selbststudium und Fortbildungsmaßnahmen in Fortbildungseinrichtungen der Dresdner Bank Gruppe sollten und sollen die neuen Mitarabeiter auf ihre zukünftigen Aufgaben vorbereitet werden. Damit leistet die Dresdner Bank nicht nur einen Dienst an ihren neuen Kunden, indem sie westliches Qualitätsniveau auch in der ehemaligen DDR anbieten kann, sie trägt auch zur Arbeitsplatzsicherheit bei und bringt vielen Bürgern westliches Berufs-Know how nahe.

Dies gilt vor allem auch für diejenigen, die eine Berufsausbildung beginnen wollen. Am 1. 9. 1990 begannen 300 junge Menschen aus der ehemaligen DDR ihre Berufsausbildung zum Bankkaufmann, davon 160 in westlichen Niederlassungen und 140 in Filialen in den neuen Bundesländern.

Ende 1990 hatte die Dresdner Bank 1000 - 1100 ihrer Mitarbeiter aus der alten Bundesrepublik in die neuen Bundesländer delegiert. Dieser in der Geschichte der Dresdner Bank herausragende Akt der Solidarität der "Dresdner Banker" untereinander basierte auf einer Begeisterung und einem großen Engagement in der Bank angesichts der Herausforderungen in den neuen Bundesländern. Rein organisatorisch basierte dieser Ressourcentransfer auf einem Partnerschaftsmodell. Danach hatte jede Ost-Filiale zwei Patenschafts-Niederlassungen im Westen, die bei dringend erforderlichen Personalbedarf zur Seite standen. Die Solidarität der Mitarbeiter und Führungskräfte war jedoch notwendige Voraussetzung dafür.

Der Beginn der operativen Geschäftstätigkeit war gleichzeitig auch der Beginn intensiver Akquisitionsbemühungen. Die Dresdner Bank startete eine Reihe zielgruppen- resp. produktorientierter Marketing-Aktionen, z.B. für

- das Privatkonto,
- Liquiditätshilfekredite für Betriebe,
- Ärzte, Zahnärzte, Rechtsanwälte,
- Baugewerbe und
- Existenzgründer.

In den Filialen setzte die Bank schon in der Anfangszeit einen kundennahen Beratungs- und Betreuungsansatz durch. Ganz unbeabsichtigt weckte sie damit in den neuen Bundesländern Erinnerungen an den alten Werbespot "Mit dem grünen Band der Sympathie". Auch die Kunden und Konten der Dresdner Bank und die in der Presse verlautbarten Angaben der beiden Nachbarbanken im Dezember 1990 verdeutlichen diesen Trend der Kunden zur Dresdner Bank:

Tabelle 65: Vergleich der Großbanken in den neuen Bundesländern (Ende 1990; in Tausend)

Institut	Anzahl Kunden	Anzahl Konten
Dresdner Bank[1)]	438	723
Deutsche Bank[2)]	410	325
Commerzbank	90[3)]	150[4)]

1) 31.12.1990. 2) 07.12.1990. 3) Anfang Dezember. 4) Oktober.

Einbindung in das Inlandsgeschäft der Dresdner Bank AG

Am 23. 8. 1990 erkärte die Volkskammer den Beitritt der DDR zum Geltungsbereich des Grundgesetztes zum 3. Oktober 1990. Nach Unterzeichnung des Einigungsvertrages zwischen den beiden deutschen Staaten, dem Abschluß der 2-plus 4-Gespräche in Moskau und der Ratifizierung des Einigungsvertrages durch Volkskammer und Bundestag fand am 3. 10. 1990 die Vereinigung beider deutschen Staaten nach mehr als 40-jähriger Trennung statt. Am 2. 12. 1990 wurde zum ersten Mal nach dem Krieg ein gesamtdeutsches Parlament gewählt.

Damit waren Anfang 1991 die Grundvoraussetzungen gegeben, das Geschäft in den neuen Bundesländern und die beiden Filialnetze in das Inlandsgeschäft der Dresdner Bank AG zu integrieren. Die Dresdner Bank Berlin wurde rückwirkend zum 30. 9. 1990 auf die Dresdner Bank AG fusioniert. Die Fusion der Dresdner Bank Kreditbank AG erfolgte ebenfalls.

Darauf aufbauend wird die Dresdner Bank in den neuen Bundesländern mit den drei Niederlassungsbereichen Berlin, Leipzig und Dresden operieren. Durch weitere Filialeröffnungen war das Geschäftsstellen-Netz der Dresdner Bank bis Ende 1991 bis auf über 150 Geschäftsstellen ausgebaut.

Neben der Dresdner Bank AG sind und werden auch Tochtergesellschaften der Bank, wie

- Hypothekenbanken,
- Dresdner Bauspar AG,
- Dresdner Management Consult GmbH,
- Leasing-Gesellschaften und
- Dr. Lübke Immobilien Gesellschaft mbH

sowie eine Außendienstorganisation in den neuen Bundesländern aktiv sein.

Die DOWC Ost-West-Consult GmbH wird mit einer Präsentationsserie "Investing in the new Germany" weltweit Investoren ansprechen und sie mit Beratung und Information beim Engagement in den neuen Bundesländern begleiten.

Empfohlene ergänzende Literatur

Zu den Passiv-, Aktiv- und Dienstleistungsgeschäften:

- Grill, W. und H. Perczynski: Wirtschaftslehre des Kreditwesens, Bad Homburg 1987.
- Hagenmüller, K. F.und G. Diepen: Der Bankbetrieb, 12. Aufl., Wiesbaden 1989.
- Kloten, N. und J. v. Stein (Hrsg.): Obst/Hintner: Geld-, Bank- und Börsenwesen, 38. Aufl., Stuttgart 1988.

Zu Finanzinnovationen:

- Glogowski, E. und M. Münch: Neue Finanzdienstleistungen, 2. Aufl., Wiesbaden 1990.

Zum internationalen Bankgeschäft:

- Büschgen, H. E. und K. Richolt (Hrsg.): Handbuch des internationalen Bankgeschäfts, Wiesbaden 1989.
- Jahrmann, F. U.: Außenhandel, 3. Aufl. Ludwigshafen 1985.

Zur bankbetrieblichen Marktpolitik:

- Sandmann, H.: Moderne Bankwerbung, Frankfurt 1985.
- Süchting, J. und E. van Hooven: Bankmarketing, 2. Aufl., Wiesbaden 1991.

Kontroll- und Verständnisfragen

(1) Skizzieren Sie die Kategorien von Marketingdefinitionen.

(2) Welche Ausprägungsformen der Marketingforschung eignen sich für die bankbetriebliche Anwendung?

(3) Welche Kriterien können zur Differenzierung von Bankkunden herangezogen werden?

(4) Wozu dienen strategische Geschäftsfelder?

(5) Unternehmen Sie den Versuch einer Kundendifferenzierung aus der Sicht einer filialisierten Universalbank.

(6) Welche Ausprägungsformen und welche Bedeutung haben die unterschiedlichen Vertriebswege im Kreditgewerbe?

(7) Welche Bedeutung spielen Marktkennziffern bei der bankbetrieblichen Standortwahl?

(8) Welche Vor- und Nachteile ergeben sich bei der Standortwahl mittels Profilanalyse?

(9) Skizzieren Sie die Einsatzmöglichkeiten multimedialer Marketing-Terminals in Bankbetrieben.

(10) Zeigen Sie typische Standorte für SB-Einheiten von Banken auf.

(11) Was verstehen wir in der Bankwissenschaft unter Home-Banking?

(12) Welche Faktoren bestimmen die Preispolitik der Banken im Passiv-/Aktivgeschäft?

(13) Welche unterschiedlichen Modelle im Privatgiroverkehr sind ihnen bekannt?

(14) Differenzieren Sie das bankbetriebliche Einlagengeschäft nach den unterschiedlichen Einlagenarten.

(15) Grenzen Sie die Begriffe Kreditwürdigkeit und -fähigkeit gegeneinander ab.

(16) Erläutern Sie die Funktionsweise der unterschiedlichen Kreditsicherheiten.

(17) Nennen Sie die charakteristischen Merkmale eines Darlehens.

(18) Worin unterscheiden sich Kredit- und Geldleihe?

(19) Welches Leistungsbündel umfaßt das sog. Corporate Finance? Welche Besonderheiten erkennen Sie in diesem Produkt?

(20) Grenzen Sie den Auslandszahlungsverkehr von der kurz-, mittel- und langfristigen Außenhandelsfinanzierung ab.

(21) Stellen sie den Verlauf des Produktinnovationsprozesses in einer Bank dar.

(22) Welche Medien bieten sich für welche Bankenwerbung an?

Literaturverzeichnis

Albers, M: Der Bank-Konzernabschluß, Bern 1991.

Ambros, H.: Berater und Beraten in den 90er Jahren, Banking & Finance, Frühjahr 1989, S. 24-38.

Ashauer, G.: Berufsbildung im deutschen Kreditgewerbe, Stuttgart 1980.

Ashauer, G.: Standortbestimmung: Entwicklungslinien der deutschen Kreditwirtschaft, Stuttgart 1984.

Ausschuß für Bankenbestimmungen und -überwachung (Hrsg.), Internationale Konvergenz der Eigenkapitalmessung und Eigenkapitalanforderungen, (Verlautbarung) Basel Februar 1989.

Backhaus, K. (Hrsg.): Projektfinanzierung, Stuttgart 1990.

Balzer, K.: EDV-Einsatz bei der Kreditwürdigkeitsprüfung, Die Bank 1/1981, S. 12-18.

Bank für internationalen Zahlungsausgleich (Hrsg.): Zahlungsverkehrssysteme in elf entwickelten Ländern, Frankfurt 1989.

Bank Verlag (Hrsg.), Bedingungen für die Teilnahme an electronik-cash; System der dt. Kreditwirtschaft, Köln 1990.

Bauer, E.: Repräsentanzprobleme nationaler telephonischer Ad-hoc-Befragungen und ihre Lösungsmöglichkeiten, Jahrbuch der Absatz- und Verbrauchsforschung, Jg. 1980/Heft 2, S. 173-199.

Baumgarten, R.: Führungsstile und Führungstechniken, Berlin-New York 1977.

Becker, W. D./Falk, R.: Stille Reserven in den Jahresabschlüssen von Kreditinstituten, Schriften des Verbandes öffentlicher Banken, Heft 6, Bonn 1979.

Becker, W. D.: Gesellschaftsbezogene Berichterstattung öffentlicher Banken, Schriften des Verbandes öffentlicher Banken, Heft 7, Göttingen 1980.

Beckerle, H.: Die Arbeitsbewertung in Kreditinstituten, Wiesbaden 1966.

Beighley, P. H./Boyd, Y. H./Jacobs, D.P.: Bank Equities and Investor Risk Perceptions: Some Entailments for Capital Adequacy Regulation, Journal of Bank Research, Vol.6 (1975), Number 2 (Autumm), S. 190-201.

Bellmann, K. und Hausigk, P.: Mit günstigen Verfahren Kosten sparen, Geldinstitute 11/1991, S. 36-43.

Benölken, H. und K. Rühle: Aufbauorganisation und qualitativer Personalbedarf bei dezentralem Leistungsangebot, Betriebswirtschaftliche Blätter, Jg. 1977/2, S. 37-46.

Benölken, H.: Langfristige Personalplanung im Kreditinstitut, Untersuchungen über das Spar-, Giro- und Kreditwesen, Band 81, Berlin 1976.

Bergen, V.: Theoretische und empirische Untersuchungen zur längerfristigen Geldnachfrage in der Bundesrepublik Deutschland (1950-1967), Tübingen 1970.

Berth, R.: Marktforschung zwischen Zahl und Psyche, Stuttgart 1959.

Betsch, O.: Bankaußendienst, Frankfurt 1976.

Bette, K.: Factoring, FLF 3/1991, S. 94-98.

Bidlingmaier, J.: Marketing 1, 3. Aufl., Reinbek bei Hamburg 1979.

Birck, H. und D. Meyer: Die Bankbilanz, 3. Aufl., Wiesbaden 1976-1985 (in vier Teillieferungen).

Bisshoff, O.; Zehnpfenning, E. und W.T. Jung: Organisation und EDV im Bankbetrieb, Bad Homburg v. d. Höhe 1981.

Bitz, M.: Entscheidungstheorie, Hagener Universitätstexte, München 1981.

Blake, R. und J.S. Mouton: Verhaltenspsychologie im Betrieb: Das Verhaltensgitter, eine Methode zur optimalen Führung in Wirtschaft und Verwaltung, Deutsche Übersetzung, Düsseldorf-Wien 1968.

Blake, R.R. und J.S. Monton: The managerial grid III, 3. Aufl., Houston 1985.

Bockelmann, H.: Die Zinsbildung am Geldmarkt, Kredit und Kapital, 13. Jg. Heft 3, S. 339-348.

Bös, Michael: Optionsbewertung und Kapitalmarkt, Diss. Köln 1990.

Braun, K.: Programmierte Personalpolitik in Kreditinstituten, Wiesbaden 1971.

Braunberger, G. und T. Knipp (Hrsg.): Die Deutsche Terminbörse, Frankfurt 1989.

Bräutigam, J.: Kostenfunktionen in Kreditinstituten: Eine Analyse der empirischen Kostenuntersuchungen im amerikanisshen Bankwesen, Wiesbaden 1972.

Bühler W. und O. Lucius (Hrsg.): Notenbank und Kreditapparat, Schriftenreihe der Österreichischen Bankwissenschaftlichen Gesellschaft, Heft LVIII, Wien 1980.

Bühler, W. (Hrsg.): Erfolgsfaktoren des Bankgeschäfts, Wiesbaden 1990.

Bundesministerium der Finanzen (Hrsg.): Bericht der Studienkommission "Grundsatzfragen der Kreditwirtschaft", Schriftenreihe des Bundesministeriums der Finanzen, Heft 28, Bonn 1979.

Bundesverband deutscher Investmentgesellschaften e.V. (Hrsg.): Investment 91, Frankfurt 1991, S. 58 ff.

Büschgen, H.E. (Hrsg.): Der Finanzdienstleistungsmarkt in der Europäischen Gemeinschaft, Frankfurt 1990.

Büschgen, H.E.: Bankbetriebslehre, 3. Aufl., Berlin 1991.

Büschgen, H.E.: Bankunternehmensführung, Frankfurt 1981.

Büschgen, H.E.: Betriebliche Finanzwirtschaft, Frankfurt 1981.

Büschgen, H.E.: Die Großbanken, Frankfurt 1983.

Büschgen, H.E.: Internationales Finanzmanagement, Frankfurt 1986.

Büschgen, H.E.: Kundenselbstbedienung bei Banken, Banking & Finance 3/1991, S. 6-8.

Büschgen, H.E. und Richolt, K. (Hrsg.): Handbuch des internationalen Bankgeschäfts, Wiesbaden 1989.

Carlin, E. und E. Reimann: Ein "Wind of Change" weht durch die Bankfilialen, bank und markt 3/1992, S. 30-33.

Caruth, D. L.: Work Measurement for Commercial Banks, Boston 1971.

Chorafas, D.N.: Computergestütztes Management, Hamburg 1987.

Chorafas, D.N.: Elektronik Banking - eine langfristige Strategie, Wiesbaden 1989.

Christians, F. W. (Hrsg.): Finanierungshandbuch, 2. Aufl., Wiesbaden 1988.

Commission des Communautés Européennes (Hrsg.), Un support vidéotex européen pour le serveur ECHO - Les systèmes vidéotex des pays de la C.E.E., Descriptions, coûtes et présence de ECHO, Luxembourg o.J.

Cramer, J. E.: Neue Dienstleistungen im Bankbetrieb, Ihre Planung und Einführung, Frankfurt 1970.

Cramer, J.E.: Die Marktforschung als Basis für den Einsaz des Marketing-Mix, in: Süchting, J. und E. van Hooven (Hrsg.): Handbuch des Bankmarketing, 2. Aufl., Wiesbaden 1991, S. 119-132.

Crane, D. B.: Marketing Strategy and Bank Service Interaction: A Probability Model, Journal of Bank Research, Vol. 1 (1970), No. 2, S. 49-56.

Deppe, H. D.: Bankbetriebliches Wachstum. Funktionalzusammenhänge und Operations Research in Kreditinstituten, Stuttgart 1969.

Deppe, H. D.: Bankbetriebslehre, in: Handwörterbuch der Betriebswirtschaft, 4. Aufl., Stuttgart 1974, Sp. 402-418.

Deppe, H. D.: Eine Konzeption wissenschaftlicher Bankbetriebslehre in drei Doppelstunden, in: Deppe, H. D. (Hrsg.): Bankbetriebliches Lesebuch, Stuttgart 1978, S. 3-98.

Deppe, H.-D.: Geldmarkt und Geldmarktkonzepte. Unternehmen und Gesellschaft. Festschrift zum 75. Geburtstag von W. Hasenack. Hrsg. von H.-J. Engeleiter, Herne 1976, S. 163-187.

Desbazeille, G.: Unternehmensforschung, Stuttgart-Berlin-Köln-Mainz 1970.

Deutsche Bundesbank (Hrsg.): Geldpolitische Aufgaben und Instrumente, Sonderdrucke der Deutschen Bundesbank, Nr. 7, 3. Aufl., Frankfurt 1985.

Deutscher Sparkassen- und Giroverband e. V. (Hrsg.): Automationsfähige Zahlungsverkehrsvordrucke, 4. Aufl., Stuttgart o. Jg..

Dichtl, E.: Die Bildung von Konsumententypen als Grundfrage der Marktsegmentierung, WIST, Jg. 1974, Heft 2, S. 55 ff.

Diepen, G.: Der Bankbetrieb - Lehrbuch und Aufgabensammlung, 12. Aufl., Wiesbaden 1989.

Dierolf, G.: Marktperspektiven im Firmenkundengeschäft, Banking & Finance Oktober 1990, S. 18-28.

Dierolf, G.: Strategien im Firmenkundengeschäft, Banking & Finance 3/1991, S. 48-53.

Diwok, R.: Gold, Dollar und unser Geld, Wien 1968.

Dolff, P.: Die Konditionenpolitik der Kreditinstitute - eine theoretische und empirische Analyse, in: Deppe, H. D. (Hrsg.): Bankbetriebliches Lesebuch, Stuttgart 1978, S. 299-338.

DTB (Hrsg.): Einführung in den Optionshandel, Wiesbaden 1989.

Dürr, E.: Prozeßpolitik, in: Ehrlicher, W.; Esenwein-Rothe, I. u.a. (Hrsg.): Kompendium der Volkswirtschaftslehre, 4. Aufl., Göttingen 1975, Band 2, S. 95-177.

Duwendag, D. (Hrsg.): Europa Banking: Bankpolitik in Europa, Baden-Baden 1988.

Dzerovicz, P.: Kredit- und Geldschöpfungsmultiplikatoren, Diss. Wien 1964.

Ebelskirch, D. und Moormann, J.: Gefahren und Chancen der Portfolioanalyse, bank und markt 12/1991, S. 14-16.

Eickhoff, K. H.; Abels, P. und B. Mühlstephan: System einer qualitativen Personalplanung in Sparkassen, Betriebswirtschaftliche Blätter, Jg. 1973, Heft 4, S. 116-122.

Eilenberger, G.: Bankbetriebswirtschaftslehre 4. Aufl., München 1990.

Eilenberger, G.: Banken im Wettbewerb, Grundlagen und Instrumente bankbetrieblicher Wettbewerbspolitik, Berlin 1975.

Eilon, S. und T.R. Fowkes (Hrsg.): Applications of Management Science in Banking and Finance, Epping 1972.

Ellermeier, Ch.: Marktorientierte Bankorganisation, -information und -management im Mengengeschäft, Darmstadt 1975.

Engels, W. (Hrsg.): Internationaler Kapitalverkehr und Devisenhandel, Frankfurt 1986.

Engels, W. (Hrsg.): Organisation der Banken und des Bankenmarktes, Frankfurt 1988.

Engels, W. (Hrsg.): Wettbewerb am Markt für Finanzdienstleistungen, Frankfurt 1987.

Engels, W.: Bankenbeteiligung an Industrieunternehmen, Berlin 1978.

Eufinger, J.: Empirische Erfahrungen mit den Prognosemethoden des Sparkassenprognosesystems, in: IBM-Nachrichten, Heft 225 (April 1975), S. 118-121.

Faust, H. und D. Klopfer: Ein EDV-Informationssystem für Sparkassen in: IBM-Nachrichten, Heft 222 (Oktober 1974), S. 279-285, Heft 223 (Dezember 1974), S. 360-367.

Fehl, U. und Oberender, P.: Grundlagen der Mikroökonomie, 4. Aufl., München 1990.

Filzek, I.: Bürokommunikaion und Büroautomation in Kreditinstituten, Frankfurt 1987.

Fischer, O. u.a.: Langfristige Finanzplanung deutscher Unternehmen - Ergebnisse einer empirischen Untersuchung anhand ausgewählter Aktiengesellschaften, Hamburg 1975.

Frank, G.: Neuerer Entwicklungen im elektronischen Zahlungsverkehr, Diss. Karlsruhe 1989, Frankfurt 1990.

Franke, G. und W.v. Schimmelmann (Hrsg.): Banken im Vorfeld des Europäischen Binnenmarktes, Wiesbaden 1989.

French, J.R.P. und B. Raven: The Basis of Social Power, in: Cartwright, D. und A. Zander (Hrsg.): Group Dynamics, Evaston 1962, S. 607 ff.

Fuchs, H.: Einsatz von kundenbedienten Datenstationen bei der Landesgirokasse, Betriebswirtschaftliche Blätter, Jg. 1979 Heft 1, S. 19-25.

Fuchs, K.: Organisatorische Fragen im Personalwesen einer Geschäftsbank, in: Deppe, H.D. (Hrsg.): Bankbetriebliches Lesebuch, Stuttgart 1978, S. 511-539.

Gaddum, J.W.: Harmonisierung der Bankenaufsicht in der EG, in Duwendag, D. (Hrsg.): Europa Banking, Baden-Baden 1988, S. 111-129.

Gebert, D.: Erfolgreihes Führen im Kreditbereich, Wiesbaden 1990.

Gebert, D.: Führungsstil und Absatzerfolg in Kreditinstituten, Wiesbaden 1987.

Gerke, W. (Hrsg.): Bankrisiken und Bankrecht, Wiesbaden 1988.

Gerke, W. (Hrsg.): Risikokapital über die Börse, Berlin 1986.

Gerke, W.: Kapitalbeteiligungsgesellschaften - ihre Problematik und ihre gesetzliche Regelung, Frankfurt-Zürich 1974.

Geschka, H. und R. Hammer: Die Szenarion-Technik in der strategischen Unternehmensplanung, in: Hahn, D. und B. Taylor (Hrsg.): Strategische Unternehmensplanung und Entwicklungstendenzen, 5. Aufl., Heidelberg 1990, S. 238-263.

Glogowski, E. und E. Münch: Neue Finanzdienstleistungen. Bankenmärkte im Wandel, 2. Aufl., Wiesbaden 1990.

Goldsmith, R. W.: Some Reflections on the Past, Present and Future of Financial Institutions, in: Frantzen, R. (Hrsg.): Current Problems of Financial Intermediaries, Rotterdam 1975.

Gordon, J.J.: Synectics. The Development of Creative Capacity, New York 1961.

Grandin, K. K.: Das Multimomentverfahren und seine Anwendung im Bankbetrieb, insbesondere im Rahmen der Kapazitätsplanung und der Kostenrechnung, Diss. Aachen 1970.

Grill, W. und H. Perczynski: Wirtschaftslehre des Kreditwesens, 22. Aufl., Bad Homburg vdH. 1987, 23. Aufl., Bad Homburg vdH. 1988.

Gröhl, M.: Bankpolitische Konsequenzen der Projektfinanzierung, Diss. Marburg 1990.

Güde, U.: Geschäftspolitik der Sparkassen. Grundlagen und aktuelle Probleme, 5. Aufl. Stuttgart 1989.

Haberland, R.: Nur ein kundenorientiertes Geldinstitut hat Chancen im Wettbewerb, Geldinstitute, Jg. 1974, Heft 5 S. 34 ff.

Hagemann, H.: Strategien für den Erfolg, manager magazin 3/1991, S. 165-175.

Hagemann, H.: Von der Finanzbteilung zur "Corporate Bank", Geldinstitute 1/2-1992, S. 6-16.

Hagenmüller, K. F. und G. Diepen: Der Bankbetrieb, 12. Aufl., Wiesbaden 1989.

Hagenmüller, K. F.: Der Bankbetrieb, Band I, 5. Aufl., Wiesbaden 1987; Band II, 5. Aufl., Wiesbaden 1987; Band III, 5. Aufl., Wiesbaden 1988.

Hahn, D.: Planungs- und Kontrollrechnung - PUK - Integrierte ergebnis- und liquiditätsorientierte Planungs- und Kontrollrechnung als Führungsinstrument in Industrieunternehmen mit Massen- und Serienfertigung. Mit Beispielen aus der Unternehmenspraxis, Wiesbaden 1974.

Hahn, O. (Hrsg.): Struktur der Bankwirtschaft. Bd. I, Spezialbanken und Internaionale Banken, 2. Teilband, 2. Aufl., Berlin 1991.

Hahn, O. (Hrsg.): Struktur der Bankwirtschaft. Bd. II, Spezialbanken und Internaionale Banken, 1. Teilband, Berlin 1991.

Hahn, O.: Die Postbank: Ihre Stellung in der Bankwirtschaft, Wiesbaden 1978.

Hahn, O.: Elektronische Bankdienstleistungen, Erlangen 1990.

Hahn, O.: Postbank: Gerechtferige, erzwungene und überflüssige Aktiitäten, ZfgK 10/92, S. 415-419.

Halberstadt, H. H.: Die Werbeplanung der Kreditbanken im Massengeschäft, Frankfurt 1971.

Hambusch, R. und W. Reiter: Organisationslehre und Datenverarbeitung für Bankkaufleute, Darmstadt 1979.

Hanssmann, F.: Die Rolle von Entscheidungsmodellen in der strategischen Planung, in: Müller-Merbach, H. (Hrsg.): Quantitative Ansätze in der Betriebswirtschaftslehre, München 1978, S. 301-314.

Harmsen, D.M.; Weiß, G. und P. Georgieff, Automation im Geldverkehr, Opladen 1991.

Harter, W.; Franke, J. et al. (Hrsg.): Wertpapiere in Theorie und Praxis, 2.Aufl., Stuttgart 1989.

Hauschildt, J.: Unterschiede in der Zielkonzeption privatwirtschaftlicher und öffentlicher Banken, Zeitschrift für öffentliche und gemeinwirtschaftliche Unternehmen, Band 1 (1978), Heft 4, S. 26-44.

Hauser, R.: Bankaußenorganisation. Untersuchungen über das Spar-, Giro- und Kreditwesen, Band 103, Berlin 1979.

Heigl, A.: Controlling - Interne Revision, Stuttgart-New York 1978.

Hein, M.: Einführung in die Bankbetriebslehre, München 1981.

Heinisch, J. und W. Sämann: Planzeitwerte im Büro, Berlin-Köln-Frankfurt 1973.

Heinz, H.J. und P.G. Windisch: Investitionsanalysen für Bankfilialen, Controller magazin, Jg. 1978/2, S. 63-68.

Heno, R.: Kreditwürdigkeitsprüfung mit Hilfe von Verfahren der Mustererkennung, Bern/Stuttgart 1983.

Herz, P.: Konzeption eines Management-Informationssystems für Sparkassen, in: Management-Informationssystem für Sparkassen, Vierteljahresschriftenreihe des österreichischen Forschungsinstitutes für Sparkassenwesen, Jg. 1975, Heft 3, S. 41-75.

Herzberg, F.H.: Work and the nature of man, Cleveland 1966.

Herzberg, F.H.; Mausner, B.M. und B.B. Snyderman: The Motivation to Work, New-York - London - Sydney 1959.

Herzey, P. und K.H. Blanchard: Management of organizaional behavior, 4. Aufl., New Jersey 1982.

Hielscher, U.: Finanzierungskosten. Kostenbestandteile, Kostenvergleiche und Usancen der Industriefinanzierung, Frankfurt 1976.

Hinterhuber, H.H.: Strategische Unternehmensführung, 4. Aufl., Berlin/New York 1989.

Hoersch, F.: Die Zahlungsverkehrsautomation der 80-er Jahre, Betriebswirtschaftliche Blätter, Jg. 1979, Heft 1, S. 2-7.

Hoffmann, P. und R. Ramke: Finanzinnovationen an der Deutschen Terminbörse (DTB), Berlin 1990.

Höhn, R. und G. Böhme: Führungsbrevier der Wirtschaft, 8. Aufl., Bad Harzburg 1974.

Hoppenstedt und Wolff (Hrsg.): à la card - Jahrbuch 1990/91, 3. Aufl., Hamburg 1990.

Hübner, O.: Die Banken, Leipzig 1854.

Ingerling, R.: Das Credit-Scoring-System im Konsumentenkreditgeschäft, Grundlagen und Praxis des Bank- und Börsenwesens Band 12, Berlin 1980.

Jährig, A. und H. Schnuck: Handbuch des Kreditgeschäfts, 4. Aufl., Wiesbaden 1982.

Jahrmann, F.U.: Außenhandel, 3. Aufl., Ludwigshafen 1985.

Jüterbock, D.: SWIFT II für die 90er Jahre, Die Bank 6/88, S. 329-334.

Jüterbock, D.: Zehn Jahre SWIFT-Netzwerk - ein Meilenstein der Automation, Die Bank 5/89, S. 269-275.

Kahn, P.: Sparkassen-Marketing. Wirklichkeit und Chancen, Essen 1975.

Kaminsky, S.: Die Kosten- und Erlösrechnung der Kreditinstitute, Meisenheim/Glan 1955.

Kaven, J.-P.: Alte und neue Dimensionen des Bankenwettbewerbs, ZfgK 2/87, S. 55-59.

Keppler, M.: Risiko ist nicht gleich Volatilität, Die Bank 11/90, S. 610-614.

Kilgus, E.: Bank-Management in Theorie und Praxis, 2. Aufl., Bern - Stuttgart 1985.

Kilgus, E.: Das neue schweizerische Notenbankgesetz, Österreichisches Bank-Archiv, Jg. 1980, Heft 1, S. 4-13.

Kirkmann, P.: Electronic Fund Transfer Systems, Oxford/New York 1987.

Kleiner, B./Hauser, R. u.a.: Das Schweizerische Bankgeheimnis, Bankwirtschaftliche Forschungen, Band 10, Bern und Stuttgart 1972.

Kloten, N. und J.H.v. Stein (Hrsg.): Obst/Hintner: Geld-, Bank- und Börsenwesen, 38. Aufl., Stuttgart 1988; 39. Aufl., Stuttgart 1991.

Kohlbeck, R. (Hrsg.): Bankinnovationen, Frankfurt 1986.

Kohlbeck, R. (Hrsg.): Chancen und Risiken der deutschen Banken im gemeinsamen Markt, Frankfurt 1989.

Kolbeck, R.: Bankbetriebliche Planung, Wiesbaden 1971.

Kolbeck, R.: Risiokovorsorge - Das Rechnungswesen als Informationsinstrument zur Steuerung und Kontrolle bankbetrieblicher Risiken, Frankfurt 1985.

Kollar, A.: Finanzanalytischer Erkenntnisprozeß sollte jeder Entscheidung vorausgehen, HB vom 24.09.1991, S. B2.

Köllhofer, D.: Informationswesen und Kontrolle im Bankbetrieb, in Kloten, N. und J.H.v. Stein (Hrsg.): Obst/Hintner: Geld-, Bank- und Börsenwesen, 38. Aufl., Stuttgart 1988, S. 706-804.

Kollhöfer, D.: Preispolitik im Zahlungsverkehr, in: Süchting, J. und E. van Hooven (Hrsg.): Handbuch des Bankmarketing, 2. Aufl., Wiesbaden 1991, S. 169-188.

Kracht, P. J.: Die Geldnachfrage der Produktionsunternehmen. Schriften zur wirtschaftswissenschaftlichen Forschung, Band 97, Meisenheim/Glan. 1955

Krafft, R.: Westdeutsche Kreditinstitute in den neuen Bundesländern - Strategische Optionen bei der Kundenakquisition, Frankfurt 1992.

Kreikebaum, H.: Strategische Unternehmensplanung, 3. Aufl., Stuttgart 1989.

Kreim, E. und H.J. Keßler: Außenhandelsfinanzierung, Taschenbücher für Geld, Bank und Börse, Band 10, 3. Aufl. Frankfurt 1979.

Kreim, E.: Finanzplanung und Kreditentscheidung, Wiesbaden 1977.

Krewert, B.: Die Kostenrechnung als Steuerungsinstrument im Bankbetrieb, Frankfurt 1981.

Krieglmeyer, J.: Maschinelle Kassenbestandsermittlung, München 1975.

Krümmel, H.J.: Bankzinsen: Untersuchungen über die Preispolitik von Universalbanken, Köln-Berlin-Bonn-München 1969.

Krümmel, H.J. (Hrsg.): Bankmanagement für neue Märkte, Frankfurt 1987.

Krümmel, H.J. (Hrsg.): Finanzintermediation und Risikomanagement, Frankfurt 1989.

Krumnow, J. und M. Metz (Hrsg.): Rechnungswesen im Dienste der Bankpolitik, Stuttgart 1987.

Kühl, H.: Das marktpolitische Instrumentarium der Bank unter besonderer Berücksichtigung der Werbung, Diss. Göttingen 1967.

Kunze, Ch.: Marktkennziffern zur Beurteilung von Zweigstellenmärkten, Betriebswirtschaftliche Blätter, Jg. 1973/2, S. 38-44.

Küspert, A.: Bildung und Bewertung strategischer Geschäftsfelder, Die Bank 8/91, S. 425-434.

Lammerskitten, P.: Organisatorische Fragen beim Aufau einer modernen Planungsabteilung in einer Geschäftsbank, in: Deppe, H.D. (Hrsg.): Bankbetriebliches Lesebuch, Stuttgart 1978, S. 495-510.

Lappat, A.: Kompendium der organisatorischen Bürobauplanung, Hamburg 1975.

Läufer, K.; Lucius, W.D. und P. Richter: Ökonometrie des Zinssatzes, Stuttgart 1973.

Liebau, G.: Marktorientierte Organisation in Kreditinstituten, Göttingen 1981.

Likert, R.: Die Integrierte Führungs- und Organisationsstruktur, Deutsche Übersetzung, Frankfurt-New York 1975.

Lindemann, L. H.: Grundlagen der Kosten- und Erlösrechnung im Bankbetrieb, Bankwirtschaftliche Forschungen, Band 27, Bern-Stuttgart 1975.

Lindenmann, H.H.: Grundlagen der Kosten- und Erlösrechnung im Bankbetrieb, Bern/Stuttgart 1975.

Lipfert, H.: Der Geldmarkt mit Euro-Geldmarkt, 8. Aufl., Frankfurt 1975.

Lipfert, H.: Nationaler und internationaler Zahlungsverkehr, 2. Aufl., Wiesbaden 1970.

Loistl, O.: Computergestütztes Wertpapiermanagement, 4. Aufl., München 1992.

Lysaght, G.: Travellers cheque industry faces up to slump, Retail Banker International, 02.03.1992.

Mankwald, R.: Marketingorientierte Organisation bei Universalbanken, Frankfurt 1975, S. 212.

Manski, E.E.: Ökologische Buchhaltung und Umweltbilanz, Die Bank 7/91, S. 369 ff.

Markowitz, H.M.: Portfolio Selektion: Effizient diversification of investments, New York 1959.

Martens, J.: Anwendungsbereich des Verbraucherkreditgesetzes, Die Bank 5/91, S. 278-283.

Masera, F.; Fazio, A. und T. Padoa-Schioppa: Econometric Research in European Central Banks, Rom 1975.

Maslow, A. H.: Motivation and Personality, New York 1954.

Mast, H. J.: Das schweizerische Bankwesen, Schriftenreihe der Schweizerischen Kreditanstalt, Heft 27, Zürich 1977.

Mc Gregor, D.: Der Mensch im Unternehmen, Deutsche Übersetzung, Düsseldorf-Wien 1970.

Meffert, H.: Marketing als synthetische Disziplin - Dargestellt am Beispiel der Produktinnovation, Die Unternehmung, Jg. 1973/2, S. 115-127.

Meyer zu Selhausen, H.: Quantitative Marketing-Modelle in der Kreditbank: oberzielorientierte Bewertung globaler Entscheidungsalternativen, Berlin 1976.

Meyer, H.: Bankbilanzierung unter der Generalklausel des § 264 Abs. 2 HGB, ZfgK 10/1987, S. 438-594.

Moormann, J.: Strategische Bankplanung, ZfgK. 21/90, S. 1072-1078.

Moormann, J.: Strategische Planung in Geschäftsbanken: Ergebnis einer Umfrage, Die Bank 6/88, S. 309-315.

Moormann, J.: Strategische Planung mit DSS-Generatoren, München 1989

Morgen, K.: Neue Techniken im Zahlungsverkehr, in: Süchting, J. und E. van Hooven (Hrsg.): Handbuch des Bankmarketing, 2. Aufl., Wiesbaden 1991, S. 113-134.

Mühlhausen, D.: Ein Jahr geregelter Markt, in: DB, 6/88, S. 342-345.

Mülhaupt, L. (Hrsg.): Controlling in Banken und Sparkassen, Frankfurt 1981.

Mülhaupt, L.: Einführung in die Betriebswirtschaftslehre der Banken, 3. Aufl., Wiesbaden 1980.

Mülhaupt, L.; Schierenbeck, H. und H. Wielens (Hrsg.): Controlling in Banken und Sparkassen, Frankfurt 1981.

Müller, H.: Arbeits- und Zeitstudien als Mittel der Rationalisierung und Kalkulation im Bankbetrieb, Europäische Hochschulschriften, Band 127, Bern-Frankfurt-München 1976.

Müller-Merbach, H.: Operations Research - Methoden und Modelle der Optimalplanung, 2. Aufl., München 1971.

Neumann, J.v. und O. Morgenstern: Theory of Games and Economic Behavior, Princeton 1947.

Neumann, K.: Operations Research Verfahren, Bd. 1, München-Wien 1975; Bd. 2, München Wien 1977.

Nieschlag, R.; Dichtl, E. und H. Hörschgen: Marketing, 15. Aufl., Berlin 1988.

Oberparleiter, K.: Funktionen und Risiken des Warenhandels, Wien 1955.

Oberparleiter, K.: Risiko, in: Handwörterbuch der Betriebswirtschaft, 3. Aufl., Stuttgart 1958, Sp. 4693.

ECD (Hrsg.), Electronic Fund Transfer - Plastic Cards and the Consumer, Paris 1989.

Oehler, A.: "Anomalien" im Anlegerverhalten, Die Bank 11/91, S. 600-607.

Oehler, A.: Die Akzeptanz der technikgestützten Selbstbedienung im Privatkundengeschäft von Universalbanken, Stuttgart 1990.

Passardi, A.: Probleme der Kostenrechnung im Bankbetrieb, Die Unternehmung, Jg. 1970/4, S. 249-266.

Peltzman, S.: Capital Investment in Commercial Banking and Its Relationship to Portfolio Regulation, Journal of Political Economy, Volume 78 (1970), No. 1 , S. 1-26.

Philipp, F.; Berger, K. H. u.a.: Zur Bestimmung des "haftenden Eigenkapitals" von Kreditinstituten, Stellungnahme einer Professoren-Arbeitsgruppe zum Bericht der Studienkommission "Grundsatzfragen der Kreditwirtschaft", Frankfurt 1981.

Pogodda, F.: Leasinggeschäfte in den neuen Bundesländern, FLF 3/1991, S. 99-100.

Prautzsch, W. A.: Die Struktur der Nachfrage von Wirtschaftsunternehmen und privaten Haushalten nach finanziellem Vermögen in der Bundesrepublik Deutschland, Untersuchungen über das Spar-, Giro- und Kreditwesen, Band 54, Berlin 1971.

Priewasser, E.: Bankenwerbung und Konsumerismus, in: Die Welt. (Hrsg.): Forum für die Finanzwerbung in Deutschland, 30. und 31. Oktober 1975 in Bad Neuenahr, Hamburg o. Jg., S. 48-54.

Priewasser, E.: Die Anwendungsfähigkeit von Operations Research/Management Science-Modellen im Bankbetrieb, Kredit und Kapital, Jg. 1978, Heft 2, S. 249-281.

Priewasser, E.: Die Banken im Jahre 2000, 3. Aufl., Frankfurt 1987.

Priewasser, E.: Kartengesteuerte Zahlungsverkehrsysteme, Stuttgart 1981.

Professoren-Arbeitsgruppe, Bankaufsichtsrechtliche Begrenzung des Risikopotentials von Kreditinstituten, DBW 3/1987, S. 285-302.

Radl, G. W.: Ergonomie-Grundlagen der Arbeitsplatzgestaltung. Paderborn o. Jg.

Raßhofer, H. und H.J. Ring: Stand und Entwicklung der Instrumente der Finanzierung, Betriebswirtschaftliche Blätter 8/1990, S. 340ff.

Recke, von der, O.: Muster-Raumprogramme für Bauplanungen im Zweigstellenbereich, Betriebswirtschaftliche Blätter für die Praxis der Sparkassen und Landesbanken/Girozentralen, Jg. 1979/Heft 5, S. 216-233.

Reddin, W.J.: Manageril effectivness, New York 1970.

Reischauer/Kleinhans: Kreditwesengesetz - Komentar, Loseblattsammlung, Berlin o.Jg.

Reiter, W.: Electronic Banking, in: Kurbel, K. und H. Strunz (Hrsg.): Handbuch Wirtschaftsinformatik, Stuttgart 1990, S. 138-152.

Robertson, D. H. und D.N. Bellenger: Identifying Bank Market Segments, Journal of Bank Research, Vol. 7 (1977) No. 4, S. 276-283.

Rodewald, B.: Die Portfolio Selection Theorie als Entscheidungshilfe für die Wertpapierdepotplanung, Bern-Frankfurt 1974.

Röhr, H.: Potentialorientierte Marketing-Planung im Universalbankbetrieb, Bankwirtschaftliche Sonderveröffentlichungen des Instituts für Bankwirtschaft und Bankrecht an der Universität zu Köln, Band 22, Köln o. Jg.

Röller W.: Effektenhandel, in: Bank-Enzyklopädie, Bankbetriebslehre (I), Wiesbaden 1975, S. 863-911.

Röller, W.: Globale Finanzmärkte und Risikomanagement, Berlin 1989.

Rudolph, B.: Bankpolitik nach der KWG-Novelle, Frankfurt 1986.

Rudolph, B.: Instrumente der strategischen Unternehmensführung - Stand und Entwicklungstendenzen, in: Krümmel, H.J. und B. Rudolph (Hrsg.): Strategische Bankplanung, Frankfurt 1987, S. 47-85.

Rudolph, B.: Planungs- und Kontrollrechnungen zur Begrenzung von Zinsänderungsrisiken, in: Beiträge zur betriebswirtschaftlichen Kapitaltheorie, Nr. 2, Frankfurt 1971.

Salcher, E. F.: Psychologische Marktforschung, Berlin-New York 1978.

Sämann ,W.: Rationalisierung der Büroarbeit als Zukunftsaufgabe, Refa-Nachrichten, Jg. 1970/6, S. 421 ff.

Sandmann, H.: Moderne Bankwerbung, Frankfurt 1985.

Schaefer, A.: Leasing - Zweitgrößte Innovation in der Unternehmensfinanzierung, Schriftenreihe der FL Finanz-Leasing GmbH, Wiesbaden 1978.

Scheidel, K.: Rentabilität und Risiko zu Fragen der Ertragsgestaltung im Bankbetrieb, Frankfurt 1986.

Scheidl, K.: Zum Problem bankbetrieblicher Dispositionsregeln, in: Linhardt, H; Penzkofer, P. und P. Scherpf (Hrsg.): Dienstleistungen in Theorie und Praxis, Otto Hintner zum siebzigsten Geburtstag, Stuttgart 1970, S. 161-179.

Schierenbeck, H. (Hrsg.): Bank- und Versicherungslexikon, München 1990.

Schierenbeck, H. und B. Rolfes: Entscheidungsorientierte Margenkalkulation, Schriftenreihe des IfK, Bd. 38, Frankfurt 1988.

Schierenbeck, H.: Ertragsorientiertes Bankmanagement, 2. Aufl., Wiesbaden 1987, 3. Aufl., Wiesbaden 1991.

Schierenbeck, H.: Institutionelle Bankbetriebslehre, Stuttgart 1987.

Schierenbeck, W.: Marktorientierte Organisationsform als Grundlage von Umbaumaßnahmen, bank und markt 3/1990, S. 36-40.

Schinnerl, R.: Verhaltensdeterminanten in Unternehmen - Eine Studie unter besonderer Berücksichtigung von Kreditinstituten, Diss. Marburg 1980.

Schirmer, U.: Der Einfluß paramonetärer Institutionen auf die Vermögensbildung, das Kreditangebot und die Geldpolitik, Untersuchungen über das Spar-, Giro- und Kreditwesen, Band 55, Berlin 1971.

Schladt, H.: Kosten- und Erlösrechnung als Informationsinstrumente für die Praxis der Kreditinstitute in: Deppe, H.D. (Hrsg.): Bankbetriebliches Lesebuch, Stuttgart 1978, S. 657-677.

Schmalen, H.: Kommunikationspolitik, Werbeplanung, Stuttgart 1987.

Schmalenbach, E.: Kapital, Kredit und Zins in betriebswirtschaftlicher Beleuchtung, 4.Aufl., Köln und Opladen 1961.

Schmidt, H.: Börsenorganisation zum Schutze der Anleger, Tübingen 1970.

Schmidt, R.: Entwicklungstendenzen im Auslandsgeschäft der deutschen Geschäftsbanken, in: Pausenberger, E. (Hrsg.): Internationales Management - Ansätze und Ergebnisse betriebswirtschaftlicher Forschung, Stuttgart 1981, S. 161-180.

Schmitz, J.: Der geregelte Markt, WISU 6/88, S. 329-337.

Schneeberger, R.: Die Leistungsfähigkeit deutscher Investmentgesellschaften - Eine Analyse der Ausschüttungspolitik der Wertpapier-Publikumsfonds in den Jahren 1951-1977, Nürnberg 1979.

Schneider, D.: Darstellung und Diskussion der monetären Konzepte des "Sachverständigenrates zur Begutachtung der gesamtwirtschaftlichen Entwicklung" im Blick auf das Ziel der Verstetigung der wirtschaftlichen Entwicklung, Diss. Marburg 1978.

Schneider, H. M.: EDV-Budgets im Kreditgewerbe - Gegenwart und Zukunft, Geldinstitute, Jg. 1981/2, S. 15-25.

Schneider, R. E.: Liquiditätsplanung bei Banken, Die Unternehmung, Jg. 1973/2, S. 97-113.

Schuster, L.: Bankpolitik im Spiegel aktueller Themen, Bern 1990.

Schuster, L.: Macht und Moral der Banken, Bern und Stuttgart 1977.

Schwarz,H. G.: EDV-Entscheidungshilfen für das Ausleihungsgeschäft, Betrieb und Markt, Jg. 1979/2, S. 38-43.

Schweizerische Nationalbank (Hrsg.): Das schweizerische Bankwesen im Jahre 1978, Nr. 63, Zürich 1979.

Schwetje, H.: Datenverarbeitung am Arbeitsplatz - Dezentrale Datenverarbeitung mit IBM 3.600 bei den Volksbanken und Raiffeisenbanken in Deutschland, o. Jg. o. Ort.

Schwetz, Roland: Büro im Wandel - Notwendigkeit, Nutzen und Wirkung von Bürokommunikationssystemen, Heidelberg 1990.

Sebastian, K.H.: Werbewirkungsanalyse für neue Produkte, Wiesbaden 1985.

Seemann, F.: Eine Sparkasse im Landhaus, bank und markt 11/1991, S. 36f.

Seja,. U.: Konzept eines Management-Informations-Systems für Kreditinstitute, Diss.München 1972.

Short, B. K.: Capital Requirements for Commercial Banks: A Survey of the Issues, in: Staff Papers, Vol. 25 (1978), No. 3 (September), S. 528-563.

Siepmann, J. D.: Die Standortfrage bei Kreditinstituten, Untersuchungen über das Spar-,Giro- und Kreditwesen, Band 40, Berlin 1968.

Slevogt, H.: Lenkpreisrechnung als Bankkalkulation für Planung und Marketing, Österreichisches Bankarchiv, Jg. 1972, Heft III, S. 84-106.

Slevogt, H.: Marketing für das Bankgeschäft, in: Floss, E. und P. Muthesius (Hrsg.): Handbuch der Bankenwerbung, Frankfurt 1972, S. 9-45.

Späth, H.: Cluster-Analyse-Algorithmen zur Objektklassifizierung und Datenreduktion, 2. Aufl., München 1977.

Spiegel, R. v.: Personalpolitik in Banken unter dem Einfluß der neuen Technologien, Die Bank 1/86, S. 4-10.

Städtler, A.: Leasinggesellschaften investieren über 40 Mrd. DM, ifo-schnelldienst 5-36/90, S. 5-12.

Staehle, W.H.: Management, 6. Aufl., München 1991.

Starke, W.: Bewertungsvorschriften für Kreditinstitute, ZfgK, Jg. 1981, Heft 5, S. 162-166.

Stein, J. v. (Hrsg.): Handbuch Bankorganisation, Wiesbaden 1991.

Stein, J.H.v. und M. Kirschner: Kreditleistungen, in: Kloten, N. und Stein J.H.v. (Hrsg.): Obst/Hintner: Geld-, Bank- und Börsenwesen, 38. Aufl., Stuttgart 1988, S. 304-442.

Stein, J.v.: Insolvenzen privater Banken und ihre Ursachen - Eine empirische Darstellung, München 1969.

Steuer, S.: Börsenreform - Startschuß für den Terminhandel, Die Bank 7/89, S. 364-374.

Stöbe, F.: Privaes Sparverhalten in den neuen Bundesländern, Die Bank 5/91, S. 248.

Straub, E.: Electronik Banking - Die elektronische Schnittstelle zwischen Banken und Kunden, Diss. St. Gallen 1990, Bern/Stuttgart 1990.

Stützel, W.: Bankpolitik heute und morgen, 3. Aufl., Frankfurt 1983.

Stützel, W.: Ist die "Goldene Bankregel" eine geeignete Richtsschnur für die Geschäftspolitik der Kreditinstitute?, in: Vorträge für Sparkassenprüfer, Kiel 1959.

Süchting, J.: Aspekte langfristiger Personalplanung in Kreditinstituten, Der Volksbank-Betrieb, Jg. 1971, Heft 9, S. 65-71.

Süchting, J.: Bankmanagement, 2. Aufl., Stuttgart 1987, 3 Aufl., Stuttgart 1991.

Süchting, J.: Finanzmanagement, 5. Aufl, Wiesbaden 1989.

Süchting, J.: Kalkulation und Preisbildung der Kreditinstitute, Frankfurt 1963.

Sulzberger, M.: Das Bankgebäude, Bankbetriebliche Anliegen an Raum und Raumplanung, Bankwirtschaftliche Forschungen, Band 61, Bern und Stuttgart 1980.

Swanson, E. B.: Management Information Systems: Appreciation and Involvement, Management Science, Vol. 21 (1974), No. 2, S. 178 ff.

Tannenbaum, R. und Schmidt, W.H.: How to choose a leadership pattern, Harvard Business Review March/April 1958, S. 95-101.

Tenckhoff, P.: Analytische Stellenbewertung, Anforderungsprofile, Leistungsbeurteilung bei einer Führung mit Delegation von Verantwortung, Menschenführung und Betriebsorganisation, Bd. 12, Bad Harzburg 1973.

Terrahe, J.: Tätigkeitsfelder und Aufgaben der Postbank, Die Bank 11/91 S. 592-599.

Thiesing, E.O.: Strategische Merketingplanung in filialisierten Universalbanken, Frankfurt 1986.

Tuchtfeldt, E.: Das Instrumentarium der Wirtschaftspolitik - Ein Beitrag zu seiner Systematik. in: Grundlagen der Wirtschaftspolitik, Köln-Berlin 1967.

Überla, U.: Faktorenanalyse, 2. Aufl., Berlin 1977.

Vak, K.: Managementinformationssysteme in Kreditinstituten, in: Österreichische Bankwissenschaftliche Gesellschaft (Hrsg.): Management im Kreditwesen Wien 1973. S. 391-416.

van Hooven, E.: Wandlung im Bankgeschäft mit der privaten Kundschaft, Mainz 1984.

Vormbaum, H.: Finanz- und Rechnungswesen als Führungsinstrument, Wiesbaden 1990.

Vormbaum, H.: Grundlagen des betrieblichen Rechnungswesens, Ein Handbuch, Mainz 1977.

Vossbein, R.: Management der Bürokommunikation - startegische und konzeptionelle Gestaltung von Bürokommunikationssystemen, Braunschweig 1990.

Wagner R.: EDV in Kreditinstituten. Berufsausbildung Bankkaufmann, Heft 11, Stuttgart 1976.

Wagner, A.: Beiträge zur Lehre von den Banken, Leipzig 1857.

Wagner, M.: Cash-Flow-Analyse versus Branchenprognose und Marktforschung als Kriterien einer dynamischen Kreditwürdigkeitsprüfung, Diss. Marburg 1980.

Walter B.: Electronik Banking als Erweiterung des Vertiebssystems und Leistungsprogramms, in: Süchting, J. und E. van Hooven (Hrsg.): Handbuch des Bankmarketing, 2. Aufl., Wiesbaden 1991, S. 303-328.

Walter, B.: Marktwettbewerber im Geschäftsfeld Corporte Finance, Die Bank 2/91, S. 68 ff.

Wassermann, H.: Facoring in Deutschland 1990, FLF 4/1991, S. 156-159.

Wassermann, H.: Leasing 1990: 138 Gesellschaften, FLF 6/1990, S. 226-238.

Weber, B.: Produktwerbung und Verkaufsförderung im Privatkundengeschäft, in: Süchting, J. und E. van Hooven (Hrsg.): Handbuch des Bankmarketing, 2. Aufl., Wiesbaden 1991, S. 233-250.

Weber, H.J.: Praxishandbuch Stellenbeschreibung und Anforderungsprofile als moderne Führungsinstrumente und ihr Einsatz im Personalmanagement, Wien 1991.

Wegmann, J.: Die Genossenschaft als Bankbetriebsform unter Zugrundelegung der genos-senschaftlichen Kreditinstitute der Schweiz, Diss. Zürich 1920.

Weingärtner, H.: Die nächste SB-Generation: Marketing-terminals, bank und markt 3/1992, S. 25-27.

Weiss, U.: Marktforschung der Kreditinstitute - Die Erforschung des Marktes der privaten Haushaltungen und ihr Einfluß auf die Verhaltensweise der Institute, Untersuchungen über das Spar-, Giro- und Kreditwesen, Bd. 30, Berlin 1966.

Welcker, J.: Struktur des Deutschen Bankwesens, Fernuniversität Hagen 1978.

Welters, K.: Cross Impact Analyse, in Szyperski, N. und U. Wienand (Hrsg.); Handwörterbuch der Planung, Stuttgart 1989, Sp. 241-248.

Wielens, H.: Marktorientierte Bankorganisation, in: Süchting, J. und E. van Hooven (Hrsg.): Handbuch des Bankmarketing, 2. Aufl., Wiesbaden 1991, S. 71-99.

Wielens, H.: Möglichkeiten und Grenzen einer marktorientierten Organisationsform von Geschäftsbanken in: Deppe, H. D. (Hrsg.): Bankbetriebliches Lesebuch, Stuttgart 1978, S. 569.

Wittgen, R. und G. Eilenberger: Die Geldpolitik der Kreditinstitute. Inländische und Internationale Geldmärkte und Geldgeschäfte. Optimal- und Realbedingungen der Gelddisposition. Begründet von Robert Wittgen. 2. Aufl. von G. Eilenberger Frankfurt 1984.

Wittmann, W.: Unternehmung und unvollkommene Information. Unternehmerische Voraussicht - Ungewißheit und Planung, Opladen 1979.

Wolff, G., und Göschel, G.: Erfolg durch motiviertes Mitarbeiter-Personalmanagement bei Finanzdienstleistern, Wiesbaden 1991.

Wolken, J. D./Navratil, F.J.: Economics of Scale in Credit Unions: Further Evidence, The Journal of Finance, Vol. 35 (1980), No. 3, S. 769-777.

Woll, A.: Die Theorie der Geldnachfrage: Analytische Ansätze und statistische Ergebnisse für die Bundesrepublik Deutschland, Zeitschrift für die gesamte Staatswissenschaft, 125. Band (1969), S. 57-81.

Wortmann, D.: Mit progressivem Einrichtungskonzept in die Zukunft, Geldinstitute 10/1991, S. 54-58.

Wünsche, G.: Grundlagen der Bankwerbung aus verhaltenswissenschaftlicher Sicht, Wiesbaden 1982.

Zimmermann, H. und K.-D. Henke: Finanzwissenschaft, 6. Aufl., München 1990.

Zöbl, K.: Die Bezahlung nach Punkten, Geldinstitute, Jg. 1979, S. 134-142.

Zufall, R.: Die Operationalität von Portefeuilleplanungs-Modellen und von Modellen der Kreditfähigkeitsprüfung im Bankbetrieb, Unveröff. Diplomarbeit, Marburg 1975.

Zumbach, F.: Der kurzfristige Zielsetzungsprozeß bei Banken, Bankwirtschaftliche Forschungen, Bd. 54, Bern und Stuttgart 1979.

Zwicky, F.: Entdecken, Erfinden, Forschen im morphologischen Weltbild, München-Zürich 1966.

ohne Autor: Kontenrahmen und Kontenplan für private Banken (mit Erläuterungen), Köln o. Jg.

ohne Autor: Zum Thema Elektronik, die uns täglich hilft, o. Jg, o. Ort, S. 8.

ohne Autor: Zur Aufhebung der restlichen Steuerprivilegien in der Kreditwirtschaft, Die Bank, Jg. 1980/12, S. 579-581.

Auszüge aus Presseartikeln der Deutschen Bundesbank.

Begründung zum Regierungsentwurf eines Gesetzes über das Kreditwesen, Bundestagsdrucksache 1.114. Kza 575, S. 13, Bonn 1959.

Beschlußempfehlung des Finanzausschusses über den von der Bundesregierung eingebrachten Entwurf eines dritten Gesetzes zur Änderung des KWG, Bundestagsdrucksache 10/1441.

Bibliotheksprogramm der International Mathematical and Statistical Libraries, Inc. (IMSL Library of Fortran Subroutines in Mathematics and Statistics), Houston 1980. Subroutine ZX 3LP.

Formblattverordnung vom 20. Dez. 1967 in der Fassung vom 10. Februar 1992.

Geschäftsberichte der Deutschen Bundesbank.

Geschäftsberichte der Deutschen Bundespost.

Geschäftsberichte der Österreichischen Nationalbank.

Geschäftsberichte des Deutschen Sparkassen- und Giroverbandes.

International Financial Statistics.

Jahresgutachten des "Sachverständigenrates zur Begutachtung der gesamtwirtschaftlichen Entwicklung".

Mitteilungen des Direktoriums der Österreichischen Nationalbank.

Monatsberichte der Deutschen Bundesbank.

Monatsberichte der Schweizerischen Nationalbank.

Ökonometrisches Modell der Deutschen Bundesbank.

STADIX-Programm, Göttingen.

Statistische Beihefte zu den Monatsberichten der Deutschen Bundesbank. Reihe 1 - Bankenstatistik nach Bankengruppen.

Statistische Jahrbücher des Statistischen Bundesamtes.

Sachverzeichnis

FSC
www.fsc.org
MIX
Papier | Fördert gute Waldnutzung
FSC® C083411

Kolibri 360 GmbH
Ferdinand-Jühlke-Straße 7
99095 Erfurt, Deutschland
produktsicherheit@kolibri360.de